Nutze die Heilkräfte
der Natur

Dr. med. Ernst Schneider

Nutze die Heilkräfte der Natur

Herausgegeben im Auftrag des
Deutschen Vereins für Gesundheitspflege e. V.

Saatkorn-Verlag · Hamburg

Redaktion: Horst Zschunke
Layout und Einbandgestaltung: Hellmut Baensch

Die Bilder auf dem Titel stammen von tony stone, London (o);
Bildagentur Stuttgart (l) und Anthony-Verlag, Starnberg (2)

4. Auflage

Gesamtherstellung: Grindeldruck GmbH, 2000 Hamburg 13

ISBN 3-8150-1338-0

Geleitwort

Vernünftiges Gesundheitsverhalten muß schon in der frühen Jugend gelernt und gepflegt werden. Gesundheitserziehung obliegt nicht nur dem Arzt, sondern dem Elternhaus, dem Kindergarten, der Schule, der Kirche, den sozialen staatlichen Einrichtungen und vor allem als Selbsterziehung dem Menschen selbst.

Die körperliche Leistungsfähigkeit und die größtenteils davon abhängige oder damit eng verbundene Widerstandsfähigkeit gegen Krankheiten aller Art ist in breiten Schichten unserer Bevölkerung, vor allem auch bei den Jugendlichen, in Gefahr. Der Arzneimittelkonsum, der Verbrauch an Schmerz-, Schlaf- und Beruhigungsmitteln steigt ständig an. So hoch der Wert der Arzneimittel, besonders bei speziellen Krankheiten, einzuschätzen ist, so wissen wir doch, daß zur Gesundung kranker Menschen in der Regel noch andere Faktoren notwendig sind. Hier setzt der Verfasser an und zeigt, wie die sogenannten natürlichen Heilverfahren und physikalischen Maßnahmen, wie eine sinnvolle Diät und seelische Ausgeglichenheit die Therapie ergänzen und zum vollen Erfolg bringen können.

Dieses Buch bietet eine großgefächerte Übersicht der vielseitigen Möglichkeiten zur Heilung von Krankheiten, zur Stärkung der Widerstandskraft und zur Erlangung der vollen körperlichen Leistungsfähigkeit. Es zeigt, wie einfache, natürliche Maßnahmen imstande sind, die Gewebs- und Organfunktionen anzuregen, die spezifischen und allgemeinen Abwehrkräfte zu mobilisieren, die Durchblutung zu fördern, um nicht nur das Gefühl der Gesundheit, sondern auch echte Gesundung zu geben.

Der Verfasser kennt dabei keine Einseitigkeiten. Er weist immer wieder darauf hin, daß die Naturheilkunde Gesundheit und Heilung bringen will. Er kennt und nennt auch klar die Grenzen der einzelnen physikalischen, diätetischen und medikamentösen Maßnahmen und zeigt, wo andere ärztliche Fachdisziplinen zur Behebung von Krankheitszuständen erforderlich sind.

Die Neufassung des Buches „Nutze die Heilkräfte der Natur“ ist ein modernes Nachschlagewerk geworden, das sowohl dem Fachmann, dem Arzt, als auch dem Laien, insbesondere dem Kranken, gute Dienste leisten wird.

Salzgitter-Lebenstedt

Prof. Dr. med. Georg Ostapowicz

Inhalt

Vorwort

Gegen Ende des 20. Jahrhunderts stehen wir außerordentlich schwierigen Lebensbedingungen gegenüber. Die meisten von uns sind der Hetze und dem Trubel des Großstadtlebens ausgesetzt. Wir leiden unter schlechter, sauerstoffarmer, verstaubter und mit Giftstoffen verschiedenster Art angereicherter Luft. Wir müssen dem Stress des Tag und Nacht anhaltenden Lärms standhalten, nicht selten die „Unmenschlichkeit" der mechanisierten, meist einseitige Bewegung oder fast keine körperliche Betätigung erfordernder Arbeit erdulden, die unerbittliche Schärfe sozialer Konkurrenz- und Machtkämpfe erleben und fast ohnmächtig den Jahrzehnte dauernden internationalen Spannungen zusehen.

Wir leben heute in einer Welt, in der jedes geistige und religiöse „Zuhause" in Frage gestellt wird, in der wir ständig und überall mit vielfach manipulierten „Informationen" berieselt werden und in der die Vielfalt der politischen, sozialen und geistigen Strömungen ein Höchstmaß an innerer Unsicherheit erzeugt und kaum mehr mögliche Anpassungsleistungen erfordert.

Ein Großteil unserer Lebensbedingungen bedeutet eine fortwährende „Kränkung" des Menschen körperlicher oder seelisch-geistiger Art. Kommen noch irgendwelche angeborenen, konstitutionellen Schwächen hinzu, so ist die Entwicklung von Versagenszuständen, neurotischen Fehlhaltungen, psychosomatischen Krankheiten und geistigen Störungen auch bei höchstem Wohlstand nur allzu verständlich.

Es ist höchste Zeit, den „unnatürlichen", ja „unmenschlichen" Lebensformen zu begegnen, die natürlichen Lebensbedingungen wieder kennenzulernen und sie näher zu erforschen, um davon soviel wie möglich in unser Leben einzubeziehen. Wir müssen auch wieder ein geistiges und religiöses Zuhause finden, ohne das der Mensch sich nicht entfalten und ohne das er seinen Lebensweg nicht vollenden kann.

Diese völlig neugestaltete Ausgabe möchte wieder vielen Lesern in vielerlei Nöten hilfreich sein, aber auch Wege zur Vorbeugung und Gesunderhaltung zeigen, wozu sich die natürlichen Heilfaktoren in besonderem Maße eignen. Gerade diese Heilfaktoren sind für eine zukunftsgerichtete Medizin unabdingbar. Ebenso unabdingbar sind aber auch eine gesunde Lebensführung und ein hohes Maß an individueller Selbstverantwortung, damit nicht der Gewinn an Gesundheit und Lebensqualität, den uns die wissenschaftliche Medizin und die Naturheilkunde gebracht haben, durch die zahlreichen Selbstschädigungen des zivilisatorischen Daseins der heutigen Menschen wieder verlorengeht.

In erstaunlichem Maße wächst heute das Interesse an allen Fragen der Umweltschäden, besonders an Schädigungen durch Chemikalien, die eine ernste Gefährdung des Erbmaterials mit sich bringen. Endlich nimmt auch das Interesse an umweltfreundlichen Maßnahmen und an einem gesundheitsfördernden Verhalten des einzelnen zu. Auch werden jetzt Fragen der Eigenverantwortlichkeit des Patienten und der Krankenbehandlung mit natürlichen Heilfaktoren lebhaft erörtert. Sollten wir an einem Wendepunkt in unserem Gesundheitsverhalten stehen?

Das sind alles Fragen, die dieses Buch positiv zu beantworten sucht und zu denen es praktische Vorschläge und Maßnahmen anbietet, die jeder durchführen kann und die für jeden äußerst nützlich sind.

Verstehen wir endlich, daß die Gesundheit, die immer den Menschen in seiner Ganzheit aus Körper, Seele und Geist betrifft, unser größtes Kapital ist? Doch wie viele Menschen sind denn unter den Zermürbungswirkungen der üblichen Tagesarbeit heute noch in der Lage, ihr Kapital an Gesundheit überhaupt nur zu erhalten, geschweige denn zu vermehren? Darf sich eine Gesellschaft so ungeheuer belastende Lebensformen leisten, daß ein erheblicher Teil von ihr vorzeitig krank und arbeitsunfähig wird und schließlich als Frührentner der Allgemeinheit zur Last fällt? Müssen wir nicht alle in einem gesunden psychischen Klima aufwachsen, wohnen und arbeiten können, um uns wirklich entfalten und die unvermeidlichen Lebenskonflikte in gegenseitiger, um nicht zu sagen brüderlicher Hilfe bestehen zu können? Dazu muß erst noch ein psycho-hygienisches Umwelt- und Gesundheitsbewußtsein entwickelt werden. Das ist eine geistige Herausforderung, der wir uns stellen müssen.

Düsseldorf, im Herbst 1985

Ernst Schneider

Vorwort zur vierten Auflage

Es hat sich seit dem ersten Erscheinen dieses Buches immer wieder gezeigt, daß die in ihm vertretenen Grundlagen für die moderne Medizin nicht nur die rein wissenschaftlichen Methoden, wie sie die Schulmedizin vertritt, umfassen dürfen. Es müssen vielmehr auch das Erfahrungswissen und insbesondere die Naturheilverfahren als Gegenpol und notwendige Ergänzungen hinzukommen.

Was vor wenigen Jahren und nicht selten noch bis in die jüngste Gegenwart von Schulmedizinern mißachtet und als unseriös beiseite geschoben oder sogar bekämpft wurde, setzt sich erfreulicherweise immer mehr durch. Gemeint ist vor allem die Naturheilkunde, in der ganzheitliches Denken und das sich daraus ergebende Handeln im Mittelpunkt stehen.

Der Mensch wird wieder als Körper-Seele-Geist-Wesen gesehen, das mit den rein wissenschaftlichen, chemisch-physikalischen Methoden allein nur teilweise zu erfassen ist.

Die *Ganzheitlichkeit* hat heute eine tiefgehende naturwissenschaftliche Begründung erfahren, so zum Beispiel durch Prof. Dr. med. et phil. *Wolfgang Böcher* in seinem Buch „Der Mensch im Fortschritt der Medizin – erkenntnistheoretische Überlegungen zu Problemen der modernen Medizin". Wir brauchen die Wissenschaftlichkeit genauso wie die Erfahrung und die Intuition, um dem sehr komplexen Wesen Mensch helfen zu können.

Diese vierte Auflage mit zahlreichen Verbesserungen und Ergänzungen sowie zahlreichen neuen farbigen Bildern wird dazu gute Dienste leisten.

Basel, im Frühjahr 1991

Ernst Schneider

Heute vertreten namhafte Experten die Meinung, daß wir Krebs verhindern oder sogar heilen könnten, wenn es uns gelänge, die Immunabwehr des Körpers zu stärken. Das heißt: Die Fähigkeit des Organismus, Abwehrkräfte (Lymphozyten, Makrophagen, Antikörper) gegen den genetischen Irrtum Krebs zu mobilisieren, entscheidet den individuellen Krankheitsverlauf.

Prof. Dr. Siegfried Block

Die seelische Gesundheit erschließt sich uns in der Liebe zu anderen Menschen, zur Natur, indem wir über unseren eigenen Körper hinaus der Welt als Du begegnen. Krisis bedeutet auch Entscheidung. Neben all ihrer Bedrohlichkeit sehen wir in der Lebenskrise eine Chance und Möglichkeit der Veränderung, des Neubeginns. Von der Art, wie wir unsere Krisen bewältigen, hängt unser ganzes weiteres Schicksal ab. Den entscheidenden Schritt muß jeder, sehr einsam, sehr schmerzhaft, in sich selber tun.

Dr. Reiner Gödtel

Den Gedanken der Übung der Lebenskraft kann man sich nicht deutlich genug vor Augen führen. So sehr im Beginn mancher Krankheit das Prinzip der Schonung vorherrschen muß, so sehr kommt es nach einer gewissen Schonung darauf an, die Funktionen des Körpers mit kleinen, dann dauernd sich steigernden Belastungen zu üben.

Kneipparzt Dr. med. Christian Fey

Gesundheit wird von Menschen in ihrer alltäglichen Umwelt geschaffen und gelebt: dort, wo sie spielen, lernen, arbeiten und lieben. Gesundheit entsteht dadurch, daß man sich um sich selbst und für andere sorgt, daß man in die Lage versetzt ist, selber Entscheidungen zu fällen und eine Kontrolle über die eigenen Lebensumstände auszuüben, sowie dadurch, daß die Gesellschaft, in der man lebt, Bedingungen herstellt, die all ihren Bürgern Gesundheit ermöglichen.

Ottawa-Charta zur Gesundheitsförderung vom November 1986

Sinn und Bedeutung der Naturheilkunde

Es ist ganz abwegig, die Medizin als „Wissenschaft“ und das Naturheilverfahren als „Empirie“ oder sonst etwas zu bezeichnen. Beide sind Naturwissenschaft – weil Heilkunde überhaupt nur angewandte Naturwissenschaft sein kann. Ihr Unterschied besteht darin, daß die Medizin an wichtigen Stellen noch auf dem Standpunkt der Jahrhundertwende verharrt, während das Naturheilverfahren schon damals die heutigen Anschauungen vorweggenommen hat.

Dr. med. H. Malten

Gesundheit und Krankheit im Lichte der Naturheilkunde

Unser Wissen über *Gesundheit* und *Krankheit* hat sich heute in eine für den einzelnen nicht mehr übersehbare Fülle von wissenschaftlichen Einzelergebnissen und Teilerkenntnissen aufgelöst. Unwillkürlich entsteht daher der Wunsch nach einer umfassenden Krankheitslehre, die die Ergebnisse der systematischen Zergliederungsarbeit unserer Naturwissenschaften wieder zu einem einheitlichen, überschaubaren Bild zusammenfaßt. Wo finden wir solch ein Bild?

Ein Blick in die Medizingeschichte

Wer auch nur einen Blick auf die Geschichte der Medizin wirft, muß feststellen, daß es schon vor der naturwissenschaftlichen Ära, also in der Zeit der Lehre von den krankmachenden Körpersäften (Humoralpathologie), viele Ärztegenerationen gegeben hat, die mit den damaligen Mitteln durchaus imstande waren, ihre Kranken zu heilen, wenn wir uns auch kaum vorstellen können, wodurch und wie sie das erreichten, da ihnen ja weder das Wissen noch die Behandlungsmöglichkeiten unserer naturwissenschaftlich geprägten Medizin zur Verfügung standen. Wir müssen ihnen heute zugestehen, daß sie ihre Beobachtungsgabe am Krankenbett ausgezeichnet entwickelten und noch die Kraft der Intuition besaßen.

Die mit *Giovanni Battista Morgagni* (1682–1771) in Padua einsetzende Entwicklung von der Humoralpathologie weg über die Organpathologie bis zur Zellularpathologie *Rudolf Virchows* (1821–1902) schien so neue Möglichkeiten des Helfens und Heilens zu eröffnen, daß die Ärzte seiner Zeit die gesamte vorangegangene Entwicklung der Medizin und damit das ganze humoralpathologische Denken von sich wiesen, um sich dem neuen naturwissenschaftlichen Denken zu öffnen. Mehr und mehr kam es dazu, daß nicht mehr das galt, was man am Krankenbett *erfahren*, sondern das, was man im Laboratorium und am Versuchstier *erforschen* konnte. So stand bald nicht mehr das *Heilen*, sondern das wissenschaftlich exakte *Erkennen* im Vordergrund.

In dem Augenblick aber, in dem der Arzt mehr vom Erkenntnistrieb geleitet wird als vom Heilbestreben, dringt er zwar bei seinen Patienten in physiologisch-chemische Einzelheiten ein, die sich an der Materie abspielen, aber er gerät gleichzeitig in die Gefahr, seinen Patienten als Ganzes, als lebendiges Seelenwesen aus den Augen zu verlieren und damit weder dem Patienten

IN DIESEM KAPITEL:

- **Ein Blick in die Medizingeschichte**
- **Naturheilkunde und Schulmedizin ergänzen sich**
- **Neue Sicht eröffnet neue Heilwege**

Die Überreste des Asklepeions auf der Insel Kos, dem Geburtsort des Hippokrates. Im Hintergrund das kleinasiatische Halikarnássos.

noch seiner ärztlichen Berufung gerecht zu werden.

Naturheilkunde und Schulmedizin ergänzen sich

Die *Naturheilkunde* hat von Anfang an versucht, uns den wohlgeordneten Plan im Bereich der Natur, in dem auch der Mensch einen seiner Bedeutung gemäßen Platz erhielt, nahezubringen, die großen Zusammenhänge sehen zu lassen und ein klares Bild dieser Welt und der sie bewegenden Kräfte zu vermitteln. Da die Erklärungsversuche und Systeme der Naturheilkunde jedoch meist auch die Religion als Ordnungsprinzip oder Energiequelle einbezogen, wurden sie von der rein wissenschaftlichen Medizin als „unwissenschaftlich" abgewertet oder sogar bekämpft. Naturheilkunde und Schulmedizin schienen miteinander unvereinbar.

Nachdem aber die naturwissenschaftlich orientierte *Schulmedizin* in stärkerem Maße auf zahlreiche Zweifel an dem Sinn ihrer Forschung gestoßen ist und vielfach die Grenzen zum Religiösen berührt, besinnt man sich wieder auf die sogenannten „ärztlichen Romantiker", deren Intuition und Ahnung bereits vieles erkannte, was heute theoretisch erforschte, neue wissenschaftliche Wahrheit ist. Zweifellos bestehen gegenwärtig in der wissenschaftlichen Medizin sehr ernsthafte Bestrebungen, eine Lehre vom Menschen zu entwickeln, die alle Störungen der Gesundheit umfassen soll (z. B. *Selyes* Anpassungslehre, *Weizsäckers* Pathosophie, *Speranskys* Neuralpathologie).

Von jeher war die Naturheilkunde vor allem darum bemüht, die Bedingungen zu schaffen, unter denen die allgegenwärtige Schöpferkraft, die zugleich Heilkraft ist, sichtbar wird. Sie regt durch die sogenannten natürlichen Heilfaktoren (z. B. Licht, Luft, Wasser, Erde, Ernährung, Bewegung, Ruhe, Massage, Wärme und Kälte) die meist übergeordneten nervösen und humoralen Regulationen an. Sie vermittelt

● Mit dem Stock ordinierende und harnbeschauende Ärzte in der Apotheke. Holzschnitt aus dem Jahre 1491.

● Hippokrates (um 460–370) gilt als Begründer der Medizin als Erfahrungswissenschaft aufgrund unbefangener Beobachtung und Beschreibung der Symptome.

Rechte Seite:
● Auch wenn die standardisierten Fertigpräparate in der Apotheke heute im Vordergrund stehen, so gehört die Zubereitung von Arzneimitteln und Tees in erster Linie zu den Aufgaben eines Apothekers.

dem Patienten, dessen Mitarbeit in der Regel erforderlich ist, das Erlebnis der Regeneration und der Wiedergewinnung von Gesundheit und Leistungsfähigkeit. Die Naturheilkunde glaubt an die natürliche Heilkraft, die lediglich der Unterstützung bedarf.

Die naturwissenschaftliche Medizin ist vor allem bestrebt, Bedingungen zu schaffen, die unerwünschtes „Wachstum", wie krankmachende Bakterien, wuchernde Tumorzellen oder überschießende und damit krankhafte Lebensäußerungen (Entzündungen oder allergische Reaktionen), hemmen oder zum Erliegen bringen (z. B. durch Chemotherapeutika und Antibiotika, das sind Wachstumshemmstoffe, oder durch Cortison und ACTH als Entzündungsdämpfer). Sie hat hierin, besonders in jüngster Zeit, unbestreitbare und bedeutende Erfolge zu verzeichnen. Die naturwissenschaftliche Medizin glaubt an die Fehlleistungen der Naturvorgänge, die sie mit

LANOLIN
UNGT. LENIENS
VASELIN FLAV
HERBA VIOLAE TRICOLOR
RAD. LIQUIRITIAE
RAD. ALTHAEAE
Husten tee

Hilfe von Chemie und apparativer Medizin korrigieren will.

Nun ist es offensichtlich, daß wir es bei allen Lebensvorgängen und daher auch bei krankhaften Abläufen immer mit Anregung und Hemmung, Antrieb und Dämpfung zu tun haben. Wir benötigen in der praktischen Medizin zur Vorbeugung wie zur Heilung beide Denkprinzipien und die sich daraus ergebenden Normen und Verhaltensweisen, das teleologische Prinzip der Naturheilkunde *und* das kausalanalytische Prinzip der Schulmedizin, die naturärztliche Erfahrung, ja Intuition *und* das streng naturwissenschaftliche, gesetzmäßige Handeln.

Beide Lehrmeinungen – Naturheilkunde und Schulmedizin – werden zueinander finden, sobald der Naturarzt einsieht, daß seine Erfahrung und Intuition durch die Ergebnisse der modernen naturwissenschaftlichen Forschung großenteils bestätigt, aber auch in wertvollster Weise ergänzt wird, und der Schulmediziner erkennt, daß der rein intellektuellen, naturwissenschaftlichen Forschung Grenzen gesetzt sind.

Neue Sicht eröffnet neue Heilwege

Das Grundprinzip der Heilung entspringt nicht dem Denkvermögen des Menschen, es läuft vielmehr nach ewigen Gesetzen ab, die der Mensch mit verschiedenen Wahrnehmungsfähigkeiten (Analyse *und* Intuition) erkennen und enträtseln muß, um zielbewußt und wirksam handeln zu können.

Wo finden wir nun das Suchen nach diesen Gesetzen und die Anwendung aller Wahrnehmungsfähigkeiten, um dem ganzen Menschen gerecht zu werden? Ich glaube, einen ersten Schritt auf diesem Wege führt uns die „Ganzheitsmedizin" in ihrer heutigen Form. Da werden uralte naturärztliche Vorstellungen im Gewande der modernen Psychologie und neueste naturwissenschaftliche Erkenntnisse „zusammengeschaut", wodurch eine Krankheitslehre entsteht, bei der körperliche und seelische Störungen identisch sind, eine Krankheitslehre, die den *ganzen* Menschen samt Körper, Seele und Geist in gesunden und kranken Tagen zu erfassen sucht. Das betonte auch der bekannte Hamburger Internist Prof. Dr. *Arthur Jores,* der die Meinung vertrat, daß man sowohl in der sogenannten Schulmedizin als auch in der psychosomatischen Medizin bewandert sein müsse, wenn man heute den Ansprüchen der Patienten gerecht werden wolle.

Nur die zweidimensionale Sicht der Psychosomatik kann dem Menschen, der nun einmal nicht nur körperlich, sondern auch seelisch-geistig in der Welt existiert, gerecht werden. Die enge Verbindung von körperlichen und seelischen Vorgängen geht auch aus der immer wieder zu beobachtenden Erfahrung hervor, daß es oft eine Krankheit ist, welche wirklich erlebt wird und den Menschen in die Nähe des Todes rückt, die letztlich eine andere Einstellung zur Welt in ihm hervorbringt, bei der sich nicht mehr alles um sein Ich dreht, die ihn Kräfte erleben läßt, welche außer ihm wirken, die seine Selbstsicherheit ins Wanken bringen und ihm den Blick für eine überzeitliche Wertordnung öffnen. Erst in dem Augenblick, in dem sich der Mensch körperlich und geistig zugleich machtlos und unterworfen fühlt, kann ihm die Gnade der inneren seelischen Genesung zuteil werden, der dann oft die Heilung äußerer, körperlicher Mängel folgt. Es ist ein großes Glück, zu übergeordneten Wertmaßstäben zu gelangen, die nun unser Leben führen und leiten, die uns den Sinn von Leben und Krankheit erschließen und uns den Tod als Ende des irdischen Lebens, als einen Übergang vom zeitlichen Dasein ins nicht-zeitliche, ewige Sein bejahen lassen.

Wasser – das größte Naturheilmittel

Vom Wasser kommt der Bäume Saft,
befruchtend gibt das Wasser Kraft
aller Kreatur der Welt.

Wolfram von Eschenbach („Parzival“)

Ohne gesundes Wasser kein gesundes Leben

Wasser ist ein in unvorstellbaren Mengen benötigter und täglich gebrauchter Rohstoff für fast alle Bereiche der Großindustrie, besonders der chemischen Industrie. Es ist Kühlmittel, Wärmespeicher oder -träger, Lösungsmittel und Energiespender in Form von Dampf oder Wasserkraft.

Die Zahl der Probleme, die sich aus dem Vorhandensein oder dem Mangel an Wasser für die kulturelle und wirtschaftliche Entwicklung der Menschheit ergeben, ist unermeßlich.

Obwohl das Wasser etwa dreiviertel der Erdoberfläche bedeckt, herrscht in zahlreichen Gebieten unserer Erde Wassermangel, der ohne planmäßige Wasserwirtschaft und große Wasserstauanlagen nicht zu beheben ist, ganz abgesehen von immer mehr Dürregebieten, in denen jahrelang kein Regen fällt und alle menschlichen Bemühungen scheitern müssen.

In Europa sind wir noch in der glücklichen Lage, über genügend Wasser zu verfügen, wenn auch der rapide steigende Bedarf den Bau zahlreicher Talsperren erforderlich macht, die für die Industrie und die großen Städte den Wasserhaushalt sichern helfen.

IN DIESEM KAPITEL:

- **Wasser als Reinigungs-, Lebens- und Heilmittel**
- **Wirkungen eines einfachen Vollbades**
- **Vollbäder aktivieren Bluthormonspiegel**

Wasser als Reinigungs-, Lebens- und Heilmittel

Wasser stellt das hervorragendste Lebensmittel für Pflanze, Tier und Mensch dar, dem diese Rolle des Wassers von jeher bewußt war. So nimmt es nicht wunder, daß er seine Häuser, Dörfer und Städte an Flußläufen, Seen oder in der Nähe des Meeres baute. An den Flußläufen großer Ströme entstanden die ersten Hochkulturen der Menschheit (am Jangtse in China, an Ganges und Indus in Indien, an Euphrat und Tigris in Mesopotamien, am Nil in Ägypten).

Das Wasser ist aber nicht nur Lebens- und Reinigungsmittel, sondern auch ein Element, dem wir mit Lust und Liebe, mit Freude oder Angst begegnen. Was uns das Wasser bedeuten kann, hängt ja jeweils davon ab, ob wir im Sommer darin schwimmen oder im Paddelboot, Kanu, auf einer Segeljolle oder einem Seekreuzer darübergleiten oder gar wagemutig und muskelstark auf dem Surfbrett mit den Wellen kämpfen. Das Wasser kann uns Erholung und Ruhe schenken, aber auch eine starke

Wasser – unser kostbarstes Lebensmittel. Frisch und noch einigermaßen sauber sprudelt es aus den Quellen. Doch wie lange noch?

Vollbiologische Kläranlage im Bayerwerk Uerdingen. In den 17 m tiefen Brunnen wird der Klärschlamm abgeschieden. Im Ringkanal läuft das gereinigte Wasser ab. ● Vom Labor aus wird mit einer Farbfernsehkamera der Main in der Umgebung der Farbwerke Hoechst überwacht. Bei Auftreten von Verschmutzungen kann sofort Abwasseralarm gegeben werden. ● In diesen Trichtern erfolgt die quantitative Bestimmung der abgesetzten Verunreinigungen.

Wasser muß heute schon gespeichert werden. Hier eines der größten Pumpspeicherwerke Europas, das Werk Waldeck II. Das Kraftwerk selbst ist im Berg untergebracht. Diese künstliche Höhle im Berg ist so groß wie ein 16stöckiges Haus.

Herausforderung für diejenigen bedeuten, die ihren Körper trainieren und seine Grenzen kennenlernen wollen.

Die Begegnung mit dem Wasser kann so zur körperlichen und seelisch-geistigen Gesundheit führen. Das gilt besonders dann, wenn wir diese Erfahrungen mit einem Partner oder einer sportlichen Gruppe zusammen erleben.

Was uns hier aber am meisten interessiert, ist die Heilkraft des Wassers in den verschiedensten Anwendungsmöglichkeiten. Wasser als Heilmittel für zahlreiche Krankheiten durch innerlichen und äußerlichen Gebrauch, das ist das Generalthema der folgenden Kapitel.

Leider kann Wasser nur dann ein Heilmittel sein, wenn es sauberes Wasser ist. Die großen Werke der chemischen Industrie und der Zellstoffabriken entnehmen beträchtliche Mengen Wasser aus Flüssen und vor allem aus Tiefbrunnen. Nach Gebrauch wird es zwar wieder in die Flüsse zurückgeleitet, aber beladen mit zahlreichen Abfall- und Giftstoffen, so daß es für viele andere Verwendungszwecke unbrauchbar wird. Es müssen noch weit bessere Verfahren gefunden werden, die eine wirtschaftliche Nutzung der Abwässer ermöglichen. Das ist allerdings heute schon ohne erhebliche finanzielle Opfer nicht mehr möglich.

Der ständig zunehmende Ruf „Wasser in Gefahr" ist allzu berechtigt. Wir müssen sehr schnell lernen, mit dem Wasser äußerst sorgsam und sparsam umzugehen. Ohne sauberes Wasser gibt es keine Reinlichkeit, kein Leben und keine Gesundheit mehr!

Wirkungen eines einfachen Vollbades

Es ist wissenschaftlich geklärt, daß bereits das wöchentliche warme Reinigungsbad zahlreiche gesundheitsfördernde Wirkungen entfaltet, und zwar

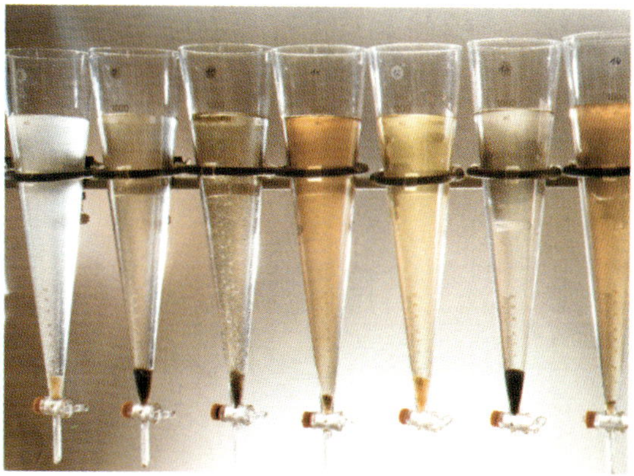

- eine Anregung der Hautzellen, insbesondere ihrer untersten Schicht (Keimschicht), die dabei unentbehrliche stoffwechselaktive Stoffe bildet,
- eine Anregung von Blutkreislauf und Muskulatur,
- eine Vertiefung der Atmung und dadurch eine bessere Durchlüftung der Lungen,
- eine Anregung und Tonisierung des gesamten Nervensystems.

Man kann daher mit Recht sagen, daß die einfache Wasseranwendung zur Hautpflege ein sehr wirksames Mittel zur Pflege und Erhaltung der Gesundheit ist.

Weitere wichtige Wirkungen der Wasseranwendung sind

- Steigerung und Stabilisierung der allgemeinen Widerstandsfähigkeit gegen Wettereinflüsse durch schnellen Temperaturwechsel,
- Vorbeugung gegen Erkältungen und rheumatische Erkrankungen,
- Vorbeugung gegen allgemeine nervöse Übererregbarkeit durch Harmonisierung der Nervenfunktionen und schließlich
- Förderung eines gesunden Wachstums der Jugendlichen.

Schon das normale Reinigungsbad hat eine ganze Reihe gesundheitsfördernder Wirkungen. Diese werden noch erhöht durch den Zusatz von Kräutern und Kräuterölen.

Vollbäder aktivieren Bluthormonspiegel

Prof. Dr. *H. Drexel* und Prof. Dr. *M. Knechl* konnten mit ihren Mitarbeitern u. a. zeigen, daß *Vollbäder* mit einer Temperatur von 28° C die Absonderung des Nebennierenrindenhormons Cortison und die Produktion eines Hormons der Hypophyse (TSH) steigern, das seinerseits die Tätigkeit der Schilddrüse steuert und die Ausschüttung der Schilddrüsenhormone bereits nach 10 Minuten und einen Anstieg des Schilddrüsenhormons Hypoxin nach etwa 20 Minuten bewirkt.

Bei Bädern von 30° C waren diese Wirkungen nicht zu verzeichnen.

Steigerte man die Badetemperatur auf 40° C, so sank der Cortisonspiegel nach 10 Minuten ab (Erholung nach 60 Minuten), während das allein beim Menschen wirksame Wachstumshormon (HGH = Human growth hormone) und ein blutdrucksteigernder Stoff aus der Nierenrinde, das Renin, anstiegen.

Einfache warme Vollbäder üben also eine anregende, im Endeffekt wahrscheinlich regulierende und trainierende Wirkung auf den Hormon- und dadurch auf den Gesamtstoffwechsel aus.

Durch die starke wissenschaftliche Weiterentwicklung der Wasserheilkunde (Hydrotherapie), der Bäderheilkunde (Balneotherapie), der Meeresheilkunde (Thalassotherapie) sowie der Physikalischen Therapie insgesamt ist meines Erachtens nunmehr der Zeitpunkt gekommen, diese Behandlungsarten in die allgemeine Medizin einzugliedern. Das dürfte zugleich die Basis für eine weiterhin notwendige und noch intensivere wissenschaftliche Bearbeitung darstellen.

Die Naturheilkunde, weitgehend identisch mit der Physikalischen Therapie, weist noch zahlreiche Begriffe auf, die einer weiteren Analyse und Durchleuchtung bedürfen, um ihren Wahrheitskern herauszuschälen, zum Beispiel die Begriffe „Abwehrkraft", „Blutreinigung", „Organschwächen" und ihre Bedeutung für die

Krankheitsentwicklung (Pathogenese) sowie die sogenannten „Diathesen" oder „Krankheitsbereitschaften" und die zeitbedingten und rhythmischen Abläufe normaler und krankhafter Körperfunktionen. Auch die psychosomatischen oder somatopsychischen Zusammenhänge, die heute stärker ins Blickfeld geraten, bedürfen noch wesentlich weiterer Vertiefungen.

Für die tägliche Praxis sind viele neue Erkenntnisse und Einsichten gewonnen worden, wie die nachfolgenden Abschnitte zeigen.

Das kostbare Naß

Täglicher privater Wasserverbrauch 145 Liter je Kopf

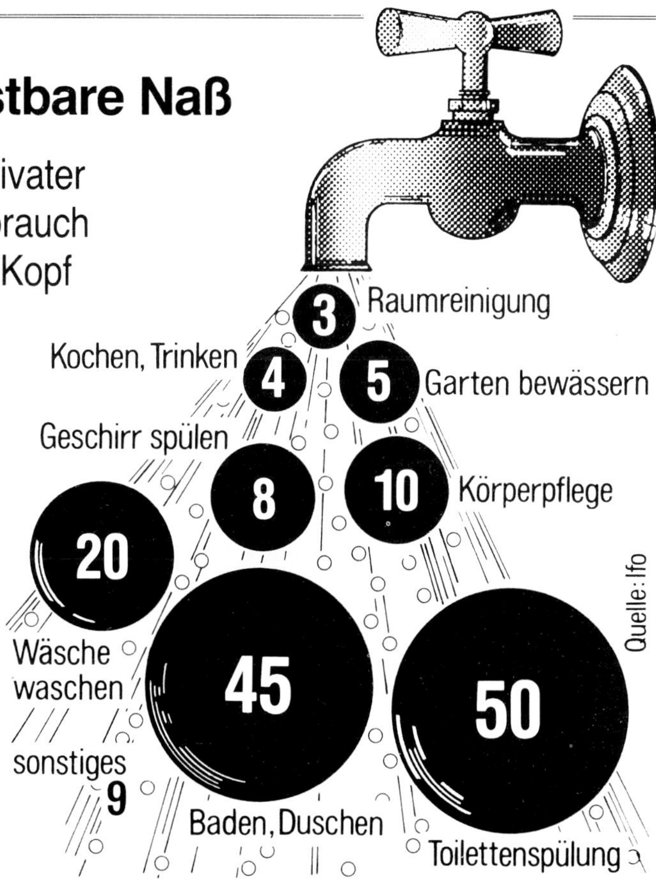

Von den 145 Litern Wasser, die pro Kopf und Tag in den Haushalten verbraucht werden, sind nur vier fürs Trinken und Kochen bestimmt. Das meiste Wasser benötigen wir zum Wegspülen von Schmutz. So rauscht etwa ein Drittel des gesamten Verbrauchs durch die Toilette; weitere 45 Liter dienen der körperlichen Vollreinigung in Bad und Dusche. Dabei könnte man ohne großen technischen Aufwand den Wasserverbrauch senken, indem man Toilettenkästen mit variabler Spülmenge einbaut oder indem man duscht statt badet.

Streiflichter aus der Geschichte der Wasserheilkunde

Die Anwendung des Wassers als Vorbeugungs- und Heilmittel hat im Laufe der Zeiten und bei den verschiedenen Völkern eine sehr unterschiedliche Rolle gespielt. Das Wasser teilte das Schicksal aller anderen „natürlichen" Heilmittel, die bald hoch gerühmt wurden und dann wieder in Vergessenheit gerieten.

Die wechselvolle Vergangenheit der Wasserheilkunde

Es ist hochinteressant, dieses Auf und Ab in der Bewertung der Wasserheilkunde im Laufe der Geschichte von den Sumerern (3000–2400 v. Chr.) über Hethiter, Griechen und Römer bis in das so ereignisreiche vierte Jahrhundert nach Christus zu verfolgen. Danach geriet die Wasserheilkunde in Vergessenheit, während die Pflanzenheilkunde eine besondere Bedeutung gewann. Ich erinnere nur an *Hildegard von Bingen* (1098–1179) mit ihrem Buch „Causae et Curae". Im ganzen Mittelalter kam es zu keiner wesentlichen Neubelebung der Wasserheilkunde. Die Situation änderte sich erst um die Mitte des 17. Jahrhunderts.

In Deutschland lebten um diese Zeit die zwei „Wasserhähne", Vater *Siegmund Hahn* (1664–1742), Doktor der Medizin, praktizierender Arzt und Stadtphysikus in Schweidnitz (Schlesien), und sein Sohn und Nachfolger im Amt *Johann Siegmund Hahn* (1696–1773). Von diesem erschien im Jahre 1738 in volkstümlicher, leicht verständlicher Sprache das Buch „Unterricht von Krafft und Würckung des frischen Wassers in die Leiber der Menschen". Noch während der Lebenszeit des Verfassers erreichte das Buch vier Auflagen. Es enthielt die Erfahrungen beider „Wasserhähne" über den „nie genug zu erhebenden herrlichen Nutzen des frischen Wassers bey vielerley, auch oft gefährlichen und schweren Krankheiten".

Wenn diese beiden Ärzte auch einige Vorläufer hatten, die entweder literarisch oder in der Praxis die Bedeutung des kalten Wassers priesen, so kann man doch diese beiden Ärzte, wie es auch *Brauchle* betont, als Ausgangspunkt der naturheilkundlichen wie auch der wissenschaftlichen Wasserbehandlung in Deutschland ansehen, denn bei ihnen finden wir bereits ausführliche Vorschriften über die Anwendung des kalten Wassers.

Dr. *Johann Siegmund Hahn* beschrieb die einzelnen Bäder und ihre Anwendung in bestimmten Krankheitsfällen. Er unterschied genau die verschiedenen Anwendungsformen des Wassers nach Bädern, Duschen, Teil- und Ganzwaschungen,

IN DIESEM KAPITEL:

- **Die wechselvolle Vergangenheit der Wasserheilkunde**
- **Ein Bauer entdeckte das heilende Wasser wieder: Prießnitz**
- **Der Priester mit der Gießkanne**

Aufschlägen und Packungen. Er dosierte sorgfältig und berücksichtigte Dauer und Kältegrad des Wassers nach dem Empfinden und dem Kräftezustand seiner Patienten und hielt diese zu einer Diät an, die unseren heutigen Anschauungen über Fastenkuren und Rohkost außerordentlich nahekommt.

Wenn wir dann noch erfahren, daß *Johann Siegmund Hahn* auch die ausgiebige Bewegung und die frische Luft zu seinen Kurmaßnahmen zählte, so erkennen wir eine verblüffende Ähnlichkeit mit der erst viel später entwickelten und heute in großem Umfang geübten Kneippkur.

Leider waren die Ärzte des ausgehenden 18. Jahrhunderts nicht geneigt, dem Beispiel der beiden „Wasserdoktoren" aus Schweidnitz zu folgen, die alle ihre Kraft daransetzten, die natürliche Behandlung der Krankheiten methodisch für alle Ärzte zu erarbeiten.

Im Jahre 1795 bezeichnete der damals berühmteste deutsche Arzt und bekannte volkstümliche Schriftsteller *Christoph Wilhelm Hufeland* (1762–1836) in seiner Schrift über die Natur und die Heilart der Skrofulose-Krankheit das Seebad als eines der kräftigsten Mittel zur Heilung dieser Krankheit. Als er dann noch in seiner volkstümlichen Schrift „Makrobiotik oder die Kunst, sein Leben zu verlängern" die Anwendung der Seebäder empfahl, setzte sich bald die Auffassung vom großen Gesundheitswert der Seebäder und des Meerwassers durch, worauf dann die Gründung mehrerer Seebäder an der deutschen Küste erfolgte, zunächst 1794 auf dem Heiligen Damm bei Doberan (Ostsee) und 1797 auf Norderney (Nordsee). Alle anderen folgten rasch aufeinander in den Jahren von 1802 (Dangast, Kolberg, Travemünde) bis 1855 (Westerland auf Sylt). Auf der damals zu England gehörenden Insel Helgoland wurde im Jahre 1826 eine Seebadeanstalt gegründet.

So hatte die Meeresheilkunde eine Reihe von begeisterten ärztlichen und nichtärztlichen Verfechtern gefunden, die jedoch vereinzelt blieben. Es vergingen nochmals fast 100 Jahre, bis sich die Meeresheilkundler zu ihrem ersten internationalen Kongreß im Jahre 1894 in Boulogne unter dem Vorsitz von Prof. *Verneuil* und unter der Bezeichnung „Internationaler Kongreß für Hydrotherapie auf Meerwasserbasis" zusammenfanden. Bei dem zweiten Kongreß in Ostende prägte man den neuen Namen „Thalassotherapie" (= Meeresheilkunde), und unter der neuen Bezeichnung „Internationaler Kongreß für Thalassotherapie" fand der dritte Kongreß im Jahre 1903 in Biarritz statt.

Kurz vor dem ersten Weltkrieg wurde die „Internationale Gesellschaft für Thalassotherapie" gegründet. Die beiden Weltkriege zerrissen allerdings alle internationalen Verbindungen, und erst nach 1954 konnten die Kongresse wieder aufgenommen werden. Sie fanden in Opatija, Cannes, Lissabon, Venedig und im Jahre 1966 erstmals wieder in Deutschland (Westerland/Sylt) statt. Es zeigte sich auf dem letzten Kongreß, daß die einzelnen Gruppen und Institute in den verschiedenen Ländern wesentliche Arbeiten zur Weiterentwicklung der Thalassotherapie geleistet hatten. Der Schwerpunkt der Arbeiten in Deutschland liegt seit geraumer Zeit im Institut für Bioklimatologie und Meeresheilkunde der Universität Kiel sowie in der diesem Institut angeschlossenen Forschungsstation in Westerland.

Im Binnenland wurden die Gedanken der beiden „Wasserhähne" von den Ärzten vorerst nicht übernommen.

Vielmehr zogen die sich rasch entwickelnden Naturwissenschaften die Ärzte in ihren Bann, so daß sie die allzu einfachen und unwissenschaftlichen natürlichen Methoden vergaßen oder ihnen sogar bewußt den Rücken kehrten. Das war eine höchst unheilvolle Situation, und es trat ein, was fast vorhersehbar war – eine Reaktion aus

Die Badeeinrichtungen der antiken Welt rufen immer wieder höchstes Erstaunen hervor. Unser Bild zeigt Spülklosetts und Wasserführungen in Ephesus.

dem Volke, das mit gesundem Instinkt die Einseitigkeit der damaligen Medizin erkannte. Geniale Laien nahmen sich des Erbes Dr. *Hahns* an und leiteten eine großartige Entwicklung der Wasserheilkunde ein.

Auf diesem Weg ist zunächst Prof. *Oertel* (1765–1850) zu nennen, dem im Jahre 1804 in Ansbach bei einem Antiquar das „altmodische Büchlein" von *Johann Siegmund Hahn* in die Hände kam, das ihn anregte, sich mit der Anwendung des Wassers als Heilmittel zu befassen und nach alten Quellen in der Literatur zu forschen. Diesen Bemühungen entsprang schließlich im Jahre 1826 eine in lateinischer Sprache geschriebene Abhandlung für Ärzte über die Heilkraft des kalten Wassers („Dissertatio philol. med. de Aquae Frigidae uso Celsiano"), die ihm allerdings unter den Medizinern wenig Anerkennung einbrachte. Im Volke fand er um so mehr Anklang. Es gelang ihm sogar, Wasser- und Gesundheitsvereine zu gründen, die sich gegen viele Widerstände durchsetzten und zu lebendigen Trägern und Verfechtern natürlicher Heilweisen wurden. Ihm ist es sicherlich zu verdanken, daß sich schließlich auch Ärzte mit der „Wasserheilkunde" näher beschäftigten.

Ein Bauer entdeckte das heilende Wasser wieder: Prießnitz

Als *Oertel* von den Wunderkuren des Bauern *Prießnitz* hörte, suchte er ihn im Jahre 1836 auf, um seine Methoden an Ort und Stelle kennenzulernen. *Oertel* war damals bereits 71 Jahre alt, *Prießnitz* dagegen erst 37 Jahre, doch ging ihm schon der Ruf eines Wunderheilers voraus, der allerdings die Klugheit besaß, nicht nur das kalte Wasser, sondern daneben auch die Schwitzkur als Heilmaßnahme anzuwenden, während *Oertel* eigensinnig nur die Kaltwasseranwendung verteidigte, ja, sie sogar als Universalmittel pries.

So groß die Verdienste *Oertels* um die

WEGBEREITER DER NATURHEILBEWEGUNG

Samuel Hahnemann schuf mit der Homöopathie eine heute noch gern angewandte Heilmethode. Seine Lehren veröffentlichte er im Jahr 1810 im „Organon der rationellen Heilkunde".

Christoph Wilhelm Hufeland, Professor der inneren Medizin an der Charité in Berlin, brachte die Naturheilkunde mit den Ergebnissen der wissenschaftlichen Medizin in Einklang.

Der Fuhrmann Johann Schroth gab den Anlaß zur modernen Diätbehandlung. Die Schroth-Kur ist eine tiefgreifende Umstimmungskur bei chronischen Erkrankungen der verschiedensten Art.

Siegmund Hahn, Stadtarzt in Liegnitz, ist der wissenschaftliche Vater der Kaltwasserbehandlung. Sein Sohn Johann Siegmund setzte seine Tätigkeit fort. Beide sind die Vorläufer von Prießnitz und Kneipp.

Vincenz Prießnitz, Schulkamerad Schroths und später Bauer in Gräfenberg, baute die Kaltwasserbehandlung aus und machte diese Heilmethode weithin bekannt. Er ist auch der Begründer der Wickeltechnik.

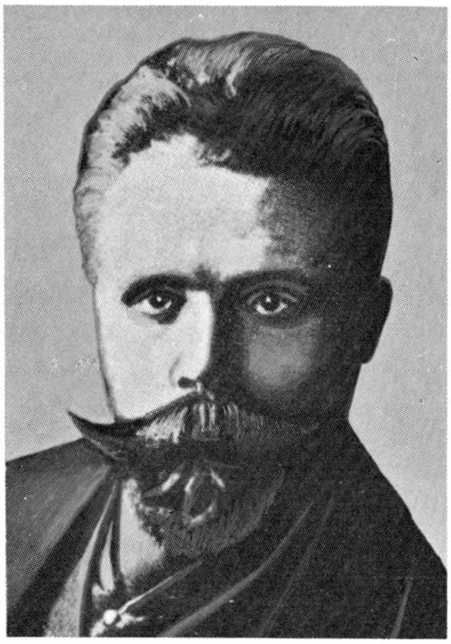

Heinrich Lahmann war der Wegbereiter einer biologischen Medizin. In dem von ihm gegründeten Sanatorium „Weißer Hirsch" in Dresden behandelte er nach den Methoden der Naturheilkunde.

Unsere Gewässer haben Eigenschaften, die wir erst jüngst zu erkennen beginnen. Sie sind Wasserreservoir, Wärmespeicher, Lebensraum für Tiere und Pflanzen und haben eine hohe Erholungsqualität für den Menschen. Diese Lebensräume müssen unter allen Umständen erhalten werden.

Verbreitung der Wasserheilkunde, vor allem durch die Gründung des ersten Wasserheilvereins, auch waren, so wurde er doch vergessen, als der Bauer *Vincenz Prießnitz* (1799–1851) der Wasserheilkunde neuen Auftrieb zu geben vermochte. *Prießnitz* selbst hat nichts geschrieben und veröffentlicht. Das Schreiben fiel ihm wohl viel zu schwer. Über ihn und seine Methoden erschienen aber zahlreiche Werke in nicht weniger als elf verschiedenen Sprachen.

Daß im Wasser eine stärkende und heilende Kraft stecken müsse, hatte *Prießnitz* schon in jungen Jahren an Tieren und an sich selbst erfahren. Auch beobachtete er, daß die Bauern kranke Pferde in feuchten, trocken überdeckten Einpackungen schwitzen ließen. Seine Beobachtungen und Erfahrungen führten ihn sogar dazu, daß er sich selbst eine Rippenquetschung erfolgreich mit feuchtkalten Brustpackungen behandelte. Dieser Erfolg regte ihn dazu an, die Anwendung des kalten Wassers in Form von Waschungen und feuchtkalten Umschlägen zu empfehlen, wenn er in seiner engeren und weiteren Nachbarschaft von Verrenkungen, Quetschungen und Wunden hörte.

Er kam bei den Landleuten schnell in den Ruf eines „Wasserdoktors", ein Ruf, der sich bald über Böhmen und Mähren ausbreitete und Kranke mit den verschiedensten Gebrechen von nah und fern herbeilockte, die ihn um Hilfe baten.

Seine Beobachtung, daß bei den Waschungen und feuchten Packungen häufig Hautausschläge auftraten und sich dabei innere Schmerzen besserten, brachte ihn auf den Gedanken, auch gegen innere Krankheiten Waschungen und Umschläge einzusetzen. So versuchte er Gicht, Rheumatismus, Leber- und Magenleiden, chronische Verstopfung, Hämorrhoiden, geschwollene und gelähmte Glieder sowie Nervenschwäche zu behandeln. Bald ergänzte er seine „Kuren" durch Wassertrinken, Diät, Schwitzprozeduren, feuchte Ganzpackungen und Bäder. Er hatte Erfolg, sogar viel Erfolg, so daß sich bald Neid und Mißgunst erhoben und er sich gegen den Vorwurf der Scharlatanerie, ja sogar der Hexerei verteidigen mußte. Die Anfein-

Prof. Dr. *Alfred Brauchle* sagte über Prießnitz: „Am Beispiel des Prießnitz wird uns deutlich, daß zwei Wege offenstehen, den Zustand eines kranken Menschen zu erkennen, nämlich der des künstlerisch begnadeten Arztes durch Anschauung und Ahnung und jener des naturwissenschaftlich ausgebildeten durch die Untersuchung. Während diese letztgenannte Methode gelehrt werden kann, ist jene nur wenigen hervorragend Begabten vorbehalten. Der gute Arzt wird sich bemühen, die Erkenntnisse, die er aufgrund seiner naturwissenschaftlich unterbauten Untersuchung gewonnen hat, durch künstlerische Einfühlung zu unterbauen."

dungen vermochten jedoch seinen Ruf nicht zu schmälern, im Gegenteil – der Zulauf von Kranken wurde immer größer.

Nach Überwindung vielerlei Schwierigkeiten erhielt er im Jahre 1831 die amtliche Erlaubnis zur Errichtung einer Badeanstalt, die nach einer neuerlichen Anzeige gegen *Prießnitz* wegen Kurpfuscherei im Jahre 1837 durch eine Kommission unter Leitung des Kaiserlichen Hofrates Dr. med. Freiherr von Türkheim mit dem Ergebnis kontrolliert wurde, daß die Kuranstalt bestehenbleiben könne. Die Tatsache, daß Personen von hohem und höchstem Rang trotz des Fehlens aller Bequemlichkeiten auf dem Gräfenberg bis zu ihrer meist nur langsam fortschreitenden Heilung aushielten, wurde als Beweis für die Wirksamkeit der Prießnitzschen Wasserheilmethode gewertet.

Der Priester mit der Gießkanne

Zu den großen und genialen Laien, die das Erbe und die Nachfolge der „Wasserhähne" antraten, gehörte nach *Oertel* und *Prießnitz* vor allen anderen *Sebastian Kneipp* (1821–1897), der Hütebub von Stefansried, der Knecht Gottes und der Erde, der „Priester mit der Gießkanne", „der Mann, der Europa kurierte".

Das von *Johann Siegmund Hahn* im Jahre 1738 erschienene und von *Oertel* neu herausgegebene Buch über die Heilkraft des Wassers gab *Kneipp* die erste Anregung. Seine wasserheilende Tätigkeit ist uns von 1855 an bekannt. Vier Jahre zuvor war *Prießnitz* (1851) gestorben, dessen Werk vier Jahrzehnte lang von *Schindler* mit Erfolg fortgesetzt wurde. Im gleichen Sinne tätig waren vor *Kneipp* der Forstmann und Schriftsteller *J. H. Rausse* (1805–1848), der zugleich an *Prießnitz* scharfe Kritik übte und durch seine Schriften die Entwicklung und Deutung der Naturheilkunde förderte, und der Vegetarier und Apotheker *Theodor*

Sebastian Kneipp

Hahn (1824–1883), der sich nicht nur naturärztlich betätigte, sondern auch *Rausses* letztes, nicht vollendetes Buch „Anleitung zur Ausübung der Wasserheilkunde" herausgab. Viel Wissen und praktische Erfahrung sowie entsprechende Veröffentlichungen lagen vor, als *Kneipp* seine Tätigkeit aufnahm. Die *„Wasserhähne", Oertel, Prießnitz, Schindler* und *Rausse* dürfen als seine Vorläufer gelten.

Es ist auch daran zu erinnern, daß Prof. Dr. *Winternitz* aus Wien sein Werk über die Naturheilkunde bereits im Jahre 1877 herausgab, während *Kneipps* erste wesentliche Veröffentlichung – „Meine Wasserkur" – erst neun Jahre später, nämlich im Jahre 1886, erschien. *Kneipp* hatte also zahlreiche Möglichkeiten, das Wissen und die Erfah-

Kneipp-Bäder in Deutschland
▲ Kneipp-Heilbäder
● Kneipp-Kurorte
KIEL
Malente-Gremsmühlen
ROSTOCK
Mölln
HAMBURG
SCHWERIN
BREMEN
Bad Bevensen
Fallingbostel
BERLIN
HANNOVER
MAGDEBURG
Bad Iburg
Porta Westfalica
Detmold-Hiddesen
Wildemann
Schieder
Wünnenberg
DORTMUND
Bad Lauterberg
Olsberg
Witzenhausen-Ziegenhagen
LEIPZIG
DÜSSELDORF
Willingen
Kassel-Wilhelmshöhe
Heiligenstadt
Fredeburg
DRESDEN
Bad Berleburg
KÖLN
Bad Laasphe
Neukirchen/Knüllgebirge
ERFURT
Berggießhübel
Bad Schandau
BONN
Hennef
Gladenbach
Stützerbach
Schleiden-Gemünd
Bad Endbach
Antonshöhe
Vallendar
Bad Marienberg
Bad Münstereifel
Boppard
Bad Camberg
Gersfeld
Daun
FRANKFURT
Bad Berneck
Grasellenbach
SAARBRÜCKEN
MANNHEIM
NÜRNBERG
Blieskastel
Bad Bergzabern
STUTTGART
Sasbachwalden
Bad Peterstal-Griesbach
Villingen-Schwenningen
Waldkirch
Königsfeld
Bad Waldsee
MÜNCHEN
Friedenweiler
Ottobeuren
Bad Wörishofen
Titisee-Neustadt
Überlingen
Aulendorf
Grönenbach
Radolfzell-Mettnau
Scheidegg
Oy-Mittelberg
Prien a. Chiemsee
St. Blasien
Oberstaufen
Hindelang
Füssen-Bad Faulenbach
Oberstdorf
Stand vom 1. 2. 1991

Bewegungsmangel zählt heute zu den wesentlichen Mitverursachern zahlreicher Zivilisationskrankheiten. Es sollte nicht übersehen werden, daß die Freude an der Bewegung, wie sie durch die rhythmische Gymnastik vermittelt wird, und das Bewußtsein körperlicher Leistungsfähigkeit auch Rückwirkungen auf die Psyche des Menschen haben.

rungen seiner Vorläufer als Grundlage seiner eigenen Tätigkeit zu benutzen.

Sebastian Kneipp verstand es vor allem vorzüglich, nach seinen ersten praktischen Erfahrungen die Wasseranwendungen zu einem umfassenden Wasser*heilverfahren* auszubauen. Wie seine Vorläufer, so ergänzte auch er die Wasserkur durch weitere natürliche Heilfaktoren. Schließlich wurde er zum volkstümlichen Lehrer einer naturgemäßen Lebens- und Heilweise, in der die Anregung der Eigenkräfte des Organismus und die Abhärtung gegen schädliche Einflüsse der Umwelt eine große Rolle spielten. Seine Lehre gewann schließlich das Interesse einer Reihe von Ärzten, die sich im Jahre 1894 zum *Kneippärztebund* zusammenschlossen, um die Lehre *Kneipps* weiterzuentwickeln, zeitgemäß auszudeuten und anzuwenden. Sie fanden dabei große Unterstützung durch die im Kneipp-Bund (gegründet 1897) organisierten Laien.

Heute ist die ursprüngliche Kneippkur zu einem wohldurchdachten, aber immer noch erweiterungsfähigen System einer naturgemäßen Lebens- und Heilweise geworden, das sich als hochdifferenzierte Allgemeinbehandlung hauptsächlich der *Wasseranwendung*, der *Diät* und der *Heilpflanzenwirkungen* bedient. Es konnte nicht ausbleiben, daß auch alle Arten von aktiven und passiven Bewegungsübungen herangezogen wurden. Das große Ziel ist die weitgehende *Wiederherstellung der natürlichen Lebensordnung* auf körperlichem und seelisch-geistigem Gebiet.

Wenn wir immer wieder davon reden, daß der Organismus, besonders in den mittleren und höheren Lebensjahren, die Unterstützung durch aktive *Bewegung* benötigt, um seine Eigenkräfte und seine Anpassungsfähigkeit an die oft sehr schnell wechselnden Umweltbedingungen möglichst lange zu erhalten, dann muß anderseits auch von der mit der Bewegung und Aktivierung rhythmisch wechselnden *Ruhe* die Rede sein. Im natürlichen Geschehen unterliegt alles Lebendige einem Rhythmus; Bewegung und Ruhe wechseln einander harmonisch ab. Leider handeln wir dieser natürlichen Gesetzmäßigkeit oft genug zuwider, was zunächst vegetative Störungen zur Folge hat, die aber eines Tages zu organischen und damit schwer zu heilenden Schäden führen können.

Die Kneippkur berücksichtigt den natürlichen Wach- und Schlafrhythmus, was sich schon darin ausdrückt, daß man als erste „Anwendung" frühes Aufstehen fordert und auch ein frühes Zubettgehen erwartet. Der Rhythmus soll sich allerdings nicht nur auf den natürlichen Wach- und Schlafrhythmus beziehen. Auch die Bewegungsübungen können rhythmisiert werden. Das geschah seit der Mitte des 19. Jahrhunderts in der zeitgemäßen Form der *rhythmischen Gymnastik,* die ein wesentliches Mittel zur Erhaltung und auch Wiederherstellung der körperlichen *und* seelischen Leistungsfähigkeit geworden ist.

Ausführung und Heilanzeigen der einzelnen Wasseranwendungen

WASCHUNGEN

Die einfachen Waschungen stellen die mildeste Form der Wasseranwendungen dar und eignen sich sowohl für Gesunde zur Abhärtung als auch für Kranke und sogar Schwerkranke, wenn sie richtig durchgeführt werden. Falsch angewendet, können auch die einfachsten Heilmittel Schaden anrichten. Grundsätzlich ist zu beachten, daß auch die Waschungen – wie die Bäder – nur ausgeführt werden sollen, wenn ein gutes Wärmegefühl vorhanden ist. Es hat sich fast allgemein die Übung durchgesetzt, Waschungen morgens vom Bett aus vorzunehmen und sich sofort danach für 30–50 Minuten wieder ins warme Bett zu legen. Die Waschung selbst muß schnell geschehen. Das Abtrocknen unterbleibt, aber die Bedeckung muß ringsum fest sein. Nach kurzer Zeit stellt sich als Reaktion ein angenehm prickelndes Wärmegefühl in der Haut ein. Der Körper trocknet nach dieser Wiedererwärmung rasch ab.

IN DIESEM KAPITEL:

Natürlich kann die Waschung auch abends erfolgen; man sollte dann aber vorher schon im Bett gelegen haben. Bei Kranken und Schwerkranken lassen sich Waschungen auch im Bett selbst ausführen. Dabei ist streng darauf zu achten, daß jeder gewaschene Körperteil sofort wieder gut zugedeckt wird.

Man unterscheidet Einzelwaschungen und Serienwaschungen und nach dem Umfang der Anwendung Ganzwaschungen und Teilwaschungen (Oberkörper, Unterkörper oder einzelne Extremitäten). In den Badeverordungen der Kurärzte werden für die einzelnen Anwendungen folgende Abkürzungen gebraucht:

UKW = Unterkörperwaschung,
GW = Ganzwaschung,
OKW = Oberkörperwaschung.

Für die kleineren, seltener verordneten Teilwaschungen (Leib, einzelne Glieder) verwendet man keine Abkürzungen.

Zur *Durchführung* der Waschungen nimmt man ein rauhes, grobes Handtuch oder bei empfindlichen Personen zunächst einen großen Schwamm und *kaltes* Wasser.

Kneipp sagte: „Bei einer jeden Waschung liegt die Hauptsache darin, daß der ganze Körper oder der einzelne zu waschende Teil *gleichmäßig naß* werde. Diejenige Ganz- oder Teilwaschung wird die beste sein, die am gleichmäßigsten geschieht und am kürzesten dauert; über zwei Minuten darf keine währen."

Die *Wirkung* der Waschungen ist leicht zu verstehen und hängt weitgehend von der richtigen Durchführung ab. Das Nichtabtrocknen führt zu einer Verlängerung des Kältereizes durch das Auftreten der Verdunstungskälte. Diese aber veranlaßt die Blutgefäße unter der Haut, sich zusammenzuziehen, wodurch erschlaffte Gefäße, besonders nach Infektionskrankheiten, wieder zur Tätigkeit angeregt werden, vor allem dann, wenn man die Waschungen oft genug wiederholt. Auf die Gefäßzusammenziehung durch den Kältereiz folgt beim Nachdünsten und Wiedererwärmen im Bett eine Gefäßerweiterung mit stark vermehrter und beschleunigter Blutdruckströmung, die sich bei Blutleere der Haut, blasser marmorierter Haut oder bläulichen Stauungszuständen besonders günstig auswirkt. Waschungen sind daher bei jeder Art von Störungen der Blutzirkulation (Kreislaufstörungen) heilungsfördernd und regulierend wirksam.

Bei fieberhaften Erkrankungen bilden Waschungen ein vorzügliches Mittel, um übermäßig hohe Temperaturen zu senken *(Serienwaschung)*. Man wiederholt in diesen Fällen die Waschung alle halbe Stunde (6- oder 8mal). Neben der Fiebersenkung haben wir dann eine ausleitende und bei der Nachdünstung eine schweißtreibende Wirkung. Die Waschungen sind daher nützlich bei allen fieberhaften Erkältungskrankheiten, Grippe, Lungen- oder Rippenfellentzündung, Mandelentzündung und – hier entsprechend vorsichtig und exakt durchgeführt – bei akutem Gelenkrheumatismus.

Bei chronischem Bronchialkatarrh, Emphysembronchitis, Asthma bronchiale, aber auch chronischen Stoffwechselstörungen erzeugen die Waschungen einen aktivierenden und heilungsfördernden Effekt.

Bei gesunden Personen wirken die Waschungen wegen der Anregung der Wärmeregulation und der Förderung der Durchblutung und Ausscheidung abhärtend und damit vorbeugend im Sinne der aktiven Gesundheitspflege.

Als *Abhärtungskur* und zur Verbesserung des allgemeinen Wohlbefindens führt man täglich drei bis vier Wochen lang morgens vom Bett aus eine Waschung durch, und zwar in folgender Weise: Am ersten Tag eine Oberkörperwaschung, am zweiten Tag eine Unterkörperwaschung und vom dritten an jeweils eine Ganzwaschung. Grundsätzlich ist dabei zu beachten: mit dem nach der Waschung feuchten Körper nur in ein *warmes* Bett zurück und eine halbe bis dreiviertel Stunde nachdünsten. Keine Waschung bei Frösteln oder bei kalten Füßen durchführen und nie bei offenem Fenster!

Durch *Zusätze zum Waschwasser* kann die Anregung der Hauttätigkeit und ihre Ausscheidungsfunktion noch gesteigert werden. Wein- und Obstessig, 1 Glas auf 1 Liter Wasser, fördern die Hautreaktion und mindern die subjektive Kälteempfindung. Arnikalösung, 1 Eßlöffel auf 1 Liter Wasser, steigert stark alle Hautfunktionen. Arnikatinktur nie unverdünnt auf die Haut bringen!

Ganzwaschung

Bei Gesunden und Kranken, die nicht unbedingt liegen müssen, nimmt man die Waschung im Stehen vor. Sie erstreckt sich auf den ganzen Körper mit Ausnahme des Kopfes. Zuerst wäscht man, rechts beginnend, die Arme, dann den Hals, es folgen Brust, Leib, Beine und Füße. Handtuch oder Schwamm werden zwischendurch mehrfach ins kalte Wasser getaucht. Zum Schluß werden der Rücken und die Fußsohlen abgewaschen. Man kann die Waschung an sich selbst vornehmen oder durch eine andere Person vornehmen lassen. In ein bis zwei Minuten kann der ganze Vorgang beendet sein. Ohne sich abzutrocknen, kehrt man entweder sofort ins warme Bett zurück, oder man zieht sich warm an und arbeitet oder bewegt sich, bis die Haut trocken und eine völlige Erwärmung eingetreten ist.

Für Gesunde bedeutet die Ganzwaschung eine gute Erfrischung und Abhärtung. Sie vertreibt den Schlaf und fördert die Lust, sich zu betätigen.

Am besten nimmt man die Waschung sofort nach dem Aufstehen vor, sie kann natürlich auch zu jeder anderen Tageszeit durchgeführt werden. Abends vor dem Schlafengehen fühlen sich manche Menschen angeregt, die meisten jedoch schlafen danach fester und ruhiger. Die Ganzwaschung kann auch mitten in der Nacht, wenn der Schlaf sich nicht einstellen will, probiert werden, oft mit überraschendem Erfolg.

Bei Kranken war es *Kneipp* sehr wichtig, daß der ganze Körper einschließlich der Fußsohlen schnell und gleichmäßig ohne großes Reiben gewaschen wurde. *Kneipp* ließ die Waschungen an Kranken stets in folgender Weise vornehmen: Der Kranke setzte sich im Bett auf oder wurde, wenn er allzu schwach war, aufgesetzt und gestützt. Dann wusch man ihm schnell Arme, Brust, Leib und Rücken. Nach dem Umlegen kamen die Beine an die Reihe.

Bei schwachen Kranken kann man die Ganzwaschung auch abschnittweise auf verschiedene Tageszeiten verteilen: Frühmorgens Brust, Leib und Arme und nachmittags Rücken, Beine und Fußsohlen. Alle Kranken werden sich danach erfrischt fühlen. Bei Fieberkranken wiederholt man die Waschung bei jedem Anstieg des Fiebers, um eine Temperatursenkung zu erzielen. Die Wirkung läßt sich steigern, indem man dem Wasser Essig zusetzt.

Die Ganzwaschung wird angewendet zur Anregung des Hautstoffwechsels und der Blutzirkulation, bei fieberhaften Zuständen zur Temperatursenkung, Ableitung, Ausscheidungsförderung und Erfrischung, zur Beeinflussung des Nervenstoffwechsels, zur Beruhigung bei Nervösen und Schlaflosen sowie zur Abhärtung verweichlichter Personen.

Oberkörperwaschung

Diese sehr häufig angewandte Waschung dient meist zur Einleitung einer Kneippkur. Gesunde führen sie mit kaltem Wasser vor dem Waschbecken stehend durch, Kranke setzen sich dazu aufrecht ins Bett.

Zunächst legt man alles zurecht, auch die Wäsche zum raschen Wiederanziehen. Sofort nach dem Ausziehen mit der Waschung beginnen! Man nimmt dazu ein mehrfach zusammengelegtes, grobkörniges Handtuch, taucht es in das kalte Wasser und drückt es leicht aus. Die Abwaschung geschieht in folgender Reihenfolge: Man beginnt mit dem rechten Handrücken und führt das Tuch an der Außenseite des Armes bis zur Schulter, an der Innenseite wieder bis zur Hohlhand zurück und auf dem gleichen Weg bis zur Achselhöhle. Dann wird das Tuch gewendet, erneut in das Wasser getaucht und ringsherum der Hals gewaschen, dann die Brust, der Leib und die Seiten bis zu den Hüften mit langen Längstrichen. Das Tuch abermals wenden, eintauchen und den linken Arm in der gleichen Weise waschen wie den rechten. Zum Abschluß folgt der Rücken, wiederum mit mehreren großen Längsstrichen. Ohne sich abzutrocknen wird sofort wieder das Hemd angezogen und der Patient zum Nachdünsten gut zugedeckt und eingepackt.

Waschungen nach Altväter Weise können auch heute noch zu einem außerordentlichen Badevergnügen werden.

Der Gesunde zieht sich sofort völlig an und sorgt durch Arbeit oder Bewegung für rasche Wiedererwärmung.

Die Oberkörperwaschung fördert die Durchblutung der Brustorgane und leitet Blutstauungen im Kopf ab. Sie kann tagsüber mehrfach wiederholt werden.

Ihre Anwendung ist angebracht bei akuten und chronischen Erkrankungen der Atmungsorgane, bei ungenügender Herzleistung (Herzinsuffizienz) und bei Nervenschwäche (Neurasthenie). Für Gesunde bildet die Waschung den Beginn einer Abhärtungskur.

Unterkörperwaschung

Die Unterkörperwaschung wird bei Gesunden im Stehen vor dem Waschbecken, bei bettlägerigen Patienten nur liegend vorgenommen. Sofort nach dem Entkleiden beginnt man die Waschung mit dem in kaltes Wasser getauchten, mehrfach zusammengelegten, groben Handtuch.

Sie erfolgt in folgender Weise: Man beginnt am rechten Fußrücken, fährt an der Außenseite des Beines hoch bis zur Hüfte, dann über die Leistengegend und an der Innenseite des Beines bis zum Fuß zurück. Danach wird noch die Fußsohle gewaschen und das ganze Bein sofort gut zugedeckt, bevor man in der gleichen Weise mit frisch eingetauchtem Handtuch auch das linke Bein wäscht. Zum Schluß werden der Unterbauch und das Gesäß einschließlich der Kreuzgegend in mehrmals wiederholten Kreisen gewaschen. Dann gut zudecken und fest einpacken zur Nacherwärmung.

Die Unterkörperwaschung wirkt auf die Durchblutung der Beine, die Unterbauchorgane und ableitend aus den Oberkörperorganen.

Die Anwendung der Unterkörperwaschung ist angebracht bei Durchblutungsstörungen in den Beinen (kalte Füße, Krampfadern, Venenentzündungen und Beingeschwüre, wobei man die Geschwüre umgeht) und bei Blasenstörungen (besonders nervöser Reizblase). Wie Lendenwickel und Wadenwickel sind auch Unterkörperwaschungen schlaffördernd.

Warme Waschungen

Bei den warmen Waschungen sollte man lauwarme (Temperatur der Wassers etwa

35° C) und heiße Waschungen (38–44° C) unterscheiden.

Zur Durchführung der Waschung bereitet man zwei Schüsseln oder Waschbecken mit entsprechend temperiertem Wasser vor. Der Kranke wird im warmen Zimmer, je nach Kräftezustand, auf ein angewärmtes Badetuch gesetzt oder gelegt. Dann nimmt man ein zusammengefaltetes, gröberes Handtuch (einen großen Waschlappen oder einen dicken Schwamm), taucht es in die erste Schüssel, drückt es aus, so daß es nicht tropft, und wäscht den Körper des Kranken in langen Strichen zügig damit ab.

Nach jedem zweiten Strich wird das Handtuch in der anderen Schüssel kurz ausgewaschen, ausgedrückt, wieder zusammengelegt, in das frische Wasser der ersten Schüssel eingetaucht, etwas ausgedrückt und die Waschung fortgesetzt.

Die Waschung muß schnell und mit kräftigem Druck geschehen, um die Haut rasch und gründlich von den anhaftenden, teilweise giftigen Ausscheidungsprodukten zu befreien, ohne eine Auskühlung hervorzurufen.

Im Anschluß an die warme Waschung wird der Kranke sofort noch einmal mit Essigwasser von Zimmertemperatur (Weinessig 1 : 10 verdünnt), das man sich in einer dritten Schüssel vorher bereitstellt, abgerieben. Auch hierbei wird der Waschlappen wiederholt ausgespült und frisch eingetaucht.

Ohne den Kranken abzutrocknen, legt man ihn dann in ein frisch bezogenes, eventuell angewärmtes Bett, deckt ihn gut zu und sorgt für ausreichend Frischluft im Zimmer.

Die Waschung kann als richtig und gut ausgeführt gelten, wenn sich der Kranke hinterher zwar ermüdet oder gar matt, aber doch erleichtert fühlt. Man muß dieses Gefühl der Erleichterung am eigenen Körper erlebt haben, um es wirklich schätzen zu können.

Die richtig und vollständig durchgeführte warme oder heiße Ganzwaschung ist, im Unterschied zu den warmen Teilwaschungen, die zu den täglichen Pflegeaufgaben gehören, eine ausgesprochene Heilmaßnahme. Sie fördert die Ausscheidung giftiger Krankheitsstoffe und Zerfallsprodukte des durch das Fieber gesteigerten Stoffwechsels. Da die Haut nicht nur ausscheidet, sondern auch aufsaugt, ist es wichtig, daß sie nach jedem Schweißausbruch möglichst bald von den Abfallprodukten befreit wird.

Wechselwaschungen

Regelmäßige Waschungen der äußeren Geschlechtsorgane und ihrer Umgebung mit heißem und kaltem Wasser im Wechsel wirken über eine vermehrte Durchblutung und Anregung der sie versorgenden Nerven fördernd auf die Hormonbildung in den Geschlechtsdrüsen. Die vermehrte Hormonbildung aber hat eine allgemein tonisierende und vitalisierende Wirkung.

Zur Durchführung stellt man heißes und kaltes Wasser (in Schüsseln oder Waschbecken) mit je einem Waschlappen bereit. In hockender Stellung wäscht man dann zunächst kalt, dann heiß und wieder kalt (eventuell nochmals heiß und kalt) die Innenseiten der Oberschenkel, die Leistengegend, die äußeren Geschlechtsteile, den Damm und zuletzt die Aftergegend und reibt mit einem Frottierhandtuch trocken.

Diese Wechselwaschung, regelmäßig täglich durchgeführt, dient nicht nur der notwendigen Reinigung und Pflege dieser Körperteile, sondern der einfachen und natürlichen Kräftigung der Geschlechtsorgane und einer heilsamen Nervenanregung ähnlich der des Kuhnebades (siehe Seite 151 ff.). Sie kann in viel einfacherer Weise auch mit einer Wechselbrause (Handbrause in der Badewanne) oder auf dem Bidet durchgeführt werden.

Die Abgießung mit abgeschwächtem Strahl ist eine erquickende Erfrischung an heißen Tagen, aber auch nach heißen Bädern angebracht.

GÜSSE

Die Güsse können durch Beschränkung auf einzelne Körperabschnitte, Variation der Temperatur (kalt, temperiert, heiß, wechselwarm), der Anwendungszeit und des Wasserdrucks in hohem Maße der Körperverfassung und der Empfindlichkeit des Patienten angepaßt werden, um, von der milderen langsam zur kräftigeren Anwendung übergehend, eine allmähliche *Abhärtung* zu erzielen.

Der *normale Kneippguß* wird mit einem zusammenhängenden Strahl bei geringem Wasserdruck so ausgeführt, daß der begossene Körperabschnitt oder der ganze Körper mantelförmig umspült wird. Jedes „Abspritzen" ist zu vermeiden. Der Guß kann mit der berühmten Gießkanne erfolgen, aber auch, leicht und einfach, mit einem 2–2,50 m langen, an die Wasserleitung angeschlossenen Schlauch von 18–20 mm lichter Weite. Wenn man den Wasserhahn bei aufrecht gehaltenem Schlauch so weit aufdreht, daß der Strahl 8–10 cm (fingerhoch) herausquillt, ist der Wasserdruck für die Güsse gerade richtig.

Es ist ohne weiteres klar, daß die Reizwirkung und die darauf folgende Reaktion um so stärker sind, je größer die Differenz der Wassertemperatur (heiß oder kalt) zur Körpertemperatur ist. Man sollte also die Güsse – unter Berücksichtigung der Verträglichkeit – so kalt und so heiß wie möglich machen (kalt 8° C, heiß 42–44° C). Vor jedem kalten Guß muß man aber auf gute Körperwärme achten. Falls erforderlich, muß sie zunächst durch Bewegung, vorhergehende heiße Anwendung oder Erwärmung im Bett erzeugt werden.

Temperierte Güsse sind anzuwenden bei überempfindlichen und schwächlichen Patienten und am Beginn einer Kur zur Eingewöhnung.

Die *wechselwarmen Güsse* beginnt man heiß, durchschnittlich 39–43° und wechselt nach 8–10 Sekunden Dauer unmittelbar auf kalt, wiederum 8–10 Sekunden lang bei einer Temperatur von 8–10° C. Bei großer Empfindlichkeit wechselt man bei der ersten Anwendung nur einmal von warm auf kalt. Meist wird jedoch der Wechsel zweimal ausgeführt. Er kann auch, um kräftiger einzuwirken, drei- bis viermal verabfolgt werden. Die Reizwirkung der Wechselgüsse ist oft größer als die der kalten Güsse. Wechselgüsse kommen daher vor allem bei Patienten mit schlechter Reaktion oder großer Kälteempfindlichkeit in Frage.

Heiße Güsse führt man mit Wasser von 39–43° C durch. Sie werden wohl zunächst angenehmer empfunden, sind aber in ihrer Wirkung den kalten und den wechselwarmen Güssen unterlegen.

Bei *Teilgüssen* entkleidet man lediglich den zu begießenden Körperteil. Nach dem Guß streift man das Wasser nur ab und kleidet sich sofort wieder an. Bei mangelhafter Reaktion sofort ins Bett und warm

Güsse regen die anfängliche Gefäßzusammenziehung (Vasokonstriktion) ebenso wie die nachfolgende Gefäßerweiterung kräftiger an als Bäder gleicher Ausdehnung, Dauer und Temperatur. Kalte Güsse führen nur bei jungen, nicht bei alten Menschen zu einer Pulsverlangsamung und Abnahme des Herzschlagvolumens. Der periphere Kreislauf wird durch Anstieg von Blutdruck, Pulswellengeschwindigkeit, elastischem und peripherem Widerstand tonisiert.

Dr. W. Teichmann,
Chefarzt der Medizinischen Rehabilitationsklinik Wörishofen

einpacken. Gesicht, Hände und Kreuzbeingegend trocknet man immer richtig ab. Bei der Ausführung der Güsse sollte die Raumtemperatur nicht unter 18° C liegen.

Für den Gießer benötigt man ein Schutzbrett und für den Oberguß ein dafür geeignetes Holzgestell (siehe die Abbildungen auf den Seiten 50/51).

Im Prinzip wirken alle Güsse anregend oder sogar stärker erregend und durch die trainierende Wirkung auf die Blutgefäße – sie erweitern und verengen die Hautkapillaren – abhärtend. Der einstige Wörishofener Kneipparzt Dr. *Fey* meinte, das Erfrischungsgefühl nach kalten Güssen beruhe wahrscheinlich auf der Ausscheidung leistungssteigernder Stoffe.

Wie immer wieder zu betonen ist, müssen nach einem Guß als Reaktion leichte Hautrötung und Wärmegefühl auftreten. Während eines kalten Gusses ist vielleicht ein stechender Kälteschmerz zu spüren, der zwar ohne Bedeutung ist, aber anzeigt, daß die Anwendung keinesfalls kälter sein darf und nicht mehr länger andauern soll. Überhaupt wird bei den Güssen jede Schockwirkung auf den Körper durch einen zu plötzlichen Kaltwasserreiz vermieden, wenn man zunächst mit kleineren Güssen (Knieguß, Schenkelguß, Unterarmguß) beginnt. Auch empfiehlt es sich, die alte Gießregel zu beachten, an den Händen bzw. den Füßen zu beginnen, mit dem Wasserstrahl langsam auf- und abzusteigen und nach drei bis vier Wiederholungen oder dem Eintritt der Reaktion den Guß zu beenden. Der weitere Verlauf ist bei den einzelnen Güssen beschrieben.

Da die biologischen oder physiologischen Reaktionen eine anfänglich nur geringe Reizstärke und erst nach langsamer Gewöhnung stärkere Reize benötigen, hat es keinen Sinn, mit den größeren Güssen oder gar den Blitzgüssen zu beginnen, weil dann eher eine Störung der vegetativen Reaktionen als eine Kräftigung oder Steigerung eintritt. Man spricht daher auch vom

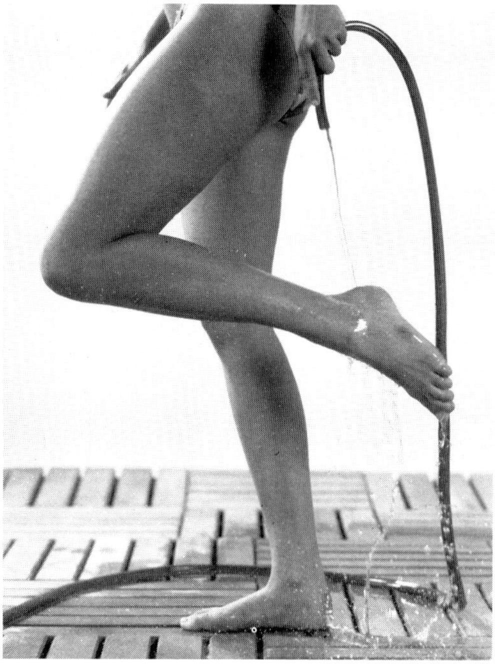

Abgießen von Ferse und Fuß

Prinzip des Einschleichens, das sowohl für die einzelne Anwendung als auch für die Gesamtkur gelten soll, so daß also starke Anwendungen erst in der letzten (dritten und vierten) Kurwoche angebracht sind.

Die Güsse verbessern zunächst im Bereich des begossenen Körperteils den Blutumlauf. Der bessere Blutumlauf belebt den Stoffwechsel, aber die Wirkung greift auch auf die den Hautsegmenten zugeordneten inneren Organe über. Für alle Erkrankungen, die durch Verbesserung der Durchblutung beeinflußt oder gar geheilt werden können, stellen die Güsse einen wesentlichen Heilfaktor dar. Güsse haben daher immer eine Reihe von Heilanzeigen. Diese „Unspezifität" ist jedoch kein Nachteil; sie ergänzt vielmehr häufig eine etwa notwendige „spezifische" medikamentöse Behandlung, weil das Medikament in besser durchbluteten Geweben und Organen schneller wirksam werden kann.

Einfache Abgießung nach warmen Anwendungen

Nach Hitzeanwendungen, besonders nach heißen Bädern, ist es zweckmäßig, eine einfache kalte Abgießung vorzunehmen, um die durch die Hitze erschlafften Gefäße zu tonisieren und ein zu langes Nachschwitzen zu verhindern. Die Abgießung, auch Abfrischung genannt, kann als kurze, kalte Brause oder als kurzer Vollguß mit abgeschwächtem Strahl durchgeführt werden. Nach dem Guß trocknet man die Haut wie nach warmen Bädern völlig ab.

Unterschenkelguß (Knieguß)

Nur bis zur Mitte des Oberschenkels entkleiden. Die Begießung beginnt am rechten Fuß. Man führt den Schlauch über den seitlichen Fußrücken zur Ferse, dann über die Wade bis zur Kniekehle. Hier verharrt man einige Sekunden und geht dann an der Innenseite zurück bis zur Ferse.

Das gleiche wiederholt sich am linken Unterschenkel. In der linken Kniekehle angelangt, kann man auch nochmals kurz auf die rechte Kniekehle überspringen, um eine stärkere Reaktion zu erzielen. Dann dreht sich der Patient um. Vorn beginnt man am rechten Unterschenkel, geht vom Fußrücken seitlich aufwärts bis über die Kniescheibe, umkreist diese einige Male und führt dann an der Innenseite abwärts zur Ferse, dabei möglichst über die Muskelpartien. Das gleiche wiederholt sich am linken Unterschenkel, wobei auch hier wieder kurzes Überspringen von der linken zur rechten Kniescheibe erfolgen kann.

Die Dauer der Begießung beträgt 8–10 Sekunden je Rück- und Vorderseite eines Beines. Bei schwächlichen Personen zuerst nur kurz begießen. Die Zeitdauer war richtig bemessen, wenn nach dem Ankleiden rasch ein Wärmegefühl in dem begossenen Körperteil eintritt.

Der *heiße* Guß wird auf die gleiche Weise durchgeführt, ebenso der *Wechselguß*. Zuerst werden Rück- und Vorderseite eines Beines heiß, dann kalt begossen. Meist wechselt man zweimal an jedem Bein.

Der kalte, der heiße und der Wechselknieguß sind bei folgenden Erkrankungen angezeigt: *Blutandrang zum Kopf, Migräne, Schnupfen* (Wechselguß), *Stauungen im Pfortadersystem, Hämorrhoiden* und *chronisch kalte Füße*. In Verbindung mit heißen Salzfußbädern auch bei *Fußschwäche* sowie bei *Senk-, Spreiz-* und *Knickfußbeschwerden*.

Wechselknieguß

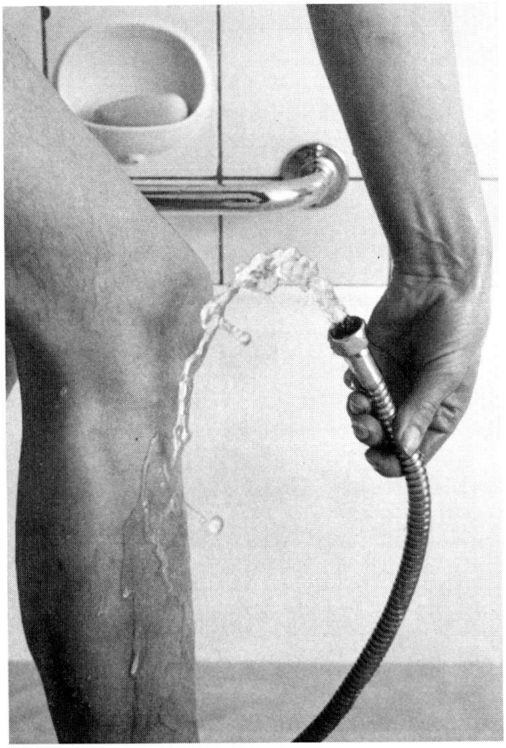

Schenkelguß (Beinguß)

Man läßt den Oberkörper bekleidet und beginnt den Guß wie beim Knieguß am

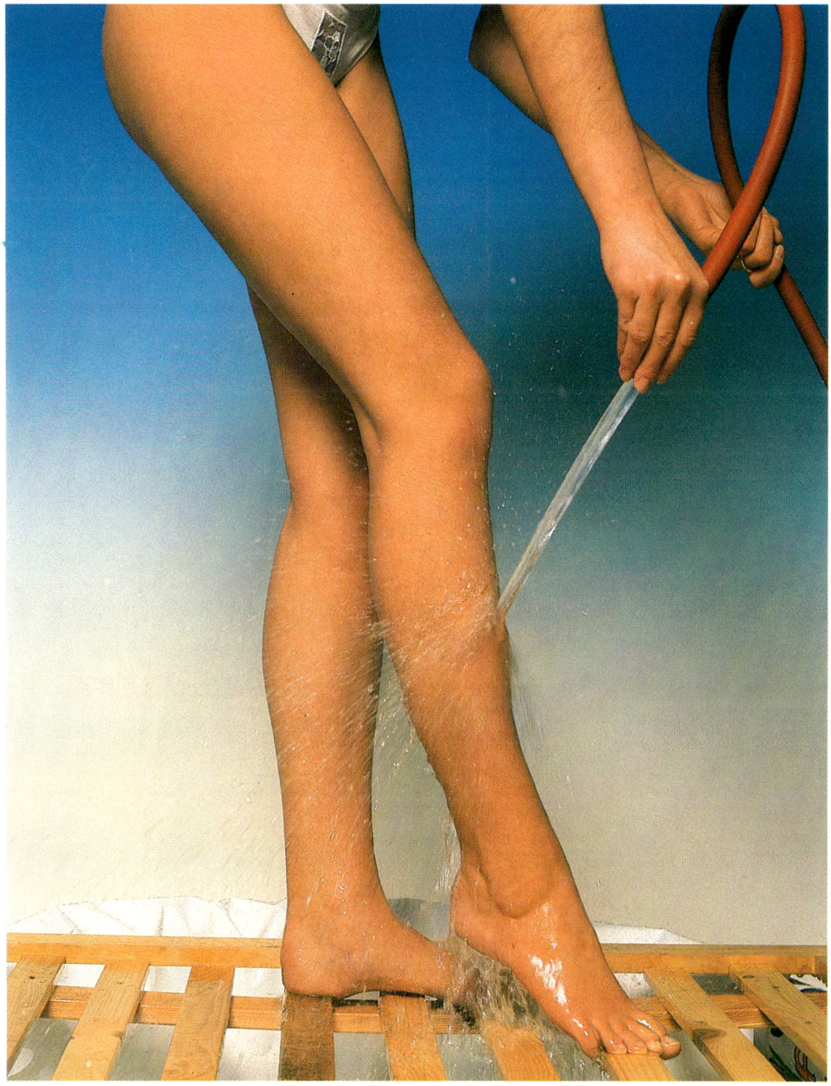

Die Begießung beim Unterschenkelguß soll je Rück- und Vorderseite eines Beines etwa 8–10 Sekunden betragen.

rechten Fußrücken, führt den Strahl von dort zur Ferse und weiter an der Außenseite des Beines hoch bis zur Hüfte, hält hier 8–10 Sekunden an, dann geht es über die Gesäßmuskulatur an der Innenseite des Beines zurück bis zur Ferse. Anschließend wird das linke Bein in der gleichen Weise begossen, nur wechselt man am oberen Haltepunkt einige Male von der linken zur rechten Seite herüber, bevor man den Strahl wieder zurückführt. Dann dreht sich der Patient um, und es folgt auf gleiche Weise die Begießung von vorn: rechter Fußrücken, aufwärts gehen außen bis zur Hüftbeuge, hier einige Sekunden verhalten, innen zurück bis zur Ferse. Das gleiche geschieht links, aber am oberen Haltepunkt wird wieder einige Male über die Oberschenkel hin und her gewechselt, dann geht man zur linken Hüftbeuge und

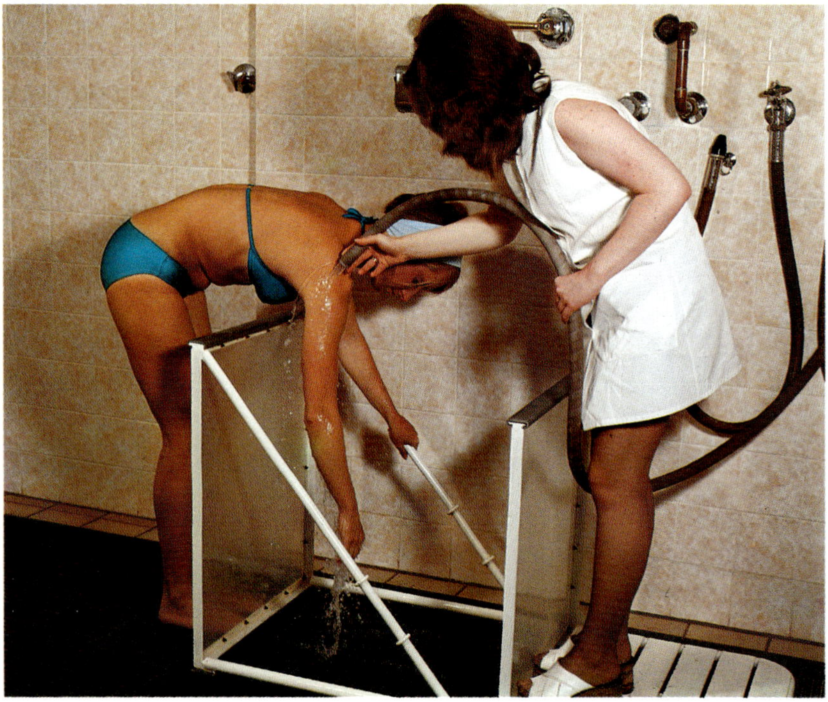

Schulter-Arm-Guß und Oberguß (rechte Seite) gehören zu den beliebtesten Kneippschen Anwendungen. Als Gießgestell erfüllt auch die Fußbank in der Badewanne ihren Zweck.

schließlich auf der linken Innenseite wieder zur Ferse zurück.

Der Schenkelguß stellt eine Verstärkung des Kniegusses dar und wird angewandt bei *Blutandrang zum Kopf* (Hyperämie), *Stauungen im Pfortadergebiet*, *Muskelrheumatismus* und in Form von Wechselschenkelgüssen bei *Hüftgelenksbeschwerden*, *Ischias*, *Krampfadern*, *Parästhesien* (Mißempfindungen bei Nerven- und Durchblutungsstörungen) und *rheumatischen Lähmungen*.

Der Schenkelguß wird gern mit einem *Leibguß* verbunden, indem man den Guß vom oberen Haltepunkt aus 15–20 Sekunden lang spiralförmig im Uhrzeigersinn um den Bauchnabel herumführt. Dieser Guß führt zur Anregung der Darmtätigkeit.

Unterguß

Auch der Unterguß ist im Grunde genommen eine Erweiterung des Schenkelgusses. Man führt dabei den Gußstrahl über den oberen Haltepunkt hinaus, hinten bis unter den Rippenbogen, vorn bis an den Rippenbogen, verhält hier den Strahl einige Sekunden und läßt das Wasser breit über Rücken und Gesäß bzw. Bauch und Beine ablaufen. Abschließend führt man den Strahl wie beim Schenkelguß zurück.

Heilanzeigen für den Unterguß sind *Blutandrang zum Kopf*, *Blähungen* und *Stauungszustände im Pfortadergebiet*.

Rückenguß

Der Rückenguß gehört zu den stärksten Güssen und soll nicht ohne vorher angewandte kleinere Güsse (Knie-, Schenkel-, Armguß) verabfolgt werden.

Man beginnt die Begießung mit dem Wasserschlauch am rechten Fußrand, führt dann den Strahl bis zur Hüfte und an der Innenseite des Beines wieder abwärts. Das

linke Bein wird genauso begossen; man führt aber den Abwärtsstrahl nur bis zur Mitte des Oberschenkels, geht dann quer herüber zur Außenseite der rechten Hand, am Arm aufwärts bis zum Schulterblatt, verweilt hier 6–8 Sekunden, wobei das Wasser über die ganze rechte Rückenseite läuft, führt den Strahl dann abwärts bis zur Oberschenkelmitte, quer herüber zur linken Hand, wieder aufwärts bis zum linken Schulterblatt, verweilt dort 6–8 Sekunden und beendet den Guß, indem man den Strahl am Rücken abwärts führt (siehe auch Seite 54). Bei empfindlichen Personen empfiehlt es sich, Rücken und Herzgegend vorzuwaschen.

Die Anwendung erfolgt zur *Stärkung von Atmung und Herztätigkeit*, bei *Fettsucht, Asthma, Schwäche der Rückenmuskulatur* und zur *allgemeinen Kräftigung bei Sitzberufen*.

Bei schweren Herz- und Lungenerkrankungen sowie bei allgemeiner schwerer Arteriosklerose und starker nervöser Überreizung kann dieser Guß nicht ausgeführt werden. Für Gesunde stellt er ein ausgezeichnetes Mittel dar, um sich „in Form" zu halten.

Armguß

Der Armguß ist zu Hause leicht über der Badewanne auszuführen. Man beginnt mit der Begießung auf dem rechten Handrükken, führt dann den Wasserstrahl an der Außenseite des rechten Armes hoch bis zur Schulter, hält hier 5–10 Sekunden an, wobei das Wasser am Arm abläuft und führt dann den Strahl an der Innenseite des Armes bis zur Handinnenfläche zurück. Dann begießt man den linken Arm in der gleichen Weise, dann nochmals den rechten und wieder den linken Arm.

Diese Anwendung dient zur Behandlung von *Kreislaufstörungen an Armen und Händen*, von *Kopfdruck, rheumatischen Verände-*

rungen der Muskeln und Gelenke, niedrigem Blutdruck und *Herzmuskelschwäche*.

Der **verlängerte Armguß** (leichter Oberguß) wird wie der Armguß ausgeführt, nur läßt man den Strahl vom oberen Verweilpunkt aus etwas weiter bis über die Rippen gehen, so daß das Wasser über Arme und Beine abläuft.

Dieser Guß hat die gleichen Heilanzeigen wie der Armguß und der Oberguß. Er kann bei empfindlichen und schwächlichen Patienten als Überleitung vom Arm- zum Oberguß dienen.

Oberguß

Der Oberguß gehört zu den wertvollsten Kneippschen Güssen und sollte in der Technik möglichst genau durchgeführt werden. Normalerweise gehört dazu ein sogenanntes Gießgestell (siehe Seiten 50. 51). Man kann sich aber genausogut vor den Badewannenrand stellen, sich in die Wanne bücken und die Hände auf ein Fußbänkchen stützen, das man in die Wanne gestellt hat. Natürlich kann der Guß nur bei völlig entblößtem Oberkörper durchgeführt werden.

Vor Beginn nimmt der Patient die im Bild gezeigte Haltung ein. Der Kopf wird dabei etwas hochgehalten und gedreht, damit die Nackenmuskeln nicht verkrampfen oder schmerzen. Der Guß verläuft wie folgt:

Wie beim Armguß vom Handrücken an der Außenseite des Armes aufwärts bis zur Schulter, dort kurz verhalten und an der Innenseite des Armes zurück. Nun führt man den Schlauch zur linken Hand herüber, geht hier an der Innenseite des Armes hoch, von der Schulter auf die Brust, umkreist diese mehrmals (3–5mal), führt dann den Schlauch über die rechte Schulter auf den Rücken (dabei nimmt der Gießer den Schlauch von der rechten in die linke Hand und hält mit der rechten Hand im Nacken das Wasser von den Haaren weg), wobei man den Schlauch mit der Mündung zum Kopf hin anhält, so daß das Wasser breit über den ganzen Rücken zum Nacken hin und über die Oberarme abläuft. Man kann den Schlauch dabei auch etwas nach rechts und links über die Wirbelsäule hinwegführen oder ihn kreisförmig bewegen, bevor man ihn, besonders nach Reaktionseintritt, über den linken Arm nach außen herausführt.

Der Oberguß wird gern zur *Anregung von Atmung* und *Kreislauf*, bei Neigung zu *Bronchialkatarrhen, Lungenemphysem, Erkrankungen des Rachens* und *des Kehlkopfes*, bei *Blutandrang zum Kopf* und zur *allgemeinen Abhärtung* gegeben. Außerdem wirkt er als eine ausgezeichnete Erfrischung, die besser ist als eine Tasse Bohnenkaffee.

Brustguß

Der Brustguß stellt lediglich den ersten Teil des Obergusses, also ohne die Rückenbegießung, dar, wird also technisch genau wie dieser ausgeführt: Zuerst begießt man die Arme und vom linken Arm aus kreisförmig die Brust, wobei auch der Hals eingeschlossen sein sollte.

Der Brustguß dient vor allem zur *Beruhigung einer nervös erregten Herztätigkeit*, hat sonst aber die gleichen Heilanzeigen wie der Armguß (siehe Seite 51).

Vollguß

Dieser Guß soll nur ausgeführt werden, wenn andere, kleinere Güsse (Knieguß, Schenkelguß, Unterguß, Oberguß) bereits vorausgegangen sind. Mit Ausnahme des Kopfes wird der ganze Körper begossen.

Man beginnt am rechten Fußrücken, führt den Wasserstrahl an der Außenseite

Der Vollguß läßt sich gut auch zu Hause durchführen.

des Beines hoch bis zur Hüfte und an der Hinterseite des Beines zurück bis zur Ferse. Von da wechselt man zur linken Seite, fährt über den Fußrücken und die Außenseite des Beines hoch bis zur Hüfte, füllt von da aus etwas Wasser in die linke Hand des Patienten zum Vorwaschen der Herzgegend, während der Gießer gleichzeitig mit der freien Hand den Rücken vorwäscht.

Die meisten Güsse lassen sich auch in der häuslichen Badewanne durchführen. Unser Bild zeigt, wie man den Wasserschlauch bei einem Vollguß zu führen hat. Ein solcher Guß wirkt außerordentlich belebend, besser jedenfalls als eine Tasse Bohnenkaffee.

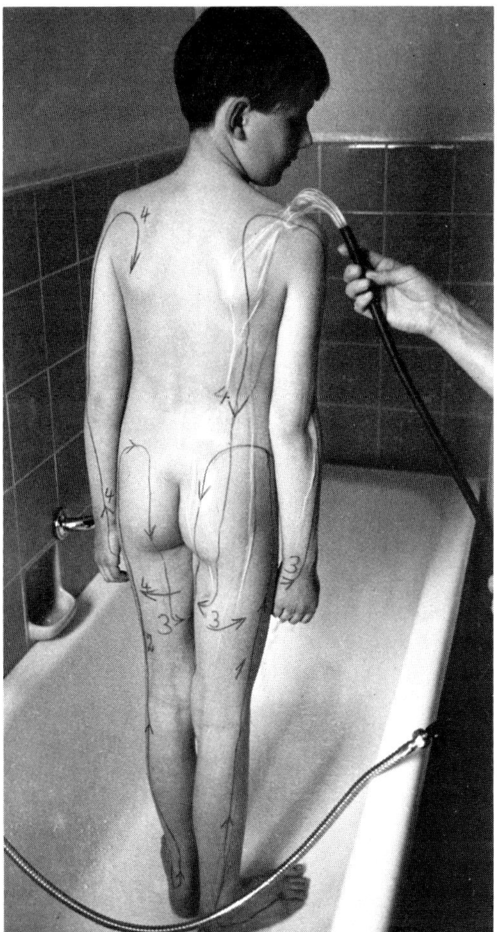

Dann fährt man mit dem Schlauch quer über das Gesäß zum rechten Arm, von hier aufwärts bis zur Schulter, wo man etwas verhält und das Wasser gleichmäßig über die rechte Körperhälfte fließen läßt, und zwar etwa zwei Drittel über die Rück- und ein Drittel über die Vorderseite. Weiterhin wird der Guß am Rücken abwärts geführt, quer über das Gesäß zum linken Arm und von hier aufwärts bis zur linken Schulter. Hier wieder verhalten und das Wasser hinten und vorn abfließen lassen, einmal über den Nacken, nach rechts wechseln und wieder zurück und dann an der linken Körperseite abwärts.

Anschließend folgt die Begießung der Vorderseite (ohne Beine). Man beginnt am rechten Arm, führt den Schlauch aufwärts bis zur Schulter, läßt hier bei kurzem Verhalten den größten Teil des Wassers über die Vorder- und den kleineren Teil über die Rückseite ablaufen, dann an der Vorderseite des Rumpfes abwärtsfahren, über die Oberschenkelmitte nach links wechseln und den Wasserstrahl am linken Arm aufwärts zur Schulter führen. Hier abermals nach vorn und hinten ablaufen lassen, über das Brustbein nach rechts wechseln und wieder zurück und dann den Schlauch über die linke Vorderseite abwärts- und herausführen.

Die Wirkung des Vollgusses besteht in einer starken *Erregung der Kreislauf- und Atmungsfunktion.* Als Reaktion erfolgt ein vermehrtes Einströmen des Blutes in die Haut und die inneren Organe, wodurch der Brustraum entlastet wird.

Die *Anwendung* des Vollgusses erfolgt zur *Verbesserung der Blutzirkulation* und *der Atmung,* zur *Abhärtung* und zur *Anregung der Stoffwechselfunktionen.* Bei fortgeschrittener Verkalkung, zu schwacher Herzfunktion (Herzmuskelschwäche), sehr niedrigem Blutdruck und bei Depressionen sollte er als ein zu starker Reiz vermieden werden. Anwendung ohnehin nur auf ärztliche Verordnung.

BLITZGÜSSE

Zur Durchführung der Blitzgüsse benötigt man einen etwa 10 cm langen Blitzgußkopf, der auf das Schlauchende aufgesetzt wird. Seine lichte Weite soll sich bis zum Ausfluß auf 4–5 mm verjüngen. Der Wasserdruck muß 1½–3 atü betragen. Bei den Blitzgüssen nutzt man außer dem Temperaturreiz auch den Reiz des starken mechanischen Druckes auf die Haut aus.

Nach Dr. *Christian Fey* ist der richtige Druck vorhanden, wenn man das Mundstück in ein Meter Höhe vom Boden waagerecht hält und der Strahl in etwa sechs Meter Entfernung den Boden erreicht. Die Entfernung von der Schlauchöffnung bis zum Körper des Patienten soll je nach Stärke des Strahls 2–4 m betragen. Über die Wirkung der Blitzgüsse sagt er, daß sie nicht nur wie eine starke Wassermassage auf die herzfernen Blutgefäße wirken, sondern daß die dabei auftretenden Zerfallstoffe der Zellen im Sinne einer körpereigenen Reizbehandlung wirken.

Fettsucht, chronisch-rheumatische Veränderungen und *Ischiasnervenerkrankungen* sind die großen Anwendungsgebiete und Heilanzeigen für die Blitzgüsse.

Knieblitz
(Unterschenkel-Druckstrahlguß)

Der Knieblitz ist meist der zuerst ausgeführte Blitzguß und dient zur Überleitung auf andere, umfangreichere Blitzgüsse. Der Guß beginnt nach einem kurzen Sprühregen an der Rückseite des völlig entkleideten Patienten aus 3–4 m Entfernung. Man führt den Strahl vom rechten seitlichen Fußrücken über die seitliche Wadenmuskulatur bis zur Kniekehle, von dort zur Innenseite des Unterschenkels bis zur Ferse zurück. In gleicher Weise wird das linke Bein behandelt. Die ganze Prozedur wird dann ein- bis dreimal wiederholt.

Bei Krampfadern stärkeren Grades muß der Strahl mit dem Finger abgeschwächt werden. Anschließend läßt man den Strahl über die begossenen Partien mehrmals auf- und abwärts streichen. Dieser Vorgang wird auch „abpeitschen" genannt.

Nachdem sich der Patient umgedreht hat, kommt die Vorderseite an die Reihe. Man führt den Strahl, am rechten Fußrand beginnend, seitlich über die Wade bis zum Knie, umkreist das Kniegelenk zwei- bis dreimal und führt ihn auf der Innenseite des Unterschenkels zurück, wodurch die vordere, sehr empfindliche Schienbeinkante vermieden wird. Das gleiche wiederholt man links und peitscht dann beide Beine vorn ab.

Dann läßt man den Patienten eine Vierteldrehung nach links ausführen und das linke Bein einen Schritt vorsetzen. In dieser Stellung begießt man die Außenseite des rechten Fußes und Unterschenkels bis über das Knie zweimal und peitscht die Partie ab. Dann folgt in der gleichen Stellung die Innenseite des linken Fußes, ohne sie anschließend abzupeitschen.

Nachdem dann der Patient eine Halbdrehung nach rechts ausgeführt hat, kann die gleiche Prozedur auch mit der Außenseite des linken Fußes und Unterschenkels (zweimal begießen und abpeitschen) und der Innenseite des rechten Fußes (nur zweimal begießen) erfolgen. Den Abschluß bildet ein zweimal abwechselndes Abblitzen der rückwärts hochgehaltenen Fußsohlen und ein Sprühregen über beide Beine von hinten nach vorn.

Heilanzeigen wie beim Schenkelblitz.

Schenkelblitz
(Bein-Druckstrahlguß)

Der Schenkelblitz wird wie der Knieblitz mit einem kurzen Sprühregen eingeleitet,

in der Strahlführung aber wie beim einfachen Schenkelguß verfahren. Man fügt dann nur die Seitenstellungen wie beim Knieblitz hinzu und beendet die Anwendung mit dem Abblitzen der Fußsohlen und einem Sprühregen.

Für beide Blitzgüsse, die nur kalt oder aber als Wechselblitze ausgeführt werden, gelten folgende Heilanzeigen:

1. Als Nachbehandlung nach warmen oder heißen Bädern;
2. bei Muskel-, Gelenk- und Nervenrheumatismus, nachdem die akuten Erscheinungen abgeklungen sind. Die chronisch gewordene Ischiaserkrankung heilt häufig unter der Anwendung von Heublumenhalbbädern oder Dreiviertelpackungen mit anschließenden Schenkelblitzen doch noch ab;
3. bei chronischen, degenerativen Gelenkerkrankungen, um die Durchblutung und damit die Ernährung dieser Gewebe zu fördern und ein Fortschreiten der Erkrankung zu verhindern;
4. bei Gefäßkrampferscheinungen im Bereich der Oberschenkel.

Nicht geeignet für Blitzgüsse sind entzündliche Gelenkerkrankungen, Venenentzündungen und große Krampfadern.

Vollblitz (Druckstrahlvollguß)

Auch der Vollblitz beginnt nach einem kurzen Sprühregen auf der Rückseite am rechten seitlichen Fußrücken (etwa vor der Ferse). Den Blitzstrahl führt man zunächst über das rechte Bein bis zur Hüfthöhe an der Außenseite herauf, an der Innenseite herunter, wechselt zum linken Bein, geht wieder an der Außenseite bis zur Hüfthöhe hoch, dann aber quer über das Gesäß zum rechten Arm, während der Patient mit dem linken Arm inzwischen die Herzgegend vorwäscht.

Vom rechten Arm geht der Strahl aufwärts bis zum Schulterblatt, das man dreimal umkreist, um den Strahl anschließend am rechten Arm wieder abwärts zu führen. Es folgt der Wechsel über das Gesäß zum linken Arm, hier wieder aufwärts zum Schulterblatt, dieses dreimal umkreisen, wieder am linken Arm abwärts und quer über das Gesäß zur rechten Rückenseite.

Es folgt dann das Abblitzen der ganzen rechten Rückenhälfte in senkrechten Strichen vom Nacken bis zum Gesäß. Das gleiche geschieht auf der linken Rückenhälfte. Zum Abschluß geht man in Zickzackkurven von unten nach oben über den ganzen Rücken und wieder zurück und endlich mit dem Strahl über das linke Bein abwärts zur Ferse und heraus.

Dann dreht sich der Patient um zum Abblitzen der Vorderseite. Nach einem kurzen Sprühregen blitzt man erst die Beine bis zur Leistenbeuge ab. Dann geht man am rechten Arm hoch bis zur Brust, die mit abgeschwächtem Strahl dreimal umkreist wird. Über den rechten Arm führt man den Strahl wieder abwärts, wechselt über die Oberschenkel zum linken Arm, geht diesen hinauf bis zur Brust, umkreist sie wieder dreimal, um den Strahl dann über den linken Arm wieder abwärts zu führen.

Schließlich fordert man den Patienten auf, die Arme hochzuheben und eine Schrittstellung einzunehmen. Dann blitzt man wieder nacheinander in geraden Strichen die rechte und die linke Körperhälfte von der Leiste bis zur Achselhöhle ab. Kräftiges Abpeitschen, Abspritzen der Fußsohlen und ein Sprühregen, der den ganzen Körper erfaßt, beenden diese „Krönung einer Kneippkur".

Der *Vollblitz* (Blitzguß, Druckstrahlvollguß) wird als stärkste Anwendung meist am Ende oder in der letzten Woche einer Kneippkur ausgeführt und auch meist als „Krönung" der Kur empfunden. Der Vollblitz bildet eine starke Anregung für die Blut- und Säftezirkulation und damit auch für den gesamten Stoffwechsel. Er ist für schwache, zarte und nicht durch kleinere

Der Vollblitz ist die Krönung einer Kneippkur. Er erhöht vor allem die Anregung des Stoffwechsels.

Anwendungen vorbereitete Personen ungeeignet.

Angezeigt ist er als *Abhärtungsmittel* für Gesunde, aber auch zur *Nachbehandlung nach überstandenen Krankheiten* (in der Rekonvaleszenz), nach *Hitzeanwendungen* (römisch-irische Bäder, Sauna, Schwitzbäder) und zur *Behandlung der Fettsucht.*

Nicht angezeigt ist der Vollblitz bei organischen Herz- und Gefäßerkrankungen und allen anderen schweren organischen Leiden (der Nerven oder inneren Organe).

Nach Anwendungen des Blitzgusses stellt sich ein intensives, stark belebendes Durchblutungsgefühl und eine geistige Aktivierung ein.

Wechselblitz

Die Blitzgüsse können wie die einfachen Güsse auch als Wechselblitzgüsse verabreicht werden. Gerade der recht umfangreiche Vollblitz wird häufig als Wechselblitz durchgeführt, wobei man die Rück- und Vorderseite zunächst heiß, dann kalt abblitzt. Danach folgen die Körperseiten heiß und kalt und am Schluß beendet ein Kaltblitz über den Rücken die Anwendung. Dieser verkürzte Wechselblitz ist recht beliebt, weil er angenehmer und verträglicher ist.

Die Heilanzeigen sind die gleichen wie beim Vollblitz.

Blitzgußmassagebad

Das von *Fey* beschriebene Blitzgußmassagebad stellt die Kombination eines Temperaturreizes mit einem mechanischen Reiz dar. Ursprünglich ließ *Fey* ein warmes Kräuterbad vorausgehen und anschließend einen heißen Rückenblitz verabreichen.

Das entspannende warme Bad sollte die Wirkung des Rückenblitzes verstärken. *Kaiser* beobachtete bei der Durchführung eines solchen Blitzgußmassagebades an einer jungen Patientin, daß nach Auftreten der zu erwartenden scharfen Rötung des Rückens die Gegend der Raute (Kreuzbeingegend) blaß blieb. Es stellte sich nach Befragen heraus, daß die Patientin an Regelstörungen (seltene, unregelmäßige und zu schmerzhafte Menstruation) litt. *Kaiser* entdeckte, daß die Rautengegend der Hautbezirk war, von dem aus sich die weiblichen Keimdrüsen (in diesem Fall ihre Unterfunktion) günstig beeinflussen ließen. Nach besonderer Behandlung der Rautengegend, der großen Gesäßmuskeln beiderseits bis zu den Hüftknochen, der geraden Bauchmuskeln und der Leistendreiecke mit Blitzgußmassagebädern stellte er fest, daß sich auf diese Weise die leistungsschwachen Eierstöcke anregen ließen und sich die Menstruation normalisierte. Weiterhin wandte *Kaiser* dann das Blitzgußmassagebad auch auf andere Hautsegmente, die z. B. der Leber und Galle oder dem Magen, dem Zwölffingerdarm und der Bauchspeicheldrüse entsprechen, mit gutem Erfolg an.

Die Technik dieser Anwendung gibt *Kaiser* wörtlich wie folgt an: „Der Patient nimmt für fünf Minuten ein Kräuter-dreiviertel-Bad in einer Temperatur zwischen 37 und 38° C. Dann geht der Patient nach Aussteigen aus dem Bade in die Blitzgußecke und kehrt dem Bademeister den Rücken zu. Dieser bearbeitet mit einem heißen Blitzstrahl, dessen Temperatur je nach der Entfernung zwischen 44 und 46° C liegt, die Raute bis zum Auftreten einer arteriellen aktiven Hyperämie. Dann geht er mit dem heißen Blitzstrahl über das rechte Gesäß zum rechten Hüftknochen und zurück über die Raute zum linken Gesäß bis zum Auftreten einer hellen Rötung. Darauf kehrt der Patient dem Bademeister seine Vorderseite zu. Dieser bearbeitet mit abgeschwächtem Blitzstrahl die beiden geraden Bauchmuskeln so lange, bis eine arterielle aktive Hyperämie auftritt, dann wendet der Patient das rechte Bein nach außen. Sodann wird, unter der Voraussetzung, daß am Bein keinerlei Krampfadern vorhanden sind, die Leistengegend, das Leistendreieck geblitzt, wobei der Patient mit der linken Hand die Schamgegend abdeckt. Nach Bearbeitung der rechten Leistengegend wird in gleicher Weise auch die linke Leistengegend mit abgeschwächtem Strahl bearbeitet. Daraufhin geht der Patient wieder für fünf Minuten in das aufgewärmte Bad zurück (38–39° C), und der Vorgang wird wiederholt. Nach Durchführung des zweimaligen Segmentblitzes ist eine Bettruhe von mindestens zwei Stunden unabdingbar notwendig."

Das Bad eignet sich zur Beeinflussung der Organe des kleinen Beckens, also der Blase, des Mastdarms, der inneren weiblichen Geschlechtsorgane (Gebärmutter und Eierstöcke) und der Vorsteherdrüse (Prostata) beim Mann.

Man kann jetzt schon sagen, daß sich für das Blitzgußmassagebad weitere Heilanzeigen ergeben werden, wenn es auch noch auf andere Hautsegmente angewandt wird.

Güsse stellen eine besondere Form der Wassertherapie dar. Sie wirken abhärtend und verstärken dadurch die Selbsterhaltungskraft und im gleichen Maße auch die Stress-Verträglichkeit. Darüber hinaus verbessern sie die gesamte Regulation des Wärmehaushaltes. Eine bessere Wärmeregulation erleichtert es dem Organismus, sich auf wechselnde Umwelt-, insbesondere Wetterbedingungen, schneller umzustellen.

WICKEL

Wickel oder Umschläge können je nach ihrer Dauer und der *angewandten Technik* verschiedene Wirkungen entfalten. Da das praktisch für alle Wickel gilt, sollen die verschiedenen Einwirkungsmöglichkeiten vorweg erläutert werden.

Für alle Wickel verwendet man drei Tücher: ein nasses Innentuch aus Leinen, ein Zwischentuch möglichst aus porösem Leinen, das zur Bedeckung des Innentuches und zum Schutz der Wolldecke dienen soll, und ein Wolltuch, das den äußeren Abschluß bildet.

Mit allen Wickeln sind drei verschiedene Wirkungen zu erzielen. Sie entziehen Wärme, sie stauen Wärme, sie wirken schweißtreibend.

Läßt man das Innentuch ziemlich naß und bleibt der Wickel nur kurze Zeit liegen, nämlich bis zum Warmwerden, wobei er mehrmals erneuert wird, so wirkt er wärmeentziehend und damit temperatursenkend, besonders bei erhöhter Temperatur (Fieber).

Wringt man das nasse Innentuch sehr stark aus und läßt man den Wickel dreiviertel bis eineinhalb Stunden liegen, so wirkt nur ein kurzer Kältereiz auf den Körper. Der Wickel nimmt schnell Temperatur an, staut die Wärme leicht, und ein wesentlicher Wärmeentzug findet nicht statt. Es tritt jedoch eine Dunstbildung auf, die aber wieder unterbrochen wird, bevor es zur Schweißbildung kommt. Solche leicht wärmestauenden Wickel steigern den Stoffwechsel, wirken ableitend, beruhigend und schlaffördernd (z. B. als Lenden- oder Wadenwickel).

Um eine Schweißbildung zu erreichen, wringt man das nasse Innentuch wie beim wärmestauenden Wickel stark aus und läßt den Wickel so lange liegen, bis Schweißausbruch eintritt. Der schweißtreibende Wickel ist besonders zur Bekämpfung von Erkältungs- und Infektionskrankheiten und zur Anregung des Stoffwechsels sehr gut geeignet.

Die durch die feuchten Wickel eintretende Blutüberfüllung der Haut und des Unterhautgewebes führt reflektorisch auch zu einer Durchblutungssteigerung der äußeren Gewebe und Organe, nämlich jener Organe, die ihre sensiblen Nervenfasern aus demselben Rückenmarksegment beziehen wie die durch den Wickel beeinflußte Hautpartie (Headsche Zonen).

D. J. Abramson und seine Mitarbeiter fanden bei der Untersuchung von 51 gesunden Männern, deren Unterarm sie 20 bis 30 Minuten lang einer feuchten Hitze von 45° C aussetzten, daß die Durchblutung mehr als verdoppelt wurde und der Effekt etwa eine Stunde anhielt, feuchtheiße Wickel also ebenso zirkulationsfördernd wirken wie Kurzwellen-Diathermie und Ultraschall.

Bei allen Wickeln werden wasserundurchlässige Tücher (z. B. Billroth-Batist) vermieden, da dann die bei den wärmestauenden Wickeln erwünschte Abdunstung unmöglich wird und sehr bald eine unangenehme Abkühlung eintritt.

Wenn auch im allgemeinen kalte Wickel bevorzugt werden, kann doch bei schlechter Reaktion, nämlich bei mangelhafter Wiedererwärmung und geringer Durchblutungssteigerung, auch einmal ein warmer oder gar heißer Wickel angebracht sein.

Es kommt dann ohne den anfänglichen Kältereiz sofort zu einer Hautgefäßerweiterung. Warme und heiße Wickel müssen jedoch wegen der schnellen Abkühlung häufig erneuert werden. Man benutzt dann lieber Dampfkompressen oder andere Wärmeträger wie Moor, Lehm, Quark oder Enelbin. Warme und heiße Wickel müssen am Bett hergestellt und schnell angelegt werden (jedoch Vorsicht vor Verbrennungen).

Zur Technik der Wickel

1. Sie werden nur im Bett liegend angewandt.
2. Der Patient muß sich bereits vor Anlegen eines kalten Wickels völlig warm fühlen, sonst ist *vorher* noch für eine gute Erwärmung zu sorgen, z. B. durch Vorwärmen des Bettes, Wärmflaschen, Heizkissen, Wärmestrahler, heißes Fußbad.
3. Vor dem Anlegen Blase und Mastdarm entleeren.
4. Während des Wickels heiße Getränke verabfolgen, um die Wirkung zu unterstützen.
5. Kalte Wickel so kalt und heiße Wickel so heiß wie möglich und verträglich anlegen.
6. Führt ein kalter Wickel nach spätestens einer halben Stunde nicht zur Erwärmung, muß durch Wärmflaschen und heiße Getränke Wärme zugeführt werden. Tritt auch dann noch keine gute Erwärmung ein, so entfernt man den Wickel, reibt den Körper tüchtig ab und führt weiterhin künstlich Wärme zu.
7. Auch heiße Wickel müssen entfernt werden, wenn diese abgekühlt sind und der Patient sich nicht wohlig warm fühlt.
8. Einschlafen im Wickel ist nicht erwünscht, es sei denn, daß es sich um einen Schwerkranken handelt, der dauernd zu beobachten ist.
9. Das Anlegen der Wickel kann zu jeder Tageszeit erfolgen. Im Rahmen einer Kneippkur nützt man jedoch morgens die noch vorhandene Bettwärme aus. Ableitende, beruhigende oder gar schlaffördernde Wickel werden natürlich abends verabfolgt (z. B. Lendenwickel, Wadenwickel).
10. Das Abnehmen der Wickel muß schnell erfolgen. Danach noch eine halbe bis eine Stunde ruhen lassen zum Nachdünsten und Abklingen der Reaktion. Besteht auch dann noch Schweißabsonderung, so schließt man eine feucht-kalte Abreibung mit Trockenfrottieren an.

Folgende Wickelmaße haben sich nach Christian Fey als zweckmäßig erwiesen:

Halswickel	10 × 60 cm
Brustwickel	80 × 180 cm
Kreuzwickel	30 × 200 cm
Schal	150 × 150 cm
Handwickel	60 × 60 cm
Armwickel	60 × 90 cm
Fußwickel, Wadenwickel	80 × 80 cm
Fuß-Waden-Wickel	80 × 110 cm
Beinwickel	80 × 130 cm
Leib- und Lendenwickel	80 × 180 cm
Kurzwickel (Halbpackung)	80 × 180 cm
Unterwickel (Dreiviertelpackung)	100 × 210 cm
Ganzwickel (Ganzpackung)	190 × 210 cm
Spanischer Mantel	200 × 250 cm
Unter- und Oberaufschlag	80 × 180 cm

So werden die Wickel angelegt

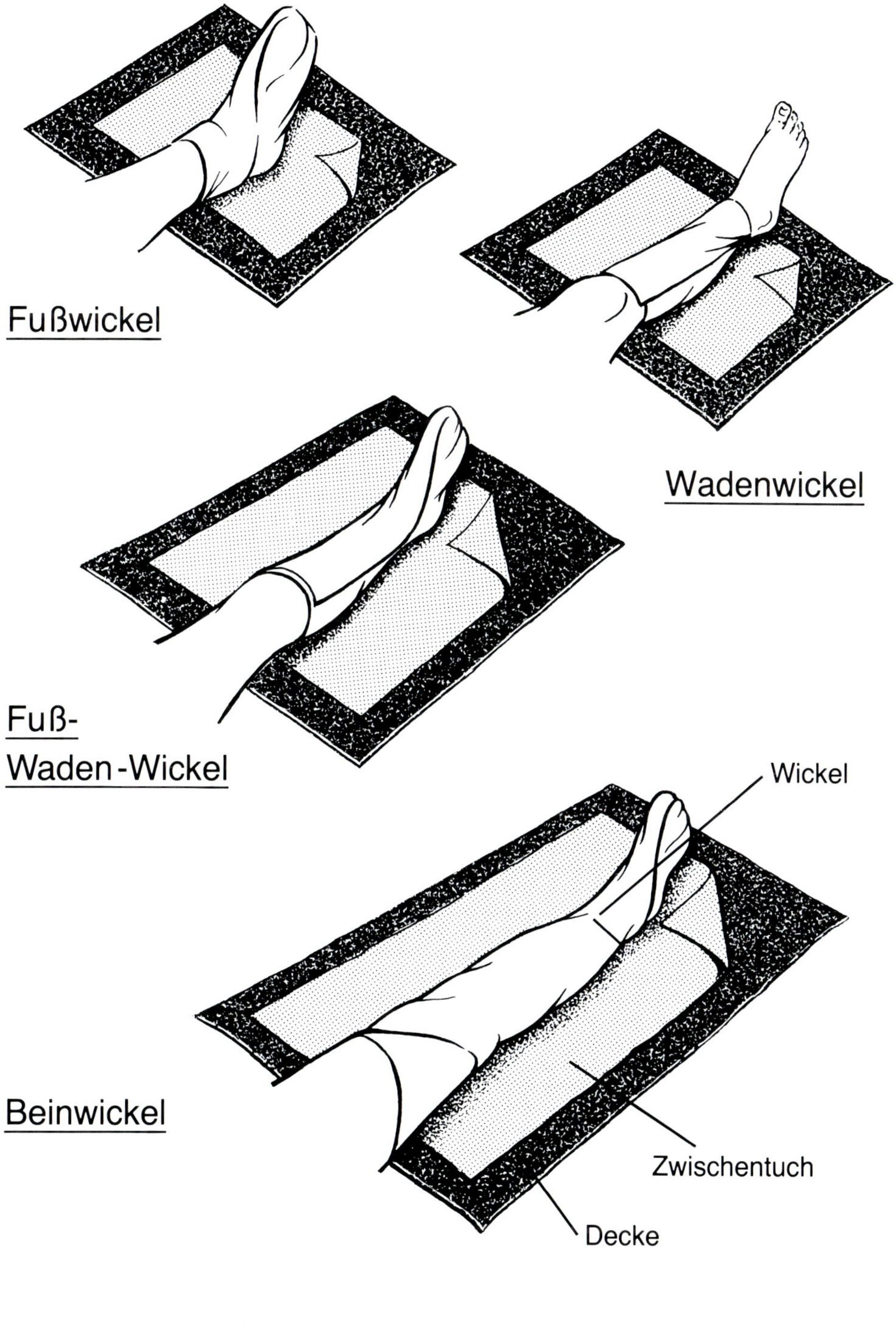

Welches Material verwendet man für die Wickeltücher?

Für das *Innentuch*, das eigentliche Wickeltuch, das unmittelbar auf die Haut kommt, benötigt man ein grobes, poröses Leinentuch oder Handtuch. Für das *Zwischentuch* nimmt man ein dünneres, poröses Leinen- oder Nesseltuch, das das nasse Innentuch bedecken muß, und als *abschließende Bedeckung* immer ein wollenes Tuch oder ein Flanelltuch.

Immer wieder muß betont werden, daß das Innentuch vom Zwischentuch und dieses wiederum vom äußeren Wolltuch allseitig überragt werden muß, damit ein guter Abschluß gewährleistet ist. Gelingt dieser trotzdem nicht wegen der verschiedenen Dicke des Organs, so muß durch Zug und Gegenzug sowie durch das Legen entsprechender Falten für ein dichtes Abschließen der einzelnen Wickellagen gesorgt werden. Während des Wickels soll sich der Patient möglichst ruhig und entspannt verhalten, also keineswegs dabei lesen. Bei Wickeln, bei denen die Arme mit eingepackt sind, muß jemand in Rufnähe des Eingewickelten bleiben.

Zur Verstärkung der Wickelwirkung verwendet man häufig *Zusätze* zum Wasser. Bei kalten Wickeln nimmt man Essig und Lehm. Man spricht dann von Essigwasserwickeln oder Lehmwasserwickeln.

Als Zusatz für heiße Wickel nimmt man Eichenrinde, Haferstroh, Heublumen, Kamillenblüten, Salz, Senfmehl und Zinnkraut.

Wann verwendet man kalte, warme oder heiße Wickel?

Kalte Wickel sind zu verwenden bei
1. fieberhaften Allgemeinerkrankungen (Temperatursenkung, Schweißerzeugung);
2. örtlichen Entzündungsprozessen, wie Lymphgefäß- und Zellgewebsentzündungen, Eiterungen, Gelenkentzündungen und Gelenkergüssen;
3. Prellungen, Verstauchungen, Verrenkungen und Blutergüssen;
4. Wunden (soweit feuchte Wundbehandlung zweckmäßig);
5. nässenden Ekzemen;
6. Gefäßleiden: Arteriosklerose, Hypertonie;
7. Schlaflosigkeit.

Warme Wickel sind zweckmäßig bei
1. schlechter Haut- und Gewebsreaktion (bis kalte Wickel verträglich);
2. Nervenentzündungen.

Heiße Wickel sind angebracht bei
1. chronischen rheumatischen Erkrankungen der Muskeln und Gelenke;
2. Krämpfen und Koliken im Bereich des Magens und des Darmes, des Leber-Gallen-Systems, der Nieren und der Harnblase;
3. entzündlichen Erkrankungen der weiblichen Unterleibsorgane.

Halswickel

Der Halswickel soll den ganzen Hals möglichst bis zu den Ohren bedecken. Als Innentuch benötigt man ein gröberes Leinenhandtuch, das man handbreit zusammenfaltet und in der ganzen Länge (meist zweimal) um den Hals wickelt. Wenn man nur eine Hälfte naß macht, kann die zweite Hälfte als trockenes Zwischentuch dienen. Als abschließende Umhüllung nimmt man ein Woll- oder Flanelltuch, das die nasse Umhüllung gut überdeckt.

Als *kalter* Wickel, der nach eingetretener Durchwärmung abgenommen und einige Male wiederholt werden kann, wirkt er bei entzündlichen Prozessen im Bereich der Halsorgane, bei *Katarrhen des Halses*, des *Kehlkopfes*, der *Nase* und bei *Mandelentzündung*.

Als *heißer* Wickel eignet er sich bei *Lymphdrüsenentzündungen*. Bequemer und anhal-

Wickelzusätze

Zusatz	Menge	Wirkung	Anwendung
Essig	⅓ Essig ⅔ Wasser	Verstärkung der örtlichen Heilwirkung	bei den dem Wickel entsprechenden Krankheiten
Lehm	mehrere Handvoll in 2–3 l Wasser	bindet Ausscheidungen, entzündungshemmend	Venenentzündung, Lymphgefäßentzündung, Lymphdrüsenentzündung, Altersjucken, Ekzem, Schuppenflechte
Eichenrinde	1 Handvoll ½ Stunde auskochen	zusammenziehend, macht Wäscheflecken	oberflächliche Entzündungen, Unterschenkelgeschwüre
Haferstroh	3 Handvoll auf 4–5 l Wasser	verstärkt örtliche Reaktion, regt Stoffwechsel an	bei den dem Wickel entsprechenden Krankheiten
Heublumen	1–3 Handvoll auf 4–5 l Wasser ½ Stunde kochen, Brühe verwenden	verstärken örtliche Reaktion, regen Stoffwechsel an	bei den dem Wickel entsprechenden Krankheiten
Kamillenblüten	2 Handvoll als Aufguß	enzündungswidrig	Entzündungen, Eiterungen
Salz (Kochsalz, Meersalz, Haßfurter Badesalz)	50 g auf 2 l Wasser	hautreizend	zum Hervorrufen eines Ausschlages bei Masern, Scharlach und Gelenkrheumatismus
Senfmehl	3–6 gehäufte Eßlöffel mit warmem Wasser übergießen (45–60° C), einige Minuten ziehen lassen, heiß anlegen, 10–12 Minuten bis zum Auftreten von Brennen oder starker Hautrötung anwenden, dann warm abwaschen	starke Hautreizung	Bronchiolitis
Zinnkraut	3 Handvoll auf 4–5 l Wasser	lokal anregend auf den Hautstoffwechsel	Ekzeme, Rheumatismus, lokale Durchblutungsstörungen, schlecht heilende Wunden

tender wirken hierbei allerdings Lehmbreiauflagen.

Ein kalter *Lehmwasserwickel*, der nach der Erwärmung abzunehmen und mehrfach zu wiederholen ist, bringt schnelle Erleichterung bei *Schilddrüsenüberfunktion* (Hyperthyreose).

Brustwickel

Der Brustwickel muß den Brustkorb von der Achselhöhle bis unter den Rippenbogen umhüllen. Die Arme bleiben also frei. Man benötigt dazu ein leinenes Handtuch und eine Wolldecke. Die Wolldecke wird in entsprechender Höhe aufs Bett gelegt, darüber das nasse Leinentuch. Der Patient legt sich auf die Mitte des Leinentuches, die Enden werden auf der Brust übereinandergeschlagen. Das Anlegen geschieht in mittlerer Atemstellung, damit die normale Ein- und Ausatmung nicht behindert ist. Die Wolldecke wird über das Leinentuch geschlagen und mit Sicherheitsnadeln befestigt. Dann mit dem Deckbett gut einpakken und für warme Füße sorgen.

Der Brustwickel ist besonders bei *Bronchitis* von großem Nutzen. Bei fieberloser Bronchitis legt man ihn heiß, bei fieberhafter Bronchitis am besten kalt an. Den heißen Wickel läßt man etwa 30 Minuten liegen und wiederholt ihn mehrmals täglich. Der kalte Wickel bleibt ein bis zwei Stunden liegen und wird nur ein- bis zweimal täglich wiederholt.

Der Brustwickel vermag die Krankheitsdauer der *Bronchitis* meist wesentlich zu verkürzen und führt zur raschen Lockerung des trockenen und quälenden Hustens.

Kreuzwickel

Hierzu benötigt man drei lange Handtücher. Das erste wird wie beim Brustwickel angelegt. Das zweite legt man von der linken Achselhöhle quer über den Rücken und die rechte Schulter bis zur Brustmitte, das dritte entsprechend von der linken Achselhöhle quer über den Rücken und die linke Schulter bis zur Brustmitte. Bequemer kann man diesen Wickel mit einem 1,5–2 m langen und 30–40 cm breiten Leinentuch ausführen. Man legt die Mitte des Tuches auf die Brust, schlägt das eine Ende unter dem Arm durch, quer über den Rükken und die andere Schulter bis zur Brustmitte und das andere Ende auf die gleiche Weise von der anderen Seite auch bis zur Brustmitte. Genauso müssen dann noch das Zwischentuch und das Wolltuch angelegt werden.

Angewandt wird der Kreuzwickel als *kalter Wickel* bei *Erkrankungen der Lunge* und des *Rippenfells*, bei *akuter* und *chronischer Bronchitis*, im Beginn einer *Rippenfellentzündung*, bei *Lungenentzündung*, *Lungenerweiterung* (Emphysem mit und ohne Bronchitis) und *Lungentuberkulose*. Die gute Wirkung läßt sich durch eine Verbesserung der Durchblutung des Lungengewebes und der Schleimhäute erklären, die reflektorisch von der Hautreizung aus eintritt.

Legt man den *Kreuzwickel heiß* an, so wirkt er krampflösend bei *Bronchialasthma*, *Herzasthma* und *Keuchhusten*. Herzkranken sollte man den Brustwickel, Kreuzwickel oder Schal nicht anlegen, da sie sich darin beengt fühlen. Hier wirken ableitende Maßnahmen besser. Siehe dazu unter Waden- und Beinwickel.

Schal

Der Schal ist zwar der beste und umfassendste Brust- und Rückenwickel, aber technisch nicht so einfach anzulegen. Am besten läßt man ihn sich von einem Kneipp-Bademeister mehrmals richtig zeigen, damit man ihn korrekt ausführen kann.

Zunächst schlägt man die Wolldecke und

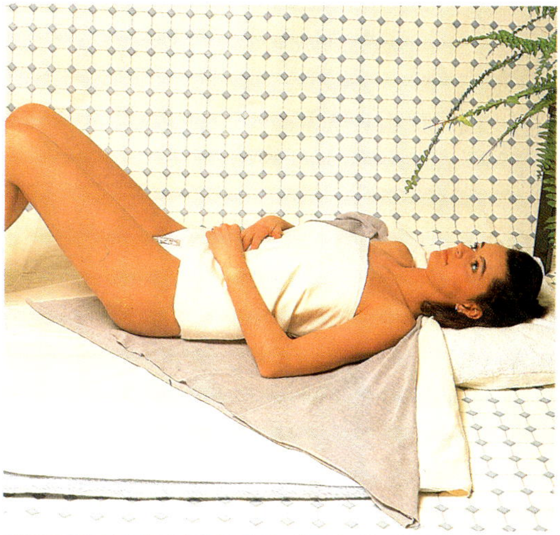

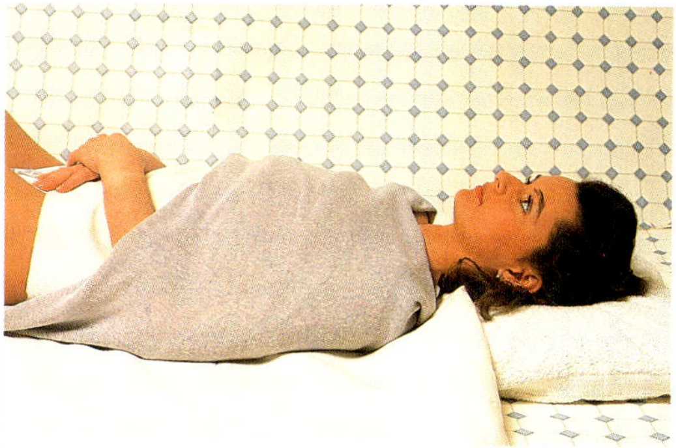

Der Schal gilt als der beste und umfassendste Wickel, ist aber nicht ganz einfach anzulegen. Bei Erkrankungen der Bronchien, der Lunge und des Rippenfells von Nutzen.

das Zwischentuch am oberen Ende handbreit nach außen um und legt sie dann so auf das Bett, daß sie dem Patienten bis zur Mitte des Hinterkopfes reichen. Dann faltet man ein quadratisches Wickeltuch zu einem Dreieck zusammen und legt es mit der längsten Seite (Legefalte) so über Rücken und Schultern, daß der mittlere Zipfel am Rücken herunterhängt und die beiden seitlichen über die Schultern nach vorne hängen. Der Hals wird also wie von einem Schal oder Kragen umfaßt.

Dann legt sich der Patient hin, wobei man darauf achtet, daß das nasse Tuch am Rücken glatt anliegt. Nun legt man über die Brust ein nasses Handtuch, das man beiderseits zwischen Oberkörper und anliegenden Armen fest einsteckt. Dann nimmt man den linken Schalzipfel und legt ihn in mehrfachen Falten über Arm und Brust und steckt ihn auf der Gegenseite zwischen Arm und Oberkörper fest ein. Das gleiche geschieht mit dem rechten Zipfel, den man ebenfalls in mehreren Falten über Arm und Brust zur Gegenseite herüberzieht und hier das letzte Ende des Schals über den Arm herüberführt und fest einsteckt. Zwischentuch und Wolldecke, die in gleicher Weise angelegt werden, müssen am Schluß das feuchte Tuch überall handbreit überragen. Um am Hals ein Kratzen der Wolldecke zu verhindern und einen guten Abschluß zu erreichen, steckt man ringsherum ein trokkenes Taschentuch oder ein kleines Handtuch ein.

Die Heilanzeigen für den Schal sind die gleichen wie für den Brust- und Kreuzwickel, also bei *Erkrankungen der Bronchien*, der *Lunge* und des *Rippenfells.*

Handwickel

Man faltet die drei Tücher, Innentuch, Zwischentuch und äußeres Wolltuch, zu Dreiecken zusammen und legt sie so aufeinander, daß das Wolltuch unten und das nasse Tuch oben zu liegen kommt. Dann wird die Handinnenfläche so auf das nasse Tuch gelegt, daß die Fingerspitzen zur Dreiecksspitze zeigen, mit der man nunmehr den Handrücken bedeckt. Dann schlägt man den einen Seitenzipfel fest über den Handrücken und um das Handgelenk, wo man ihn auch fest einsteckt. Der andere Zipfel wird von der Gegenseite her in der gleichen Weise gewickelt. Ebenso verfährt man mit den beiden anderen Tüchern. Der Wickel soll ohne einzuschnüren straff anliegen und das Handgelenk fest abschließen.

Armwickel

Der Armwickel soll die Hand und den ganzen Arm bis zur Schulter einschlagen. Zunächst legt man wieder einen Handwickel an, dann umwickelt man mit den entsprechenden drei Tüchern den ganzen Arm bis zur Schulter. Auch hierbei muß das Wolltuch die anderen Tücher überragen.

Kalte Hand- und Armwickel sind angebracht bei *Lymphbahnentzündungen* und anderen örtlichen Entzündungen (beginnende Zellgewebsentzündung, beginnende Abszeßbildung). Je nach Empfindung kalt, warm oder heiß bei *Neuralgien, Muskelrheumatismus* und *Sehnenscheidenentzündung.* Heiß und im Wechsel mit ansteigenden Armbädern bei *Angina pectoris.*

Fußwickel

Der Fußwickel wird in der gleichen Weise wie ein Handwickel angelegt. Einfacher ist die Verwendung von nassen Socken. Über das erste, nasse Paar (Baumwolle) zieht man ein zweites, trockenes Paar oder das trockene Zwischentuch wie beim Handwickel und darüber ein Paar trockene Wollsocken, die die feuchten Socken überragen müssen.

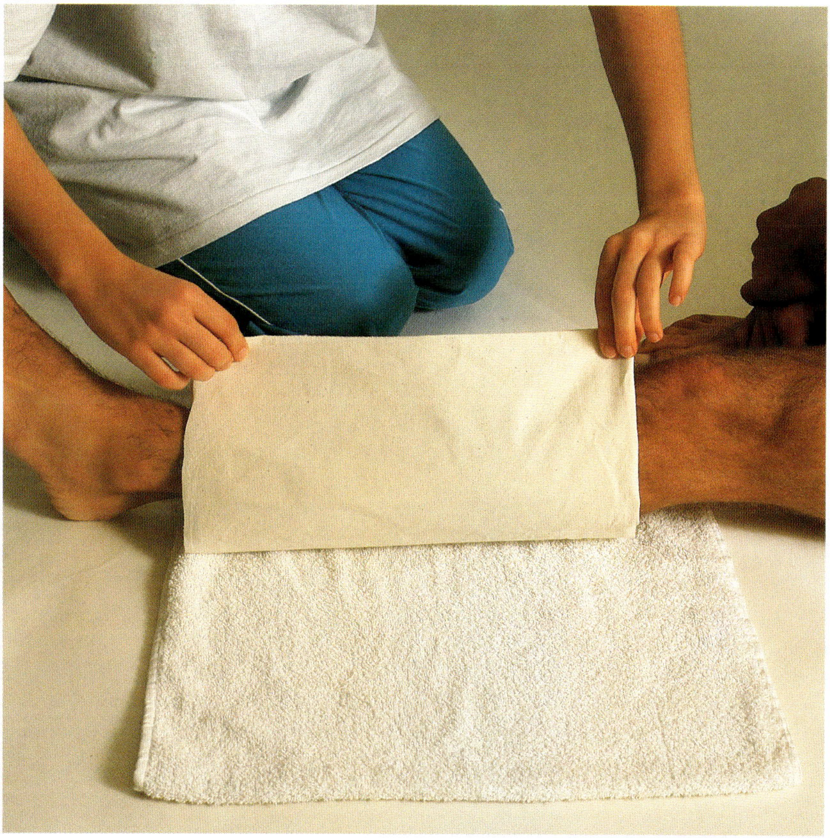

Der Wadenwickel ist bei Erkältungszuständen, kalten Füßen und Fieber noch immer das bewährteste Hausmittel.

Man wendet den Fußwickel an bei *Fußgelenkverstauchungen, Sehnenzerrungen, entzündlichen Senkfüßen* und zur *Ableitung bei Kopfschmerzen* und *Mandelentzündungen*.

Wadenwickel

Der Wadenwickel reicht vom Fußgelenk unterhalb der Knöchel bis zur Kniekehle. Als nasse und als Zwischenschicht kann man ein Handtuch verwenden, das man nur zur Hälfte ins Wasser taucht, auswringt und um das Bein wickelt. Die trockene Hälfte wickelt man als Zwischenschicht darüber. Das folgende Wolltuch muß beide Handtuchenden (Fußgelenk und Kniekehle) überragen. Die Anwendung wird immer doppelseitig durchgeführt. Der Wickel bleibt liegen bis zur Abkühlung und kann mehrfach wiederholt werden.

Man verwendet den *kalten* Wadenwickel vor allem bei Fieber, beginnenden grippalen Infekten, Erkältungszuständen, Durchblutungsstörungen, kalten Füßen, Venenstauungen, Muskelentzündungen und beginnenden Gelenkentzündungen.

Ein *warmer* Wadenwickel ist angezeigt bei Zerrungen, Verrenkungen und Blutergüssen.

Fuß-Waden-Wickel

Ergänzt man den Wadenwickel noch durch einen Fußwickel, so bildet diese

Kombination den Fuß-Waden-Wickel. Nur legt man dann den Fußwickel zuerst an und anschließend den Wadenwickel. Auch diese Anwendung erfolgt immer doppelseitig und kann mehrmals wiederholt werden. Es gelten hierbei die gleichen Heilanzeigen wie beim Wadenwickel.

Beinwickel

Beim Beinwickel werden beide Beine völlig eingewickelt. Man benutzt dazu viereckige Tücher. Einen guten Abschluß in der Leistenbeuge erzielt man durch entsprechendes schräges Umschlagen des oberen Randes, so daß die kürzere Seite auf die Innenfläche, die längere auf die Außenfläche des Beines zu liegen kommt. Man wikkelt zuerst Fuß und Wade, dann den Oberschenkel ein. Auf das nasse Tuch folgen wie immer Zwischen- und Wolltuch.

Alle Wickel an den unteren Extremitäten wirken zunächst rein örtlich auf die Durchblutung und den Zellstoffwechsel. Darüber hinaus wirken sie reflektorisch auf die Beckenorgane und ableitend auf die Bauch-, Brust- und Kopforgane.

Kalte Beinwickel wendet man an bei Venenentzündung, schlecht heilenden eitrigen Geschwüren, chronischen Beingeschwüren, Ekzemen, Fußmüdigkeit und akutem Gelenkrheumatismus.

Warme Beinwickel sind nützlich und heilsam bei chronischem Gelenk- und Muskelrheumatismus, zur Nachbehandlung nach einer Sehnenscheidenentzündung, bei anfallsweise auftretendem Hinken (intermittierendes Hinken), bei Krämpfen der Beinmuskulatur (Wadenkrämpfe) oder der Gefäße, bei Ischias und auch bei Lähmungen, selbst Kinderlähmung, um die Durchblutung der Nerven zu fördern.

Die *ableitende Wirkung* der kalten und warmen bis heißen Wickel nutzt man aus bei akuten und chronischen Katarrhen der Halsorgane und des Mittelohrs, bei Entzündungen der Hirnhäute, der Lunge, des Rippenfells und des Herzbeutels.

Bei kalten Füßen, Frösteln und Schüttelfrost werden die Wickel möglichst heiß angelegt.

Dreißig Jahre lang habe ich sondiert und jede einzelne Anwendung an mir selbst probiert. Dreimal – ich gestehe es offen – sah ich mich veranlaßt, mein Wasserverfahren zu ändern, die Saiten abzuspannen, von der Strenge zur Milde, von großer Milde zu noch größerer herabzusteigen. Nach meiner heutigen, bereits siebzehn Jahre feststehenden und durch zahllose Heilungen erprobten Überzeugung wendet jener das Wasser mit den vorteilhaftesten Wirkungen und sichersten Resultaten an, welcher es in der einfachsten, leichtesten, schuldlosesten Form zu gebrauchen weiß. Sebastian Kneipp

Leib- oder Lendenwickel

Der Lendenwickel sollte vom Rippenbogen bis zur Mitte der Oberschenkel reichen; Lenden und Kreuzbeingegend liegen dann in der Mitte des Wickels. Man kann sich den Wickel gut selbst anlegen, wenn man darauf achtet, daß die Tücher straff angezogen werden.

Man benötigt zum Leibwickel – wie zu allen Wickeln – drei Tücher: das Tuch für die feuchte Wickelung, doppelt gelegt, 40 cm breit und 180 cm lang; das trockene Zwischentuch, einfach gelegt, 45 cm breit und 180 cm lang; das Woll- oder Flanelltuch von 50 cm Breite und 190–200 cm Länge. Natürlich kann man diese normalen Längen- und Breitenmaße je nach Länge des Patienten und seinem Bauchumfang vari-

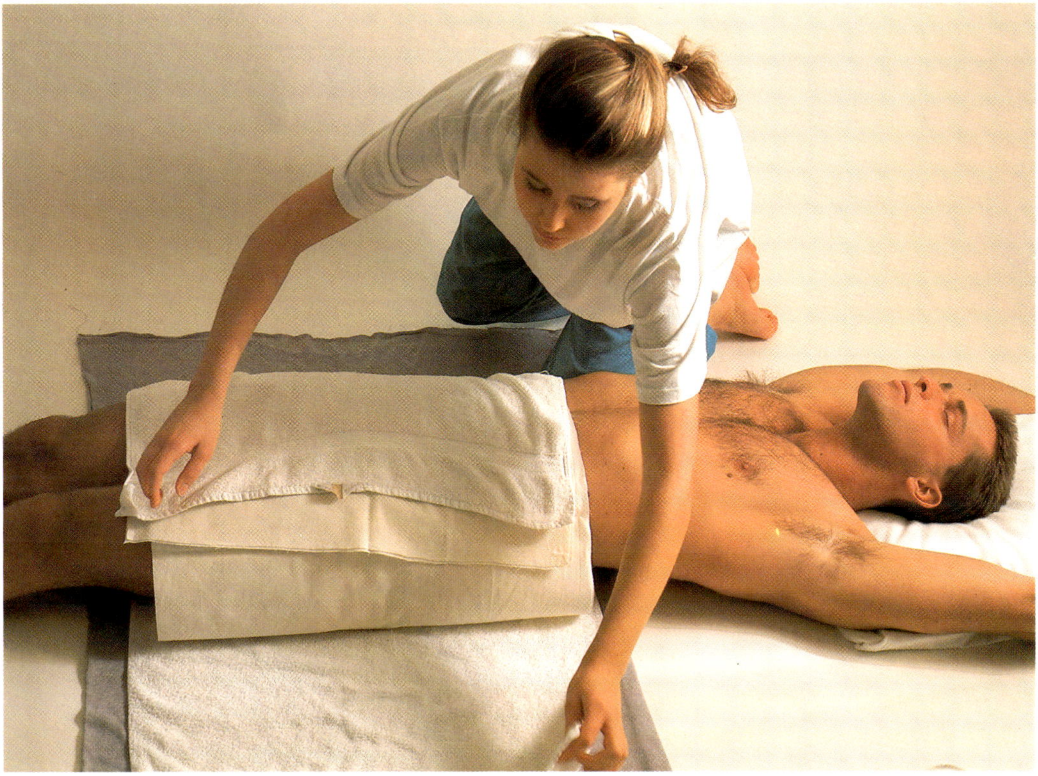

Der Leibwickel gehört zum festen Bestandteil der häuslichen Krankenpflege. Er wirkt auf alle Organe und Drüsen des Bauchraumes, auf die Beckenorgane und das Eingeweide-Nervensystem.

ieren; es muß nur darauf geachtet werden, daß sich die Tücher weit genug überlagern.

Da der Leibwickel zum festen Bestandteil der allgemeinen und häuslichen Krankenpflege gehört, sollte das Material in jedem Haushalt bereitliegen.

Nachdem man sich vorher von den richtigen Größen der Tücher überzeugt und sie auf einem Tisch vorbereitet hat, werden sie hinter dem sitzenden Kranken im Bett ausgebreitet: zuerst das Wolltuch, darauf das Zwischentuch und darüber das kalte, nasse Tuch. Je kälter, um so besser! Dann zieht man das Hemd hoch, legt den Kranken auf den Wickel und hüllt ihn in die Tücher ein. Man muß beim Einwickeln darauf achten, daß die Tücher überall, auch an der Hüfte, glatt und fest anliegen, was sich durch entsprechendes Faltenlegen erreichen läßt.

Das Wolltuch wird am Schluß mit ein oder zwei Sicherheitsnadeln befestigt. Das nasse und das trockene Tuch kann man notfalls auch durch ein Handtuch ersetzten.

Der Leibwickel wirkt auf alle Organe und Drüsen des Bauchraumes, auf die Beckenorgane und das Eingeweide-Nervensystem. Eine ableitende Wirkung übt er auf die Brustorgane aus, jedoch schwächer als die Beinwickel.

Die Dauer eines Wickels hängt von dem Zweck ab, den man erreichen will. Ein kalter Wickel soll entweder dem Körper Wärme entziehen oder Wärme in ihm erzeugen oder auch einen Schweißausbruch herbeiführen.

Kalte Wickel zum *Entziehen der Wärme* werden in der Regel nur angelegt bei starken Entzündungen oder hohem Fieber. Sie bleiben so lange liegen, bis sie warm werden, was meist nach etwa einer halben Stunde der Fall ist. Wenn nötig, kann der kalte Wickel noch einmal erneuert werden.

Der kalte Wickel zum *Erzeugen von Wärme* bleibt so lange liegen, bis er zur Erwärmung und Blutstauung in dem gewickelten Abschnitt geführt hat (nach etwa 45–75 Minuten). In der Regel nicht wiederholen.

Der *schweißtreibende* kalte Wickel bleibt liegen bis zum Schweißausbruch, der gewöhnlich nach 1¼–2 Stunden eintritt und durch häufiges Trinken von heißem Tee unterstützt werden kann. Nur einmal täglich anwenden.

Den *kalten* Leibwickel wendet man an bei Sodbrennen, Magen- und Zwölffingerdarmgeschwüren, Darmschwäche und chronischer Verstopfung, chronischer Dyspepsie (Magen- und Darmkatarrh), Cholezystopathie (chronische Gallenblasenerkrankung), gastrokardialem Symptomenkomplex (Roemheldsche Erkrankung), chronischer Blinddarmreizung, Dickdarmleiden, Kopfdruck, Blutandrang zum Kopf, Schlaflosigkeit, Entzündungen der Beckenorgane, Nierenentzündungen, hohem Fieber und Erkältungszuständen, Grieß- und Steinleiden, Zuckerkrankheit und Wechseljahrsbeschwerden.

Bei frierenden Patienten ist der kalte Wikkel verboten und nur der warme oder heiße angebracht.

Der *warme bis heiße* Leibwickel findet Anwendung bei Blähungen, Koliken (Magen,

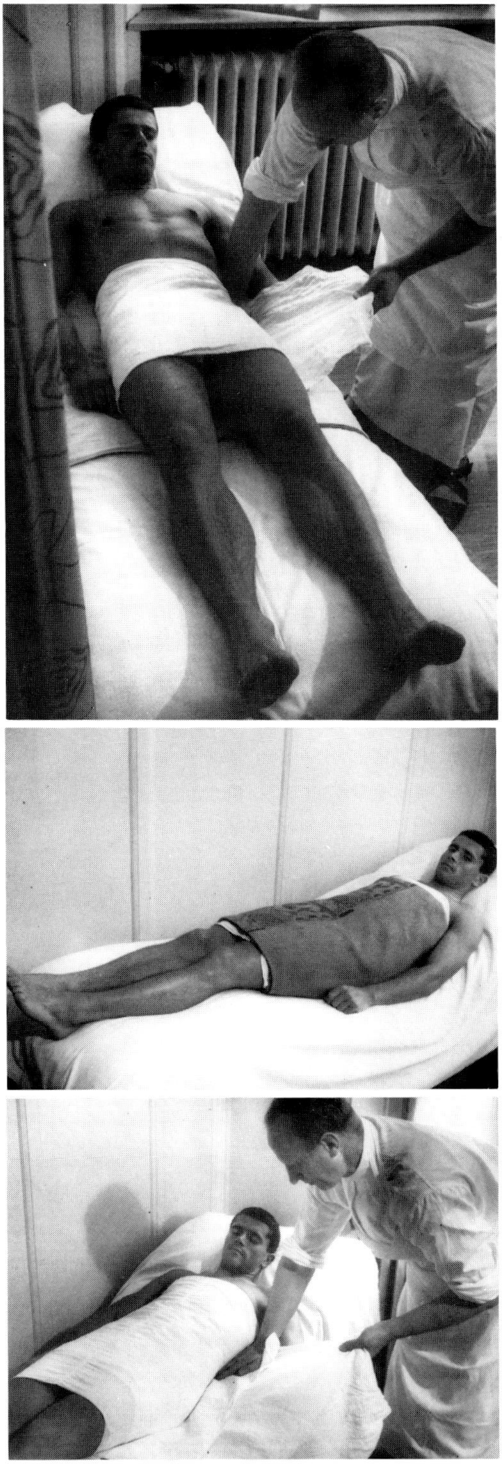

Das Anlegen eines Wickels will gekonnt sein. Der Patient muß gewissermaßen „nahtlos" verpackt werden. Bei Frösteln ist der Wickel sofort abzubrechen. Der Körper muß trockengerieben oder wiedererwärmt werden. Die Bilder zeigen das Anlegen eines Kurzwickels.

Darm, Gallenblase, Nieren, Bauchspeicheldrüse), akutem Magen-Darm-Katarrh, Gallenleiden (wenn kalt nicht vertragen wird), Leberschwellung, Entzündungen der Bekkenorgane (wenn kalt nicht angenehmer ist), chronischer Nierenentzündung und Schlafstörungen.

Der sachgemäß angebrachte kalte oder auch warme Leibwickel könnte manche Schlaftablette ersetzen. Er kann nach dem Einschlafen über Nacht liegenbleiben, da dann der Schlaf wichtiger ist als das Abnehmen des Wickels. In der systematischen Anwendung des Leibwickels liegt oft der Grund für einen von dieser einfachen Maßnahme nicht erwarteten Heilerfolg.

T-Wickel

Der T-Wickel bildet lediglich eine Ergänzung des Leibwickels durch eine Kompresse, die man an der Rückenseite des Leibwickels befestigt, zwischen den Beinen nach vorn durchzieht und auch hier an dem Leibwickel befestigt. Die beiden trockenen Tücher, die das kaltnasse Tuch überdekken, müssen dicht anliegen.

Der T-Wickel wird bei Blasen- und Unterleibserkrankungen zur Ergänzung der speziellen, meist medikamentösen Behandlung verwendet.

Kurzwickel
(Rumpf- oder Halbpackung)

Der Kneippsche Kurzwickel soll von der Achselhöhle bis zur Mitte der Oberschenkel reichen. Er stellt also eine Kombination von Brust- und Lendenwickel dar. Die Arme werden nicht eingewickelt, die Beine müssen aber dicht aneinanderliegen, damit ein guter Abschluß erreicht wird. Die Wikkeltechnik entspricht der des Brust- und Lendenwickels. Die Tücher müssen die nötige Größe haben, damit ein einheitlicher Wickel entsteht. Man kann ihn sich selbst anlegen, wenn die Tücher gut vorbereitet sind. Die Anwendung soll 1–1½ Stunden dauern. Meist wird der Wickel kalt angelegt. Ältere, schwache und blutarme Menschen sollten diese Anwendung jedoch zunächst mit warmen Wickeln durchführen.

Der Kurzwickel wirkt temperatursenkend, schweißtreibend und anregend auf den Stoffwechsel. Aus diesen Wirkungen ergibt sich die Anwendung bei Erkältungskrankheiten und Grippe, Bluthochdruck und Stoffwechselstörungen, insbesondere Fettsucht.

Kneipp war der Meinung, daß auch gesunde Leute den Kurzwickel alle 8–14 Tage anwenden sollten.

Unterwickel (Dreiviertelpackung)

Der Unterwickel erstreckt sich von der Achselhöhle bis über die Zehen. Die vom Wickel freibleibenden Arme und Schultern müssen aber gut bedeckt sein. Man breitet zunächst eine Wolldecke der Länge nach (für Unterkörper und Beine) und eine andere der Breite nach (für den Oberkörper) über das Bett. Darüber kommt das Zwischentuch, dann folgt das nasse Tuch. Dann legt sich der Kranke darauf. Man wickelt nun von oben nach unten, wo nötig mit Falten, möglichst straff ein. Die Beine werden zusammen eingewickelt, man steckt aber eine Falte des Tuches zwischen die Beine. Durch die straffe Wickelung soll möglichst kein Luftraum zwischen Körper und Wickeltuch entstehen. Das Einpacken der Füße geschieht wie beim Fußwickel.

Der Unterwickel wirkt zirkulationsfördernd und regelnd auf die Brust- und Bauchorgane sowie die Extremitäten. Er entlastet dadurch das Herz. Zugleich tritt eine Stoffwechselförderung mit auflösender und ausleitender Wirkung ein.

Auf Grund der zu erwartenden Wirkungen ist der Unterwickel anzuwenden bei

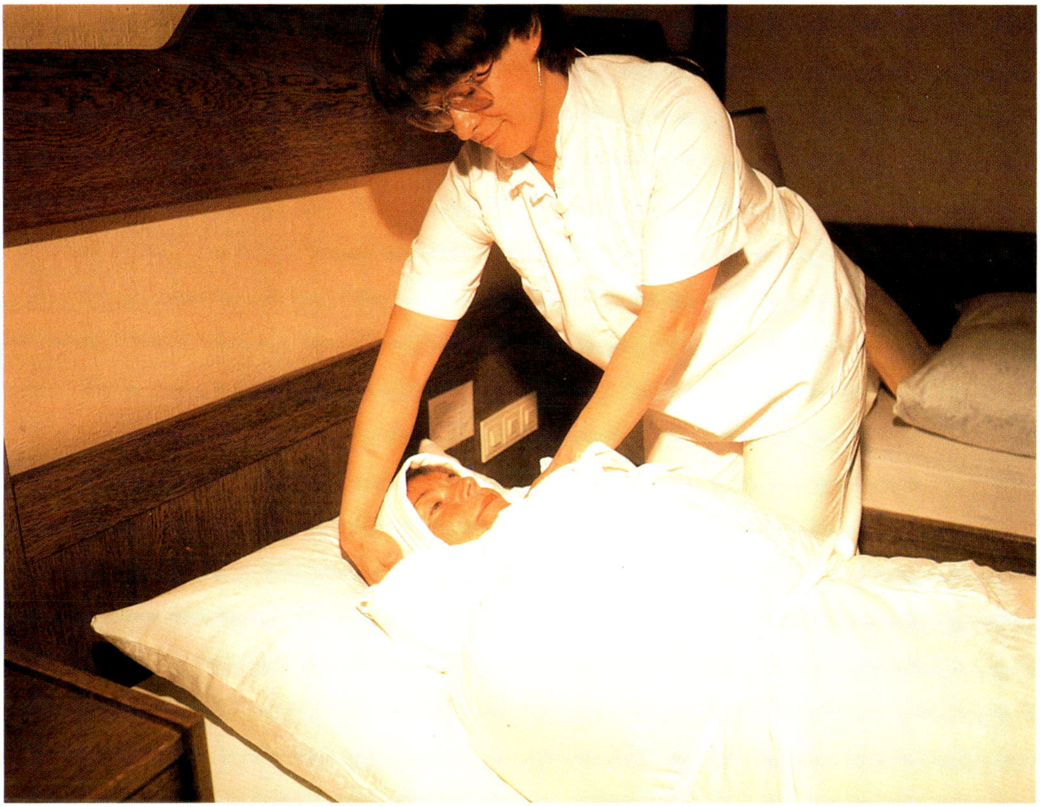

Etwa 1–2 Stunden muß man in diesem Ganzwickel verbringen, der vom Kopf bis zu den Füßen reicht, allerdings nichts ist für Herzkranke und alte Menschen.

Fettsucht, Gicht, rheumatischen Erkrankungen, chronischen Katarrhen der Atmungsorgane, Funktionsschwächen und anderen Störungen der Verdauungsorgane, Wechseljahrsbeschwerden und ausgedehnten (generalisierten) Ekzemen. Wenn möglich, sollte der Wickel kalt gegeben werden, bei ängstlichen, schwächlichen und älteren Personen anfangs auch warm.

Ganzwickel (Ganzpackung)

Beim Ganzwickel wird der Kranke vom Hals bis zu den Füßen eingepackt. Wie beim Unterwickel bereitet man sämtliche Tücher im Bett vor, legt sie aber so auf, daß sie bis zur Mitte des Hinterkopfes reichen, wobei der obere Rand nach hinten umgeschlagen wird, um damit einen besseren Abschluß am Hals herstellen zu können. Die äußere, zuunterst liegende Wolldecke muß oben bis zur Kissenmitte und unten etwa fünfzig Zentimeter über die Füße hinausreichen.

Als nasses Tuch kann man ein Bettuch verwenden, das aber nach dem Eintauchen in das kalte Wasser kräftig ausgewrungen werden muß. Bis zum Beginn der Wickelung muß der Kranke gut warm gehalten werden. Sobald er sich auf das nasse Tuch gelegt hat, führt man sofort und möglichst rasch die Einwicklung durch. Zunächst legt man ein feuchtes Handtuch über die Brust und steckt es beiderseits zwischen Brust-

wand und Arm ein, dann hüllt man den ganzen Körper mit dem nassen Tuch – wo es nötig ist, unter straffem Anziehen und Faltenlegen – ein, wie es beim Unterwickel geschieht. Die Arme werden jedoch mit eingewickelt. Wenn nicht bald eine Erwärmung erfolgt oder auch nur die Füße kühl bleiben, legt man eine Wärmflasche auf, dazu noch die üblichen Bettdecken.

Nach Möglichkeit bleibt der Kranke 1–2 Stunden in der Ganzpackung liegen. Bei starker Unruhe oder Unbehaglichkeit beendet man die Packung früher. Danach wird der ganze Körper kühl abgebraust oder abgewaschen.

Die Ganzpackung bewirkt eine starke Hautdurchblutung, sie beruhigt und entgiftet den ganzen Körper. Bei fieberhaften Erkrankungen wird die Temperatur gesenkt und der Schlaf gefördert. Bei alten Menschen, schwächlichen und herzkranken Personen darf die Ganzpackung nicht ausgeführt werden. Fieberhafte und chronische Erkrankungen sind das Hauptanwendungsgebiet der Ganzpackung, besonders Stoffwechselstörungen, Drüsenschwäche und Fettsucht.

Spanischer Mantel

Der Spanische Mantel stellt eine sehr praktische Abwandlung der Ganzpackung dar. Man fertigt dazu ein langes, über die Füße reichendes, vorn aber offenes Hemd mit Ärmeln an, die ebenfalls die Hände überragen. Der Kranke zieht das nasse Hemd vor dem Bett stehend an, legt sich auf das mit den beiden trockenen Tüchern vorbereitete Bett und wird hier bei straff gezogenem Hemd mit dem Zwischentuch und der Wolldecke weiter eingepackt.

Die Anwendung ist die gleiche wie bei der Ganzpackung, also bei chronischen Erkrankungen, Stoffwechsel- und Drüsenstörungen, Gicht, Rheuma und Fettsucht.

Nasse Hemden

Bei den nassen Hemden dient ein einfaches Leinenhemd als Innentuch. Es erspart viel Wickelarbeit und ist besonders praktisch bei Kindern. Nasse Hemden lassen sich auch leicht mit Zusätzen anwenden. *Kneipp* bezeichnete die nassen Hemden als verkürzten Spanischen Mantel, weil die Hände und Füße vom nassen Tuch unbedeckt bleiben.

Technisch ist die Anwendung sehr einfach: Man zieht das nasse Hemd an, legt sich auf die im Bett vorbereiteten Tücher und läßt sich wie beim Spanischen Mantel einwickeln. Noch einfacher ist es, wenn man sich im Hemd kurz unter eine kalte Brause stellt, das Wasser so gut wie möglich abstreift und sich dann zum Einwickeln ins Bett legt. Die Anwendung soll ein bis zwei Stunden dauern. Als Zusätze verwendet man Heublumen, Meersalz oder Lehm.

Das **Heublumenhemd** wird nur heiß angelegt. Man rechnet zur Herstellung eines Aufgusses zwei Hände voll Heublumen auf fünf Liter Wasser. Man wendet es vor allem bei Stoffwechselstörungen, infektiösen Kinderkrankheiten, Rachitis und Skrofulose an.

Das **Salzhemd** wird heiß und kalt angewendet. Man nimmt 125 Gramm Meersalz auf fünf Liter Wasser. Man sollte diese Anwendung nicht länger als eine Stunde dauern lassen. Nach dem Auspacken schnell in trockene, angewärmte Tücher hüllen oder vorher eine kurze, feuchte Abreibung vornehmen und umbetten. Die Anwendung des Salzhemdes ist angezeigt bei Schuppenflechte (Psoriasis), Skrofulose, Lymphatismus und zur Ableitung innerer Krankheiten auf die Haut.

Das **Lehmhemd,** das mit dickflüssiger Lehmbrühe durchtränkt und kalt angelegt wird, ist wegen der Beschmutzung der verwendeten Tücher weniger beliebt, aber recht wirksam bei Schuppenflechte (Psoria-

Entspannung gehört zu den wichtigsten Zielen einer Badekur. In einer solchen Umgebung wird von dem Patienten bald alle Unruhe und Hektik abfallen. Die verschiedenen balneologischen Anwendungen tun ein übriges, damit die alte Leistungsfähigkeit wiederhergestellt wird.

sis), Arzneiausschlägen, Ekzemen, Altersjucken (dabei auf Zuckerkrankheit untersuchen!) und Stoffwechselstörungen.

Schlenzwickel

Die Schlenzwickel – nach der österreichischen Laienbehandlerin *Maria Schlenz* (1881–1946) – werden grundsätzlich nur als heiße Wickel durchgeführt, bei denen größter Wert darauf gelegt wird, daß der Patient ins Schwitzen gerät. Sobald der Wickel abkühlt, muß er erneuert werden, oder man sorgt durch Unterlegen eines Heizkissens für die Erhaltung der Wärme.

Wie bei den Kneippschen Wickeln unterscheidet man auch bei den Schlenzschen Wickeln Kopf-, Hals-, Rumpf-, Lenden-, Bein- und Ganzwickel.

Am wichtigsten ist im Rahmen einer Schlenzkur der *Kopfwickel*. Man benötigt hierzu aus Frottierstoff hergestellte oder gestrickte Hauben, die den ganzen Kopf bedecken. Nur Augen, Nase und Mund dürfen frei bleiben. Am besten legt man zwei bis drei solcher Hauben übereinander an. Alle Schlenzwickel, besonders aber der Kopfwickel, dürfen nur bei warmen Füßen angelegt werden. Bei kalten Füßen muß für gute Erwärmung durch heiße oder wechselwarme Fußbäder gesorgt werden.

Der Schlenzsche Kopfwickel ist besonders geeignet zur Behandlung von Stirn- und Nebenhöhlenkatarrh, Neuralgien, Migräne, Nasen- und Augenleiden sowie Haarausfall.

Herzkranke oder Patienten, die an niedrigem Blutdruck oder Tuberkulose leiden, dürfen ohne ärztliche Kontrolle keine Schlenzbäder und auch keine Schlenzwickel durchführen.

In zahlreichen Fällen werden sich Schlenzwickel wie Schlenzbäder (Überwärmungsbäder) als einfaches und natürliches Mittel zur Schmerzlinderung und Heilung vieler Krankheiten erweisen.

AUFSCHLÄGE

Die Aufschläge oder Auflagen unterscheiden sich von den Wickeln grundsätzlich dadurch, daß das nasse Tuch, nun mehrfach zusammengefaltet, nur einen Teil des Körpers bedeckt, z. B. nur den Leib, die Brust, die Vorder- oder Rückseite des Körpers. Der Aufschlag entfaltet dadurch eine mehr lokale Wirkung. Zwischentuch und Wolldecke umhüllen den ganzen Körper oder Körperteil.

Unterschiedlich ist aber auch die Wirkung je nach Durchführung des Aufschlags. Er wird zumeist kalt aufgelegt. Der *kalte* Aufschlag wirkt *beruhigend*, wenn man ihn vor dem Warmwerden immer wieder auswechselt. Der kalte (und kalt bleibende) Aufschlag setzt die Hauttätigkeit herab, mäßigt Entzündungsvorgänge und dämpft die Erregbarkeit der Empfindungsnerven. Der gleiche Aufschlag wirkt aber *erregend* und *wärmend*, wenn man ihn zwar kalt auflegt, aber mit einem wollenen Tuch bedeckt und so lange liegen läßt, bis er heiß oder sogar trocken geworden ist. Dieser Aufschlag regt die Hauttätigkeit an und verstärkt die Durchblutung.

Leibaufschlag

Zur Leibauflage braucht man ein mehrfach (2–6mal) zusammengefaltetes Leinentuch, das den ganzen Leib bedeckt (vom Magen bis zum kleinen Becken). Das Zwischentuch und das Wolltuch müssen den ganzen Bauch umfassen und das nasse Tuch natürlich überragen.

Die Wirkung gleicht etwa der des Lendenwickels. Sie erstreckt sich also vorwiegend auf die Verdauungsorgane, die Harnorgane und die Geschlechtsdrüsen. Der Leibaufschlag kommt damit bei folgenden Krankheiten in Frage: Magengeschwüre, Darmkrämpfe, Blähungen, Gallenblasenbeschwerden, Roemheldsche Krankheit, chronischer Blasenkatarrh, Menstruationsbeschwerden, Senkungsbeschwerden.

Der Leibaufschlag kann auch ableitend wirken auf eine nervöse Herztätigkeit. Bei Angina-pectoris-Beschwerden (Schmerzen in der Herzgegend) wirken *heiße* Kompressen, die vielfach wiederholt werden, schnell und zuverlässig. Man kann sie auch durch heiße Unterarmbäder ergänzen.

Die Anwendungszeit der Kompressen beträgt eine halbe bis eine Stunde.

Oberaufschlag

Der Oberaufschlag reicht von der Achselhöhle bis zur Mitte des Oberschenkels und bedeckt nur die Vorderseite des Körpers. Das mehrfach zusammengefaltete Tuch wird in das kalte (oder heiße) Wasser getaucht, fest ausgewrungen und sofort aufgelegt. Die beiden trockenen Tücher müssen den ganzen Körper einhüllen.

Der Oberaufschlag wirkt ähnlich wie der Kurzwickel, gilt aber vor allem als „große Herzkompresse" mit beruhigender Wirkung auf eine übernervöse Herztätigkeit.

Unteraufschlag

Der Unteraufschlag wird genauso angelegt wie der Oberaufschlag, jedoch auf der Rückseite des Körpers. Man legt sich einfach mit dem Rücken auf den vorbereiteten Aufschlag und läßt sich mit den beiden trockenen Tüchern einwickeln. Er soll von den Schultern bis zur Kniekehle reichen und bleibt bis zu einer Stunde liegen.

Er wirkt, kalt angelegt, beruhigend auf die Rückennerven, vor allem auch bei sexuellen Neurosen. Heiß wird er angewendet bei Muskelzerrungen, Hexenschuß (Lumbago), Asthma bronchiale, Keuchhusten und Kinderlähmung.

KOMPRESSEN

Kompressen (kleinere Aufschläge) bestehen lediglich aus feuchten Auflagen eines mehrfach (4- bis 8fach) zusammengefalteten Handtuches, das auf die zu behandelnde Körperstelle gelegt und mit einem Zwischentuch aus Flanell und einem darüberliegenden Wolltuch gut abgedichtet wird. Man legt die Kompressen kalt oder warm an und wechselt sie nach Erwärmung oder Abkühlung drei- bis viermal. Zum Schluß folgt meist die kalte Abwaschung des behandelten Körperteils.

Kalte Kompressen

Sie wirken schmerzlindernd durch örtlichen Wärmeentzug und Drosselung der Zirkulation. Sie entfalten bei nervösen Erregungszuständen meist auch eine beruhigende Wirkung. Allgemeiner bekannt sind die Stirn- und Herzkompressen.

Warme oder heiße Kompressen

Sie wirken krampflösend, dadurch auch beruhigend und schmerzlindernd. Da durch die Wärme eine Gefäßerweiterung eintritt und somit mehr Blut zugeführt wird, wirkt die heiße Kompresse auch heilungsfördernd bei Durchblutungsstörungen und schlechter Heiltendenz der Gewebe oder Organe. Sie dient auch dazu, das Reifwerden von Abszessen oder das Abheilen von Drüsenschwellungen zu beschleunigen.

Dampfkompressen

Zu den einfachsten und zugleich wirksamsten Mitteln der Wasserheilkunde, die man besonders in der Familie gut nutzen kann, gehört die Dampfkompresse. Ebenso wie die Haut wunderbar auf kalte oder heiße Luft, kaltes oder heißes Wasser reagiert, so läßt sie sich auch durch Dampfkompressen beeinflussen. Sie wirken sehr intensiv auf die darunterliegenden oder von den gleichen Nervenwurzeln versorgten Organe.

Die Haut ist von einem dichten Netz feinster Blutgefäße durchzogen, die insgesamt eine Länge von 20 Kilometern aufweisen. Die haarfeinen Gefäße werden von noch feineren Nervenfasern umsponnen, die aneinandergereiht eine Länge von 80 Kilometern erreichen würden.

Legt man nun auf die Haut eine heiße Kompresse, so werden die Nervenfasern erregt. Die Erregung wird ins Wärmezentrum des Gehirns weitergeleitet. Von dort kommt der Befehl zur Umschaltung des Blutstroms aus dem Körperinneren in die Haut. Durch das vermehrt in die Haut einströmende Blut und eine entsprechende nervöse Regulation erweitern sich die Haargefäße (Kapillaren) der Haut, durchbluten diese stark und entlasten zugleich die inneren Organe. Das bei Erkrankungen in ihnen gestaute, mit Stoffwechselgiften überladene Blut kann abfließen, in die Zirkulation und damit in die Entgiftungs- und Ausscheidungsorgane (Nieren, Darm, Lunge, Haut) gelangen und dort gereinigt werden.

Man kann für die Dampfkompressen Handtücher verwenden. Sie halten aber die Hitze nicht so gut wie Tücher aus Wolle oder Wolle mit Baumwolle. Zerschnittene ältere Wolldecken sind gut zu gebrauchen. Das für die Feuchtauflage bestimmte Tuch wird etwa auf die Größe der zu behandelnden Körperpartie zusammengefaltetet, in heißes Wasser gelegt, mit Wäscheklammern oder einem Holzlöffel herausgeholt und in einem trockenen Handtuch kurz und kräftig ausgewrungen. Dann legt man die Kompresse auf den entsprechenden

Badenweiler, im äußersten Südwesten Deutschlands gelegen, ist eines der beliebtesten Thermal-Heilbäder. Schon die Römer wußten das heilkräftige Wasser, das hier aus dem Boden sprudelt, zu schätzen. Die römischen Badruinen stammen aus dem 1. Jahrhundert nach Christus.

Körperteil und wickelt wie bei allen anderen Umschlägen ein Zwischentuch und ein Wolltuch darum, die schon vorbereitet und angewärmt sein müssen.

Dampfkompressen sind angebracht bei Rheuma, Gicht, Ischias, Muskelschmerzen, Krämpfen, Bauchschmerzen, Koliken (Magen, Gallenblase, Darm, Nieren), Erkältungskrankheiten und Schlafstörungen (Rückenkompressen).

Nicht angebracht sind Dampfkompressen bei fieberhaften Erkrankungen, Herzleiden, Mittelohr- und Blinddarmentzündungen (auch wenn diese Erkrankungen nur vermutet werden). Bei kleinen Kindern, alten Leuten und Bewußtlosen sind Dampfkompressen immer zu unterlassen. Nach Abkühlung erneuert man die Kompresse mehrmals, ohne den Patienten abzudecken.

Vor der Durchführung der Kompresse muß sich der Kranke schon warm fühlen und vor allem warme Füße haben. Ist das nicht der Fall, so ist zunächst dafür zu sorgen (z. B. durch ein heißes Fußbad). Soll Schweißausbruch erreicht werden, verabfolgt man noch heißen Lindenblütentee.

Nach drei bis vier Kompressen werden alle Tücher schnell entfernt und die Haut rasch mit kaltem Wasser abgewaschen.

> Eine Zukunft ohne anthropologische Medizin ist für die *Kneipp-Therapie* nicht denkbar. Das dürfte sich auch im besonderen Verständnis für den erfolgreichen Einsatz der physikalischen Therapie in der Psychosomatik ausdrücken. In der Krise der Medizin weist die Verantwortung für die von *Kneipp* wie von *Virchow* angestrebte Synthese der Medizin den Weg zur Solidarität der Kneippschen naturkundlichen Medizin mit der allgemeinen Medizin, um die Aufgaben der Zukunft einsichtsvoll zu gestalten. H. Schlüter

Dann reibt man die Haut unter der Decke mit Kampferöl ein, legt ein trockenes Handtuch auf und läßt den Patienten noch eine Weile ruhen oder nachschwitzen.

Kartoffelkompresse (Kartoffelsack)

Man kocht dazu einige Kartoffeln in der Schale (Pellkartoffeln), zerdrückt sie, füllt sie in ein Säckchen oder schlägt ein Tuch darum und legt diese Kompresse möglichst heiß auf die zu behandelnde Körperstelle. Darüber deckt man wieder ein Zwischentuch und ein Wolltuch oder eine Wolldecke. Man hüte sich hierbei vor Verbrennungen!

Leinsamenkompresse

Ähnlich läßt sich eine Leinsamenkompresse herstellen. Man kocht zwei bis vier Hände voll Leinsamen unter Umrühren zu einem dicken Brei, den man auf die Mitte eines Leinenlappens füllt. Die vier Lappenenden legt man wie bei einem Briefumschlag darüber. Das ganze Päckchen wird dann auf die kranke Stelle gebracht.

Bockshornkleekompresse

Sie wird wie die Leinsamenkompresse zubereitet, nur setzt man das Samenpulver mit kaltem Wasser auf und kocht unter Umrühren einen dicken Brei.

Ölkompresse

Man tränkt einen Wattebausch mit im Wasserbad erhitztem Öl, drückt die Watte aus und legt sie auf den zu behandelnden Körperteil. Die Stelle wird mit Zellstoffbatist oder Kunststoff abgedichtet und mit einem trockenen Wickel umgeben.

Anlegen einer Kartoffelkompresse

PACKUNGEN

Packungen sollen eine intensive örtliche Wirkung mit möglichst großer Tiefenwirkung erzielen, wodurch meistens auch Reaktionen des gesamten Organismus auftreten, die aber durchaus erwünscht sind, wie z. B. eine reaktive Durchblutungssteigerung (Hyperämie).

Wie jeder Wickel, so besteht auch jede Packung aus der feuchten Auflage (Leinen), einer trockenen Zwischenlage (Leinen oder Baumwolle) und einer trockenen Bedeckung aus Flanell oder Wolle. Das Zwischentuch darf nicht durch wasserundurchlässige Stoffe (z. B. Gummi oder Plastik) ersetzt werden. Das bedeckende Flanell- oder Wolltuch soll größer sein als die darunter liegenden Leinentücher. Neuerdings empfiehlt Dr. *Kaiser,* das Zwischentuch größer als das nasse und auch als das bedeckende trockene Wolltuch zu wählen, weil es sich leichter reinigen läßt als das abdeckende Wolltuch, das ja beim Überragen den Schweiß mit den Ausscheidungsstoffen aufsaugt. Wickel und Packungen sind bei dieser Technik hygienischer.

Packungen wirken wie die Wickel durch den Kältereiz zunächst wärmeentziehend und dadurch vorübergehend verengend auf die Hautkapillaren. Dann tritt als Reaktion eine langandauernde Erweiterung der Hautgefäße in dem von der Packung bedeckten Hautbezirk auf. Dieser Anregung der Hautfunktion folgt reflektorisch (auf dem Nervenwege) eine Beeinflussung der darunterliegenden inneren Organe im Sinne einer Entspannung und Regulation.

Bleibt eine Packung länger liegen, kommt es später zu einer leichten Wärmestauung und zum Schweißausbruch.

Jede größere Packung wirkt durch die anfängliche Wärmeentziehung fiebersenkend. Sie muß mehrfach erneuert werden, wenn sie sich erwärmt hat.

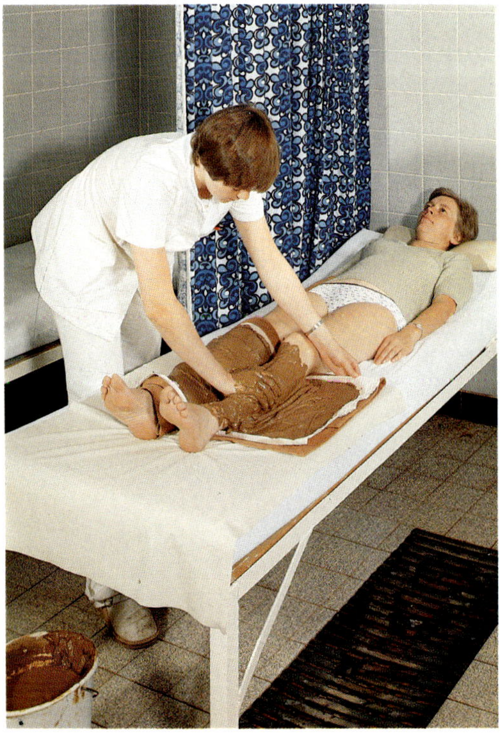

Packungen werden nicht nur als Kalt- oder Heißwasserpackungen, sondern zur Verstärkung und Verlängerung der Wirkung auch als Heusack, Lehm-, Quark-, Bockshornklee- und Leinsamenpackung durchgeführt. Eine besondere Bedeutung haben heute auch die Fango-, Moor-, Moor-Paraffin- und Paraffinpackungen erlangt.

Bei blassen, schwachen, blutarmen Menschen, die ein großes Wärmebedürfnis haben und immer frieren, sollte man kalte Packungen vermeiden. Diese Menschen reagieren besser auf heiße Anwendungen wie den Heusack oder Fangopackungen oder auch entsprechende Wickel.

Lehmpackung (Lehmpflaster)

Eine Lehmpackung bereitet man am besten aus der käuflichen, feinpulverisierten Heilerde. (Es gibt Zubereitungen für den

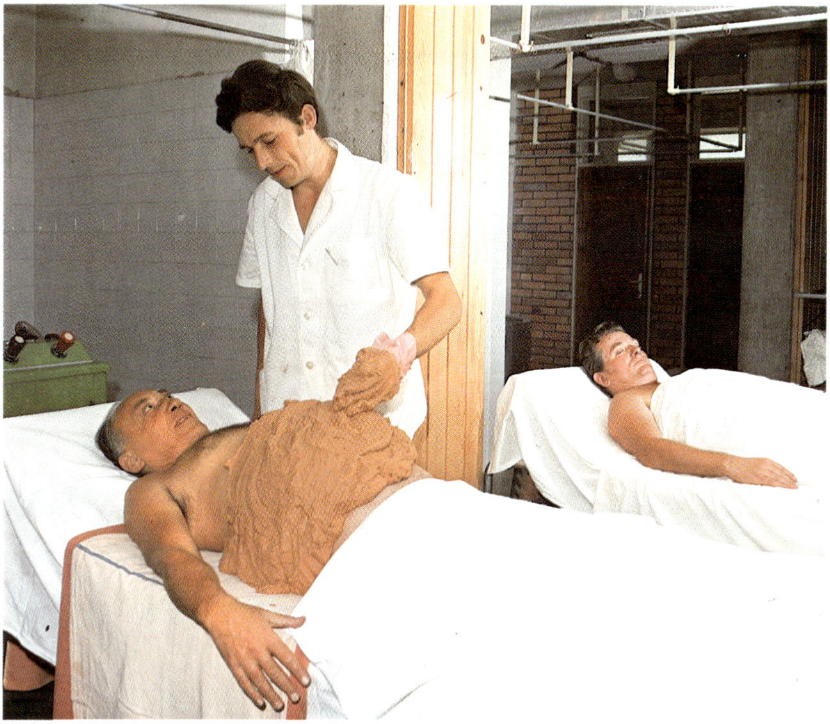

Entzündliche Prozesse im Organismus können mit einer kalt angelegten Lehmpackung bekämpft werden. Die Packung kann, nachdem sie heiß und der Lehm trocken geworden ist, wiederholt werden.

äußerlichen wie auch für den innerlichen Gebrauch.) Man kann kleine Körperstellen, einzelne Gliedmaßen und sogar den ganzen Körper in Lehm einpacken. Je nach Umfang der zu behandelnden Körperstelle wird eine entsprechende Menge Heilerde mit Wasser zu einem regelrechten Brei angerührt. Diesen streicht man dann fingerdick mit einem Holzspatel auf die kranke Körperstelle, die mit den drei Tüchern (Feuchttuch, Zwischentuch und Wolltuch) eingewickelt wird. Die Packung bleibt bis zum Abtrocknen des Lehms (½ bis 1–3 Stunden je nach Hitze oder Entzündungsgrad) liegen. Man kann sie mehrfach wiederholen. Der bereits gebrauchte Lehm darf allerdings nicht mehr verwendet werden. Am Schluß fettet man die Haut am besten leicht ein.

Lehmpackungen kommen meist bei entzündlichen Prozessen zur Anwendung. Sie werden daher *kalt* angelegt. Sobald die Packung heiß und damit der Lehm trocken ist, erneuert man sie, wäscht aber zuvor die Haut mit warmem Wasser ab.

Kalte Lehmpackungen wirken stark wärmeentziehend, was man bei Entzündungsprozessen ausnützt. Der trocknende, feine Lehm bindet Ausscheidungsstoffe und Krankheitserreger. Steriler Lehm (käufliche Heilerde) kann auch auf offene Wunden und Verbrennungsherde gelegt werden.

Kalte Lehmpackungen sind angebracht bei Abszessen, Furunkeln, Phlegmonen, Insektenstichen, Lymphgefäßentzündungen, Venenentzündungen und einigen Hautkrankheiten (Akne, juckende Ekzeme, Ulcus cruris, Schuppenflechte). Bei der Schuppenflechte bereitet man den Brei am besten mit Meerwasser zu.

Heiße Lehmpackungen sind sehr nützlich bei chronischen Gelenkentzündungen und chronischen Gallenblasenleiden, falls hier-

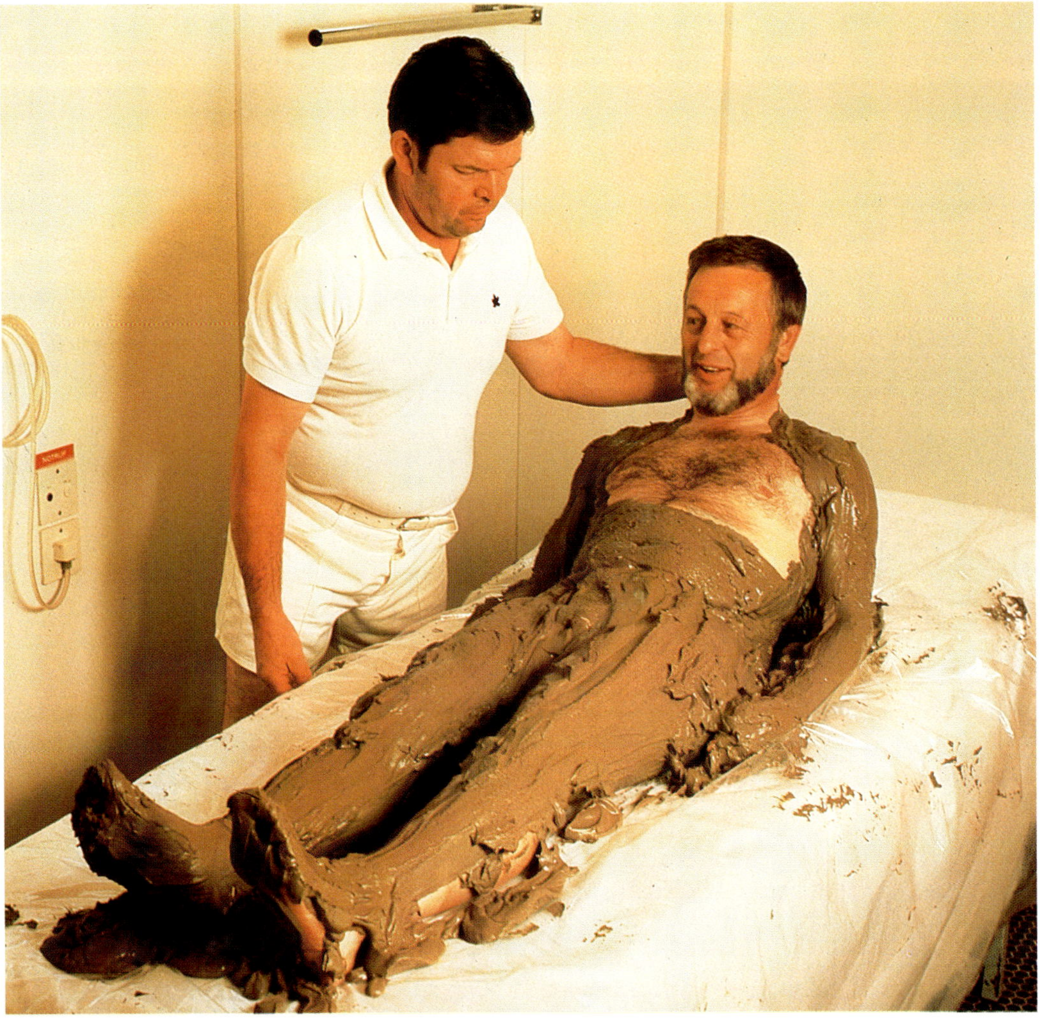

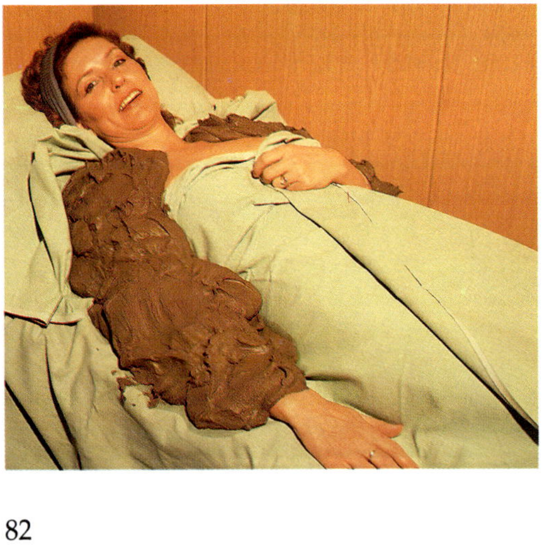

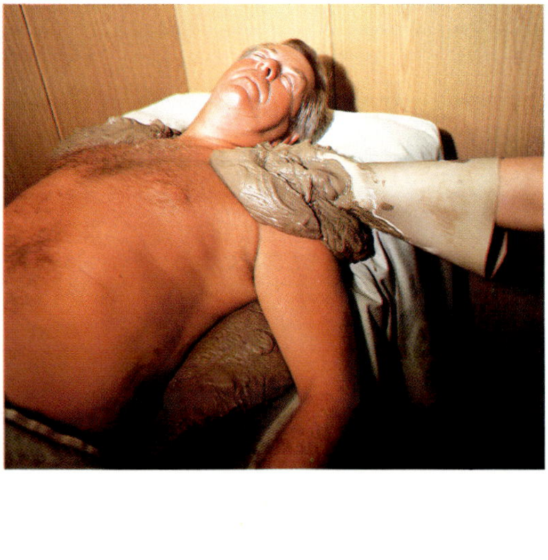

Natur-Fango-Packung, wie sie in Wildbad verabreicht wird. Unten links eine Armpackung aus Fango, rechts eine Schulterpackung. Fango-Packungen können heute auch schon in Form eines plastischen Heilschlamms zu Hause angewandt werden.

bei der Heusack (siehe Seite 85) nicht angenehmer ist.

Fangopackung

Mit Fango bezeichnet man einen schwefelhaltigen Vulkanschlamm, der wie andere Schlamm-Arten, Gesteine und Erden seit langer Zeit in der naturgemäßen Medizin in Form von Packungen angewendet wird bei rheumatischen Erkrankungen, Bewegungseinschränkungen (auch nach Verletzungen der Weichteile und nach Knochenbrüchen), nach Verrenkungen, Neuralgien, Neuritiden (Nervenentzündungen) und bei Frauenkrankheiten.

Man unterscheidet heute:

I. *Thermale Naturschlämme*

Fango di Battaglia (Italien)
Pystian (Tschechoslowakei)

II. *Kalte Naturschlämme und Erden, verarbeitet mit heißen Thermen*

Abano (Italien)
Dax (Frankreich)
St. Lukàcz-Bad, Budapest (Ungarn)
Trencianskè-Teplice (Tschechoslowakei)

III. *Kalte Naturschlämme aus Teichen, Flüssen, Meeren ohne Zusatz von Thermen (Salz- und Süßwasserschlämme)*

Wilhelmshaven (Deutschland)
Cuxhaven (Deutschland)
Limane* des Schwarzen Meeres bei Odessa (UdSSR)
Schollene** bei Rathenow

IV. *Heilschlamm aus Gesteinspulver und Erden*

Eifelfango (Deutschland) – ein Vermahlungsprodukt aus vulkanischem Tuff, der in der Nähe von Bad Neuenahr gewonnen wird und einen Zusatz von 4 % Diatomeenerde erhält, um das Wasserbindungsvermögen zu verbessern.

Boller Jura-Fango (Deutschland) – gemahlener und getrockneter Schieferton aus Bad Boll.

Islam Moor (Österreich) – durch Vermahlen hergestelltes Pulver aus dem bunten, salzigen Schieferton des Haselgebirges bei Bad Ischl.

Die bei uns bekannten und wohl am meisten verwendeten Heilschlämme sind folgende:

1. **Eifelfango:** Er ist käuflich unter dem Namen *Fango (Eifelfango-Neuenahr)* in Kartons zu 1,5 und 4,5 kg, außerdem in Form von handlichen, gebrauchsfertigen Abpackungen unter dem Namen Fangotherm-Kompressen. Die Kompressen besitzen ein großes Wärmebindungsvermögen, halten lange warm, geben ihre Wärme direkt an die erkrankten Körperteile ab, besitzen eine große Schmiegsamkeit und lassen sich daher leicht anlegen. Die einzelne Kompresse ist bis zu zehnmal wiederverwendbar.

* Limane sind vom offenen Meer abgeschlossene Salzseen mit geringem Süßwasserzufluß.

** Der Teich bei Schollene enthält eine Schlickschicht (Faulschlamm, Pelose), die durch Einwirkung von Kieselalgen, Kalkschatten von Muscheln und Schnecken entstanden ist und als Heilschlamm verwendet wird.

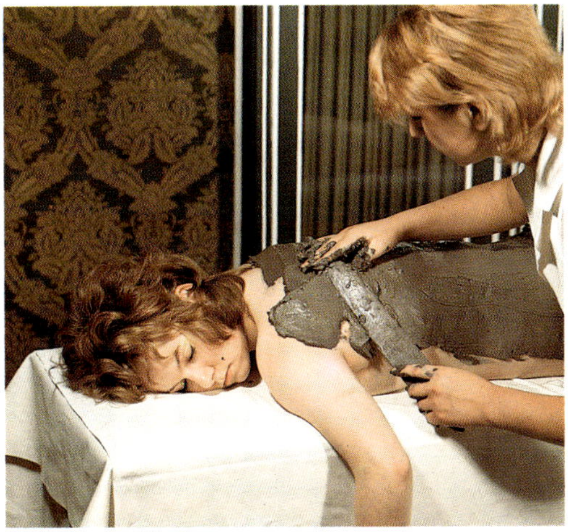

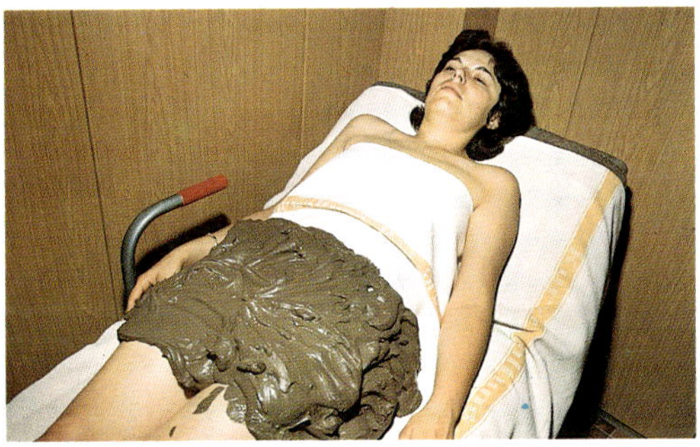

Bei zahlreichen Erkrankungen hat sich das Auflegen von Fangopackungen bewährt. Ob bei Frauenleiden oder bei Erkrankungen des rheumatischen Formenkreises – Fangopackungen lindern und heilen.

Es gibt verschiedene Größen für die verschiedensten Körperpartien: Größe I (25 × 40 cm, für Brust, Rücken, Bauch), Größe II (25 × 18 cm, für Knie und alle anderen Gelenke), Größe III (25 × 8 cm, für Hals und Nacken), Größe IV (18 × 32 cm, als Universalkompresse) und Größe V (50 × 18 cm, als Spezialkompresse für Leber, Galle und Nieren).

Die Anwendung ist sehr einfach: Durch Einlegen in heißes Wasser erhitzt man die Kompresse und legt sie dann so heiß wie verträglich auf den zu behandelnden Körperteil, deckt die ganze Kompresse mit der beiliegenden Plastikfolie ab und wickelt noch ein Wolltuch darum, um Wärmeverlust und Zugluft zu vermeiden.

2. **Fango-Paraffin-„Burgthal“:** Dieser Heilschlamm besteht aus naturreiner Fango-Erde in einer Paraffin-Wachskombination. Wegen der langen Wärmehaltung ist dieses Präparat besonders geeignet für chronisch-entzündliche Erkrankungen der Muskeln, Gelenke und Nerven sowie bei Magen-Darm-Erkrankungen, bei denen eine Wärmebehandlung angebracht ist, und bei chronischen Eierstockentzündungen.

3. **Fapack:** Das sind Kompressen aus Jura-Fango, die in folgenden Größen zu haben sind: Größe 0 = 8 × 25 cm, für Hals und Kiefer; Größe 1 = 22 × 25 cm, für Hand, Wade und Blasengegend; Größe 2 = 15 × 40 cm, für Fußgelenke, Knie und Unterleib; Größe 3 = 25 × 40 cm, für Schulter, Rücken, Brust und Leib. Heilanzeigen wie beim Eifelfango.

4. **Fango di Battaglia (Parafango):** Der schlammige, durch frühere (quartäre) Anschwemmungen gebildete Boden natürlicher Thermalteiche wird durch die dem Boden entsprungenen heißen Quellen ständig verarbeitet und umgeschichtet. Das Material dieser Thermalteiche stellt den Fango di Battaglia dar. Eine Mischung dieses Heilschlammes mit verschiedenen Paraffinen und einigen mineralischen Zusätzen wird mit Parafango „Battaglia“ bezeichnet.

Fangopackungen sind bei folgenden Erkrankungen anzuwenden: subakuten, chronischen und degenerativen rheumatischen Erkrankungen, Bandscheibensyndromen, Neuralgien der Extremitäten und der inneren Organe, Neuritiden (Nervenentzündungen), Ischias, Erkältungskrankheiten im Bereich des Hals-, Nasen- und Rachenraumes, Magen-, Leber- und Gallenerkrankungen, Frauenkrankheiten, Bewegungseinschränkungen nach Sportverletzungen und Unfällen, oft in Verbindung mit orthopädischer Behandlung und Bewegungsübungen.

Nicht angebracht sind Fangopackungen sowie alle anderen Hitzeanwendungen bei fieberhaften Erkrankungen und Tuberkulose sowie schweren Herz- und Kreislauferkrankungen einschließlich hohem Blutdruck, bei Blutungen oder Blutungsgefahr, akutem Gelenkrheumatismus und akuten Nervenentzündungen, bei Venenentzündungen und Ekzemen.

Quarkpackung (Topfenauflage)

Die Quarkpackung oder auch der Quarkumschlag zählt zu den alten Volksheilmitteln und sollte nicht mißachtet werden. Die Packung läßt sich sehr einfach herstellen, indem man frischen Quark mit Molke zu einer salbenartigen Masse verrührt und diese fingerdick auf die erkrankte Körperstelle streicht. Dann deckt man ein feuchtes (leinenes) Innentuch und die beiden üblichen Trockentücher darüber und wickelt die Stelle damit ein. Die Packung bleibt bis zum Krümeln des Käses liegen.

Die *kalte* Quarkpackung wird verwendet bei Gerstenkörnern, Gürtelrose, oberflächlichen Hautentzündungen, Rippenfellentzündung, Lungenentzündung und Venenentzündung.

Größere Käsepackungen werden bei längerer Liegezeit zu ausgezeichneten Schwitzpackungen. Man kann aber auch von vornherein *heiße* Quarkpackungen anwenden, die besonders bei Lungenentzündungen im Kindesalter zu empfehlen sind *(Hofmeier)*.

Heublumenpackung (Heusack)

Die Heublumenpackung gehört zu den häufigsten Anwendungen der Wasserheilkunde und ist wegen ihrer meist unmittelbaren Wirkung sehr beliebt. Man fertigt sich dazu Leinensäckchen verschiedener Größe an. Die Größe sollte immer der zu behandelnden Körperstelle entsprechen, am besten sie etwas überragen.

Das dem jeweiligen Fall entsprechende Säckchen füllt man 6–8 cm dick mit Heublumen und schließt, zieht oder knüpft es zu. Dann wird es erhitzt, was am einfachsten in einem größeren Wasser- oder Einkochkessel geschieht. Man klemmt oder stellt in den Kessel in halber Höhe einen Holzrost, füllt Wasser etwa 3 cm unter den Rost und erhitzt es zugedeckt. Sobald das Wasser anfängt zu verdampfen, legt man den etwas angefeuchteten Heusack auf den Holzrost und läßt ihn fünf Minuten durchdampfen. Dann nimmt man den jetzt sehr heißen Sack heraus, schlägt ihn sofort in ein Woll- oder Gummituch und bringt ihn zu dem Kranken. Das Anlegen des Heusackes erfolgt grundsätzlich wie bei jedem Wickel. Vorsicht vor Verbrennungen!

Das Woll- und das Zwischentuch hat man schon vorbereitet und vom Patienten anwärmen lassen. Beide Tücher sollen die Packung allseitig gut überdecken und luftdicht abschließen. Wird der vorsichtig auf-

Der Heublumensack gehört zu den häufigsten Anwendungen der Naturheilkunde.

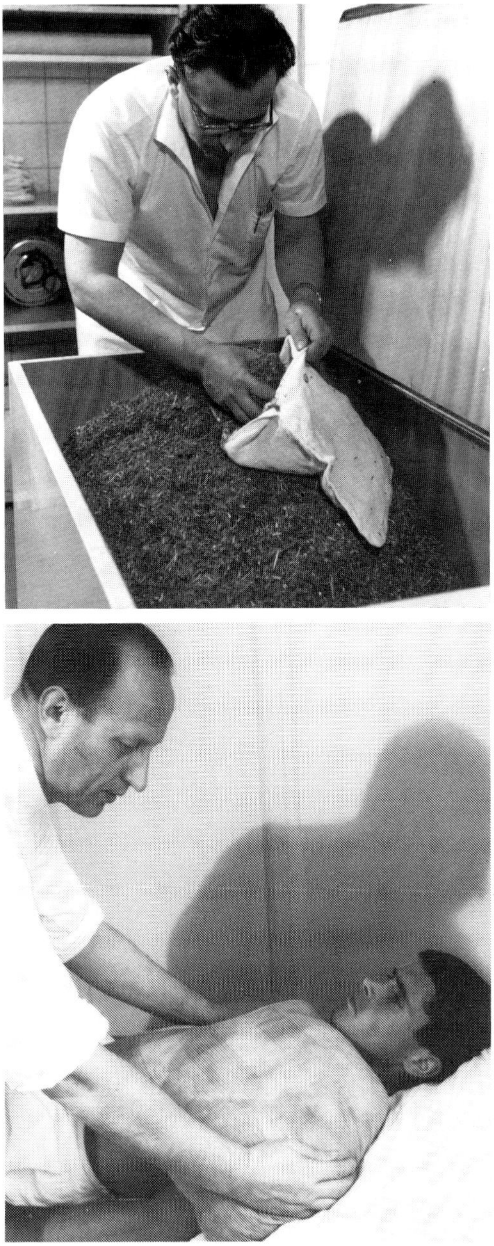

Das Anlegen eines Heublumensackes ist einfach. Heublumen erhält man in jeder Apotheke oder Drogerie. Das Heublumensäckchen vor dem Einlegen in den Wasserkessel oder Topf leicht anfeuchten. Ist der Heublumensack zu heiß, kann er noch zusätzlich mit einem Handtuch umwickelt werden, um Verbrennungen zu vermeiden.

Unter Berücksichtigung der bekannten Korrelation der Knieaußentemperatur mit der intraartikulären Temperatur wirken örtliche Wärme- und Kälteapplikationen an den Gelenken wahrscheinlich tiefgreifender, als bisher angenommen.

gelegte Sack als zu heiß empfunden, so muß er einige Male an der Luft geschüttelt werden. Hat man ihn aufgelegt, so wartet man mit dem Zudecken noch ab, bis man sich davon überzeugt hat, daß er wirklich vertragen wird und eine Verbrennung unmöglich ist. Sodann schlägt man das Zwischen- und das Wolltuch darüber und packt die Körperstelle damit wie auch bei allen Wickeln fest ein. Die Packung bleibt ¾–1 Stunde liegen, nach der Abnahme folgt eine halbe Stunde Ruhe und dann eine kalte Abwaschung.

Die Heublumenpackung wirkt krampflösend und schmerzstillend. Sie wird deshalb bei folgenden Krankheitszuständen allein oder zur Unterstützung der sonstigen Behandlung angewendet:

Magen-, Darm-, Gallen- und Nierenkoliken, Entzündungen im Bereich des Magen-Darm-Kanals, Magen- und Zwölffingerdarmgeschwüre, Katarrhe der Luftwege (Bronchitis, Bronchialkatarrh, Asthma bronchiale) und der Nase (hierbei Heusack auf den Nacken), Entzündungen der weiblichen Unterleibsorgane (soweit Hitzeanwendung angebracht ist) und der Blase, bei zu schmerzhafter Menstruation, bei allen Erkältungskrankheiten, rheumatischen Erkrankungen der Bewegungsorgane, also bei akutem und chronischem Muskel- und Gelenkrheumatismus, Hexenschuß, rheumatischem Schiefhals, Arthritis und Arthrosis deformans, ischiasartigen Zuständen, Ischias und Bechterewscher Krankheit.

BÄDER

Wir leben in einer Zeit, in der die Arzneimittelbehandlung stark überbewertet wird. Zugleich müssen wir mit einer Reihe von Schädigungen durch den gewohnheitsmäßigen Gebrauch von Arzneimitteln rechnen. Um so mehr ist es daher zu begrüßen, daß sich – vielleicht als eine Art Gegenreaktion – die Bäderbehandlung zunehmender Beliebtheit und auch unbestreitbar großer Erfolge erfreut. Bevor aber die einzelnen Bäderformen dargestellt werden, ist auf einige Besonderheiten der Bäder und der Bäderbehandlung aufmerksam zu machen.

Grundsätzlich muß auch jeder Badebehandlung eine richtige Diagnosestellung vorausgehen, sonst können Bäder mehr schaden als nützen. Wie in der Arzneimittelbehandlung gibt es auch in der Badebehandlung Überempfindlichkeitsreaktionen oder ganz normale Badereaktionen, die ein Zeichen dafür sind, daß der Körper in der erwünschten Weise antwortet. Wie man unerwünschte Badereaktionen vermeiden kann, ist noch eine Aufgabe der Forschung.

Wir haben bei den Bädern kalte, warme, heiße, wechselwarme und temperaturansteigende Bäder und Dampfbäder von der Temperatur und der Anwendungsweise her zu unterscheiden. Daneben sind die im Wasser gelösten oder aufgeschwemmten Bestandteile oder Wirkstoffe wichtig. Deshalb unterscheiden wir ferner Bäder aus einfachem Brunnen- oder Leitungswasser, Mineralbäder (Solbäder), Kräuter- und Moorbäder. Allen gemeinsam ist die Wirkung der Wassertemperatur und des Wasserdrucks auf die Haut, verschieden ist die Wirkung der Inhaltsstoffe und der Zusätze auf die Haut, da sie zum Teil von der Haut aufgesaugt werden oder diese auch nur reizen und so stärkere Hautreaktionen hervorrufen.

Am einfachsten und billigsten sind die Kneippschen Teilbäder, zumal sie leicht und systematisch zu Hause durchgeführt werden können. Doch auch hier sollte man sich mit der Wirkung der verschiedenen temperierten Bäder vertraut machen.

Kalte Bäder wirken vor allem als Teilbäder ableitend und umschaltend auf den Blutkreislauf, ferner anregend auf den Zellstoffwechsel. Wie bei jeder Kaltanwendung gilt auch hier der Grundsatz, daß ein kaltes Bad nur genommen werden darf, wenn sich der Badende vorher völlig warm fühlt. Es muß sonst eine Warm- oder Heißanwendung vorangehen. Eine vorhergehende Heißanwendung kann überhaupt die Wirkung des Kältereizes erheblich verstärken.

Die Temperatur der kalten Bäder soll zwischen 14–18° C liegen. Eine größere Kaltanwendung darf erst nach frühestens vier Stunden wiederholt werden, damit die auftretenden Reaktionen bis dahin wieder abgeklungen sind. Eine Stunde vor und zwei Stunden nach einer Mahlzeit sollte man keine kalten Bäder durchführen, weil insbesondere nach dem Essen das Blut in die Verdauungsorgane abströmt und hier gebraucht wird.

Das Eintauchen ins Bad erfolgt langsam, die Dauer beträgt nur 6–12 Sekunden, wobei der Badende ruhig und gleichmäßig durchatmen soll. Bei Teilbädern entkleidet man sich nur so weit wie nötig. Nach dem Bad muß bald eine Wiedererwärmung erfolgen, die entweder durch Bewegung oder Bettruhe erreicht wird.

Die Dauer des einzelnen Bades soll nicht schematisch bestimmt werden, sondern sich nach dem Eintritt der Reaktion richten. Intensives Wärme- oder Kältegefühl und helle Hautrötung bestimmen den Zeitpunkt, da das Baden beendet wird. Jede Verlängerung erschwert die notwendige Wiedererwärmung und Stoffwechselsteigerung und führt nur zu einer unerwünschten venösen Blutstauung. Nach

dem Bad wird nur der Rücken völlig abgetrocknet, sonst streift man das Wasser lediglich ab und reibt mit den Händen nach. Im Winter muß man gut frottieren, damit auf jeden Fall die Wiedererwärmung und damit eine gute Durchblutung gewährleistet ist.

Besonders günstig sind kalte Bäder morgens vom warmen Bett aus.

Warme Bäder sind zwischen 36° und 38° C zu temperieren. Sie sind angebracht bei schwacher Reaktionsfähigkeit, Kreislaufschwäche und im Alter. Ein solches Bad kann 15–20 Minuten dauern. Der Baderaum muß warm sein, d. h. eine Temperatur von 18–21° C aufweisen. Nach dem Bad folgt eine Stunde Bettruhe, danach schließt man am besten eine kurze, kalte Abwaschung an, die die Gefäße wieder tonisiert und eine Auskühlung verhindert.

Warme Bäder wirken entspannend auf das Gefäßsystem und die Muskulatur. Sie sind deshalb bei Muskelverspannungen durch Entzündungen (Rheuma), Lähmungen und Gelenkversteifungen angebracht. Im warmen Bad erfolgt auch die *Unterwassergymnastik* und *Unterwassermassage*.

Von *heißen* Bädern spricht man bei Badetemperaturen von 38–41° C. Heiße Bäder beschleunigen und vergrößern erheblich die Herzarbeit, die Stoffwechsel- und Verbrennungsvorgänge und führen meist zu Schweißausbrüchen, da der Körper versucht, die Wärmeabgabe zu steigern. Die Dauer eines heißen Bades soll 10–15 Minuten nicht übersteigen. Überwärmungsbäder von 1–1½ Stunden Dauer sind Ausnahmen. Nach heißen Bädern läßt man sich trocken einpacken und hält mindestens eine Stunde Bettruhe. Heiße Bäder wendet man hauptsächlich bei chronischen Krankheiten an, die individuelle Verträglichkeit muß beachtet werden. In der Regel nur auf ärztliche Verordnung nehmen.

Bei schlechter Reaktionsfähigkeit und ungenügendem Wärmegefühl sind *wechselwarme Bäder* am zweckmäßigsten. Der Wechsel erfolgt 2–3mal hintereinander, was ein ausgezeichnetes Gefäßtraining bedeutet. Da Wechselbäder stark erregend wirken, werden sie meist nur als Teilbäder ausgeführt.

Bei *Wechselfußbädern* bleibt man 5–10 Minuten im warmen (38–40° C) und 10–15 Sekunden im kalten Wasser (15–18° C). Man beginnt warm und hört kalt auf.

Bei *temperaturansteigenden Bädern* läßt man die Wassertemperatur während des Bades innerhalb von 20–30 Minuten von 34–36° C auf 42–44° C ansteigen. Die Bäder werden meist als Teilbäder angewandt, wobei nur der gebadete Körperteil entblößt, der übrige Körper in Badetüchern, Bademantel und abschließender Wolldecke eingepackt bleibt. Einseitige Armbäder können auch im Liegen ausgeführt werden.

Meist treten bei langsamer Temperatursteigerung ein allgemeines Wärmegefühl und etwas Herzklopfen auf, später folgt Schweißausbruch. Die Temperatur kann dann langsam bis auf 44° C gesteigert werden. Nur bei sehr empfindlichen und kreislauflabilen Kranken beendet man das Bad nach dem Schweißausbruch. Bei plötzlich auftretendem Herzjagen oder einer bläulichen Verfärbung der Haut muß das Bad sofort beendet werden.

Danach wird der gebadete Körperteil (Arm, Bein, Unterkörper) gut abgetrocknet und trocken eingepackt. Die Packung beläßt man 15–20 Minuten lang, dann wird der entsprechende Körperteil abgerieben und für eine Stunde Bettruhe verordnet.

Am meisten wird das *ansteigende Armbad* (einseitig und doppelseitig) ausgeführt, weil es für Kranke mit hohem Blutdruck und Angina pectoris von besonderer Bedeutung ist. Bei Hypertonikern erzielt man oft erhebliche Blutdrucksenkungen ohne Kollapsgefahr *(Fey)*. Kranken mit Angina pectoris und stenokardischen Beschwer-

Armbäder sind fester Bestandteil der Kneippschen Wasseranwendungen.

den kommt die schlaffördernde und entkrampfende Wirkung zugute.

Folgende Erkrankungen sind für die Anwendung temperaturansteigender Bäder geeignet: kalte Füße und Hände, Gefäßkrämpfe, Arteriosklerose, Endangiitis obliterans, Raynaudsche Krankheit, Asthma bronchiale, zu seltene und zu geringe Menstruation (Oligomenorrhoe) und klimakterische Beschwerden.

Bei allen Badebehandlungen kann die sogenannte *Badekrise* auftreten. Für den Erfolg einer Badekur ist sie nicht unbedingt erforderlich. Wenn sie überhaupt bemerkbar wird, dann nicht vor dem dritten Bad und meist nicht vor Beginn der zweiten Woche.

Tritt die von manchen Medizinern *(Inama, Lampert)* allerdings als nutzlos angesehene Badereaktion ein, so sind einige Bluntuntersuchungen meist recht aufschlußreich. Manchmal stellt man die sogenannte „Lipidkrise" fest, die durch einen Abfall der Gesamtlipidkonzentration im Blut gekennzeichnet ist und als Zeichen dafür angesehen wird, daß die Leberfunktion beeinträchtigt ist. Meist wird dann auch eine positive Takata-Ara-Reaktion* festgestellt. Weiterhin läßt sich eine Abnahme des Harnsäure-Kreatinin-Verhältnisses nachweisen, was man als Hypophysen-Nebennierenrinden-Wirkung ansieht *(Künzler)*.

Als Anzeichen einer Badekrise sind zu werten: starke Müdigkeit, Schweregefühl in allen Gliedern, Schlaflosigkeit, Übelkeit, Völlegefühl, Herzklopfen, Gelenkschmerzen, Nervenschmerzen, Narbenschmerzen, Reizbarkeit, Verzagtheit, Angstträume, Schweißausbrüche, Hitze- und Kälteschauer.

Außer den subjektiven Beschwerden lassen sich auch folgende objektive Veränderungen in einer Badekrise nachweisen: Änderungen der Pulsschlagzahl, Blutdruckschwankungen, leichte Temperatursteigerungen, Katarrhe der Luftwege (Nasen-, Rachen-, Bronchialkatarrh), verstärkte Hautschrift, Hautausschläge, Asthmaanfälle, Erbrechen und Durchfall, Nierenkoliken, wenn Nierengrieß oder Nierensteine vorhanden sind, Zittern der ausgestreckten Finger, verstärkte Monatsblutungen und das Aufflackern versteckter Infektionsherde.

Bei Blutuntersuchungen findet man eine erhöhte Blutkörperchen-Senkungs-Geschwindigkeit (BSG-Reaktion), eine Abnahme der Lymphozyten und eine Steigerung der Eosinophilenzellen** im Blutausstrich, Verschiebungen im Blutserum, insbesondere eine vermehrte Ausscheidung von C-17-Ketosteroid (ein Hormon der Nebennierenrinde).

Bei Auftreten einer Badekrise sollte die Badebehandlung mehrere Tage unterbrochen, Bettruhe eingehalten und nur leichte Kost verabreicht werden.

Das kalte Armbad nach Kneipp

Man braucht dazu entweder eine Armbadewanne oder einfach ein Waschbecken, in dem man die Arme bis zur Mitte der Oberarme eintauchen kann. Das Armbad wird im Sitzen oder Stehen in einem nicht zu kalten Raum genommen, im Sommer im Freien. Die Wassertemperatur soll zwischen 8 und 18° C liegen. Die Dauer des Bades beträgt 20 Sekunden bis 2 Minuten; in der Regel führt man es aus bis zum Eintritt der Reaktion, das heißt bis zu einem ausgesprochenen Kälte- oder Wärmegefühl, das meist nach 20–30 Sekunden eintritt. Sobald diese Reaktion eingetreten ist, beendet man das Bad und trocknet die Arme und Hände ab.

Tritt nicht sofort eine angenehme Wir-

* Takata-Ara-Reaktion: Nach dem japanischen Internisten *Takata Maki* und dem japanischen Psychiater *Ara Kiyoschi* benannte Kolloidreaktion, die bei der Blut- und Liquoruntersuchung angewendet wird.

** Das bedeutet die Vermehrung der mit dem Farbstoff Eosin rot färbbaren weißen Blutkörperchen auf über 4% im Blutausstrich.

kung ein, so muß man einige Minuten lang durch langsames Pendeln der Arme vom Schultergelenk aus für Nacherwärmung sorgen. Das Bad sollte nicht bei kalten Füßen und nicht in einem kalten Raum ausgeführt werden; es sollte auch nicht die Reaktionszeit überschritten und bei fehlendem Wärmegefühl die Nacherwärmung vergessen werden, denn der Sinn des Bades ist die dem Kältereiz folgende Gefäßerweiterung und damit die bessere Durchblutung. Ansonsten kann man das Bad zu jeder Tages- und Jahreszeit nehmen und auch mehrmals am Tage wiederholen.

Gerade in der warmen Jahreszeit klagen viele kreislaufkranke Personen über ein großes Schwächegefühl im ganzen Körper, dumpfen Druck im Kopf und Energielosigkeit bei der Arbeit oder selbst schon nach einem kurzen Gang durch die Stadt, von dem man „kaum wieder nach Hause kommt".

Jahrelange seelische Überlastung bei übermäßiger Ernährung hinterläßt häufig Schäden am Kreislaufsystem, die sich gerade während der warmen Jahreszeit außerordentlich hemmend bemerkbar machen. Besonders übergewichtige Personen mit niedrigem Blutdruck klagen mit dem Einsetzen der sommerlichen Wärme über ein bleiernes Gefühl in den Beinen, über Druck- und Krampfgefühl in der Herzgegend oder Herzklopfen und unregelmäßige Herztätigkeit.

Für alle diese Störungen ist das kalte Armbad ein einfaches, wirksames Mittel, wenn keine groben organischen Schäden – die der Arzt leicht ausschließen kann – dahinterstecken. Stiche in der Herzgegend, Druckgefühl, Bangigkeit, Angstgefühl und Herzklopfen werden durch ein kaltes Armbad auffallend gebessert oder ganz zum Verschwinden gebracht. Die Bäder wirken hierbei über das Nervensystem ausgleichend auf den Rhythmus der Herztätigkeit ein. Nach größeren Anstrengungen oder Aufregungen übt das kalte Armbad eine

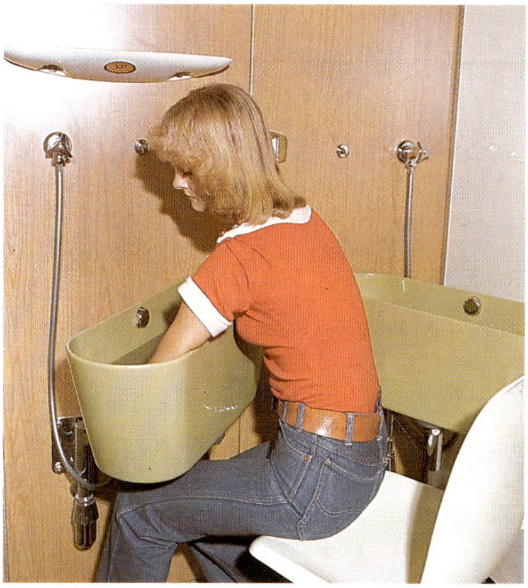

Wechselarmbad

schnell einsetzende, erfrischende und beruhigende Wirkung aus. Schon deshalb gehört es mit zu den häufigsten Anwendungen der Wasserheilkunde.

Wirksam und nützlich ist das kalte Armbad aber auch bei einigen anderen Nerven-, Herz- und Blutgefäßstörungen. So wirkt es ableitend bei Stauungszuständen, wie sie bei allen Herzfehlern, bei Herzmuskelschwäche, Bluthochdruck und rein peripher bedingten, also örtlichen, Kreislaufstörungen (kalte Hände und Füße) auftreten können. Schließlich sind Armbäder eine sehr angenehm empfundene Ergänzung der medikamentösen Behandlung bei Schilddrüsenüberfunktion, Schlaflosigkeit und Schreibkrämpfen.

Auch der Gesunde sollte sich diese wohltuende Wirkung nach der Mittagspause zunutze machen. Er wird mit größerem Schwung und besserer Konzentration wieder an seine Arbeit gehen. Bevor man sich unlustig oder erschöpft mit der Bemerkung: „Ich bin zu müde zum Essen" an den Mittags- oder Abendbrottisch setzt, sollte man die Unterarme einige Zeit in eine

Temperaturansteigendes Armbad

Schüssel mit kaltem Wasser tauchen. Das belebt und beruhigt zugleich, und mit gesteigertem Appetit wird dann die Mahlzeit zu einem Genuß. Viele Menschen sind dankbar, wenn sie auf dieses einfache Mittel aufmerksam gemacht werden.

Das aufsteigende heiße Armbad
(nach Schweninger-Hauffe)

Die Armbäder mit aufsteigenden Temperaturen nach *Schweninger* und *Hauffe* gehören zu den beliebtesten und auch in ihrer Wirkung und technischen Durchführung am besten untersuchten Teilbädern. Diese einfache, aber sehr wirkungsvolle Teilbadebehandlung sollte in den Kreisen der Ärzte und Kliniker wie auch der Laien viel mehr bekannt sein und auch häufiger angewandt werden, zumal heiße Vollbäder bei einer ganzen Anzahl von Herz- und Gefäßkranken nicht ohne Schaden anwendbar sind, während die ansteigenden Teilbäder für sie ein ausgesprochenes Heilmittel bedeuten können.

Durchführung eines temperaturansteigenden Armbades: Man benötigt dazu eine Armwanne, in die man die Arme bis etwa zur Mitte der Oberarme eintauchen kann. Man beginnt das Bad mit einer Anfangstemperatur von 34–36° C und steigert die Temperatur langsam (innerhalb von 20–30 Minuten) auf 42–45° C. Da nur die Temperatur, nicht aber die Wassermenge gesteigert werden soll, muß man die zulaufende Wassermenge entweder immer wieder abschöpfen oder einen besonderen Ablaufhahn anbringen. Die eleganteste und bequemste Durchführung des ansteigenden Armbades gestattet die Armwanne nach Prof. *Brauch-Schloderer,* die elektrisch geheizt wird und mit einem Kontaktthermometer versehen ist, das es ermöglicht, die gewünschte Endtemperatur einzustellen und sie ständig zu kontrollieren.

Natürlich kann man sich auch mit einem entsprechend großen Waschbecken behelfen, in das man langsam heißes Wasser zulaufen läßt. Das überschüssige Wasser fließt durch den Überlauf ab.

Bei schwerer Kranken genügt es auch oft, nur einen Arm zu baden. In jedem Falle muß aber der ganze übrige Körper in ein Badetuch eingehüllt und mit einer guten Wolldecke abgeschlossen werden. Das einseitige Armbad läßt sich notfalls auch beim liegenden Patienten durchführen.

Wirkung des Bades: Im Verlauf des Bades tritt zunächst ein allgemeines Wärmegefühl, manchmal etwas Herzklopfen und später (meist im letzten Drittel des Bades) Schweißausbruch auf. Bei normalen Kreislaufverhältnissen kann man die Temperatur bis 45° C steigern. Schwächliche und labile Kranke sollten nach Auftreten des Schweißausbruches das Bad beenden.

Man nimmt die Arme aus der Wanne, trocknet sie ab und packt sie ebenso warm ein wie den übrigen Körper vor Beginn des

In vielen Kurorten gibt es schon Kneippanlagen im Freien.

Bades. Nach 15–20 Minuten entfernt man die Einpackung, frottiert den ganzen Körper gut ab und hält noch eine halbe bis eine Stunde Ruhe.

Bei gesunden Menschen mit normalem *Blutdruck* wirken die ansteigenden Armbäder nur leicht *blutdrucksenkend*. Bei Kranken mit hohem Blutdruck (essentieller Hypertonie) tritt jedoch – ohne jede Kollapsgefahr – eine ganz erhebliche Blutdrucksenkung ein. Bei einer Verkalkung der Nierengefäße (Nephrosklerose) wird der erhöhte Blutdruck nicht gesenkt *(Schröder, Brauch)*.

Die *Harnabsonderung* wird nicht vermehrt, was auch bei der stärkeren Schweißabsonderung – wie bei anderen Schwitzbädern (Sauna) – nicht zu erwarten ist.

Wichtig ist die *schlaffördernde Wirkung* der ansteigenden Armbäder, die man zu diesem Zweck am besten nachmittags (wie bei den schlafgestörten Hochdruckkranken) oder gegen Abend verabreicht.

Weiterhin beobachtet man günstige Wirkungen der ansteigenden Armbäder bei Kopfdruck, Druck auf der Brust, Herzklopfen, Extrasystolen, asthmatischen Beschwerden (Asthma bronchiale), chronisch kalten Füßen, Krampfneigung (funktionelle Spasmen), Arteriosklerose der peripheren Gefäße (Raynaudsche Krankheit, Endangiitis obliterans), klimakterischen Beschwerden und zu geringer und zu seltener Menstruation (Oligomenorrhoe).

Die besonders interessierende krampflösende Wirkung bei *Angina pectoris* und stenokardischen Beschwerden wurde aus der klinischen Beobachtung wiederholt bestätigt. Dasselbe gilt für die *Extrasystolie (Brauch)*. Während die ansteigenden Bäder bei akuter Herzmuskelentzündung nicht geeignet sind, läßt sich bei chronischer Herzmuskelentzündung eine Besserung erzielen *(Genkin, Jassmann)*.

Wertvoll ist die Wirkung des ansteigenden Arm- und auch Fußbades beim *chroni-*

schen Gelenkrheumatismus. Wir wissen von *Evers,* daß 40 Prozent aller an chronischem Gelenkrheumatismus Erkrankten zugleich an Herz- und Kreislaufschwäche leiden. Für sie besteht im warmen Vollbad durch die hydrostatische Wirkung des Wassers auf die Venen, wodurch es zur Stauung vor dem rechten Herzen kommt, und auf den Brustkorb, was zur Verringerung der Reserveluft führt, die Gefahr des Kreislaufversagens. Die ansteigenden Teilbäder jedoch führen bei kurmäßiger Anwendung zu einer echten zentralen Kreislauf*entlastung.* Da durch diese Teilbäder außerdem eine Aktivierung der Nebennierenrinde (Cortisonproduktion) eintritt, wird ohne weiteres deutlich, daß die Anwendung ansteigender Teilbäder in der Behandlung des chronischen Gelenkrheumatismus eine wichtige Rolle spielt.

Hervorzuheben ist auch noch die eindrucksvolle Wirkung des ansteigenden Arm- oder Fußbades bei den heute so zahlreich vorkommenden peripheren arteriellen *Durchblutungsstörungen.* In vergleichenden Untersuchungen konnte *Völker* zeigen, daß die vielfach gebrauchten Gefäßerweiterungsmittel in ihrer Wirkung den Badeanwendungen, besonders aber den ansteigenden Teilbädern, unterlegen sind. Man kann diese Mittel wegen der dann auftretenden Kollapsgefahr nicht so hoch dosieren, daß auch die Extremitätenenden eine tatsächliche Gefäßerweiterung erfahren. Es kommt meist nur, wie das durch Untersuchungen *(Bergmann, Heidelmann, Thiele, Schulze)* nachgewiesen wurde, zu einer Erweiterung der Kapillaren am Kopf, am Rumpf und an den Oberarmen oder Oberschenkeln. Die Extremitätenenden (Hände und Füße) reagieren nicht mit. Gerade hier helfen die ansteigenden Teilbäder. Ihre Wirkung kann man noch verstärken durch den Zusatz ätherischer Öle, die Schmerzen stillen und Krämpfe lösen sowie die Harnausscheidung und die Absonderung der Bronchien fördern.

Der bekannte Fachmann für Gefäßerkrankungen, Prof. *Ratschow,* empfiehlt bei arteriellen Durchblutungsstörungen ausdrücklich das ansteigende Teilbad. Er warnt dagegen in solchen Fällen vor einer *plötzlichen* Wärmeanwendung, wie sie zum Beispiel das heiße Teilbad oder das Wechselbad darstellt, da dadurch das Sauerstoffbedürfnis des Gewebes stark erhöht wird. Das vermehrte Sauerstoffbedürfnis kann aber nur durch eine vermehrte Blutzufuhr befriedigt werden, die jedoch bei verengten Gefäßen gar nicht möglich wird. Es tritt daher eine akute Durchblutungsnot (Ischämie) auf, die ein Absterben des Gewebes (Nekrose) zur Folge haben kann. Das ansteigende Teilbad mit seinem einschleichenden Wärmereiz hat dagegen eine ausgesprochene Tiefenwirkung. *Gollwitzer-Meyer* stellten experimentell sogar eine Öffnung der Kollateralen (der Querverbindungen und Umleitungen der Gefäße) fest, wodurch eine verbesserte Durchblutung der bedrohten Gewebsbezirke möglich ist.

Es wird hierbei darauf hingewiesen, daß es z. B. bei stärkerer Geschwürsbildung auf einer Seite der Extremitäten möglich ist, die Mitreaktion der anderen Seite auszunutzen. Man läßt dabei die Wärme nicht unmittelbar auf die erkrankte Extremität einwirken, sondern badet die andere, *gesunde* Seite, wodurch dennoch eine reflektorische Gefäßerweiterung und damit Durchblutungszunahme auf der erkrankten Seite eintritt. Die Nachwirkungen der Hauterwärmung können bis zu einer Stunde dauern. Setzt man dem Bad noch ätherische Öle hinzu und hüllt man den übrigen Körper in warme Decken, so wird die Wirkung – bei genügender Zimmertemperatur und Luftfeuchtigkeit – bis auf zwei Stunden verlängert.

Die gute Wirksamkeit der kombinierten Anwendung von ansteigenden Teilbädern mit ätherischen Ölen wurde von *Völker* beschrieben bei Sudeckscher Gliedmaßendystrophie, von *Kalkschmidt* und *Behrend*

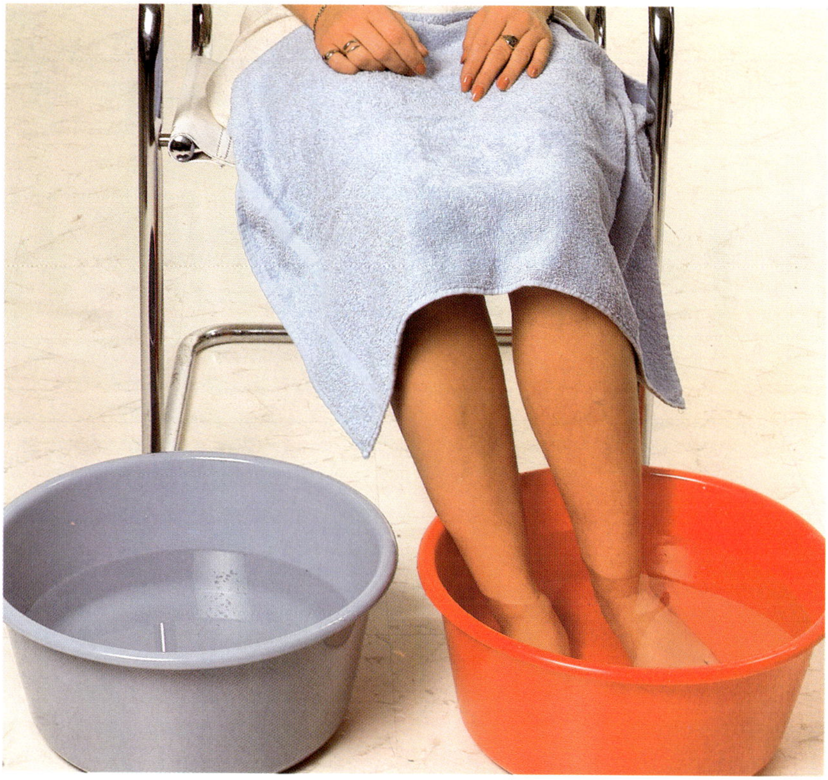

Das Wechselfußbad ist eine vorzügliche Hilfe bei chronisch kalten Füßen, Schlaflosigkeit und Kreislaufstörungen.

bei vasoneurotischen Erscheinungen und von *Boerger* bei chronischer Polyarthritis sowie bei koronaren und peripheren arteriellen Durchblutungsstörungen.

Ein Erfolg durch derartige Bäder ist nicht zu erwarten bei absoluter Herzunregelmäßigkeit (Arrythmia absoluta), partiellem und totalem Herzblock sowie beim Altersherzen mit stärkerer Sklerose.

Hauffe, der das ansteigende Teilbad von seinem Lehrer *Schweninger* übernahm, weiterentwickelte und in seinen Wirkungen auf den Organismus untersuchte, sagte über diese Form der Badebehandlung:

„Als hervorragendes Gefäßmittel wirksam, entlastet das langsam gesteigerte heiße Teilbad gleichzeitig das Herz und das innere Gefäßsystem und schafft daher mit verringertem Kraftaufwand eine vermehrte Leistung.“

Das kalte Fußbad

Das kalte Fußbad wird bei einer Wassertemperatur von 15–16° C durchgeführt. Die Dauer kann 15 Sekunden bis 2 Minuten betragen. Das Bad muß jedenfalls beendet werden, wenn ein Wärmegefühl oder eine stechend schmerzhafte Empfindung in den Füßen auftritt. Man streift das Wasser nur mit den Händen ab, zieht sich an und sorgt durch Bewegung oder Bettruhe für gute Wiedererwärmung.

Das kalte Fußbad wird durchgeführt bei Kopfdruck, Kopfschmerzen, Nasenbluten (hierbei möglichst lange), Verstopfung, Fußmüdigkeit und Schweregefühl in den Beinen.

Unterlassen muß man das kalte Fußbad bei Blutarmut, Krampfneigung und Blasenleiden.

Das warme Fußbad

Beim warmen Fußbad soll die Wassertemperatur 37–38° C betragen. Das Bad dauert normalerweise 15–20 Minuten. Zur Verstärkung der Wirkung kann man Heublumen oder Kamillenaufgüsse, Haferstroh- oder Zinnkrautabkochungen oder auch Senfmehl hinzugeben. Nach Abschluß des Bades folgt eine kurze kalte Abgießung oder ein kurzes kaltes Fußbad (10–15 Sekunden).

Das heiße Fußbad

Man führt es genauso aus wie das warme Fußbad. Die Wassertemperatur muß jedoch 39–44° C betragen. Auch dieses Bad dauert 15 bis höchstens 20 Minuten und wird mit einer kurzen Kaltanwendung abgeschlossen (Abgießung oder Fußbad).

Die warmen und heißen Fußbäder werden angewandt bei kalten Füßen, Blasen-, Nieren- und Unterleibsentzündungen, zur Ableitung bei Entzündungen im Bereich des Kopfes und Halses, bei Senk- und Spreizfußbeschwerden (mit Fußübungen und Massagen) und bei Sehnenscheidenentzündungen.

Bei hohem Blutdruck sind sehr heiße Fußbäder zu unterlassen.

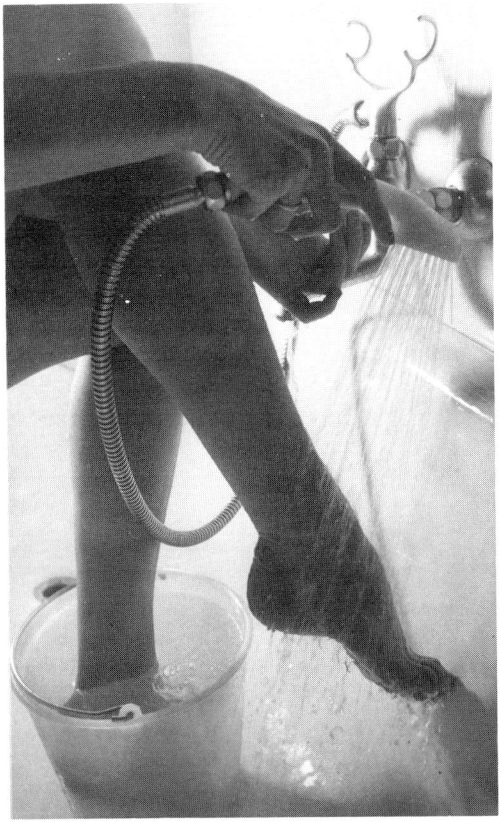

Das ansteigende Fußbad

Man beginnt mit einer Wassertemperatur von etwa 30–32° C und steigert sie durch langsames Zugießen von Wasser innerhalb von 20–30 Minuten auf etwa 42–45° C. Eine Ruhepause nach dem Bade von einer halben bis zu einer Stunde ist unerläßlich. Das ansteigende Fußbad am besten wöchentlich zweimal durchführen.

Wer keine Sauna aufsuchen kann, sollte im Winter wenigstens 1–2mal wöchentlich ein ansteigendes Fußbad machen. Es ist hilfreich bei Erkältungskrankheiten mit Fieber, besonders am Anfang, bei Rachenentzündungen, Bronchialkatarrh, Bronchialasthma, rheumatischen und gichtischen Reaktionen, Gefäßkrämpfen, Durchblutungsstörungen, Ischias und hohem Blutdruck.

Wechselfußbad

Das Wechselfußbad wird mit drei- bis fünfmaligem Wechsel ausgeführt. Man bleibt 5–10 Minuten im warmen Wasser

Wechselfußbad in der eigenen Badewanne. ■ Rechte Seite: Ansteigendes Fußbad. Durch langsames Zugießen wird die Temperatur auf 42–45° C gesteigert.

(38–40° C) und 10–15 Sekunden im kalten Wasser (15–18° C), beginnt warm und hört kalt auf, frottiert dann die Füße und zieht sofort Strümpfe an oder legt sich ins Bett. Das Wechselfußbad ist angebracht bei chronisch kalten Füßen, Blutandrang zum Kopf, Kopfschmerzen, Schlaflosigkeit, nervöser Übererregbarkeit, klimakterischen Beschwerden, hohem Blutdruck und zur Übungsbehandlung bei Kreislauf- und Herzfunktionsstörungen.

Barfußgehen

Immer wieder muß auf die wohltuende Wirkung des Barfußgehens hingewiesen werden. Da die Haut der Fußsohlen von Natur aus reichlich mit Schweißdrüsen besetzt ist, vermag sie sich besonders stark an der Ausscheidung von Stoffwechselgiften zu beteiligen. Diese Ausscheidungsfunktion ist natürlich in den Schuhen stark gehemmt. Als Ausgleich sollten wir den Füßen soviel Freiheit wie nur möglich gönnen, das heißt aber, sie mit der Luft und dem natürlichen Erdboden in Berührung kommen lassen, also barfuß gehen.

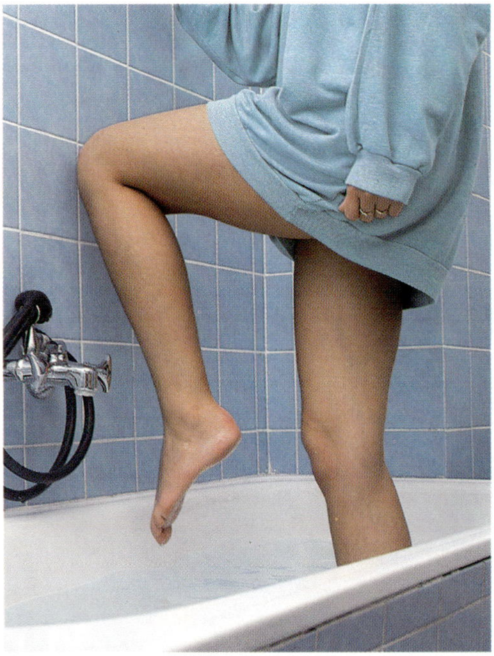

Wichtig ist, daß das Wasser wadenhoch sein muß, damit man richtig darin „treten" kann.

Barfußgehen wirkt ausscheidend, ableitend bei Blutandrang zum Kopf und anderen Kopfleiden. Allein das Auslüften des Fußes, der nun einmal in einem Schuhgehäuse leicht schwitzt und brennt, ist schon ein Vorteil. Ebenso wichtig ist aber auch das Gehen mit nackten Füßen. Es liegt kein Widerspruch darin, wenn man sagt, daß Kinder oder auch Erwachsene, die viel unter kalten Füßen leiden, möglichst barfuß gehen müssen. Durch die freie Belüftung, die intensivere Arbeit der Fußmuskeln und Gelenke werden die kalten Füße besser durchblutet und daher sehr schnell warm. Jeder kann erleben, wie er – auch bei kühlem Wetter – sehr schnell warme Füße bekommt, wenn er nur eine halbe Stunde am Strand barfuß herumläuft.

Das Barfußlaufen auf harten Beton- oder Asphaltstraßen sollte man allerdings vermeiden, sondern dazu möglichst einen Untergrund aus Naturboden wählen. Besonders unseren Kindern sollten wir, wo immer sich eine Gelegenheit dazu bietet, das Barfußgehen erlauben. Meist kommen wir damit ihrem eigenen Wunsch entgegen.

In der Stadt, in der es ja kaum Gelegenheiten zum Barfußgehen gibt, ist es ratsam, wenigstens abends in seinem Zimmer 15–30 Minuten lang das Barfußgehen zu üben. Es ist und bleibt das natürlichste, einfachste und beste Abhärtungsmittel.

Wassertreten

Das Wassertreten gehört zu den bekanntesten Kneippschen Kurmaßnahmen. Es kann in einer eigens dafür angelegten Wassertretstelle, in einem Bach, am Strand,

Beim Wassertreten gilt die Regel: Je höher und frischer das Wasser, um so wirksamer die Anwendung. Die Dauer des Wassertretens sollte 2 Minuten nicht überschreiten.

aber auch zu Hause in der Badewanne durchgeführt werden. Es kommt nur darauf an, in wadenhohem Wasser stapfen zu können. Lediglich im Ausnahmefall sollte man sich mit nur knöcheltiefem Wasser begnügen. Das Wasser darf sogar bis ans Knie reichen. Es gilt dabei die Regel: Je höher und frischer das Wasser, um so wirksamer die Anwendung. Anfangs führt man das Bad nur eine viertel Minute, später bis zu drei Minuten durch, wobei man beim Treten die Beine möglichst bis über die Wasserfläche hebt.

Das abwechselnde Heben und Treten der Füße ist für die gestaute Blutzirkulation besonders wichtig, weil dadurch die Beine mit ihren Blutgefäßen rhythmisch dem Kältereiz, dem Druck des Wassers und dem ständigen Aufhören und Wiedereinsetzen dieser Reize unterliegen. Dieser Wechsel trainiert die Gefäße und fördert die Zirkulation. Nach drei Minuten verläßt man das Wasser, trocknet die Beine aber nicht ab (nur das Wasser mit der Hand abstreifen), zieht sofort trockene Strümpfe und Sandalen an und läuft anschließend so lange, bis

Nach dem Taulaufen muß durch intensive Bewegung für rasche Erwärmung gesorgt werden.

die Füße trocken sind und sich eine wohlige Wärme in den Beinen und schließlich im ganzen Körper bemerkbar macht.

Das Wasertreten bewirkt eine gute Abhärtung, bei Blutandrang eine Ableitung des Blutes vom Kopf, eine verbesserte Atmung und eine erhöhte Kreislaufleistung, besonders in den Beinen und im Unterkörper.

Angebracht ist diese Anwendung zur Durchführung einer Abhärtungskur (besonders in Verbindung mit kalten Halbbädern), bei müden Füßen, Blutandrang zum Kopf, Kopfschmerzen, Nasenbluten und trägem Stuhlgang (verbessert die Durchblutung des Unterkörpers).

Taulaufen

Das Taulaufen ist eine sehr einfache und zweckmäßige Maßnahme zur Behandlung einer Fußschwäche. Auch dient es zur Ableitung des Blutes von Kopf und Oberkörper. Es wirkt sehr viel intensiver als Wassertreten.

Man geht dabei mit nackten Füßen frühmorgens 3–5 Minuten (später bis zu 15 Minuten) im taufrischen Gras umher, streift dann das tropfende Wasser ab und zieht sofort, ohne die Füße völlig abgetrocknet zu haben, trockene, wollene Strümpfe und Sandalen an. Anschließend geht man so lange auf trockenen Wegen weiter, bis die Füße trocken und intensiv warm sind. Meist dauert das etwa eine Viertelstunde. Die entstehende Wärmereaktion nach Beendigung des Taulaufens ist für die Wirkung entscheidend. Daher unbedingt warmlaufen! Das Taulaufen hat in seiner physiologischen Wirkung vieles mit den Kaltwasseranwendungen gemeinsam.

Kneipp sagt von dieser Anwendung: „Ich kann dieselbe jung und alt, Gesunden und Kranken, unbehindert jeder anderen Anwendung, bestens als Abhärtungsmaßnahme empfehlen.“ Er empfahl übrigens auch das *Gehen auf nassen Steinen,* weil es dem Gehen im nassen Gras in der Wirkung etwa gleichkäme. Diese Maßnahme empfiehlt sich dort, wo kein betautes Gras zur Verfügung steht. Die Steine kann man durch mehrmaliges Aufgießen von kaltem Wasser leicht naß halten.

Das Taulaufen und das Gehen auf nassen Steinen ist angezeigt bei kalten Füßen, Halsleiden, Katarrhen der Luftwege, Blutandrang zum Kopf und Kopfschmerzen. Jedoch niemals das Warmlaufen in trockener Fußbekleidung vergessen!

Schneegehen

Stärker noch als das Taulaufen und Wassertreten wirkt das *Gehen im frischen Schnee.* Gefrorener, harter Schnee ist dazu ungeeignet! Ein Gang durch den Schnee sollte 3–4 Minuten dauern, wobei man nicht stehenbleiben darf, sondern stets in Bewegung bleiben muß. Das Schneegehen aber nur durchführen, wenn man sich völlig warm fühlt. Fehlt die nötige Körperwärme,

Das Unterleibsdampfbad verlangt eine gründliche Vorbereitung.
Um den Patienten und um den Stuhl werden die Tücher so geschlagen,
daß sie überall einen guten Abschluß bilden und keinen
Dampf entweichen lassen. Erst dann wird das Gefäß aufgedeckt.
Die Dauer des Dampfbades soll 15–20 Minuten nicht überschreiten.

Beim Ohrendampfbad darf der austretende Dampf nicht zu heiß sein. Man kann über die Tülle einen Trichter oder ein Gummirohr stülpen.

körper muß mit dem Sitz einen gut abgeschlossenen Raum bilden. Die Wolldecken müssen auf dem Boden aufliegen, um auch hier einen guten Abschluß zu gewährleisten. Bei kalten Füßen stellt man die Füße gleichzeitig in ein warmes bis heißes Fußbad, das natürlich in die Einpackung mit eingeschlossen ist.

Nach vorsichtigem Abheben des Deckels läßt man den Dampf 10–15 Minuten einwirken. Er muß dabei Gesäß, Bauch, Unter- und Oberschenkel berühren. Man kann selbstverständlich für die Füße auch einen zweiten Dampftopf benutzen. Es muß sehr darauf geachtet werden, daß die Umhüllung von der Gürtellinie abwärts bis zum Boden dicht abschließt.

Dieses Bad ist angebracht zur Einleitung einer Schwitzkur mit nachfolgender Bettschwitzpackung, bei Erkältungskrankheiten, Schnupfen, Grippe, Blasenkatarrh und Prostataleiden, Nieren-, Darm- und Blasenkoliken, Ableitung und Schweißerzeugung bei Stoffwechselstörungen, Leberstauung und Leberschwellung, Krämpfen während der Periode.

Durch Einlegen eines heißen Ziegelsteins ins Wasser kann man die Dampfbildung verlängern. Auch bei Gebärmutterleiden, bei zu schmerzhafter Menstruation sowie zur Ableitung des Blutes aus dem Oberkörper ist das Unterleibs- oder Gesäßdampfbad nützlich.

Das Volldampfbad

Man benötigt hierzu zwei Dampftöpfe; einen stellt man unter die Füße, den anderen unter einen durchlöcherten Sitz. Der Patient wird nicht nur bis zur Körpermitte, sondern bis zum Hals eingedeckt, außerdem wird der Kopf noch mit einem Handtuch umhüllt. Die Einhüllung muß ringsum und bis zum Boden vollständig und dicht sein. Eine kalte Kompresse auf der Stirn wird angenehm empfunden.

Das etwas umständliche und deshalb weniger beliebte Volldampfbad dient zur Durchführung von Schwitzkuren, falls nicht eine Bettschwitzpackung vorgezogen wird. Das Volldampfbad bedeutet eine erhebliche Kreislaufbelastung und soll darum nie ohne ärztliche Verordnung genommen werden. Im übrigen gelten die gleichen Bedingungen wie bei allen Dampfbädern.

Nach dem etwa halbstündigen Nachdünsten kann eine Abwaschung oder Begießung des ganzen Körpers folgen.

Das Ohrendampfbad

Es läßt sich im Haushalt leicht durchführen. Man bringt einen Wasser-, Tee- oder Bronchitiskessel zum Kochen, stülpt über den Ausguß einen Trichter oder ein dickeres Gummirohr, so daß der austretende Dampf (Vorsicht! Darf nicht zu heiß sein!) direkt auf das Ohr (oder eine andere beliebige kleinere Körperstelle) gerichtet werden kann.

Allen Dampfbädern sollte eine kühle oder sogar kalte Anwendung folgen (Waschung oder Guß). Die Dauer der Dampfbäder beträgt durchschnittlich 15–20 Minuten. Sie können natürlich nach Bedarf verkürzt oder verlängert werden.

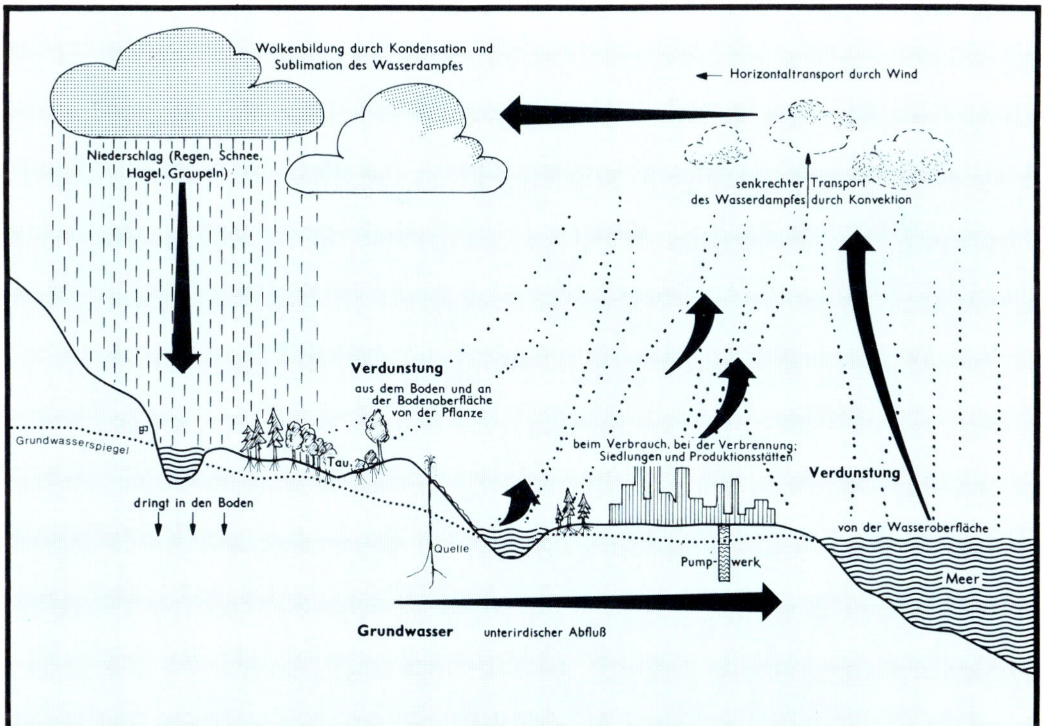

Der endlose Kreislauf des Wassers

Wasseranwendungen zur Selbstbehandlung

(Die Kneippkur zu Hause)

Die moderne Anwendung der Vorbeugungs- und Heilkräfte des Wassers verbindet in glücklicher Weise alte Erfahrung mit der wissenschaftlichen Technik der modernen Medizin. Um die Gesundheit zu erhalten oder wiederzugewinnen, haben die Menschen von jeher die in der ganzen Welt verstreuten kalten oder heißen heilkräftigen Quellen benutzt und die Küsten der Meere aufgesucht.

Lange bevor es eine moderne Bäderheilkunde gab, die mit exakten chemischen, physikalischen und physiologischen Methoden die Wirkungskraft der Bäder zu messen und ihre Wirkungsweise zu ergründen versucht, gab es über die heilende Kraft des Wassers ein gesichertes Erfahrungswissen. Keiner von uns kann erfassen, wie vielen Menschen das Wasser die überreizten Nerven beruhigt, wie vielen schlaffen Geweben es neue Abwehrkraft und wie vielen kranken Seelen es neuen Lebensmut gegeben hat. Das Wasser ist eines unserer wichtigsten Lebenselemente; es regt an und beruhigt, es reinigt und löst, es wärmt und kühlt, es lindert und heilt. Welch herrliches Erlebnis, wenn uns die Fluten der Nordsee umspülen! Welch eine Wohltat, wenn wir unseren geschwächten Körper in die warmen Wässer unserer Heilquellen tauchen können!

IN DIESEM KAPITEL:

- **Kurort häusliches Badezimmer**
- **Regeln, die vor Anwendungen zu beachten sind**
- **Durchführung der einfachsten Anwendungen**

Kurort häusliches Badezimmer

Die meisten von uns werden Kuren in den Badeorten oder in den Seebädern nicht häufig in ihrem Leben durchführen können. Um so wichtiger ist es zu wissen, daß auch jeder kleine Gebirgsbach, jeder Wald- und Bergsee, jedes Fluß- oder Strandbad, ja, jedes Wassertretbecken, jede betaute Wiese am frühen Morgen zu einer Quelle der Freude und Kraft werden kann. Selbst unser häusliches Badezimmer, das sich sicher nicht mit den wunderbaren Einrichtungen der Kurbäder messen kann, vermag trotzdem ein kleines Kurbad zu sein und uns manche Wohltat zu spenden.

Für die Kneippkur zu Hause eignen sich:

- Kalte, warme und wechselwarme *Armbäder* im Waschbecken,
- *Waschungen* am Waschbecken,
- alle *Güsse* in der Badewanne,
- *Wassertreten* und *Bäder* in der Badewanne,
- alle *Auflagen, Packungen* und *Wickel* im Bett.

Ihre speziellen Wirkungen sind in den Beschreibungen der einzelnen Wasseranwendungen nachzulesen. Ganz allgemein wirken sie *abhärtend*. Außerdem üben sie einen harmonisierenden Einfluß auf das vegetative Nervensystem aus.

Diese einfachen *Kneippschen* Wasseranwendungen leisten, indem sie zum Beispiel durch ihre Reizwirkung eine blitzschnelle Anpassung der Kreislauffunktionen herbeiführen, in folgenden Krankheitsfällen wertvolle Hilfe:

- bei funktionell bedingten Herz- und Kreislaufstörungen,
- bei Erschöpfungszuständen,
- bei schlechter Hautdurchblutung,
- zur Wiederherstellung der Leistungsfähigkeit nach Operationen,
- bei nervösen Fehlregulationen.

Sie dienen ferner der aktiven Gesundheitspflege, die schon in jungen Jahren geübt werden sollte. Leider sieht man erst jenseits der fünfziger Jahre ein, wenn sich der Alterungsvorgang schon deutlich bemerkbar macht, daß man „etwas für seine Gesundheit tun muß". Die Kneippkur verbindet so zwei wesentliche Aufgaben der modernen Medizin: die Rehabilitation (Wiederherstellung) und die Prävention (Krankheitsvorsorge).

Meist versucht man zunächst den bequemsten Weg über das Medikament. Vielfach merkt man dabei nicht, daß mit derartigen Maßnahmen lediglich die Leistungsreserven des Körpers herausgefordert und schließlich erschöpft werden, so daß man nicht etwas für die Gesundheit, sondern für das Krankwerden getan hat. Sehr viel wertvoller sind hier die Wasseranwendungen für alle jene Menschen, die ihre Leistungsfähigkeit steigern und sich gegen Krankheiten schützen wollen. Aber auch bei diesen einfachen Wasseranwendungen sind, wenn sie nicht mehr schaden als nützen sollen, einige Regeln zu beachten.

Regeln, die vor Anwendungen zu beachten sind

Bei kaltem oder fröstelndem Körper darf nie eine kalte Wasseranwendung vorgenommen werden. Es ist vielmehr zunächst für eine gute Erwärmung des Körpers zu sorgen, entweder indem man sich körperlich betätigt oder ein heißes Arm- oder Fußbad oder eine wechselwarme Anwendung nimmt. Nach der Anwendung auf jeden Fall Frieren oder Frösteln vermeiden. Es ist deshalb immer ratsam, sich tüchtig zu bewegen oder ins Bett zu schlüpfen, bis eine wohlige Wärme eintritt.

Wer gehetzt ist und sich nicht die nötige Zeit zu den Anwendungen nehmen kann (oder will), der beginne lieber erst gar nicht, denn zur Wirkung gehört, daß man alles mit innerer Ruhe durchführt. Auch wenn man sich nicht in einem Kneipp-Kurort oder einem Kneipp-Sanatorium aufhält, müssen die Wasserverordnungen in einer entspannten Atmosphäre geschehen, da sonst das vegetative Nervensystem nicht wie erwartet reagieren kann. Auch zur Entspannung kann man sich erziehen.

Zur Kneippkur gehören nicht nur das Wasser und die Entspannung, sie muß auch durch eine naturgemäße, einfache Ernährung, wenn nötig unter Mitverwendung heilkräftiger Kräuter (Heilpflanzen), ergänzt werden. Man verzichte während der Kneippkur auf reichliche, stark fett- und fleischhaltige Mahlzeiten und bevorzuge Vollkornbrot, vorwiegend saure Milchprodukte, Haferflocken, Obst, Gemüse, Salat, Gewürzkräuter und Obstsäfte oder Mineralwasser als Getränk. Kaffee, Tee, Nikotin und Alkohol meide man während einer Kneippkur vollständig, da sie das vegetative Nervensystem irritieren.

So, als vollständige Kur, kann man auch zu Hause „kneippen", und das Wasser aus dem eigenen Wasserhahn wirkt nicht weniger Wunder als die Wasseranwendung in einem Kneipp-Kurort.

Wer es zu Hause möglich machen kann, den „Tagesablauf" mit *Taulaufen* im Grase hinter seinem Haus zu beginnen, der sollte sich diese Gelegenheit nicht entgehen lassen. Durch den Kältereiz und die Bewegung tritt eine vielfach verbesserte Blutzirkulation ein; der Körper wird intensiv warm, die Atmung stärker und freier, die Sauerstoffaufnahme größer und damit der ganze Stoffwechsel lebhafter, was sich rasch als erhöhtes Lebens- und Kraftgefühl bemerkbar macht. Der gleiche Effekt läßt sich natürlich auch mit den anderen „einfachen Abhärtungsmaßnahmen" (Wassertreten, Schneegehen, siehe dort) erreichen.

Die meisten Menschen wissen nicht, daß ihre *Badewanne ein ideales Wassertretbecken* ist. Man füllt sie bis etwas über die Waden (oder eine Handbreit unterhalb des Kniegelenks) mit kaltem Wasser, tritt hinein und stapft „wie ein Storch im Salat" für 1–3 Minuten darin herum. Bei jedem Schritt zieht man das Bein hoch, daß es aus dem Wasser ragt. Sobald das Wasser „beißt" oder schmerzt, ist es Zeit, auszusteigen. Das Wasser wird lediglich abgestreift, und in Sandalen oder auch trockenen Socken läuft man so lange herum, bis die Füße angenehm warm sind. So härtet man sich ab, beugt dem Schnupfen vor, und der lästige und lähmende Druck verschwindet aus dem Kopf. *Wassertreten* kurz vor dem Schlafen kann das übererregte Gehirn durch Ableitung des Blutes aus dem Kopf beruhigen und so das Einschlafen fördern.

Wer am frühen Nachmittag eine Erfrischung braucht, ersetze den Kaffee durch ein *Armbad,* das sich leicht im Waschbecken ausführen läßt. Zunächst taucht man die Arme (bis zur Hälfte der Oberarme) für 5 Minuten in warmes Wasser von 38° C, dann füllt man das Becken mit kaltem Wasser und taucht die Arme für 10–15 Sekunden hinein. Man kann das Ganze auch noch 2–3mal (selbst im Büro) wiederholen und erleben, wie schnell die Mittagsmüdigkeit verschwindet.

Die wichtigste Heilmaßnahme für zahlreiche Leiden und Krankheiten ist die Sorge für eine gute Durchblutung. Sie läßt sich mit kalten, heißen und wechselwarmen Fußbädern, Kräuterbädern (Haferstroh-Heublumen-, Kamillen-, Fichtennadel-, Rosmarin- und Arnikabad) und zahlreichen Wassergüssen, besonders Knie-, Schenkel- und Armguß, erreichen. Man lese über diese Einzelanwendungen in den entsprechenden Abschnitten nach.

Die Kneippkur zu Hause wird meist auch die Kinder anregen, den Eltern nachzueifern. Gerade bei ihnen ist die Anwendung von Bädern und Kaltwaschungen zur Kräftigung ihres Körpers, zur Abhärtung gegen alle möglichen Schäden der Witterung und des Klimas von größtem Nutzen. Je früher sie damit beginnen, desto besser!

Durchführung der einfachsten Anwendungen

Einige einfache und fast überall durchzuführende Anwendungen des Wassers sollen hier nähere Beschreibung finden, damit wir der gesundheitsspendenden Kräfte auch allezeit zu Hause teilhaftig werden können.

Das kalte Armbad

Das kalte Armbad ist ein wunderbares Herz- und Kreislaufmittel, wenn es sich nicht gerade um grobe organische Schädigungen handelt, die natürlich vom Arzt ausgeschlossen werden müssen. Stiche in der Herzgegend, Druckgefühl, Bangigkeit, Angstgefühl und Herzklopfen, also gerade die heute so häufigen sogenannten „funktionellen" Herzbeschwerden, werden durch ein kaltes Armbad auffallend gebessert oder ganz zum Verschwinden gebracht. Nach starken Aufregungen oder größeren Anstrengungen übt das kalte Armbad eine schnell einsetzende erfrischende und doch wohlig-beruhigende Wirkung aus.

Das ansteigende heiße Armbad

Es erweist sich immer wieder als ein hervorragendes Kreislaufmittel. Es entlastet gleichzeitig das Herz und das innere

Kneippkur zu Hause. Für ein warmes Fußbad verwendet man etwa ein halbes Pfund Salz.

Gefäßsystem und bringt dadurch bei verringertem Kraftaufwand eine vermehrte Leistung zustande. Da dieses Bad auch die Herzkranzgefäße erweitert, wirkt es krampf- und schmerzlindernd bei Angina pectoris, sofern sie, wie es meist besonders im Anfang der Fall ist, auf krampfhafter Verengung dieser lebenswichtigen Gefäße beruht.

Gesunde zeigen nach einem ansteigenden Armbad meist eine leichte Blutdrucksenkung. Patienten mit erhöhtem Blutdruck erleben oft eine erhebliche Herabsetzung des Blutdruckes und eine wesentliche Besserung ihrer Beschwerden. Man kann das Bad gut vor dem Schlafengehen nehmen, da es schlaffördernd wirkt.

Das kalte Fußbad

Wie alle kalten Bäder wirkt auch das kalte Fußbad anregend und umschaltend auf den Blutkreislauf. Wer diese Wirkung noch nicht kennt, sollte sich an einem warmen Sommertag nach einem längeren Fußmarsch an einen Badestrand setzen und die Füße ins kalte Wasser stecken, danach im Grase oder im trockenen Sand bis zum völligen Trockenwerden herumlaufen, dann ankleiden und weitermarschieren. Die belebende Wirkung ist überraschend.

Bei venösen Stauungen in den Beinen – besonders bei beginnenden Krampfadern und bei trägem Stoffwechsel (Verstopfung) – ist das kalte Fußbad besonders angezeigt. Bei Blasenleiden, Neigung zu Krämpfen und schlechter Durchblutung der Kopforgane ist es nicht angebracht.

Wassertreten und Taulaufen

Beide Anwendungen spielen im Rahmen einer Kneippkur eine große Rolle. Die Wirkung ist die gleiche wie die eines kalten Fußbades, meist aber intensiver und länger anhaltend. *Wassertreten* läßt sich sowohl im fließenden Bach als auch in einem dazu angelegten Wassertretbecken oder in der häuslichen Badewanne ausführen.

Taulaufen kann man natürlich nur frühmorgens im taufrischen Grase ausführen. Man geht dabei mehrere Minuten etwas schleifend durch das nasse Gras, trocknet dann die Füße nur oberflächlich ab, zieht sofort trockene Strümpfe an und geht so lange weiter, bis die Füße ganz trocken sind und eine verstärkte Blutströmung in den Beinen fühlbar wird.

Im Winter kann man natürlich auch einige Sekunden im frisch gefallenen Schnee herumlaufen. Man muß nur anschließend sofort in ein warmes Zimmer zurück, die Füße gut trockenfrottieren, Strümpfe und Schuhe anziehen und anschließend umhergehen, bis wiederum eine starke Blutströmung fühlbar wird.

Während man in der Regel keine kalte Anwendung bei kalten Füßen ausführt, kann wegen des starken Temperaturunterschiedes das Schneegehen auch bei kalten Füßen angebracht sein und zu einer schnellen und aktiven Verbesserung der Durchblutung führen.

Kneipp-Kurpläne in speziellen Krankheitsfällen

Kneipp war sich seiner Begrenztheit in medizinischen Fragen durchaus bewußt. Es war daher sein Wunsch, daß sich Ärzte seiner Methode annehmen, sie wissenschaftlich unterbauen und weiterentwickeln möchten, wie es heute in vielfältiger Weise auch geschieht. *Kneipp* äußerte noch in seinem Todesjahr: „Wohin sollte mein System kommen, wenn die Laien es in die Hand nehmen und wenn nicht die Ärzte sich damit befassen? Dann wird's nichts weiter als einfache Kurpfuscherei."

IN DIESEM KAPITEL:

- **Wie ein Kurtag aussieht**
- **Behandlung der Leber-, Darm- und Kreislaufschwäche**
- **Behandlung nervöser Erschöpfung und vegetativer Störungen (vegetative Dystonie)**
- **Behandlung zur Abhärtung, Steigerung der Abwehrkraft und Krankheitsverhütung**
- **Behandlung des hohen Blutdrucks (essentielle Hypertonie)**
- **Behandlung der allergischen Erkrankungen**
- **Behandlung der akuten, fieberhaften Bronchitis**
- **Kurplan bei Menstruationsstörungen**

Immerhin ist erfreulich festzustellen, daß sich immer mehr und gerade jüngere Ärzte nicht nur auf die Verordnung von Medikamenten beschränken, sondern sich auch der physikalischen Heilmethoden, insbesondere der einfachen, im Haushalt des Patienten durchzuführenden Wasseranwendungen bedienen.

Wenn ich immer wieder darauf hinweise, daß auch die Wasseranwendungen einer regelrechten ärztlichen Verordnung bedürfen, so deshalb, weil alle Wasseranwendungen, gleich welcher Art, unter Umständen zu recht starken Reaktionen führen können und daher auch mit einem Risiko verbunden sind. Es gibt echte Kälteallergien, bei denen kalte Anwendungen anfänglich natürlich völlig unangebracht sind. Es kann in einem einfachen warmen oder heißen Bad zu Kollapszuständen (Versagen des Kreislaufs) kommen, weil die Haut und die Unterhautgefäße sich in dem Bad so stark erweitern können, daß sich die vorhandene Blutmenge (normalerweise etwa fünf Liter) darin verliert und dabei vor allem der Kopf nicht ausreichend durchblutet wird. Bei vorhandener Blutarmut (Anämie) und niedrigem Blutdruck (Hypotonie) sind die Gefahren besonders groß. Daher die vorhergehende ärztliche Kontrolle.

Ich habe in den folgenden Kapiteln typische Kurpläne für sieben der verbreitetsten Krankheitsgruppen wiedergegeben, wie sie in der ärztlichen Praxis und in den Kneippbädern durchgeführt werden. Sie sollen einen Überblick und eine Anregung für die Verordnung dieser natürlichen Heilmaßnahmen darstellen, die heute auch schon in den meisten Kurbädern der Großstädte verabfolgt werden.

Wie ein Kurtag aussieht

1. Morgens zwischen 6 und 8 Uhr Frühanwendung: Es kann eine *Waschung* sein, nach der man unabgetrocknet zum Nachdünsten ins warme Bett zurückkehrt und gut zugedeckt wird. Es kann auch ein *Wickel* als erste Maßnahme verordnet werden, wonach eine Abreibung oder Abwaschung erfolgt. Nur bei übernervösen und sehr ängstlichen Menschen läßt man die Frühanwendung anfangs weg oder ersetzt sie durch späteres Taulaufen.
   Noch *vor* dem Frühstück entweder *Luftbad* mit Hautreiben im Zimmer oder *Selbstmassage* mit Hautöl oder *Trockenbürsten* der Haut. Das Luftbad kann ergänzt werden durch Atemgymnastik, Atemübungen oder Heilgymnastik nach besonderer Vorschrift. Man kann die Anwendung auch einen Tag um den andern wechseln.
2. Frühstück.
3. Zwischen 9 und 11 Uhr *Hauptanwendung* nach der verordneten Kur, meist *Bad* oder *Guß.*
4. Dann folgt ein *Spaziergang*, nach Bädern aber meist *Bettruhe.*
5. Vor dem Mittagessen ½–1 Stunde *Liegekur.*
6. Mittagessen.
7. Nach dem Mittagessen 1 Stunde *Liegekur*, eventuell mit Entspannungsübungen oder Leibwickel.
8. Zwischen 15 und 16 Uhr *Luftbad, Armbad* oder *Armguß*, anschließend Nachmittagsspaziergang oder – falls nötig – Ruhe.
9. Zwischen 17 und 18 Uhr *Wassertreten;* danach muß für rasche Wiedererwärmung gesorgt werden.

Während die physikalischen und chemischen Einflüsse eines Einzelbades nur zu einer vorübergehenden Auslenkung (Veränderung) des Stoffwechselzustandes führen, zeigen wiederholte Bäder, die in Form einer *Badeserie als Kur* verabreicht werden, phasisch ablaufende Anpassungsphänomene, die eine günstigere Ausgangslage des chronisch Kranken gegenüber inneren und Umwelteinflüssen mit sich bringen können.

nach Prof. R. Günther/Prof. H. Jantsch

10. Abendessen, möglichst früh und leicht. Früh zu Bett, wenn möglich Entspannungsübungen.

Eine typische Kneippkur füllt den ganzen Tag aus und folgt einem gewissen Schema, das natürlich zahlreiche individuelle Abwandlungen erfordert, die der Arzt im Einzelfall je nach Empfindlichkeit und Reaktionsfähigkeit seines Patienten in der Verordnung berücksichtigen muß. Entsprechend dem jeweiligen Zustand des Patienten kann der Kurplan variiert, ergänzt oder abgekürzt werden.

Das Ziel der Kur mit ihren verschiedenen Anwendungen ist es, den Organismus, der mit seiner Krankheit nicht recht fertig wird, der im wahrsten Sinne des Wortes „verstimmt" ist und sich dabei in einer ungünstigen Abwehrlage gegenüber einer akuten oder chronischen Krankheit befindet, umzustimmen, seine Abwehrkräfte zu steigern und ihn auf diese Weise in seinem Heilbestreben zu unterstützen.

Es folgen nun sieben schematisierte Beispiele von Kurverordnungen, wie ich sie meinen Patienten zur Kur mitgebe.

Behandlung der Leber-, Darm- und Kreislaufschwäche

Es mag merkwürdig erscheinen, daß so verschiedenartige Erkrankungen wie Leber-, Darm- und Kreislaufschwäche in einer Kur zusammen behandelt werden sollen. Das ist nur zu verstehen, wenn man die inneren Zusammenhänge kennt.

Als Angehörige einer hochzivilisierten Wohlstandsgesellschaft leiden wir, da wir uns der Natur weitgehend entzogen haben, aber trotzdem weiterhin ihren Gesetzen unterliegen, an dieser selbstgewählten Zivilisation, die unsere Gesundheit um so stärker bedroht, je perfekter sie wird. Wenn man erkannt hat und daher anerkennt, daß es Krankheiten gibt, die durch die Entfremdung von der Natur entstehen, dann wird man den ganzheitlichen Zusammenhängen der Krankheitsbilder die nötige Beachtung schenken und versuchen, durch entsprechende ganzheitliche Maßnahmen, wie sie die Naturheilverfahren fast immer darstellen, den Krankheitskomplexen zu Leibe zu gehen. In der Naturheilkunde treten die spezifischen, nur auf ein Organ gerichteten Behandlungsmethoden zunächst zurück. Die ganz im Vordergrund stehende Allgemeinbehandlung bedeutet zunächst eine Verringerung der Lebensbelastung, und dann folgt die Anregung der Lebenstätigkeit, der sich je nach Notwendigkeit auch die Behandlung spezieller Gewebe- und Organfunktionen anschließen kann.

Der Zusammenhang zwischen Leber-, Darm- und Kreislaufschwäche wird verständlich, wenn man bedenkt, daß jede Herz- und Kreislaufschwäche zur Minderdurchblutung oder Stauung zunächst in der Leber und dann auch in den Verdauungsorganen führt.

Da die Leber sehr empfindlich auf Kreislaufstörungen reagiert, müssen sich, schon bevor man andere Anzeichen nachlassender Herzkraft nachweisen kann, die hydrotherapeutischen Maßnahmen zunächst auf die Beseitigung der Herz- und Gefäßstörungen richten (siehe den Behandlungsplan auf der nächsten Seite).

Diät: Salzlose Kost, Obsttage, Milchtage, Rohkosttage entlasten den Kreislauf, fördern die Entwässerung der Gewebe und Organe und steigern die Entgiftungsfunktionen der Leber. In der täglichen Kost für die Dauer der Kur Fleisch und Eier meiden, dafür viel Quark, Sauermilchprodukte und Obst. Nichts Gebratenes und Gebackenes!

Kräutertee: Bei schlechter Leber-, Darm- und Kreislauffunktion ist als Kräutertee folgende Mischung galletreibender Heilpflanzen zu empfehlen:

30 g Bitterklee
30 g Wermut
40 g Pfefferminztee

Zubereitung: morgens 1 Eßlöffel der Mischung auf 3 Tassen Wasser als Aufguß. Tagsüber schluckweise oder vor jeder Mahlzeit 5 Eßlöffel trinken.

LEBER-, DARM- UND KREISLAUFSCHWÄCHE
BEHANDLUNGSPLAN

6–8 Uhr	**1. Tag**	**2. Tag**	**3. Tag**
1. Woche	Oberkörperwaschung	Lendenwickel	Oberkörperwaschung
2. Woche	Ganzwaschung	Lendenwickel	Halbbad
3. Woche	Halbbad	Lendenwickel	Halbbad
4. Woche	verl. Armguß	Lendenwickel	verl. Armguß
9–11 Uhr			
1. Woche	Knieguß	Schenkelguß	Knieguß
2. Woche	Unterguß	Schenkelguß	Oberguß
3. Woche	Oberguß	Vollguß	Wechselguß
4. Woche	Vollguß	Wechselschenkelguß	Vollguß
	Jeden Tag vor dem Mittagessen ½ Stunde Bettruhe		
15–16 Uhr			
1. Woche	Lehmwickel/Arm	Lehmwickel/Bein	Lehmwickel/Arm
2. Woche	Heusack/Leber	Heusack/Leber	Heusack/Leber
3. Woche	Wechselarmbad	Wechselsitzbad	Wechselarmbad
4. Woche	Wechselschenkelguß	Wechseloberguß	Wechselschenkelguß
	Abends einen Spaziergang und früh zu Bett gehen **Keine Genußgifte während der Kur!**		

6–8 Uhr	**4. Tag**	**5. Tag**	**6. Tag**
1. Woche	Lendenwickel	Ganzwaschung	Trockenbürsten und Ganzwaschung (1.–4. Woche)
2. Woche	Ganzwaschung	Vollbad/Fichtennadel	
3. Woche	Ganzwaschung	Vollbad/Fichtennadel	
4. Woche	Lendenwickel	Vollbad/Fichtennadel	
9–11 Uhr			
1. Woche	Schenkelguß	Unterguß	Wassertreten
2. Woche	Schenkelguß	Vollguß	Schwimmen
3. Woche	Wechselschenkelblitzguß	Blitzguß	Wassertreten
4. Woche	Wechselschenkelguß	Vollblitzguß	Schwimmen
	Jeden Tag vor dem Mittagessen ½ Stunde Bettruhe		
15–16 Uhr			
1. Woche	Lehmwickel/Bein	Lehmwickel/Arm	Lehmwickel heiß *
2. Woche	Heusack/Leber	Heusack/Leber	Heusack/Leber *
3. Woche	Wechselsitzbad	Wechselarmbad	Leibwickel heiß *
4. Woche	Wechseloberguß	Wechselschenkelguß	Heusack/Leber *
	Abends einen Spaziergang und früh zu Bett gehen **Keine Genußgifte während der Kur!**		

* Anstelle dieser Heißanwendungen kann nach ärztlicher Verordnung auch das sehr viel stärker wirkende Blitzgußmassagebad „Leber-Galle“ (Seite 57) verabreicht werden.

Behandlung nervöser Erschöpfung und vegetativer Störungen

(vegetative Dystonie)

Die Grundlage dieser vielverbreiteten Störungen ist eine Konstitutionsschwäche bei meist sehr labilen, empfindlichen oder auch nervenschwachen Menschen. Durch eine systematische Kneippkur wird die Reaktionsfähigkeit normalisiert, die übergroße Reizbarkeit herabgesetzt und die Widerstandsfähigkeit gegen die Reizüberflutung des Alltags gestärkt. Diese Kur ist in gleicher Weise geeignet für „inadäquate" Personen, die auf gewöhnliche körperliche, soziale, emotionale und intellektuelle Anforderungen unangemessen (inadäquat) reagieren und bei dem Versuch, Unlustgefühle und Empfindungen der Unzulänglichkeit und Unterlegenheit abzuwehren oder ihnen auszuweichen, häufig einem Suchtmittel, meist dem Alkohol, verfallen. Hier ist eine Nervenstärkung und eine Steigerung der körperlichen und seelischen Belastungs- und Leistungsfähigkeit besonders wichtig.

Der Kurplan auf der nächsten Seite ist nur *ein* Hilfsmittel unter anderen, um körperliche und körperlich-seelische Krankheitszustände zu beeinflussen. Bei rein seelisch bedingten Krankheiten, die sich auch unter dem Bild der „vegetativen Erschöpfung" oder der „Neurose" zeigen können, stellt die Kneippkur zwar eine wesentliche Hilfe, aber kein ursächlich wirkendes Heilmittel dar. In solchen Fällen muß man auch einmal nach dem *Sinn der Krankheit* fragen. Wir wissen heute ganz genau, daß nicht nur Spannungen der menschlichen Haupttriebe, des Sexualtriebs, des Sicherheitsbedürfnisses, des Macht- oder Geltungstriebs, sondern auch Konflikte im bewußten Bereich, z. B. eine Glaubenskrise, auf dem Wege über eine Verdrängung zu vegetativen und neurotischen Störungen führen können (Dr. *Rorarius*). Hier führt der Weg zur Heilung in erster Linie über den Psychotherapeuten oder den Seelsorger.

Diät: Salzarm, fleischarm, reichlich Obst, Gemüse, Salat, Fruchtsäfte, 1–2 Saftfastentage im Monat.

Heilpflanzenbehandlung: Sie kann eine sehr gute Unterstützung der Badebehandlung und einer meist ebenso notwendigen seelischen (psychischen) Beeinflussung sein. Die Rauwolfiawurzel hat vor allem die Fähigkeit, die Überempfindlichkeit und übergroße Reizbarkeit herabzusetzen. Ähnlich wirken aber auch Baldrian, Hopfen, Johanniskraut und Melisse, woraus man folgende Teemischung bereitet, von der man täglich 1–2 Tassen trinkt:

30 g Baldrianwurzel
30 g Johanniskraut
20 g Melisse
20 g Hopfenblüten

Einen Eßlöffel der Mischung auf 1 Tasse Wasser kalt ansetzen, 12 Stunden ziehen lassen, einen weiteren Eßlöffel Tee mit 1 Tasse kochendem Wasser übergießen, 10 Minuten ziehen lassen, dann beide Auszüge zusammengießen und trinken. Vier Wochen lang.

NERVÖSE ERSCHÖPFUNG UND VEGETATIVE STÖRUNGEN
BEHANDLUNGSPLAN

6–8 Uhr	**1. Tag**	**2. Tag**	**3. Tag**
1. Woche	Oberkörperwaschung	Unterkörperwaschung	Oberkörperwaschung
2. Woche	Ganzwaschung	Lendenwickel	Ganzwaschung
3. Woche	Lendenwickel	Bürstenbad und Ganzwaschung	Lendenwickel/ Essigwasser
4. Woche	Lendenwickel/ Salzwasser	Bürstenbad und Ganzwaschung	Lendenwickel/ Salzwasser
9–11 Uhr			
1. Woche	Wechselschenkelguß	Wechselknieguß	Wechselschenkelguß
2. Woche	Wechselsitzbad	Wechseloberguß	Wechselsitzbad
3. Woche	Wechselguß	Oberguß	Wechselguß
4. Woche	Wechselschenkel-blitzguß	Oberguß	Wechselschenkel-blitzguß
15–16 Uhr			
1. Woche	Armbad	Leibauflage heiß	Armbad
2. Woche	Wassertreten	Schwimmen	Wassertreten
3. Woche	Schwimmen	Wassertreten	Schwimmen
4. Woche	Schwimmen	Wechselblitzguß	Schwimmen

6–8 Uhr	**4. Tag**	**5. Tag**	**6. Tag**
1. Woche	Unterkörperwaschung	Oberkörperwaschung	Oberkörperwaschung
2. Woche	Lendenwickel	Ganzwaschung	Oberkörperwaschung
3. Woche	Bürstenbad und Ganzwaschung	Lendenwickel/ Salzwasser	Ganzwaschung
4. Woche	Bürstenbad und Ganzwaschung	Lendenwickel/ Salzwasser	Ganzwaschung
9–11 Uhr			
1. Woche	Wechselknieguß	Wechselschenkelguß	Wassertreten
2. Woche	Wechseloberguß	Wechselsitzbad	Wassertreten
3. Woche	Oberguß	Wechselguß	Wassertreten
4. Woche	Oberguß	Wechselschenkel-blitzguß	Wassertreten
15–16 Uhr			
1. Woche	Leibauflage heiß	Baldrianbad	Leibwickel
2. Woche	Schwimmen	Baldrianbad	Leibwickel
3. Woche	Wassertreten	Baldrianbad	Leibwickel
4. Woche	Wechselblitzguß	Baldrianbad	Leibwickel

Behandlung zur Abhärtung, Steigerung der Abwehrkraft und Krankheitsverhütung

Wir sind heute geneigt, aktive Gesundheitspflege zu treiben, um den Organismus in die Lage zu versetzen, sich möglichst weitgehend gegen Krankheiten und vorzeitige Verschleißerscheinungen wehren zu können. Alle Maßnahmen, die die Regenerationsfähigkeit des Organismus, seine Steuerungseinrichtungen, z. B. das zentrale und das vegetative Nervensystem, das Hormondrüsensystem und das unspezifische Abwehrsystem, anregen, sind dafür geeignet.

Ein besonders günstiger Angriffspunkt für solche Maßnahmen ist die Haut, und gerade hierauf wirken die Wasseranwendungen mit zahlreichen Abstufungen.

Über die Haut erreichen wir die außerordentlich große Zahl der Nervenendigungen und das Riesennetz der feinen Haut- und Unterhautgefäße. Wir wissen aber auch, daß gerade in der Haut unspezifische und spezifische Abwehrstoffe gegen Krankheitserreger durch die Wasser-, Luft- und Lichtreize gebildet und gespeichert werden. Nicht zu unterschätzen ist natürlich auch das Training der Haut zur besseren Wärmeregulation und Durchblutung durch die Wasserreize.

Gerade in der Frühjahrszeit sollte man Maßnahmen einleiten, die besonders die unspezifischen Abwehrfunktionen des Organismus anregen, seine Leistungsfähigkeit erhöhen und ihn daher weitgehend gegen Krankheiten feien. Das kann nicht geschehen, ohne die Funktionen der Ausscheidungsorgane (Darm, Nieren, Haut und Lungen) und der Leber zu steigern. Die Kneippschen Anwendungen in Verbindung mit Diätmaßnahmen und Kräuterkuren können diese Forderungen erfüllen. Diese Kur ist auch für die Zeit der Rekonvaleszenz nach Krankheiten und Operationen geeignet.

Diät: Sie sollte eine Entlastung der lebenswichtigen Funktionen des Bindegewebes bedeuten, also eine Stoffwechselbelebung und -normalisierung sowie eine vermehrte Ausscheidung von Stoffwechselprodukten hervorrufen. Das läßt sich am besten durch Frischkost (Rohkost), Reis-Obst-Tage, vegetarische Kost und Saftfastentage erreichen. (Siehe dazu das Buch „Nutze die Heilkraft unserer Nahrung“ von Dr. med. E. Schneider, erschienen im gleichen Verlag.)

Heilpflanzenanwendungen: Eine Reihe von Heilpflanzen unterstützt durch Anregung des Stoffwechsels und der Ausscheidungsorgane die Wirkung der Diät, nämlich Brennessel, Bärenlauch, Knoblauch, Brunnenkresse, Stiefmütterchen, Quecke und Löwenzahn. Einen stoffwechselwirksamen Tee setzt man zusammen aus

20 g Löwenzahnwurzel
20 g Süßholzwurzel
20 g Queckenwurzel
20 g Liebstöckelwurzel
20 g Hauhechelwurzel

Einen Eßlöffel dieser Mischung bereitet man mit 1 Tasse Wasser als Abkochung zu und trinkt morgens und abends je 1 Tasse warm.

ABHÄRTUNG, STEIGERUNG DER ABWEHRKRAFT UND KRANKHEITSVERHÜTUNG BEHANDLUNGSPLAN

6–8 Uhr	1. Tag	2. Tag	3. Tag
1. Woche	Trockenbürsten und Oberkörperwaschung	Trockenbürsten und Unterkörperwaschung	Trockenbürsten und Oberkörperwaschung
2. Woche	Wechselwarme Oberkörperwaschung	Wechselwarme Unterkörperwaschung	Wechselwarme Oberkörperwaschung
3. Woche	Kalte Oberkörperwaschung	Kalte Unterkörperwaschung	Kalte Oberkörperwaschung
4. Woche	Kalte Ganzwaschung	Kalte Ganzwaschung	Kalte Ganzwaschung
9–11 Uhr			
1. Woche	Lendenwickel	Wadenwickel	Lendenwickel
2. Woche	Wechselschenkelguß	Wechselknieguß	Wechselschenkelguß
3. Woche	Wechselguß	Oberguß	Wechselguß
4. Woche	Wechselschenkelblitzguß	Lendenwickel	Wechselschenkelblitzguß
	Mittags 1 Stunde im Freien oder im Zimmer bei offenem Fenster Liegekur!		
15–16 Uhr			
1. Woche	Armbad	Wassertreten	Schwimmen
2. Woche	Wassertreten	Wassertreten	Schwimmen
3. Woche	Schwimmen	Ansteigendes Armbad	Sauna
4. Woche	Schwimmen	Wechselblitzguß	Sauna

6–8 Uhr	4. Tag	5. Tag	6. Tag
1. Woche	Trockenbürsten und Unterkörperwaschung	Trockenbürsten und Oberkörperwaschung	Trockenbürsten und Ganzwaschung
2. Woche	Wechselwarme Unterkörperwaschung	Wechselwarme Oberkörperwaschung	Trockenbürsten und Ganzwaschung
3. Woche	Kalte Unterkörperwaschung	Kalte Oberkörperwaschung	Ganzwaschung
4. Woche	Kalte Ganzwaschung	Kalte Ganzwaschung	Ganzwaschung
9–11 Uhr			
1. Woche	Wadenwickel	Lendenwickel	Wassertreten und Spaziergang
2. Woche	Wechselknieguß	Wechselschenkelguß	
3. Woche	Oberguß	Wechselguß	
4. Woche	Lendenwickel	Wechselblitzguß	
	Mittags 1 Stunde im Freien oder im Zimmer bei offenem Fenster Liegekur!		
15–16 Uhr			
1. Woche	Armbad	Baldrianvollbad	Schwimmen
2. Woche	Wassertreten	Heublumenvollbad	Sauna
3. Woche	Schwimmen	Zinnkrautvollbad	Schwimmen
4. Woche	Schwimmen	Fichtennadelvollbad	Sauna

Spezielle Wasseranwendungen

Das erste aber ist das Wasser,
besser als olympischer Sieg, besser als Gold.

Spruch der alten Griechen

Die Sauna – ein Gesundheits- und Heilbad

Im Leben der Finnen gehört die Sauna zu den selbstverständlichen Einrichtungen. Bei einer Bevölkerungszahl von 4,6 Millionen besitzen sie über eine halbe Million Saunas. Die meisten Finnen benutzen sie einmal wöchentlich, im Sommer öfter. Befindet man sich dort als Gast, so wird man meistens zum Mitbaden eingeladen. Bau und Ausgestaltung der Sauna können außerordentlich verschieden sein. Oft ist es ein kleines Holzhaus am Ufer eines Sees. In der Stadt kann sie sich aber auch im Keller eines Etagenhauses befinden.

Ob einfach oder besser ausgestattet, zwei Merkmale weist die Sauna immer auf: Wände und Decken aus Holz und einen Ofen, der eine Raumtemperatur von 95°C garantiert. In dem Ofen befinden sich Steine (meist Granit), die man bis zur Rotglut erhitzt.

Bei der echt finnischen Sauna bestand der „Ofen" nur aus lose aufeinandergeschichteten Granitfindlingen mit einer offenen Holzfeuerung innerhalb dieses Steinhaufens. Mehrere Stunden vor der Benutzung der Sauna wird dieser Ofen mit Birkenholz geheizt, bis die Steine rotglühend werden. Kurz vor dem Baden entfernt man das Feuer, um die Rauchgase abziehen zu lassen. Dieser finnische Saunaofen benötigt eine ziemlich große Steinmenge, um eine ausreichende Wärmespeicherung zu erzielen. Er braucht daher sehr viel Platz. Diese Bauweise ist für deutsche Verhältnisse wegen der Raumbeanspruchung wie auch wegen des benötigten Birkenholzes kaum zu gebrauchen. Bei uns kommen daher eigentlich nur Öfen mit Kohle-, Koks-, Öl-, Gas- oder Elektroheizung in Frage, wobei keine Rauchgase in den Baderaum gelangen können. Das Saunabaden und die Einrichtung von Saunabädern in Privathäusern findet bei uns immer mehr Freunde.

IN DIESEM KAPITEL:

- **Wie verläuft ein Saunabad?**
- **Wie wirkt die Sauna?**
- **Heilanzeigen – Gegenanzeigen**

Wie verläuft ein Saunabad?

Zum Baden liegt oder sitzt man auf treppenförmig angebrachten Pritschen oder Bänken. Zunächst soll dann die trockene heiße Luft einwirken mit Temperaturen von 70–90°C und 30% Luftfeuchtigkeit. Dann wird die Feuchtigkeit durch Aufgießen von Wasser auf die Steine um 3–5% erhöht, was bei einer heißen Sauna schon mit wenig Wasser (10–30 ccm) erreicht wird. Die vorübergehende Erhöhung der Feuchtigkeit reizt den Körper und die Haut stark. Während eines Bades ändert man den anfänglichen Wärme- und Feuchtigkeitsgrad der Luft mehrmals. Diese plötzlichen Änderungen der Wärmekapazität der Luft verursachen den starken Reiz auf Haut und Organismus. Man fühlt dabei eine intensivere Wärme. Wenn man sich dar-

Die finnische Sauna erfreut sich auch bei uns zunehmender Beliebtheit. Das Schlagen mit Birkenreisern steigert erheblich die Hautdurchblutung.

über hinaus – wie es die Finnen gern tun – noch mit in heißes Wasser getauchten Birkenreisern schlägt, empfindet man nicht nur ein starkes, aber angenehmes Prickeln auf der Haut, sondern steigert auch die Hautdurchblutung aufs äußerste.

Beim Schlagen mit den Birkenreisern bleiben viele Blätter auf der Haut hängen. Es wird angenommen, daß Stoffe aus dem Birkenblättersaft in die weit geöffneten Hautporen eindringen, was aber m. W. bisher nicht sicher nachgewiesen ist. Da man außer reinem Wasser auch oft Birkenwasser oder Zusätze von Fichtennadeln oder Wacholderbeeren zur Erzeugung der Dampfstöße verwendet, ist durchaus anzunehmen, daß durch die abströmenden ätherischen Öle (Terpene, Kreosite und Saponine) beim Einatmen eine heilsame Wirkung auf die Schleimhäute der Atmungswege ausgeübt wird.

Die *Badedauer* hängt zwar stark vom persönlichen Geschmack ab, sollte aber im allgemeinen eine Stunde nicht überschreiten. Vor Übertreibungen der Badedauer ist sogar zu warnen, weil dadurch die gute Wirkung höchstens vermindert wird, wenn nicht sogar eine gesundheitliche Schädigung eintritt. Man führt am besten zwei bis drei Schwitzgänge von 10–15 Minuten Dauer durch mit dazwischenliegenden kurzen Abkühlungen durch eine kalte

Dusche, Eintauchen in das Schwimmbekken, in einen See oder einen Fluß oder durch Abreiben mit Schnee. Die Abkühlungen, die übrigens nicht „schockieren", sondern sogar angenehm empfunden werden, sind für die Wirkung des Bades genauso wichtig wie die Hitzeeinwirkung.

Wie wirkt die Sauna?

Beim Aufenthalt in der trockenen Hitze (70–90°C) dauert es meist 6–12 Minuten (manchmal nur 3–5 Minuten), bis die *Schweißabsonderung* einsetzt. Sie nimmt mit der Dauer des Aufenthaltes ständig zu und erreicht, mit großen Unterschieden bei den einzelnen Menschen, 160–2000 ml nach einem Bad. *Devrient* vertritt die Meinung, daß die Schweißbildung bei einer Temperatur von 60°C am stärksten sei. Bei höheren Temperaturen vermindere sich die Schweißbildung, statt, wie man erwarten sollte, weiter zuzunehmen. Der Schweißausbruch ist die notwendige Entlastung für das Herz. Zögert er sich länger (über zwölf Minuten) hinaus, so tritt ein unerwünschter Hitzestau und damit eine Belastung für Herz und Kreislauf ein. Gerade wegen des meist rechtzeitigen Schweißausbruchs können auch Herzkranke (ausgenommen die schweren Herzklappenfehler und Herzmuskelschäden) das Saunabad vertragen.

Solange die Schweißabsonderung anhält, geht die *Harnabsonderung* stark zurück, wobei die Konzentration des Harns ansteigt. Erklärt wird dieser Befund mit einer Anregung des Hypophysen-Hinterlappens, der nun mehr antidiuretisches Hormon abgibt.

Neben der Anregung des Hypophysen-Hinterlappens werden auch die *Nebennieren* in ihrer Funktion gesteigert. Man fand sowohl eine vermehrte Produktion von Adrenalin im Nebennierenmark als auch eine – allerdings wesentlich geringere – Steigerung der Nebennierenrindenfunktion, wodurch sich der Corticoidspiegel im Blut erhöht.

Die *Hauttemperatur* kann trotz der starken Schweißabsonderung um 1–2°C ansteigen. Dieser Temperaturanstieg wird vom Badenden weder unangenehm noch als Anstrengung empfunden. Er ist keineswegs als krankhaft anzusehen, zumal ja auch stärkere Muskelarbeit die Körpertemperatur um mehrere Grade ansteigen läßt, ohne wesentliche Störungen hervorzurufen. *Karsten* spricht sogar von einem Heilfieber von 38–40°C, das sich innerhalb einer Stunde entwickelt, nach der Sauna aber in 15–30 Minuten (in einzelnen Fällen auch später) zur Untertemperatur von etwa 35,5°C abfällt. Die anfängliche Temperaturerhöhung geschieht durch Aufnahme von Wärme aus der Umgebung infolge des stärkeren Blutstromes in den erweiterten peripheren Gefäßen. Durch das Schwitzen in der *trockenen* Luft werden dann dem Körper große Wärmemengen entzogen, so daß es einige Zeit *nach* dem Bad zur Untertemperatur kommt, die durch Bewegung oder Anlegen von Wärmflaschen bei Bettruhe wieder ausgeglichen werden muß.

Am meisten interessiert natürlich die Wirkung der Sauna auf die *Herz- und Kreislauffunktionen*. Mehrfach konnte nachgewiesen werden, daß der *normale Blutdruck* (systolisch und diastolisch) fast unverändert bleibt oder höchstens etwas absinkt. Bei *erhöhtem Blutdruck* nimmt der Druck meist deutlich ab. Auch die subjektiven Beschwerden, vor allem die Kopfschmerzen, verringern sich, was aus der Abnahme des peripheren Widerstands um 40 Prozent (Entkrampfung) durchaus zu verstehen ist. In der Abkühlphase können allerdings bei Benutzung des kalten Tauchbeckens extreme Blutdruckerhöhungen auftreten. Die Benutzung des Kaltwasserbeckens sollte deshalb Personen, die an erhöhtem Blutdruck leiden, untersagt werden.

Beim Betreten der Sauna wird die *Pulsfrequenz* (= Pulsschlagzahl pro Minute) durch

Um die Wirkungen eines Saunabades zu intensivieren, sollte es wenigstens zweimal wöchentlich durchgeführt werden.

den massive/ Wärmereiz auf die Haut gesteigert. Sie kann je nach Temperatur und Dauer des Bades bis zu 60 Prozent zunehmen.

Entsprechend wird die *Blutumlaufgeschwindigkeit* um etwa 50–60 Prozent erhöht. Das *Herzminutenvolumen* (das ist die Blutmenge, die das Herz in einer Minute weiterpumpt) steigert sich um etwa 60–70 Prozent.

Diese starke Aktivierung der Kreislauffaktoren scheint außerordentliche Anforderungen an das Herz zu stellen. In der Praxis zeigt sich aber, daß selbst Patienten mit Kreislaufstörungen diese Einwirkungen gut vertragen, wenn sie die Dauer ihres Aufenthaltes in der Hitze ihren persönlichen Empfindungen anpassen und bei jedem Bad Zeit und Temperatur nur langsam steigern. Selbstverständlich sollte sich jeder Kreislaufschwache nur auf die tieferen Pritschen setzen oder legen und nur kurz baden, wie auch eigentlich nicht betont werden müßte, daß Patienten mit ausgesprochenen Herzmuskelschäden und dekompensierten Herzfehlern die Sauna meiden sollten.

Nicht zu unterschätzen ist auch der *Einfluß der Sauna auf den seelischen Zustand* des Menschen. Nicht zu Unrecht bezeichnet man die Sauna als das Beruhigungsmittel der Finnen. In der Tat kann man nach einem fachgerecht durchgeführten Saunabad nicht nur ein intensives Gefühl des Wohlbefindens und der körperlichen Erleichterung erleben, sondern auch zu einer vollkommenen Entspannung kommen, die die Voraussetzung bildet zur Sammlung neuer seelischer und körperlicher Kräfte.

Wieviel Freude die Sauna bringen kann, lesen wir in einem Buch des finnischen Saunaforschers *H. J. Viherjuuri* („Finnische Sauna“): „Dieses Gefühl des Wohlbefindens erreicht seinen Höhepunkt, wenn der Schweiß über den Körper zu rinnen be-

So sollte man saunabaden

man braucht:

mindestens 2 Stunden Zeit

2 große Handtücher
(Liege- und Trockentuch)
Badesandalen
Seife

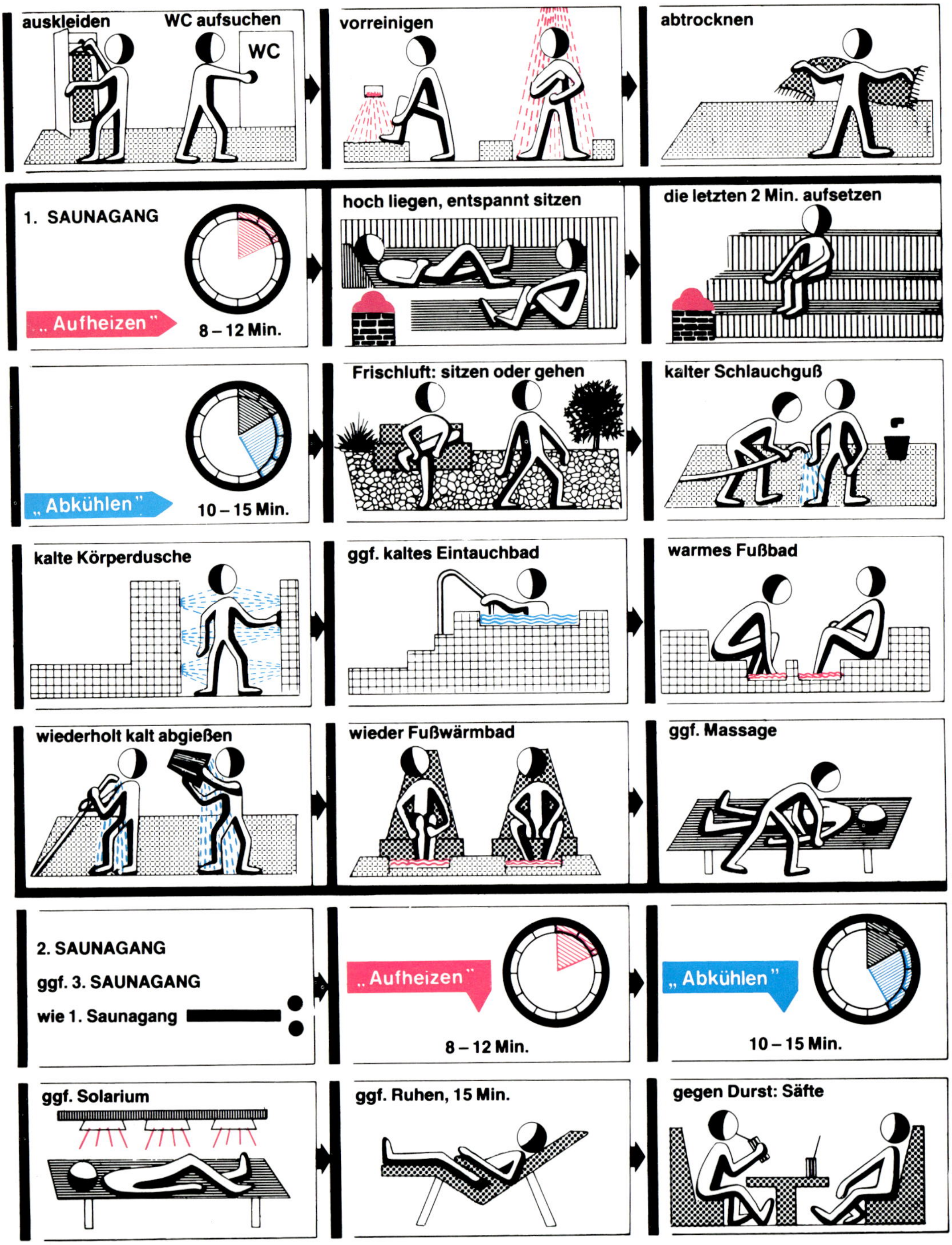

Herausgeber:
Deutscher
Sauna-Bund e. V.
4800 Bielefeld

ginnt, wenn man sich mit Birkenzweigen schlägt und die Haut dadurch prickelt, wenn man die Hitze der Sauna mit der Kühle des Seewassers vertauscht und wenn man nach der Abkühlung wieder in die Sauna zurückkehrt. Den köstlichsten Augenblick kann man aber nur an einem stillen Sommerabend erleben, wenn man nach dem Bade in der frischen Luft im Freien liegt oder sich auf einer Bank in der Garderobe ausstreckt. Es tritt eine vollkommene Entspannung ein, und man fühlt sich in dieser ungestörten Stille wie in einer anderen Welt."

Heilanzeigen

Am besten ist die Sauna geeignet für folgende Krankheiten:

Erkältungskrankheiten: Schnupfen, Grippe, Katarrhe der oberen Luftwege, der Nase, des Rachens, der Nasennebenhöhlen, des Kehlkopfes, der Bronchien und Bronchiolen sowie Asthma bronchiale nach einem fieberhaften Stadium.

Herzkrankheiten: Herzmuskelschwäche, Herzverfettung, nervöse Herzstörungen (Herzneurosen), nervös bedingte Angina pectoris, arterielle Gefäßstörungen (Durchblutungsstörungen), kompensierte Herzklappenfehler.

Nervenkrankheiten: Vegetative Neurosen aller Art (Herz-, Magen-, Darmneurosen), Schlaflosigkeit durch Verkrampfung und Übererregbarkeit, beginnende und leichtere depressive Verstimmungen.

Rheumatische Erkrankungen: Alle nicht aktiven Erkrankungen des rheumatischen Formenkreises, Arthrosen, degenerativ bedingte Wirbelsäulenerkrankungen, Weichteil-, insbesondere Muskelrheumatismus, Hexenschuß, Ischias und Neuralgien.

Hautkrankheiten: Furunkulose, Akne vulgaris, Schweißdrüsenabszesse, juckende Hautausschläge, allergische Hautreaktionen.

Stoffwechselstörungen: Fettsucht (Gewichtsabnahme wird nur bei strenger Einhaltung einer entsprechenden Diät erzielt, aber die Stoffwechselanregung und die Befreiung von Stoffwechselrückständen ist hierbei sehr wichtig!), manche Formen der Parodontose, spastische Obstipation.

Frauenkrankheiten: Menstruationsstörungen, Geburtserleichterung, Schwangerschaftskomplikationen, Verbesserung der Milchleistung.

Bei allen Krankheitsfällen, in denen man die heilende Wirkung der Sauna einsetzen will, ist besonders auf die Hautreaktion nach dem ersten Saunagang zu achten. Tritt nach der ersten Abkühlung nicht sehr rasch eine Hautrötung ein, bleibt diese vielmehr blaß, so ist von dem zweiten Durchgang zunächst abzusehen. Besser ist dann Ruhelage, Wärmezufuhr und erst später eine vorsichtige Wiederholung.

Sollte nach der zwölften Minute des Aufenthaltes in der trockenen Hitze kein Schweißausbruch erfolgen, ist von der weiteren Benutzung der Sauna abzuraten oder ärztliche Aufsicht erforderlich.

Gegenanzeigen

Nicht geeignet ist die Saunabehandlung für folgende Krankheiten: Offene und geschlossene Tuberkulose, dekompensierte Herzfehler und Herzmuskelschäden, starker Bluthochdruck, Thrombosen, hochgradige Erschöpfungszustände, hochgradige Abmagerung, schwere Blutkrankheiten (schwere Anämien und Leukämien), Krebs, Epilepsie, Geisteskrankheiten, manche Haut- und Augenkrankheiten (in solchen Fällen ist unbedingt der Arzt zu befragen) sowie Geschlechtskrankheiten und Überfunktion der Schilddrüse.

Saunawirkungen auf die Herz- und Kreislauffunktionen

im Rahmen eines Behandlungsprogramms nach Herzinfarkt

Zusammenfassung von Untersuchungsergebnissen aus dem Institut für Medizinische Balneologie und Klimatologie der Universität München (Vorstand: Prof. Dr. med. H. Drexel)

1. **Auf die Pulsfrequenz** (Pulsschlagzahl pro Minute)

   Kurzfristige Pulsbeschleunigung beim Betreten der Sauna.

   Pulsanstieg beim Verlassen des Saunabades.

   Die Maximalwerte bleiben unter denen von 75 Watt Ergometerbelastung oder bei Tätigkeiten des täglichen Lebens.

2. **Auf das Herz selbst**

   Zuweilen Rhythmusstörungen, aber weniger häufig als bei überwachter Gymnastik.

   Zuweilen Störungen des Elektrokardiogramm-Verlaufs, und zwar ST-Senkungen im Kammerbereich, die wohl durch die Pulsbeschleunigung bedingt sind.

   Deutliche Belastungen durch das Saunabad ließen sich aus den angeführten EKG-Veränderungen nicht erkennen.

3. **Auf den Blutdruck**

   Leichtes Absinken des systolischen Blutdrucks während der Heißlufteinwirkung.

   Geringer systolischer Druckanstieg während der Abkühlungsphase.

   Extremwerte nur bei Benutzung des kalten Tauchbeckens.

   Der diastolische Druck ließ keine gesicherten Veränderungen erkennen.

   Die Benutzung des Kaltwasserbeckens sollte Herz-Kreislauf-Kranken untersagt werden.

   Nach einer vierwöchigen Kur konnte von einer Abnahme der Volumenbelastung des Herzens gesprochen werden.

4. **Auf die Atemfrequenz**

   Bei Betreten und Verlassen der Sauna kurze Atemfrequenzsteigerung.

   Während der Dauer des Saunabades war keine nennenswerte Belastung zu erkennen. Andere Autoren stellten in der Sauna eine Beschleunigung der Atemfrequenz fest.

5. **Atemminutenvolumen**

Anstieg in der letzten Phase des Saunaaufenthaltes (als Zeichen der Temperaturregulation).

Die Atemvolumenzunahme pro Minute war weniger stark als bei 50 Watt auf dem Ergometer. Sie stellte also keine wesentliche körperliche Belastung dar. Es können psychische Gründe dabei eine Rolle spielen.

6. **Sauerstoffaufnahme**

Anfänglich Abfall der Meßwerte durch den nachlassenden Muskeltonus, nachfolgend Zunahme als Folge der angestiegenen Körpertemperatur. Der Sauerstoffverbrauch in der Sauna machte während einer vierwöchigen Kur keine bezeichnende Änderung durch. Die durch die Hitze ausgelöste Belastung lag weit unter den Werten, wie sie bei 25 Watt Ergometerleistung auftreten.

7. **Mundtemperatur** (unter der Zunge gemessen)

Bei einem sachgemäß durchgeführten Saunabad kam es zu einer Steigerung der Körpertemperatur von 0,5–1,8° C. Eine Gefährdung durch Blutdruckabfall ist dadurch praktisch ausgeschlossen. Trotzdem wurde vor einer Übertreibung des Wärmereizes gewarnt.

Aus den **Schlußfolgerungen** der Untersuchungen nach vierwöchigen Wiederherstellungskuren nach einem Herzinfarkt sei hervorgehoben:

- Das Saunabad ist eine milde Form der körperlichen Belastung. Es tritt kein Trainingseffekt ein, aber eine Anregung des vegetativen Nervensystems.
- Im Laufe der Kur kommt es zu einer Verbesserung der Herzarbeit und zu einer Steigerung der Kranzgefäßfunktion.
- Eine Herz-Kreislauf-Gefährdung – auch nach Herzinfarkt – stellt das Saunabad nicht dar, wenn die angegebenen Gegenanzeigen für einen Saunabesuch beachtet werden.
- Insgesamt deutliche Steigerung der Psyche und Steigerung des Wohlbefindens nach Saunabädern.

Das römisch-irische Bad – ein kräftiges Umstimmungsmittel

Seit die Sauna, das Heißluftbad aus Finnland, bei uns eine so starke Verbreitung gefunden hat, ist das römisch-irische Bad weitgehend verdrängt worden. Da es im wesentlichen ein Dampfbad darstellt, das zu einer Hitzestauung im Körper führt, bringt es eine erheblich größere Belastung des Körpers mit sich als die Sauna. Seine Wirkung ist allerdings auch viel stärker als die eines Saunabades.

Die Durchführung des Bades

Beim römisch-irischen Bad wird eine sinnvolle Kombination von Heißluftbad, Dampfbad, abkühlenden Maßnahmen und Massage in folgender Reihenfolge angewendet:

1. Abseifen des ganzen Körpers unter der *warmen Brause.*
2. Aufenthalt von 10–15 Minuten im *Warmluftraum* (Temperatur 40–50° C). Bei zu heißem Fußboden müssen Sandalen getragen werden.
3. Übergang zum *Heißluftraum* (Temperatur 60–70° C), dort Aufenthalt von 10–20 Minuten Dauer. Zwischen der 6. und 10. Minute tritt Schweißausbruch ein.
4. Lauwarm *abbrausen* und anschließend *Ganzmassage.*
5. Aufenthalt von 10–15 Minuten im *Dampfraum* (Temperatur 45–50° C).
6. *Abkühlung* durch kalte Brause, kurzes kaltes Tauchbad (½–1 Minute) oder kurzes Schwimmbad (5 Minuten). Diese Abkühlung wird als sehr angenehm und erfrischend empfunden.
7. *Nachschwitzen* und *Ruhe,* in lockerer Packung liegend, im Ruhe- oder Warmluftraum.

Den Aufenthalt im Warm-, Heißluft- und Dampfraum länger auszudehnen hat keinen Sinn, da dadurch die Wirkung nicht gesteigert wird, sondern eine unnötige Kreislaufbelastung eintritt. Lieber wiederholt man das Bad in Abständen von einigen Tagen.

Das Einhalten der Ruhe nach dem Schwitzbad ist sehr wichtig und soll eine volle Stunde oder länger dauern. Auch ist es ratsam, unmittelbar nach dem Bad körperliche Anstrengung zu vermeiden, da sie einen erneuten Schweißausbruch und Abkühlungsgefahr mit sich bringt.

IN DIESEM KAPITEL:

Das römisch-irische Bad als Umstimmungskur

Durch die Zufuhr heißen Wasserdampfes findet nicht nur eine starke Wärmezu-

Die Naturheilkunde und die in sie einbezogene Physikalische Medizin verwendet die in der Natur vorkommenden Kräfte, oft ergänzt durch hochentwickelte Apparate, sowohl zur Erkennung als auch zur Behandlung von Krankheiten. Das gilt in gleichem Maße auch für die Vorbeugung und die Wiederherstellung (Rehabilitation) nach schweren körperlichen oder seelisch-geistigen Erkrankungen.
Sie bemüht sich auf diesem Wege mit großem Erfolg, die in den letzten Jahren steil ansteigende Zahl der chronisch Kranken und Behinderten zu verringern und das Leben dieser Menschen durch funktionelle Wiederherstellung dem Siechtum zu entreißen und in ein lebenswertes Leben zu verwandeln.

Prof. Brauchles interessante Krankengeschichte

Ungeheuer beeindruckt hat mich in jungen Jahren eine von *Brauchle* mitgeteilte Krankengeschichte, die oft genug mein Handeln in der Praxis beeinflußt hat und daher hier mitgeteilt sein soll. Sie zeigt, wie man völlig verschiedenartig scheinende Krankheiten auf ein Ausscheidungsorgan ableiten und damit heilen kann, was im Grunde genommen der einfachen Vorstellung *Kuhnes* entspricht. Hier *Brauchles* Krankengeschichte:

„Eine jüngere Frau leidet an einem langwierigen und hartnäckigen *Ekzem,* das schließlich durch Salbenbehandlung und Röntgenstrahlen beseitigt – nach unserer Auffassung verdrängt – wird. Einige Monate später macht sich bei derselben Kranken eine Pleuritis [Rippenfellentzündung] bemerkbar, die im Laufe der nächsten Zeit mehrmals wiederkehrt und immer wieder geheilt wird. Die Ärzte betrachten diese rezidivierende Pleuritis als eine neue Krankheit, die mit dem vorausgegangenen und verdrängten Ekzem gar nichts zu tun habe. Wir dagegen sind der Meinung, daß Ekzem und Pleuritis miteinander zusammenhängen und daß die Unterdrückung der Hautfunktion sich in einer gesteigerten Tätigkeit der serösen Haut bemerkbar macht. Schließlich kommt es zu einer rezidivierenden Aderhautentzündung, welche die Patientin lange Zeit an die Behandlung eines Augenarztes bindet, ohne daß es dem betreffenden Fachkollegen gelingt, die Erscheinungen der Augenentzündung zu heilen. Die Kranke kommt zu uns und erbittet unseren Rat. Wir sehen einen festen Zusammenhang von dem verdrängten Ekzem zur Pleuritis und zur Aderhautentzündung. Behandlerisch ergibt sich für diese Einstellung die Notwendigkeit einer Rückverwandlung, d. h. die Aufgabe, das Ekzem wieder hervorzurufen. Diesen Plan teilten wir der Kranken mit, die aber darüber sehr entsetzt ist, weil das Ekzem durch seinen unerträglichen Juckreiz ihr die Ruhe bei Tag und Nacht geraubt habe. Hier gibt es keinen anderen Ausweg als den, an Stelle der Haut die Darmschleimhaut zu einer gesteigerten Tätigkeit anzuregen und die Aufmerksamkeit des ausscheidungsbedürftigen Organismus von der Haut auf den Darm abzulenken. Die Haut wird geschont und der Darm mit Abführmitteln, Einläufen, Darmbädern, Rumpfpackungen, Sitzbädern, Leibmassagen, Leibwickeln und anderem mehr zur gesteigerten Tätigkeit angetrieben. Auf diesem Wege ist dann die Aderhauterkrankung endgültig geheilt worden."

Das römisch-irische Bad ist eine sinnvolle Kombination von Heißluftbad, Dampfbad, Thermalbad, abkühlenden Maßnahmen und Massage. Es wirkt als Lebenselixier allererster Güte. Jeder, der nach seinem zwei- bis dreistündigen Durchgang das römisch-irische Bad verläßt, geht wie auf Watte und fühlt sich wie neugeboren.

fuhr, sondern auch eine erhebliche Wärmestauung statt. Gleichzeitig wird der heiße Wasserdampf eingeatmet, was sich bei Erkrankungen der oberen Luftwege bis in die kleineren Luftwege wohltuend auswirkt und nach längerem Gebrauch dieser Badeform auch umstimmend und stabilisierend die Schleimhäute beeinflußt.

Man kann die Wirkung des Dampfbades noch wesentlich verstärken, wenn der erzeugte Dampf über gespaltenes Fichtenholz geleitet wird. Es werden dabei die ätherischen Öle aus dem Holz herausdestilliert und mitgeführt und im Dampfraum vom Kranken mit dem Dampf inhaliert. Man spricht dann auch von *Nadelholzdampfbädern.*

Wenn im Dampfraum – wie auch in der Sauna üblich – übereinandergebaute Sitz- oder Liegebänke angebracht sind (Holzgestell), kann der Badende im Verlauf des Bades hinaufsteigen, wenn eine stärkere Erwärmung erwünscht und vertragen wird.

Für den gesunden Menschen stellt das Heißluftdampfbad so etwas wie eine zuträgliche Schwitzkur mit verstärkter Ausscheidung von Stoffwechselendprodukten über die Haut dar, zumal durch die Wärmestauung im Dampfbad Gewebsablagerungen gelöst und der Ausscheidung zugeführt werden.

Da die Schwitzprozedur eine erhebliche Anstrengung für den Kreislauf bedeutet, sollte man vor solchen Bädern den Hausarzt befragen, ob die Belastung ohne weiteres zumutbar ist.

Beim Kranken ist eine Beaufsichtigung erforderlich. Das wird durch den Bademeister besorgt. Für die Möglichkeit einer guten Kopfkühlung muß gesorgt und ein Klingelzug zum Herbeirufen des Bademeisters vorhanden sein. Kranke dürfen die Badedauer von 5–25 Minuten nur allmählich steigern. An hohem Blutdruck Erkrankte müssen auf das Volldampfbad verzichten.

Für die Rehabilitation nach Herzinfarkt ist das römisch-irische Bad ungeeignet, dafür die Sauna um so besser.

Wie für alle Umstimmungskuren, so gilt auch für das römisch-irische Bad das Frühjahr, also die Zeit des lebhafteren Stoffwechsels, als die günstigste Badezeit. 10–12 Bäder sind zu einer Kur notwendig, die dann nach drei bis sechs Monaten zu wiederholen ist.

Heilanzeigen für das römisch-irische Bad

Römisch-irische Bäder sind bei folgenden Krankheiten angezeigt: alle Erkältungskrankheiten, allgemeine Stoffwechselstörungen, alle rheumatischen Erkrankungen außer dem akuten Gelenkrheumatismus, Gicht, Zuckerkrankheit, Fettsucht (aber keine wesentliche Gewichtsabnahmen erwarten, wenn nicht eine Kost von 1600 Kalorien eingehalten wird!), Asthma bronchiale, spastische Obstipation, Hormondrüsenstörungen (Hypophyse, Bauchspeicheldrüse, Eierstöcke, besonders mit Unterfunktion, also mangelhafter Menstruation, Hoden).

Gegenanzeigen

Nicht anzuwenden sind die römisch-irischen Bäder bei schwereren Herz- und Gefäßerkrankungen, Infektionskrankheiten, insbesondere Lungentuberkulose, schwerer Zuckerkrankheit, Labilität des Nervensystems, hohem Blutdruck und Zustand nach Herzinfarkt.

Kuhne-Reibebäder zur Umstimmungsbehandlung

Die Reibebäder (Reibesitzbad und Rumpfreibebäder) nach *Louis Kuhne* (auch Kuhnebäder oder Kuhnekur genannt) beruhen auf der eigenartigen Vorstellung *Kuhnes,* daß es im Grunde genommen nur eine sich in verschiedenen Formen ausprägende Krankheit gebe, nämlich die Ansammlung von Stoffen im Körper, die zum Stoffwechsel (Aufbau und Erhaltung) nicht mehr taugen. Diese Ansammlung überflüssiger Stoffe komme durch übermäßige Nahrungsaufnahme, Einverleibung von unpassenden, verdorbenen oder den Lebensbedingungen des Menschen nicht entsprechenden Nahrungsmitteln und von Genußgiften zustande. Alles, was nicht zum Ersatz verbrauchter Stoffe und zur Erhaltung der Kraft benötigt werde, führe daher zu unnötigen Belastungen.

Zu diesen Belastungen kämen noch solche aus Medikamenten, unreiner Luft oder Ausdünstungen anderer Menschen und Ermüdungsstoffen, die durch fehlerhafte Lebensweise nicht durch die Ausscheidungsorgane entfernt worden seien. Wenn dann die Ausscheidungsorgane (Darm, Nieren, Lunge und Haut) ihre Aufgaben nicht mehr erfüllen könnten, lagerten sich die Stoffe im Körper ab. Seinen Beobachtungen und Vorstellungen entsprechend können diese Stoffe durch Erkältung, Erhitzung, Gemütsbewegungen oder andere auslösende Momente wieder in den Säftestrom des Körpers zurückgebracht werden, wobei sie sich in dem Engpaß, den der Hals zwischen Kopf und Rumpf bilde, am ehesten wahrnehmen ließen.

IN DIESEM KAPITEL:

- **Reibebäder als Umstimmungsverfahren**
- **Technische Durchführung der Bäder**
- **Heilanzeigen**
- **Prof. Brauchles interessante Krankengeschichte**

Reibebäder als Umstimmungsverfahren

Dieser auf eine einzige Ursache zurückgeführten Entstehung der Krankheiten entsprach dann auch *Kuhnes* Vorstellung von der Heilung, die logischerweise in der Auflösung und Ausscheidung der abgelagerten Fremdstoffe bestehen mußte, was er durch das Reibesitzbad, das Rumpfreibebad, Dampfbäder, Sonnenbäder und eine reizlose Kost, zusammen als Kuhnekur bezeichnet, zu erreichen suchte, weil diese Maßnahmen Darm, Nieren und Haut zu besserer Ausscheidung anregen.

Die Reibebäder sollen nur in einem warmen Baderaum ausgeführt werden. Die Badewassertemperatur darf nicht zu niedrig sein, am besten zwischen 10 und 15°C. Bei empfindlichen und schwachen Menschen kann die Temperatur anfänglich auch 20°C betragen. Die Dauer des Bades

Die Reibebäder spielen heute nur noch eine untergeordnete Rolle. Gleichwohl regen sie die Ausscheidung abgelagerter Fremdstoffe an und leiten dadurch Krankheiten auf die Haut und damit nach außen ab.

Nach dem Reibebad für Erwärmung sorgen.

muß sich ebenfalls nach Alter und Kräftezustand richten und kann zwischen fünf und zehn Minuten schwanken.

Technische Durchführung der Bäder

Zur technischen Durchführung des *Reibesitzbades:*

Man stellt in eine Sitzbadewanne eine Fußbank, füllt die Wanne bis dicht unter die Sitzfläche der Fußbank, so daß das Sitzbrett trocken bleibt. Dann setzt man sich auf die Fußbank und begießt mit der Hand, einem groben Leinentuch oder einem Frotteewaschlappen immer wieder die Geschlechtsorgane.

Zur Durchführung des *Rumpfreibebades* setzt man sich in eine Sitzbadewanne, die bis zur Nabel- oder Hüfthöhe mit Wasser von 10–15°C gefüllt ist.

Füße, Beine und Oberkörper bleiben vom Wasser unberührt und werden durch Umwickeln mit wollenen Tüchern vor Abkühlung geschützt. Dann werden der Unterbauch und die Hüften mit einem groben Leinentuch fünf bis zehn Minuten lang kräftig abgerieben. Anschließend aufstehen, trockenreiben und für gute Erwärmung sorgen.

Heilanzeigen

Nach *Kuhnes* Vorstellung trägt das Bad dazu bei, den Körper zu reinigen und zu stärken, damit dieser selbst mit seinen Krankheiten fertig werden kann. Eine einfache, aber durchaus naturkundliche Vorstellung.

Die Kuhneschen Reibebäder sind als einfaches hydrotherapeutisches Mittel zur Anregung der Unterleibsdurchblutung und zur unspezifischen Umstimmungsbehandlung durchaus anzuerkennen.

Wenn man auch der zu einseitigen Vorstellung *Kuhnes,* daß es nur einen Punkt im Körper gäbe, nämlich die Geschlechtsorgane, von welchem aus sich das ganze Nervensystem beeinflussen ließe, nicht folgen kann und davon absieht, so bleiben seine verschiedenen Reibebäder doch eine Möglichkeit der Ablenkung und Ableitung von Krankheiten auf die Haut und damit nach außen.

Die Naturheilkunde und die in sie einbezogene Physikalische Medizin verwendet die in der Natur vorkommenden Kräfte, oft ergänzt durch hochentwickelte Apparate, sowohl zur Erkennung als auch zur Behandlung von Krankheiten. Das gilt in gleichem Maße auch für die Vorbeugung und die Wiederherstellung (Rehabilitation) nach schweren körperlichen oder seelisch-geistigen Erkrankungen.
Sie bemüht sich auf diesem Wege mit großem Erfolg, die in den letzten Jahren steil ansteigende Zahl der chronisch Kranken und Behinderten zu verringern und das Leben dieser Menschen durch funktionelle Wiederherstellung dem Siechtum zu entreißen und in ein lebenswertes Leben zu verwandeln.

Prof. Brauchles interessante Krankengeschichte

Ungeheuer beeindruckt hat mich in jungen Jahren eine von *Brauchle* mitgeteilte Krankengeschichte, die oft genug mein Handeln in der Praxis beeinflußt hat und daher hier mitgeteilt sein soll. Sie zeigt, wie man völlig verschiedenartig scheinende Krankheiten auf ein Ausscheidungsorgan ableiten und damit heilen kann, was im Grunde genommen der einfachen Vorstellung *Kuhnes* entspricht. Hier *Brauchles* Krankengeschichte:

„Eine jüngere Frau leidet an einem langwierigen und hartnäckigen *Ekzem,* das schließlich durch Salbenbehandlung und Röntgenstrahlen beseitigt – nach unserer Auffassung verdrängt – wird. Einige Monate später macht sich bei derselben Kranken eine Pleuritis [Rippenfellentzündung] bemerkbar, die im Laufe der nächsten Zeit mehrmals wiederkehrt und immer wieder geheilt wird. Die Ärzte betrachten diese rezidivierende Pleuritis als eine neue Krankheit, die mit dem vorausgegangenen und verdrängten Ekzem gar nichts zu tun habe. Wir dagegen sind der Meinung, daß Ekzem und Pleuritis miteinander zusammenhängen und daß die Unterdrückung der Hautfunktion sich in einer gesteigerten Tätigkeit der serösen Haut bemerkbar macht. Schließlich kommt es zu einer rezidivierenden Aderhautentzündung, welche die Patientin lange Zeit an die Behandlung eines Augenarztes bindet, ohne daß es dem betreffenden Fachkollegen gelingt, die Erscheinungen der Augenentzündung zu heilen. Die Kranke kommt zu uns und erbittet unseren Rat. Wir sehen einen festen Zusammenhang von dem verdrängten Ekzem zur Pleuritis und zur Aderhautentzündung. Behandlerisch ergibt sich für diese Einstellung die Notwendigkeit einer Rückverwandlung, d. h. die Aufgabe, das Ekzem wieder hervorzurufen. Diesen Plan teilten wir der Kranken mit, die aber darüber sehr entsetzt ist, weil das Ekzem durch seinen unerträglichen Juckreiz ihr die Ruhe bei Tag und Nacht geraubt habe. Hier gibt es keinen anderen Ausweg als den, an Stelle der Haut die Darmschleimhaut zu einer gesteigerten Tätigkeit anzuregen und die Aufmerksamkeit des ausscheidungsbedürftigen Organismus von der Haut auf den Darm abzulenken. Die Haut wird geschont und der Darm mit Abführmitteln, Einläufen, Darmbädern, Rumpfpackungen, Sitzbädern, Leibmassagen, Leibwickeln und anderem mehr zur gesteigerten Tätigkeit angetrieben. Auf diesem Wege ist dann die Aderhauterkrankung endgültig geheilt worden."

Seebäder – beliebt, gesund und heilkräftig

Wenn Seebadekuren Sinn haben und wirklich heilsam sein sollen, dann dürfen ihre Wirkungen nicht durch gleichzeitigen Alkohol- und Tabakgenuß und durch die Einnahme schwerer und fetter Speisen zunichte gemacht werden. Badekuren an der offenen See sind ja immer auch zugleich Klimakuren. Das Seeklima zeichnet sich aus durch Reinheit der Luft, starke Luftbewegung (Wind) und die ausgleichende Tendenz zwischen Sommer und Winter. Da es sich also um ein Reizklima handelt, ist immer eine Anpassungszeit notwendig. Ältere Menschen sollten daher mit den Seebädern erst nach einigen Tagen beginnen.

Wind, Wellen und Wasser, nicht zuletzt auch das Licht erhöhen zunächst das zentralnervöse Erregungsniveau und steigern die Hypophysen- und Nebennierentätigkeit. Das ist nichts anderes als eine natürliche Cortisonbehandlung. Die ständige Luftbewegung zwischen Land und Meer führt aber auch zu einem Training der Gefäß- und Nervenreaktionen der Haut. Der Erfolg ist die Abhärtung, die bessere Anpassungsfähigkeit an wechselnde Umweltbedingungen.

IN DIESEM KAPITEL:

- **Das kalte Seebad härtet ab**
- **Das warme Seebad ist ein ideales Umstimmungsmittel**
- **Das heiße Seebad bessert Rheumatismus**

Das kalte Seebad härtet ab

Zahlreiche Beobachtungen am Nordseestrand (Sylt) ergaben, daß die meisten Badegäste etwa zehn bis zwölf Minuten im kalten Seewasser baden, fünf Prozent der Gäste weniger als drei Minuten und fünf Prozent länger als eine halbe Stunde.

Die Körpertemperatur verhält sich im kalten Seebad bei den einzelnen Menschen verschieden. Wenn sich die Badenden im Wasser nicht oder nur wenig bewegen, so tritt bei Menschen mit dünner Fettschicht ein *Temperaturabfall* ein, bei Menschen mit normaler Fettschicht ist keine Veränderung der Körpertemperatur festzustellen, und bei Menschen mit einer dicken Fettschicht ergibt sich sogar ein Temperaturanstieg. Die Temperaturen wurden dabei im Darm gemessen und als Kerntemperatur bezeichnet.

Bei Bewegung im kalten Seewasser (Schwimmen) ist die *Temperaturdepression* zu vermeiden, wenn gleichzeitig eine vernünftige Badetechnik angewendet wird. Dabei sind folgende Punkte zu beachten:

1. Nicht öfter als *einmal täglich* ein kaltes Seebad, da die Normalisierung der vegetativen Funktionen mehr als zwei Stunden dauert.
2. Es sollte *vormittags* gebadet werden, da dann die Blutgefäße enger gestellt sind und die Auskühlungsgefahr damit geringer ist.

Auch bei rauher See, wenn nicht gebadet werden kann, sowie im Herbst oder Winter ist der Aufenthalt an der Nordsee von hohem Gesundheitswert.

3. Die *Badedauer* sollte zunächst nur drei Minuten betragen und sich später zwischen fünf und zehn Minuten bewegen.
4. Die *Badedauer* kann *täglich eine Minute gesteigert* werden. Wenn kein unangenehmer Temperaturabfall eintritt, kann die Steigerung auch über eine Minute pro Tag hinausgehen.
5. Kreislaufgefährdete Personen (Hypertoniker) führen in den ersten Tagen nur Luftbäder, in den nächsten drei Tagen zunächst Fußbäder, in weiteren drei Tagen Waschungen und dann erst das erste kalte Bad durch. Zeigen sich beim Bücken Schwindelerscheinungen, ist es für das erste Bad noch zu früh.
6. Kinder sollte man nicht ins Wasser zwingen!

Wenn eine stärkere Temperaturdepression auftritt (mehr als 1°C), deren Tiefpunkt sogar noch durch Apathie gekennzeichnet ist, dann hat das Bad zu lange gedauert und war damit unbekömmlich. Eine sofort nach dem Baden durchgeführte *körperliche Betätigung* (Laufen, Dünenwandern) kürzt den Temperaturabfall ab.

Das kalte Seebad ist ein vorzügliches Mittel zur *Abhärtung.*

Das warme Seebad ist ein ideales Umstimmungsmittel

In der kalten Jahreszeit und an kalten Sommertagen ist das warme Seebad heute zu einer unentbehrlichen Unterstützung der Klimakur an der See geworden. Wie bei den Kneippschen Anwendungen sollte auch das warme (33–37°C) oder gar das heiße Seebad (37–42°C) mit einer kühlen Dusche oder einer kalten Abwaschung abgeschlossen werden.

Die Wirkung der warmen Seebäder gleicht der der Solbäder, denn bei dem durchschnittlichen Salzgehalt des Seewassers von 3,5 Prozent muß man von einer Sole sprechen. Warme Seebäder wie auch die Solbäder steigern nicht nur den allgemeinen, sondern vor allem auch den Eiweißstoffwechsel *(Heubner).* Da in den Seebadeorten noch die Wirkung der Seeluft und vielfach auch der Sonne hinzukommt, wird der Badereiz wesentlich verstärkt.

Bei einer systematisch durchgeführten Badekur führt der wiederholte Reiz des Seewassers (Sole) zu einer Umstimmung der Reaktionsweise des Organismus, zu einer Stärkung der Abwehrmechanismen des Körpers, zu einer Anregung der Heilungstendenz, zu Regenerationsvorgängen und zu einer verbesserten Drüsentätigkeit. Meist stellt man auch eine Regulierung der vegetativ-nervösen Störungen der inneren Organe und eine Stabilisierung des Kreislaufs fest.

Auch für Kinder ist das warme Seebad als Umstimmungsmittel von goßer Bedeutung. Die Anregung des Stoffwechsels und des Appetits führen bei unterentwickelten und unterernährten Kindern meist zu einer erheblichen Gewichtszunahme. Gleichzeitig wird die Widerstandskraft gegen Infektionen und Erkältungen gesteigert und die Krankheitsbereitschaft vermindert.

Besonders gut wirken Seebäder, Seeklima und Meerwasser-Umschläge bei Ekze-

1317
1348

Barfuß stundenlang am Strand entlangzuwandern und dabei die aerosolhaltige Luft einzuatmen bekommt Körper und Seele außerordentlich gut.

matikern. Im Rahmen der Seekuren spielen die Seebäder gewiß keine unwesentliche, aber doch auch nicht die entscheidende Rolle. Die Heilwirkungen beruhen vielmehr in erster Linie auf der Klimawirkung mit ihren einzelnen Teilfaktoren (Luftbeschaffenheit, Luftbewegung, Ausgleich der Temperaturschwankungen, hoher relativer Feuchtigkeitsgehalt der Luft, Strahlungsintensität durch Wärme-, Licht- und UV-Strahlung).

Völlig unangebracht sind warme Seebäder bei Asthmatikern. Es kann dadurch sogar ein Anfall ausgelöst werden.

Das heiße Seebad bessert Rheumatismus

Heiße Seebäder (37–42°C) sollten nur 5–15 Minuten dauern, da sie eine erhebliche Kreislaufbelastung darstellen.

Durch die Temperatur und den Salzgehalt des heißen Wassers kommt es zu Gefäßreaktionen, die über das Stammhirn ausgelöst werden und zu einer ausgeprägten Blutfülle in der Haut, im Unterhautgewebe (Bindegewebe) und in der Muskulatur führen. Auch wird der Muskeltonus im Sinne einer Entspannung beeinflußt und die Hypophysen- und Nebennierentätigkeit gesteigert *(Golz)*.

Auf Grund dieser Wirkungen sind die heißen Seebäder von großem Nutzen bei Erkrankungen des rheumatischen Formenkreises (chronisch-entzündliche und degenerative Formen des Rheumas) sowie bei Ischias und Neuralgien verschiedener Lokalisation.

Zu einer Kur mit warmen oder heißen Seebädern rechnet man 12–15 Bäder, die durchschnittlich 2–3mal wöchentlich verabfolgt werden. Nach jedem warmen und heißen Bad ist eine Stunde Ruhe in der Liegehalle einzuhalten.

Meerwassertrinkkur zur Vorbeugung und Heilung

Seit mehr als drei Jahrzehnten erfreut sich die innere Anwendung des Meerwassers in Form von *Trinkkuren* an der ganzen europäischen Küste steigender Beliebtheit. Worauf beruht nach unserem heutigen Wissen die erholende, regenerierende oder auch heilende Wirkung des Meerwassers, und in welchen ausgesprochenen Krankheitsfällen kann es uns hilfreich sein?

Man muß sich darüber im klaren sein, daß es schwierig ist, die Wirkungen des Meerwassers zu beurteilen, wenn zugleich auch die anderen Seeklimafaktoren (Licht, Luft, Sonne, Bäder) einwirken. Beurteilen können wir nach Prof. *Vogt* eine Meerwassertrinkkur nur dann, wenn wir unter Ausschluß aller anderen Faktoren den Wirkungsweg des getrunkenen Meerwassers verfolgen.

Meerwasserwirkungen auf den lebenden Organismus zu beurteilen ist auch deshalb so schwierig, weil selbst reines Leitungswasser, wenn wir es trinken, eine Reihe von Wirkungen im Organismus auslöst, so auf die Drüsen, die mineralische Zusammensetzung der Körperflüssigkeit, die neurohumoralen Regulationen und die Ausscheidungsorgane. Dennoch müssen wir uns bemühen, die speziellen Wirkungen der Meerwassertrinkkur zu verstehen. Dazu trägt eine kurze Betrachtung der Bestandteile und der mengenmäßigen Zusammensetzung des Meerwassers bei.

IN DIESEM KAPITEL:

- **Chemische Zusammensetzung des Meerwassers**
- **Wirkungen des Meerwassers**
- **Meerwassertrinkkuren und Mineralstoffwechsel**
- **Heilwirkungen auf zahlreiche Zivilisationskrankheiten**
- **Meerwasser verhütet Karies**
- **Keimtötende Kraft des Meerwassers**
- **Tabelle der Heilanzeigen**
- **Meerwasser und Hautkrankheiten**
- **Durchführung der Meerwassertrinkkur**

Chemische Zusammensetzung des Meerwassers

Meerwasser stellt eine natürliche Quelle lebenswichtiger Mineralien und Spurenelemente dar. Früher stammte der größte Teil des Speisesalzes aus dem Meer. Heute verwenden wir fast nur noch das im Bergbau gewonnene, völlig gereinigte und lediglich einen einzigen Mineralstoff enthaltende reine Kochsalz, das Natriumchlorid.

Meerwasser wie auch Meersalz enthalten aber neben dem Kochsalz als Hauptbestandteil noch über 30 Mineral- und Spurenstoffe, die größtenteils wichtige Stoffwechselfunktionen besitzen.

Konzentration der spurenweise im Meerwasser vorkommenden Stoffe
nach *Wattenberg* (in Mikrogramm je Liter [mcg]).

Fluor	1400	Eisen	2
Aluminium	600	Uran	2
Rubidium	200	Thorium	1
Lithium	110	Nitrat	1–600
Barium	50	Phosphor	1– 60
Jod	50	Radium	1×10^{-7}
Arsen	15	Nitrit	0,5–50
Silizium	10–1500	Molybdän	0,5
Ammoniak	5–50	Vanadium	0,3
Kupfer	5	Silber	0,3
Mangan	5	Nickel	0,1
Zink	5	Quecksilber	0,03
Selen	4	Gold	0,004
Caesium	2		

So sind bis heute an *Hauptbestandteilen* nachgewiesen: Bor, Brom, Chlor, Kalium, Kalzium, Kohlenstoff (als HCO_3), Magnesium, Natrium, Schwefel (als Sulfat SO_4), Strontium.

An *Spurenstoffen* finden sich: Aluminium, Arsen, Barium, Caesium, Eisen, Fluor, Gold, Jod, Kobalt, Kupfer, Lithium, Mangan, Molybdän, Nickel, Phosphor (als Phosphat), Quecksilber, Radium, Rubidium, Selen, Silizium, Silber, Stickstoff (als Nitrat und Ammoniak), Thorium, Uran, Vanadium und Zink.

Die Gesamtkonzentration der Mineralien beträgt durchweg 3,5 Prozent. Verdampft man also 1 l Meerwasser, so erhält man 35 g Salz.

Wirkungen des Meerwassers

Pharmakologisch-chemisch gesehen muß das Meerwasser zu den Kochsalzwässern oder zu den „physiologischen Salzlösungen" gerechnet werden, da der Kochsalzgehalt bei weitem überwiegt und das Meerwasser für die Meeresbewohner das physiologische Milieu darstellt, während der Salzgehalt im Vergleich zu den Körperflüssigkeiten des Menschen, insbesondere zum Blutserum, nur eine gewisse Ähnlichkeit aufweist.

Wenn auch der Kochsalzgehalt des Meerwassers mengenmäßig alle anderen Bestandteile weit überwiegt, so ist es doch nicht nach diesem Hauptbestandteil zu beurteilen, sondern als ganzes kompliziertes Salz- bzw. Ionengemisch mit vielen besonderen, vom reinen Kochsalz stark abweichenden Wirkungen.

Diese Zusammenhänge sind leicht einzusehen, wenn man das folgende, von *Loeb* ausgeführte Experiment kennt: Ein Seefisch kann in destilliertem, also praktisch salzfreiem Wasser einige Zeit leben. Setzt man dem Wasser jedoch Kochsalz in der Konzentration des Meerwassers zu, so treten sehr bald Vergiftungserscheinungen auf, die man durch Zusatz der fehlenden Salze oder Ionen (Kalzium, Kalium, Magnesium) wieder beheben kann. Während also das Kochsalz – für sich allein – giftig wirkt, wird es mit den anderen Salzen zusammen zum Lebenselement.

Die Hauptbestandteile des Meerwassers weisen mengenmäßig eine gewisse Ähnlichkeit mit denen unseres Blutserums auf (siehe Tabelle). Der *Gehalt des Meerwassers an Spurenstoffen* oder Minimalbestandteilen ist jedoch völlig verschieden davon. Die Konzentration der Spurenstoffe im Meerwasser ist aus nebenstehender Tabelle zu ersehen.

Über *die Bedeutung der einzelnen Spurenstoffe* für die Meeresbewohner wissen wir bisher nur sehr wenig. Ob sie in den vorhandenen Mengen die uns bisher bekannten Wirkungen im menschlichen Organismus entfalten, ist für viele Spurenstoffe noch nicht sicher geklärt. Der unter den Spurenstoffen auffällig hohe Gehalt an *Fluor* ist dabei ebenso zu berücksichtigen und für die Therapie zu verwerten wie der hohe *Magnesiumgehalt* unter den Hauptbestandteilen des Salzes.

Für die direkten lokalen Wirkungen des Meerwassers auf die Schleimhäute des Mund-Rachen-Gebietes und des Magen-Darm-Kanals ist der Kochsalzgehalt wohl ausschlaggebend, während an den Wirkungen des Meerwassers nach der Aufsaugung ins Blut auch die anderen Bestandteile wesentlich mitwirken.

Meerwasser besitzt gerade die Konzentration, die noch unverdünnt getrunken werden kann (etwa 3,5%). Bei stärkeren Konzentrationen treten Übelkeit und Erbrechen auf.

Am frühesten und schnellsten wirkt das Meerwasser auf die *Magenschleimhaut.* Ganz allgemein regt es, wie das Kochsalz allein, die Magensaftabsonderung und die Säureproduktion an.

Manche Untersucher fanden auch eine Besserung bei Übersäuerung, also eine Normalisierung der Magensaftverhältnisse *(Carles, Barrère)*, was nur dann verständlich ist, wenn die Übersäuerung von einer entzündlich gereizten Magenschleimhaut herrührt, die unter der Meerwasserwirkung abheilt, so daß auch die vermehrte Säurebildung, trotz sonst anregender Wirkung des Meerwassers, verschwindet.

Vergleich der Hauptbestandteile des Meerwassers

mit denen des menschlichen Blutes in Äquivalentprozenten (nach *Heubner – Jöllen – Zörkendörfer – Seifert)*

	Borkumer Meerwasser	Blutserum
Natrium (Na)	73,0	91,5
Kalium (K)	1,6	3,5
Kalzium (Ca)	3,4	3,5
Magnesium (Mg)	22,0	1,5
Chlor (Cl)	91,3	77,8
Sulfat (SO_4)	8,6	0,4
Hydrogenkarbonat (HCO_3)	0,17	20,2
Hydrogenphosphat (HPO_4)	0,01	1,5

Der Vergleich dieser beiden Tabellen zeigt eine Ähnlichkeit der Hauptbestandteile im Meerwasser und im Blutserum, aber auch so starke Unterschiede (z. B. bei Magnesium und HCO_3), daß von einer Gleichheit der relativen Zusammensetzung keine Rede sein kann.

Das Meerwasser wird zwar im Magen verdünnt, und es verweilt dort länger als normales Trinkwasser, dennoch gelangt es in hypertonischer Konzentration in den Darm, so daß es dort Wasser anzieht, was zu einer stärkeren Darmfüllung führt, die wiederum den Anlaß zu einer stärkeren und schnelleren Darmbewegung bildet. Durch die beschleunigte Fortbewegung bei gleichzeitig verlangsamter Aufsaugung der Salze durch die Schleimhaut erreicht das Meerwasser auch die tieferen Abschnitte des Darmes, wodurch es bei entsprechender Dosierung zu einer *Abführwirkung* kommen kann. Durch *Loth* wurde festgestellt, daß bei der Trinkkur mindestens eine Menge von 10 g Kochsalz erreicht werden muß

Der Vergleich der Salzmischung in Meerwasser und Blut

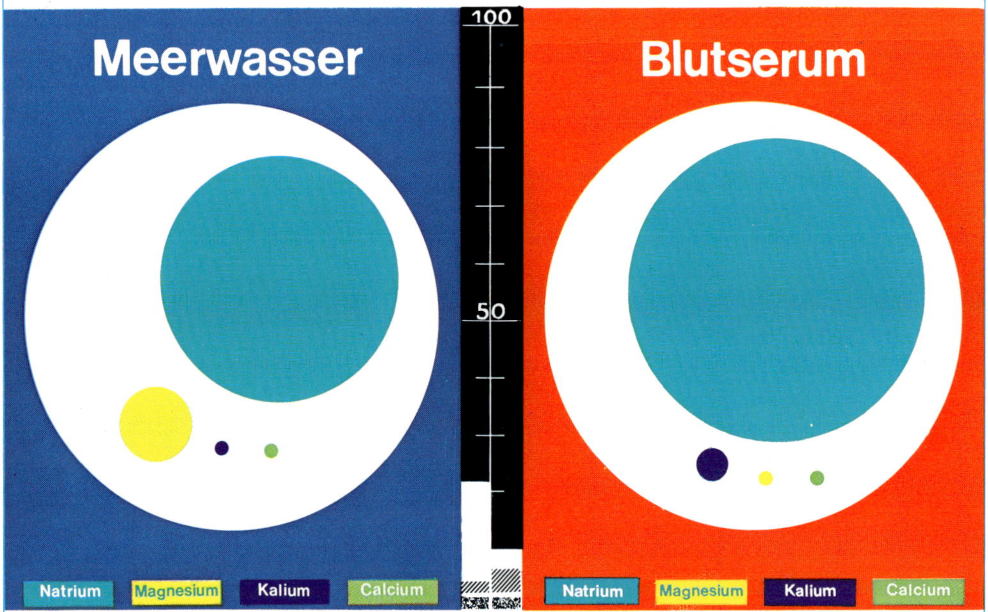

In 1 kg BIOMARIS MeeresTIEFwasser sind enthalten:

Kationen:		mg
Natrium	Na^+	10.790
Kalium	K^+	395,0
Ammonium	NH_4^+	0,3
Lithium	Li^+	0,12
Magnesium	Mg^{2+}	1.314
Calcium	Ca^{2+}	412,9
Strontium	Sr^{2+}	6,1
Eisen	Fe^{3+}	0,11

Anionen:		mg
Chlorid	Cl^-	19.452
Hydrogencarbonat	HCO_3^-	144,0
Bromid	Br^-	69,8
Fluorid	F^-	1,19
Jodid	J^-	0,05
Sulfat	SO_4^{2-}	2.708
Hydrogenphosphat	HPO_4^{2-}	0,087
Summe der Ionen:		35.294
Undissoziierte Stoffe:		
Borsäure (meta, HBO_2)		18,9
Kieselsäure (meta, H_2SiO_3)		0,3
Summe der gelösten festen Bestandteile:		35.313

Spurenelemente (Mikrogramm):

Zink 50, Rubidium 25, Barium 20, Molybdän 10, Aluminium 5, Nickel 3, Kupfer 2, Chrom 2, Zinn 1 u. a.

Spurenelemente (unter 1 Mikrogramm):

Selen, Silber, Vanadium, Mangan, Germanium, Antimon, Cäsium u. a.

Analyse des BIOMARIS MeeresTIEFwassers

(Auszug), durchgeführt vom Institut Fresenius, Taunusstein, vom 11. 11. 1982 (also 300 ccm des 3,5%igen Meerwassers), damit eine Abführwirkung eintreten kann.

Aber auch kleinere, nicht abführende Meerwassermengen reinigen die höheren Darmabschnitte von Schleim und Bakterien.

Sicher festgestellt ist auch, daß das Meerwasser eine *Steigerung der Gallenabsonderung* durch vermehrte Absonderungstätigkeit der Leberzellen (choleretische Wirkung) und eine bessere *Entleerung der Gallenblase* (cholagoge Wirkung) hervorruft. Man macht für diese Wirkung sowohl das Kochsalz als auch die Magnesiumsalze verantwortlich, weil alle kochsalzhaltigen und magnesiumsulfathaltigen Wässer die Gallenabsonderung anregen.

Russell empfahl schon 1753 das Seewasser bei Gelbsucht und Leberschrumpfung. *Gisevius* verwandte es erfolgreich bei chronischen Gallenleiden, *Clarke* bei allen Gallenstörungen und *Schlegel* bei Störungen im Pfortadergebiet.

Grafe erhielt bei Zwölffingerdarm-Spülungen mit körperwarmem Meerwasser keine Mehrausscheidung von Galle, hält aber einen günstigen Einfluß des Meerwassers bei Leber- und Gallenwegskranken dennoch für möglich, weil bei solchen Untersuchungen auch mit Quellwasser aus Kissingen und Mergentheim keine sicheren Einwirkungen auf die Gallenentleerung zu erkennen waren.

Interessant und praktisch wichtig sind die anerkannten Wirkungen des Meerwassers auf die Kreislauforgane. Bei *Blutdruckerhöhung* wurde von mehreren Untersuchern (*Heisler, Schlegel, Siemens, Haeberlin*) ein Absinken des Blutdrucks und der Pulsfrequenz bei gleichzeitig vermehrter geistiger Leistungsfähigkeit beobachtet. Das ist deshalb so merkwürdig, weil man gewöhnlich bei erhöhtem Blutdruck eine kochsalzarme Kost verabreicht *(Vollhard, Koch)*. Erklärt wird die blutdrucksenkende Wirkung des Meerwassers mit den vorhandenen Gegenspielern des Natriums (die Kationen Kalzium, Kalium und Magnesium), die das Natrium unschädlich machen.

Darüber hinaus fand *Keeser*, daß zwischen dem Magnesium und der *Arteriosklerose* eine besondere Beziehung besteht. Magnesium vergrößert nämlich das Lösungsvermögen des Blutserums für Cholesterin. Je größer aber dieses Lösungsvermögen ist, um so eher werden arteriosklerotische Frühschäden verhindert. Da nun bei einer fünfwöchigen Trinkkur bereits eine Anreicherung des Magnesiums im Blut erfolgt, ist dadurch eine gute Vorbeugung gegen Arteriosklerose zu erwarten.

Die bessere Blutlöslichkeit des Cholesterins durch Magnesium ist auch eine weitere Erklärung für die blutdrucksenkende Wirkung des Meerwassers, weil dadurch das Cholesterin als Ursache für die Blutdrucksteigerung über eine Arteriosklerose ausgeschaltet ist.

Reine *Gefäßkrämpfe* (Angina pectoris, Migräne) werden nach den Beobachtungen verschiedener Ärzte durch das Meerwasser günstig beeinflußt.

Je nach dem Umfang der Abführwirkung ist auch eine Beeinflussung des *Wasserhaushalts* zu erwarten. Tritt bei genügend hoher Konzentration und Dosierung (hypertonische Lösung) eine Abführwirkung ein, so wird dem Körper dadurch Wasser entzogen. Wie bereits bei der Wirkung auf den Darm erwähnt wurde, muß wenigstens eine Menge von 10 g Meersalz (etwa 300 ccm unverdünntes Meerwasser) getrunken werden, um eine abführende Wirkung zu erzielen. Bei einer geringeren Trinkmenge wird das Salz mit dem Wasser größtenteils vom Darm aufgesaugt.

Eng mit der Wirkung auf den Wasserhaushalt ist auch die *Meerwasserwirkung auf die Wasserausscheidung*, die Nieren und die ableitenden Harnwege verbunden. Die Wasserausscheidung wird meist gesteigert, wahrscheinlich durch die Aufnahme der Gegenspieler des Natriums, das für sich allein die Wasserausscheidung hemmen würde. Zugleich werden auch harnfähige Stoffe, vor allem *Harnsäure*, vermehrt ausgeschieden (*Zörkendörfer*, *Seifert*, *Frey*, *Dapper*, *v. Noorden*). Diese Wirkung ist jedoch von einer genügend hohen Dosierung abhängig, die für den Einzelfall noch nicht festliegt.

Wirkungen auf das *Blutbild* (und damit auf die Blutneubildung) wurden von *Zörkendörfer* und *Seifert* bei drei Monate lang durchgeführten Versuchen mit Kaninchen *nicht* gefunden. *Lisle* und *Brauchle* fanden dagegen eine Vermehrung der roten Blutkörperchen und des roten Blutfarbstoffs und einen Rückgang der eosinophilen Zellen bei allergischen Zuständen. Hier sind zur Klärung der gegensätzlichen Befunde weitere Untersuchungen erforderlich.

Grafe führte Stoffwechseluntersuchungen mit Meerwasser durch und fand keine sichere Veränderung des *Blutzuckers*, weder im einmaligen, über mehrere Stunden ausgedehnten Versuch noch im Verlaufe einer zweiwöchigen Periode mit täglichen Gaben von zweimal einem viertel Liter Meerwasser (nüchtern). Auch bei seinen Untersuchungen über die Einwirkung auf den *Grundumsatz* erhielt er keine eindeutigen Ergebnisse.

Meerwassertrinkkuren und Mineralstoffwechsel

Es ist nun zu klären, wie sich Meerwassertrinkkuren auf den *Mineralstoffwechsel* des Menschen auswirken. Diese Frage ist nur sehr schwer zu beantworten, da wir wissen, daß der Mineralstoffwechsel durch eine Reihe anderer, bei den Untersuchungen nicht oder nicht völlig auszuschaltender Faktoren, z. B. durch verschiedene Hormone, beeinflußt wird, ja, daß schon das Trinken von reinem Leitungswasser eine nicht unerhebliche Veränderung des Mineralstoffwechsels bedeuten kann. Soweit die Mineralstoffwechseluntersuchungen an Tieren durchgeführt wurden, ist es auch noch sehr fraglich, wieweit die dort gewonnenen Ergebnisse auf den Menschen übertragen werden dürfen.

Man muß bei diesen Untersuchungen von der längst bekannten Tatsache ausgehen, daß das Blut bestrebt ist, seinen Bestand an Salzen (bzw. Kationen und Anionen*) nicht zu verändern. Es ist daher zu erwarten, daß das Blut eines gesunden Menschen keine wesentlichen Veränderungen seines Mineralbestandes zeigt, solange äußere oder innere Einwirkungen seine Ausgleichsmöglichkeiten nicht überschreiten. Langdauernder Mangel an dem einen oder anderen Mineral oder an mehreren Mineralien kann selbstverständlich zu krankhaften, manchmal sogar sehr ernsthaften Störungen führen, z. B. bei Kalium-, Natrium-, Kalzium-, Magnesium- oder Eisenmangel.

Mangelt es in der Ernährung längere Zeit an Obst, Gemüsen und Salaten und wird ständig reines Speisesalz (nur NaCl) zugeführt, dem die Begleitmineralien (vor allem Kalium, Kalzium, Magnesium und die Spurenstoffe) fehlen, so verschiebt sich der Mineralhaushalt des Körpers, was sich meist durch Leber-, Magen- und Darmbeschwerden (vor allem Stuhlträgheit) sowie Hautveränderungen kundtut. Wir sprechen häufig von „Zivilisationsschäden", die meist Mangelzustände durch unsere unnatürliche Ernährung darstellen. Es ist bekannt, daß die Zufuhr von Meerwasser ganz langsam den Mineralhaushalt des Körpers normalisiert, wobei die Magendrüsen, die Leber und die Bauchspeicheldrüse angeregt werden.

Es gibt bei unserer heutigen Lebens- und Ernährungsweise sicher eine Reihe von versteckten und objektiv schwer nachweis-

* Ionen sind elektrisch geladene Atome oder Atomgruppen, in die die Salze (wie die Säuren und Basen) beim Lösen in Wasser zerfallen. Man unterscheidet die positiv geladenen Kationen und die negativ geladenen Anionen.

Großer Beliebtheit erfreuen sich die in den Seebädern entstandenen Meerwasser-Hallenbäder. Sie verlängern die Saison bis in den Winter hinein und machen dadurch auch das gesundheitsfördernde winterliche Reizklima attraktiv.

baren Mineralmangelzuständen, die zwar keine eindrucksvollen Krankheitsbilder hervorrufen, aber das Allgemeinbefinden, die Leistungsfähigkeit und die seelische Stimmungslage erheblich beeinträchtigen. Hier ist die anregende Wirkung des Meerwassers auf den Gesamtorganismus und der Ausgleich mangelhaft vorhandener oder fehlender Mineralien und Spurenstoffe sowie der so weit verbreiteten Kochsalzschäden von besonderer Bedeutung.

Über die Beeinflussung des Mineralstoffwechsels des gesunden Menschen durch Meerwassertrinkkuren liegt eine experimentelle Arbeit von *Jaup* vor. Die Versuche wurden an sieben Personen über insgesamt 30 Tage mit Borkumer Nordseewasser (hypertonisch), Henkenhagener Ostseewasser (isotonisch) und Baden-Badener Friedrichsquelle (hypotonisch) durchgeführt. Dabei ist darauf hinzuweisen, daß die zusätzliche Mineralwasserzufuhr nur vom 15. bis 25. Tag dauerte.

Jaup kam zu folgenden Ergebnissen:

1. Irgendwelche nennenswerten Änderungen im Mineralbestand des Blutes konnten bei gesunden Versuchspersonen während der Meerwassertrinkkuren nicht beobachtet werden.
2. Natrium und Chlor werden entsprechend dem Mehrangebot während der Trinkkur wieder ausgeschieden.
3. In allen Trinkkurversuchen konnte eine erhöhte Phosphorausscheidung während der Kur nachgewiesen werden.
4. Es fand sich in jedem Versuch eine deutliche Beeinflussung des Kalzium- und Magnesiumstoffwechsels, wobei sowohl eine vermehrte Zurückhaltung als auch eine vermehrte Ausscheidung beobachtet wurden.

Diese Versuche geben zwar einen ersten Einblick in den Mineralstoffwechsel bei Meerwassertrinkkuren, die Versuchsdauer ist jedoch zu kurz und die Zahl der Versuchspersonen zu klein.

Heilwirkungen auf zahlreiche Zivilisationskrankheiten

Tierversuche sind demgegenüber viel leichter und einfacher durchzuführen. *Kühnau* experimentierte über eine Dauer von fünf Wochen an Ratten mit dem überraschenden Ergebnis, daß durch eine lange fortgesetzte Meerwasserzufuhr eine echte Transmineralisation* im Sinne einer ungewöhnlich starken *Magnesiumanreicherung* und einer ebenfalls beträchtlichen Erhöhung des Verhältnisses Magnesium zu Kalzium im Gesamtorganismus hervorgerufen wird. Der Verfasser zieht daraus den Schluß, daß, soweit sich die Ergebnisse von Tierversuchen auf den Menschen übertragen lassen, die Wirkung einer Meerwassertrinkkur auf die mit ihr verbundene Magnesiumanreicherung zurückzuführen ist.

Die *Anreicherung des Körpers mit Magnesium* hat einen nervös beruhigenden Einfluß, verbessert aber auch den Kohlenhydratstoffwechsel, was für Zuckerkranke (Diabetiker) wichtig ist, und vermindert die Oxalatsteinbildung in den ableitenden Harnwegen. Es wurde nämlich beobachtet, daß Magnesiummangel die Bildung von Oxalatsteinen begünstigt, während eine reichliche Magnesiumzufuhr die Steinbildung vermindert (*Evans, Watson, Hammersten*).

Normalerweise gewinnt der Mensch die notwendige Menge Magnesium größtenteils aus dem Blattgrün. Es wird durch die Wirkung der Salzsäure des Magens, der Verdauungsfermente und die Tätigkeit der Darmbakterien herausgelöst und aufgesaugt. Sinkt der Magnesiumgehalt des Blutplasmas bei zu geringer Zufuhr mit der Nahrung (keine Gemüse und Salate!) von dem Normalwert von 2–3 mg% auf 1 mg%, so steigen sowohl die nervöse Erregbarkeit als auch der Gehalt an Cholesterin und Reststickstoff im Blut an (*Heupke, Rost*), was auf ernste Stoffwechselstörungen deutet. *Delbet* schreibt dem Magnesium krebsverhütende Wirkungen zu, weil es das Kalium aus den meist kaliumreichen Tumoren verdrängt. Zugleich nennt er das Magnesium das Metall der Muskelenergie, der Gehirntätigkeit und der Fortpflanzung. Extrem magnesiumarme Kost führt bei Ratten in wenigen Tagen unter unregelmäßiger Herztätigkeit und Krämpfen zum Tode.

Wesentliche Erfolge bei der *Parodontose* erzielte der französische Stomatologe Dr. *Boisnière* (Cannes) durch Spülungen und Spritzen mit Meerwasser sowie durch die

* Transmineralisation ist die Aufnahme mineralischer Stoffe unter gleichzeitiger Ausscheidung anderer Mineralien, z. B. der Austausch von Kalzium gegen Magnesium oder von Natrium gegen Kalium.

Sich der Brandung entgegenzuwerfen gehört mit zu den schönsten Badevergnügen an der Nordsee. Außerdem ist das kalte Seebad ein vorzügliches Mittel zur Abhärtung.

Anwendung von Meerwasserplankton. Er führte wöchentlich dreimal insgesamt 10 bis 15 Behandlungen durch. Dr. *Boisnière* glaubt, daß das Meerwasser mechanisch und chemisch heilend auf die Parodontose wirkt, indem es die Zahnfleischzellen reinigt und wäscht.

Meerwasser verhütet Karies

Seit man weiß, daß Fluor eine kariesprophylaktische Wirkung entfaltet, scheint dem Meerwasser und dem Meersalz auch bei der Verhinderung der Zahnkaries eine besondere Rolle zuzukommen. In 1 l Meerwasser finden sich 1400 bis 2700 Mikrogramm (mcg) Fluor (1,4–2,7 mg). Dieses wird über das Blut aufgenommen und vor allem in den Zähnen und Knochen abgelagert. Fluorhaltige Zähne sind kariesfester als fluorarme. Vielfach wird heute eine allgemeine Fluoridierung des Trinkwassers propagiert, wie sie in einer Reihe von Staaten in Amerika und in einigen Städten in Europa bereits geschieht. Der Fluorgehalt des Trinkwassers wird dabei bis auf 1–1,5 mg je Liter angereichert. Mit dem Trinken von Meerwasser ließe sich der gleiche Effekt auf eine ganz einfache und natürliche Weise erreichen, und die in wissenschaftlichen Kreisen nicht unumstrittene Trinkwasserfluoridierung würde dadurch überflüssig. Da man bei einer Meerwassertrinkkur durchschnittlich zweimal täglich ein Glas Meerwasser (300–400 ccm) trinkt, nimmt man gerade so viel Fluor auf, wie dem Bedarf des Organismus entspricht und wie zur Prophylaxe der Karies notwendig ist (*Weiß*).

Keimtötende Kraft des Meerwassers

Ein Wort muß noch zu der *bakterienzerstörenden Kraft des Meerwassers* (Bakterizidie) gesagt werden, die man seit etwa 85 Jahren kennt. Worauf diese Fähigkeit beruht, ist bis heute nicht eindeutig erkannt. Es können physikalische Ursachen (Osmose-Effekt durch Vorhandensein oder Fehlen von

Neue Spannkraft und Frische durch eine Meerwassertrinkkur – durch den Genuß des mineralstoffreichen Meerestiefwassers, das in vielen Badeorten der Ost- und Nordsee ausgeschenkt wird.

in Wasser gelösten Gasen), biologische Vorgänge (Aktivität bakterienzerstörender Viren) oder auch chemische Wirkungen (bakterizide Stoffe) dafür verantwortlich sein.

Neue Forschungen sprechen für die Anwesenheit einer Verbindung, die auf grampositive Erreger*, die Coryne-Gruppe (Diphtheriebakterien) und die Bazillen (sporentragende aerobe Stäbchen, z. B. Milzbranderreger) abtötend wirkt.

Von großer Wichtigkeit war bei diesen Untersuchungen die Tatsache, daß das Meerwasser auf Eitererreger (Staphylokokken), die von Penicillin nicht mehr abgetötet wurden (fachlich: die penicillinresistent waren), stärker wirkte als auf Eitererreger, die von Penicillin unterdrückt wurden. Wahrscheinlich handelt es sich dabei nur um einen organischen Stoff, der aus den

* Grampositiv nennt man Bakterien, die sich nach der Färbemethode von *Gram* anfärben lassen, z. B. Streptokokken und Staphylokokken.

Absonderungen verschiedener Weichtiere und Seemuscheln stammt und nicht nur das Wachstum der Eitererreger, sondern auch verschiedener, für den Menschen gefährlicher Viren hemmt.

Verschiedene amerikanische Forscher (*Vaccara* u. a.) untersuchten die Lebensdauer von gramnegativen Bakterien (vorwiegend Darmbakterien), vor allem die Colibakterien, die mit den verschmutzten Flüssen und den Abwässern in großer Zahl ins Meer gelangen. Sie kamen zu dem Ergebnis, daß dem Meerwasser antibiotische Eigenschaften (keimhemmende Wirkungen) gegen Colikeime innewohnen. Sie führen diese Eigenschaften auf die Lebenstätigkeit der normalen Meeresflora zurück. Dafür spricht die Tatsache, daß das Meerwasser seine keimhemmende und keimtötende Kraft verliert, wenn man es durch Kochen, Hochdruckerhitzen, Pasteurisieren oder Chloren sterilisiert. Bei längerem Stehen nimmt die keimtötende Kraft des unbehandelten Meerwassers nicht ab, sondern deutlich zu; im Sommer ist sie zehnmal stärker als im Winter.

Tabelle der Heilanzeigen

Zusammenfassend kann gesagt werden, daß die Anwendung der Meerwassertrinkkuren angezeigt ist bei folgenden Krankheiten:

Nervöse Zustände: Nervöse Erschöpfung ohne organische Ursache, Schlafstörungen ohne organische Ursache, Rekonvaleszenz.

Allergische Erkrankungen (zur Unterstützung der Klima- und Badekur): Heuschnupfen, Asthma bronchiale, Katarrhe der Nebenhöhlen und der oberen Luftwege.

Tuberkulöse Erkrankungen: Skrofulose, Tuberkulosevorbeugung, inaktive Lungentuberkulose, Drüsen-, Knochen- und Hauttuberkulose.

Hautkrankheiten: Exsudative Diathese und Milchschorf, chronische Ekzeme auf allergischer und konstitutioneller Grundlage, Furunkulose und Pyodermien, Seborrhoe (Talgdrüsenerkrankung), Neurodermatitis (stark juckende Hautentzündung), Alkali-Erschöpfungs- und Berufsekzeme, flache Knötchenflechte (Lichen ruber planus), Schuppenflechte (Psoriasis), eitrige Wunden, offene Beine (Ulcus cruris), Abszesse, Karbunkel, Phlegmonen.

Erkrankungen des Magen-Darm-Kanals: Karies und Parodontose, akute und chronische Magenschleimhautentzündung (Gastritis), Magen- und Zwölffingerdarmgeschwür, Über- und Untersäuerung des Magens (Sub- und Hyperazidität), Appetitlosigkeit und Dyspepsie, chronische Obstipation, Unterfunktion der Leber und der Gallenblase.

Erkrankungen der Hormondrüsen: Schilddrüsenunterfunktion (Hypothyreose), Jodmangelkropf, Diabetes mellitus, hormonal bedingte Menstruationsstörungen, Störungen des Entwicklungs- und Rückbildungsalters, Nebennierenrinden-Unterfunktion.

Meerwasser und Hautkrankheiten

Bekannt sind die guten Erfolge, die sich mit äußerlicher und innerlicher Anwendung des Meerwassers bei einer Reihe von *Hautkrankheiten* erzielen lassen. Es handelt sich bei diesen Leiden um schwere chronische Stoffwechselstörungen, die sich zwar an der Haut äußern, aber keine isolierte Hauterkrankung darstellen. Man versucht dabei häufig, mit Diät und Injektionen eine Umstimmung zu erzielen, bei der die Mineralverhältnisse eine wesentliche Rolle spielen. Das meist stark gestörte Verhältnis der Mineralien zueinander wird durch Meerwasser günstig beeinflußt. Das allein sehr aktive und sogar toxisch wirkende Natrium wird durch Magnesium als Gegenspieler in Schach gehalten. Die Magnesiumanreicherung wirkt beruhigend, entspannend und hemmend auf krankhafte Gefäßveränderungen. Der erhebliche Sulfatgehalt regt die Funktion der Gallenblase und der Leber an und wirkt häufig abführend. Auch die speziellen Wirkungen der Spurenelemente sind dabei zu beachten: Kobalt steigert die Leberentgiftung, Arsen wirkt umstimmend auf die Haut und anregend auf die Blutbildungszentren. Kupfer wirkt antiallergisch, Mangan aktivierend auf den Fermentstoffwechsel, beide wiederum fördern die Blutbildung; Schwefel aktiviert den Stoffwechsel und bildet einen notwendigen Eiweißbaustein. Alle diese Einzelwirkungen tragen zur „Umstimmung" und damit zur Abheilung der genannten Hautkrankheiten bei.

Sehr aufschlußreich ist die Krankengeschichte von Prof. *Ruzicka,* der an sich selbst die Abheilung einer flachen, juckenden, roten Knötchenflechte (Lichen ruber planus) durch eine Meerwassertrinkkur erlebte.

Bei Kranken mit Schuppenflechte (Psoriasis) kann man die Entschuppung der Haut sehr gut mit Meerwasserkompressen (unverdünnt) durchführen. Die Entschuppung muß geschehen, bevor man die Haut einer so kräftigen Sonnenbestrahlung aussetzt, daß gerade eine gute Hautrötung (Erythem) auftritt, wobei natürlich die gesunden Hautstellen vor zu starker Besonnung geschützt werden müssen. Bei sorgfältiger Technik garantiert Prof. *Pfleiderer* nahezu, daß die Herde weggehen. Nicht garantieren kann er natürlich, daß keine Rückfälle (Rezidive) auftreten, doch sie würden in jedem Jahr leichter.

Durchführung der Meerwassertrinkkur

Zur Durchführung einer Meerwasserkur trinkt man 3–4mal täglich langsam schluckweise 1 Glas (150–200 ccm) zur Hälfte mit Trinkwasser verdünntes Meerwasser, und zwar warm oder kalt, je nach Außentemperatur und Bekömmlichkeit. Man führt die Kur drei bis vier Monate lang durch.

Man kann sich das trinkfertige Meerwasser selbst herstellen, indem man das möglichst weit von der Küste aus größerer Tiefe entnommene Meerwasser durch tierische Kohle filtert. Besser ist das käufliche Meerwasser, das durch Wasserschiffe abseits der Schiffahrtswege aus 15 bis 20 m Tiefe geschöpft wird. Dieses Wasser ist zwar praktisch keimfrei, wird aber außerdem noch durch Berkefeld-Filter von allen organischen Bestandteilen befreit. Eine entwertende Hitzesterilisation erübrigt sich dann.

Mannigfaltig wie die Zusammensetzung des Meerwassers sind auch die Wirkungsmöglichkeiten, die wir viel mehr ausnützen sollten, zumal das Meerwasser ein natürliches und völlig unschädliches Heil- und Vorbeugungsmittel darstellt. Auch sollte man dazu übergehen, das übliche reine Kochsalz oder Speisesalz möglichst durch Meersalz oder Meerwasserkonzentrate zu ersetzen.

Heilbädertherapie (Balneotherapie) – eine Apotheke der Natur

Wenn man Wasser aus natürlichen Heilquellen, die warm oder kalt aus dem Erdboden kommen und gasförmige oder mineralische Stoffe gelöst enthalten, zur Behandlung benutzt, dann spricht man von Heilbädertherapie (Balneotherapie).

Kennzeichnung der Heilbäder

Bei Heilbädern kommt zur Wirkung des kalten und warmen Wassers noch die chemische (oder biochemische) Wirkung der im Badewasser gelösten Substanzen hinzu. Das bedeutet eine erhebliche Reizverstärkung auf die Haut, wodurch die Allgemeinwirkung vertieft und je nach Art der gelösten Gase oder Mineralien und der Höhe der Temperatur in verschiedenster Weise verändert wird. Die natürlichen Quellwässer haben daher sehr unterschiedliche Heilwerte. Diese Heilwerte, insbesondere der heißen Quellen, wurden schon sehr früh erkannt und entsprechend genutzt. Die volle Heilwirkung ist, wie man feststellen mußte, an den Ort der Quelle gebunden. Man hat zwar immer wieder versucht, das normale Wasser am Wohnort (meist Leitungswasser) durch künstliche Zusätze, wie Kohlensäure, Schwefel, Moorlauge, Mineralsalze oder Salicylsäure, ätherische Öle und Kräuterabkochungen, zu Heilzwecken zu benutzen, aber schließlich erkannt, daß der Gesamtkomplex der Heilwirkungen, wie sie durch eine Badekur in einem Heilbad erreicht werden, nicht zustande kommt.

Es sind wohl zahlreiche Begleitfaktoren seelischer, klimatischer und milieubedingter Art, die dabei eine wesentliche Rolle spielen.

IN DIESEM KAPITEL:

Wirkungsfaktoren der Heilbäder

Sieht man einmal von den verschiedenen Begleitfaktoren ab, die das Milieu eines Badeortes außer seinen Heilquellen ausmachen, so sind besonders noch die naturgegebenen Zusätze zum Quellwasser auf ihre Wirksamkeit hin zu betrachten. Es handelt sich hierbei um feste, flüssige oder gasförmige Bestandteile.

Alle naturgegebenen oder auch künstlichen Badezusätze wirken über den Reiz

Kohlensäuregasbäder sind wichtig für Kranke, die der Belastung im Wasserbad nicht ausgesetzt werden dürfen. ● Bild Mitte: Schlick enthält zwar geringere Anteile an pflanzlichen Stoffen als das Moor, dafür aber hat der Schlick der Meeresküsten ein besonders gutes Quellungsvermögen. ● Außen: Schwefel-Moorbad.

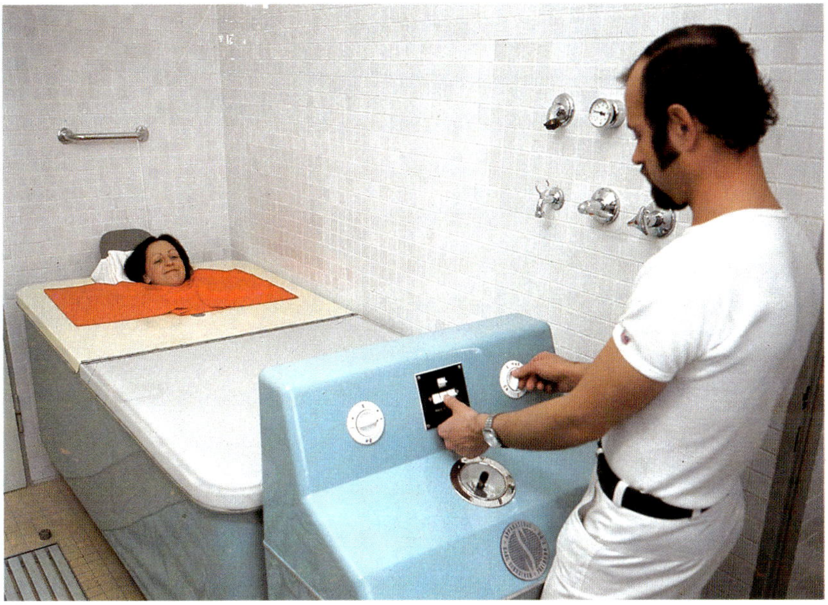

hinaus, den das reine Wasserbad ausübt, als zusätzliche *Hautreizung* in Form von ausgedehnten Flächenreizen. Das ist zunächst der *Hauptwirkungsfaktor aller Heilbäderbehandlung*. Zu dem normalen Wärme- und Wasserreiz üben die Zusätze außerdem einen chemischen Reiz aus, was sich insgesamt als vermehrte Hautrötung und damit verstärkte Durchblutung nach dem Bad zu erkennen gibt. Je nach Art der Zusatzstoffe können sie von der Haut teilweise aufgesaugt (resorbiert) werden oder auch die Haut chemisch verändern, was sich durch juckende, brennende oder beißende Empfindungen auf der Haut äußern kann.

Die Hautreizung führt aber nicht nur zu einer verstärkten Hautrötung und Durchblutungssteigerung, sondern auch zu einer *Tonisierung des vegetativen Nervensystems*. Das Ausmaß der Tonisierung hängt allerdings sehr von der Art des Zusatzes ab.

So fand man durch Tests heraus, daß zum Beispiel ein Bad mit Fichtennadeltabletten kaum stärker hautreizend wirkte als ein normales Wasserbad, während eine wesentliche Reizverstärkung durch Kohlensäure, Sole, Schwefel und am stärksten durch Transkutanbäder eintrat. Dabei können sich die Zusätze nicht nur in der Stärke, sondern auch in der Art recht verschieden auswirken. Das gilt vor allem für die erwähnten Transkutanbäder, bei denen dem Wasser solche Stoffe zugesetzt sind, die die Haut aus dem Badewasser aufzunehmen vermag. Das gilt auch für Jod-Schwefelbäder, Kohlensäurebäder, Bäder mit Salicylsäure oder Beigabe von ätherischen Ölen.

Aus der Vielzahl der Heilquellen sollen die wichtigsten mit ihrer Wirkungsrichtung und ihren Heilanzeigen kurz dargestellt werden.

Das Kohlensäurebad

Kohlensäurebäder gehören auch heute noch zu den wichtigsten Bäderbehandlungen. Natürliche kohlensäurehaltige Quellen kommen in verschiedener Form vor, und zwar

1. als kalte kohlensäurehaltige Solequel-

len, zum Beispiel in Bad Kissingen, Bad Orb und Bad Homburg,

2. als kohlensäurehaltige Thermalquellen, zum Beispiel in Bad Nauheim und Bad Pyrmont,

3. als kalte kohlensäurehaltige Stahlquellen, zum Beispiel in Bad Pyrmont, Bad Elster und Bad Altheide.

Kohlensäurebäder können auch außerhalb der Kurorte mit guter, wenn auch nicht völlig gleicher Wirkung hergestellt und verabreicht werden, zum Beispiel in den Badeabteilungen der Krankenhäuser. Die Herstellung erfolgt durch chemische Entwicklung von Kohlensäure im Badewasser durch entsprechende Präparate oder mittels Durchsetzung des Badewassers mit Kohlensäure unter Druck durch entsprechende Apparate.

Am besten und wirkungsvollsten sind die Bäder aus den kohlensäurehaltigen Thermalquellen am Kurort. Entscheidend ist dabei die im Wasser physikalisch gelöste Kohlensäure. Verstärkend wirkt bei den natürlichen Kohlensäurebädern der die Haut reizende Salzgehalt.

Beim Kohlensäure-Thermalbad haben wir mehrere Wirkungsfaktoren:

1. Den Berührungsreiz des heißen, salzhaltigen Wassers auf die Haut,

2. die sich an die Haut ansetzenden und wieder abstoßenden Gasbläschen und

3. als wichtigster Faktor die von der Haut und durch die Haut aufgenommene (resorbierte) Kohlensäure.

Zahlreiche wissenschaftliche Untersuchungen haben dazu wichtige Erkenntnisse geliefert. Die Kohlensäure wird im Bad in beträchtlicher Menge aufgenommen und wirkt anschließend auf die kleinen Gefäße unter der Haut. Sehr bald wird auch eine intensive hellrote Verfärbung der Haut sichtbar. Kapillarmikroskopisch sah man an der gebadeten Haut eine Beschleunigung der Blutströmung, eine Zunahme der in den Kreislauf eingeschalteten Gefäßschlingen und ein Sichtbarwerden der unter der Haut verlaufenden Gefäßknäuel, also eine vermehrte Blutfülle. Diese Wirkungen sind stärker als nach normalem Kalt- oder Warmwasser und auf die aufgenommene Kohlensäure zurückzuführen.

Insgesamt kommt es durch das Kohlensäurebad zu einer Umstellung der gesamten Herz-Kreislauf-Leistung, zu Veränderungen von Blutdruck, Puls und Herzminutenvolumen. Das Zusammenspiel von kreislaufentlastenden und kreislaufbelastenden Wirkungen führt dabei zu einem Gefäßtraining einschließlich des venösen Anteils und zu einer Verbesserung der Bedingungen für die Herzarbeit. Kohlensäurebäder in Form einer Kur sind deshalb, in richtiger Dosierung vom Arzt verordnet, ein ideales Mittel zur Rehabilitation und Vorbeugung von Herz-Kreislauf-Schäden nach Herzinfarkt, bei hohen körperlichen Belastungen, bei vegetativen Kreislaufstörungen und zum Vermeiden vorzeitiger Alterung.

Alle Kuren dieser Art müssen dem einzelnen Krankheitsfall angepaßt werden, wozu die Erfahrung eines Badearztes erforderlich ist, dem die notwendige Zeit verbleibt, um diese so wichtige individuelle *Verordnung* vornehmen und die notwendigen *Vorschriften* geben zu können.

Es soll nur noch erwähnt werden, daß es auch *Kohlensäuregasbäder* gibt. Sie werden sitzend in Kästen durchgeführt, wobei der Kopf außerhalb bleibt. Die Wirkungen sind geringer als im Kohlensäurewasserbad. Deshalb sind Kohlensäuregasbäder nur Kranken vorbehalten, die der Belastung im Wasserbad noch nicht ausgesetzt werden können.

Die früher recht beliebten *Sauerstoffbäder* können nur in künstlicher Form verabreicht werden. Sauerstoffbäder wirken wesentlich geringer als Kohlensäurebäder. Ihr Hauptvorteil ist ihre beruhigende Wirkung auf das Nervensystem. Sie eignen sich daher zur Anwendung gegen erhöhten Blutdruck (als eine von mehreren Maßnahmen) und gegen Arteriosklerose. In beiden Fällen kann man aber auf eine entsprechende Diät (salzlose und fettarme Kost) und gegebenenfalls auf Medikamente keinesfalls verzichten.

Das Luftsprudelbad

Am Anfang unseres Jahrhunderts verwendete man *Luftperlbäder* als Ersatz für die wesentlich aufwendigeren Kohlensäure-Wannenbäder. Die bekannten Wirkungen der Kohlensäurebäder, nämlich Hautrötung und Veränderung der Temperaturempfindung, ließen sich aber nicht erzielen.

Die *Luftperlbäder* wurden aber von Patienten als angenehm und wohltuend empfunden und deshalb mehr und mehr verlangt. Eine wissenschaftliche Bearbeitung dieser Badeform fand nicht statt. Heute führt man Luftperlbäder, die einen Luftdurchsatz von 10 Liter pro Minute aufwiesen, kaum noch durch. Nachdem aber Geräte konstruiert

Luftperlbäder werden von Patienten als besonders angenehm und wohltuend empfunden.

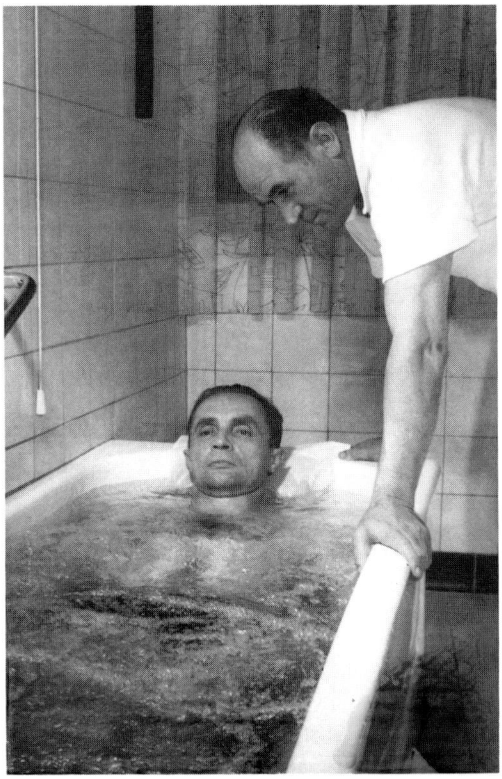

Die Wirkungen des heißen Luftsprudelbades

1. Starke Beschleunigung der Wärmeaufnahme mit entsprechender Erhöhung der Kerntemperatur.
2. Die tatsächliche Wärmebelastung wird subjektiv nicht als wesentliche Belastung, sondern als angenehm empfunden.
3. Das Luftsprudelbad wirkt wie eine leichte Streich-Vibrations- und Schüttelmassage (Luftsprudelmassage genannt).
4. Im 32° C-Bad tritt wegen des Wärmeentzuges eine leichte Erhöhung des (systolischen) Blutdrucks auf.
5. Die Pulsfrequenz ist im heißen Luftsprudelbad etwas erhöht, bleibt aber immer noch niedriger, als bei der erhöhten Kerntemperatur zu erwarten wäre.
6. Die Atemfrequenz sinkt in allen Temperaturbereichen etwas ab, die Atemzugtiefe (Atemvolumen) steigt in allen drei Temperaturbereichen an.
7. Die nachweisbar stärkere Unterschenkeldurchblutung im heißen Luftsprudelbad wird als Folge der durch die Wärme bedingten erhöhten Pulsfrequenz bzw. Herzleistung aufgefaßt.
8. Fügt man dem Badewasser ätherische Öle zu (z. B. Fichtennadelextrakt oder Rosmarinöl), so werden diese durch die Haut, wesentlich mehr noch durch die Schleimhaut der Atmungsorgane aufgenommen. Man kann sie dann im Blutserum wie auch in der Atemluft leicht nachweisen. Die Aufnahme der ätherischen Substanzen durch Haut und Schleimhäute ist im Luftsprudelbad wesentlich größer als in einem normalen heißen Wasserbad (Serum 10fach, Atemluft 30–50fach). Das Luftsprudelbad wird durch geeignete Zusätze auch zu einem Inhalationsbad.

wurden, die über eine mit Poren versehene Matte einen Luftdurchsatz von 100–300 Liter Luft erlauben, hat das ehemalige Luftperlbad einen starken „Auftrieb" bekommen. Es wird heute, da das Badewasser durch den hohen Luftdurchsatz stark sprudelt, *Luftsprudelbad* genannt.

Dieses Bad hat durch das Institut für Medizinische Balneologie und Klimatologie an der Universität München (Direktor: Prof. Dr. *H. Drexel*) eine wissenschaftliche Bearbeitung erfahren, die zu interessanten Ergebnissen führte, die in der obigen Tabelle kurz zusammengefaßt sind.

Die hier zu gebenden Empfehlungen sind nicht nur wissenschaftlich begründet, sondern auch durch zahlreiche Erfahrungen gewonnen. Freilich gibt es erst wenig wissenschaftliche Belege.

Das Luftsprudelbad ist angezeigt bei

- allen Zuständen, bei denen eine mäßige Überwärmung notwendig ist,
- verspannter Skelettmuskulatur, funktionellen Fehlhaltungen mit den entsprechenden Beschwerden und ständig sitzender Tätigkeit, auch bei Coxarthrosen, Becken-Schiefstand und Beinlängendifferenzen,

- Übermüdung nach sportlicher Betätigung oder schwerer Arbeit (entmüdender Effekt),
- neurotischen Verstimmungen und Schlafstörungen,
- zu niedrigem Blutdruck (Hypotonie) und Rekonvaleszenz mit entsprechenden Kreislaufregulationsstörungen,
- Erkrankungen der oberen Luftwege (Inhalationsbad). Wassertemperatur: 36 bis 38° C; Badedauer: 20 Minuten; Badezusätze: Fichtennadelextrakt, Thymian, Rosmarin.

Das Schwefelbad

Wir kennen warme und kalte Schwefelquellen. Warme finden sich in Aachen und Baden bei Wien, kalte in Bad Eilsen, Bad Nenndorf, Bad Wiessee und vielen anderen Orten. Im Schwefelbad finden Umsetzungen statt, wobei Schwefelwasserstoff und freier kolloidaler Schwefel entsteht. In diesen Formen wird er von der Haut beim Baden aufgenommen und an das Gewebe weitergegeben.

Außer zur Haut hat der Schwefel auch zu den Stoffwechselorganen, den Hormondrüsen (Hypophysenvorderlappen und Nebennierenrinde) und den Gelenken eine besondere Beziehung.

Vergleichende Untersuchungen über die Anwendung von heißen Bädern und Schwefelbädern ergaben, daß unter der Anwendung von Schwefelbädern eine vermehrte Ausscheidung von Cortisonabkömmlingen (C 17-Ketosteroid) auftrat als Ausdruck für eine Aktivierung der Nebennierenrinde. Wir wissen, daß die körpereigenen Cortisone stark antirheumatisch wirken.

Schwefelbäder sind angebracht bei allen Stoffwechselkrankheiten, bei Rheuma, Gicht, Hautkrankheiten (Akne vulgaris, schuppende Ekzeme und Schuppenflechte). Besonders wichtig sind sie bei chronischen rheumatischen Gelenkentzündungen. Günstige Badetemperatur: 37–38° C, Badedauer: 20 Minuten, 2–3 mal wöchentlich.

Das Jodbad

Erfahrungsgemäß wirken natürliche Jodbäder günstig auf zahlreiche Beschwerden, die die Arteriosklerose mit sich bringen kann. Jod-schwefelhaltige Thermalbäder beeinflussen auch fühlbar die Beschwerden bei rheumatischen Erkrankungen der Gelenke und der Wirbelsäule, ferner wirken sie günstig bei Erkrankungen der Atmungsorgane sowie bei Augen- und Hautleiden.

Der größte Anteil des Jods, das in den Körper gelangt, wird von der Schilddrüse aufgenommen, weil sie es für den Aufbau der beiden jodhaltigen Schilddrüsenhor-

Auch Kinder und Jugendliche müssen häufig Kuren in Anspruch nehmen. Unser Bild zeigt die Kinderabteilung eines Kurmittelheimes in einem Schwarzwälder Badeort.

Gruppengymnastik im Wasser wird bei vielen Gelenk- und Wirbelsäulenleiden angewendet. Das warme Wasser löst die Muskelverspannungen; die Bewegungen werden erleichtert.

mone (L-Thyroxin und L-Trijodthyronin) benötigt. Der Jodstoffwechsel konnte in den letzten Jahrzehnten weitgehend aufgeklärt werden. Dabei wurde aber auch erkannt, daß wir mit dem Trinkwasser und den Nahrungsmitteln täglich zu wenig Jod aufnehmen. Dauernder Jodmangel führt aber (in der Bundesrepublik von Norden nach Süden zunehmend) zum Jodmangelkropf, zuweilen zum Myxödem. Nach heutigem Wissen benötigt der Mensch täglich 100–150 mcg (Mikrogramm = 1/1000 Milligramm), das sind nur etwa 4 g während einer ganzen Lebensdauer. Messungen an 10–15jährigen Schulkindern ergaben nur Werte von 15–42 mcg.

Daß der Körper in Jodbädern Jod aufnimmt, das in den Kreislauf gelangt, wird kaum mehr bezweifelt. Exakte Angaben über die in den Körper übergehenden Mengen konnte ich nicht ermitteln. Auf diesem Gebiet wären bei der großen Bedeutung des Jods nähere Untersuchungen wünschenswert.

Die bekanntesten Jod- und Jod-Schwefelbäder sind: Bad Endorf, Bad Bodenwerder, Bad Schwartau, Bad Wiessee und Bad Tölz.

Das Solbad (Mineralbad)

Heilquellen mit einem Salzgehalt von 1–6 Prozent werden als *Solquellen* bezeichnet. Sie kommen in der Natur häufig vor (z. B. Baden-Baden, Bad Kreuznach, Bad Salzuflen, Wiesbaden).

Im Solbad findet an und in der Haut ein Ionenaustausch statt, der, ähnlich wie bei den Seebädern, zu einer Verschiebung im Mineralhaushalt, zu einer sogenannten Transmineralisation führt.

Rein erfahrungsgemäß sind Solbäder bessernd und heilend wirksam bei

- Allgemeinschwäche,
- blassen, lymphatischen Kindern zur Umstimmung des Organismus,
- Schleimhautkatarrhen und
- rheumatischen Erkrankungen.

Solbäder sind immer dann zweckmäßig, wenn stärker belastende Bäder noch nicht vertragen werden.

Konzentrierte Sole aus den natürlichen Quellen sind als Badesalz über Apotheken zu beziehen. Die beiliegenden Gebrauchsanweisungen müssen genau beachtet werden.

Die Temperatur der Bäder soll im allgemeinen 37–38° C betragen. Dauer des Bades: 10–20 Minuten mit nachfolgender Ruhe von wenigstens 30 Minuten.

Natürliche Solbäder am Kurort wirken stärker als die zu Hause durchgeführten Bäder.

Durch die *Moortherapie* steigen im Blutserum das Wachstumshormon, das Kortisol, die gonadotropinen Hormone und bei Frauen die Östrogene, bei Männern die Testosteronwerte.

Das Moor- und Schlammbad

Die günstige Wirkung natürlicher Moor- und Schlammbäder ist seit langer Zeit bekannt. Moore und Schlämme werden heute zusammen als *Peloide* bezeichnet. Bei den Mooren handelt es sich dabei um Substanzen, die unter Luftabschluß verwittert sind und pflanzliche Beimengungen sowie Geschlechtshormone enthalten. Schlämme haben sich meist aus den Niederschlägen der Mineralquellen gebildet.

Im Moor finden sich meist den weiblichen Sexualhormonen nahestehende Pflanzenhormone, daher der günstige Einfluß bei Frauenleiden. Der Kreislauf ist dabei ärztlich zu überwachen.

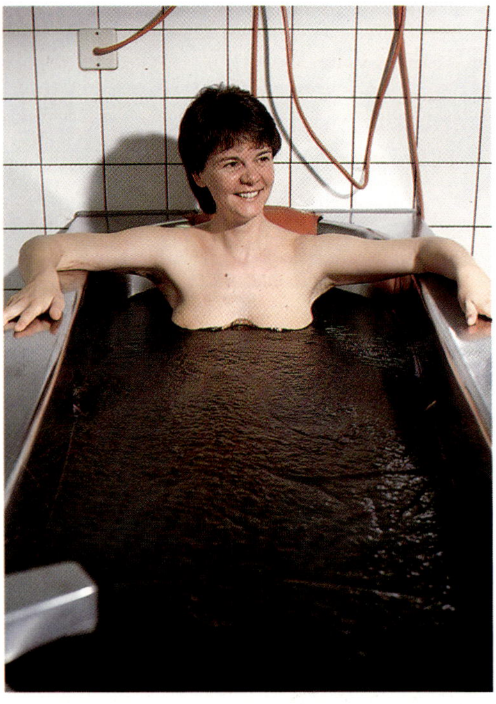

Mit Moor- und Schlammbädern lassen sich höhere Wärmegrade erzeugen oder auch ertragen als in Wasserbädern. Sie halten auch die Wärme längere Zeit. Sie bewirken daher nicht nur eine intensive Wärmezufuhr, sondern auch eine Wärmestauung. Daraus ergibt sich allerdings auch eine erhebliche Belastung für die Kreislauforgane, so daß die Bäder überwacht werden müssen. Häufig sind kühlende Kompressen auf Kopf und Herz erforderlich.

Aus rein technischen Gründen ist die Zubereitung der Moorbäder, insbesondere der Ganzkörperbäder, an allerlei Voraussetzungen gebunden, so daß sie nur in entsprechenden Kur- oder Badeanstalten durchgeführt werden können.

Bäder mit Moorextrakten (Salhuminbäder) können jederzeit überall verabfolgt werden. Die Moorbäder verschicken Moor, Torfmoor oder auch Schlämme als Fango. Die Substanzen werden meist flüssig-breiig aufbereitet und als Teilpackung oder Kompresse verwendet.

Moor-, Moorextrakt- und Schlammbäder sowie die entsprechenden Packungen oder Kompressen werden hauptsächlich bei rheumatischen Erkrankungen gebraucht.

Das Radiumemanationsbad

Radiumemanation (Radon), die aus den natürlichen radioaktiven Bädern hauptsächlich über die Atmung, aber auch über

Der Böcksteiner Thermalstollen bei Badgastein. Am Stolleneingang werden die Patienten auf die einfahrenden Wagen verteilt. Für Liegefälle gibt es Liegewagen. Ärzte begleiten die Patienten bei der Fahrt durch den Stollen auf die verschiedenen Stationen. Die Fahrt geht bis zu 2000 m tief ins Berginnere. Auf der entferntesten Station beträgt die Temperatur 41,5° C. Die Verbindung von Wärme und Radon-Inhalationen ergibt eine besonders erfolgversprechende Behandlung.

Ob in der Alten oder in der Neuen Welt – in immer mehr Ländern, wo die heißen Quellen direkt aus den Felsen kommen, entstehen Thermal-Badeanlagen, um sich die heilkräftige Wirkung des Wassers zunutze zu machen.

Heilstollen Böckstein

die Haut in den Körper aufgenommen wird, greift wahrscheinlich an den Zellkernen an und fördert ganz allgemein die biologischen Funktionen. Oft ist unmittelbar nach dem Bad bereits eine allgemeine Aktivierung spürbar. Länger bekannt ist eine spezielle Anregung der Harnsäureausscheidung. Radon wirkt auf die Nerven und Nervenscheiden schmerzstillend. Daraus ergeben sich schon die Anwendungsgebiete, nämlich bei

- Gicht,
- Arm- und Beinneuralgien (Ischias),
- chronischen rheumatischen Erkrankungen (Gelenke, Muskulatur),
- Hormondrüsenstörungen,
- vorzeitigen Alterserscheinungen,
- Bechterew'scher Erkrankung.

Die bekanntesten radiumaktiven Bäder sind Bad Kreuznach, Bad Münster am Stein, Badgastein, Bad Oberschlema (Erzgebirge), Bad Brambach (Vogtland) und Bad Landeck.

Das Strombad (Hydroelektrisches Bad)

Der elektrische Strom läßt sich durch Wasser sehr gut gegen und in den menschlichen Körper leiten. Elektrische Bäder eignen sich daher besonders gut zur Durchströmung großer Teile oder auch des ganzen Körpers.

Die technische Durchführung geschieht schon seit langer Zeit in Form des *Vierzellenbades*. Die „Zellen" bestehen aus vier mit handwarmem Wasser zur Hälfte gefüllten Porzellanwannen. Während der sitzende Kranke in die beiden höher gestellten Wannen die Unterarme legt und in die auf den Boden gestellten Wannen die Füße stellt, wird ein galvanischer oder faradischer Strom durch Kohleelektroden, die in die Wannen eintauchen, durchgeleitet. Die Stärke und Richtung des Stromes kann durch eine entsprechende Schaltvorrichtung geregelt werden.

Das Vierzellenbad bewirkt vor allem eine *Tonuserhöhung der Nerven.* Bei schlaffen

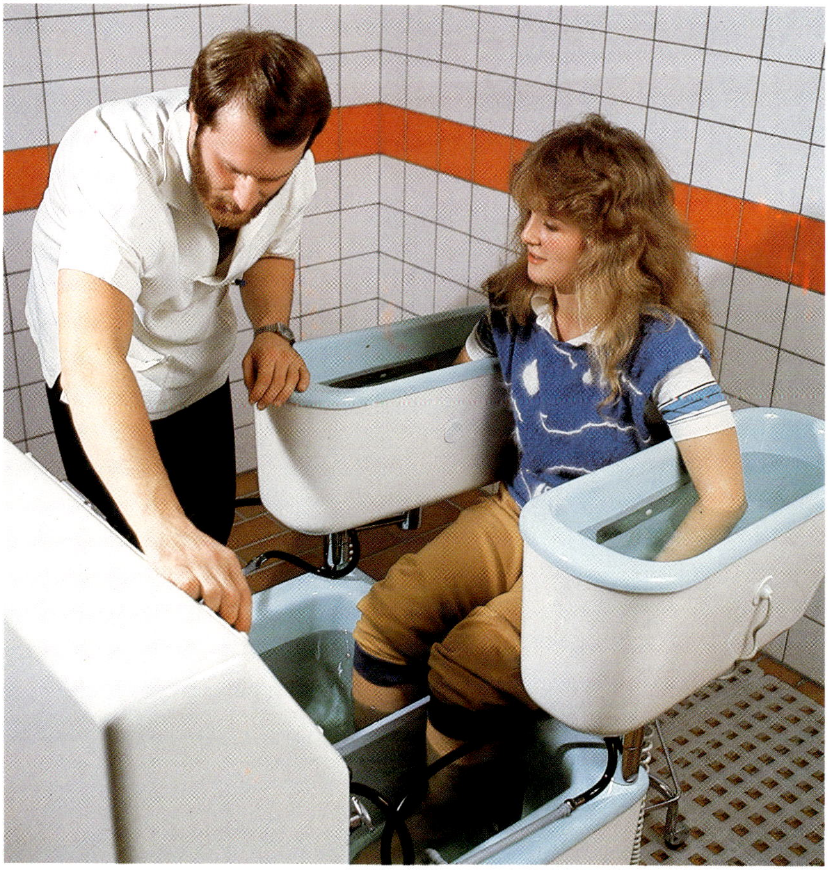

Elektro-galvanisches Vierzellenbad. Es ist von guter Wirkung bei Durchblutungsstörungen der Extremitäten. Man kann den Strom auf- und absteigen lassen, erregend und beruhigend einwirken. Die einzelne Sitzung beträgt 5–40 Minuten, die Wassertemperatur zwischen 32 und 39°C.

Teillähmungen (Paresen) verwendet man am besten den faradischen Strom, bei *krampfartigen Teillähmungen* den galvanischen Strom. Sehr geeignet ist das Vierzellenbad auch bei *Gefäßstörungen.*

Man benutzt Stromstärken von 20–40 Milliampere. Die Dauer einer Behandlung sollte 10–20 Minuten betragen. Die Anzahl der Behandlungen richtet sich nach der Reaktion (10–20mal).

Eine andere technische Durchführung ist das *elektrische Vollbad,* das nur mit galvanischem Strom ausgeführt wird. Da der Angriffsort für den Strom die gesamte Körperfläche ist, muß die Stromstärke 300–1000 Milliampere betragen. Auch bei Verwendung großer Elektroden in der Wanne geht nur ⅓ des Stromes durch den Körper.

Ein besonders konstruktives hydroelektrisches Bad ist das *Stangerbad.* Hierbei ist die Innenseite einer Holzwanne vollständig mit großflächigen Graphit-Elektroden ausgelegt. Die Schaltvorrichtung gestattet es, einzelne Körperteile oder den ganzen Körper in Quer- oder Längsrichtung zu durchströmen. Die Möglichkeit, in diesem Bad auch mit genauer Dosierung und größeren Stromstärken zu arbeiten, führt auch zu eindrucksvollen Erfolgen.

Man wendet das Bad an bei *Nervenerkrankungen,* besonders Nervenentzündungen, und *rheumatischen Leiden,* bei denen man auch rheumawirksame Extrakte (z. B. Salhumin) dem Bad zusetzen und damit die Wirkung noch verstärken kann.

Das Überwärmungsbad – eine Hoffnung für chronisch Kranke

Für längere Zeit verträgt der Mensch nur Durchschnittstemperaturen von etwa 0° bis + 30° C, obwohl er dieses „Temperaturband" von rund 30° C durch entsprechende Kleidung, durch Heizung und Klimaanlagen zeitweilig bis −50° und + 50° C erweitern kann. Diese Temperaturspanne, von der unser Leben abhängt, ist recht klein, wenn man sie im Rahmen der tiefstmöglichen Temperatur von −273° C bis zu den + 6000° C auf der Sonnenoberfläche sieht. Außerdem reagiert der Mensch innerhalb des schmalen, seine Lebensfähigkeit begrenzenden Temperaturbereiches noch sehr empfindlich auf jede Änderung der Temperatur. Aber gerade die feine und schnelle Reaktionsfähigkeit ist die Grundlage jeder Wärme-Kälte-Behandlung, die ein uraltes, umfassendes und zu allen Zeiten gebrauchtes Heilmittel darstellt. Im Rahmen der natürlichen Heilmittel spielt die Behandlung mit bewußt gesteuerten Temperatureinflüssen zur Erhaltung der Gesundheit (als Prophylaktikum) und zur Überwindung von Krankheiten (als Therapeutikum) eine überragende Rolle.

IN DIESEM KAPITEL:

- **Die menschliche Wärmeregulation**
- **Auswirkungen von Wärmeanwendungen**
- **Überwärmung und Geschwulstwachstum**
- **Überwärmung und Körperverfassung**
- **Der Unterschied zwischen Fieber und Überwärmung**
- **Wirkungsweise der Überwärmungsbäder (Die kritische Temperatur)**
- **Bewertung des Überwärmungsbades**
- **Die Krebs-Mehrschritt-Therapie nach Prof. von Ardenne**

Die menschliche Wärmeregulation

Wir wissen, daß der menschliche Organismus in der Lage ist, seine Körpertemperatur – trotz schwankender Außentemperatur – normalerweise immer auf der gleichen Höhe zu halten, zwischen 36° und 37° C in der Achselhöhle gemessen. Diese Temperaturkonstanz wird dadurch erreicht, daß fortwährend ein Ausgleich zwischen Wärmeproduktion und Wärmeabgabe stattfindet. Gesteuert wird diese Regulation von einem Wärme- und Kühlzentrum, das im Mittel- und Zwischenhirn liegt und seine hemmenden und fördernden Impulse teils direkt durch die Bluttemperatur, teils auf dem Nervenwege über die temperaturempfindlichen Hautnerven empfängt. Die Regulation kann durch Verminderung oder Vermehrung der Wärmeabgabe (physikalische Wärmeregulation) oder durch verminderte oder vermehrte Wärmebil-

dung (chemische Wärmeregulation) erfolgen. Meist tritt zuerst die physikalische und erst später die chemische Wärmeregulation in Tätigkeit.

Die physikalische wie auch die chemische Wärmeregulation zur Aufrechterhaltung der Körpertemperatur haben jedoch ihre Grenzen. Sie sind nicht nur von der absoluten Höhe der Außentemperatur, sondern auch von einigen anderen Faktoren abhängig, nämlich von Kleidung, Arbeitsleistung, Luftbewegung und Luftfeuchtigkeit. Werden die Grenzen der Regulationsfähigkeit des Organismus überschritten, so versagt die Wärmeregulation, was entweder zu plötzlichem Temperaturabfall oder zu plötzlicher Temperatursteigerung (Fieber) führt.

Bei *Erhitzung* und damit direkter oder indirekter Erregung des Wärmezentrums erweitern sich die Hautgefäße, wodurch die Wärmeabgabe (durch Leitung und Strahlung) gesteigert wird. Außerdem tritt eine vermehrte Schweißabsonderung auf, was zum Wärmeentzug führt. Auch wird die Atmung beschleunigt, so daß die Lunge mehr Wärme abgibt, und schließlich werden die Verbrennungsprozesse im Körper willkürlich (weniger oder keine Nahrungsaufnahme) und unwillkürlich eingeschränkt, so daß weniger Wärme entsteht.

Bei *Unterkühlung* werden die kälteempfindlichen Hautnerven und durch sie das Kühlzentrum gereizt. Darauf erfolgt eine Gefäßverengung und damit eine Einschränkung der Wärmeabgabe. Genügen diese Maßnahmen zur Regulation nicht, so werden die Verbrennungsprozesse im Körper gesteigert.

Auswirkungen von Wärmeanwendungen

Die Kenntnis der Vorgänge bei der Wärmeregulation, insbesondere die bei einer Temperatursteigerung eintretende *Erhöhung des Stoffwechsels in allen Körperzellen*, ist sehr wichtig, um die Wirkungen der Sauna wie auch des Überwärmungsbades zu verstehen. Jede Wärmeanwendung führt ganz allgemein über die Erhöhung der Molekularbewegung und den damit verbundenen rascheren und leichteren Ablauf aller chemischen Reaktionen zu einer Erleichterung des Stoffwechsels, Aufarbeitung von Rückständen und Entschlackung, für die Nervenfasern zu einer Erhöhung der Leitfähigkeit und einer Verkürzung der Periode der Unerregbarkeit (Refraktärperiode) mit leichtem Ausgleich von Spannungsdifferenzen und somit auch von nervlichen Störungsfeldern *(Vogl)*.

Bei einer *kurzdauernden lokalen Überwärmung* (z. B. einer Hautpartie am Bauch, Rücken oder an den Schenkeln) tritt in den Zellen des überwärmten Organs ein *erhöhter Stoffwechsel und damit eine Entschlackung* ein. Das sich in diesem Organ befindende Nervenfasermaschenwerk (neuroplasmatisches Synzytium) leitet leichter und rascher. Die gegen andere Organe auftretende Temperaturdifferenz bewirkt Verschiebungen der nervlichen (neurischen) Störungsfelder im ganzen Körper.

Bei einer *langdauernden allgemeinen Überwärmung* führt die verstärkte chemische Reaktion in allen Körperzellen zu einer allgemeinen Verbesserung des Stoffwechsels und damit zu einer allgemeinen Entschlackung, ferner zu einem Ausgleich der Temperaturdifferenzen in den verschiedenen Körperregionen*, womit eine Herab-

* Normalerweise schwankt die in der Achselhöhle gemessene Körpertemperatur zwischen 36,2 und 37° C. Mißt man jedoch die verschiedenen Organe des Körpers getrennt voneinander, so ergeben sich erhebliche Temperaturunterschiede. Die niedrigsten Temperaturen finden sich an Nase und Ohren mit 22–24° C. An der Haut und den oberflächlichen Muskeln beträgt die Temperatur 29–32° C, im linken Herzen 37° C und im rechten Herzen 37,4° C. Zwischen den Lebernerven und dem Pfortaderblut besteht ein Temperaturgefälle von 0,2–0,4° C. So besitzen fast alle ruhenden oder in Tätigkeit befindlichen Organe voneinander abweichende Eigentemperaturen. Der Wärmezustand des Körpers wird darum als ein *Temperaturmosaik* bezeichnet.

setzung der Spannungsdifferenzen im Nervenfasermaschenwerk verbunden ist, was zu der erwünschten, wohltuenden, völligen nervösen Entspannung, Reinigung und Erneuerung der nervlichen (neurischen) Strombahnen führt. Gleichzeitig tritt dabei die ausgesprochen parasympathische Reaktionslage mit einer meist als lösend empfundenen Schweißsekretion ein. Bei der parasympathischen Reaktionslage überwiegt der Erregungszustand eines Anteils des vegetativen Nervensystems, also des Nervensystems, auf das wir bewußt und willensmäßig keinen Einfluß haben, das aber die wichtigen Erholungs- und Heilvorgänge steuert.

Eine zu lange dauernde Überwärmung führt allerdings zu einer starken Ermüdung und Erschlaffung. Die *richtige Dosierung* einer Überwärmungsbehandlung ist also ausschlaggebend dafür, ob sie heilend oder schädigend wirkt.

Überwärmung und Geschwulstwachstum

Bevor es im menschlichen Organismus zu krankhaften Veränderungen der Zellstrukturen kommt, bestehen in der Regel zunächst nervöse Störungen und Reizzustände. Will man also vorbeugend wirken, muß das bereits in diesem Stadium geschehen, d. h. es muß dafür gesorgt werden, daß das Nervenplasma vor dauernder Überreizung bewahrt, immer wieder entlastet und gereinigt und dadurch in bester Funktion erhalten wird. Wenn das nicht geschieht, bleibt es nicht bei einer Überreizung des Nervenplasmas; es entwickelt sich vielmehr langsam eine Zellveränderung, wobei bereits die Zellstrukturen erheblich gestört sind.

Darüber hinaus wird einer Entartung und ungezügelten Wucherung der Zelle in dem Augenblick der größte Vorschub geleistet, wenn (zitiert nach *Vogl*) das alle Zellen (sowohl Kern wie Plasma) innervierende Nervennetz irgendwo gestört wurde, sich Spannungen zwischen Kern und Plasma und Zellverbänden nicht mehr ausgleichen können und auf Grund der dann wirksam werdenden Kern-Plasma-Relation* die unkontrollierte Teilung (d. h. das Geschwulstwachstum) einsetzt.

Daraus geht hervor, daß die Überwärmung mit ihrer völligen nervösen Entspannung auch für die Krebsvorbeugung von großer Bedeutung sein kann.

Überwärmung und Körperverfassung

In sehr eingehenden Untersuchungen hat Prof. *Lampert* mit seinen Mitarbeitern gezeigt, daß bei einer erfolgreichen Überwärmungsbehandlung auch die Körperverfassung (Konstitution) des Menschen eine große Rolle spielt. Es gibt nämlich zwei völlig gegensätzlich reagierende Menschentypen. *Lampert* nannte sie A-Typ und B-Typ. Der A-Typ verhält sich während des ganzen Bades völlig ruhig, und er verträgt die mit der Wassertemperatur ansteigende Körpertemperatur gut. Da er bei 41° C sogar einzuschlafen vermag, muß durch ständige Pulskontrolle eine Kollapsgefahr frühzeitig erkannt werden, um ihr entsprechend begegnen zu können. Der B-Typ wird im Bad lebhaft, unruhig und ungeduldig und möchte es rasch wieder verlassen. Die meisten Menschen sind jedoch keine reinen, sondern Misch-Typen, die mit der Mehrzahl ihrer Eigenschaften zu dem einen oder anderen Typ neigen. Die beiden Typen

* *Kern-Plasma-Relation:* Bei einer Krebszelle findet man – außer einer verminderten Organisation – eine volumenmäßige Abnahme des Zellkörpereiweißes (Zytoplasma) und neben einer Funktionssteigerung eine Substanzzunahme des Zellkerns und seiner Teile (vor allem des Nukleolus). In der Tumorzelle ist also das Verhältnis zwischen Kern- und Plasmavolumen eindeutig zugunsten des Kernvolumens verschoben *(Graffi)*.

reagieren auch mit ihrer Haut- und Mundtemperatur auf heiße oder kalte Bäder mit verschieden schnell und hoch ansteigenden oder absteigenden Temperaturen.

Bei einer Betrachtung der Hautoberfläche mit einem Fluoreszenzmikroskop läßt sich der Reaktionstyp bereits an der Hautstruktur ablesen. Im Stoffwechsel verhalten sich die beiden Typen ebenfalls verschieden. Bei Zufuhr von Insulin tritt beim A-Typ nur eine geringe, beim B-Typ eine starke Blutzuckersenkung ein. Der A-Typ neigt außerdem zur Alkalose (Basenüberschuß, Säuremangel im Blut), während der B-Typ meist eine Azidose (Säureüberschuß im Blut, Verminderung der Basenreserve) aufweist. Ganz allgemein reagiert der A-Typ auf Reize – und damit auch auf Temperaturreize – langsam, gering bis mäßig stark, aber lange nachklingend, der B-Typ dagegen schnell, stark und ebenso schnell wieder abklingend.

Die Verschiedenheit der Körperverfassung und damit der Reaktionsweise muß also bei Überwärmungsbädern berücksichtigt werden. Der A-Typ kann heißere und länger dauernde Bäder vertragen, während der B-Typ weniger hohe Temperaturen und eine kürzere Badedauer benötigt.

Der Unterschied zwischen Fieber und Überwärmung

Klar zu trennen sind die beiden Begriffe Fieber und Überwärmung. Beim Fieber handelt es sich immer um eine Erhöhung der Körpertemperatur, die infolge einer Reizung des Kühlzentrums (oder Hemmung des Wärmezentrums) durch Bakteriengifte oder andere fiebererzeugende Gifte (blutfremde Eiweißkörper) erfolgt. Es besteht hierbei eine Schädigung der chemischen Wärmeregulation, die zur Steigerung der Wärmeproduktion geführt hat.

Bei *Überwärmungen* besteht nur ein Eingriff in die physikalische Wärmeregulation, bei der (z. B. durch die heißen Bäder) die Zufuhr der Wärme stark vermehrt, die Abgabe aber verhindert wird, so daß eine Wärmestauung im Organismus eintritt, die eine Überwärmung und damit Temperaturerhöhung bedingt.

Wirkungsweise der Überwärmungsbäder (Die kritische Temperatur)

Über die Wirkungsweise der Überwärmungsbäder liegen bis heute schon beachtliche Ergebnisse vor, die von *Lampert* zusammengefaßt wurden. Er unterscheidet eine direkte Wärmewirkung auf das Gewebe, eine indirekte Wirkung auf die Zellen der Gewebe und eine anregende Wirkung auf die spezifischen und unspezifischen Abwehrkräfte des Körpers.

Die Verwendbarkeit hoher Temperaturen zu Heilzwecken beruht auf der Tatsache, daß es sowohl für alle gesunden und kranken Gewebe des menschlichen Körpers als auch für Krankheitserreger (Bazillen, Bakterien, Viren) eine kritische Temperatur gibt, bei deren Überschreiten das Fortbestehen der Lebensvorgänge unmöglich wird. Dabei ist entscheidend, daß diese kritische Temperatur für gesundes Körpergewebe höher liegt als z. B. für Tumorgewebe und Bakterien, so daß diese absterben, während das umgebende gesunde Gewebe weiterlebt und gesund bleibt.

Vollmar stellte experimentell folgendes fest: „Kulturen von Normalgewebe, die im Wasserbad erwärmt werden, lassen sich durch mehrmalige, jeweils einstündige Erwärmung bis zu 43° C in ihrer Entwicklungsfähigkeit nicht beeinträchtigen. Kulturen von Tumorgewebe zeigen schon bei Temperaturerhöhungen über 39° C eine Beeinträchtigung ihrer Entwicklungsfähigkeit, die mit Ansteigen der Temperatur zunimmt. Mehrmalige, einstündige Wasserbäder von 40–42° C vernichten die Le-

bensfähigkeit der Tumorgewebekulturen nahezu vollkommen."

Lampert ergänzte diese Versuche und kam zu dem Ergebnis: „Bei 43° C ist kein Leben der Tumorzellen mehr möglich. Das Normalgewebe wird – wie wir gesehen haben – durch diese Temperatur nicht beeinflußt. Selbst noch über 43° C, in manchen Fällen über 45° C, ist ein Wachstum des Normalgewebes in der Kultur möglich."

Ähnliche Versuche wie diese an Gewebekulturen wurden auch an Mäusetumoren und bei einer Reihe von Erkrankungen an Menschen gemacht. Immer wieder zeigte sich, daß außer der direkten schädigenden bis vernichtenden Wirkung auf kranke Zellen auch indirekte Wärmewirkungen zu verzeichnen waren. So konnten Tumorzellen in einer Nährlösung, die vorher Temperaturen bis 44° C ausgesetzt war, in ihrem Wachstum stärker gehemmt werden als Normalgewebe.

Freund und *Kaminer* fanden ferner, daß menschliches Blutserum, das im Fieberzustand gewonnen wurde, Krebszellen wesentlich besser zerstört als das gleiche Serum, das im entfieberten Zustand entnommen wurde.

Auch die spezifischen und unspezifischen Abwehrkräfte (Agglutinine, Opsonine, Leukozyten) werden durch die Überwärmung gesteigert, wie verschiedene Forscher *(Wuhrmann, Hoff, Silberstein, Weichardt)* zeigen konnten.

Das Wesentliche aller neueren Untersuchungen hatte eigentlich schon *Louis Pasteur* (1822–1895) vorweggenommen. Er stellte nämlich in grundlegenden, aber unbeachtet gebliebenen Tierexperimenten fest, daß durch hohe Körpertemperaturen Infektionserreger im Körper geschädigt oder sogar abgetötet werden und die Abwehrkräfte des befallenen Organismus zunehmen.

Welche Krankheiten können nun auf Grund unseres Wissens über die Wirkungsweise und der bisherigen klinischen Erfahrungen mit Überwärmungsbädern behandelt werden? Prof. *Lampert* schlägt drei Gruppen von Krankheiten vor, für die Überwärmungsbäder geeignet sind:

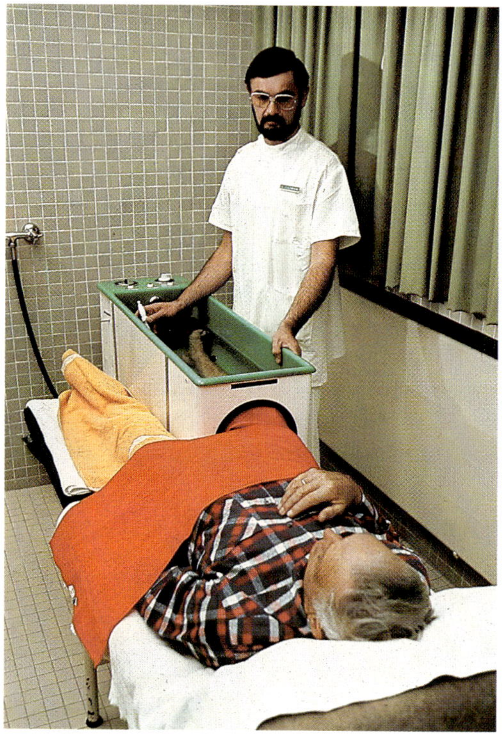

Teilüberwärmungsbad

1. Krankheiten, bei denen durch eine hohe Körpertemperatur neben der Steigerung der spezifischen und unspezifischen Abwehrkräfte noch zusätzlich eine Schädigung der wärmeempfindlichen Erreger oder Geschwulstzellen erzielt werden soll. Bei dieser Gruppe von Erkrankungen müssen Körpertemperaturen von 40–42° C und mehr erreicht werden. Folgende Krankheiten fallen darunter: Syphilis, Gonorrhoe, Meningitis (Hirnhautentzündung), Malaria tertiana und die Geschwülste.

2. Erkrankungen, bei denen nur Temperaturen zwischen 39 und 40° C nötig sind, um das Optimum der Abwehrkräftesteige-

rung zu erreichen. Hierzu zählen vor allem die akuten Infektionskrankheiten und alle diejenigen Erkrankungen, bei denen es gilt, ganz allgemein die Abwehr zu erhöhen.

3. Rheumatische Erkrankungen, bei denen nur Körpertemperaturen von 38,5 bis 39° C angewandt werden.

Harnack konnte durch Überwärmungsbäder bei 22 Patienten mit endogenem Ekzem acht Patienten völlig erscheinungsfrei machen, weitere acht wurden wesentlich gebessert, während sich bei den restlichen sechs nur eine geringe Besserung oder überhaupt keine Beeinflussung zeigte.

Bewertung des Überwärmungsbades

Das Überwärmungsbad stellt als stärkste Wärmeanwendung eine erhebliche Belastung für den Patienten dar. Im Gegensatz zur Sauna gehört es zu den stärksten Stressformen. Es bewirkt – als Ausdruck der Stresswirkung – bei wiederholter Anwendung einen dieses Bad kennzeichnenden (signifikanten) Anstieg des Cortisons im Blutplasma, das durch den starken Anreiz in der Nebennierenrinde produziert wird. Der höchste Cortisonanstieg wird nach dem dritten Bad erzielt. Voraus geht eine verstärkte ACTH-Ausscheidung. ACTH ist ein Hormon der Hypophyse (Hirnanhangsdrüse).

Die vermehrte Cortisonproduktion ist eine Antwort des Körpers auf die in und nach dem Bad gesteigerten Stoffwechselvorgänge, wodurch ein größerer Cortisonverbrauch entsteht. Die verstärkte Cortisonausschüttung der Nebennierenrinde wirkt sich sehr günstig auf alle *chronisch-rheumatischen Erkrankungen* aus. Sie stellen deshalb die wichtigste Heilanzeige dar.

Wenn auch die Überwärmungsbäder meist erstaunlich gut vertragen werden, so strapazieren sie doch in erheblichem Maße das Kreislaufsystem. Bei Kreislaufstörungen muß man deshalb von einer Überwärmungsbehandlung absehen. Auch sollte man sie nie mit vollem Magen durchführen.

Die Krebs-Mehrschritt-Therapie nach Prof. von Ardenne

Die von Prof. *Manfred von Ardenne* und seinen Mitarbeitern entwickelte Krebs-Mehrschritt-Therapie hat in den letzten Jahren eine wesentliche Differenzierung und Ergänzung erfahren. Auf dem 15. Weltkrebskongreß in Hamburg (August 1990) fand dieses modifizierte Konzept die Unterstützung einer Reihe von Krebsforschern, die ihre Kollegen zur Mitarbeit und objektiven Prüfung des von Ardenneschen Konzeptes aufriefen.

Man geht bei dieser selektiven Ganzkörper-Therapie von der Tatsache aus, daß zwischen gesunden Zellen und Krebszellen Unterschiede im Stoffwechsel bestehen. Sie machen es möglich, die Krebszellen unter bestimmten Bedingungen anzugreifen und zu vernichten. Das aber ist erst möglich, wenn man durch eine stärkere Anhebung des Blutzuckerspiegels die Temperaturempfindlichkeit der Krebszellen gegenüber den normalen Körperzellen erhöht. Die erreichte erhöhte Temperaturempfindlichkeit erlaubt dann die Anwendung heißer Bäder oder einer Infrarotbestrahlung, um die Körpertemperatur auf 42–42,5° C zu erhöhen, wobei die Krebszellen abgetötet werden, ohne die gesunden Zellen zu schädigen.

Der während der Überwärmung hochbelastete Kreislauf wird durch Sauerstoffzufuhr stabilisiert, so daß Kreislaufkomplikationen vermieden werden können. In Versuchen von Prof. *P. Vaupel* (Universität Mainz) konnte die Wirksamkeit dieser Art der Krebs-Mehrschritt-Therapie bestätigt werden.

Prof. Dr. h. c. Manfred von Ardenne wies mit der Krebs-Mehrschritt-Therapie der Bekämpfung des Krebses und mit der Sauerstoff-Mehrschritt-Therapie der Behandlung anderer Zivilisationskrankheiten neue Wege.

Die Krebs-Mehrschritt-Therapie weist folgende einzelne Behandlungsschritte auf:

1. Schritt: Überwärmung (Hyperthermie)

Die Erhöhung der Körpertemperatur (bis auf 42,5° C) wirkt entscheidend bei der Vernichtung von Krebszellen mit, weil sie zu einer Schädigung der Zellmembranen und Lysosomenmembranen führt. Das hat die Auflösung der Zellen und Lysosomen zur Folge.

Eine weitere Wirkung der Hyperthermie besteht darin, daß sie die Mikrozirkulation im Krebsgewebe hemmt. Die gehemmte Mikrozirkulation wiederum behindert den notwendigen Abfluß der durch stimulierte Krebszellengärung gebildeten Milchsäure, wodurch eine weitere Säuerung (pH-Senkung) im Krebsgewebe eintritt. Diese wiederum verstärkt die Wirkung der Blutzuckererhöhung.

Die Hyperthermie führt außerdem zu einer drei Tage lang anhaltenden Erhöhung der Konzentration der Abwehrzellen und damit der unspezifischen Abwehr.

Die notwendige Temperaturerhöhung wird am zweckmäßigsten durch Infrarotbestrahlungen erreicht (Infrarot-Hyperthermietechnik IRA-Therm II).

2. Schritt: Erhöhung des Blutzuckers (Hyperglykämie)

Eine zeitweilige, künstliche Erhöhung der Blutzucker-Konzentration (Glukosespiegel) führt zu einer starken Erregung des Gärungsstoffwechsels der Krebszellen. Dadurch vergrößert sich der Stoffwechselunterschied zwischen Krebs- und Normalzellen auf das Vier- bis Fünffache. Die Folge davon ist eine vermehrte Säuerung der Krebszellen (pH-Senkung). Diese erzeugt an den Krebszellen eine höhere Wärmeempfindlichkeit (selektive Thermo-Sensibilisierung), die wiederum den ersten Schritt – die Überwärmung – sehr erleichtert und wirksamer macht.

Durch die pH-Senkung (Säuerung) wird außerdem eine höhere Strahlenempfindlichkeit hervorgerufen, die die Wirkung einer eventuell notwendig werdenden Strahlenbehandlung oder Chemotherapie verbessert.

3. Schritt: Verbesserung des Sauerstoffstatus (Hyperoxie)

Durch die erwähnten Maßnahmen kann der Blutdruck absinken oder ein plötzlicher Kreislaufkollaps entstehen. Das ist jedoch vermeidbar, wenn man den Sauerstoffstatus durch die Zufuhr von 25 l Sauerstoff pro Minute während der gesamten Hyperther-

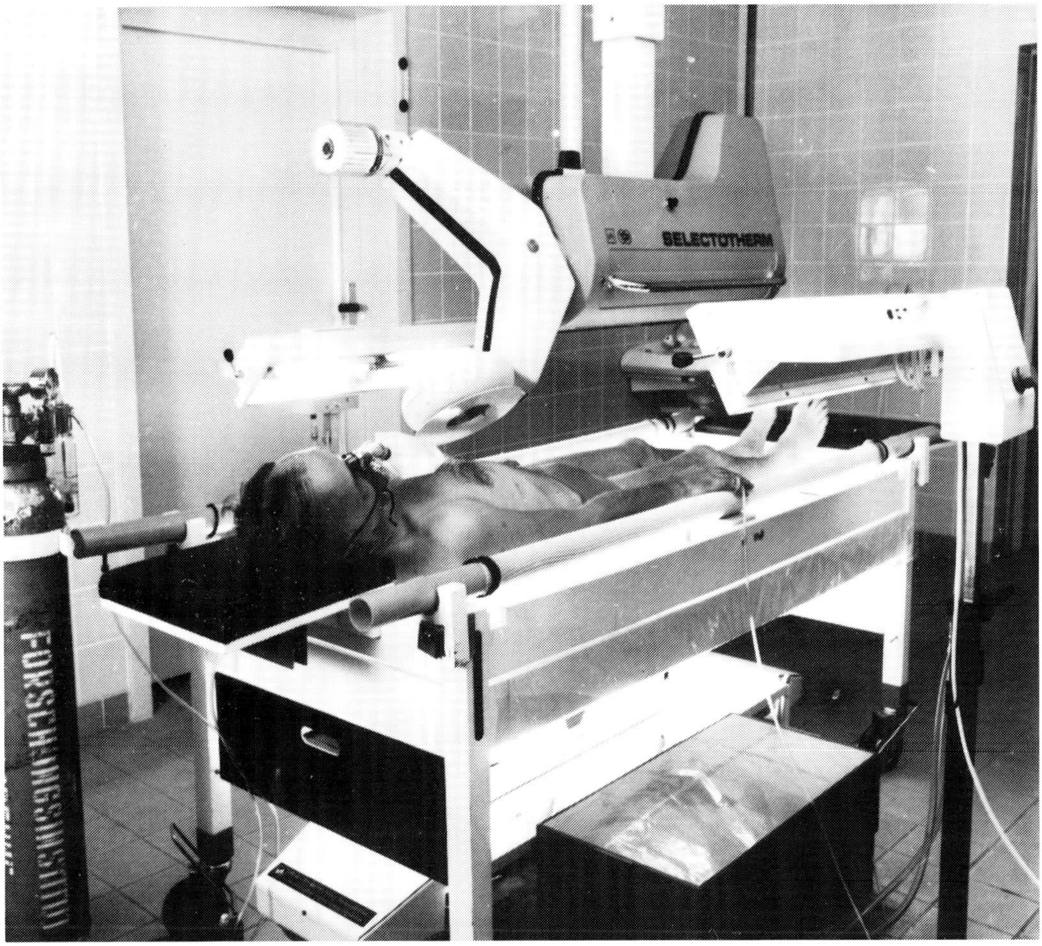

Forschungsstation im Institut Prof. v. Ardennes. Hier wurde die systemische selektive Krebs-Mehrschritt-Therapie entwickelt, die sich jetzt in der klinischen Erprobung befindet. Auf dieser Liege erfolgt die Ganzkörper-Überwärmung auf 42,5° C, verbunden mit der Kreislaufstabilisierung durch die Zufuhr von Sauerstoff. Mitte und rechts Infrarotstrahler für zusätzliche Energiezufuhr.

miedauer verbessert. Dieser dritte Schritt wird auch Hyperoxieschritt genannt. Er führt nicht nur zur Stabilisierung des Kreislaufs, sondern auch zu einer erhöhten Strahlensensibilisierung und vor allem zu einer unspezifischen zellulären (zellgebundenen) Krebsabwehr, weil es einen wesentlichen Anstieg der Freßzellen (Phagozyten) bewirkt, die die Krebszellen direkt angreifen und vernichten.

Die Anhebung des Sauerstoffstatus wird noch verbessert und verlängert durch Thymuspräparate in Form von Injektionen oder Dragees. Das ist besonders wichtig, wenn in schweren Fällen auch noch eine Strahlenbehandlung oder Chemotherapie in Betracht gezogen werden muß.

Diese Krebs-Mehrschritt-Therapie ist eine hochselektive systemische, den ganzen Körper umfassende, relativ risikoarme Therapie, die in der Lage ist, die seit Jahren stagnierende konventionelle Krebstherapie aus der Sackgasse zu führen. Die Krebs-Mehrschritt-Therapie kann allerdings nur in einer dafür eingerichteten Klinik durchgeführt werden.

Wer sich über diese erfolgversprechende Krebstherapie näher informieren möchte, wende sich an das Von-Ardenne-Institut für angewandte klinische Forschung, Zeppelinstraße 7, O-8051 Dresden.

Massage zur Entmüdung und zur Kraftsteigerung

Es ist notwendig, daß der Arzt mehr als bisher über die Wirkungsweise der Massage Bescheid weiß, damit er imstande ist, einzelne Massagen auch selbst auszuführen, und über das weite Anwendungsgebiet, das wesentlich größer ist, als gemeiniglich angenommen wird, unterrichtet ist. Nur dann wird der Arzt imstande sein, die Arbeit des Masseurs am Kranken zu beurteilen, und der für Massage begabte Arzt wird die unschätzbaren Wirkungen der ärztlichen Massage seinen Kranken angedeihen lassen können.

Dr. Hans Georg Scholtz

Die klassische (schwedische) Massage

In Deutschland wurde der Wert der Massage als Behandlungsverfahren erst ziemlich spät erkannt, obwohl die Massage zu den ältesten Heilverfahren überhaupt gehört. Perser, Ägypter, Inder, Chinesen, Japaner, Griechen – diese vor allem im Zusammenhang mit den Sportwettkämpfen in Olympia – und Römer schätzten die Massage außerordentlich.

In Europa haben sich die Franzosen besonders mit der Massage beschäftigt und auch die Bezeichnungen für die wichtigsten Handgriffe geliefert. Sie gelten heute noch.

In Schweden hat vor allem *Pehr Henrik Ling* (1776–1839) an der Entwicklung der Massage mitgewirkt. Schließlich kam sie als „Schwedische Massage" auch nach Deutschland.

Sie ist bis heute die meistgeübte Massageart. Die typischen, von den Franzosen bezeichneten und auch von *Pehr Ling* unterschiedenen Handgriffe haben zwar inzwischen einige Veränderungen erfahren, besitzen aber für unsere Massageschulen immer noch ihre Gültigkeit. Es sind die folgenden fünf Handgriffe: Streichung, Reibung, Knetung, Erschütterung (Vibration) und Klopfung.

IN DIESEM KAPITEL:

- **Beschreibung der einzelnen Massagegriffe**
- **Was die Massage bewirkt**
- **Grundsätze zur Massagetechnik**

Beschreibung der einzelnen Massagegriffe

Die Streichung: Sie steht an erster Stelle, weil man meistens mit diesem Griff beginnt und die Behandlung auch damit beendet. Die ersten Streichungen dienen vor allem auch der Abtastung des Krankheitsherdes und zur Entspannung. Je nach Größe des zu behandelnden Körperabschnitts führt man die Streichungen mit Daumen und Zeigefinger, mit allen Fingern oder mit der ganzen Hand durch.

Mit den anfänglichen Streichungen, die möglichst in Richtung auf das Herz, also zentralwärts, durchgeführt werden, erreicht man einen besseren Lymph- und Venenbluttransport. Gleichzeitig regt man damit die feinen Haargefäße (Kapillaren), die kleinsten Arterien und die im Bindegewebe liegenden Nervenäste an.

Leicht, sanft und langsam durchgeführte Streichungen entfalten hauptsächlich eine Oberflächenwirkung und führen zur Entspannung. Führt man die Streichungen fest, also mit einem gewissen Druck aus, erzielt man eine Tiefenwirkung. Leichte Streichungen, wobei die Handflächen über die Umgebung des Krankheitsherdes oder den ganzen Körper gleiten, beenden die Behandlung.

Die Reibung: Harte, verdichtete, knotige und auch schmerzhafte Stellen werden am besten mit Reibungen behandelt, weil sie

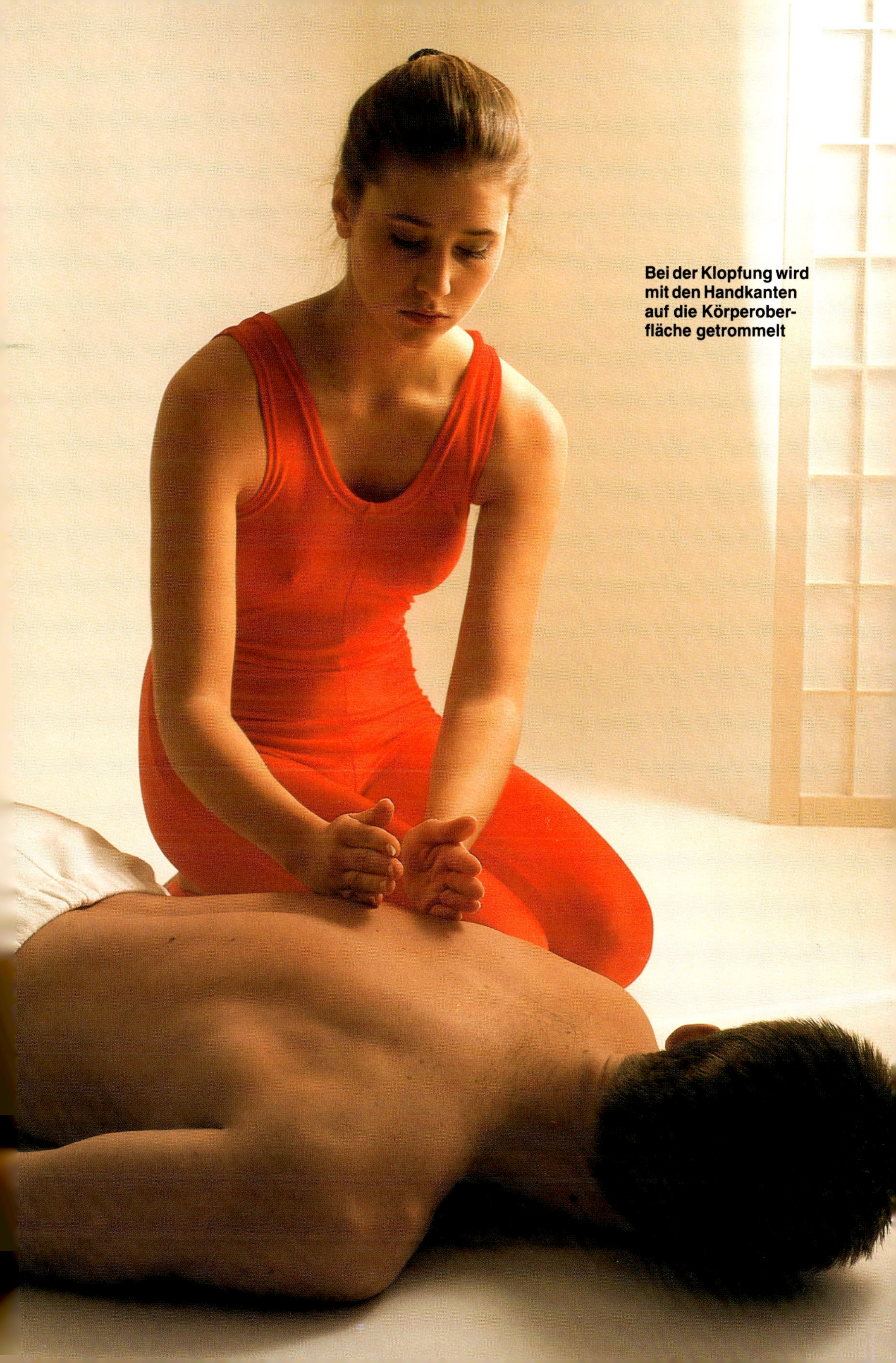

Bei der Klopfung wird mit den Handkanten auf die Körperoberfläche getrommelt

Die Streichungen führen zur Entspannung. Mit einem gewissen Druck ausgeführt, erzielt man eine gute Tiefenwirkung.

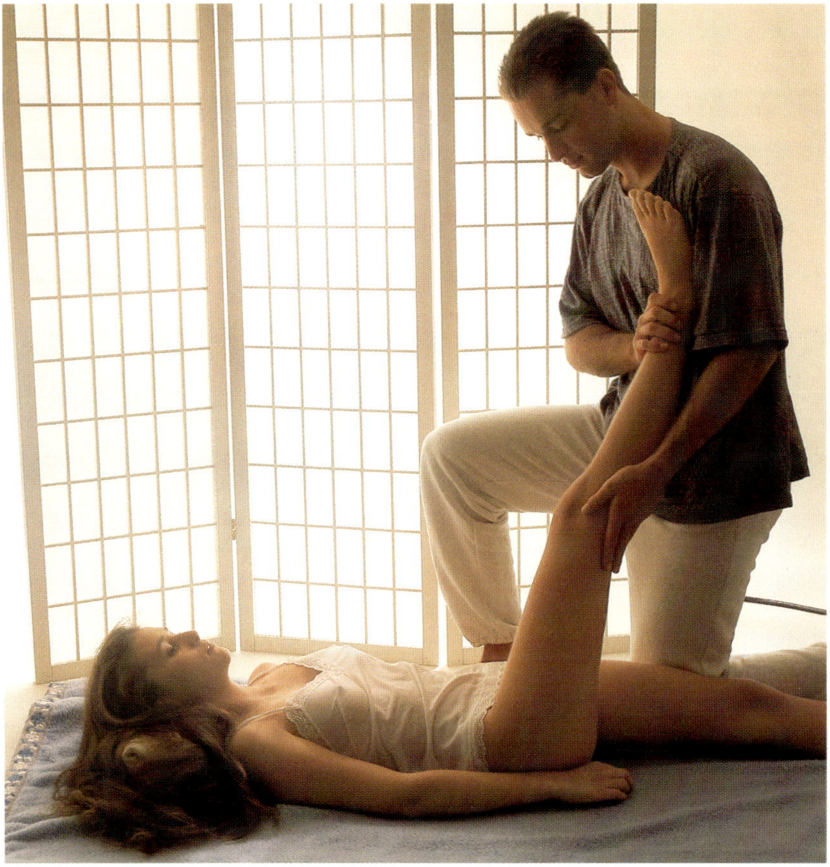

die tiefer liegenden Gewebe erfassen. *Die Reibung ist eigentlich nur eine in beschleunigtem Tempo kräftig durchgeführte Streichung.* Man führt dazu mit den Fingerspitzen kleine Kreisbewegungen um die entsprechenden Herde aus. Bei größeren Herden zum Beispiel in der Muskulatur legt man beide Hände auf. Die Reibungen vermögen krankhafte Verklebungen zu lösen, Narben aufzulockern und Krankheitsprodukte aufsaugfähig zu machen. Stärkere Reibungen, z. B. gegen Muskelhärten, kann man auch mit dem Ellenknöchel des Handgelenks durchführen.

Bei größeren Flächen hält man die Finger gespreizt, um sie so vom Nacken über den ganzen Rücken bis zur Gesäßgegend führen zu können. Man spricht dann von einem Harken- oder Kammgriff.

Die Knetung: Sie dient besonders zur Anregung der Durchblutung und besteht darin, das zu massierende Gewebe von der Unterlage abzuheben und gleichsam auszudrücken, wobei man möglichst viel Haut- und Muskelgewebe umgreift. Zur allgemeinen Durchknetung braucht man beide Hände, die einander entgegen arbeiten sollen. Sie werden kreisförmig zum Zentrum (Richtung Herzgegend) fortbewegt. Der ganze Vorgang gleicht der Knetung eines Brotteiges.

Durch Anwendung eines Gleitmittels (Massageöl) kann man sich das Durchkneten erleichtern. Die Knetungen üben eine kräftige Wirkung auf das Unterhautgewebe, die bindegewebigen Muskelumhüllungen und die Muskulatur selbst aus.

Geknetet wird mit Fingern, Knöcheln, Handballen, mit einer Hand oder auch mit zwei Händen. Der Masseur muß selbst entscheiden können, mit welchen Handgriffen er den größtmöglichen Effekt erzielen kann, ob er beruhigend und entkrampfend oder tonisierend und anreizend wirken muß. Dabei ist die Anpassung und Übereinstimmung mit der Persönlichkeit des Patienten sehr wichtig. Die so mechanisch wirkenden Massagegriffe vermögen oft eine starke psychische Beruhigung oder auch Anregung zu vermitteln.

Die Erschütterung (Zitterschüttelung, Vibration): Hierbei versucht man, mit den Fingerkuppen, mit einer Hand oder mit beiden Händen feinschlägige Erschütterungen (Vibration) oder grobschlägige Erschütterungen (Schüttelungen) zu erzielen. Es gehören schon eine leichte Hand und ein großes Einfühlungsvermögen dazu, zarte Vibrationen für den Kopfbereich oder auch starke Vibrationen bei den größeren Muskelbereichen zu erreichen. In der Regel wird man mit möglichst steif gehaltenen Finger- und Handgelenken und rechtwinklig abgewinkeltem Unterarm aus dem Ellebogengelenk heraus kleinste rhythmische Zitterbewegungen zu erzeugen versuchen, wobei der Oberarm ruhig gehalten wird.

Bei Ermüdung muß man natürlich auch aus dem Handgelenk oder den Fingergelenken heraus arbeiten. Die Vibrationen haben eine örtlich-umschriebenere Wirkung, die erheblich in die Tiefe geht.

An den Nervenaustrittsstellen im Schädelbereich sind selbstverständlich nur feinste, zur Anregung der Darmtätigkeit meist nur grobschlägige Vibrationen angebracht. Die auch häufig angewendeten Ausschüttelungen der Gliedmaßen stellen die gröbste Form der Erschütterung dar, sind aber zur Lösung von Spannungszuständen der Muskulatur oder bei Bewegungseinschränkungen von Gelenken sehr nützlich.

Da die Vibrationen für den Masseur sehr anstrengend sind, ist es sinnvoll, für diesen Zweck elektrische Vibrationsgeräte zu verwenden. Feine Vibrationen können allerdings mit der Hand am besten erzielt werden. Die Vibration gilt als hervorragende Methode zur Lösung von Muskelkrämpfen und zur Einleitung einer körperlichen und seelischen Entspannung.

Die Klopfung (Hackung, Klatschung): Hierzu nimmt man vorwiegend beide Hände, um mit der Ulnar-Kante der Hände (Kleinfingerseite), abwechselnd mit der linken und rechten Hand, im Rhythmus also, auf die Körperoberfläche sozusagen zu trommeln. Das wird unter Klopfung oder Hackung verstanden. Schlägt man statt mit den Handkanten mit beiden Handinnenflächen auf flächenhafte Körperpartien auf, so spricht man von Klatschung. Die Klopfungen werden häufig auch mit halbgeschlossenen Fäusten durchgeführt. Das elastischfedernde Aufschlagen bei lockerer Handhaltung wird als Hackung bezeichnet.

Diese Massage ist, auf dem Rücken angewendet, sehr nützlich, um bei Asthma bronchiale (Bronchialasthma) und Emphysembronchitis das Bronchialsekret zu lokkern und den Auswurf zu erleichtern.

Was die Massage bewirkt

Es sind grundsätzlich drei Wirkungsbereiche zu unterscheiden, und zwar

- lokale Wirkungen
- spezielle, vom Nervensegment abhängige Fernwirkungen und
- Allgemeinwirkungen.

Die lokalen Wirkungen erstrecken sich auf Haut, Unterhautfettgewebe, Bindegewebe, Muskulatur, Blutgefäße und Nerven.

Bei der Haut werden die Empfindungsnerven und die Gefäßnerven beeinflußt

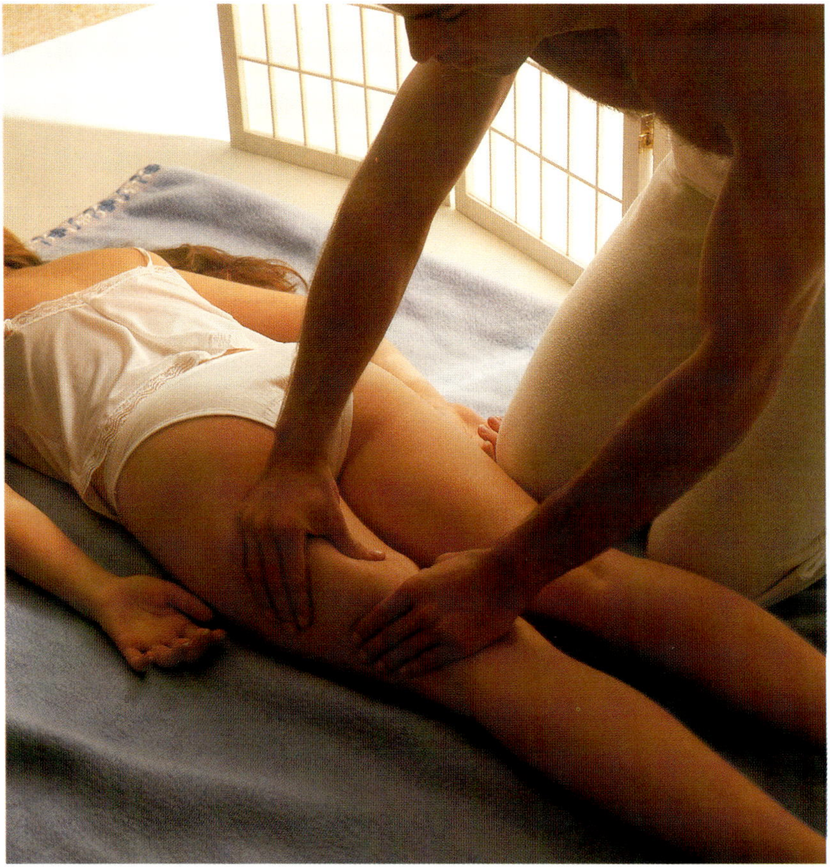

Die Knetung, ausgeführt mit Fingern, Knöcheln und Handballen, regt die Durchblutung an.

(sensible und vasomotorische Nerven). Auf die Muskulatur wirken die Massagegriffe zunächst mechanisch, indem sie den Blut- und Lymphabfluß fördern, darüber hinaus aber auch auf den Muskelstoffwechsel, der eine Steigerung erfährt. Durch einen beschleunigten Abtransport der Ermüdungsstoffe (Milchsäure, Kohlensäure und andere Stoffwechselprodukte) erhöht sich die Leistungsfähigkeit der Muskulatur insbesondere hinsichtlich der Ausdauer.

Der zunächst mechanische Reiz, den die Massage durch Druck und Dehnung auf die Nerven ausübt, kann in schwacher Form die Erregbarkeit erhöhen, während starke Druck- und Dehnungsreize die Erregbarkeit herabsetzen.

Die Wirkung auf die unter der Haut verlaufenden Blutgefäße zeigt sich durch zunehmende Blutfülle mit Rötung der Haut und örtlicher Temperaturerhöhung. Die Erweiterung des Gefäßsystems kommt durch Stoffe (Histamin, Acethylcholin) zustande, die durch den Massagereiz im Gewebe entstehen und dann in die Blutbahn gelangen.

Wichtig ist auch die Wirkung der Massage auf die sekretorischen Nerven, welche die Drüsentätigkeit anregen.

Durch leichte Klopfungen und Erschütterungen im Bereich der entsprechenden Nervensegmente gelingt es teilweise, als Fernwirkungen die Absonderungen von Magen, Leber, Speicheldrüsen, Nieren,

Keimdrüsen, Tränen- und Schweißdrüsen anzuregen. Die Fernwirkungen kommen auf dem Nervenweg über Rückenmark und Gehirn zustande.

Zu den Fern- und Allgemeinwirkungen gehört auch, daß durch die Verbesserung der Kreislauffunktionen in den Extremitäten das Herz entlastet wird, große innere Organe (Leber, Nieren) eine Verbesserung ihrer Zirkulation erfahren und der Stoffwechsel insgesamt erhöht wird.

Nicht zu vergessen ist auch die Funktionstüchtigkeit des Lymphgefäßsystems, das insbesondere durch die unter den Spezialmassagen beschriebene Lymphdrainage aktiviert werden kann.

Grundsätze zur Massagetechnik

Die Massage ist eine rein individuelle Behandlungsmaßnahme, die dem Krankheitszustand und der Körperverfassung (Kondition) des Kranken angepaßt sein muß. Es dürfte selbstverständlich sein, daß Personen mit kräftigem Körperbau stärkere Behandlungen benötigen als solche mit schwächlichem Körperbau (Astheniker).

Es ist nicht erforderlich, daß Männer nur von Männern und Frauen nur von Frauen behandelt werden. Wenn es auf besondere Einfühlsamkeit ankommt, sind Frauen als Behandelnde meist vorzuziehen.

Grundsätzlich dürfen die Behandlungen dem Kranken keine Schmerzen bereiten. Wenn es doch der Fall ist, darf man die Behandlung ruhig als falsch dosiert oder die Methode als falsch bezeichnen. Massage kann zuweilen unangenehm und unbequem, sie darf aber nie schmerzhaft sein.

In jedem Falle fängt man langsam und

Man kann die Massage zur Behandlung der Bewegungsorgane ebenso heranziehen wie zur Beeinflussung innerer Organe. Unser Bild zeigt eine Vibrationsmassage.

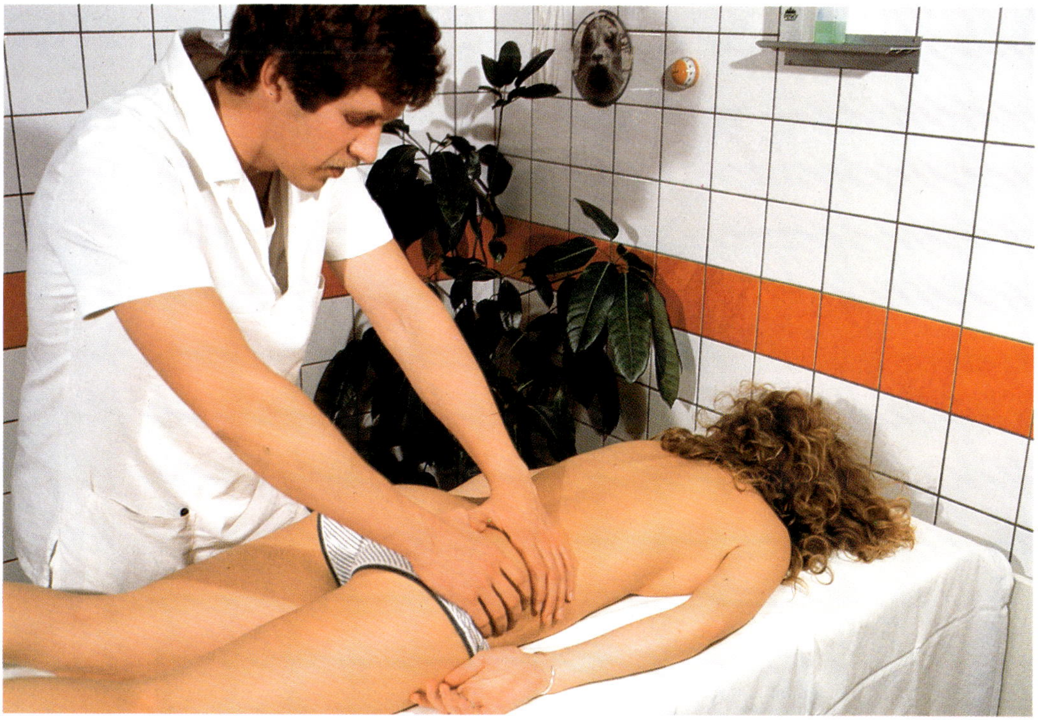

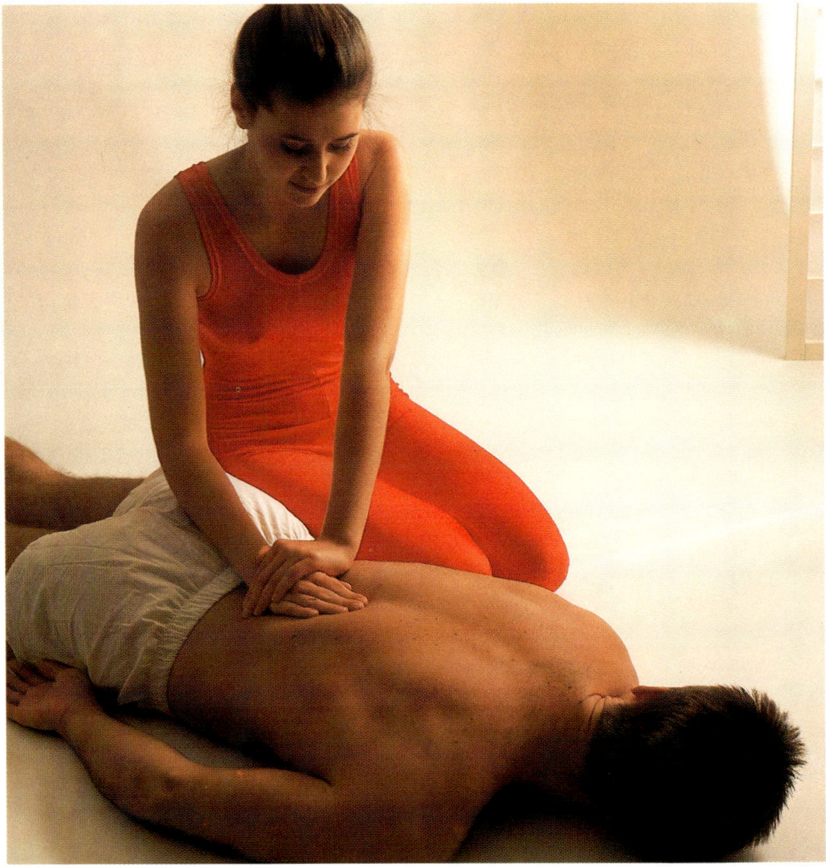

Rückenschmerzen und -beschwerden sind heute fast so etwas wie eine Volkskrankheit geworden. Eine fachkundig ausgeführte Massage kann eine erhebliche Erleichterung bringen.

vorsichtig – eben mit Gefühl – an, steigert die Intensität und läßt sie dann wieder langsam abklingen. Den Schluß bilden, wie zu Beginn, beruhigende Streichungen.

Eine Massageserie umfaßt im allgemeinen 10–12 Behandlungen, die täglich, zweimal oder dreimal wöchentlich – je nach Krankheitszustand und Verträglichkeit – erfolgen können. Aber auch hierbei muß man individuell verfahren. Grundsätzlich kann eine Behandlung nur erfolgreich sein, wenn der oder die Kranke körperlich und seelisch entspannt bleibt.

Jede Behandlung muß im Gesunden beginnen und sich erst langsam dem erkrankten Bereich nähern. Die Behandlung sollte immer zum Zentrum hin, das heißt herzwärts, erfolgen, weil das der Strömungsrichtung des Venenblutes entspricht.

Zur Durchführung der Massage werden nur die zu behandelnden Körperzonen und ihre unmittelbare Umgebung entkleidet. Natürlich ist es zweckmäßig, außer einem Knie- oder Ellenbogengelenk das ganze Bein oder den ganzen Arm zu entkleiden, um im Gesunden beginnen zu können und weil die umgebenden Muskeln, Sehnen und Bänder mit dem Kniegelenk eine Funktionseinheit bilden.

Da alle Massage einen passiven Vorgang darstellt, ist es sinnvoll, ja, notwendig, an die Massage aktive gymnastische Übungen anzuschließen, wie sie aus dem Kapitel über die Bewegung zu ersehen sind.

Gezielte Hilfe durch Spezialmassagen

Neue Erkenntnisse über den Bau und die Funktionen der Bewegungsorgane, die Hautfunktionen und die Wechselwirkungen zwischen Haut, Muskulatur und inneren Organen führten zu verschiedenen Abwandlungen der schwedischen oder klassischen Massage, die wir heute als *Spezialmassagen* bezeichnen. Es sind dies Reflexzonenmassage, Bindegewebsmassage, Periostmassage, Lymphdrainage und Unterwassermassage.

Reflexzonenmassage oder Segmentmassage

Sie wurde von *Gläser* und *Jalischi* beschrieben und praktiziert. Sie berücksichtigt die Tatsache, daß die einzelnen Haut- und Muskelabschnitte (Segmente) von entsprechenden Nervenabschnitten des Rükkenmarks abhängig sind. So ist es umgekehrt möglich, von den verschiedenen Haut- und Muskelabschnitten auf die ihnen zugeordneten Nerven und deren Zentren im Rückenmark je nach Dosierung in anregender oder beruhigender (entspannender) Weise einzuwirken.

Jeder krankhafte Vorgang in den Nerven und deren Zentren führt unwillkürlich (reflektorisch) zu Veränderungen in den von diesen Nerven versorgten und damit abhängigen Geweben und Organen. Umgekehrt führt auch jede Erkrankung in den Geweben und Organen zu Funktionsstörungen in den dazugehörigen Nerven.

Durch eine gezielte, örtlich begrenzte Massage der Haut, des Bindegewebes, der Muskulatur oder der Knochenhaut kann eine Normalisierung der Veränderungen herbeigeführt werden. Genauso gibt es aber auch eine spezielle Behandlung nur der Haut, des Bindegewebes, der Muskulatur oder der Knochenhaut. In jedem Falle nutzt man aber örtliche Wirkungen und die dabei möglichen Fernwirkungen auf andere, innere Organe aus.

Die Reflexzonenmassage wird durchgeführt bei allen in den Körpersegmenten festgestellten krankhaften Veränderungen, wie sie auch für die klassische Massage in Frage kommen.

IN DIESEM KAPITEL:

- **Reflexzonenmassage**
- **Bindegewebsmassage**
- **Muskelzonenmassage**
- **Nervenpunktmassage**
- **Periostmassage**
- **Lymphdrainage**
- **Unterwassermassage**
- **Thure-Brandt-Massage**

Bindegewebsmassage

Auch die Bindegewebsmassage orientiert sich bei der Lokalisation nach den Körpersegmenten oder Reflexzonen. Sie beschränkt sich aber auf das Unterhautbindegewebe.

Die Bindegewebsmassage verdanken wir einer Beobachtung der Krankengymnastin *Elisabeth Dicke*. Sie litt an einer schmerzhaften Durchblutungsstörung des linken Beines und versuchte ihr blasses, kaltes, schmerzendes Bein durch ziehendes Streichen mit der Fingerkuppe zu beeinflussen. Nach mehreren Behandlungen löste sich der Gefäßkrampf. Es kam wieder zur normalen Zirkulation und Leistungsfähigkeit. Aus dieser Beobachtung entwickelte sie zusammen mit Frau Dr. med. *H. Teirich-Leube* die Bindegewebsmassage.

Die hier zu ertastenden Verhärtungen, knötchen- und rollenartigen Veränderungen, Verdickungen oder Aufquellungen stehen mit den der Körperzone entsprechenden Geweben und Organen in Verbindung. Durch die Massage der Bindegewebsveränderungen können sich sowohl diese als auch die Organveränderungen zurückbilden.

Das Ertasten und Fühlen der Bindegewebsveränderungen dient gleichzeitig zur Lokalisation wie zur heilenden Beeinflussung der fühlbaren Bindegewebsveränderungen und der zu ihnen gehörenden krankhaften Veränderungen der inneren Organe. Hier gehen im wahrsten Sinne des Wortes Diagnostik und Therapie Hand in Hand. Gleichzeitig wird aber daraus klar, daß dafür eine Zusammenarbeit von Arzt und Masseur erforderlich ist und beide einer speziellen Schulung auf dem Gebiet der Massagetechnik bedürfen. Das ist insbesondere für die Bindegewebsmassage erforderlich. Durch die zunächst notwendigen Untersuchungsstriche muß versucht werden, die Gewebsverhältnisse, besonders eventuell vorliegende krankhafte Veränderungen zwischen Haut und Unterhaut und etwas tiefer zwischen Unterhaut und Sehnenplatten oder Knochenhaut, festzustellen. Man muß sich dabei im klaren sein, daß die Beeinflussungsmöglichkeit in der tieferen Schicht wesentlich größer ist als zwischen Haut und Unterhaut.

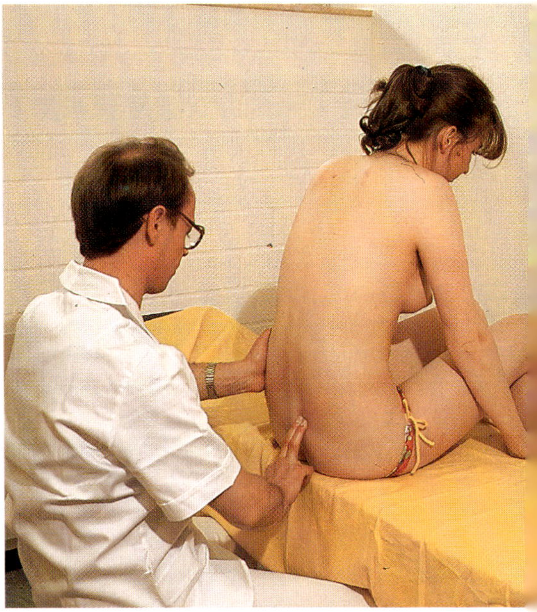

Bindegewebsmassage

Nach Feststellung der Bindegewebsveränderungen muß man sich über die – heute weitgehend wissenschaftlich bestätigten – Organbeziehungen klar werden. Darüber hinaus gilt es auch, die nervliche Reaktionsweise des Patienten zu erkennen. Solange diese Voraussetzungen nicht erfüllt sind, kann durch eine zu heftige Bindegewebsmassage örtlich oder in dem davon abhängigen Organbereich eine unerwünscht starke Reaktion ausgelöst oder aber durch eine zu schwache Massage überhaupt kein Erfolg erzielt werden.

Selbstverständlich muß der Patient auch aufgefordert werden, unter der Massage seine persönlichen Empfindungen mitzuteilen. Ein ständiger Kontakt zum Patienten ist für den Behandelnden ebenso erforderlich wie „Fingerspitzengefühl" für die Stärke und Dauer der Massage, also für die Dosierung. Ohne ausreichende Übung geht das selbstverständlich nicht.

Bindegewebsmassagen sind angebracht

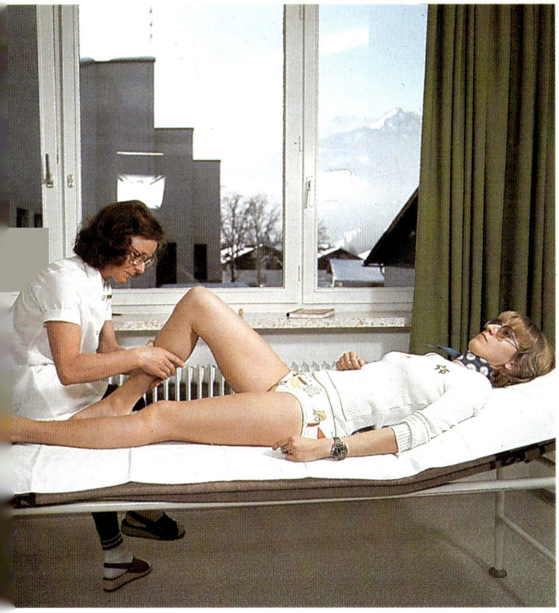

Lymphdrainage

Unterwassermassage

bei Durchblutungsstörungen, Migräne, nervösem Asthma bronchiale, Angina pectoris, schmerzhaften Funktionsstörungen des Magens, der Gallenblase und der Harnwege sowie bei spastischer Obstipation. Hilfreich können diese Massagen auch bei nervöser und seelischer Anspannung sein.

Muskelzonenmassage

Prof. *Kohlrausch* massierte insbesondere Muskelzonen, die von der Nervenversorgung her mit erkrankten inneren Organen in Verbindung stehen. Man nennt daher seine Methode Muskelzonenmassage. Er fand solche verhärteten und verspannten Muskelzonen zum Beispiel im unteren Rückenbereich, bei Nierenbecken- und Eierstockentzündungen. Bei Erkrankungen im Bereich der Gallenblase und der ableitenden Gallenwege stellte er die entsprechenden Muskelverspannungen in der Umgebung des unteren Schulterblattwinkels fest. Durch die Muskelzonenmassage gelingt es, sowohl die Muskelhärten als auch den Krankheitsprozeß an den nervlich damit in Verbindung stehenden inneren Organen günstig zu beeinflussen.

Nervenpunktmassage

Ob eine von *Cornelius* beschriebene besondere „Nervenpunktmassage" berechtigt ist, kann noch nicht gesagt werden. *Cornelius* ertastete zahlreiche „Punkte", die auf Druck als schmerzhaft empfunden wurden. Er behandelte sie mit „Reibungen", bis die Schmerzhaftigkeit beseitigt war, und erzielte damit auch Wirkungen auf tiefer liegende Gewebe und Organe.

Periostmassage

Die sogenannte Periostmassage nach Prof. *Vogler* zielt besonders auf die Knochenhaut (das Periost) und beseitigt damit Knochenhautreizungen.

Lymphdrainage

Die von Dr. *Vodder* vor wenigen Jahrzehnten entwickelte manuelle (mit der Hand ausgeführte) Lymphdrainage besteht in einer leichten Streichmassage. Durch die fein dosierte Druckeinwirkung auf die Lymphgefäße und Venen wird der Abfluß der sich zwischen den Geweben in den Lymphbahnen befindenden Lymphe (Gewebsflüssigkeit) gefördert. Der ganze Vorgang wird als eine Gewebsdrainage zum Abfluß von Wasseransammlungen (Ödemen) über das Venensystem angesehen. Das ist auch möglich, solange die Ödeme nicht zu alt sind, um noch in Bewegung gesetzt werden zu können. Neben der Lymphtransportfunktion erwartet man auch Rückwirkungen auf das vegetative Nervensystem.

Als Heilanzeigen für die Lymphdrainage wurden von Dr. *Vodder* angegeben:

- Lymphstauung (primäres Lymphödem)
- Lymphödem nach Brustoperation
- Ödem bei Sudeckscher Erkrankung
- Venenerkrankungen mit Lymphabflußstörungen
- Ödem nach Thrombose
- Ödem und Blutergüsse nach Knochenbrüchen
- Rheumatische Erkrankungen an Knochen, Gelenken und Wirbelsäule (mit Einschränkungen)
- Erkrankungen des Zentralnervensystems
- Erkrankungen im Hals-Nasen-Ohren-Bereich

Nicht anzuwenden ist die Lymphdrainage bei

- allen akuten und chronischen Entzündungen der Lymphdrüsen
- allen bösartigen Erkrankungen besonders des Drüsensystems und der blutbildenden Organe
- Thrombosen und Thrombosegefahr.

Die speziellen Massagegriffe mit stufenlos gleitender Zu- und Abnahme des Druckes müssen in einem persönlichen Unterricht erlernt werden. Die Massagegriffe müssen immer der Lymphstromrichtung entsprechen. Dazu muß man allerdings das System der Lymphabflußbahnen kennen.

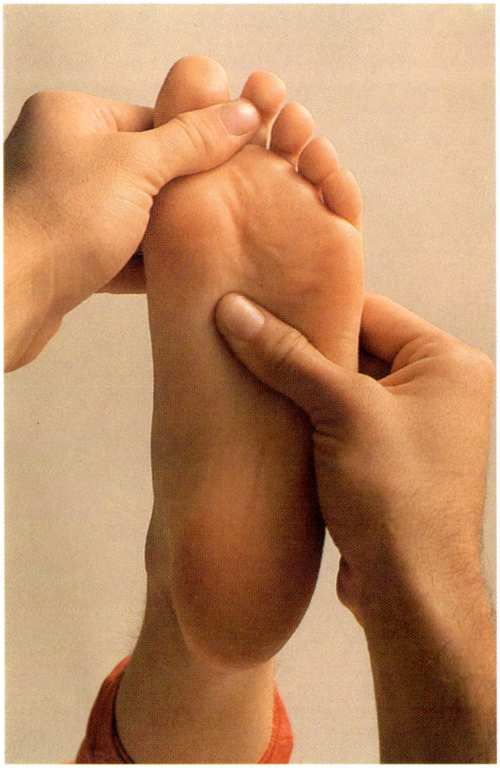

Eine Sonderform der Reflexzonenmassage ist die Fußsohlenmassage, die von der Fußsohle aus die Organe anspricht. Sie ist tiefgreifend und kann bei vielen Krankheiten Besserung bringen.

Unterwassermassage

Bei der Unterwassermassage benutzt man – in einem warmen Bad von 36–37° C liegend – einen kräftigen Wasserstrahl als Massagemittel. Die Massage kann allein oder als Teil einer Kurbehandlung in einem besonderen Behandlungsbecken auf einer Unterwassertherapie-Station stattfinden.

Als hervorragendes Beispiel mag die Einrichtung in Badgastein (Österreich) erwähnt sein. Sie kann aber auch zu Hause in der Badewanne durchgeführt werden. Der Wasserstrahl, wie man ihn (Austausch des Brauseansatzes durch einen Gartenspritzer von ½ bis 1 cm Durchmesser) erreicht, ist schon recht gut für eine kräftige Massage geeignet. Auch die normale Wasserleitung reicht dafür aus.

Gute und überragende Erfolge hat die Unterwassermassage bei der *Darmträgheit* zu verzeichnen. Während man in einem angenehm warmen Bad liegt, massiert man den Bauch genau dem Dickdarmverlauf entsprechend von der Blasengegend ausgehend (Mitte unten) nach rechts, dann aufwärts bis zum Rippenbogen, dann waagerecht zur linken Seite herüber und dort wieder abwärts bis zur Blasengegend. Die Dauer der Massage sollte 8–15 Minuten betragen und kann auch täglich bis zur Normalisierung der Darmfunktion durchgeführt werden. Die Temperatur des Wasserstrahls muß nach Verträglichkeit reguliert werden zwischen 24 und 38° C.

Die Unterwassermassage hat bei kurmäßigem Gebrauch auch noch weitere Heilanzeigen. Grundsätzlich wirkt sich ein milder Wasserstrahldruck mit einer Temperatur zwischen 20 und 40° C nur als *Hautreiz* aus, bei stärkerem Druck regt man das *Unterhautzellgewebe* (Fettgewebe) und bei starkem Druck die darunter liegende *Muskulatur* zu besserer Tätigkeit an.

Man kann auf diese Weise den peripheren Kreislauf fördern, eine krampfhafte Verspannung lockern, Muskelhärten (Myogelosen) auflösen und Wasseransammlungen (Ödeme) oder Ergüsse nach Verletzungen oder anderen Ursachen aufsaugen.

Altbekannt ist die Wirkung einer kräftigen Wasserstrahlmassage der Dammgegend vor allem bei Mannesschwäche (Impotenz). Mit Dammgegend bezeichnet man die Körperpartie zwischen After und Hoden beziehungsweise Scheide. Die Behandlung wird ohne Bad im Stehen mit weit gespreizten Beinen ausgeführt. Anstelle des Gartenschlauchspritzenansatzes kann man dafür auch käufliche Strahlduschen benutzen, die bei Blasenleiden, Menstruationsstörungen und bei Brustmassage zur Kräftigung der weiblichen Brust wie auch gegen Fettansatz an unerwünschten Stellen eingesetzt werden können.

Thure-Brandt-Massage

Die Thure-Brandt-Massage ist die einzige Spezialmassage bei Frauenleiden. Sie ist aber, selbst bei Ärzten, wenig bekannt. Der Begründer, *Thure-Brandt,* war selbst Heilgymnast. Das von ihm veröffentlichte Buch „Massage bei Fauenleiden" ist längst vergriffen. *Thure-Brandt* hatte den Vorzug, nicht einseitig die Massage in den Vordergrund zu stellen, sondern den Gesamtorganismus zu sehen. Er ergänzte daher die Massage durch gymnastische Übungen, Wasseranwendungen und diätetische Maßnahmen.

Da die Thure-Brandt-Behandlung, insbesondere die örtliche Massage, eigentlich nur vom Frauenarzt auszuführen ist, brauche ich auf die Technik hier nicht einzugehen.

Anzuwenden ist die Thure-Brandt-Methode bei allen chronischen Erkrankungen im Unterbauchbereich, insbesondere der Genitalorgane.

Streng zu vermeiden ist die Behandlung bei Bestehen einer Schwangerschaft, insbesondere einer Eileiterschwangerschaft, bei akuten Entzündungen aller Art und allen Geschwülsten.

Leider macht die an sich gute Methode in der Praxis vor allem aus zeitlichen Gründen große Schwierigkeiten, weil der Arzt sie selbst ausführen muß und die meisten Ärzte sich mit der Massage zu wenig beschäftigen.

Die apparative Massage

Bei den apparativen Massagen geht der direkte Kontakt der Hand des Masseurs mit dem Körper des Patienten verloren. Ebenso fehlt dann auch das einfühlende Abtasten der Gewebsveränderungen und eine auf den Menschen (Kranken) abgestimmte Anpassung der Intensität der Massage. Für die Diagnostik ist die untersuchende Hand nicht zu ersetzen.

Unterwasser-Druckstrahlmassage

Während die Unterwassermassage überwiegend eine Handmassage darstellt oder mit einem normalen Wasserstrahl erfolgt, geschieht die Unterwasser-Druckstrahlmassage mit Hilfe eines technischen Gerätes, nämlich einem Wasserstrahl, der durch eine Pumpe mit einem Druck von 2–3 atü den Schlauch verläßt. Druck und Temperatur des Wassers können variiert werden. Man kann dadurch eine Oberflächen- oder auch eine Tiefenwirkung erzielen. Durch entsprechende Ansatzstücke läßt sich eine Streichmassage, eine Knetung oder auch eine Vibration erreichen. Je nach Stärke des Wasserdrucks kann die Massage anregend oder auch beruhigend wirken. Es läßt sich eine Durchblutungssteigerung und auch eine Intensivierung des Lymph- und Venenflusses erzielen. Insgesamt ist der Druckstrahl für alle Muskelmassagen geeignet.

In der nachfolgenden Übersicht sind Krankheiten verzeichnet, bei denen die Unterwasser-Druckstrahlmassage mit Erfolg angewendet werden kann. Es gibt allerdings auch eine ganze Reihe von Krankheiten, bei denen diese Form der Massage unterlassen werden muß.

Anwendung erlaubt:

- Chronischer Gelenkrheumatismus
- Degenerative Wirbelsäulenerkrankungen (Spondylosen, Spondylarthrosen)
- Muskelrheumatismus
- Beinarterien-Durchblutungsstörungen (funktionelle, leichte organische)
- Zustand nach Beinvenenthrombose
- Zustand nach Knochenbrüchen
- Schlaffe Lähmungen (Nerven, Muskeln)
- Muskelkrämpfe

Anwendung nicht erlaubt:

- Alle entzündlichen Erkrankungen
- Alle Hautkrankheiten
- Alle Blutungen, Blutungsgefahr
- Alle schweren Herz-Kreislauf-Erkrankungen
- Akute Venenentzündung
- Starke Hautempfindungsstörungen
- Sudecksche Krankheit
- Schwere Allgemeinerkrankungen

IN DIESEM KAPITEL:

- **Unterwasser-Druckstrahlmassage**
- **Saugglocken-Vakuum-Massage**
- **Vibrationsmassage**

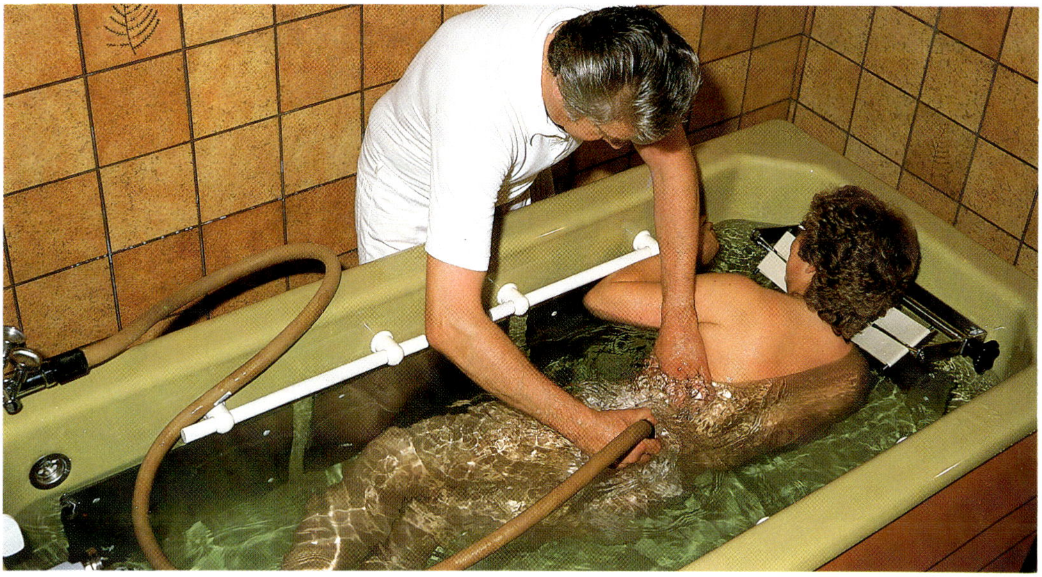

Die heilende Kraft des Wassers wird durch eine Unterwasser-Druckstrahlmassage von 2–3 atü noch erhöht. Eine solche Behandlung behebt Durchblutungsstörungen und aktiviert den Kreislauf.

Saugglocken-Vakuum-Massage

Bei diesem Verfahren wird durch eine Pumpe ein Unterdruck in auswechselbaren, verschieden großen Saugglocken erzeugt, die die Haut beim Aufsetzen ziemlich stark abheben und einsaugen. Die Saugglocken sind aus durchsichtigem Kunststoff gefertigt. Es lassen sich daher die Saugwirkung wie die entstehende Durchblutungssteigerung (Hyperämie) dauernd kontrollieren.

Beläßt man die Saugglocken an Ort und Stelle, so entsteht eine starke Hyperämie, eventuell sogar wie bei Schröpfköpfen. Führt man mit den Saugglocken gleitende Bewegungen aus, so bezeichnet man das als *Saugwellenmassage.* Der Unterdruck muß so eingesetzt werden, daß die Behandlung nicht schmerzhaft wird.

Krankhafte Zustände, bei denen die Saugglocken-Massage geeignet ist und meist erfolgreich eingesetzt wird, und Krankheiten, bei denen diese Massage unterlassen werden muß, sind in folgender Tabelle aufgeführt.

Anwendung erlaubt:

- Chronische Verstopfung
- Funktionsstörungen der Gallenwege
- Schmerzhafte Menstruation
- Bronchialasthma
- Reflektorische Muskelspannungen
- Neuralgien bei Wirbelsäulenveränderungen

Anwendung nicht erlaubt:

- Alle entzündlichen Erkrankungen
- Venenentzündungen
- Blutungen und Blutungsgefahr
- Schwere Empfindungsstörungen der Hautnerven
- Alle Hauterkrankungen
- Schwere Allgemeinerkrankungen

Vibrationsmassage

Apparative Vibrationen sind durchaus möglich. Entsprechende Massageapparate sind in allen Sanitätswarengeschäften zu erhalten. Die apparative Vibrationsmassage eignet sich hervorragend für die Fußsohlenvibration. Es ist eine anhaltende Durchblutungssteigerung der Beine zu erzielen, was sich auch durch ein angenehmes Wärmegefühl bemerkbar macht.

Breites Anwendungsspektrum für die Selbstmassage

Meist ist die Massage ein passiver Vorgang. Man läßt sie an sich, während man ruhig und entspannt auf einer Massagebank liegt, von einem anderen Menschen – Masseur oder Masseurin – vornehmen. Sich selbst zu massieren bringt selbstverständlich den Nachteil mit sich, daß es nicht zu einer völligen Entspannung kommt, weil ja durch die Selbstbetätigung die Armmuskeln immer angespannt werden.

Die Erfahrung hat aber gelehrt, daß es dennoch möglich ist, sich ausreichend entspannt selbst zu massieren, wenn auch nur in Teilbereichen des Körpers. Aber es sind gerade die bei der täglichen Arbeit auftretenden Spannungen, Verspannungen oder gar Verkrampfungen im Kopf-Nacken-, Arm-Schulter-, Rücken-, Arm-Hand- oder Bein-Fuß-Bereich, die sich zur Selbstmassage durchaus eignen. Sie bringt schnelle Linderung, so daß auf Tabletten verzichtet werden kann. Wenn man die Störungen mit einem Krankheitsnamen belegen will, so sind es vor allem Kopfschmerzen bis zur Migräne, Kopfdruck, Nackenschmerzen, Bewegungsschmerz im Schulterbereich, Neuralgien in den Armen oder Beinen (Ischialgie), Rückenschmerzen oder müde und schwere Füße. Viele Mißbefindlichkeiten lassen sich auch gar nicht recht beschreiben.

Zur Selbstmassage legt man in jedem Falle alle beengenden und zu dicken Kleidungsstücke ab. Die zu massierenden Körperteile entkleidet man möglichst völlig, um die Massage direkt im Kontakt mit der Haut ausüben zu können.

IN DIESEM KAPITEL:

- **Gesichtsmassage**
- **Nackenmassage**
- **Schulter-Arm-Massage**
- **Rückenmassage**
- **Beinmassage**
- **Dickdarmmassage**
- **Sportmassage**
- **Bürstenmassage**

Gesichtsmassage

Am Tisch sitzend die Ellbogen aufstützen. Die Handinnenflächen über die geschlossenen Augen legen. Die Finger bedecken die Stirn. So verharrt man ganz ruhig und entspannt für 2–3 Minuten. Das ist bereits eine ganz einfache, überall durchführbare Entspannungsmaßnahme, die man oft schon unwillkürlich durchführt, wenn man einmal nicht „ein noch aus“ weiß und sich wieder konzentrieren möchte. Dann schiebt man die Handballen bis zur Stirn hoch und streicht ziemlich fest die Stirn von der Mitte aus beiderseits bis zu den Ohren aus. Man wiederholt diese Ausstreichung mit den Handballen bis zu zehnmal. Diese Massage lindert Kopfdruck und fördert die Konzentration.

Sehr viel weniger zeitaufwendig ist das kreisförmige Reiben der Schläfengegend mit zwei Fingerspitzen. Es vertreibt die Müdigkeit.

Nackenmassage

Sie wird sehr viel geübt und läßt sich am besten mit den drei mittleren Fingerspitzen ausführen. Man legt die Fingerspitzen dicht neben der Wirbelsäule auf und zieht sie mit mäßigem bis festem Druck waagerecht zur Seite. Man beginnt an der Stirn-Haargrenze und rückt bei jedem weiteren Strich allmählich tiefer, soweit man reichen kann.

Man wiederholt die Prozedur mindestens dreimal. Verspannungen, Steifigkeit und Schmerzen (Muskelschmerz, Neuralgien) können so wesentlich gebessert und zum Verschwinden gebracht werden.

Schulter-Arm-Massage

Man sitzt am Tisch und legt zunächst den linken Arm auf ein festes Kissen oder eine zusammengelegte Decke. Dann beginnt man mit der rechten Hand zunächst ganz langsam die Muskulatur der Schulter, dann des Oberarms und des Unterarms zu kneten. Man ergreift dabei soviel Muskulatur wie möglich, knetet oder drückt ziemlich fest, ohne daß es schmerzhaft wird, und führt mit der Hand auch kreisförmige Bewegungen aus. Anschließend massiert dann die linke Hand den rechten Schulterbereich in der gleichen Weise. Muskel-, Gelenk- und Nervenschmerzen im behandelten Bereich sind auf diese Weise zu beeinflussen. Ein- bis mehrmalige Wiederholung am gleichen Tag ist oft zweckmäßig.

Isoliert verspannte, verhärtete oder schmerzende Stellen kann man auch zunächst vorsichtig und dann stärker werdend mit Reibungen bearbeiten, die man mit zwei oder drei Fingerkuppen kreisförmig ausführt. Neben der mechanischen Wirkung auf die Haut und das Unterhautgewebe wirkt diese Massage auch anregend auf die darin verlaufenden Nerven (bei kräftigen Reibungen) oder beruhigend (bei langsamen und sanften Reibungen). Man hat die Wirkung im wahrsten Sinne des Wortes in der Hand, und Fingerspitzengefühl ist auch dazu nötig.

> Der Wert fürsorglicher Berührung – im aktiven und im passiven Sinne – ist außerordentlich. Das Anfassen als instinktiver Weg zur Beruhigung und zum Trost fällt in unserem Kulturbereich jedoch häufig unter die Tabus und ist uns damit versagt. Das gilt nicht für die Massage, die ja auf dem körperlichen Kontakt beruht.
>
> Miriam Polunin

Rückenmassage

Die bei vielen Menschen vorkommenden Rückenschmerzen müssen – wenn sie länger andauern oder sogar an Stärke zunehmen – zunächst vom Arzt ursächlich geklärt werden. Wenn sich kein besonderer organischer Befund ergibt, der rein ärztliche Maßnahmen erfordert, ist es berechtigt, zunächst einmal Massagen durchführen zu lassen oder sogar eine Selbstmassage vorzunehmen. Rückenschmerzen durch Überlastung, Überanstrengung, einseitige Tätigkeit oder Unterkühlung können damit häufig gut beeinflußt werden.

Zur Selbstmassage legt man die Hände beiderseits dicht neben die Wirbelsäule und führt dann mit der ganzen Hand oder mit den Handballen möglichst feste Streichungen zur Seite bis in die Lendengegend aus. Man beginnt damit dicht oberhalb der Gesäßfalte und rückt bei jeder Streichung einige Zentimeter höher, soweit man reichen kann. Nach den seitlichen Streichungen schließt man noch von unten nach oben dicht neben der Wirbelsäule geführte Streichungen an, um damit besonders die langen Rückenstreckmuskeln zu beeinflussen.

Man führt die Streichungen zweimal täglich aus und wiederholt sie ein bis zwei Wochen lang.

Beinmassage

Die am häufigsten praktizierte Massage ist die Beinmassage. Sie läßt sich auch am einfachsten durchführen.

Am Unterschenkel kann man zunächst mit beiden Händen den ganzen Unterschenkel umfassen und ihn von unten nach oben ausstreichen. Dann führt man Streichungen mit einer Hand auf der Streckseite, am Schienbein entlang und anschließend mit beiden Händen auf der Wadenseite durch. Besonders hartnäckige Stellen kann man auch durch kreisförmige Reibungen mit dem Daumen bearbeiten. Sehr häufig wird das die Umgebung der Ferse und der Achillessehne sein.

Wenn sich irgendwelche Beschwerden nach fünf bis sechs sorgfältig ausgeführten Massagen nicht bessern, sollte man nichts unterlassen, eine ärztliche, gegebenenfalls fachärztliche diagnostische Klärung und Beratung über notwendige Therapiemöglichkeiten herbeizuführen.

Selbstbehandlungen sind nur zu verantworten, wenn man weiß, daß die aufgetretenen Beschwerden keine ernsthaften Krankheiten signalisieren. In solchen Fällen würde durch die Selbstbehandlung ein Zeitverlust entstehen, der nicht wiedergutzumachen ist.

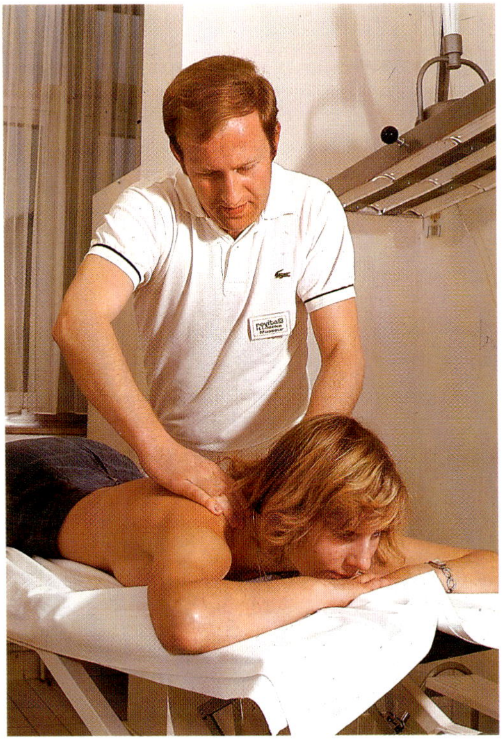

Nackenmassage

In zahlreichen Bagatellfällen trägt sie sehr dazu bei, den Arzt zu entlasten und ihm Zeit für wichtige Maßnahmen zu geben.

Dickdarmmassage

Sie eignet sich zur Selbstmassage, wenn man es gelernt hat, mit völlig entspannten Bauchdecken im Bett zu liegen (natürlich in Rückenlage). Man erleichtert sich die Entspannung, wenn man eine kleine Rolle unter den Kopf schiebt und eine dickere unter die Kniegelenke. Es ist auch gut, den ganzen Körper etwas höher zu lagern.

Zur Beeinflussung der Darmfunktion führt man Streichungen und Vibrationen in folgender Reihenfolge durch (alle Streichungen und Vibrationen 2–3mal wiederholen):

1. Streichungen vom linken Rippenbogen abwärts bis zur Blasenmitte. Das wirkt auf den absteigenden Dickdarmanteil.
2. Streichungen vom rechten zum linken Rippenbogen. Das wirkt auf den Querdarmanteil.
3. Streichungen von rechts unten (Blinddarmgegend) nach rechts oben bis zum Rippenbogen. Das wirkt auf den aufsteigenden Dickdarmanteil.

Anschließend geht man zu Vibrationen mit beiden aufgelegten Händen in Form von ruckartigen Erschütterungen über, und zwar in der gleichen Reihenfolge wie bei den Streichungen. Das regt den Dickdarm zu verstärkter Tätigkeit an.

Zweckmäßig ist die Ergänzung der Darmmassage durch ein Training der Bauchmuskulatur, in dem der Oberkörper ohne Gebrauch der Hände und Arme angehoben wird – wenn möglich bis zum Sitzen. Jeweils 5mal wiederholen.

Sportmassage

Im Sport hat man genauso wie in der Krankenbehandlung gute Erfahrungen mit der Massage gemacht. Sie gehört zum Sport als Maßnahme zur Vorbereitung auf die sportliche Betätigung (Trainingsmassage) sowie zur Behandlung von Sportverletzungen und Sportschäden.

Im Mittelpunkt der Sportmassage steht die Einwirkung auf die Muskulatur. Das Ziel ist die Steigerung der Leistungsfähigkeit und der Geschmeidigkeit der Glieder, damit sich alle Bewegungen mit größerer Leichtigkeit vollziehen.

Die Muskelmassage geht in ihrer Wirkung aber über die Muskulatur hinaus und wirkt auch auf den Gesamtorganismus und insbesondere auf das Blutgefäßsystem. Vor den Sportübungen massiert man zur Vorbereitung der Muskulatur auf Höchstleistungen, nach dem Sport zur schnelleren Überwindung der Ermüdungserscheinungen, die durch Ansammlung von Stoffwechselprodukten zustande kommen. Massage führt zu einem schnelleren Abtransport dieser Stoffe, damit frische Nährstoffe und Sauerstoff von den Muskelzellen aufgenommen werden können. Es wird dadurch auch schneller wieder das allgemeine Wohlbefinden erreicht.

Die Massage ist jedoch nur ein Teil der Vorbereitung eines Sportlers auf seine Trainingsübungen oder auf einen Wettkampf.

Sportmassage ist nicht nur auf Fremdmassage beschränkt, sie erfordert auch Selbstmassage, wie sie von Fall zu Fall vom Sportarzt angegeben und regelrecht verordnet wird. Die hauptsächlichsten Massa-

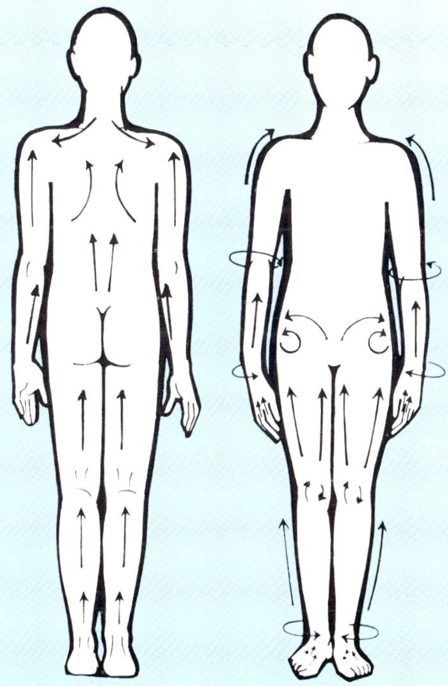

Bei Muskelkater und Muskelzerrungen leistet die Massage mit einem Muskelfluid gute Hilfe. Unsere Zeichnung zeigt, wie es gemacht wird.

Krankheitszustände, bei denen Massage hilfreich ist

Bei allen Bewegungseinschränkungen der Gliedmaßen
durch Veränderungen der Gelenke, des Bindegewebes und der Muskulatur

Bei allen Funktionsstörungen durch
Verletzungsfolgen
Folgen von entzündlichen Erkrankungen
Folgezuständen nach Lähmungen
Folgen nach Durchblutungsstörungen
Folgen von Herz- und Nierenschädigung
Folgen von schlaffen und spastischen Lähmungen einschließlich Querschnittlähmungen

Krankheiten, bei denen Massage zu unterlassen ist

Die Massage ist zu unterlassen bei

allen akuten entzündlichen Erkrankungen
Knochen, Gelenke, Gefäße und Weichteile wie Gelenktuberkulose und akute Gelenkentzündungen
Knochenmarkentzündung
Venenentzündung
Lymphgefäßentzündung

allen entzündlichen und infektiösen Hauterkrankungen wie
Furunkel und Karbunkel
Follikelentzündungen
Rose (Erysipel)
Masern, Scharlach, Windpocken u. a.

allen Erkrankungen durch Parasiten wie
Pilzerkrankungen
Läuse
Krätze u. a.

Absolutes Massageverbot ist zu beachten bei

allen entzündlichen Bauchraum-Erkrankungen
Blinddarmentzündung
Bauchfellentzündung
Verdacht auf Darmverschluß
Leber- und Bauchspeicheldrüsenentzündung

allen Geschwulstbildungen

allen Blutungen und bei Blutungsgefahr

allen schweren Blutkrankheiten wie Leukämie und Hämophilie

gegriffe sind bei fachgerechter Anleitung bald zu erlernen.

An dieser Stelle sollte nur auf die Möglichkeit und Notwendigkeit der Massage im Sport hingewiesen werden. Sie gehört zum Training wie gymnastische Übungen und spezielle Entspannungsübungen.

Bürstenmassage

Beim Trockenbürsten handelt es sich um eine *Hautmassage*, die man stets selbst mit einer nicht zu weichen, trockenen Badebürste ausführt. Die Borsten, deren Büschel nicht zu dicht aneinanderstehen, sollten elastisch und wenigstens 20 mm lang sein. Anstelle der Bürste kann man auch einen Massagehandschuh (Sisal) oder ein rauhes Massagehandtuch (wie es von *Deuser* angegeben wurde) benutzen.

Sinn des Bürstens ist die Erwärmung und damit auch die bessere Durchblutung der Haut, was beim gesunden Menschen sehr schnell sicht- und fühlbar ist, wenn die Bürstung richtig durchgeführt wird. Um es richtig zu machen, setzt man die Bürsten mit der glatten kurzen Randfläche auf und bewegt sie mit nur mäßigem Druck auf der Haut vorwärts, so daß die Bürste einen mäßigen Zug und Druck auf der Haut ausübt.

Auch der Massagehandschuh oder das Massagehandtuch dürfen nicht zu stark und nicht zu schnell bewegt werden. Heftig hin und her zu bürsten ist sicher falsch. Zu beachten ist auch die Strichrichtung: Arme und Beine werden zum Herzen hin gebürstet. Man beginnt an den Händen und führt den Strich bis über die Schultern, jeden Arm mehrmals, dann folgen lange Bürstenstriche von den Zehen herauf bis zur Leiste auf der Vorderseite und hinten über das Gesäß bis zur Hüfte. Der Bauch wird kreisförmig im Uhrzeigersinn gebürstet. Den Rücken läßt man sich am besten von der Mitte her (also von der Wirbelsäule ausgehend) nach außen bürsten. Man beginnt in Kreuzbeinhöhe und fährt mit jedem Bürstenstrich eine Handbreit höher fort. Mit einer Stielbürste kann man den Rücken auch selbst bearbeiten. Die ganze Massage sollte nicht länger als 5–10 Minuten dauern.

Die volle Wirkung ist dann erzielt, wenn eine starke Rötung als Zeichen der Durchblutungssteigerung auftritt und eine angenehme Durchwärmung spürbar wird.

Nach einer gut ausgeführten Bürstenmassage verschwindet die Müdigkeit, und es stellt sich ein Gefühl gesteigerter Körperfrische und Leistungsfreude ein.

Das Trockenbürsten darf ruhig eine gute Gewohnheit werden, aber man sollte trotzdem immer wieder nach dreiwöchiger Anwendung eine Woche lang aussetzen, damit der Anreiz auf die Haut, Hautnerven und Blutgefäße nicht abstumpft und die Hautzellen immer erneut Gelegenheit haben, sich voll zu regenieren.

Ich selbst übe das Trockenbürsten am liebsten mit dem Deuserschen Massagehandtuch morgens vor dem Waschen gleich nach dem Aufstehen aus. Im Sommer ist es natürlich am schönsten bei geöffnetem Fenster.

Das Trockenbürsten bei bettlägerigen Kranken muß natürlich die Pflegeperson ausführen. Die Bürstung wird gerade von Kranken meist als sehr wohltuend und anregend empfunden. Ob sie angebracht ist, muß der behandelnde Arzt entscheiden. Er kann dabei oft von den sich nicht oder nicht genügend rötenden Hautpartien auf den Krankheitsherd schließen. Es ist durchaus möglich, durch systematisches Bürsten entsprechender Hautpartien (der sogenannten Headschen Zonen) die damit

Zum Bild auf Seite 210/211: Die Caracalla-Therme in Baden-Baden gehört zu den schönsten Bade- und Saunalandschaften Europas, eine Quelle der Lebensfreude und des Wohlbefindens.

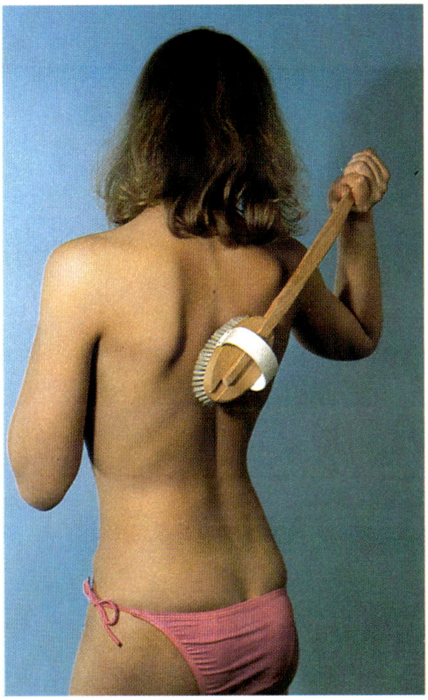

Bei der Bürstenmassage werden stärkere Hautreize ausgeübt. Sie ist vor allem bei Durchblutungsstörungen hilfreich. Sinn des Bürstens ist die Erwärmung und damit eine bessere Durchblutung der Haut. Die volle Wirkung ist dann erzielt, wenn eine starke Rötung als Zeichen der Durchblutungssteigerung auftritt und eine angenehme Durchwärmung spürbar wird.

nervlich zusammenhängenden inneren Organe heilend zu beeinflussen. So läßt sich z. B. durch Trockenbürsten der dem Magen zugehörigen Hautsegmente eine erhöhte Tätigkeit der Magendrüsen und insbesondere eine erheblich vermehrte Magensäurebildung erreichen, und zwar bei Gesunden wie auch bei Kranken mit mangelhafter oder fehlender Säurebildung. Entsprechende wissenschaftliche Untersuchungen darüber liegen schon lange von *Kalk* und *Thiemer* vor. Wahrscheinlich wird beim Trockenbürsten in der Haut ein Stoff gebildet oder freigesetzt (wie das Histamin), der eine besondere Wirkung auf die inneren Organe ausübt.

Beim Trockenbürsten bettlägerig Kranker folge ich einer Anweisung, die ich vor Jahren einer Veröffentlichung von *Rosenbaum* entnommen habe und die wie folgt lautet:

Der Patient bleibt in entspannter Lage. Das rechte Bein wird von der Bettdecke und Bekleidung befreit und im Knie angewinkelt. Jetzt wird die Innenseite bis zur Leistenbeuge gebürstet. Dann dreht sich der Patient auf die linke Seite, so daß ohne Mühe Fußrücken, Unter- und Oberschenkel, Gesäß- und Hüftmuskulatur behandelt werden können.

Danach nimmt der Patient wieder die Rückenlage ein, und das Bein wird zugedeckt. Derselbe Vorgang wird am linken Bein wiederholt. Kann sich der Patient im Bett aufrichten, dann wird der Rücken von der Wirbelsäule nach links und rechts, jeder Strich jeweils um eine Bürstenbreite höher, gebürstet. Der letzte Strich liegt an der Schulterblatthöhe und führt über den Rand des Trapezius (der trapezförmige Rükkenmuskel zwischen Nacken und Schulterblättern) hinaus bis zum Haaransatz.

Darf sich der Patient nicht aufrichten, jedoch die Seitenlage einnehmen, dann wird erst die eine, dann die andere Rückenhälfte und Flanke gebürstet.

Die Bürstenmassage kann auch mit Wasser angewandt werden, und mit einer Stielbürste erreicht man sogar den eigenen Rücken. Auf die Bürstenmassage zur Anregung des Kreislaufs, zur Förderung des Wohlbefindens und zur Steigerung der Leistungsfähigkeit sollte man an keinem Morgen verzichten.

Der Leib könnte im Bereich des Dickdarmes bearbeitet werden. Bewährt hat sich aber auch die fächerförmige Strichführung von der Flanke zur Mittellinie, wodurch auch tieferliegende, querlaufende Hautfalten erfaßt werden. Die gebürsteten Hautteile zudecken. Brust-, Schulter-, Halsgebiet sowie Hand-, Unter-, Oberarm-, Schultergebiet und der Kopf können genau wie oben beschrieben nachgearbeitet werden.

Der Patient bleibt unbekleidet warm zugedeckt mindestens noch 10 Minuten liegen, bis das angenehme Prickeln auf der Haut und das Strömen des Blutes wieder verebbt sind, oder es folgt eine kalte Waschung.

Die einfache und kostenlose Maßnahme des Trockenbürstens kann meines Erachtens nicht nur zur Steigerung des Wohlbefindens, sondern auch zur Heilung mancher krankhaften Veränderung beitragen, wenn es nur systematisch und lange genug

Das Massageband ist ein vorzügliches Hilfsmittel. Es ist nicht so „stachelig“ wie eine Bürste, wirkt dafür aber flächiger.

(mit den empfohlenen Unterbrechungen) durchgeführt wird.

Angezeigt ist die Bürstenmassage bei allgemeiner Leistungsschwäche, Alterungserscheinungen, Beschwerden der Wechseljahre (Klimakterium), Bronchialasthma, nächtlichen Fußkrämpfen, Herzstörungen funktioneller und nervöser Art, Kraftlosigkeit (soweit nicht durch schwere organische Krankheiten bedingt), Kreislaufstörungen, Kribbeln in den Füßen (wenn ursächlich Durchblutungsstörungen bestehen), Wadenkrämpfen, Magenerkrankungen mit mangelhafter oder fehlender Säurebildung und in der Rekonvaleszenz (Erholungsstadium nach schweren Erkrankungen).

Die Luft stärkt, heilt und erfrischt

Im Atemholen sind zweierlei Gnaden:
die Luft einziehen, sich ihrer entladen;
jenes bedrängt, dieses erfrischt;
so wunderbar ist das Leben gemischt.
Du danke Gott, wenn er dich preßt,
und dank ihm, wenn er dich wieder entläßt.

Johann Wolfgang von Goethe
„West-östlicher Divan"

Frischluftquellen und ihre Heilwirkung

Wir sind nur für wenige Minuten in der Lage, ohne Luft und ohne den darin enthaltenen Sauerstoff zu leben. Luft, die bei normaler Beschaffenheit 78 % Stickstoff, 21 % Sauerstoff und 1 % andere Gase enthält, ist für uns eine Lebensnotwendigkeit.

Unser zivilisiertes Dasein mit dem starken Bevölkerungswachstum, dem ungeheuer verdichteten Autoverkehr auf den vielfach zu engen Stadtstraßen, dem bevorzugten Bau relativ kleiner Wohnungen und niedriger Räume, der ungenügenden Belüftung der Wohn- und Arbeitsräume, weil die Fenster wegen der verunreinigten Außenluft und des Tag und Nacht anhaltenden Verkehrslärms lieber geschlossen gehalten werden, und schließlich mit der Bewegungsarmut bei vorwiegend sitzender Tätigkeit führt unweigerlich zu schlechter, ungenügender Atmung und damit zu einer mangelhaften Sauerstoffversorgung von Blut und Gewebe.

IN DIESEM KAPITEL:

- **Viel Luftsauerstoff macht frisch und gesund**
- **Heilwirkungen der Luft über die Atmung**
- **Heilwirkungen der Luft über die Haut**
- **Praktische Durchführung der Lufteinwirkung**

Viel Luftsauerstoff macht frisch und gesund

Jede Körperzelle benötigt aber eine bestimmte Menge Sauerstoff, um ihre Funktion richtig ausüben zu können. Werden zum Beispiel unsere Hirnzellen nicht ausreichend mit Sauerstoff versorgt, fühlen wir uns unlustig, müde und geistig träge. Nur eine Unterbrechung der Arbeit, etwas körperliche Bewegung und die dadurch vertiefte Atmung oder sogar eine bewußt ausgeführte Tiefatmung erfrischen Körper und Geist, falls wir dabei – und hier beginnt natürlich die Schwierigkeit – frische, reine, sauerstoffreiche Luft einatmen können.

Nur der Sauerstoff der Luft vermag die Lungen zu reinigen, die Atemwege zu desinfizieren, die Lungenbläschen zu durchdringen, um dann, lose an das Eisen des roten Blutfarbstoffs in den Blutkörperchen gebunden, mit dem Blutstrom in die Körpergewebe und damit auch an die Gehirnzellen getragen zu werden und den Stoffwechsel anzufachen.

Zur Erhaltung eines gesunden Lebens ist jedoch reine, sauerstoffreiche Luft ebenso notwendig wie Nahrung und frisches Wasser.

Der Frischluftbedarf des Menschen ist groß, und seine Bedeutung für die Gesundheit des einzelnen wird erst klar, wenn man weiß, daß die menschliche Lunge eine etwa 100 Quadratmeter große Oberfläche besitzt, die täglich mit etwa 6000 Liter eingeatmeter Luft in Verbindung kommt, wobei der Luftsauerstoff aufgenommen und die

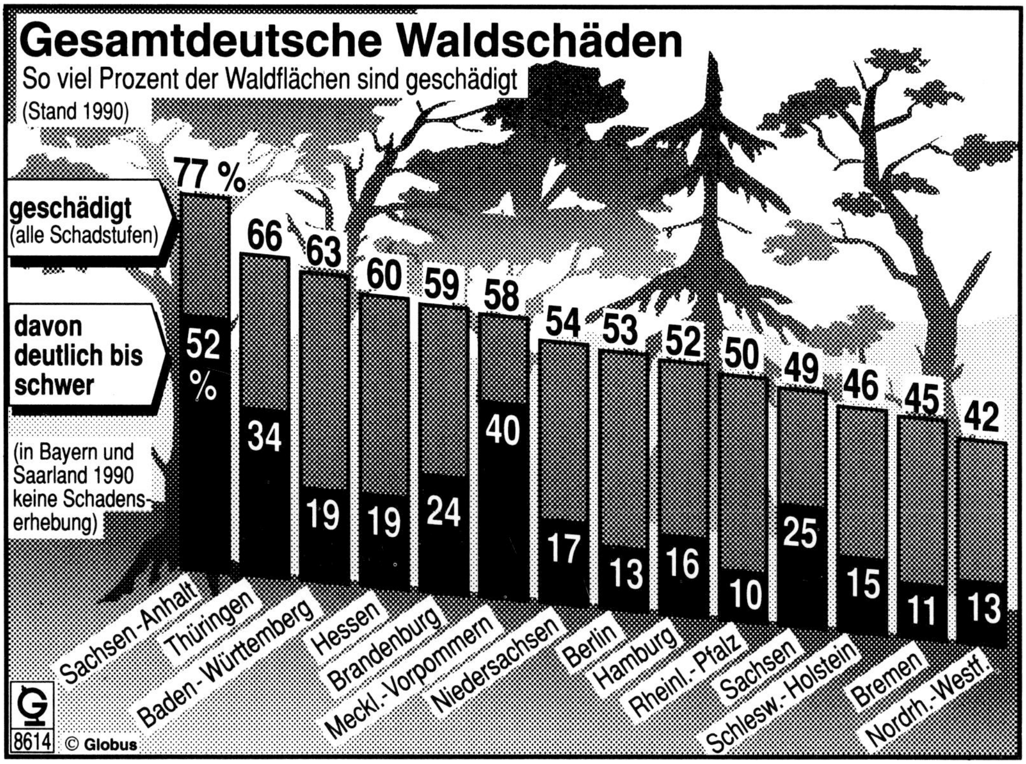

in unserem Stoffwechsel entstehende Kohlensäure abgegeben werden muß. Jede Behinderung dieses lebenswichtigen Gasaustausches durch Verschmutzung der Luft und Schädigung der Lungenbläschen oder des Lungenstützgewebes muß sich daher nachteilig auf unsere Gesundheit auswirken.

Da trotz aller Bemühungen die Stadtluft noch längst nicht als gesundheitsfördernd bezeichnet werden kann, bleibt uns keine andere Möglichkeit, als die Stadt bei jeder sich bietenden Gelegenheit zu verlassen und „gute" Luft im Freien, im Garten, in Parkanlagen, in Wäldern, im Gebirge oder am Seestrand zu suchen.

Nur eine möglichst staubarme, bakterienarme, giftfreie, normal mit Sauerstoff, Kohlensäure und Stickstoff gesättigte Luft kann über die Atmung die Sauerstoffsättigung des Blutes und den Kohlensäureabtransport aus dem Blut bewirken und damit unser kompliziertes Stoffwechselgetriebe in Gang halten.

Heilwirkungen der Luft über die Atmung

Sauerstoff- und Kohlensäuregehalt sowie die Abwesenheit der vielfältigen Luftverunreinigungen spielen für die Beurteilung der Zuträglichkeit und der heilenden Wirkung der Luft über die Atmung die allein ausschlaggebende Rolle. Gegenüber der Großstadtluft gilt die Waldluft immer noch als besonders rein und heilkräftig.

Häufig schreibt man der Waldluft wegen ihres Ozongehaltes eine besondere desinfizierende und heilende Kraft zu. Ozon kommt in der freien Luft, besonders aber im Wald bis zu 100 Milligramm in einem Liter Luft vor, während er in der Großstadtluft meist völlig verschwunden ist.

Ozon ist aktivierter Sauerstoff, über dessen gesundheitlichen Wert wir noch viel zuwenig wissen. Bekannt ist nur, daß größere Mengen künstlich erzeugten und der Luft beigemischten Ozons keineswegs erfrischen, wie immer angenommen wurde,

sondern im Gegenteil einschläfernd, geradezu lähmend und auf die Schleimhäute reizend wirken. Nebenbei riecht Ozon dann auch widerlich chlorähnlich. Er ist kein Genuß, und nach unseren heutigen wissenschaftlichen Vorstellungen ist die behauptete heilende Wirkung noch umstritten.

Die Aktivierung des Sauerstoffs zu Ozon geschieht in kleinen Mengen bei bestimmten Wetterformen wie Gewitter und Föhn. In großen Mengen kommt Ozon weit oberhalb unserer Atemluft in einer 40 50 Kilometer hoch liegenden Luftschicht vor, die dort die Überfülle ultravioletter Strahlung verschluckt und so alle Lebewesen auf der Erde vor Schädigungen schützt.

Nicht zu Unrecht wird die Waldluft als würzig und aromatisch gepriesen. Duftstoffe und Terpene aus den ätherischen Ölen, die von den Harzdrüsen der Nadelhölzer abgesondert werden, verleihen der Waldluft diese angenehmen Eigenschaften. Sie wirken günstig und heilsam auf Katarrhe der Atemwege.

Noch können wir uns in der Bundesrepublik eines nicht unerheblichen Waldbestandes erfreuen, was seinen Gesundheitswert nur erhöht. Bewaldet sind etwa 29 % der Fläche Deutschlands. Doch 52 % des Waldbestandes sind bereits geschädigt. Der Waldanteil in Frankreich beträgt 20,7 %, in Belgien 19,4, in Italien 18,9 und in Holland nur 7,9 %.

Die Naturschutzverbände erwarten, daß künftig mehr Waldgebiete zu Naturparks erklärt werden, um sie als Erholungsstätten zu erhalten. Gerade hierin besteht in der Bundesrepublik ein erheblicher Nachholbedarf.

Wenn man bedenkt, daß eine Blattfläche von nur 25 Quadratmetern bei guter Belichtung bereits soviel Sauerstoff abgibt, wie ein Mensch in der gleichen Zeit verbraucht, und daß eine alte Buche ungefähr 1500 Quadratmeter Blattoberfläche besitzt, so geht daraus sehr deutlich die Funktion des Baumes als Sauerstofflieferant und damit sein gesundheitlicher Wert hervor.

Zum Bild vorige Seite: Ein alter Baum ist nicht zu ersetzen. Wird zum Beispiel eine hundertjährige Buche mit 15 m Kronendurchmesser gefällt, müßten 2700 junge Bäume gepflanzt werden, um den gleichen Funktionswert zu erhalten. Die Beschaffung dieser Anzahl Bäume und das Pflanzen würden heute etwa 160 000 DM kosten!

Heilwirkungen der Luft über die Haut

Da die Luft ein physikalisch-chemisches Heilmittel darstellt, kann sie wie jede andere physikalische Allgemeinbehandlung von der Haut, also von der Körperdecke aus, einwirken. Wissen wir doch, daß es möglich ist, durch eine Beeinflussung der Körperoberfläche eine heilende Umstimmung auf die inneren Organe des Körpers zu erzielen. Die Grundlage dafür bieten die Beziehungen, die zwischen der Körperdecke und den inneren Organen besonders über die sogenannten *Headschen Zonen* bestehen.

Als Headsche Zonen bezeichnet man Felder der äußeren Körperhaut, deren sensible Fasern (Nerven) von den gleichen Rückenmarksabschnitten versorgt werden wie bestimmte innere Organe. Störungen der inneren Organe können auf dem Weg über das Rückenmark in dem zugehörigen Hautbezirk eine Steigerung der Schmerz- und Berührungsempfindlichkeit sowie eine erhöhte Ansprechbarkeit der Hautgefäße hervorrufen. Diese Hautbezirke sind dann das Projektionsfeld für die Störungen der inneren Organe.

Umgekehrt können wir aber auch durch eine Behandlung der Hautbezirke mit den verschiedensten physikalischen Reizen (Wärme, Kälte, Luft) auf die inneren Organe wiederum über die zugehörigen sen-

Im Winter bei offenem Fenster schlafen?

Es ist an dieser Stelle überhaupt angebracht, noch ein Wort darüber zu sagen, ob man im Winter bei geöffnetem oder geschlossenem Fenster, im geheizten oder ungeheizten Zimmer schlafen soll. Da die Lufterneuerung am besten funktioniert, wenn zwischen außen und innen eine Temperaturdifferenz besteht, ist das Schlafen im ungeheizten Zimmer wegen des geringeren Luftwechsels nicht unbedingt empfehlenswert. Am besten schläft man im *geheizten* Zimmer bei geöffnetem Fenster (Kippflügel oder Spalt geöffnet). Wer jedoch meint, auch im Winter im ungeheizten Zimmer und bei ganz geöffnetem Fenster schlafen zu müssen, dem ist entgegenzuhalten, daß die Wärmeregulation im Schlaf so stark gedrosselt ist, daß schon ein zufälliges Aufdecken oder Herausstecken der Füße genügt, um eine Erkältungskrankheit auszulösen.

siblen und sympathischen Nerven zurückwirken.

Ist also ein inneres Organ krankhaft gereizt oder gar entzündet, so wirkt sich dieser Zustand im gesamten zugehörigen Segment, also bis zur Hautoberfläche, aus. Diese Wirkung kann als Muskelhartspann, als Schmerz oder als sulzig verdickte Haut auftreten. Immer findet sich aber in den Hautgefäßen ein Spannungsverlust und eine gesteigerte Durchlässigkeit, die so weit gehen kann, daß die Haut völlig durchtränkt und aufgequollen ist. Durch eine entsprechende Behandlung der veränderten Körperoberfläche ist dann außer einer rein örtlichen Heilung auch die Heilung der zugehörigen inneren Organe zu erreichen.

Zu den Möglichkeiten einer heilenden Einwirkung auf die Körperoberfläche gehört auch die *Luft*.

Außer der Beeinflussung innerer Organe über die Hautoberfläche auf dem Wege der Nervensegmente kann man sich auch der in der Naturheilkunde entwickelten Methode der *Ableitung* bedienen. Man versteht unter *Ableitung* stets eine Verringerung der Blutmenge an einer anderen Körperstelle, wo sie sich im Übermaß befindet, indem die Blutmenge an einer anderen Körperstelle vermehrt wird. Das geschieht durch ein bestimmtes Verfahren, das die Blutgefäße erweitert und dadurch eine ansaugende Wirkung ausübt *(Brauchle)*.

Bei der *Ableitung auf die Haut* führt man eine starke Durchblutung einzelner Hautbezirke oder der ganzen Körperhaut herbei, damit das im Körperinneren gestaute Blut auf die Körperoberfläche abgeleitet werden kann, um auf diesem Wege die inneren Organe zu entlasten.

So leitet z. B. ein **Senfmehlaufschlag** auf die Rückenhaut (Anwendung siehe Seite 63), durchgeführt bis zur intensiven Rötung, bei einem Stauungskatarrh der Lunge oder beim Lungenödem das im Lungenbereich stark gestaute Blut auf die Haut ab, was nicht nur eine subjektive Erleichterung bringt, sondern auch sofort die Atmungsfähigkeit verbessert. Eine Ableitung auf die Haut ist auch bei der Einwirkung der Luft auf einzelne Hautbezirke oder die ganze Körperhaut gegeben.

Praktische Durchführung der Lufteinwirkung

Die praktische Durchführung der Lufteinwirkung auf die Haut geschieht in Form der sogenannten **Luftbäder.** Sie stellen ein Heilmittel allgemeiner Art dar, das sowohl die Körperoberfläche, also die Haut und ihre Anhangsgebilde, als auch die inneren Organe beeinflußt, und zwar nicht nur im Sinne einer Ableitung, sondern auch einer Tonisierung, Entkrampfung, Entlastung und Normalisierung. Die Wirkungen können sich, wie schon gesagt wurde, auf dem Blutweg über die Ableitung von Blut aus den Kopf-, Brust- oder Bauchorganen wie auch über die vorwiegend nervöse Beeinflussung über die Segmente abspielen.

Im Gegensatz zu dem recht starken Hautreiz des kalten Wassers übt die Luft eine verhältnismäßig milde und daher auch für nervöse und leicht reizbare Menschen bekömmliche Wirkung aus. Zum reinen Luftbad ist die gleichzeitige Sonneneinwirkung nicht erforderlich. Die beste Wirkung erzielt man natürlich bei *weitgehend unbedeckter Haut.* Nur so können ihre lebenswichtigen Funktionen als Atmungs- und Ausscheidungsorgan sowie als Drüse mit Wirkung auf die inneren Organe voll zur Geltung kommen. Man muß bei jedem Luftbad darauf achten, warm zu bleiben, was bei zu kühler Luft durch Umhergehen, Gymnastik, Ballspiele, Gartenarbeit und Reiben des Körpers mit der Hand, einem Sisalhandschuh oder einer Bürste erreicht wird. In diesen Fällen besteht allerdings keine reine Luftwirkung mehr, da dann die Bewegungsreize hinzukommen. Auch muß an die zusätzliche Licht- oder Sonnenwirkung gedacht werden, Wirkungen, die jedoch den Luftreiz in wünschenswerter Weise verstärken und ergänzen.

Einer ersten Gewöhnung an die Luft kann das *Zimmerluftbad* dienen. Wird es bei der morgendlichen Körperpflege durchgeführt, so nimmt es nicht einmal Zeit in Anspruch, von der wir ja meinen, keine zu haben.

Später und bei entsprechender Jahreszeit sind dann Luftbäder im Freien wenigstens für die Dauer von 15 bis 20 Minuten täglich notwendig, um einen Heileffekt auf die Haut und über die Haut auf die inneren Organe zu erzielen.

Je nach Wohlbefinden steigert man die Luftbäder bis zu einer Stunde und länger. Sorgfältig zu vermeiden ist dabei jede Abkühlung oder gar Unterkühlung, was eher schädigend als heilend wirkt.

Bei speziellen Erkrankungen (z. B. Lungentuberkulose, Schilddrüsenerkrankungen) sollte auch das harmlos aussehende Luftbad nur nach Rücksprache mit dem behandelnden Arzt genommen werden.

Besonders zu empfehlen ist das tägliche Luftbad als Heilmittel bei nervöser und vegetativer Übererregbarkeit, bei Schlaflosigkeit, bei Stauungszuständen der inneren Organe, bei katarrhalischer und rheumatischer Veranlagung sowie bei Verkümmerungszuständen der Haut durch Stadtluft, Bewegungsmangel, Stubenhockerei und und zu eng anliegende Kleidung.

Die Luftverschmutzung als Krankheitsursache

Durch die modernen technischen Fortschritte und die überaus starke Industrialisierung haben wir zweifellos eine Zivilisationsstufe erreicht, wie sie in der Geschichte der Menschheit bisher nicht bekannt war.

Das wäre gut und schön so, wenn nicht über allem technischen Fortschritt und aller Arbeitserleichterung durch Maschinen der Mensch als biologisches Wesen vergessen würde. Es kann nämlich die ganze Wohltat des zivilisatorischen Daseins zur Plage und Krankheitsursache oder sogar zur tödlichen Gefahr werden, wenn man dem Menschen unserer Tage die Luft zum Atmen vergiftet, wie es oft in bedenkenloser Weise geschieht.

Das tritt am deutlichsten in den Großstädten, den Zentren der Zivilisation, zutage. Sie sind nicht nur zu schwersten Lärmquellen, sondern auch zu Brutstätten der Luftverunreinigung und Luftverpestung geworden.

IN DIESEM KAPITEL:

- **Was verschmutzt und verpestet die Luft?**
- **Staub und Rauch als Gesundheitsfeinde**
- **Schwere Gefahren durch Gase und Kohlenwasserstoffe**
- **Schleichende Bleivergiftung bringt heimtückische Krankheit**

Was verschmutzt und verpestet die Luft?

Ursächlich beteiligt am Anstieg der Erkrankungshäufigkeit ist nicht nur die starke Automatisierung des modernen Daseins, die Arbeitsteiligkeit und die nervenbelastende Beanspruchung durch Beruf und Verkehr, sondern in hohem Maße auch die *Vergiftung unserer Atemluft.*

Funktionelle, vegetative, neurotische Störungen, der Verlust des körperlich-seelischen Gleichgewichts und der normalen Schlaffähigkeit sind die Folgen, die sich durch Medikamente nur vorübergehend dämpfen, aber in keiner Weise heilen lassen. Im Gegenteil – was heute noch funktionell und vegetativ bedingt erscheint, kann sich morgen schon als massive organische Krankheit zeigen, deren Hintergrund der Kassenarzt in der überfüllten Sprechstunde wegen Zeitmangels gar nicht aufzudecken vermag, so daß ihm nichts anderes übrigbleibt, als den Störungen mit Tabletten und Spritzen zu Leibe zu gehen, von denen der Patient dann erwartet, daß sie die „Betriebsstörung“ prompt beheben.

Wer und was macht nun die Großstadtluft, die jeder dritte Deutsche heute „genießt“, so giftig und damit zur Krankheitsursache, der wir meist hilflos preisgegeben sind? Als Hauptluftverschmutzer haben der stetig zunehmende Kraftverkehr, die Industrie und der Hausbrand zu gelten.

Den größten Anteil der Gifte, nämlich Kohlenmonoxid, Blei und Benzpyren, beschert uns der Auspuff unserer Autos, nämlich 46 %. Es folgen die Schlote unserer

So sieht es in vielen Wäldern und Kammlagen der Mittelgebirge aus. Der Wald geht zugrunde. Ob saurer Regen oder Autoabgase – die immer mehr zunehmenden Verunreinigungen lassen den Wald absterben. Doch kaum jemand denkt daran, daß dann auch dem Menschen seine Lebensgrundlage entzogen wird.

Industrieanlagen mit 38 % und die Schornsteine auf unseren Häusern mit 16 % der Luftverunreinigung. Der von Jahr zu Jahr zunehmende Kraftverkehr ist die größte Quelle der Luftverunreinigung. Bis Mitte der neunziger Jahre sollen in den Ländern der Europäischen Gemeinschaft (EG) nur noch „bleifreie Autos" rollen.

Es ist natürlich kein Wunder, daß dadurch die Sonneneinstrahlung stark beeinträchtigt und der Lebensraum für Millionen Menschen im Sinne der Gesundheit bedenklich entwertet wird. Durchschnittlich halten die Dunstschichten über den Großstädten 10–20 % der Gesamtstrahlung und 75–95 % des ultravioletten Strahlenanteils zurück.

Diesiges, nebliges Wetter, geringe Windstärken, hohe Luftfeuchtigkeit und zu niedrige Rauchabzüge verstärken die schädlichen Wirkungen. Umfassende Maßnahmen zur Entstaubung und Frischhaltung der Luft sind hier eine Lebensnotwendigkeit. Jede Verzögerung vergrößert das Übel.

Staub und Rauch als Gesundheitsfeinde

Die am besten *sichtbaren* Faktoren der Luftverschmutzung sind *Staub* und *Rauch*, die uns vor allem durch Industrie und Hausbrand geliefert werden.

Natürlich war auch vor dem Auto- und Industriezeitalter die Atemluft nicht staubfrei. Staub war und ist überall und dringt auch überall ein. Es gibt auf unserer Erde keine Zone, die staubfrei wäre. Staub entsteht über Wäldern, Seen, Gebirgen, Steppen und Meeren. Wir atmen in Europa auch den Blütenstaub der Tropen, den Staub der Sahara, Staub aus Amerika oder Asien mit ein. Wir können auch nicht verhindern, daß bei Vulkanausbrüchen Tausende von Tonnen Asche in die Luft geschleudert werden und ein beträchtlicher Teil davon auch in Europa niedergeht.

Nach wissenschaftlichen Gesichtspunkten bezeichnet man mit Staub den Schwebezustand von Teilchen fester Massen in Luft oder Gasen, die in ihrer Größe unter einem Durchmesser von 100 μ liegen (1 μ = 1 My = 1 Mikron = ein tausendstel Millimeter). Teilchen dieser geringen Größenordnung gehorchen nicht mehr den Fallgesetzen. Sie sinken nicht mehr mit einer konstanten Beschleunigung, sondern nur noch mit einer konstanten Geschwindigkeit zu Boden. Staubteilchen setzen sich um so langsamer ab, je kleiner sie sind und je spezifisch leichter die Materie ist, aus der sie bestehen. Staubteilchen von 2 bis 10 μ senken sich um Millimeter pro Sekunde, solche von 1 μ Durchmesser um Zentimeter pro Stunde, und Teilchen unter 0,1 μ gehorchen der Schwerkraft gar nicht mehr, verharren vielmehr in einem Schwebezustand; man nennt das *Staubaerosol.*

In der Alltagssprache spricht man auch von Staub, wenn sich Masseteilchen aus der Luft am Boden abgesetzt haben und nun „weggewischt" oder „zusammengefegt" werden können.

Man kann Staub verschiedenster Herkunft unterscheiden; den natürlichen

Staub in pflanzlichen, tierischen, mineralischen einteilen oder den künstlichen nach den Gewerben, aus denen er abgegeben wird (Straßen-, Industrie-, Gewerbe- und Hausstaub), oder ihn einfach nach dem Material benennen, von dem er stammt (Haar, Wolle, Schuppen, Pollen, Mehl, Drogen u. v. a.).

Wichtig ist zu wissen, daß sich die einzelnen Staubarten auf die menschlichen Atmungsorgane sehr verschieden auswirken. *Die Erfahrung hat dabei gelehrt, daß der harmloseste Staub schwere Gesundheitsstörungen auslösen, unter Umständen auch den Tod zur Folge haben kann,* wenn er entsprechend lange oder in entsprechend großen Mengen in den Atmungsorganen abgelagert wird.

Ferner ist zu berücksichtigen, daß sich alle Staubarten bei manchen Menschen völlig indifferent verhalten, bei anderen aber eine Krankheit auslösen können. Die krankmachende Wirkung eines Staubes ist eben nicht nur von der Staubart, sondern auch von der Körperverfassung sowie einer Reihe anderer Faktoren (Staubabwehr, Selbstreinigungsvermögen des Lungengewebes u. a.) abhängig.

Abgesehen von den persönlichkeitseigenen Faktoren wird die krankmachende Wirkung des Staubes auch von seiner Korngröße beeinflußt. Staubkörnchen über 8 μ Durchmesser werden meist wieder ausgeatmet, oder sie haften an der Schleimhaut der Atmungsorgane und werden dann mit dem Bronchialdrüsenschleim wieder ausgeworfen. Staubkörnchen unter 5 μ Durchmesser (eine Größenordnung, die derjenigen der Bakterien und Bazillen entspricht) gelangen bis in die Lungenbläschen (Alveolen) und können durch die haarfeinen Spalträume der Lungenbläschenwand hindurch ins Lungengewebe eindringen, sind also „lungengängig". Hierbei kann es zur „Staubstauung", zur Staubablagerung im Gewebe, zu Staubdepots in den Lymphdrüsen und Lymphabflüssen kommen, wo dann – je nach Staubart – folgende Reaktionen möglich sind:

1. Kohlen- und Graphitstaub sowie der Staub verschiedener Erze, Erden und Metalle dringt zwar in das Gewebe ein, verschmutzt und färbt es, löst aber keine wesentlichen Gewebsreaktionen aus.

2. Staub zahlreicher Metallverbindungen, organischer Stoffe, abgetöteter Bakterien und Pilze sowie von Arsen, Blei, Cadmium, Chrom und Mangan kann zu Nieren- und Knochenschäden führen und schädigt die Zellen bis zum Absterben.

3. Pollenstaub, Staub einheimischer und exotischer Hölzer, Drogen- und Gewürzstaub, Mehlstaub, Haar-, Hanf-, Leder- und Textilstaub können die Reizbarkeit der Zellen und Gewebe so stark erhöhen, daß es zu allergischen oder sogar schockartigen, ja, lebensbedrohlichen Zuständen kommen kann.

4. Manche Staubarten reizen die Gewebe so sehr, daß Blutüberfüllung, vermehrte Zellabsonderungen (vor allem Schleimabsonderungen) oder sogar Zellwucherungen auftreten, oder sie gerben und verätzen die Zellen, so daß akute oder chronische Entzündungszustände mit ihren Folgeerscheinungen entstehen.

5. Die krebs- oder tumorerregenden Staubarten (Asbest-, Chrom-, Kobaltstaub,

Moderne Verbrennungsanlagen in einem Industriewerk. Die Abgasvorrichtungen stehen unter ständiger Fernsehkontrolle. Sobald sich auf dem Monitor (oben) eine Rauchfahne zeigt, können sofort Gegenmaßnahmen eingeleitet werden.

Linke Seite: Schwefelwolke über Wohngebieten. Jährlich regnen mehr als drei Millionen Tonnen schwefeliger Rauchpartikelchen auf die Bundesrepublik herab.

radioaktive Erden und Gesteine) lösen chronische Entzündungen und bösartige Neubildungen aus.

6. Zahlreiche Staubarten, darunter besonders Quarz-, Asbest-, Aluminium-, Mangan- sowie mancher Schlacken- und Kalkstickstoffstaub, regen das Stützgerüst der Lunge stellenweise oder insgesamt zur Wucherung an.

7. Schließlich gibt es Staubarten (z. B. Mangan, Flußspat), die nicht nur am Ort ihrer ersten Ablagerung, also in der Lunge, Reaktionen auslösen, sondern auch an entfernten Organen. So stört z. B. das Natrium-Aluminiumfluorid den Kalkstoffwechsel so sehr, daß es zu starken Ablagerungen von Kalksalzen in den Knochen, in der Knochenhaut und in den Bändern der Wirbelsäule kommt.

Solange der Organismus in der Lage ist, eingedrungenen Staub entweder über die Atemwege auszuwerfen oder über die Lymphwege abzutransportieren, und die Lymphbahnen offenbleiben, ist eine Staubschädigung nicht zu erwarten. Kommt es jedoch durch die Dauer der Einwirkung oder die Menge des Staubes zur Stauung und Ablagerung im Gewebe, dann treten die den Staubarten eigenen Reaktionen auf, was zu Staubschäden und Staubkrankheiten führt, worunter die *Silikose* (Ablagerung kristalliner Kieselsäure im Lungengewebe) die bekannteste ist.

Schwere Gefahren durch Gase und Kohlenwasserstoffe

Gefährliche Luftverunreiniger sind auch die oft nicht ohne weiteres wahrnehm-

baren und daher so gefährlichen *Gase*. Es handelt sich dabei um das **Kohlenmonoxid,** das bei allen Verbrennungsprozessen, insbesondere aber bei unvollkommenen Verbrennungen, entsteht, das **Schwefeldioxid,** das ebenfalls beim Verbrennen von Kohle und Öl in größeren Mengen anfällt, ferner um *Fluor* und *Chlor*, die aus chemischen Fabriken, Aluminiumhütten und Ziegeleien entweichen.

Das wichtigste Abgas ist das *Kohlenmonoxid* (CO), das – unsichtbar, geruch- und geschmacklos – ein großes Durchdringungsvermögen besitzt und vom menschlichen Blut leicht aufgenommen wird. Da es sich 250mal schneller an die roten Blutkörperchen bindet als der Sauerstoff, verdrängt es den Sauerstoff aus seiner Bindung an den roten Blutfarbstoff (Hämoglobin) der roten Blutkörperchen (Erythrozyten) und macht damit die Sauerstoffübertragung unmöglich. Die Gewebe ersticken infolge Sauerstoffmangels.

Ein hoher Kohlenmonoxidgehalt in der Atemluft wirkt sich sehr schnell im Gehirn aus und führt zu Müdigkeit sowie zu einem Mangel an Selbstkritik und Urteilsfähigkeit. Kohlenmonoxid entsteht immer dort, wo kohlenstoffhaltige Substanzen bei ungenügender Sauerstoffzufuhr verbrennen. Das ist bei der Verbrennung im Benzinmotor besonders reichlich der Fall.

Wenn die Wagen z. B. vor den Ampeln zum Stehen kommen, geben sie im Leerlauf etwa die zehnfache Menge an Verbrennungsrückständen ab. Wir werden an solchen Stellen also ständig von starken Giftgasen umweht, die wir einatmen müssen. Bei Verkehrspolizisten konnte man nicht selten bis zu 18 % Kohlenmonoxid im Blut nachweisen. Rechnet man im Herbst und Winter die Heizung hinzu, die wesentlich zur Kohlenmonoxid- und Staubanreicherung der Luft beiträgt, so wird verständlich, daß bei nebligem Wetter der gefürchtete „Smog" auftreten kann, der schon zu tödlichen Vergiftungen geführt hat.

So starben bei der Nebelkatastrophe im Dezember 1952 in London 4000 Menschen mehr als erwartet. In Tokio gab es 1966 an 164 Tagen des Jahres Smog-Alarm. Mittlerweile gibt es für alle industriellen Ballungszentren in der Welt einen Alarmplan für Smog-Situationen.

Beim Verbrennen von Kohle und Öl entstehen auch große Mengen von *Schwefeldioxid* (SO_2) und anderen Schwefelverbindungen, die als Staub, Dämpfe oder Gase tief in die Luftwege und in die Lunge eindringen, dort krankhafte Veränderungen hervorrufen und zu Atembeschwerden führen. Sie richten auch schwere Schäden in der Pflanzenwelt an und gefährden den Waldbestand.

Die Gase *Fluor* und *Chlor* wirken schon bei einer Konzentration von einem Millionstel Gramm in einem Kubikmeter Luft schädigend auf Pflanzen und Tiere, insbesondere Rinder. Bei Lünen fielen Kühe plötzlich auf der Weide um. Ursache: Gelenkversteifung durch Fluorose. Mit dem Gras hatten die Kühe auch die Abbauprodukte einer nahen Aluminiumhütte vertilgt.

An anderer Stelle lösten sich Regenschirme und Perlonwäsche einfach auf. Unter ungünstigen Wetterbedingungen hatte sich aus verbrannten Kunststoffen Salzsäure gebildet. Die Aufzählung ließe sich noch seitenlang fortsetzen. Es liegt wirklich was in der Luft!

Neben den Gasen (Kohlenmonoxid, Schwefeldioxid, Fluor und Chlor) finden wir in unserer Atemluft *Kohlenwasserstoffe* in verschiedenen Verbindungen. Sie stammen vor allem aus den Abgasen der Kraftfahrzeuge und der Ölheizungen. Unter ihnen befindet sich auch das berüchtigte *Benzpyren*, das Krebs hervorrufen kann.

Das 3,4-Benzpyren selbst ist eine feste Substanz, die meist in Verbindung mit Öltröpfchen in die Lunge eindringt. Benzpyren konnte auch in menschlichen Lungen nachgewiesen werden. Bekannt ist ferner,

Gigantische Straßensysteme durchschneiden die Großstädte und manchmal auch die Randbezirke und tragen zur Zersiedlung der Landschaft bei.

daß Hautkrebse erzeugt werden können, wenn man Versuchstieren Extrakte von Großstadtstaub auf die Haut aufpinselt.

Schleichende Bleivergiftung bringt heimtückische Krankheit

Mit vielen anderen Giftstoffen gelangen täglich auch große Mengen *Blei* in unsere Atemluft. Seit der Jahrhundertwende, als man die Gefährlichkeit des Bleies für den Menschen entdeckte, setzte man rein erfahrungsgemäß die Verträglichkeitsgrenze (Toleranzgrenze) auf *1 mg Blei* fest, das täglich *verschluckt* werden könnte, ohne Vergiftungserscheinungen auszulösen. Später erst kam das aus den Autoabgasen stammende, von uns *eingeatmete* Blei hinzu. Man glaubte, mit einer Toleranzgrenze von 0,15 mg pro Kubikmeter Luft auch hierbei die Erträglichkeitsgrenze gefunden zu haben. Bei einem achtstündigen Arbeitstag in einer bleihaltigen Luft von 0,15 mg/m^3 würde allerdings die Grenze von 1 mg täglich überschritten werden.

Hinzu kommt, daß man erst viel später erkannte, daß das *eingeatmete Blei* (z. B. das mit dem Benzin zusammen verdampfende Bleitetraäthyl) 50–100mal giftiger wirkt als das verschluckte Blei. Die *beträchtliche Giftigkeit des eingeatmeten Bleies* hat mehrere Gründe. Einmal ist der *Verteilungsgrad* des in den Explosionsmotoren erzeugten Bleistaubs sehr groß, der Bleistaub also außerordentlich fein. Zum anderen schafft die ungeheure *Feinheit* des Bleies eine riesige Oberflächenvergrößerung, die seine biologische Aktivität gewaltig heraufsetzt und die Aufnahme und Aufsaugung durch die Lungen stark erleichtert, was besonders für das hochgiftige, als Gas erscheinende Bleitetraäthyl gilt.

Im Laufe der Jahre erleiden wir eine mehr oder weniger starke *chronische Bleivergiftung,* die auch deshalb so gefährlich ist, weil sich Blei im Körper ansammelt, vor allem aber im Gehirn ablagert, was nach Ansicht vor allem amerikanischer Forscher ein Grund für den zunehmenden Intelligenzschwund sei. Auch psychisch-nervöse Störungen werden darauf zurückgeführt.

Rudzinski wies darauf hin, daß zu den Schäden der Bleivergiftung Verdauungsstörungen, Anämien, Koliken, Lähmungen, Kopfschmerzen, Krämpfe, Herz-, Kreislauf- und Nervenstörungen gehören und daß sich das Blei im Aortensystem und in den Knochen ablagert, wo es nach Jahrzehnten wieder mobilisiert werden kann.

Wichtiger noch ist seine Feststellung, daß das *Blei ein Enzymgift* ist, das die in den Körperzellen wirksamen Atmungsfermente blockiert, wodurch der lebensnotwendige Aufbau der Eiweiße und der Nukleinsäuren (Zellkernsäuren) gehemmt wird.

Nach seiner Mitteilung haben sowjetische Ärzte auch genetische Veränderungen der Keimdrüsen und des männlichen Samens (Sperma) im Tierversuch nachgewiesen. In der Sowjetunion ist der zulässige Bleigrenzwert schon seit langem wesentlich niedriger festgelegt als bei uns.

Bei der Beurteilung der Vergiftungsquelle Auto muß bedacht werden, daß gerade das feinstverteilte Blei aus dem Auspuff besonders leicht die Lunge passiert und daß aus der Lunge 50 % der Bleipartikel direkt in die Blutbahn gelangen. Von dort kommt das Blei in den Körper, der es vornehmlich in den Knochen speichert.

Es belastet aber auch besonders die blutbildenden Organe, die Leber, die Nieren und das Gehirn. Gehirn- und Nervenschäden (Lähmungen) sind auf die Dauer unvermeidlich. Angesichts dieser schweren Schäden kann uns allen nichts näher liegen, als die ausschließliche Verwendung bleifreier Kraftstoffe zu fordern.

Die zweimalige Herabsetzung des Bleigehalts im Benzin im letzten Jahrzehnt hat gezeigt, daß eine solche Maßnahme vom technischen und wirtschaftlichen Standpunkt aus möglich wäre. Gegenwärtig sieht es so aus, als ob Ende der neunziger Jahre in den Ländern der Europäischen Gemeinschaft nur noch bleifreies Benzin angeboten werden soll.

Wir sind aber nicht nur direkt durch das Einatmen von Blei bedroht, sondern auch indirekt über die pflanzlichen und tierischen Nahrungsmittel. Viehfutter, das neben Autobahnen geerntet wurde, enthielt so hohe Bleimengen, daß es in der Milch

In einer neuen Untersuchung über die Wirkungen von 100 ccm Kohlenmonoxid in 1 m^3 Luft auf gesunde Männer (unterschiedlich lange Einwirkungszeit) konnte festgestellt werden, daß Leistungsschwäche (funktionelle Störungen) bereits bei Kohlenmonoxid-Hämoglobingehalten unter fünf Prozent auftreten. Der Grad der Schädigung erhöht sich mit steigender Konzentration von Kohlenmonoxid-Hämoglobin im Blut.

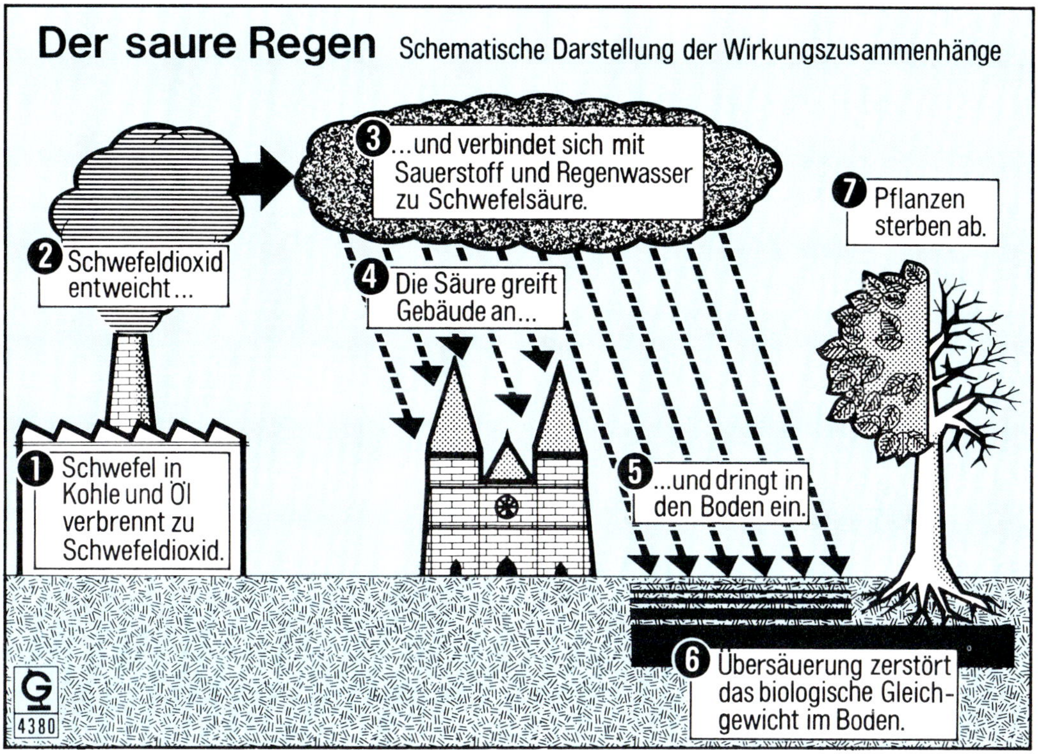

der damit gefütterten Kühe nachgewiesen werden konnte. Kälber waren mit dieser Milch nicht aufzuziehen. Neben den Bleischädigungen weist die Pflanzenwelt auch Schäden durch Schwefeldioxid auf.

Selbstverständlich verschluckt das *Weidevieh* auch den oberflächlich anhaftenden Bleianteil mit. Auf die Dauer ist es dadurch entsprechenden Schädigungen ausgesetzt.

Die Pflanzenwelt leidet jedoch nicht nur unter dem Bleigehalt der Luft, sondern auch an den anderen Veränderungen, wie eine Untersuchung an Sträuchern ergab, die vor einigen Jahren an der Frankfurter Autobahn angepflanzt worden waren. Bei einer nach modernen atomtheoretischen Methoden durchgeführten Untersuchung wiesen die Kohlenstoffmoleküle eine Reaktion auf, als wären sie bereits 4000 Jahre alt. Wahrscheinlich liegt die Erklärung darin, daß sie nicht das normale Kohlendioxid der Luft zum Gewebsaufbau benutzen, sondern das Kohlendioxid, das aus der Verbrennung der Minerale stammt.

Wenn die beschriebenen Giftstoffe oft auch nur in winzigen Dosen vorkommen, so summieren sie sich doch vielfach so stark, daß sie eine vergiftende Wirkung auf Pflanze, Tier und Mensch ausüben.

Trotz aller Anstrengungen, den Verschmutzungsgrad unserer Umwelt zu reduzieren, sind die Gefahren, die aus der Luft drohen, immer noch erheblich, wenn wir bedenken, daß wir an einem Tage nicht weniger als 6000 Liter Luft einatmen . . .

Maßnahmen zur Reinhaltung der Luft

Was kann getan werden, um den fast unsichtbaren, fein verteilten und deshalb so gefährlichen Staub, den Tausende von Industrieschornsteinen Stunde um Stunde, Tag und Nacht in die Atmosphäre entweichen lassen, um die giftigen, direkt über dem Boden ausgestoßenen Abgase der Millionen Autos und um die Schmutzstoffe aus den Heizungsanlagen unserer Wohnhäuser abzufangen oder zu entgiften, damit wir uns nicht mit jedem Atemzug einer schweren gesundheitlichen Schädigung näherbringen, damit uns nicht die zunehmend dichter werdenden Staubwolken buchstäblich den Atem nehmen und sie nicht unsere Kinder tödlich bedrohen, wenn bestimmte Wetterverhältnisse den Abzug der verseuchten Luftmassen verhindern? Das ist z. B. bei dem sogenannten *Inversionswetter* der Fall, das eintritt, wenn sich über Großstädten in geringer Höhe eine Warmluftschicht bildet, die wie eine Glocke den Luftraum nach oben abschließt und die vergiftete Luft nicht abziehen läßt.

IN DIESEM KAPITEL:

- **Die Notwendigkeit gesetzlicher Maßnahmen**
- **Dringende Sofortmaßnahmen**
- **Vorsorgemaßnahmen des einzelnen**
- **Raumluftbefeuchtung schafft Wohlbefinden und eine bessere Leistungsfähigkeit**

Die Notwendigkeit gesetzlicher Maßnahmen

Können *Gesetzesparagraphen gegen die Luftverpestung* helfen? Die Erfahrung hat gezeigt, daß man nicht auf den Zwang der Gesetze verzichten kann, um eine allgemeine Luftentstaubung zu erreichen. Die dazu notwendigen Investitionskosten sind nicht gering. Ist aber das Geld, das wir zur Erhaltung der Gesundheit und Arbeitskraft anlegen, auf die Dauer nicht die beste Geldanlage? Ein vergifteter, anfälliger, kranker oder vorzeitig invalider Mensch ist ja gar nicht in der Lage, die Annehmlichkeiten der Zivilisation, der geringeren Arbeitszeit, des Fernsehens, der Haushaltsmaschinen und der Fahrt im eigenen Wagen zu genießen.

Seit 1967 hat die Deutsche Forschungsgemeinschaft eine umfassende Untersuchung der Atmosphäre über der Bundesrepublik vorgenommen, gewissermaßen eine Bestandsaufnahme der Luft. 1971 wurden diese Messungen abgeschlossen; danach begann die Auswertung. Seit 1974 entsteht als Ergebnis dieser Untersuchung in der Bundesrepublik ein vollautomatisches überregionales Luftüberwachungsnetz, das auf telemetrischem Wege alle Meßdaten zur augenblicklichen Auswertung an einen Zentral-Computer übermittelt, so daß bei einem bedrohlichen Anstieg der Schadstoffkonzentration sofort Gegenmaßnahmen eingeleitet werden können.

Das vollautomatische Meßstellennetz erfaßt neben Sonnenstrahlung, Luftdruck, Luftfeuchtigkeit, Windrichtung und Windgeschwindigkeit auch die Konzentrationen

Die Ozonschicht ist ein Schutzschild für die Erde. Das Problem ist nur, daß es oben zuwenig Ozon gibt und unten zuviel. Deshalb wird in Großstädten und Ballungsräumen regelmäßig der Ozongehalt der Luft gemessen und veröffentlicht. Unser Bild zeigt die Demonstration eines Meßgerätes.

von Kohlenwasserstoffen, Kohlenmonoxid, Kohlendioxid, Schwefeldioxid, Stickoxid, Ozon, Fluorverbindungen und Staub. Besonderer Vorteil der Anlage: Die Geräte brauchen monatelang nicht gewartet zu werden, und für die Bedienung des ganzen örtlichen Netzes genügt ein einziger Mann. Dieses neue Meßverfahren trägt der Tatsache Rechnung, daß, wie bisher üblich, das Schwefeldioxid als „Indikator" der Luftverschmutzung allein nicht mehr ausreicht.

Ferner hat die Bundesregierung durch eine Reihe von gesetzgeberischen Maßnahmen die Voraussetzung geschaffen, um das Ausmaß der Luftverunreinigungen zu begrenzen. So ist nach jahrelangem Tauziehen seit dem Frühjahr 1974 das Bundes-Immissionsschutzgesetz in Kraft, obwohl vor allem die Ölindustrie und die Kraftwerke die geplanten Vorschriften zu hintertreiben suchten. Dieses Gesetz ordnet das Recht der Luftreinhaltung und Lärmbekämpfung bundeseinheitlich neu. Das Gesetz bestimmt, daß industrielle Anlagen so errichtet und betrieben werden müssen, daß schädliche Umwelteinwirkungen nicht hervorgerufen werden können.

Trotz aller bestehenden Schwierigkeiten wurden erhebliche Anstrengungen zur Luftreinhaltung unternommen. Die dafür aufgewandten Beträge gehen in die Milliarden. So stellt allein das Bundesgesundheitsministerium jedes Jahr Millionenbeträge für Forschungszwecke auf dem Gebiet der Luftreinhaltung zur Verfügung. Die Investitionen zur Luftreinhaltung betragen jedes Jahr mehrere hundert Millionen Mark. Diese ohnehin schon beträchtlichen Aufwendungen werden weiter zunehmen. Die Industrie beteiligt sich mit jährlich steigenden Milliardenbeträgen an den Maßnahmen zur Luftreinhaltung.

Seit die Bundesregierung im Jahr 1971 das erste Umweltschutzprogramm verabschiedete, hat die deutsche Industrie weit über 100 Milliarden Mark für Umweltschutzmaßnahmen ausgegeben.

Noch nicht gelungen ist bis heute eine entscheidende Verringerung der *Schwefeldioxidauswürfe.* Hier wird erst eine Besserung eintreten, wenn mehr schwefelfreie Brennstoffe verwendet werden. Bundesländer und Bundesregierung fördern langfristig entsprechende Entwicklungsvorhaben mit hohen Beträgen. Gegenwärtig ist noch ein erheblicher Teil unserer Kraftwerke (Kohle und Öl) nicht entschwefelt.

Besonders große Schwierigkeiten treten auf bei dem Bemühen, die durch *Ölheizungen* verursachten Luftverunreinigungen zu vermindern. Bei mangelhaft eingestellten Ölheizungen können nämlich größere Mengen Flugkoks oder Ruß ausgeworfen werden. Häufig sind für Kohle gebaute Öfen auf Ölheizung umgestellt worden, ohne Heizölsorte, Ölbrenner, Brennkammer und Kamin aufeinander abzustimmen, was zu einem vermehrten Ausstoß von Ruß und Rauch beiträgt.

Während für die Industrie gesetzliche, nach Ansicht verschiedener Fachleute weit über das derzeit technisch Mögliche hinausgehende Vorschriften geschaffen wurden, um die Verunreinigung möglichst auszuschalten, qualmen die Auspuffrohre der Autos und veraltete Heizungsanlagen in vielen Haushaltungen lustig weiter.

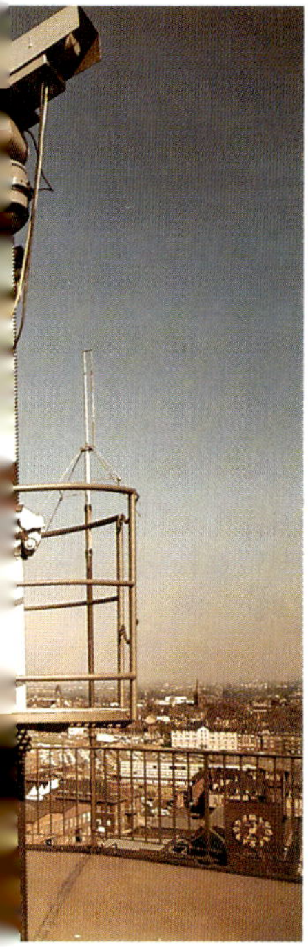

Milliardenbeträge sind bisher schon von der Industrie für die Beseitigung und Kontrolle der Emissionen aufgewandt worden. Links außen: Emissionsmessung in der Abluft eines Farbwerkes. ● Links: Eine ferngesteuerte Fernsehanlage beobachtet das Werksgelände. Ein Schwenk über das gesamte Werk dauert zwei Minuten. ● Links unten: Noch viel zu häufig sind über deutschen Industriewerken solche gelbbraunen Kaminfahnen zu sehen. ● Rechts: Eine Meßstation am Rand des Werkes.

Dringende Sofortmaßnahmen

Um eine bessere Atemluft zu erreichen, sind noch folgende Maßnahmen möglich: Wiederholte Überprüfungen der Industrieverbrennungsanlagen, die bei normalen Verbrennungsverhältnissen nur ganz leichte Rauchfahnen auszustoßen brauchen. Die Ausstoßung schwarzen Rauches kann verboten werden. Die Dampflokomotiven sind bereits vollständig durch Dieselloks oder solche mit elektrischem Antrieb ersetzt worden. Beim Hausbrand und den Feuerungen des Klein- und Mittelgewerbes wird die Kohle ohnehin immer mehr durch Strom, Gas oder rauchloses Öl verdrängt. Noch besser wäre der stärkere Übergang zu *zentralen Städteheizungen,* wobei sich in jedem Stadtviertel nur eine Heizanlage mit bestmöglichen Entrußungs- und Entstaubungsanlagen in Betrieb befindet. Die Schornsteine könnten dann von den Häusern verschwinden. Die Entwicklung von Sonnen- und vor allem Licht-Kraftwerken wird vielleicht auch auf diesem Gebiet neue Möglichkeiten eröffnen.

Da an den *Arbeitsstätten* der Staubgehalt der Luft am größten ist, sollte man ihrer Lüftung die größte Aufmerksamkeit schenken. Der Verein Deutscher Ingenieure (VDI) gab dazu folgende Richtlinien heraus:

VDI-Richtlinien zur Lüftung von Arbeitsräumen in Gewerbe- und Fabrikbetrieben,

VDI-Richtlinien zur Lüftung großer Küchen,

VDI-Lüftungsregeln zur Lüftung von Versammlungsräumen,

Lüftungsgrundsätze für Bauherren, Architekten und Lüftungsfachleute.

Für *Arbeitsräume,* in denen keine stauberzeugende oder luftverderbende Arbeit geleistet wird, genügt die einfache Fensterlüftung, wenn dazu Querlüftung, d. h. gleichzeitiges Öffnen gegenüberliegender Fenster oder Türen, möglich ist, damit

Durchzug entsteht. Nur im Durchzug entweicht auch die ausgeatmete Kohlensäure, die sich wegen ihrer Schwere über dem Fußboden befindet. Natürlich ist diese Art der Lüftung im Winter ein Problem, da zugfreie Lüftung dann nur mit vorgewärmter Luft möglich ist.

Um die Lebensqualität auch hinsichtlich der Luftreinhaltung zu erhöhen, wären weitere Maßnahmen erforderlich:

- Anlage von Grünflächen und Erholungsparks
- Auflockerung der Stadtteile durch Hochhausbauten mit umgebenden Grünflächen
- Förderung und Ausbau des öffentlichen Personennahverkehrs
- Neuanlage von Industrien nur im „Windschatten" der Städte

Vorsorgemaßnahmen des einzelnen

Wie kann sich der einzelne gegen die Schäden der Luftverschmutzung schützen? Zunächst natürlich dadurch, daß er hinaus ins Freie fährt oder wandert, um dort tief und ruhig frische, unverbrauchte und saubere Luft einzuatmen.

Besonders wohltuend ist die staubfreie, sauerstoffreiche und aromatische Luft im Wald. Im Freien erreicht uns auch noch die UV-Strahlung, die in der Stadt durch die riesige Dunstglocke weitgehend abgefangen wird.

Natürlich genügt es nicht, mit dem Wagen „durch die Gegend" zu fahren. Über den Straßen liegt meist ein Abgaskegel. Auch können bei entsprechendem Fahrtwind die Abgase des eigenen Wagens ins Wageninnere dringen. Offene Fenster und Fahrpausen sind daher besonders wichtig. Im übrigen kann man durch eine gesunde Frischkost und durch Sauna-Bäder die Ausscheidung der aufgenommenen Giftstoffe begünstigen.

Raumluftbefeuchtung schafft Wohlbefinden und eine bessere Leistungsfähigkeit

Da wir den größten Teil unserer Zeit nicht im Freien, sondern in Räumen (Wohn- und Arbeitsräumen) verbringen, müssen wir natürlich danach fragen, wie gesund oder wie krankmachend die Luft ist, die wir viele Stunden tagsüber und nachts einatmen.

Die meisten Wohn- und Arbeitsräume sind heute zentralbeheizt. Sehr häufig stimmt es dabei mit der Luftfeuchtigkeit nicht. Wir reden dann von einer zu trockenen Heizungsluft. Verschlimmert wird der Zustand durch die sehr dicht schließenden Doppelglas-Kunststoff-Fenster, die einen ständigen Luftaustausch durch Fugen und Ritzen kaum zulassen. Da heute auch zumindest alle Außenwände mit Wärme-Dämmungsmaterial versehen werden, ist der normale Luftdurchgang durch die gemauerten Wände unterbunden.

Eine zu trockene Atmungsluft

- mindert die Sauerstoffaufnahme der Lunge,
- trocknet die Nasen-Rachen- und Bronchialschleimhaut aus und
- beraubt diese Organe der Widerstandskraft gegen Krankheitserreger.

Eine zu trockene Raumluft macht also anfällig und krank. Daher ist der Einsatz eines *Luftreinigungsgerätes,* das zugleich die Luftfeuchtigkeit erhöht, durchaus zu empfehlen. Solche Geräte müssen Staub, Pollen, Tabakrauch und Allergene aus der Raumluft ausfiltern und keimreduzierend wirken. Je nach Bauart des Hauses kann es bei zu schwacher oder fehlender Ionisation der Luft notwendig sein, das elektrische Feld, das ein ausgeglichenes Verhältnis von negativen und positiven Ionen aufweist, wiederherzustellen. Diese Funktion können die Luftreinigungsgeräte, je nach Konstruktion, ebenfalls erfüllen.

Richtiges Atmen verbessert die Gesundheit

Viele Menschen im hochzivilisierten und industrialisierten Raum leiden entweder wegen fehlender körperlicher Bewegung oder wegen vorzeitigen Verschleißes ihrer Gewebe und Organe nach zu langer und übermäßiger Arbeit an einer mangelhaften Widerstandskraft der Schleimhäute der Rachenorgane, des Kehlkopfes, der Bronchien und vor allem der feinen Lungenäste und der zarten Lungenbläschen. Häufig spielt dabei auch noch starkes Rauchen eine wesentliche Rolle. Die Folgen sind häufige Erkältungs- und Viruserkrankungen, mangelhafte Sauerstoffaufnahme durch die meist mit Schleim- und Teerstoffen belegten Lungenbläschen, mangelhafte Durchblutung der Körperorgane, vor allem auch des Gehirns. Um hier eine Änderung zu schaffen, muß man an den Anfang der Ursachenkette gehen: *schlechte Atmung* und *mangelhafte Bewegung.*

Brust- und Bauchatmung

Wir müssen uns deshalb mit dem richtigen Atmen befassen und uns zunächst einmal bewußt werden, was richtiges Atmen heißt. Solange ein Mensch sich viel in frischer Luft bewegt und körperlich arbeitet, führt die normalerweise sich unbewußt abspielende Atmung zu einer guten Sauerstoffaufnahme und Schlackenstoff-, das heißt Kohlensäureabgabe. Wenn das aber, wie heute so häufig, nicht der Fall ist, muß man üben, früh, abends oder auf einem täglich notwendigen Spaziergang, richtig zu atmen.

Beobachtet man einen ruhig auf dem Rücken liegenden, schlafenden, unbedeckten Säugling oder ein Kleinkind, so sieht man, wie sich die Bauchdecken ganz regelmäßig heben und senken. In viel geringerem Maße ist das auch beim Brustkorb der Fall. Es ist der *Ausdruck des Atmens, das völlig unbewußt* geschieht. Die Regelung der Atmung geschieht hier durch die ganz ausgeglichen arbeitenden Lebensnerven (Teil des unbewußten, autonomen oder vegetativen Nervensystems). Das ist zweifellos „richtiges Atmen".

Wenn sich beim Atmen im Liegen die Bauchdecken heben, bewegt sich das Zwerchfell (die komplette Abgrenzung zwischen Brust- und Bauchraum) in den Bauchraum hinein (im Stehen also nach unten). Dadurch wird Luft in den Brustraum eingesaugt (Pumpenfunktion des Zwerchfells). Dabei dehnt sich der Brustraum auch ohne jedes bewußte Zutun. Die normale Atmung in der Rückenlage ist also vorwiegend eine *Bauchatmung,* die auch für die Ruhe völlig ausreicht.

Wenn ich nun bewußt den Brustkorb durch verschärfte Einatmung mit Luft fülle,

IN DIESEM KAPITEL:

- **Brust- und Bauchatmung**
- **Atemübungen**
- **Atemgymnastik**

führe ich vorwiegend eine *Brustatmung* durch, die ebenfalls das Zwerchfell in den Bauchraum treibt, wodurch Luft in den Brustraum gesaugt wird, aber durch die bewußt verstärkte Einatmung vergrößert sich der Brustraum erheblich mehr, und damit wird die Luft- und Sauerstoffaufnahme verstärkt. Auf diese Weise erreiche ich den Ausgleich für die unzureichende Atemfunktion bei Bewegungsarmut und Funktionsstörungen oder Erkrankungen der Atemorgane. Gleichzeitig komme ich damit zu einer besseren Durchblutung des Gesamtorganismus und vor allem des Gehirns.

Diese sehr einfache *bewußte Verstärkung der Brustatmung* als Ergänzung und Erweiterung der normalerweise unbewußt ablaufenden Bauchatmung ist also eine echte, einfache und natürliche Gesundheitsmaßnahme und wirkt sich schließlich als Vorbeugung gegen eine Reihe von Krankheiten aus.

Die „Atemübungen" sind ruhig und völlig unverkrampft durchzuführen, da sie sonst die erwünschte Wirkung verfehlen. Das richtige Tempo sind ungefähr sechs Atemzüge in der Minute.

Eine wertvolle Atemübung: Kniestand mit hochgestreckten Armen. Für weiche Unterlage sorgen!
Bewegungsablauf: Oberkörper tief neigen, auf die Fersen setzen, Rücken rund machen, Arme an den Beinen vorbei nach hinten schieben, in „Eistellung" ausatmen. Langsam wieder hochstrecken, Arme heben, einatmen.

Atemübungen

Bewegung und körperliche Arbeit in frischer Luft führen zu einer Bauchatmung, die sich durch Brustatmung – ebenfalls noch unbewußt – verstärkt. Viel Bewegung und stärkere körperliche Arbeit bewirken eine bessere, angepaßte, unbewußte Atmung, die ein ausgezeichnetes Mittel zur Gesundheitspflege ist.

Sobald man die durch Brustatmung bewußt verstärkte Bauchatmung systematisch, z. B. täglich 3mal 5–6 Minuten lang, durchführt, kann man bereits von einer *Atemübung* sprechen.

Für alle Menschen mit Sitzberufen oder Berufen, die nur in geschlossenen Räumen ausgeübt werden, ist diese einfachste aller Atemübungen eigentlich unentbehrlich.

Bei der Durchführung systematischer Atemübungen – man kann auch sagen Vollatmung – sind folgende Punkte zu beachten:

- Durchführung der Übungen möglichst im Freien oder wenigstens am geöffneten Fenster.
- Nach der Einatmung und anschließen-

den Ausatmung auf eine *Atempause* achten, bis von selbst (zwangsläufig) die Einatmung wieder einsetzt.

- Die Atemübungen nur 5–6 Minuten lang, langsam und tief genug ausführen.

  Eine zu flache Brustatmung dringt nicht bis in die Lungenspitzen durch. Das gilt besonders für Asthmatiker, Emphysematiker, Raucher und ältere Menschen.

Um das Gefühl für die Vollatmung (Bauch- und Brustkorbatmung) zu bekommen, wird auch folgende *Vorübung* empfohlen:

Flach auf den Rücken legen, beide Hände auf dem Bauch ruhen und zweimal kurz durch die Nase einatmen lassen (Schnüffeln). Die Schultergürtelmuskulatur muß dabei entspannt bleiben (Schulter also nicht hochziehen). Nach dem Einatmen durch den Mund mit einem „s" ausatmen. Bei jedem Schnüffeln bemerkt man, daß sich der Bauch hebt.

Zieht man nun nach dem Einatmen (noch vor dem Ausatmen) auch noch den Bauch ein, so spürt man, wie sich der Brustkorb weitet und damit die gesamte Lunge stärker beatmet wird.

Nur nebenbei möchte ich darauf hinweisen, daß zum Beispiel *Lachen* und *Singen* zu den besten natürlichen Atemübungen zählen.

Ein Nervenarzt an der Universität Göttingen, Prof. *Hanscarl Leuner*, setzt bewußtes Atmen als Heilmittel bei Menschen ein, die unter Nervosität, Schlaflosigkeit, Angst sowie Herz-Kreislauf-Störungen leiden. Er hat es mit seiner Arbeitsgruppe zu einem regelrechten Verfahren ausgebaut, das darauf beruht, daß dem Patienten mit Hilfe einer Apparatur auf elektronischem Wege seine eigenen, meist unwillkürlich ablaufenden Atemübungen sichtbar und hörbar gemacht werden, so daß sie die meist bestehende Fehlatmung selbst bewußt korrigieren können. Er hat sein Verfahren „Respiratorisches Feedback" genannt und berichtet von überzeugenden Wirkungen bei nervösen, stressbedingten und psychosomatischen Leiden.

Prof. *Leuner* ist der Meinung, daß durch das Atem-Feedback „breite, zentrale Steuerungsmechanismen des Gehirns beeinflußt und die verschiedensten Systeme des Organismus erfaßt werden" wie zum Beispiel die Herzfrequenz, die Blutgefäße, die Muskulatur und die Psyche, also der seelische Bereich.

Atemgymnastik

Atemübungen, die zu einer regelrechten Atemgymnastik ausgebaut wurden, die in einer Atemschule erlernt werden kann und

alle Formen der Fehlatmung zu beeinflussen vermag, sind angebracht und heilsam bei

- verschiedenen Lungenerkrankungen, wie Emphysem, spastischer Bronchitis, Belastungsasthma, chronischen Atemwegserkrankungen, chronischen Infektionen der oberen Atemwege, Ausfall von Lungengewebe nach schweren Lungenerkrankungen u. a.

Für das Erlernen und die Durchführung der Atemgymnastik ist für die in Frage kommenden Krankheitsfälle eine fachliche Anleitung und ärztliche Aufsicht erforderlich. Ich möchte jedoch auf diese Atemgymnastik aufmerksam machen, damit diese natürliche und unschädliche Heilmaßnahme in Anspruch genommen werden kann. Von großer Bedeutung sind die Atemgymnastik und die regelrechte Atemtherapie besonders auch für Kinder.

Für alle praktischen Möglichkeiten gibt die Elternvereinigung asthmakranker Kinder und Jugendlicher e. V., Gustav-Weihrauch-Weg 20, 2000 Hamburg 67 (Telefon 040/6 03 94 42) Auskunft und Ratschläge.

Die Art und Weise, wie wir atmen, bestimmt wesentlich unser Lebensgefühl. Richtiges Atmen, nämlich unsere Lungenkapazität und unser Atemvolumen so weit wie möglich auszuschöpfen, fördert unser körperliches und seelisches Wohlbefinden. Deshalb ist es wichtig, schon in früher Jugend zu lernen, wie man richtig atmet.

Die Sonne als hochwirksames Heilmittel

Frage die Sonne, was sie davon hat, Tag und Nacht um die Erde zu gehen.
Und siehe, sie geht . . . Ihre Fußstapfen triefen vor Segen.

Matthias Claudius

Zur Geschichte der Sonnenlichtbehandlung

Daß der Sonne eine beträchtliche Heilkraft innewohnt, ist eine Erkenntnis, die sehr weit in die Geschichte zurückreicht. Die ersten schriftlichen Aufzeichnungen darüber haben uns die Griechen hinterlassen.

Von den alten Germanen ist uns bekannt, daß sie ihre Kranken zur Kur auf sonnige Höhen, sogenannte „Heilberge", brachten und die Wohltat des Lichtes und der Wärme sehr zu schätzen wußten.

In den ersten Jahrhunderten unserer Zeitrechnung werden die Angaben über die heilende Wirkung des Sonnenlichtes immer dürftiger, aber wir wissen, daß man noch im dritten Jahrhundert nach Christus Kranke zur Durchführung von Sonnenkuren in klimatisch günstige Orte schickte.

Die Heilkraft des Sonnenlichts wird wiederentdeckt

Erst im 18. Jahrhundert finden wir wieder Hinweise auf die heilende Wirkung der Sonne. Zunächst ist der französische Arzt *Faure* zu nennen, der im Jahre 1747 für die Anwendung von Sonnenenergie bei der Behandlung chronischer Geschwüre und eiternder Hautdefekte eintrat, weil er eine schnelle Abheilung derartiger Schädigungen unter Sonnenbestrahlung beobachtet hatte. Heute wissen wir, daß die Sonne die Bakterien vernichtet, die Widerstandsfähigkeit der Gewebe und des Gesamtorganismus steigert.

Dann war es vor allem *Christoph Wilhelm Hufeland* (1762–1836), der die Verwendung der Sonnenstrahlen zur Vorbeugung und Heilung anriet und über sie in dem von ihm gegründeten „Journal" berichtete. Im Jahre 1815 beschrieb und empfahl *Hufeland* sogar ein Kastenlichtbad, seinen „Heliothermus" oder „Sonnenwärmer".

Es ist hierbei daran zu erinnern, daß *Hufeland* die Dichter Wieland, Herder, Goethe und Schiller behandelte. Von nun an mehren sich die Stimmen, die wieder eine Sonnenlichtbehandlung befürworten, bis endlich im 19. Jahrhundert die Heilkraft der Sonne neu entdeckt wird und verschiedene Ärzte sie gegen Rachitis, Skrofulose, langwierige Gelenkleiden sowie Knochen- und Gelenktuberkulose empfehlen.

Einen starken Impuls erhielt die Anwendung des natürlichen Sonnenlichtes durch den im Kanton Bern (Schweiz) geborenen *Arnold Rikli* (1823–1906). Er war es, der im Jahre 1855 die erste Sonnenbadeanstalt am Veldessee in Oberkrain eröffnete, die für alle derartigen Bestrebungen zum Vorbild wurde und der allmählich stärker werdenden Naturheilbewegung den Anstoß gab,

überall Luft- und Sonnenbäder einzurichten. *Rikli* war zum Apostel der Licht- und Wärmebehandlung geworden. Viel zitiert wird heute noch sein Ausspruch: „Wasser tut's freilich, höher jedoch steht die Luft, am höchsten das Licht."

Die Erforschung der Sonnenlichtwirkung

Aus dieser Zeit stammen auch die Anfänge der wissenschaftlichen Lehre von den chemischen Wirkungen des Sonnenlichtes. Jedenfalls begann im Jahre 1816 der Jenaer Chemiker *Johann Wolfgang Döbereiner* (1780–1849) seine Forschungen über die chemischen Wirkungen der Sonnenstrahlen.

Leider nahmen die Ärzte des 19. Jahrhunderts die aufstrebende Naturheilbewegung nicht ernst. Sie schenkten den natürlichen Heilfaktoren weder die ihnen gebührende Aufmerksamkeit, noch erkannten sie, von wenigen Ausnahmen abgesehen, ihre wahre Bedeutung.

Zu den Ausnahmen gehörte *Heinrich Lahmann* (1860–1905), den wir heute als den ersten wissenschaftlichen Naturarzt bezeichnen. International bekannt wurde er durch das von ihm gegründete und geleitete Sanatorium „Weißer Hirsch" in Dresden. Er versuchte durch sein im Jahre 1898 herausgegebenes Buch „Das Luftbad als Heil- und Abhärtungsmittel" das Interesse der Ärzte für das Licht-Luft-Bad zu wecken. Zwar stieß er nur bei wenigen Ärzten auf das nötige Verständnis, immerhin wurden aber durch seine rege Tätigkeit die vegetarische Kost, eine gesunde Bekleidung und das Luft-Licht-Bad zu Bestandteilen ärztlicher Empfehlungen.

Eine weitere Förderung erhielt die Sonnenbehandlung erst wieder durch die Mikrobenforschung. Die beiden Engländer *Sir Arthur Downes*, ein führender Beamter des englischen Gesundheitswesens, und der Chemiker *Thomas P. Blunt* untersuchten die Einwirkungen des Sonnenlichtes auf Bakterien und andere niedere Organismen und fanden die hemmende Wirkung des diffusen Lichtes und die vernichtende Wirkung des direkten Sonnenlichtes auf die Bakterien. Sie schrieben diese Wirkung den „aktinischen" oder „chemisch wirkenden" Strahlen des Spektrums zu. Heute wissen wir, daß die Wirkung besonders vom ultravioletten Anteil des Sonnenlichtspektrums ausgeht. Es sind die gleichen Strahlen, die bei der Selbstreinigung der Flüsse eine große Rolle spielen, wie der deutsche Hygieniker *Hans Buchner* (1850–1902) im Jahre 1893 nachweisen konnte.

Zu Beginn unseres Jahrhunderts haben zwei Schweizer Ärzte die bis dahin gefundenen praktischen und wissenschaftlichen Erkenntnisse über die Sonnenlichtwirkung durch systematische Behandlung einer großen Zahl von Patienten studieren und kontrollieren können.

O. Bernhard kannte die Eigenart der Graubündner Bauern, ihr Ziegenfleisch an den Balkonen ihres Hauses luftig aufzuhängen und der Sonne auszusetzen, um es haltbar zu machen. Mit Recht schloß er aus dieser Beobachtung auf eine bakterientötende Wirkung der Sonnenstrahlung. Wenn das Fleisch haltbar blieb, mußten die sonst anhaftenden fäulniserregenden Bakterien abgetötet sein. Im Jahre 1902 begann er in Samaden (Engadin) schlecht heilende Wunden und später auch tuberkulöse Krankheitsherde an der Haut und den Knochen zu besonnen. Er erlebte glänzende Erfolge. Sogar bestimmte Fälle von Lungentuberkulose konnte er durch die Sonnenbehandlung günstig beeinflussen.

Dr. Rolliers Sonnenkuren

Bereits ein Jahr später gründete *Auguste Rollier*, angeregt durch die Erfolge *Bernhards*, im Winter 1903/04 in Leysin

Sonnenbaden gehört sicher mit zu den schönsten Freizeitbeschäftigungen. Doch nie ungeschützt in die pralle Sonne legen!

(Schweiz), 1263 Meter über der Meereshöhe gelegen, eine Heilstätte zur Behandlung der Drüsen-, Knochen- und Gelenktuberkulose mit Sonnenbestrahlungen. Während *Bernhard* nur die örtlichen Krankheitsherde bestrahlte, ließ *Rollier* die Sonnenstrahlen auf die ganze Körperoberfläche einwirken. Er ging dabei von der Überlegung aus, daß die Tuberkulose, unabhängig vom Sitz der Krankheitsherde, keine lokale Erscheinung sei, sondern eine den ganzen Körper in Mitleidenschaft ziehende Erkrankung. Er benutzte daher nicht nur die lokale keimtötende Wirkung der Sonnenstrahlen, sondern auch ihren Einfluß auf den Gesamtkörper, der sich durch die Bestrahlung kräftigt und der tuberkulösen Infektion einen größeren Widerstand entgegensetzt.

Diese Annahme war berechtigt; denn wir wissen heute, daß durch die Einwirkung der Sonnenstrahlen die Lipoidsubstanzen (Vorstufen des Vitamins D) eine Umformung erfahren und Vitamin D entsteht, das für den Knochenaufbau unentbehrlich ist. Man nimmt heute weiterhin an, daß das von der Sonne in der Haut hervorgerufene Pigment (Hautbräune) an der Umformung der Lichtenergie in Lebensenergie beteiligt ist.

Rollier ist der „Sonnendoktor" unserer Zeit geworden. Wir verdanken ihm das ausgezeichnete Buch „Die Heliotherapie", in dem er seine fünfundvierzigjährigen Erfahrungen mit der Sonnenkur, insbesondere bei der chirurgischen Tuberkulose, niedergelegt hat.

Rollier hat nachgewiesen, daß die großen Hoffnungen, die die alten Naturärzte auf die Sonnenkuren setzten, vollauf berechtigt waren. Mit ihm ist die Sonnenlichtbehandlung endlich für eine Reihe von Krankheiten zu einem wichtigen Bestandteil der klinischen Behandlungsmethoden geworden.

Wir können dies heute tatsächlich „für eine Reihe von Krankheiten" sagen, da sich inzwischen herausgestellt hat, daß die Hochgebirgssonne nicht nur bei schlecht heilenden Wunden und den verschiedenen Erkrankungen der sogenannten chirurgischen Tuberkulose heilkräftig wirkt, sondern auch ein ausgezeichnetes Mittel zur Behandlung des chronischen Gelenkrheumatismus darstellt. Die weiteren Ausführungen werden das verständlich machen.

Wirkung des Sonnenlichts auf den menschlichen Körper

Für alle Lebensvorgänge auf der Erde ist die Licht- und Wärmestrahlung der Sonne unerläßlich. Ohne den im Grunde genommen dünnen Sonnenstrahl, der unsere kleine Erde trifft, gäbe es keinen Wind und kein Wetter, keine lebendigen Pflanzen, Tiere und Menschen. Die Erde wäre tot oder, wie es im Schöpfungsbericht heißt, „wüst und leer".

Die Sonnenstrahlen bestehen aus einem Wellengemisch, aus Wellen verschiedener Länge oder ganz einfach gesagt aus Licht und Wärme. An sich sind die Wellen farblos. Lassen wir sie jedoch durch ein Glasprisma fallen, so trennen sich die Wellenarten voneinander und fächern sich zu dem bekannten *Farbspektrum* auf, und unser Auge kann dann in dem für uns sichtbaren Bereich vom Rot bis zum Violett etwa 160 Farbtöne unterscheiden.

Das für uns sichtbare Licht wärmt auch zugleich. Viel stärker geschieht das aber durch den unsichtbaren ultraroten Bereich der Sonnenstrahlen. Diese Wellen sind jedoch weder farbig noch sichtbar und selbst auch nicht warm. Aber sie „erregen" die Wärme, weil sie sozusagen die in aller Materie steckende Energie „aufwecken", indem sie kleinste Materieteilchen in ungeordnete Bewegung versetzen, wie es auch durch mechanische Reibung geschieht.

In unserer Haut wird der Unruhezustand der Teilchen durch besondere Sinneszellen wahrgenommen und dem Gehirn weitergeleitet, das uns die Empfindung „Wärme" vermittelt. Wo die Sonnenstrahlen nicht auf Materie stoßen, deren Teilchen in Unruhe versetzt werden können, entsteht keine Wärme, auch nichts Helles und nichts Farbiges. Daher herrschen in dem Raum zwischen Sonne und Erde, dem sogenannten Weltraum, dessen Entfernung von 150 Millionen Kilometern die Sonnenstrahlung in 8⅓ Minuten durchmißt, nur Kälte und Schwärze. Erst im Erdbereich treffen die Wellen der Sonnenstrahlung auf Materieteilchen und Gegenstände, die sie dann erregen und damit erhellen und erwärmen.

IN DIESEM KAPITEL:

- **Spezielle Wirkungen auf die Haut**
- **Wirkungen auf die Bewegungsorgane** (Knochen, Gelenke, Muskulatur)
- **Wirkungen auf Blut und Stoffwechsel**
- **Wirkungen auf die Hormondrüsen**
- **Wirkungen auf das vegetative Nervensystem**
- **Spezielle Wirkungen auf die Netzhaut des Auges**
- **Wirkungen der getrennten Strahlenbereiche**
- **Schädliche Wirkungen der Sonnenstrahlung**

Neben dem eigentlichen direkten Sonnenlicht ist auch die *Strahlung des Himmels* als Lichtquelle nicht zu unterschätzen. In den Sommermonaten erreicht die Himmelsstrahlung – die gestreutes Sonnenlicht darstellt – im kurzwelligen Teil ungefähr die gleiche Stärke wie die der direkten Sonnenstrahlung, in den Wintermonaten mit tiefem Sonnenstand ein Mehrfaches der Sonnenstrahlung.

Die Sonnenstrahlen entfalten eine vielfache Wirkung auf den menschlichen Körper. Am sinnfälligsten und am meisten begehrt ist ihre *Einwirkung auf die Haut,* scheint doch eine schöne braune Haut, ohne die kaum noch jemand aus dem Urlaub zurückzukehren wagt, das sichtbarste Zeichen einer „guten Erholung" zu sein. Aber diese Wirkung, die im Grunde genommen nur anzeigt, daß sich die Haut vor zu starker Sonneneinwirkung zu schützen versuchte, und die auch etwas mit der Eitelkeit der Menschen zu tun hat, ist hier am wenigsten gemeint. Neuere Forschungen in den letzten Jahrzehnten haben uns eine Reihe wertvoller Aufschlüsse über die Einwirkung der Sonnenstrahlen auf die Haut gebracht. Ganz allgemein müßte jeder wissen, daß ein Zuwenig an Sonneneinwirkung auf die Haut genauso falsch und schädlich ist wie ein Zuviel. Wir sind heute der Meinung, daß es eine wichtige Aufgabe der Haut ist, aus der Sonnen- und Himmelsstrahlung lebenswichtige und entwicklungsfördernde Energien aufzunehmen. Es darf aber nicht so weit gehen, daß die Haut gezwungen ist, sich durch einen dichten braunen Farbstoffmantel gegen weitere Sonneneinwirkungen abzuschließen.

Durch das sichtbare Licht, vor allem aber auch durch die UV-Strahlen, werden bei angemessener Dosierung alle Lebensvorgänge angeregt. Im einzelnen konnte man feststellen:

- Anregung der Hormondrüsentätigkeit und des Wachstums im Kindesalter,
- Steigerung der Immunität der Körperzellen und dadurch eine Erhöhung der Anpassungs- und Abwehrbereitschaft besonders gegen Infektionen,
- Anregung des Gesamtstoffwechsels einschließlich der Fermentbildung und damit auch des Grundumsatzes und der Sauerstoffausnutzung im Gewebe,
- Anregung der Funktionen der blutbildenden Organe und eine Erhöhung des Stoffwechsels in der Haut.

Spezielle Wirkungen auf die Haut

1. Hautrötung: Sie ist abhängig von der Belichtungsstärke und der Belichtungsdauer und erscheint gewöhnlich erst mehrere Stunden nach der Bestrahlung. Die Rötung tritt meist gleichmäßig und hellrot auf. Am wirksamsten sind die UV-Strahlen mit den Wellenlängen im Bereich zwischen 315 und 280 nm (Nanometer).

Die Rötung durch UV-Strahlen kommt auf photochemischem Wege zustande. So soll z. B. durch die Strahlung aus der Aminosäure Histidin das Histamin entstehen, ein Gewebshormon, das eine Gefäßerweiterung und Durchblutungssteigerung auch der feinen Haargefäße (Kapillaren) in der Haut hervorruft.

Die Durchblutung ultraviolett bestrahlter Haut nimmt um bis zu 120 Prozent zu und erreicht diesen Höchstwert 24 Stunden nach der Bestrahlung. Bereits drei bis vier Stunden nach der Bestrahlung ist die Durchblutung um 43 Prozent gesteigert (*Berlescu* u. a.); 72 Stunden danach beträgt die Durchblutungssteigerung noch 65 Prozent.

Bei zu starker Bestrahlung – das gilt sowohl für die Sonnen- als auch für die alleinige UV-Lichtbestrahlung – entstehen schwere Entzündungs- und Verbrennungserscheinungen an der Haut. Besondere Vorsicht ist bei der Bestrahlung der Augenbindehaut erforderlich, die sehr

Sonnenlicht und Sonnenwirkungen gehören zu den großen Geheimnissen der Natur. Inzwischen haben wir gelernt, uns ihre heilenden Kräfte zunutze zu machen. Sonnenstrahlen sind ein wichtiger Faktor in der Behandlung bestimmter Krankheiten.

schnell mit einer quälenden Bindehautentzündung (Konjunktivitis) reagiert. Meist müssen die Augen durch eine Sonnenbrille geschützt werden.

2. Bräunung (Pigmentierung): Im Anschluß an die Rötung der Haut (Erythemerzeugung) tritt besonders bei mehrmaliger Bestrahlung (vor allem mit Strahlen der Wellenlänge um 300 nm) eine Bräunung der Haut auf. Sie kann auch ohne vorherige Rötung zustande kommen, wenn Strahlen vorwiegend der Wellenlänge um 300–400 nm einwirken. Wie jeder weiß, reagieren die verschiedenen Menschentypen verschieden schnell und auch verschieden stark auf die bräunenden Strahlen. Brünette Typen reagieren schneller und intensiver als blonde. Albinos können gar keinen Hautfarbstoff bilden. Chemisch spielt bei der Bräunung die Aminosäure Dioxyphenylalanin (Dopa) eine besondere Rolle, doch ist der Gesamtvorgang noch nicht eindeutig geklärt. Die Hautbräunung schützt die Haut vor einer zu starken Wärmebelastung durch die Infrarotstrahlen *(Dinculescu)*.

3. Verdickung der Haut: Nach mehrfacher Bestrahlung verdicken und verhärten sich die obersten Hautschichten. Man spricht dann von einer Lichtschwiele (oder auch Hyperkeratose). Ihr kommt vermutlich eine Schutzfunktion gegen zu starke Bestrahlung (Ultraviolett- und Infrarot-Strahlung) zu. Durch die Lichtschwielenbildung muß zur Erzielung weiterer Hautrötung die Bestrahlungsdauer immer mehr erhöht werden, manchmal bis zum Zehnfachen.

4. Vitamin-D-Bildung: Sowohl das Sonnenlicht als auch die UV-Strahlen vermögen in der Haut die Vorstufe des Vitamins D (Provitamin D = Ergosterin, Dehydrocholesterin) in das Vitamin D_2 und D_3 zu überführen. Das gleiche geschieht auch, wenn Milch bestrahlt und damit „aktiviert" wird. Das Vitamin D besitzt eine rachitisverhütende und heilende Wirkung, da es den Kalzium-Phosphor-Stoffwechsel reguliert und entscheidend am Aufbau des Knochens mitwirkt. Es ist heute selbstverständlich geworden, die Nahrung der Säuglinge mit Vitamin D anzureichern und alles zu tun, damit durch eine ausreichende Sonneneinwirkung die Rachitis verhütet wird.

5. Vernichtung von Bakterien (bakterizide Wirkung): Trotz der geringen Eindringtiefe (bis etwa 0,1 mm) besitzen die UV-Strahlen (mit Wellenlängen um 265 nm) eine bakterientötende Kraft, die sich wahrscheinlich in einer Denaturierung des Bakterieneiweißes äußert. Am Menschen läßt sich das nur bei oberflächlichen Wunden ausnutzen, wobei jedoch die bakterientötende Wirkung durch die allgemeine Steigerung der Abwehrkraft unterstützt wird.

In Operationssälen, auf Säuglingsstationen und in Laboratorien wird auch heute noch vielfach die Luft durch UV-Strahlung entkeimt.

6. Fluoreszenzerregung: Die UV-Strahlung läßt die menschliche Haut in besonderer Weise aufleuchten (fluoreszieren). Diese Tatsache kann man zur diagnostischen Klärung einiger Hautkrankheiten ausnutzen. Krankheitsherde oder veränderte Hautpartien heben sich unter der Analysenlampe deutlich von der gesunden Umgebung ab, so z. B. bei Narben, Pigmentierungen und nach Röntgenbestrahlungen.

Zusammenfassend kann über die Wirkung der Sonnenstrahlen auf die Haut gesagt werden: Sie bewirken eine Erweiterung der kleinen Arterien und der Haargefäße der Haut. Die Blutzirkulation in der Haut wird durch die Einstrahlung angeregt, verstärkt oder gar erst wiederhergestellt. Dadurch werden die allgemeine Blutzirkulation gefördert und der Stoffwechsel günstig beeinflußt. Je stärker die Durchblutung der Oberfläche, um so geringer ist die Gefahr der Blutstauung in den Brust- und Bauchorganen. Gleichzeitig wird auch das dichte Nervennetz der Haut durch die Einstrahlung erregt.

Die Sonne hat vielfältige Wirkungen auf unseren Organismus – richtiges, zeitlich sinnvolles Sonnenbaden vorausgesetzt.

Wirkungen auf die Bewegungsorgane
(Knochen, Gelenke, Muskulatur)

Ganz allgemein begünstigt das Sonnenlicht die Gesunderhaltung und Wiederherstellung des Skelettsystems, was sich besonders in seiner Wiederverfestigung und erneuten Kalkanreicherung zeigt. Dieser Vorgang hängt wesentlich mit der durch die Sonnenstrahlen angeregten Vitamin-D-Bildung in der Haut, mit der Anregung der Hormondrüsentätigkeit, vor allem auch der Nebenschilddrüsen, die den Kalkstoffwechsel regulieren, und der Verbesserung des Mineralstoffwechsels zusammen, wobei die Versäuerung des Gewebes bekämpft und die Mineralverarmung verhindert wird.

Nach *Rollier* erlangen die Lipoide pflanzlicher und tierischer Herkunft (Phytosterine und Cholesterine) unter der Wirkung der Sonnenstrahlen dank eines photochemischen, sich in den Molekülen abspielenden Prozesses regulierende Eigenschaften auf den Mineralstoffwechsel und auf die Erscheinungen, die davon abhängen. Da aber die *Mineralsalzverarmung* eines der Hauptkennzeichen der *Knochentuberkulose* ist, gehört die Sonnenbestrahlung – sie bewirkt eine Einlagerung von Mineralien in die Knochen – unbedingt zu einer ausreichenden Behandlung dieser Krankheit, da die modernen chemotherapeutischen Mittel lediglich die Entwicklung der Bazillen hemmen. Die Sonnenlichtbehandlung gilt daher immer noch uneingeschränkt als Grundbehandlung der Knochentuberkulose, die allerdings durch die modernen tuberkulosehemmenden Mittel verkürzt wird.

Die *Muskulatur* des Erwachsenen wie auch die des Kindes wird durch das Sonnenbaden in harmonischer Weise entwikkelt. Diese Beobachtung machte *Rollier* an

Das war sicher des Guten zuviel. Bei vernünftiger Bestrahlungsdauer läßt sich ein Sonnenbrand vermeiden. Daran denken, daß auch die Luft bräunt – besser und gleichmäßiger als die direkte Sonnenbestrahlung.

Kranken mit Knochentuberkulose, die völlig ruhiggestellt waren und trotzdem die festesten und bestentwickelten Muskeln aufwiesen. Die Zunahme der Brustmuskulatur begünstigt das Spiel der Atmung und damit die Sauerstoffversorgung des Organismus. Die Entwicklung der Bauchmuskulatur stellt den natürlichen Bauchgurt wieder her, der für die normale Funktion der Baucheingeweide so unentbehrlich ist, über den aber fast kein Mensch mit sitzender Lebensweise jenseits des vierzigsten Lebensjahres mehr verfügt. Statt Bauchbinden zu benutzen, führe man Sonnenbestrahlungen durch – das ist der natürliche Heilreiz!

Wirkungen auf Blut und Stoffwechsel

Zahlreiche chemische Reihenuntersuchungen haben erwiesen, daß die Bestrahlung der gesamten Körperoberfläche eine starke Beeinflussung des Stoffwechsels zur Folge hat. So ließ sich ermitteln, daß die Sonnenstrahlen den Kalk- und Phosphorgehalt des Blutes normalisieren, das Säure-Basen-Gleichgewicht herstellen und das Knochenmark zur Neubildung roter Blutkörperchen anregen.

Bei übertriebenem Sonnenbaden kann sich das Blut in gefährlicher Weise verändern. So vermag sich der rote Blutfarbstoff, das Hämoglobin, in Methämoglobin zu verwandeln, das seine Fähigkeit, Sauerstoff zu übertragen, verloren hat. Diese Veränderung kann zum Tode führen.

Unter Sonnenlichteinfluß verändert sich ferner in nicht unerheblicher Weise der *Kohlenhydratstoffwechsel.* Dazu gehört auch die Herabsetzung des Blutzuckerspiegels und eine daraus erhöhte Verträglichkeit für Kohlenhydrate sowie die Wiederherstellung des Säure-Basen-Gleichgewichts. Diese Tatsache sollte eine Anregung für alle Zuckerkranken sein, sich neben der sonstigen Behandlung einer systematischen und ärztlich überwachten Sonnenkur zu unterziehen.

Die Untersuchungen des Lichteinflusses auf den *Fettstoffwechsel* haben noch zu keinen voll befriedigenden Ergebnissen geführt.

Über die Beeinflussung des *Eiweißstoffwechsels* ist mehr bekannt. Bei einer mäßigen Belichtung ist die Stickstoffausscheidung vermindert, während sie bei großer Dosis erhöht ist. Der Purinstoffwechsel ist ebenso lichtabhängig wie der Mineralstoffwechsel, wo besonders der Kalzium- und Phosphorstoffwechsel im Zusammenhang mit dem Vitamin D und der Rachitis praktisch wichtig geworden sind.

Wirkungen auf die Hormondrüsen

Abgesehen von der anregenden Wirkung der Sonne auf die innersekretorischen Funktionen der Haut, vermag sie auch, insbesondere mit ihrem ultravioletten und infraroten Strahlenanteil, einen deutlich regulierenden und harmonisierenden Einfluß auf die Schilddrüse und die Hypophyse auszuüben. Diese wirken als übergeordnete Organe wiederum auf die gesamte innere Sekretion ein *(Kohler)*.

Auch die Haut beeinflußt mit ihren Vitaminen und Hormonen die Hormondrüsen günstig und wird wiederum durch sie stark beeinflußt. So lassen sich über die Haut auf natürliche Weise sonst schwer angreifbare Hormondrüsenstörungen bessern und heilen.

Ein Versuch mit der systematischen Sonnenbehandlung lohnt sich immer beim Ausbleiben der Menstruation (Amenorrhoe), bei Entwicklungsstörungen, bei einigen Formen von Basedow und endokriner Fettsucht.

Wirkungen auf das vegetative Nervensystem

Die Sonne übt insbesondere mit ihren ultravioletten und ultraroten Strahlen einen regulierenden und normalisierenden Einfluß auf verschiedene Regulationsstörungen aus, wie es schon *Auguste Rollier* beschrieb und später auch vor allem von *Amelung* und *Giersberg* erneut gezeigt werden konnte...

Kurmäßig angewandte Bestrahlungen üben eine meßbare und damit leicht kontrollierbare Wirkung auf Blutdruck, Puls und Atmung aus. Die Reaktion verläuft meist deutlich in zwei Phasen.

Nach den ersten Bestrahlungen treten mit der Hautrötung (Erythembildung) zugleich die Anzeichen einer Reizung des sympathischen Nervensystems auf, die einhergeht mit einer *Steigerung* des Blutdrucks, der Puls- und Atemzahl pro Minute, mit einer Erhöhung des Grundumsatzes und des Sauerstoffverbrauches.

Diese im Anfang der Bestrahlungen auftretende Sympathikusreizphase ist der Grund, weshalb sich Menschen mit Schilddrüsenüberfunktion in See- oder Hochgebirgsklima oder nach starker Sonneneinwirkung auch im Flachland schlechter fühlen.

Die Primärreaktion geht aber allmählich, und zwar mit Beginn der Hautbräunung, in die Sekundärreaktion über, bei der sich ein Absinken des Blutdrucks, der Puls- und Atemfrequenz sowie eine Herabsetzung des Grundumsatzes und des Sauerstoffverbrauches feststellen läßt.

Die Sekundärphase, auch vagotone Phase genannt, weil jetzt der Einfluß der Vagusnervenimpulse vorherrscht, stellt die erwünschte Heilphase dar, die an der

Auch am Strand ist es besser, nicht nur faul in der Sonne zu liegen, sondern sich bei Sport und Spiel zu bewegen. Außerdem gibt es bei gemeinsamen Bewegungsspielen viel „Spaß an der Freud".

Hautbräunung (Pigmentation) oder sogar an der Hautverdickung (Lichtschwielenbildung) für jeden Laien erkennbar ist.

Die erste (sympathikotone), in den meisten Fällen unerwünschte Reizphase kann fast völlig verhindert und ein unbemerkter Übergang in die vagotone Heilphase dadurch erleichtert werden, indem man die ersten Bestrahlungen so kurz und vorsichtig durchführt, daß es kaum zu einer Hautrötung kommt (unterschwellige Bestrahlung). Dieses Vorgehen ist besonders für lichtempfindliche blond- und rothaarige Personen zu empfehlen, da diese schon ihrer Konstitution entsprechend „sympathikoton" gestimmt sind.

Die Änderungen des Verhaltens von Puls, Blutdruck, Atmung, Grundumsatz und Sauerstoffverbrauch sind Anzeichen für eine Entspannung (Vagotonisierung) der vegetativen Regulationen, wodurch zugleich auch die Kreislauffunktion „wirtschaftlicher" wird.

Man darf aber nicht in den Fehler verfallen, anzunehmen, daß durch eine möglichst intensive Hautbräunung eine ebenso intensive Umstimmung erfolgt. Es muß vielmehr beachtet werden, daß eine zu starke Hautbräunung die Hautfunktionen hemmt. Also ist auch hierbei wieder das rechte Maß unbedingt einzuhalten. Die Hemmung der Hautfunktionen durch zu starke Sonneneinstrahlung würde nur die Alterungsprozesse beschleunigen, während eine wohldosierte Bestrahlung die Lebensfunktionen der Haut anregt. Wichtig zu wissen ist in diesem Zusammenhang, daß die erwünschte Hautbräunung auch im Schatten entsteht, da jene die Bräunung hervorrufenden längeren UV-Strahlen nicht nur in den direkten Sonnenstrahlen, sondern auch vom diffusen Himmelslicht abgestrahlt werden. Die kürzeren UV-Strahlen werden ohnehin von den obersten Hautschichten (Hornschicht) abgefangen. Der braune Farbstoff, Melanin genannt, befindet sich in der tiefsten Schicht der Haut und gelangt durch die Bestrahlung nach oben bis unter die Hornschicht und wird damit als braune Färbung oder „Schminke des Sommers" sichtbar.

Eine ziemlich rasche *Blutdrucksenkung* kann man – unter Vermeidung der anfänglichen Reizphase – durch Bestrahlen großer Körperpartien vor allem dann erzielen, wenn die Bestrahlung besonders mit stark infrarothaltigen Strahlen (vormittags und nachmittags) erfolgt. Die Infrarotstrahlen erweitern die Haargefäße (Kapillaren) in einer ungeheuren Anzahl bis in die Muskelschichten hinein, so daß die Haut, das Unterhautgewebe und die obersten Muskelschichten von einer großen Blutmenge durchströmt werden, was eine erhebliche Blutdrucksenkung, aber auch eine Steigerung des gesamten Stoff- und Energieumsatzes von langer Dauer zur Folge hat.

Menschen mit höherem Blutdruck ohne fortgeschrittenere Arteriosklerose können daraus großen Nutzen ziehen, wobei der Kopf jedoch sorgfältig vor einer direkten Bestrahlung geschützt bleiben muß.

Menschen mit niedrigem Blutdruck sollten diese Reaktion auf jeden Fall vermeiden, indem sie nur kurzdauernde Bestrahlungen durchführen und sich dabei am

besten an der Luft bewegen oder zwischendurch kurze kalte Seebäder nehmen.

Eine überraschende Wirkung hat das Sonnenbad auch auf das *seelische Befinden.* Eine individuell und richtig dosierte Lichtbehandlung regt nicht nur die vitalen Funktionen des Organismus an, sondern sie ruft auch beim Kranken sehr bald ein ausgezeichnetes Wohlbefinden hervor. Diese Hochstimmung wiederum wirkt günstig auf die Organfunktionen und vor allem auf das heute meist übermäßig strapazierte Nervensystem.

Spezielle Wirkungen auf die Netzhaut des Auges

Ganz überraschende Wirkungen übt das Licht auf unsere Netzhaut aus, wie Forschungen von Prof. Dr. *F. Hollwich* (Jena) ergeben haben. Lichtreize (Lichtenergie) werden von der Netzhaut des Auges aufgenommen und auf besonderen Nervenbahnen der in der Schädelbasis gelegenen wichtigsten Hormondrüse, der Hypophyse, weitergeleitet. Die Hypophyse stellt die zentrale Steuerungsstelle des gesamten Hormondrüsensystems dar und hat unter anderem auch den Wasser- und Kohlenhydratstoffwechsel im Gleichgewicht zu halten. Die Hormonbildung wie auch die Regulierung des Wasser- und Kohlenhydrathaushaltes werden wesentlich von der Lichteinwirkung beeinflußt. Diesen Schluß zog Prof. *Hollwich,* als er bei der systematischen Untersuchung von Blinden feststellen mußte, daß deren Wasser- und Kohlenhydrathaushalt mit großer Regelmäßigkeit von einer normalen Regulierung abwich.

Auch bei Star-Patienten, bei denen wegen der undurchsichtig gewordenen Linse die Lichtreize nicht mehr auf die Netzhaut gelangen können, ließ sich vor allem eine Wasseransammlung (Ödembildung) feststellen, so daß die Patienten gedunsen aussahen. Wurde durch eine Staroperation die undurchsichtige Linse entfernt und durch eine Starbrille ersetzt, so schwemmten die Wasseransammlungen aus, und das gedunsene Gesicht nahm wieder normale, straffe Züge an.

Bei Blindgeborenen oder früh Erblindeten fand Prof. *Hollwich* bei Röntgenuntersuchungen eine Oberflächenverminderung der knöchernen Umgebung (Sella) der Hirnanhangsdrüse (Hypophyse), was auf eine Unterentwicklung der Hypophyse durch Ausbleiben des Lichtreizes schließen läßt.

In interessanten biologischen Versuchen ließ sich nachweisen, daß die mit der Netzhaut aufgenommene Lichtenergie eine ganze Reihe von Hormonbildungsvorgängen beeinflußt, wobei die verschiedenen Wellenlängen sogar verschiedene Wirkungen auslösen.

Belichtet man z. B. bei jungen männlichen Enten (Erpeln) isoliert die Augenregion, so wird die Entwicklung der Keimdrüsen beschleunigt. Dabei ist zu betonen, daß diese Wirkung nur von dem langwelligen (rot-orangefarbenen) Anteil des Sonnenspektrums ausgeht, während das kurzwellige Licht keinen Einfluß auf die Entwicklung der Keimdrüsen hat.

Auch aus anderen biologischen Beobachtungen und Experimenten *(Venzmer)* geht zwingend hervor, daß der Lichtreiz über die Netzhaut des Auges eine hormonanregende Wirkung entfaltet (z. B. bei der Gehörnbildung der Rehböcke, beim Farbwechsel der Frösche).

Durch Versuche an jungen Hähnchen ließ sich nachweisen, daß der Lichtreiz auch die Blutbildungszentren anregt. Man hielt sieben Wochen alte Hähnchen zehn Wochen lang in einem verdunkelten Stall. Während dieser Zeit sank die Blutfarbstoffbildung (Hämoglobin) auf die Hälfte ab.

„Die Heilung der Krankheit wie ihre Vorbeugung hängt ebensosehr von dem Geist des Menschen wie von seinem Körper ab. Damit die Hygiene die Schildwache der gesamten Gesundheit sein kann, muß sie ebensosehr auf die Seelen wie auf die Körper hinzielen, muß sie ihnen auch das Licht auszuteilen wissen, das für sie unentbehrlich ist.

Aber diese Erleuchtung der Seelen wird nur wahrhaft wirken können, wenn sie, aus der Quelle geschöpft, von dem herrührt, der sie personifiziert, der gesagt hat: ‚Ich bin das Licht der Welt... ohne mich könnt ihr nichts vollbringen.' Die Welt, die ihn mißverstanden hat und die den Schatten vorzog, hat ihre harten Lehren daraus ziehen müssen. Sie muß zu ihm zurückkehren, wenn sie von ihren Trümmern wieder aufstehen und zum ewigen Leben gelangen will. Nur so verwirklicht sich die großartige Weissagung des Propheten Maleachi, das leuchtende Bild der Heliotherapie des Leibes und der Seele, die beide hienieden untrennbar sind: ‚Auf diejenigen, die seinen Namen fürchten, wird sich die Sonne der Gerechtigkeit erheben, und in ihren Strahlen wird die Heilung sein!'"

Auguste Rollier

Es bestand also eine schwere Blutarmut. Nun teilte man die Hähnchen in zwei Gruppen. Einer Gruppe verschloß man durch eine Naht die Augenlider, der anderen nicht. Dann setzte man beide Gruppen morgens und nachmittags jeweils für zwei Stunden der Sonne aus. Die danach wiederholte Untersuchung der Blutfarbstoffwerte ergab, daß nur bei der Hähnchengruppe mit den geöffneten Augenlidern, bei denen also der Lichtreiz die Netzhaut treffen konnte, ein schneller Wiederanstieg des roten Blutfarbstoffs erfolgte.

Das Licht übt aber nicht nur einen wesentlichen Einfluß auf die Hormondrüsen und das vegetative Nervensystem aus, es spielt auch eine Rolle in der Tagesrhythmik der Körperfunktionen, wie die von *Radnot* (Budapest) ausgeführten Versuche ergaben. Die Autorin legte Patienten abends Augenverbände an, zählte am nächsten Morgen die Eosinophilen-Zellen im Blutbild (eine bestimmte Art der weißen Blutkörperchen), nahm dann die Verbände ab und zählte nach zwei bis vier Stunden – in denen also Licht einwirken konnte – abermals die Eosinophilen-Zellen. Die Zahl der Eosinophilen war deutlich gesunken.

Bei einem weiteren Experiment beließ sie den Patienten die Augenverbände bis zur zweiten Zählung, bei der dann die Verminderung der Eosinophilen im Blut ausblieb. Die morgendliche Schwankung der Zahl der Eosinophilen ist gesetzmäßig und ein Zeichen für die Anregung des Hypophysen-Nebennierenrinden-Systems durch die periodische Lichteinwirkung.

Aus all den genannten Beobachtungen und Versuchen geht einwandfrei hervor, daß das Licht einen wichtigen, ja, unentbehrlichen Umweltfaktor für die Steuerung des Organismus, insbesondere der vegetativ-hormonalen Funktionen, darstellt. Allein aus den Wirkungen auf die Netzhaut läßt sich schon zeigen, daß Licht- und Sonnenbäder bei vegetativer Dystonie, Unterfunktion der Hormondrüsen (Hypophyse, Nebennierenrinde, Keimdrüse) und Anämie (besonders bei hypochromer Anämie) als hervorragende Mittel zur Gesunderhaltung und Heilung zu gebrauchen sind.

Gesünder ist es auf jeden Fall, sein Sonnenbad im Schatten zu nehmen.

Wirkungen der getrennten Strahlenbereiche

Betrachtet man die Wirkungen der einzelnen getrennten Wellenbereiche des Sonnenlichtes gesondert, also die Wirkungen der infraroten, der ultravioletten und der eigentlichen Lichtstrahlen, so ergibt sich das folgende Bild:

Reine Infrarotstrahlung: Die infraroten *(ultraroten)* Strahlen werden von den obersten Hautschichten aufgenommen (absorbiert) und rufen dort eine starke Erwärmung hervor. Während man früher annahm, daß die Tiefenwirkung der Infrarotstrahlen sehr gering sei und ihnen neben der oberflächlichen Wärmewirkung keine besondere biologische Wirkung zukomme,

OZON – nützlich und schädlich

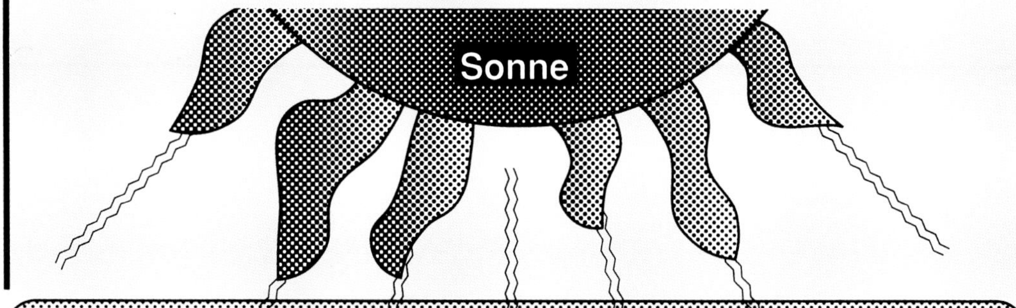

NÜTZLICH in der oberen Atmosphäre

Durch das Sonnenlicht wird molekularer Sauerstoff (O_2) teilweise in atomaren Sauerstoff aufgespalten (O). Molekularer und atomarer Sauerstoff verbinden sich zu dreiatomigem Ozon (O_3):

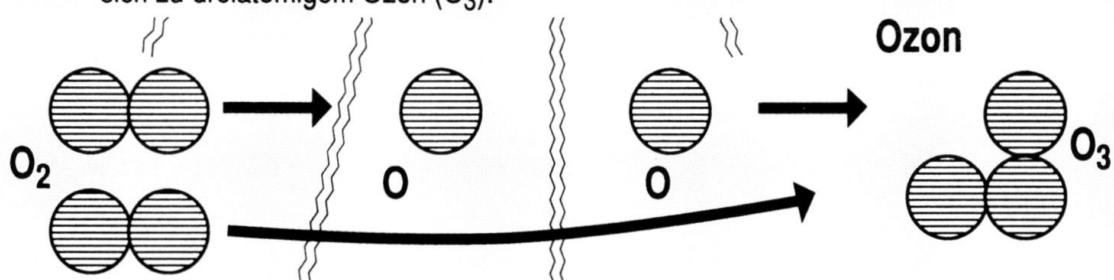

Ozon verschluckt einen Teil der schädlichen UV-Strahlung

SCHÄDLICH in der unteren Atmosphäre

Sonnenlicht spaltet Stickstoffdioxid (NO_2 – z. B. aus Autoabgasen) in Stickstoffmonoxid (NO) und atomaren Sauerstoff (O); dieser verbindet sich mit molekularem Sauerstoff (O_2) der Luft zu Ozon (O_3):

Ozon wirkt ätzend auf die menschlichen Atmungsorgane und auf Pflanzen

8459

Fast überall an den Badestränden gibt es die Möglichkeit, zu spielen und sich zu bewegen.

wissen wir heute, daß durch sie eine starke Erweiterung in den Gefäßnetzen der Haut erfolgt und dadurch eine erhebliche Blutfülle eintritt, also die Blutströmung vom Körperinneren in die Oberfläche gesteigert wird. Diese außerordentlich wichtige Sofortwirkung der Infrarotstrahlung in die Haut geht der Wirkung der Ultraviolettstrahlung zeitlich voraus.

Darüber hinaus hat *Lippross* mit Hilfe von Temperaturmessungen in den verschiedenen Körpergeweben gefunden, daß durch die sichtbaren Strahlen (den langwellig-sichtbaren Bereich des Spektrums) und die Infrarotstrahlen eine Zunahme der Hauttemperatur nicht nur in der direkt bestrahlten Haut, sondern auch – als Fernwirkung – in nicht bestrahlten Körperbezirken eintritt. Auch beschränkt sich die Temperatursteigerung nicht auf die Haut allein, sondern sie erstreckt sich vielmehr bis zu einer Tiefe von 4 cm in die Muskulatur. Bei reiner Ultraviolettbestrahlung tritt diese Sofortreaktion weder in der Haut noch in der Muskulatur ein. Ultraviolettstrahlen führen erst längere Zeit *nach* der Bestrahlung (45 Minuten und mehr) zu einem Temperaturanstieg nur in der Muskelschicht. Die Haut zeigt keine oder nur geringfügige Reaktionen, die zudem sofort nach dem Ende der Bestrahlung verschwinden. Im Gegensatz dazu hält die Gefäßerweiterung der Haargefäße (Kapillarisierung) und die damit zusammenhängende Steigerung der Durchblutungsgröße nach Infrarotbestrahlung auch nach Absetzen der Bestrahlung noch längere Zeit (Stunden) an.

Die **sichtbaren Strahlen,** besonders die roten, dringen etwas tiefer in die Haut ein und werden hier auch größtenteils in Wärme umgewandelt. Eine intensive Rotlichtbestrahlung z. B. kann mehrere Zentimeter tief ins Gewebe eindringen und die Temperatur des Gewebes sowie des durchfließenden Blutes um mehrere Grade erhöhen und damit eine wesentliche Durchblutungssteigerung und Hautrötung hervorrufen. Beim kranken Organismus jedoch kann die tiefere Wärmewirkung des langwelligen sichtbaren Lichtes vor allem über die erhöhte Temperatur des Blutes zu einer *Steigerung der Abwehrkraft des Blutes* gegen Infektionen und zur Zerstörung von Bakterien und ihren Giften führen.

Auch für die *Knochenbruchheilung* spielt anscheinend allein schon die Wärme eine erhebliche Rolle, wie amerikanische Forscher vor einiger Zeit im Tierexperiment feststellen konnten. Bei Hunden mit Brüchen beider Schienbeine heilten die Brüche wesentlich schneller, wenn die gebrochenen Knochen acht Tage lang einer 3,5–5,5 °C höheren Temperatur ausgesetzt waren. Der Nachweis konnte durch Lichtbilder, Röntgenaufnahmen und mikroskopische Schnitte erbracht werden.

Am besten bekannt und wohl auch am wichtigsten sind die biologischen und chemischen Wirkungen der **ultravioletten Strahlen.** Sie vermögen chemische Verbindungen zu lösen und herzustellen, eine Eigenschaft, die die sichtbaren Strahlen nur in geringem Umfang, die infraroten gar nicht besitzen. Auch dringen die ultravioletten Strahlen nur sehr wenig in die Haut ein. Die von ihnen ausgelösten Prozesse spielen sich daher in den obersten Hautschichten ab, so vor allem die Entwicklung von Vitamin D aus Ergosterin, einem Begleitstoff des pflanzlichen Cholesterins, zu Vitamin D_2 sowie von Dehydrocholesterin zu dem am meisten vorkommenden Vitamin D_3. Die Ultraviolettstrahlen aktivieren ferner das Vitamin C und die für den Energiehaushalt der Körperzellen so wichtigen *Red*uktions-*Ox*ydations-Systeme (Redoxsysteme).

Schädliche Wirkungen der Sonnenstrahlung

Es kann kaum noch daran gezweifelt werden, daß es neben den heilsamen auch schädliche Sonneneinflüsse auf den menschlichen Körper gibt, die vorwiegend

Die Sonnenuntergänge an der Nordsee, wenn der rotglühende Sonnenball am Horizont langsam im Meer versinkt, gehören zu den eindrucksvollsten Naturerscheinungen. Hunderte von Schaulustigen stehen in der Dämmerung am Strand und sehen zu – ein Erlebnis, das man nicht vergißt.

von der jeweiligen *Aktivität auf der Sonnenoberfläche* abhängig sind. Diese Erkenntnis ist das Ergebnis zahlreicher Beobachtungen an den medizin-meteorologischen Beobachtungsstationen bei uns wie auch im Ausland.

So wies z. B. der Leiter des medizinmeteorologischen Beratungsdienstes in Königstein, Dr. *Friedrich Becker,* darauf hin, daß man in unserer wechselhaften Westwetter-Klimazone Tage verzeichnen kann, an denen sich das Befinden zahlreicher Patienten auffallend verschlechtert, an denen sich die Zahl der Todesfälle überdurchschnittlich häuft oder Komplikationen nach Operationen auftreten. Auch im Straßenverkehr ist an solchen Tagen eine besonders nervöse und schlechte Fahrweise und in den Betrieben eine erhöhte Unfallziffer zu beobachten. Schon lange glaubt man, daß hieran Einflüsse aus unserer Umwelt, hauptsächlich aber *biosphärische Schwankungen,* maßgeblich beteiligt sind.

Die Biosphäre ist die sich direkt über der Erde befindende, von Lebewesen bevölkerte Atmosphäre, über der sich in einer Höhe von 60–600 Kilometern vier Schichten maximaler Elektronenkonzentration, nämlich die Ionosphäre, ausbreiten.

Die Ionosphäre bildet normalerweise einen zuverlässigen Schutz gegen eine zu starke Sonneneinstrahlung. Diese Schutzfunktion der Ionosphäre wird jedoch in Zeiten steigender Sonnenaktivität (zu erkennen durch zunehmende „Sonnenflecken") gestört. Es dringen dann kosmische Strahlen und Ströme verstärkt und tiefer in die unteren Schichten der Atmosphäre, nämlich in unsere Biosphäre, ein, die uns in negativer Weise beeinflussen.

Dafür einige Beispiele: Eine internationale Arbeitsgruppe kam nach zehnjähriger Registrierung und Auswertung von 4000 Fällen bei der Frage, wie sich die Ionosphäre auf die allgemeine Sterblichkeit auswirkt, zu dem Ergebnis, daß die allgemeine Sterblichkeit um das Eineinhalbfache zunimmt, wenn die Ionosphäre nicht in der Lage ist, die anstürmende Sonnenstrahlung genügend zu reflektieren, wenn also eine stärkere Strahlung die Ionosphäre durchbricht und damit in unsere Lebenssphäre (Biosphäre) eindringt. Es nehmen dann zu: Herzinfarkt, Krämpfe der Herzkranzgefäße bei Bluthochdruck und Arterienverkalkung sowie Schlaganfälle. Die Beobachtungen ergaben ferner, daß die Zahl der Totgeburten genau der jährlichen Ionosphärenkurve folgte.

Nach der Untersuchung von 150 000 Verkehrsunfällen stellte Dr. *R. Reiter* (München) fest, daß sich zu Zeiten heftiger Gasstürme und Gasexplosionen auf der Sonnenoberfläche das Reaktionsvermögen der Menschen auf Signale um fast das Vierfache verlangsamt!

Die Ionen sind höchstwahrscheinlich ein wesentlicher Faktor zur Beeinflussung der vegetativen Funktionen und Verhaltensweisen. Ionen sind elektrisch geladene Teilchen, die in der Atmosphäre in riesigen Mengen auftreten und die dadurch entstehen, daß Atome oder Moleküle unter der Einwirkung starker Energieströme negative Elektronen aufnehmen oder verlieren. Die Energieströme stammen aus verschiedenen Quellen (Sonnenstrahlung, kosmische Strahlung, radioaktive Elemente im Gestein, Gewitterstürme, Wind).

Reichert sich dabei die Luft überwiegend mit positiven Ionen an, wie das bei fallendem Luftdruck und Föhn (warmer Fallwind im Gebirge) geschieht, so treten bei vielen Menschen, deren Reaktions- und Anpassungsfähigkeit vermindert ist, eine Reihe von Beschwerden auf, wie Müdigkeit, Benommenheit, Arbeitsunlust, innere Unruhe, Reizbarkeit, Schwindel, Konzentrationsstörungen, migräneartige Kopfschmerzen oder sogar Migräneanfälle (sogenannte Föhnbeschwerden).

Reichert sich die Luft dagegen mit negativen Ionen an, so erscheint sie uns würzigfrisch, und wir fühlen uns wohl, ausgeglichen und arbeitsfreudig.

Neben diesen biosphärischen Störungen unseres Befindens und unserer Gesundheit gibt es aber auch unabhängig davon direkte Schädigungen des menschlichen Körpers durch die Sonnenstrahlen. So wohltuend die Sonne sein kann, so gefährlich kann sie auch werden. Ihre unkontrollierte Einwirkung kann sogar zum Tod führen.

Eingehende Untersuchungen, die die amerikanische Armee und Marine durchführten, ergaben, daß nach einem Aufenthalt am Badestrand oder nach zu langen Sonnenbädern eine vorübergehende Verschlechterung des Sehvermögens in der Dämmerung und bei Nacht von 50–90% eintritt. Nach einem nur einwöchigen Aufenthalt in der hellen Sonne ohne Sonnenbrille benötigen die Augen etwa zwei Monate Zeit, um wieder eine normale Nachtempfindlichkeit zu erreichen. Allein aus Sicherheitsgründen ist daher das Tragen einer Sonnenschutzbrille besonders für Kraftfahrer unerläßlich.

Bei Menschen, die eine besondere Veranlagung zur Arterienverkalkung haben, dazu noch rauchen und sich lipidreich ernähren (Fleischfett, Butter, Eidotter), kann eine zu starke Sonnenbestrahlung durch Überlastung der Nebennieren die *Arterienverkalkung begünstigen* und beschleunigen.

Prof. Dr. *Hans Götz* weist darauf hin, daß man sich durch zu langes Herumliegen in der Sonne auch echten *Hautkrebs* heranzüchten kann. Die gefährlichen Ultraviolettstrahlen (UV-Strahlen) führen zunächst zu einer vorzeitigen Alterung der Haut, die dann zu Verhornungen neigt, aus denen sich schließlich Hautkrebs entwickeln kann. Es konnte bereits nachgewiesen werden, daß die Krebshäufigkeit mit der Intensität der Sonnenstrahlung steigt. Die als *Lichtkrebs* bezeichnete Veränderung kommt vor allem bei Menschen vor, die dauernd einer stärkeren UV-Strahlung ausgesetzt sind (Seeleute, Landbewohner). Menschen mit fehlender oder schwacher Pigmentbildung (Bräunung) sind dabei besonders gefährdet.

Überempfindliche Menschen reagieren auf das Sonnenlicht oder die UV-Strahlung mit krankhaften Veränderungen, den sogenannten *Lichtdermatosen*. Besonders empfindlich sind auch Menschen, die an Pellagra oder an einer Stoffwechselerkrankung leiden, die Porphyrie genannt wird. Aber auch Pflanzenstoffe (z. B. Hamamelissalbe und das Hypericin aus dem Johanniskraut), Vaselinöl und Hormone können eine Lichtempfindlichkeit hervorrufen.

Bekannt ist auch die krankhafte Lichtempfindlichkeit der Basedow-Kranken und jener Menschen, die an einer Überfunktion der Schilddrüse (Hyperthyreose) leiden.

Wie bei jedem Heilmittel, so kann es auch beim Sonnenlicht zu Unverträglichkeitserscheinungen oder gar Schädigungen kommen, wenn es überdosiert wird. Dabei ist zu bemerken, daß die heilende, verträgliche oder schädliche Dosis für die verschiedensten Menschen recht unterschiedlich sein kann.

Anzeichen der *Unverträglichkeit* oder *Schädlichkeit* sind Nervosität, Appetit- und Schlaflosigkeit, Kopfschmerzen, Herzklopfen und Temperaturerhöhung.

Praktische Durchführung der Sonnenlichtbehandlung (Heliotherapie)

Bevor von der praktischen Durchführung des Sonnenbades die Rede sein kann, muß klargestellt werden, daß es sinnlos ist, anzunehmen, innerhalb des Häusermeeres einer Großstadt, etwa am Feierabend auf dem Balkon, auf einer Terrasse hinter dem Haus oder in einem kleinen „Hof"-Garten könnte man ein Sonnenbad nehmen, von dem eine Heilwirkung zu erwarten wäre.

Die Großstadt hat ihr besonderes „Klima", das heute weniger denn je als gesund bezeichnet werden kann. Das wird jedem beobachtenden Menschen deutlich, wenn er weit außerhalb des Stadtgebietes, am besten von einer Anhöhe aus, den riesigen Dunstkegel sieht, der die Stadt einhüllt und der eine ausreichende Einstrahlung des Sonnenlichtes, insbesondere seines heilend wirkenden ultravioletten Anteils, verhindert.

Wir wissen aus dem Kapitel über die Luft (Seite 218ff.), daß eine Vielzahl von Ursachen an der Entstehung dieses ungesunden, zeitweise sogar lebensgefährlichen Dunstkegels beteiligt ist. Die Abgase der Industrie, der Millionen Autos und des privaten Bereichs, die Tag für Tag in die Luft geblasen werden, sorgen dafür, daß der Himmel auch bei schönstem Sonnenschein meist weißlich-trüb, grau oder bestenfalls schwachblau erscheint.

IN DIESEM KAPITEL:

- **Sonnenbaden ist vorbeugende Gesundheitspflege**
- **Sonnenlichtbehandlung zu Heilzwecken**
- **Heilanzeigen für die Sonnenlichtbehandlung**
- **Gegenanzeigen zur Sonnenlichtbehandlung**

Sonnenbaden ist vorbeugende Gesundheitspflege

Die zahlreichen gesundheitsfördernden Wirkungen des Sonnenlichtes auf den menschlichen Körper lassen es natürlich geraten erscheinen, durch Sonnenbaden die Gesundheit zu kräftigen, die Abwehrleistungen gegen krankmachende Einflüsse aller Art zu steigern und das allgemeine körperliche und seelische Wohlbefinden zu verbessern. In der Tat ist das Sonnenlicht dafür gut geeignet, wenn man die immer wieder zu betonenden Vorsichtsmaßnahmen in derselben Weise beachtet wie bei der systematischen Sonnenbestrahlung zu Heilzwecken. Dabei darf die Bestrahlung nicht zu schematisch und vor allem nicht ohne Rücksicht auf die individuelle Regulationsfähigkeit (Vagotoniker, Sympathikotoniker) durchgeführt werden.

Die notwendigen Vorsichtsmaßnahmen sehen in kurzen Sätzen zusammengefaßt so aus:

1. Eine individuelle Dosierung ist erste Voraussetzung, da die *Verträglichkeit* der Sonnenstrahlung bei Dunkelhaarigen und

Schema der Bestrahlungsdauer für die einzelnen Körperabschnitte

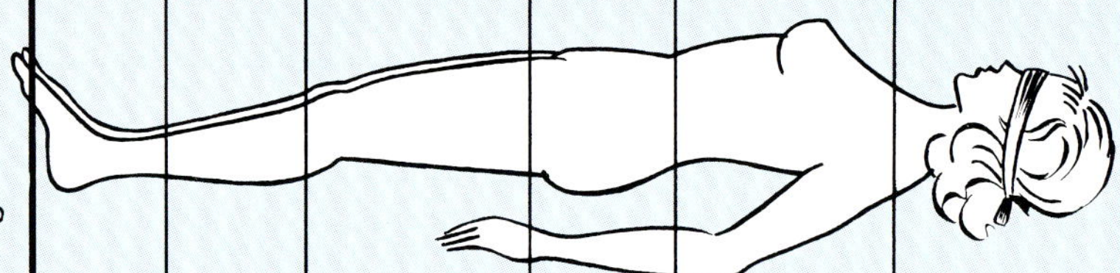

Tage						
1.	5					
2.	10	5				
3.	15	10	5			
4.	20	15	10	5		
5.	25	20	15	10	5	
6.	30	25	20	15	10	—
7.	35	30	25	20	15	—
8.	40	35	30	25	20	—

Minuten

Dunkelhäutigen besser ist als bei Hellhaarigen. Die Bestrahlungszeiten müssen daher dieser verschiedenen Verträglichkeit angepaßt werden.

2. Für die *Bestrahlungszeit* kann man wegen der verschiedenen Verträglichkeit nur Durchschnittswerte angeben. Die tatsächliche Bestrahlungszeit muß also, je nach Verträglichkeit, kürzer oder länger sein. Man kann mit fünf bis zehn Minuten Besonnungsdauer beginnen und bei täglicher Steigerung die Zeit bis auf mehrere Stunden ausdehnen.

3. Der *Ort der Bestrahlung* ist sehr wichtig. Eine Bestrahlung auf dem Balkon einer Großstadtwohnung ist wesentlich schwächer als eine solche am Meeresstrand oder im Hochgebirge. In einer Industriestadt ist die Einstrahlung manchmal auf ein Viertel herabgesetzt. Der Großstädter hat die Bestrahlung am nötigsten, er muß aber zugleich am vorsichtigsten sein.

4. Die *richtige Wirkung des Sonnenbades* ist schwer meßbar und oft nur rein subjektiv daran festzustellen, ob sich Wohlbefinden, Stimmung und Leistungsfähigkeit nach dem Sonnenbaden erhöht haben.

5. Die *Überschreitung der heilsamen Besonnungsdauer* kann besonders bei Kindern sehr schnell eintreten und zu mehr oder weniger ernsten Gesundheitsstörungen führen, nämlich zu Unruhe, Nervosität, Erregbarkeit, Durst, intensiver Hautrötung, Fieber, Sonnenstich und Hitzschlag.

6. Kinder sollten besonders am Meeresstrand und im Hochgebirge beim Spielen in der Sonne eine leichte *Kopfbedeckung* mit Rand tragen.

7. Langes *Herumliegen in der Sonne* kann lebensgefährliche Folgen haben! Niemals dient es der Gesundheit. Bewegung ist am besten.

8. Für *Säuglinge* und *Kleinkinder* vermittelt das „Sonnenbad" neben entsprechender Ernährung und Vigantolgaben (nach ärztlicher Vorschrift) den besten Schutz gegen die Rachitis.

9. In der sonnenarmen Jahreszeit kann bei Kindern und Erwachsenen zur Sicherung des vegetativen Gleichgewichtes und zur Abhärtung der Haut die natürliche Sonneneinwirkung auch durch *künstliche, sonnenähnliche Strahlen* (Bestrahlungsgeräte) ersetzt werden. Dabei kann man *direkt* bestrahlen, indem man nach den Bestrahlungsvorschriften der Geräte kurzzeitige Bestrahlungen durchführt, oder indirekt, das soll heißen aus größerer Entfernung (über zwei Meter) und längerdauernd (bis zu einer Stunde täglich).

Die indirekte Bestrahlungsform, die man von der Zimmerdecke aus durchführen kann und bei der auch keine Dunkelbrille nötig ist, eignet sich besonders für das Kinderzimmer, aber ebenso für die Prophylaxe bei Erwachsenen und als Lichtenergie-Ersatz in sonnenarmen Wintern.

Bei einer strahlenungewohnten Haut, wie es unter unseren Lebensverhältnissen in der Großstadt besonders nach dem Winter fast immer der Fall sein wird, ist es sehr zu empfehlen, vor allem vor einem Urlaubsaufenthalt an der See, die Haut kurz mit künstlichen, sonnenähnlichen Strahlen vorzubehandeln, damit die Natursonne wirkungsvoller ausgenutzt werden kann und die Gefahren der plötzlichen Sonneneinwirkung in den ersten Urlaubstagen verhütet werden. Die Vorbehandlung ist am besten gelungen, wenn es zu einer leichten *Bräunung* der Haut gekommen ist.

Sonnenlichtbehandlung zu Heilzwecken

Bei der Durchführung der Sonnenlichtbehandlung hält man sich heute noch an die Grundzüge einer rationellen Sonnenbehandlung, wie sie Prof. Dr. *Rollier* bereits 1903 aufgestellt hatte. Man läßt dabei das vollständige, unfiltrierte Sonnenlicht einwirken, das die sichtbaren und unsichtbaren Strahlen der Sonne umfaßt.

Wo wird bestrahlt?

Am besten läßt sich die Sonnenlichtbehandlung natürlich im Hochgebirge und im Seeklima durchführen. An der See stören allerdings öfter die manchmal starken Winde und die länger anhaltende Bewölkung eine systematische Behandlung. Das Mittelgebirge ist ebenfalls geeignet, wenn die Luft nicht zu feucht ist und eine häufige Nebelbildung fehlt. Das Klima der Tiefebene eignet sich nicht zur Besonnung, weil die Luft meist unrein, feucht und neblig ist, große Temperaturschwankungen sowie stärkere Winde auftreten.

Wann wird bestrahlt?

Im Gebirge wie auch an der See führt man die Sonnenbäder am besten in den Mittagsstunden durch, weil die Strahlen um so stärker wirken, je steiler sie einfallen. Für viele krankhafte Zustände und bei lichtempfindlichen Menschen sind aber auch die frühen Vormittags- und die Nachmittagsstunden wegen der stärkeren Infrarotstrahlung gut geeignet.

Wie wird bestrahlt?

Jede Sonnenlichtbehandlung muß vorsichtig und richtig dosiert und der individuellen Reaktionslage angepaßt werden, wenn sie nicht mehr schaden als nützen, sondern optimal wirksam sein soll. Sie ist für in der Durchführung Erfahrene ein hochwirksames Heilmittel. Das gilt für die

Natursonne wie für die modernen sonnenähnlichen künstlichen Strahler.

Bei Herz-, Lungen-, Nerven- und Nierenkrankheiten darf die Sonnenlichtkur nur nach vorangegangenen Luftbädern (ausschließlich im Schatten) und genauer ärztlicher Vorschrift durchgeführt werden. Erst danach, wenn eine Gewöhnung an Klima und Luft eingetreten ist, beginnt die eigentliche Sonnenlichtbehandlung.

Wie lange wird bestrahlt? (Dosierung)

Die Sonnenbestrahlung soll langsam über den ganzen Körper ausgedehnt werden und ableitend sein. Man beginnt mit Bestrahlungen der Füße von zunächst 3mal 5 Minuten Dauer mit Zwischenpausen von zehn Minuten, dann steigert man die Bestrahlungszeit von Tag zu Tag um 3mal 5 Minuten, bis eine Bestrahlungsdauer von ungefähr zwei Stunden erreicht ist, eine Zeit, die den Sommer über beibehalten wird. In den Wintermonaten verdoppelt man alle Zeiten.

Beim Sonnenvollbad ist weiterhin zu beachten, daß der Kopf im Schatten bleibt und bei empfindlichen Patienten vorsorglich auch das Herz beschattet wird.

Neuerdings wird auch eine *Intervallbehandlung* vorgeschlagen, das heißt, daß die Sonnenlichtbehandlung, besonders der fistelnden und eiternden Drüsenschwellungen, nach einigen Bestrahlungstagen von einer etwa vierzehntägigen Pause mit Aufenthalt im Schatten unterbrochen wird. Von einem bestimmten Grad der Hautbräunung an beobachtete man nämlich häufig keinen Fortschritt der Heilung mehr, auch nicht, wenn man die Bestrahlungen intensivierte.

Überprüfung der Strahlenwirkung

Eine individuelle Dosierung ist nur möglich, wenn vor jeder Heilbehandlung die *Strahlenempfindlichkeit* des einzelnen Patienten geprüft wird. Am besten läßt sich die Grenzdosis für die Hautrötung mit Hilfe der von *R. Schulze* vorgeschlagenen „Sektorentreppe" bestimmen. Dabei stellt man durch eine Probebestrahlung fest, in welcher Zeit eine leichte Rötung hervorgerufen wird. Sollen unterschwellige Bestrahlungen durchgeführt werden, wie sie vor allem bei lichtempfindlichen Personen und bei einer Reihe von Krankheiten notwendig sind, so beginnt man mit 60–70% der festgestellten Erythemgrenzdosis. Beträgt diese Dosis z. B. sechs Minuten, so beginnt man mit vier Minuten und steigert die Bestrahlungsdauer täglich um eine halbe Minute. Auf diese besonders vorsichtige Weise gelingt es, ohne Hautentzündung eine langsame Bräunung (Pigmentation) und sogar eine Verdickung der Haut (bis zur sogenannten Lichtschwiele) zu entwikkeln.

Will man jedoch die Erythembildung erzielen, wie es für verschiedene Krankheiten erforderlich ist (z. B. Schuppenflechte), so wählt man die gefundene Erythemgrenzdosis und steigert von diesem Wert aus täglich um eine halbe bis eine Minute.

Bei Krankheiten, die eine längere Behandlungszeit erfordern, müssen weitere ärztliche Kontrollen vorgenommen werden, einmal der sogenannte *hämodynamische Kurztest*, mit dem die Leistungsfähigkeit des Herzmuskels (systolische Leistung) festgestellt wird, weil diese einen Maßstab für den Umstimmungserfolg abgibt; außerdem ist während der Behandlungszeit wöchentlich einmal der *Blutfarbstoffwert* (Hämoglobinwert) zu ermitteln, der bei zu starker Ultraviolettwirkung absinken kann.

Heilanzeigen für die Sonnenlichtbehandlung

1. Hautkrankheiten

Akne – Hautentzündung – Hautausschlag – Entzündliche Rötung der Haut – Furunkulose – Hauttuberkulose – Fischschuppenkrankheit – Flache Knötchenflechte – Kleieförmige Schuppung der Haut – Schuppenflechte – Wundabszesse

2. Stoffwechselkrankheiten

Zuckerkrankheit

3. Erkrankungen der Bewegungsorgane (Knochen, Gelenke, Muskulatur)

Wirbelsäulenverkrümmung bei Heranwachsenden – Knochenbrüche (schlecht heilende) – Knochenentkalkung – Knochenerweichung – Hüftgelenkserkrankung im Wachstumsalter – Rachitis – Rheumatische Erkrankungen – Scheuermannsche Krankheit – Skrofulose – Tuberkulose der Knochen und Gelenke

4. Erkrankungen der Harn- und Geschlechtsorgane

Tuberkulose der Harn- und Geschlechtsorgane – Eierstockentzündungen, besonders tuberkulöser Art

5. Nervenkrankheiten

Vegetativ-nervös bedingter Bluthochdruck – Vegetative Dystonie – Zustände mit gesteigertem Sympathikotonus

6. Hormondrüsenstörungen

Entwicklungsstörungen – Fettsucht aufgrund hormoneller Störungen – Schilddrüsenüberfunktion, hier nur nach ärztlicher Anweisung mit zuerst unterschwelliger Bestrahlung

7. Erkrankungen des Blutbildungs- und Lymphsystems

Blutarmut (auch Eisenmangelanämien) – Lymphknotentuberkulose – Rotblütigkeit

8. Erkrankungen der Sinnesorgane

Augentuberkulose

9. Verschiedene Erkrankungen (Zivilisationskrankheiten)

Muskelschwäche (Schwächezustände konstitutioneller Art) – Rekonvaleszenz (Schwächezustände nach Krankheiten) – Vorbeugung

Gegenanzeigen zur Sonnenlichtbehandlung

Bei folgenden Krankheiten ist die Sonnenlichtbehandlung zu unterlassen, weil sie sich in diesen Fällen ungünstig auswirkt oder sogar schwere gesundheitliche Schäden zur Folge haben kann:

Addisonsche Krankheit – Bauchfellentzündung – Blutdruckerhöhung bei Arteriosklerose – Depressionen – Fieberhafte Erkrankungen – Gelenkerkrankungen mit Erguß – Harnvergiftung – Herzkrankheiten schwerer Art – Lichtpocken – Magen-Darm-Geschwüre – Nierenentzündungen – Pellagra – Perniziöse Anämie – Rippenfellentzündung (feuchte) – Schlaflosigkeit – Schwitzbläschen

Bewegung – Schwungrad des Lebens

Die Wirkung der Ersteigung von Bergen bis zu 1000 m Höhe über der Talsohle und darüber ist eine so gewaltige auf das Herz und die Lungen, wie wir keine gleichwertige durch andere Mittel erzielen können. Eine so vollständige Ausgleichung von Zirkulationsstörungen so hochgradiger Art wie in den vorliegenden Fällen ist bis jetzt noch niemals geglückt, und sie zeigt so recht, wie gewaltige Eingriffe in den Organismus und wie weitgehende Rekonstruktionen auf physiologischem Wege möglich sind.

M. J. Oertel

Was Bewegung im Körper bewirkt

Es ist für den Arzt in der Praxis in höchstem Grade beunruhigend, ja beklemmend, immer wieder feststellen zu müssen, daß sehr viele der täglich in die Sprechstunde kommenden Patienten ihre Leiden in der einfachsten Weise selbst heilen könnten, wenn sie sich jeden Tag die unbedingt nötige körperliche Bewegung – möglichst in frischer Luft – verschafften. Wenn man dieses uralte, einfache Rezept verordnet, stößt man aber meist auf ein mitleidiges Lächeln. Fast alle denken sie: „Dazu bin ich nicht in die Sprechstunde gekommen, das weiß ich selbst; dafür habe ich aber keine Zeit. Ich möchte ein Rezept, das mir ermöglicht, ein Heilmittel auf bequemste Weise in der Apotheke kaufen und einnehmen zu können."

Bewegungsmangel verursacht zahllose Körperstörungen

Jeder weiß zwar, daß schwach und krank wird, wer seine Muskeln einrosten läßt, aber nur selten ist jemand bereit, daraus die Konsequenzen zu ziehen. Niemand will hören, daß man durch vielerlei Bewegung, also durch aktives Muskeltraining, vielen Krankheiten vorbeugen und manche sogar heilen kann. Leider wird diese Tatsache auch von zahlreichen Ärzten erst heute in ihrer ganzen Tragweite erkannt, obwohl unsere Sportärzte schon lange darauf aufmerksam machen.

Es gibt eine ganze Reihe von Krankheiten, die der üblichen medikamentösen Behandlung trotzen, aber durch systematisch betriebene Bewegungsübungen erstaunlich gut gebessert oder geheilt werden können. Das gilt für viele Fälle von Gelenkrheumatismus, Schleimbeutelerkrankungen, Asthma, Atmungskrankheiten, Fettleibigkeit, Herz- und Kreislaufleiden.

Wir müssen die Bewegung als Medizin für viele Krankheiten erst wieder neu entdecken, weil wir in unserer von der modernen Zivilisation geprägten Umwelt dieses natürliche, früher so selbstverständlich funktionierende „Schwungrad des Lebens" vergessen haben.

Warum kann und muß die Bewegung ein ausgesprochener Gesundheits- und Heilfaktor sein? Alte, aber immer wieder neu anzustellende Beobachtungen führen zu dieser Einsicht.

Zunächst bemerkte man, daß unter den

Schreibtisch- und Büroberufen weit mehr Herz- und Kreislaufkranke zu finden waren als bei den Berufstätigen, die vorwiegend körperliche Arbeiten ausführten. Das bestätigte sehr nachdrücklich eine wissenschaftliche Erhebung aus Großbritannien, die zwei Millionen Menschen erfaßte.

Bei den Mitarbeitern der Post fand man den gleichen Unterschied zwischen den Schalterbeamten und den Briefträgern, bei den Verkehrsgesellschaften zwischen den während ihrer ganzen Dienstzeit sitzenden Fahrern und den sich ständig in Bewegung befindlichen Kontrolleuren.

Es bestehen also enge Zusammenhänge zwischen Bewegung und Herz-Kreislauf-Funktion beziehungsweise zwischen Bewegungsmangel und Erkrankungen der Herz- und Kreislauforgane.

Zu keiner Zeit ist es so notwendig gewesen wie heute, diesen Zusammenhängen intensiver nachzugehen, haben doch die Errungenschaften der modernen Technik, der Mechanisierung und Automatisierung zahlloser, früher von Menschenhand ausgeführter Arbeitsvorgänge dazu geführt, uns die Arbeit der Bewegung, die uns von Natur aus zugedacht ist, abzunehmen. Wir sind dadurch zu Bewegungskrüppeln geworden. Es ist daher nicht verwunderlich, wenn immer wieder Ärzte mahnend darauf hinweisen, daß die Bewegung eine unserer wichtigsten Körperfunktionen ist, ohne die wir uns nicht gesund und leistungsfähig erhalten können.

Man hat mit Recht heute erkannt, daß der mangelhafte Gebrauch und das fehlende Training unserer Muskulatur ein Heer von Krankheitserscheinungen zur Folge hat. Funktionsminderung und Verkümmerung der Muskulatur sind mitschuldig an den häufigsten Krankheitserscheinungen vor allem der Geistesarbeiter, nämlich an Kopfschmerzen, Lustlosigkeit, Mattigkeit, Stuhlverstopfung, Schlaflosigkeit, Herz- und Kreislaufstörungen, Rheuma und Stoffwechselleiden. Systematische Bewegung ist in all diesen Fällen als Grundbehandlung zu fordern.

Dabei muß man sich jedoch klarmachen, daß ein gelegentlicher Spaziergang, Küchenarbeit oder ein paar Atemübungen am offenen Fenster keinesfalls ausreichen, um unser Bewegungssystem – Muskeln, Knochen, Sehnen, Bänder und Gelenke – in Form zu erhalten. Es bedarf einer Vielzahl von Bewegungen, Spannungs- und Entspannungsübungen sämtlicher Muskeln, zumal die einzelnen Muskelpartien wiederum die Funktion der inneren Organe anregen. Ohne kräftige Brustmuskeln kann die Atmung nicht ausreichend funktionieren, können die Atmungsorgane also nicht gesund sein. Ohne gute Bauchmuskulatur erfüllen die Verdauungsorgane nicht ihre Aufgabe, ohne starke Rückenmuskulatur bleibt die Nierenfunktion ungenügend.

Wer eine vorwiegend geistige Tätigkeit ausübt, den ganzen Tag am Schreibtisch, im Büro oder an einem anderen Arbeitsplatz sitzt, hat zuwenig Bewegung, vergißt tief einzuatmen und entwickelt keinen gesunden Appetit. Kommen noch eine falsche Ernährung und das Rauchen hinzu, sind bereits mehrere Voraussetzungen zur Entstehung krankhafter Veränderungen im Organismus gegeben. *Unter diesen Krankheitsbedingungen aber spielt die mangelhafte Bewegung eine besondere Rolle.*

Das Wunder der Muskelfunktion

Die *Funktionen der Muskeln,* die hauptsächlich die Bewegungen ausführen, sind trotz zahlreicher wissenschaftlicher Arbeiten über dieses Problem bis heute noch nicht völlig geklärt.

Die elementare Funktion jeder einzelnen Muskelfaser ist die *Muskelzuckung.* Man versteht darunter eine Verkürzung des Muskels mit darauf folgender Erschlaffung, auch Arbeitszyklus der Muskelfaser genannt. Dieser Zyklus vollzieht sich nach

Bewegungsmangel ist die Ursache zahlreicher Gesundheitsstörungen. Doch ein gelegentlicher Spaziergang oder ein paar Atemübungen am offenen Fenster reichen nicht aus, um unser Bewegungssystem funktionsfähig zu erhalten. Wandern im Gebirge ist ein ausgezeichnetes Mittel, um in Form zu bleiben.

dem „Alles-oder-nichts-Gesetz", d. h. auf einen überschwelligen Reiz folgt immer eine Erregung mit nachfolgender maximaler Verkürzung. Die eine Muskelzuckung begleitenden chemischen Vorgänge sind äußerst kompliziert und laufen gesetzmäßig ab, sind aber für uns noch nicht völlig durchschaubar.

Wir wissen, daß im arbeitenden Muskel vorwiegend Kohlenhydrate (Zucker, Stärke) oxydiert werden. Zucker (Glukose) und tierische Stärke (Muskelglykogen) sind die unmittelbare Quelle der Muskelenergie. Ferner ist bekannt, daß der Muskel bei fehlendem Sauerstoff (unter anaeroben Bedingungen) arbeiten kann. Das ist auch notwendig, weil bei intensiver Arbeit im Muskelgewebe Sauerstoffmangel auftritt, da die Muskeltätigkeit in kurzer Zeit einen hohen Energieaufwand erfordert. Die Sauerstoffversorgung und mit ihr die Geschwindigkeit der Verbrennungsvorgänge *(Oxydation)* ist durch die Zeit begrenzt, die der Sauerstoff braucht, um aus den feinen Endgefäßen (Kapillaren) auszutreten und in die Muskelzellen zu gelangen.

Der Umfang der auf dem Wege der Verbrennung bereitzustellenden Energie hängt von der Sauerstoffaufnahme in der Lunge (Übergang des Sauerstoffs aus den Lungenbläschen in die Lungengefäße) und sehr wesentlich von der Durchtrittsgeschwindigkeit des Sauerstoffs aus den kleinen Endgefäßen bis in die Muskelzellen ab. Diese Durchtrittsgeschwindigkeit reicht nicht aus, um bei starker Arbeit genügend Energie zu gewinnen. Der Muskel gewinnt deshalb seine Energie auf einem Wege, der von der Sauerstoffversorgung unabhängig ist. Diese sauerstofflose Energiegewinnung geschieht über die sogenannte Glykolyse, d. h. durch die Zerlegung von Zucker (Glukose) mit Hilfe einiger Fermente, wobei Milchsäure entsteht.

Die Muskulatur besitzt also die Fähigkeit, auf zwei verschiedenen Wegen die für ihre Arbeit benötigte Energie zu gewinnen, einmal durch Zucker*verbrennung,* also durch eine Reaktion unter Verbrauch von Sauerstoff, und zweitens durch Zucker*spaltung,* die durch Fermente (Enzyme) ohne Sauerstoffverbrauch ermöglicht wird. Bei der fermentativen Spaltung zerfällt der Zucker oder das Glykogen in Milchsäure. Bei der Verbrennung wird aber nicht nur Energie gewonnen, sondern ein Teil der Milchsäure wieder in Stärke (Glykogen) zurückverwandelt, die somit erneut als Energiereserve zur Verfügung steht.

Wenn wir auch über die Chemie des Muskelstoffwechsels noch längst nicht genügend informiert sind, so wissen wir bis heute doch allein schon aus der täglichen Erfahrung, daß die Zellen der Muskeln, die nicht bewegt werden, sich mehr und mehr zurückbilden, verkümmern und schließlich absterben.

Bewegung ist unentbehrlich für die Muskelfunktion

Eine gesunde Entwicklung und Leistungsfähigkeit hängt von unentbehrlichen Reizen ab. *Der natürliche Reiz für unsere Muskulatur aber ist die Bewegung,* der Wech-

Noch immer gibt es nicht die tägliche Turnstunde in den bundesdeutschen Schulen. Wie Untersuchungen zeigen, verdoppelt sich im Laufe der Schulzeit die Zahl der Kinder, die an Flach- und Rundrücken, Fußschäden, Wirbelsäulenverkrümmungen und Brustverbildungen leiden.

sel von Spannung und Entspannung. Der Gebrauch entwickelt und erhält ein Organ in seiner Form und Leistungsfähigkeit, Nichtgebrauch läßt es verkümmern. Derselbe funktionelle Reiz bewirkt nach dem Gesetz von *Ranke* auch die Ernährung des Organs: „Nur das arbeitende Organ wird ernährt."

Die Bewegung hat aber nicht nur für die Muskulatur ihre besondere Bedeutung, sondern auch für eine Reihe anderer lebenswichtiger Funktionen in unserem Organismus, die kurz erwähnt werden sollen.

Mäßige körperliche Bewegung verstärkt die fibrinolytische Aktivität; sie hemmt die Gerinnung, was bei einer eventuell vorhandenen Neigung zu Blutgerinnung, Thrombose und Infarkt von besonderer Bedeutung ist. Bewegung hat also eine Schutzwirkung vor diesen schweren krankhaften Vorgängen.

Bei Bewegung erweitern sich nach dem *Weberschen Gesetz* zunächst die Blutgefäße in den tätigen Muskeln selbst. Durch die dabei einsetzende allgemeine Belebung des Blutumlaufs und das kräftigere Schlagen des Herzens folgt eine bessere Durchblutung auch der nicht tätigen Muskeln, der inneren Organe und sogar des Gehirns. Körperliche Bewegung fördert daher auch die Denkleistung, was bereits die alten Griechen wußten, die im Umhergehen philosophierten (Peripatetiker).

Aber nicht nur die *Zufuhr* frischen Blutes zu den Geweben und Organen hängt von der Bewegung ab, auch die Schlackenabfuhr mit dem in den Blutadern (Venen) rücklaufenden Blut ist nur bei ausreichender Bewegung möglich. Das Herz pumpt das Blut nur bis in die feinsten Verzweigungen des Gefäßsystems, also bis in die Haargefäße (Kapillaren). Das sich nach Abgabe des Sauerstoffs und der Nährstoffe an die Zellen wieder in den feinen Venen sammelnde Blut muß nun zum Teil gegen die Schwerkraft zum Herzen zurückgeschafft werden. Da die Blutadern, die die Hauptmenge des rücklaufenden Blutes (80 %) zu befördern haben, zwischen den Muskelgruppen verlaufen, ist ein Transport besonders aus den herabhängenden Armen und Beinen gegen die Schwerkraft nur durch kräftige Muskelbewegungen möglich, wobei sie durch ihr Verdicken und Erschlaffen eine Pumpwirkung auf die Venen ausüben, die mit Klappen versehen sind, welche sich nur zum Herzen hin öffnen und dabei das Blut von Klappe zu Klappe befördern, wie man Wasser von Staustufe zu Staustufe hochpumpt.

Die Bewegung übt also nicht nur eine Wirkung auf einzelne Kreislaufabschnitte, sondern auf den Gesamtkreislauf aus, was auch von wissenschaftlicher Seite bestätigt wird, die von einer Ökonomisierung der Herz-Kreislauf-Funktionen spricht.

Der notwendige Entwicklungsreiz für Kinder

Die Bewegung bildet auch den *notwendigen Entwicklungsreiz für unsere Kinder.* Vor der Schulzeit ist ihr Körper kaum einem Zwang unterworfen, und sie bewegen und tummeln sich, wie es ihnen in den Sinn

kommt, teils bewußt, teils unbewußt. Ein gesundes Kind liebt die Bewegung, braucht sie auch als Entwicklungsreiz wie die Nahrung und die Luft. Das ungezwungene körperliche Bewegungsspiel wird dann plötzlich mit dem Beginn der Schulzeit erheblich eingeschränkt. Das Kind muß nun lernen, stundenlang stillzusitzen. Hier fängt schon der Bewegungsmangel an, falls sich der natürliche und gesunde Bewegungsdrang nicht noch nach der Schule „austoben" kann. Wir wissen alle, wie schwierig es ist, den Kindern das Stillsitzen beizubringen. Manche werden durch den auf sie ausgeübten Zwang körperlich und seelisch unlustig oder sogar krank. In diesen Fällen ist von Eltern und Lehrern besonders darauf zu achten, daß man dem kindlichen Bewegungsdrang Gelegenheit zur Betätigung verschafft, damit die körperlich-seelische Entwicklung nicht gestört wird. Geeignet dazu sind Spiele im Freien mit und ohne Ball, Schulturnen, Gymnastik und frühes Schwimmenlernen.

Vorbeugungsmittel gegen Zivilisationskrankheiten

Die Bewegung ist auch das beste *Vorbeugungsmittel gegen Zivilisationskrankheiten,* die hauptsächlich aus einem Mangel an Bewegung entstehen, immer chronische Krankheiten darstellen und die Leistungsfähigkeit des Menschen erheblich beeinträchtigen. Die Bewegungsarmut durch eine verminderte körperliche Arbeitsleistung läßt es gar nicht zu einer gesunden Ermüdung und damit auch nicht zu einem gesunden, erholsamen Tiefschlaf und der notwendigen tiefen Entspannung in der Nacht kommen. Man wacht morgens nicht erfrischt und entspannt auf, sondern die mit in die Nacht hineingenommene Dauerspannung bleibt bestehen und wird am nächsten Tag durch die meist erregende Umwelt noch verstärkt, bis man sich nur noch durch den Griff zur Schlaftablette zu helfen weiß. Ausreichende, das heißt anstrengende körperliche Betätigung am Tage macht in den meisten Fällen die Schlaftablette überflüssig.

Seelische Wirkungen der Bewegung

Nicht zu unterschätzen ist auch der *seelische Einfluß* durch systematische Bewegungsübungen. Er zeigt sich nicht nur als Freude an der Bewegung selbst, sondern auch an der Wiedererlangung körperlicher

Mehr als ein Drittel unserer Jugendlichen leidet an Haltungsschwächen, die vornehmlich auf den heute allgemeinen Bewegungsmangel oder auf einseitige Bewegungsabläufe zurückzuführen sind. In den bundesdeutschen Schulen ist der Schulsport offensichtlich sitzengeblieben.

Leistungsfähigkeit und der beschleunigten Heilung krankhafter Veränderungen.

Die Bewegungen eines Menschen sind häufig Ausdruck seiner Gesundheit oder Krankheit. Seine Beweglichkeit und seine unbewußt ablaufenden Bewegungen verraten dem Kundigen vieles von seinem Wesen und seiner Persönlichkeit, ist doch die Bewegung vielfach auch ein Ersatz für sonst gestaute und verdrängte Gefühle. Sie löst Spannungen, die sich über vegetative Reaktionen (auch krankhafter Art) entladen würden. So kommt der Bewegung eine beinahe unmittelbare psychohygienische Bedeutung zu. Sie wird in ihrem Wert noch wesentlich gesteigert, wenn sie, wie in heiterer Gruppengymnastik, lustbetont ist oder wenn sie, wie in der Arbeitstherapie, mit einem bestimmten Sinn und Zweck verbunden ist.

Nur bei täglich ausreichender Bewegung normalisieren sich als Reaktion darauf die durch unser zivilisatorisches Dasein meist erheblich gestörten *vegetativen Rhythmen* (Puls, Blutdruck, Schlafrhythmus, Atemrhythmus). Erst dadurch stellen sich Entspannung und innere Ruhe ein, und nur aus dieser Entspannung und Ruhe heraus kann wiederum die nötige Spannung entstehen, die dann zu erneuter Leistung befähigt.

Wer selbst gesund bleiben oder wieder werden will, wer sich um die Gesundheit seiner Kinder bemüht, wer für die gesunde Entwicklung und Leistungsfähigkeit unserer Jugend verantwortlich ist, der sorge vor allem für tägliche, vielseitige und kräftige Bewegung. *Bewegung ist das Schwungrad unseres Lebens.*

Gehen und Wandern heilen Leib und Seele

Prof. *B. Schomburg* hat die Quintessenz des Wanderns auf einen kurzen Nenner gebracht, wenn er sagt: „Wandern ist ein bewährtes Mittel, um den Menschen von heute an eine einfache, naturgemäße Lebensweise zu gewöhnen und gegen die Zivilisationskrankheiten widerstandsfähig zu machen. Es ist für alle Altersstufen von heilsamem Wert, für das Kind in der Form des Spielausflugs, für den Jugendlichen als Erprobung der Leistung, für den Erwachsenen als eine allseitige Bereicherung des Wissens und der Einsatzfreudigkeit, für den alternden Menschen aber die versöhnende Rückschau und der Einklang mit allem Lebendigen, für alle aber als Kraftquell für die Seele!"

Spazierengehen – das einfachste Heilmittel

Nicht zu Unrecht führt man heute die ständig zunehmenden Aufbrauch- oder Abnutzungskrankheiten, die vorzeitige Alterung und die Zivilisationsleiden auf das *zu viele Sitzen* und das viel *zu wenige Gehen* zurück. Zu den erwähnten Leiden gehören degenerative Veränderungen (Arthrosen) der Extremitäten- und Wirbelsäulengelenke, Bandscheibenschäden, Kreislaufstörungen, Herzleiden, nervöse Fehlschaltungen (vegetative Dystonie), nervöse Magen-, Darm- und Nierenleiden. Das Durchschnittsalter der Frühinvaliden liegt heute bereits bei 54 Jahren.

Der Mensch ist von Natur aus mit wohlgeformten Beinen ausgestattet, die ihn als ein Laufwesen ausweisen. Die wunderbar ausgebildeten Muskelgruppen an den Unter- und Oberschenkeln (die Beine enthalten 56 % der Gesamtmuskulatur) verkümmern jedoch, wenn man sie nicht betätigt. Es ist heute längst bekannt, daß sich durch ein langsam gesteigertes Training die Muskelkraft und damit die Leistungsfähigkeit ungeheuer steigern läßt. Darüber hinaus wissen wir aber auch, daß gesunde und kräftig gebrauchte Muskeln einen lebhaften Stoffwechsel zur Folge haben und die gesunde Tätigkeit der Haut, aller Drüsen, des Nervensystems und der Kreislauforgane zunimmt, wie auch umgekehrt ein gesunder Kreislauf und ein normaler Stoffwechsel die Voraussetzung zum Aufbau kräftiger Muskeln liefern.

Ungeachtet der Kenntnis dieser Zusammenhänge müssen wir allgemein feststel-

IN DIESEM KAPITEL:

- **Spazierengehen – das einfachste Heilmittel**
- **Barfußlaufen schützt vor Fußerkrankungen**
- **Wandern als Kraftquelle**
- **Wandern heilt hartnäckige Krankheiten**

Abstieg vom Nebelhorn (bei Oberstdorf im Allgäu) am Seealpsee vorbei.

len: Man geht nicht mehr, man fährt lieber. Selbst beim Golfspiel läßt man sich von einem Abschlag zum anderen mit einem Golfmobile transportieren. Bei manchen Banken kann man mit dem Wagen direkt an den Kassenschalter heranfahren und sich bedienen lassen, ohne den Wagen verlassen zu müssen. Nicht viel anders ist es in den beliebten Autokinos und in den Freilichtkirchen, wo man während der ganzen Veranstaltung im Auto sitzen bleibt. Wir sind auf dem besten Wege, ein Volk von Autofahrern zu werden. Wir bewegen uns nicht mehr selbst fort, wir lassen uns fortbewegen. Gehen, Spazierengehen muß einem heute schon ärztlich verordnet werden. Das geschieht auch, seit der Arzt Dr. *L. Oertel* bei seinen Herzleidenden durch täglich an Länge und Steigerung sich ausdehnende Spaziergänge ausgezeichnete Erfolge erzielte. Bei seinen *Terrainkuren* zwingen die Beine das Herz zur Kräftigung und zur Leistungssteigerung.

Auch in der Erholungsphase (Rekonvaleszenz) nach schwerer Erkrankung und längerer Bettruhe muß die durch den Bewegungsmangel stark zurückgebildete Muskulatur durch richtig dosierte Bewegung wieder gekräftigt werden. Dieses Muskeltraining durch Gehübungen in Form der Terrainkur ist die einzig richtige Behandlung, die durch kein Medikament ersetzt werden kann. Sie gibt die Möglichkeit, durch einen Wechsel der Steigungen, durch die Länge und Führung der Wege verschiedene Belastungsstufen anzuordnen, wie es für eine aktive Bewegungstherapie nötig ist. Der Spaziergang mit verschiedenen Belastungsstufen hat gegenüber den Belastungen an Geräten (Radfahrgerät, Trockenrudergerät) den psychologischen Vorteil der wechselnden Landschaft und der Bewegung in frischer Luft.

Die etwas erweiterte Form der Terrainkur, wie sie von Dr. *Peter Beckmann* als *Ohlstädter Kur* entwickelt wurde, wirkt auch meßbar auf die Zusammensetzung des Blutes, nämlich auf seinen Gehalt an Cholesterin und Fett-Eiweiß-Verbindungen (β-Lipoproteide). Bei 24 männlichen Patienten wurden die erwähnten Blutwerte vor und nach einer Terrainkur gemessen. Bei 22 von ihnen ergab sich eine Senkung des ursprünglich erhöhten Cholesterinspiegels um durchschnittlich 58%; bei sämtlichen Patienten war der β-Lipoproteidspiegel um durchschnittlich 95 mg% niedriger.

Abgesehen von den Wirkungen der Terrainkur auf die Blutfettwerte, ist sie auch das geeignete Mittel, um die bereits muskelschwachen „Fernsehbeine", das „Faulenzerherz" und das Übergewicht günstig, also im heilenden Sinne, zu beeinflussen. Vorbedingungen sind auch hierbei ein vernünftiges Training und das Vermeiden jeglicher Überanstrengung. Nur durch langsames Steigern der körperlichen Leistungen tritt ein wirklicher Heilerfolg ein. Wie jedes Heilmittel muß auch die Terrainkur ärztlich verordnet und richtig dosiert sein.

Meistens fällt es den „Muß-Spaziergängern" außerordentlich schwer, ihr Auto einmal vor der Haustür stehenzulassen. Es bedarf oft einer langen, geduldigen Erziehung, bis sie das Spazierengehen wieder lernen und am eigenen Leibe erfahren, wie entspannend und erholsam es ist; bis sie in der Lage sind, sich einmal aller beruflichen, politischen und wirtschaftlichen Fragen zu entschlagen, und nicht blindlings durch die Gegend rennen, nur um die verordnete Zeit „abgelaufen" zu haben. Oft ist eine lange Trainingszeit nötig, bis die Verkrampfung von Körper, Seele und Geist überwunden ist.

Wer das gesunde, geruhsame Spazierengehen, das zeitweiliges kräftiges Ausschreiten nicht ausschließt, wieder gelernt hat, wird dann auch auf seine *Atmung* achten können. Wer fünf Schritte lang tief durch die Nase einatmet und dann fünf Schritte lang langsam durch Mund oder Nase ausatmet (und das in frischer, nicht

Als Karl Carstens sein Amt als Bundespräsident antrat, wollte er ganz Deutschland durchwandern. Er hat Wort gehalten und der Wanderbewegung bei uns neue Impulse verliehen.

von Auspuffgasen geschwängerter Luft), wird bald eine echte Auffrischung empfinden, die ihn wieder unternehmungslustig und tatenfreudig macht. Es sollte heute zum selbstverständlichen Wissen jedes Menschen gehören, daß unser Körper und insbesondere auch unser Herz ein gehöriges Maß an Bewegung brauchen, um gesund und leistungsfähig zu bleiben. Dabei ist das Gehen eine einfache, selbstverständliche und natürliche Form der Bewegung, auf die man auch im Winter und bei sogenanntem schlechten Wetter nicht verzichten sollte.

Barfußlaufen schützt vor Fußerkrankungen

Besonders gesund ist auch das Barfußlaufen. Leider glauben viele Erwachsene und auch Kinder, Barfußlaufen sei unter ihrer Würde, sei ein Zeichen von Armut oder Unkultur und könne allzuleicht zu Erkältungen oder Verletzungen der Füße führen. Wir müssen tatsächlich wieder lernen, daß das Barfußlaufen vor allem im taufrischen Gras (Taulaufen) eine Gesundheitsmaßnahme ersten Ranges ist. In den Kneipp-Badeorten und an der See schätzt man es neuerdings ganz besonders. Es ist ein wohltuendes Gefühl, einmal ohne Schuhe laufen zu können und die Fußsohlen von Gräserspitzen, Sand und kleinen Steinchen massieren zu lassen. Fußverletzungen sind bei einiger Vorsicht höchst selten und stehen in keinem Verhältnis zu den zahlreichen deformierten und ver-

Das Wandern ist des Müllers Lust

Das Wandern ist des Müllers Lust,
das Wandern ist des Müllers Lust, das Wandern.
Das muß ein schlechter Müller sein,
dem niemals fiel das Wandern ein,
dem niemals fiel das Wandern ein, das Wandern.

Vom Wasser haben wir's gelernt,
vom Wasser haben wir's gelernt, vom Wasser.
Das hat nicht Ruh' bei Tag und Nacht,
ist stets auf Wanderschaft bedacht,
ist stets auf Wanderschaft bedacht, das Wasser.

Das sehn wir auch den Rädern ab,
das sehn wir auch den Rädern ab, den Rädern.
Die gar nicht gerne stille stehn
und sich am Tag nicht müde drehn,
und sich am Tag nicht müde drehn, die Räder.

Die Steine selbst, so schwer sie sind,
die Steine selbst, so schwer sie sind, die Steine.
Sie tanzen mit den muntern Reih'n
und wollen gar noch schneller sein,
und wollen gar noch schneller sein, die Steine.

O Wandern, Wandern meine Lust,
o Wandern, Wandern meine Lust, o Wandern!
Herr Meister und Frau Meisterin,
laßt mich in Frieden weiter ziehn,
laßt mich in Frieden weiter ziehn und wandern!

krüppelten Füßen, die sich durch unzweckmäßiges und ständig getragenes Schuhwerk herausgebildet haben. Man sollte in erster Linie den Kindern das Barfußlaufen so oft wie möglich gestatten, wobei natürlicher Boden bevorzugt wird, kalter Steinboden aber vermieden werden muß. Barfußlaufen ist der beste Ausgleich gegen das beengende Einzwängen des wachsenden Fußes in den Schuh.

Es ist ein Glück zu sehen, daß das Barfußlaufen bei der Gymnastik, beim Sport, an der See, im Garten und auch im Haus immer mehr Anhänger findet. Es ist für Kinder und Erwachsene eine Erholung vom Laufen auf Stein-, Asphalt-, Parkett- und Fliesenböden.

Nach ärztlichen Untersuchungen erhöht sich durch das Barfußlaufen ganz wesentlich der Funktionszustand der Füße. Die Bewegungsmöglichkeiten nehmen zu, Schiefzehen bessern sich, die Kraft der Zehen wird verdoppelt, der Beugungswinkel des Fußes vergrößert sich nach oben, und eingesunkene Fußgewölbe gewinnen wieder mehr Spannkraft. Durch längeres Barfußlaufen wird die Haut fester und dicker und die Schmerzempfindlichkeit stark herabgesetzt, so daß auch rauher Boden keine Beschwerden mehr bereitet.

Besonders häufig kommt der kindliche Knick-Senk-Spreizfuß vor, dem eine Anlageschwäche zugrunde liegt. Wird dazu ungesundes, beengendes Schuhwerk getragen, so verkümmert dabei leicht die außerordentlich vielgliedrige Fußmuskulatur. Der Knick-Senk-Spreizfuß wirkt sich als ausgesprochene Fußfehlform ungünstig auf die Beinachse aus, wodurch die Leistungsfähigkeit herabgesetzt wird. Treten bei einem ausgeprägten Platt-Spreizfuß zusätzlich Schmerzen auf, so spricht man von einem „schmerzhaft kontrakten Plattfuß" oder auch einem „entzündlichen Spreizfuß". Diese Zustände beeinträchtigen nicht nur ganz erheblich das Allgemeinbefinden, sondern haben als Folge des notgedrungen eintretenden Bewegungsmangels auch weitere Leiden im Gefolge. Zu den Fußdeformierungen gesellen sich häufig Umlaufstörungen in den Blut- und Lymphgefäßen, Krampfaderbildungen und Venenentzündungen.

Das Barfußlaufen auf natürlichem Boden ist eine wichtige Übung zur Wiedergesundung, Kräftigung und Anregung der Blutzirkulation der Füße. Außerdem wirkt es als Abhärtungsmaßnahme gegen Nässe, Kälte und Schweiß.

Wandern als Kraftquelle

Trotz erheblicher Bemühungen zahlreicher Wanderklubs wird heute das Wandern immer noch nicht so geschätzt, wie das eigentlich wünschenswert wäre. Immerhin kommt es langsam wieder in Mode, und auch die Sonntagswanderung findet mehr und mehr neue Freunde. Doch nach wie vor sind die Ausfallstraßen der Städte häufig von Fahrzeugen verstopft, deren Insassen entweder verärgert sind, weil sie ihre meist weitgestecken Ziele nicht mehr in der errechneten Zeit erreichen können, oder gähnend in den Polstern hängen, weil sie der erhöhte Kohlenmonoxid- und Kohlendioxidgehalt der Luft in der Umgebung der Autoschlangen und im Inneren des Wagens vorzeitig ermüdet. Von Erholung kann hier nicht mehr die Rede sein.

Reizbarkeit und Unzufriedenheit angesichts dieser verunglückten Sonntagsausflüge sind meist noch am folgenden Tag zu spüren. Dabei könnte eine *kurze* Autofahrt uns auf dem schnellsten Wege in die freie Natur bringen, um von da aus einen wirklichen Fußmarsch oder eine längere Wanderung anzutreten. Vielen Menschen würde dabei wieder bewußt werden, wie viele Schönheiten sich nur mit Hilfe unserer beiden Beine erwandern lassen. Sie würden wieder das erfrischende, den ganzen Menschen belebende und beglückende Gefühl

Wandern in den Bergen, über weite Matten, schmale Grate, steile Anstiege kommt nicht nur der leiblichen, sondern auch der seelischen Gesundheit zugute. Zu einem ungetrübten Wander-Erlebnis gehört allerdings auch eine zünftige, d. h. richtige, Ausrüstung.

empfinden, das sich nach einer solchen Wanderung unseres Körpers und unserer Seele bemächtigt. Oder sie würden am Abend jene wohlige Müdigkeit spüren, die sich nach körperlicher Anstrengung einstellt und uns leicht in einen erquickenden Schlaf hinübergleiten läßt. Wer kennt überhaupt noch die meist zahlreichen Sehenswürdigkeiten und landschaftlich reizvollen Flecken seiner näheren Umgebung? Es können reine Entdeckungsfahrten werden, wenn man erst wieder gelernt hat, richtig zu sehen und zu hören. Auf diesen Wanderungen wird man Menschen begegnen, die nicht von Automarken, Kilometergeld und Benzinpreisen sprechen, sondern die, angeregt von der Fülle der Natur, vielleicht über den Sinn ihres Daseins nachdenken.

Sicher ist das Wandern zunächst anstrengend, sofern man nicht vorher ein wenig trainiert hat und sofern es nicht in der richtigen Ausrüstung geschieht. Zweckmäßig ist es, leichtere Kleidung und nicht zu feste und zu schwere Schuhe mit breitem Absatz zu tragen (leichten Regenschutz nicht vergessen!).

Um zu verstehen, warum das Wandern tatsächlich nicht nur ein seelischer, sondern auch ein körperlicher Kraftquell ist, muß man etwas über die Wirkungen des Wanderns auf den menschlichen Körper wissen.

Unsere Beine sind von Natur aus zum rhythmisch wandernden Schreiten vorzüglich geeignet. Die Längs- und Quergewölbe der Füße fangen den Druck des Körpergewichts auf und begünstigen ein elastisches, leichtes Schreiten unter Abrollen des Fußes von der Ferse bis zu den Zehen. Die langen Ober- und Unterschenkelknochen sind dank ihrer wunderbaren Struktur außerordentlich tragfähig und ermöglichen die nötige Schrittlänge, während die Beuge- und Streckmuskeln der Beine und des Bauches für die Bewegung und Spannkraft sorgen, sofern ihnen der nötige Anreiz dazu gegeben wird, d. h., wenn sie zur aktiven Bewegung in ausreichendem Maße gebraucht werden. Aber gerade daran fehlt es uns am allermeisten. Dabei ist das bekannte Wort: „Es ginge alles besser, wenn wir mehr gingen", nur allzuwahr.

Wandern könnte man als ein längerdauerndes und im Tempo etwas gesteigertes Spazierengehen bezeichnen. Bei einem *rüstigen Wandertempo* legt man etwa 114–120 Schritte in der Minute (Schrittlänge etwa 80 Zentimeter) zurück. Nimmt man eine Schrittdauer von 0,5 Sekunden an, so läuft man in einer Stunde 5,5 Kilometer. Für Dauerleistungen ist das ein kraftsparendes Tempo.

Als *natürlichen Gang* bezeichnet man eine Gangart mit dem geringsten Kraftaufwand, die, je nach dem Körperbau des Wandernden, individuell verschieden ist. Das Tempo einer natürlichen Gangart liegt etwa bei vier Kilometern in der Stunde. Gegenüber der Ruhe werden beim natürlichen Gehen 38,5 Kalorien für 70 Kilogramm Körpergewicht und 1 Kilometer Gehstrecke verbraucht (0,55 Kalorien für 1 Kilometer Weg und 1 Kilogramm Körpergewicht).

Für alle, die unter dem ständigen Ansturm schädlicher Zivilisationseinflüsse leben, denen sich vor allem die Großstädter

nicht entziehen können (z. B. verunreinigte Luft, zuwenig Bewegung, schlechte Haut- und Atemfunktionen, wenig wirksame Sonnenstrahlen, wenig oder gar keine Leibesübungen, intensive und anhaltende Lärmstörungen, Durchbrechung des natürlichen Schlaf-Wach-Rhythmus, hoher Konsum an Genuß- und Suchtmitteln und vieles andere mehr), ist das Wandern in mancher Hinsicht ein sich immer wieder erneuernder Kraftquell für Körper, Seele und Geist. Man muß sich nur einmal zu dem festen Entschluß durchringen, mit der Bewegungsträgheit und einigen anderen eingefahrenen Gewohnheiten radikal zu brechen. Dann wird es nicht mehr schwerfallen, sich das Erlebnis einer uns weitgehend unbekannt gewordenen Natur zu erwandern.

Wandern heilt hartnäckige Krankheiten

Dr. *Jean Mayer*, ehemals Chef des Ernährungswissenschaftlichen Instituts der Harvard-Universität, sagte über den Einfluß der Bewegung auf das Essen: „Man kann ruhig alles essen, was man mag, man muß seinem Körper nur immer die nötige Bewegung zukommen lassen."

Daß das Wandern gerade im mittleren Lebensalter wesentlich dazu beiträgt, das normale Körpergewicht zu halten, wissen wir schon länger. Das ist wichtig genug, denn *Übergewicht* verkürzt die Lebenszeit. Bei einer Wanderung von einer Stunde werden 200–400 Kalorien verbraucht.

Wesentlichen Einfluß übt das Wandern auch auf die *Herz- und Kreislauffunktion* aus. Es erzeugt in den Beinen und Armen einen ausgeglichenen Muskeltonus, der die Blutzirkulation, vor allem den venösen Rückfluß zum Herzen, fördert. Schlaffe und kümmerlich entwickelte Muskeln leisten in Verbindung mit einem erhöhten Gehalt des Blutes an Fettbestandteilen der Thrombose, Embolie und Infarktentstehung Vorschub. Eine längere Wanderung dagegen erzeugt einen vermehrten Blut- und Nahrungsstrom und erhöht den Zustrom von Blut und Sauerstoff zum Herzen. Das Herz verstärkt seine Pumpleistung, und die Blutgefäße (Arterien bis zu den Haargefäßen) erweitern sich, was zu einem angenehmen Wärmegefühl auch in den oft kalten Händen und Füßen führt und eine frischrote Gesichtsfarbe hervorruft. Damit überwindet man also schon eine ganze Reihe von sonst sehr lästigen Durchblutungsstörungen (kalte Hände und Füße, Neigung zu Erkältungen, Gesichtsblässe, Frostbeulen).

Der Rückstrom des Blutes wird durch eine ständige Massage der zwischen den Muskeln verlaufenden tiefen Venen gefördert, wodurch die Neigung zu Blutstauungen und Venenentzündungen verhütet wird. Die vermehrte Herzarbeit erfordert und erzwingt auch eine vermehrte Durchblutung des Herzmuskels, indem sich die Herzkranzgefäße, soweit sie noch funktionsfähig sind, erweitern. Die verbesserte Herzmuskelversorgung und die vermehrte Herzarbeit führen zu einer Verdickung und damit Stärkung der Herzmuskelfasern. Das Wandern ist somit das einfachste, natürlichste und beste Mittel, einer *Herzkranzgefäßverengung* (Angina pectoris) und einer Herzmuskelschwäche entgegenzuwirken oder die Heilung bereits erkrankter Herzen wesentlich zu fördern (siehe auch Terrainkur, Seite 282). Es kommt allerdings auf die richtige Dosierung an.

Außerordentlich verbessert wird durch das Wandern auch die *Atmung*, also die Lungen- und Zwerchfellfunktion. Je länger wir wandern, um so mehr vertieft sich unmerklich die Atmung, da Lunge und Zwerchfell eine vermehrte Leistung zu erbringen haben, nämlich mehr Sauerstoff aufzunehmen und entsprechend mehr Kohlensäure abzugeben. Dadurch entfalten sich alle Lungenlappen bis in die Spitzen und seitlichen Winkel viel intensiver.

Auch werden sie besser durchblutet und wirksamer gegen Krankheitserreger gefeit.

Zugleich mit der vertieften Atmung setzt auch eine größere Auf- und Abwärtsbewegung der Zwerchfellpumpe ein, die nun über Pfortader und Leber mehr Blut zum Herzen zurückbefördert und in vorzüglicher Weise eine sonst nicht mögliche Massage auf die *Bauchorgane* ausübt, nämlich auf die Leber, den Magen und die Därme. Die bessere Magen-Darm-Funktion äußert sich in einer besseren Verarbeitung der Nahrungsmittel und einer rascheren Ausscheidung der Schlackenstoffe. Gut funktionierende Verdauungsorgane und eine gut durchblutete Leber bilden einen hervorragenden Schutz vor Erkrankungen dieser Organe.

Wandern trägt somit wesentlich dazu bei, Herz- und Kreislaufstörungen, Lungenfunktionsstörungen, Stauungen im Magen-Darm-Bereich und in der Leber zu überwinden sowie Stuhlträgheit zu beseitigen.

Dem außerordentlich anregenden Buch „Gesunde Schwangerschaft, glückliche Geburt" von Frau Dr. med. *D. Liechti-v. Brasch* verdanke ich den Hinweis auf die große Bedeutung des Wanderns und der Gymnastik in der *Schwangerschaft* und im *Wochenbett.* Die bekannte Ärztin weist darauf hin, daß sich das Wandern besonders auf die Stärkung gedehnter und verlagerter Muskeln auswirkt, die sich zurückbilden und ihre Spannkraft wiederfinden müssen.

Einen wohltuenden Einfluß übt das Wandern auch auf die *Nerven* aus, wenn es außerhalb der Städte und abseits der Autostraßen geschieht.

Frau Dr. *D. Liechti-v. Brasch* ist der Meinung, daß das tüchtige Wandern, daß Marsch und Dauerlauf sowie jede starke Muskelarbeit ein einzigartiges *Vorbeugungs-* und *Schutzmittel gegen die Grippe* und ganz allgemein bei Infektionsgefahren darstellen, weil beim kräftigen Wandern die Körpertemperatur erhöht und damit die

Regelmäßiges Wandern sollte zum festen Programm älterer Menschen gehören. Sie wissen, daß Wandern dazu beiträgt, Herz- und Kreislaufstörungen zu vermeiden.

Infektabwehr gesteigert wird. Es ist aus zahlreichen Überwärmungsversuchen bekannt, daß bei einer Temperaturerhöhung von 1 – 2° C über die Normaltemperatur des Menschen viele Bakterien nicht mehr lebensfähig oder zumindest stark geschwächt sind und daß die Bakteriengifte schneller abgebaut werden.

In Grippezeiten sollte jeder, der es ermöglichen kann, täglich mindestens eine Stunde tüchtig marschieren oder steigen, bis eine intensive Durchwärmung des ganzen Körpers eingetreten ist. Auch wenn ein Erkältungs- oder Grippeinfekt mit Kratzen und Wundgefühl im Hals und in der Luftröhre beginnt, kann man oft noch durch einen kräftigen Fußmarsch oder durch Wandern in den Bergen den Infekt im Keime ersticken.

Sport steigert die Lebenskraft

Die Leistung, deren Vollendung dem menschlichen Sinn des Sportes entspricht, wird immer einen Sieg des Geistes über die Materie zeigen. Von einem solchen Sieg kann nur dort die Rede sein, wo die Leistung spielend gelingt und der Mensch als Zeuge des Geistes in größter Freiheit der Bewegung das Unwahrscheinliche mühelos und lächelnd vollbringt, indem er die Schwere in Leichtigkeit, die Anstrengung in Spiel verwandelt.

„Wer rastet, der rostet", behaupteten schon unsere Urgroßväter. Aber rund 70% der Bundesbürger interessieren sich aktiv weder für Sport noch für die Trimm-dich-Bewegung.

IN DIESEM KAPITEL:

- **Wir treiben zuwenig Sport**
- **Wir brauchen den Sport als Ausgleich**
- **Sport als Vorbeugungs- und Heilmittel**
- **Schwimmen verbessert die Körperverfassung**
- **Doping gefährdet den Menschen**
- **Verlängert Sport das Leben?**
- **Sport im vorgerückten Alter**
- **Sport kann auf die Seele wirken**

Wir treiben zuwenig Sport

Man ist sich allseits darüber einig, daß der aktiv betriebene Sport besonders junge Menschen zur Selbstzucht, Fairneß und Ritterlichkeit erzieht, daß er dazu beiträgt, unsere Triebe zu beherrschen, daß er zur unbedingt notwendigen körperlichen Bewegung zumeist in frischer Luft führt und daß er, nicht im Übermaß betrieben, sondern sportärztlich überwacht, eine Quelle der körperlichen und seelischen Gesundheit ist. Wir erleben auch, daß aktiver Sport Tag für Tag, fern von Zuschauern, jenseits aller materiellen Interessen, allein aus Freude an der körperlichen Bewegung und am Training ausgeübt wird.

Dieser völlig positiven Meinung über den Sport steht aber die bemerkenswerte Tatsache gegenüber, daß sich nur ein geringer Prozentsatz unserer Bevölkerung *aktiv* am Sport beteiligt und daß auch unsere Schuljugend viel zuwenig Sport betreibt. Der weitaus überwiegende Teil unseres Volkes steht dem aktiven Sport mehr oder weniger fern, er interessiert sich nur als Zuschauer auf dem Fußballplatz oder vor dem Fernsehschirm dafür.

Aktive Sportler findet man noch in den Turn- und Sportvereinen. Wenig trägt die Schule und noch weniger die Universität zur sportlichen Betätigung bei. Dabei herrscht bei allen durchaus die Überzeugung vor, daß die volle Gesundheit nur erhalten werden kann, wenn Körper und Geist gleichermaßen gebildet werden, wenn eine körperlich und geistig harmonische Erziehung und Entwicklung angestrebt wird. Hat die heutige Elterngeneration keine Zeit mehr, über Erziehungsfragen so weitreichender und ernster Art nachzudenken?

Körperliche Ertüchtigung und geistige Leistung sind nicht zu trennen! Es ist daher hohe Zeit, daß sich die führenden Schichten unseres Volkes dem Sport zuwenden und ihn als das erkennen, was er tatsächlich ist: das wertvollste Mittel, *ganze* Menschen zu erziehen. Nur so läßt sich verhindern, daß in unserer technischen Umwelt der rein geistige Mensch aus körperlicher Schwäche zugrunde geht und der nur körperlich orientierte versagt, weil ihm die geistige Kraft zur Beherrschung der Technik fehlt. Der Sport kann seine hohe Aufgabe aber nur erfüllen, wenn er keinen anderen Zweck verfolgt, als dem Menschen körperlich und geistig zu dienen.

Wir brauchen den Sport als Ausgleich

Wir wissen alle, daß derjenige, der jeden Tag an der Maschine steht, am Fließband arbeitet oder hinter dem Schreibtisch hockt, eines Tages eine Störung des elementaren Körpergefühls erlebt und sein Wohlbefinden verliert. Es wird sich bei ihm das dumpfe Gefühl einstellen, daß der Körper nicht zu seinem Recht kommt und die einseitige Arbeit ihn deformiert. Wer auch nur noch einen Funken gesunden Empfindens aufweist, wird mit allen Mitteln nach einem Ausgleich suchen und sich die notwendige körperliche Bewegung in irgendeiner Form verschaffen. Neben den bereits besprochenen Möglichkeiten des Spazierengehens, des Wanderns und der Gartenarbeit eignet sich dazu vor allem der Sport mit seinen vielfältigen Möglichkeiten.

Es ist interessant festzustellen, daß sich früher parallel zur Entwicklung unserer industriellen Gesellschaft auch die Kleingärtnerbewegung und der Sport entwickelten. Beides sind Bewegungen, in denen dem jedem Menschen angeborenen Drang zu gestaltender, schöpferischer Betätigung kaum Grenzen gesetzt sind. Jeder, der in einen industriellen Produktionsprozeß eingespannt ist oder eine automatisierte Arbeit leisten muß, träumt davon, einmal er selbst zu sein und kein schnell auswechselbares Rädchen in einem Getriebe, sich entfalten und aufsteigen zu können aus der namenlosen Masse, bekannt, geehrt oder umjubelt zu werden, sich somit bestätigt zu fühlen, also ein *Individuum* zu sein. Wo wäre das besser möglich als im Sport, der die persönliche Leistung wertet und bei dem sich alle aufgestaute Energie entladen kann? Der Sport ist also auch ein Mittel der Selbstbestätigung und ein Ventil zur Entspannung aufgestauter Energien.

Nun muß an dieser Stelle vermerkt werden, daß der Sport auch mißbraucht werden kann. Es gibt viele Menschen, denen es nicht gelingt, sich in ihrer Freizeit eine private Sphäre aufzubauen, die es nicht vermögen, auch einmal zwecklosen oder nutzlosen Beschäftigungen nachzugehen, die sich zwar aus der Arbeit herauslösen, aber in den Sport hinein fliehen. Da hier vielfach das gleiche „Leistungsprinzip" gilt wie während ihrer beruflichen Tätigkeit, geraten sie aus einer Spannung in die andere mit dem einen Unterschied, daß beim Sport selbstgewählte Schwierigkeiten nach bestimmten Regeln zu überwinden sind. Eine sportliche Betätigung unter solchen Vorbedingungen verfehlt allerdings völlig ihren Sinn.

Schon die Tatsache, daß die industrielle Gesellschaft, die den Sport als Massenbewegung zum Ausgleich einseitiger Arbeitsbelastungen hervorbrachte, ihm heute häufig den Stempel des Leistungsprinzips aufdrückt, kann Anlaß sein, daß der Sport seine gesundheitliche Funktion verliert.

Entartungserscheinungen, wie wir sie von Zeit zu Zeit in manchen Sportarten erleben, sind allerdings nicht dem Sport selbst zum Vorwurf zu machen. *Peter Leining* analysierte z. B. das Fußballfieber, seine Ursachen und seine Auswüchse in der Bundesrepublik und kam zu dem Ergebnis: „Es ist töricht, wegen des exzessiven Verhaltens der Menge dem Sport einen Vorwurf zu machen. Freilich ist es dumm, wenn Bierflaschen geworfen werden, freilich ist es fatal, wenn geprügelt wird, und freilich ist es bedenklich, wenn die Menge einen Sieg zum Anlaß nimmt, ein zweites Mal in diesem Jahr Karneval zu feiern. Der angewiderte und sich belästigt fühlende Zeitgenosse schleudert seine Empörung jedoch in die falsche Richtung, wenn er voller Zorn schimpft: ‚Dieser dumme Sport!' Nein, dumm ist nicht der Sport, dumm ist der Mißbrauch der Masse mit dem Sport, dumm ist der törichte Hang unserer Massengesellschaft zur Götzenverehrung ... Gefährlich ist nicht so sehr der Geist, der in die Waden rutscht, gefährlich ist jener Geist, der in Verzückung für ein läppisches Tagesidol sein Leben aushaucht."

Sport als Vorbeugungs- und Heilmittel

Es gehört zu den wichtigsten Aufgaben der Sportmedizin, die Bevölkerung und damit auch den einzelnen gesund zu erhalten sowie gesundheitlichen Schäden und Krankheiten vorzubeugen. Hierbei müssen sich praktische Erfahrungen und medizinische Erkenntnisse ergänzen, damit der Sport wirklich zu einem großen Vorbeugungsmittel werden kann.

Sobald es sich jedoch darum handelt, krankhafte Zustände und Krankheiten zu beeinflussen, den Sport also als Heilmittel

Wir brauchen die sportliche Betätigung, die Bewegung als Ausgleich für die Belastungen des Alltags. Für diese beiden ist Bewegung Lebensfreude.

zu gebrauchen (Gesundheitsturnen, Heilgymnastik), kann das nur Sache der Ärzte und der sie unterstützenden ärztlichen Hilfsberufe sein.

In welcher Weise kann der Sport nun vorbeugend wirken? Da der größte Gesundheitsschaden, den unsere hochindustrialisierte Gesellschaft ihren Mitgliedern zufügt, vor allem die Bewegungsarmut und der Mangel an echter körperlicher muskulärer Beanspruchung ist, entfaltet hier der Sport, sofern er aktiv betrieben wird, eine ausgleichende Wirkung und erhält damit das körperlich-seelische Gleichgewicht. Darin besteht seine unbestrittene gesundheitliche Bedeutung.

Die immer wieder beklagten, zunehmenden Haltungsschäden unserer Jugendlichen stehen in einem engen Zusammenhang mit ihrer mangelhaften sportlichen Erziehung in allen Schulen bis zur Hochschule und Universität. Offenbar überhört man dabei die Feststellung der Orthopäden, daß es bei der Haltungserziehung keine andere und keine bessere Maßnahme gibt als die *aktive körperliche Betätigung*, bei der Muskelkraft, Ausdauer, Gelenkigkeit, Schnelligkeit und Geschicklichkeit besonders geschult werden müssen. Dabei müßte die Schule die Leibeserziehung als eine ihr obliegende und grundlegende Aufgabe erkennen und im notwendigen Umfang wahrnehmen.

Schwimmen verbessert die Körperverfassung

Der schon mehrfach erwähnte Bewegungsmangel ist in erheblichem Maße mitschuldig daran, daß die Hälfte unserer Jugend haltungsgeschwächt ist, daß 75% aller Invalidenrenten schon durchschnittlich zwölf Jahre vor dem 65. Lebensjahr gewährt werden müssen, daß sich 88% aller Unfälle aus Ungeschicklichkeit ereignen und fast 50% aller Todesfälle sich auf vorzeitige Herz- und Kreislaufschäden zurückführen lassen. Diese wenigen Zahlen zeigen schon den erschütternden Einbruch in die Lebenskraft unseres Volkes, den unser zivilisiertes Dasein mit sich gebracht hat; sie zeigen uns die Schattenseiten der Zivilisation.

Um hier die dringend notwendige Abhilfe zu schaffen, können wir dem natürlichen und noch nicht völlig abgetöteten Bewegungsbedürfnis auch durch das Schwimmen voll entsprechen, weil es zugleich zur Tiefatmung zwingt, den Kreislauf anregt, die Brust weitet und die Wirbelsäule geschmeidig macht. Das Schwimmen mit seiner allseitigen Muskelarbeit ist von solch großer gesunderhaltender und sogar heilender Bedeutung für uns Zivilisationsmenschen, daß sich jeder – gleich welchen Alters – mit diesem Sport, der zugleich Freude und Genuß bringt, beschäftigen sollte. Schwimmen ist das natürlichste und wirkungsvollste Mittel, um den zahlreichen Schäden des gedrosselten Bewegungslebens zu entgehen.

Der Altmeister des deutschen Sports, Prof. *Carl Diem* (1882–1962), sagte über das Schwimmen: „Ohne regelmäßiges Schwimmen eines hohen Teiles unseres Volkes werden wir den Gesundheitsrückgang nicht stoppen, geschweige denn ausgleichen können." Und ferner: „Wenn die Schulsysteme nicht in nächster Nähe irgendeine Schwimmhalle erreichen können, sollen sie ihr eigenes Schimmlehrbekken erhalten, wie sie ihren eigenen Physikraum und ihren eigenen Zeichenraum haben. Das Schwimmlehrbecken gehört zur Turnhalle und zum Gymnastikraum; diese drei bilden jene Einheit, mittels der das

Schwimmen ist eine der gesündesten Bewegungsarten. Die rhythmischen Bewegungen gleichen alle einseitigen Belastungen von Schule und Berufsarbeit aus.

kommende Geschlecht dem Wettbewerb künftigen Lebens mit seiner steigenden Mechanisierung gewachsen bleibt."

Sicher ist die ideale Stätte zur Ausübung dieses Sportes das Freischwimmbad oder das Seebad. Diese stehen uns aber nur in kurzen Sommermonaten und als besondere Anlagen in völlig unzureichender Zahl zur Verfügung. Aber gerade im Winter ist das Schwimmen am notwendigsten, damit wir uns an Kältereize gewöhnen und die Durcharbeitung der Muskulatur nicht unterbleibt. Wir brauchen daher Hallenschwimmbäder. Schwimmen im kalten Wasser belebt die Haut und wirkt von daher über die Blutbahnen anregend auf die Tätigkeit aller inneren Organe. Es kommt dadurch zu einer erhöhten Stoffwechseltätigkeit, was sich schnell in einem kräftigen Hungergefühl bemerkbar macht, das sich nach dem Schwimmen einstellt.

Das Schwimmen erfordert eine so umfassende Bewegung aller Gelenke, Glieder, Muskeln und Knochen bei idealer Bewegungsfreiheit nach allen Richtungen, wie es bei keiner Übung sonst der Fall ist. Die rhythmischen Schwimmbewegungen gleichen alle einseitigen Belastungen der Berufsarbeit aus. Sie lösen, lockern und straffen wiederum die Muskulatur in einem Bewegungsspiel, dem sich jeder nach Herzenslust hingeben kann.

Eine ungewöhnlich starke Anregung erfahren natürlich die Atmungsorgane, da das Schwimmen eine rhythmische Tiefatmung erfordert, die die meisten Menschen nicht mehr kennen, da das Sitzleben und die Bewegungsarmut die Flachatmung und damit den mangelhaften Luftaustausch begünstigen. Es gibt keine bessere Atemgymnastik als das Brustschwimmen. Tiefatmung führt zu besserer Sauerstoffaufnahme und damit zur Belebung aller Körperzellen, was nicht zuletzt außerordentlich stärkend auf unser Selbstbewußtsein und die Kräfte unseres Gemütes wirkt.

Schwimmen gehen heißt zum Jungborn der Lebensfreude gehen, sich vor Haltungsverfall, Atem- und Kreislaufschäden sowie vorzeitiger Alterung bewahren. Schwimmen muß zum Volkssport werden.

Doping gefährdet den Menschen

Von einer direkten *Gefährdung* des Menschen muß man sprechen, wenn er versucht, die körperliche (und auch geistige) Leistungsfähigkeit durch Einnehmen von Drogen zu steigern. Es handelt sich hierbei um das aktuelle Problem des *Dopings,* um die Leistungssteigerung im sportlichen Wettkampf mit Hilfe von Medikamenten.

Zahlreiche Länder haben sich im Komitee für außerschulische Erziehung des Europarates auf folgende Definition des Dopings geeinigt: „Doping ist die Verabreichung oder der Gebrauch körperfremder Substanzen in jeder Form und physiologischer Substanzen in anomaler Form oder auf anomalem Wege an gesunde Personen mit dem einzigen Ziel der künstlichen und unfairen Steigerung der Leistung für den Wettkampf. Außerdem müssen verschiedene psychologische Maßnahmen zur Leistungssteigerung des Sportlers als Doping angesehen werden."

Der Deutsche Sportärztebund formulierte den Begriff des Dopings kürzer wie folgt: „Die Einnahme eines jeden Medikamentes – ob es wirksam ist oder nicht – mit der Absicht der Leistungssteigerung während des Wettkampfes ist als Doping zu bezeichnen."

Dr. *D. Clasing* berichtete auf einer Tagung in Freiburg, die sich mit der „Gefährdung des Menschen durch Doping" befaßte, über eine Vielzahl von leistungsphysiologischen Untersuchungen, um die Wirkung der hauptsächlichen Dopingmittel objektiv zu erfassen. Die sogenannten Weckamine zum Beispiel steigern bei Dauerbelastungen bis zum Abbruch der Bela-

Stadtläufe, selbst über die Marathondistanz, finden heute Tausende von Teilnehmern aller Altersstufen.

stung ganz erheblich die Gesamtleistung, wobei keine Beeinflussung der Atmung, der Pulsfrequenz oder des Blutdrucks auftritt. Es wurde vor allem keine verbesserte Herz-Kreislauf-Arbeit nachgewiesen. Die tatsächlich erhöhte Leistung wurde lediglich durch eine mit Hilfe der Droge ermöglichte verlängerte Arbeitszeit erreicht. Bei trainierten Kugelstoßern und Läufern sowie bei untrainierten und trainierten Schwimmern stellte er bei 75% der Versuchspersonen unter dem Einfluß von Amphetamin, einem Stoff aus der Gruppe der Weckamine, eine Leistungssteigerung fest. In allen Fällen muß aber die verlängerte oder erhöhte Leistungsfähigkeit durch eine entsprechend verlängerte Erholungszeit und im nachhinein auftretende Allgemeinbeschwerden erkauft werden.

Das ist auch verständlich, weil durch die medikamentös erzwungene Mehrleistung – durch Enthemmung und Antriebssteigerung einerseits und durch Abschwächung lebenswichtiger Schutzfunktionen andererseits (wie Ermüdungs- und Erschöpfungsgefühl, Schmerzempfindung und Schlafbedürfnis zum Beispiel) – die körperlichen und seelischen Reserven erschöpft werden und eine lange Erholungszeit erforderlich ist, falls nicht bereits Schädigungen eingetreten sind.

Die Sportärzte lehnen für Sportler jedes Doping ab. Prof. *J. Keul* erklärte, daß der Gebrauch leistungssteigernder Mittel beim Sportler nicht bejaht werden könne, weil sich der Athlet damit 1. in unfairer Weise einen Vorteil gegenüber den anderen zu verschaffen sucht, 2. es bei wiederholter Einnahme zu einem Persönlichkeitszerfall kommt und das Training vernachlässigt wird und 3. die Gefahr einer körperlichen Schädigung besteht.

Keul ist darüber hinaus der Meinung, daß es kein Mittel gibt, das dem Menschen die Leistungsfähigkeit vermitteln kann, die er durch systematisches Training, gezielte Ernährung, ausreichenden Schlaf und natürliche Entspannung erreicht.

Dennoch wird immer wieder versucht, die Doping-Bestimmungen zu umgehen. Hier helfen nur strengste Kontrollen, wie sie bei Meisterschaften und Olympischen Spielen sowie auch während der Trainingsphasen mittlerweile üblich sind.

Verlängert Sport das Leben?

Die Frage, ob der *Sport das menschliche Leben zu verlängern vermag,* wird von verschiedenen ärztlichen Gremien leider noch nicht einheitlich beurteilt.

Der bekannte Herzspezialist Prof. *Max Halhuber* teilte auf dem IX. Internationalen Seminar für ärztliche Fortbildung in Westerland/Sylt mit, daß Sportler nach den neuesten Erkenntnissen der medizinischen Wissenschaft eine dreimal so große Chance haben, einen Herzinfarkt zu überstehen wie Nichtsportler oder körperlich Inaktive. Er befürwortete daher stark Heilsport oder eine Terrainkur gerade bei Erkrankungen der Herzgefäße. Einmal werde durch Training die Kreislauffunktion „ökonomisiert", wodurch man der gefürchteten Kranzgefäßverkalkung entgegenwirke, und zweitens stelle sich ein mittelbarer Effekt in erzieherischer und psychotherapeutischer Hinsicht ein im Sinne einer Entkrampfung und eines neuen Leistungsgefühls.

Im Gegensatz zu Prof. *Halhuber* steht das Ergebnis eines Kolloquiums deutscher und französischer Sportärzte, die feststellten: Der Sport garantiere keine Langlebigkeit, er verhelfe aber dazu, auf angenehme Weise zu altern. Bei diesem Kolloquium, das nach den Olympischen Spielen in Mexiko stattfand, wurde von deutscher Seite darauf hingewiesen, daß dort ein „Wind des Todes" geweht hätte. Ich bin der Auffassung, daß man die Antwort auf die Frage, ob der Sport das Leben verlängern kann oder nicht, keineswegs so summarisch geben sollte, sondern im Einzelfall sehr wohl unterscheiden muß, ob es sich um Sport handelt, der nur aus Lust an der Bewegung ausgeübt wird, oder um übertriebenen Leistungssport, der eher schadet als nützt.

Für eine echt lebensverlängernde Wirkung spricht jedenfalls die Mitteilung des Finnen Prof. *Martti J. Karvonen,* der als Physiologe am Institut für Arbeitsphysiologie in Helsinki ermittelte, daß finnische Skilangläufer sieben Jahre länger leben als der Durchschnitt ihrer Landsleute.

Die Bewegungsarmut des modernen Stadtmenschen hat nicht nur eine allgemeine körperliche Leistungsschwäche zur Folge, sondern sie führt vor allem auch zu einer *Leistungsschwäche des Herzens* (Herzinsuffizienz). Das zeigt sich zunächst an einer Verringerung des Herzvolumens, die bereits vegetative Herz- und Kreislaufbeschwerden zur Folge haben kann. Diese Tatsache allein genügt schon, um zu erkennen, daß gerade in diesem Stadium der verringerten Herz- und Kreislauffunktion eine Aktivierung der Körpertätigkeit (Muskulatur und Kreislauforgane) ein echtes und zudem viel besseres Heilmittel darstellt, als es irgendwelche Medikamente sein können.

Prof. Dr. *Reindell* (Freiburg), einer unserer besten Kreislaufspezialisten und Kenner der Einwirkungen von Sport und Training auf die Kreislauforgane, stellte fest, daß beim Gesunden wie beim Kranken eine sportliche Betätigung zu meßbaren Veränderungen am Herzen und am Gefäßsystem führt, nämlich zu einem Absinken der Pulsfrequenz und des Blutdrucks. Das bedeutet zunächst einmal, daß die Herztätigkeit *in der Ruhe ökonomischer* wird. Bei fortgesetztem Training tritt dann auch unter der Belastung eine Leistungssteigerung ein, die sich bald durch eine Vergrößerung des Herzvolumens objektivieren läßt. Eine bestimmte Leistung wird nun mit einer verringerten Herzschlagfolge und mit geringerem Sauerstoffbedarf bewältigt.

Eine weiter gesteigerte körperliche Belastung führt schließlich zur Bildung zahlreicher Nebengefäße (eines sogenannten Kollateral-Kreislaufs), die den Herzmuskel zusätzlich mit Blut versorgen und sogar die Versorgung sichern können, wenn die Hauptkranzgefäße erkrankt sind (Koronarsklerose) oder durch Verschluß (wenn er sich langsam entwickelt) völlig für die Versorgung des Herzmuskels ausfallen. Ohne

Fröhliches Turnen lockert nicht nur die Gelenke, sondern auch den inneren Menschen. Gruppengymnastik gehört heute zu den meistgenutzten Angeboten der Kurorte.

den Kollateral-Kreislauf wäre ein Herzinfarkt die Folge.

Die Einflüsse des sportlichen Trainings auf die Herz-Kreislauf-Funktionen, insbesondere aber auch auf den Herzmuskel selbst, werden noch durch einige zusätzliche Wirkungen wesentlich unterstützt.

Fettleibige sind für einen Herzinfarkt besonders anfällig, wenn sie zugleich einen erhöhten Blutdruck und einen erhöhten Fettspiegel im Blutserum aufweisen. Diese Risikofaktoren werden durch den Sport verringert. Das beim Übergewichtigen und Fettleibigen zugunsten der Nahrungszufuhr verschobene Gleichgewicht zwischen Kalorienverbrauch und Kalorienzufuhr wird durch erhöhte körperliche Aktivität reguliert, da sie den Kalorienverbrauch steigert und die Blutfettwerte senkt, wenn die weitere Fettzufuhr biologisch hochwertig ist (d. h. genügend ungesättigte und hochungesättigte Fettsäuren aufweist).

Auch die *Zunahme der Gerinnbarkeit des Blutes* gehört nach heutiger Anschauung zu den Faktoren, die einen Herzinfarkt begünstigen können. Prof. Dr. *Reindell* und seine Mitarbeiter konnten nachweisen, daß dieses System bei einem sportlich Trainierten wesentlich stabiler ist als beim Untrainierten. Dr. *Winter* teilte sogar mit, daß das körperliche Training die Auflösung der Gerinnungsfäden (Fibrinfäden) deutlich aktiviert.

Wir müssen also feststellen, daß der Sport mehrere Risikofaktoren für das Herz verringert und daß das Herz eines sportlich trainierten Menschen weniger von Störungen des Herz-Kreislauf-Systems und vor allem weniger vom Herzinfarkt bedroht ist als das Herz eines Untrainierten.

Nun ist für die Praxis noch die Frage zu beantworten, welche Sportarten die günstigste Wirkung auf Herz und Kreislauf ausüben. Die Antwort ergab sich aus einer großen Zahl von Untersuchungen an Hochleistungssportlern. Am besten sind dazu die *Dauersportarten* wie Langstreckenlauf, Radfahren, Schwimmen und Skilanglauf geeignet.

Bisher konnte noch nicht eindeutig geklärt werden, ob der eigentliche Prozeß der Kranzgefäßverkalkung durch körperliche

Aktivierung günstig beeinflußt wird. Für diese Erkrankung ist die Ausbildung eines Kollateral-Kreislaufs allerdings oft lebenswichtig. Wenn eine erbliche Belastung vorhanden ist, gilt das gleiche auch für die *Blutdruckerhöhung,* die mit der Koronarsklerose in enger Beziehung steht.

Man darf also die immer wieder betonte Zunahme der körperlichen Trägheit nicht ohne weiteres für die steigende Anzahl der Herzkranzgefäßerkrankungen verantwortlich machen. Die Frage ist aber deshalb so schwierig zu beantworten, weil es kaum noch möglich ist, Untersuchungsgruppen mit stärkerer körperlicher Tätigkeit zu finden, um sie mit einer Gruppe körperlich Untätiger zu vergleichen. Es gibt nur noch ganz wenige Berufe, die ein so hohes Maß an körperlicher Betätigung erfordern, daß sie auf Kreislauf und Stoffwechsel wirksam wird. Der Münchener Herzspezialist Dr. *Hans Schwalb* stellte fest, daß die Arbeitsintensität bei den meisten körperlich Tätigen keinen ausreichenden Trainingsreiz mehr setzt. Das alles rechtfertigt eine vermehrte sportliche Betätigung.

Überraschende Erfolge mit der Bewegungstherapie lassen sich bei *Angina pectoris* (Herzenge, Herzangst) erzielen. Herzspezialisten an der Universität von Kalifornien berichteten über eine „dramatische Besserung" und in einigen Fällen sogar von völligem Verschwinden der Symptome bei Angina-pectoris-Kranken, die mit Bewegungsübungen behandelt wurden. Natürlich können solche Behandlungen nur nach eingehenden ärztlichen Untersuchungen, Tests am Fahrrad-Ergometer und elektrokardiographischen Messungen durchgeführt werden.

Außer den amerikanischen Ärzten betont auch Prof. *Reindell,* daß neben den zu kleinen, leistungsschwachen Herzen auch Durchblutungsstörungen des Herzens, die mit den Anzeichen einer Angina pectoris auftreten, und ausgeheilte Infarktpatienten für die Bewegungsbehandlung in Frage kommen. Er ist wie die amerikanischen Ärzte der Auffassung, daß die Angina pectoris und damit die Durchblutung des Herzmuskels durch kein Medikament so günstig beeinflußt werden kann wie durch eine sorgfältig gesteigerte, wohldosierte und ärztlich überwachte Bewegungsbehandlung.

Praktisch sehr wichtig ist die Einwirkung eines dosierten und gezielten Muskeltrainings bei *arteriellen Durchblutungsstörungen* und *Verschlußleiden.* In der Praxis unterscheidet man zwei große Durchblutungsgebiete, nämlich die Haut und die Muskulatur. Der Durchblutungsmangel der Haut ist an der Kälte, Blässe und Blaufärbung sowie an der Geschwürsbildung zu erkennen, während sich eine Durchblutungsnot der Muskulatur als intermittierendes Hinken (Stehenbleiben nach kurzer Gehstrekke) oder als Ruheschmerz in der Muskulatur verrät.

Prof. *Ulrich Gottstein,* der Kieler Angiologe, betont, daß sich die Hautdurchblutungsstörungen auf medikamentösem Wege zwar recht gut verbessern lassen, die Durchblutungsstörungen der Muskulatur jedoch nur sehr mäßig und unsicher beeinflußt werden. Er empfiehlt dagegen neben den Medikamenten eine dosierte Muskeltätigkeit als das beste Mittel, nämlich Spazierengehen, Zehenstandsübungen, Fußrollen und bei Störungen der Arm-Arterien das Schließen der Faust.

Durch diese Übungen wird der Muskelstoffwechsel erhöht. Das aber ist gerade der notwendige Anreiz zur Erweiterung der kleinen Arterien (Arteriolen). Durch fortgesetzte Übung gewöhnt sich die Muskulatur an die Belastung, die Reaktion der Gefäßerweiterung tritt schneller ein, und die Gehstrecke (bei Claudicatio intermittens) verlängert sich.

Prof. *Gottstein* empfahl bei allen arteriellen Durchblutungsstörungen folgende Behandlung: striktes Rauchverbot, langsam gesteigerte (dosierte) Muskeltätigkeit bis

Kurztraining für Sitzberufler

Viele Berufstätige sind zwar schnell „abgehetzt" (auch wenn sie keiner jagt), doch nur, weil sie völlig untrainiert sind. Schon nach dem Frühstück fühlen sie sich wieder müde. Das beweist nur, daß diese Menschen ein richtiges Muskel-, Gelenk- und Atemtraining nötig haben.

Wer auch nur eine Viertelstunde für seine Gesundheit zu opfern bereit ist, sollte täglich wenigstens die folgenden Übungen und Maßnahmen durchführen. Er wird bald spüren, wie sehr sie der Gesundheit, der Schönheit und der Lebenslust dienen:

1. Zehnmal gründlich ausatmen, das kräftige Einatmen stellt sich dann ganz von selbst ein.
2. Kniebeugen, Rumpfdrehen, Armschwingen und Zehenwippen zur Anregung der gesamten Muskulatur, der Sehnen, Bänder und Gelenke.
3. Rotierende Klopfmassage mit geballter Faust am Bauch im Kreise herum von rechts nach links, dem Dickdarmverlauf entsprechend. Sie mobilisiert den Bauchspeck und regt die Darmtätigkeit an.
4. Einige Übungen speziell für die Brustmuskulatur: Hände vor der Brust locker falten und die Handinnenflächen dann ruckartig gegeneinanderklatschen. – Die Arme seitwärts ausstrecken und dann im Schultergelenk einmal nach hinten und dann nach vorn rotieren lassen.
5. Zungengrundübung zur Aktivierung oder Verhinderung eines Doppelkinns: Zehnmal so weit wie möglich die Zunge nach vorn oben herausstrecken. Am besten läßt man sich dabei nicht beobachten.
6. In Rückenlage führt man die „Fahrradübung" aus. Das Treten in der Luft stärkt vor allem die Bauchmuskulatur.
7. Im Stehen oder Liegen zwei Sekunden lang alle Muskeln maximal anspannen. Das stärkt und bildet die Muskulatur.
8. Zum Abschluß eine kurze Bürstenmassage sowie warm und kalt duschen.

zur Schmerzempfindung, warme, nicht drückende Kleidung, Nikotinsäurepräparate, Diät, Behandlung bestehender Blutdruckerhöhung, gerinnungshemmende Mittel in chronischen Fällen, zusätzlich Prednisonpräparate bei allergisch-entzündlichen Arterienleiden.

Dieses ganze Behandlungsprogramm habe ich aufgeführt, um zu zeigen, daß das außerordentlich wichtige Muskeltraining bei Arterienleiden nicht allein ausschlaggebend ist, sondern nur einen, wenn auch sehr wichtigen Faktor in der Behandlung dieser sehr ernsten Erkrankung bildet. Selbstverständlich gehört die Behandlung dieser Leiden immer in ärztliche Hände.

Sport im vorgerückten Alter

Hat es einen Sinn, mit sportlicher Betätigung auch noch in mittleren Jahren zu beginnen? Kann der Sport hier nicht mehr Schaden als Nutzen stiften? Diesen Fragen sind einige Ärzte an der Medizinischen Klinik der Berufsgenossenschaftlichen

Krankenanstalten Bergmannsheil in Bochum nachgegangen. Man verglich die Kreislauffunktionen und die Dauerleistungsfähigkeit von vierzig- bis sechzigjährigen Sportlern mit gleichaltrigen gesunden, aber sportlich untrainierten Männern sowie mit jungen Leistungssportlern. Die Untersuchungen führten zu folgenden Ergebnissen:

1. Bei Trainierten war das Herzvolumen absolut und im Verhältnis zum Körpergewicht größer und die Dauerleistungsfähigkeit erheblich besser als bei den Untrainierten.

2. Bei trainierten älteren Männern stieg der Blutdruck bei Belastung (systolisch und diastolisch) weniger stark an als bei untrainierten. Gegenüber den jüngeren trainierten Männern wurden aber höhere Blutdruckwerte festgestellt. Dafür lagen die Pulswerte bei den jüngeren Sportlern höher als bei den älteren.

Die Untersuchungen zeigen zunächst eindeutig den Wert des körperlichen Trainings auch für Menschen jenseits des vierten Lebensjahrzehnts. Die sportliche und organische Leistungsfähigkeit des Menschen kann dadurch bis zum sechsten Lebensjahrzehnt erhalten bleiben.

Wenn ältere Menschen mit einem sportlichen Training beginnen wollen, sollten sie aber zunächst im Rahmen einer allgemeinen körperlichen Untersuchung den Blutdruck vor und nach einer bestimmten körperlichen Anstrengung messen lassen, da der Blutdruck in Ruhestellung häufig eine Tendenz zur krankhaften Erhöhung nicht erkennen läßt. Ein durch körperliche Belastung erkennbarer, krankhaft erhöhter Blutdruck schränkt die körperliche Leistungsfähigkeit und daher die Belastbarkeit im Sport auch dann schon ein, wenn das Herz selbst noch eine gute Leistungsreserve und Anpassungsfähigkeit aufweist. Die sportlichen Anforderungen dürfen dann nur langsam gesteigert werden.

Selbstverständlich sollten ältere Menschen von jedem ausgesprochenen Leistungssport und von Wettkämpfen absehen, da Untersuchungen an Hochleistungssportlern, die an der Medizinischen Universitätsklinik Freiburg/Brs. mit Hilfe von Langzeit-EKG-Aufnahmen durchgeführt wurden, ergaben, daß bei Dauersportarten die Herzfrequenzen in Training und Wettkampf schon zu Beginn einer sportlichen Übung sehr hoch ansteigen und auch im weiteren Verlauf meist hoch bleiben. Interessanterweise wurden sehr hohe Schlagfolgen sowohl bei Übungen mit vorwiegend gleichbleibender Muskelbelastung als auch bei Übungen mit geringer körperlicher Belastung, aber hoher psychischer Anspannung festgestellt.

Herzgrößenbestimmungen und ergometrische Leistungsprüfungen an 172 Hochleistungssportlern verschiedener Sportdisziplinen im Vergleich mit untrainierten Normalpersonen ließen erkennen, daß eine entscheidende Verbesserung der Herz- und Kreislauffunktionen nur mit Sportarten zu erreichen ist, die ein Ausdauertraining erfordern, wobei die Ausdauerbelastung sowohl fortlaufend als auch nach dem Intervallprinzip erfolgen kann.

Für ältere Menschen (zwischen dem 40. und 60. Lebensjahr) sind also nicht die Sportarten mit großen kurzdauernden Kraftleistungen (Gewichtheben, Turnen, Ringen), sondern diejenigen mit längerdauernden mäßigeren Belastungen (längere Spaziergänge, Wandern, Laufen, Schwimmen, Radfahren, Skilaufen, Rudern) als Ausdauersport am besten geeignet. Als letztes bleibt immer noch *Golf*. Für ein Training zu Hause eignet sich auch das *Rudergerät* oder als einfachste Übung der *Lauf auf der Stelle* (fünf Minuten auf elastischer Unterlage).

Frauen altern, soweit es sich um die Herz- und Lungenfunktion handelt, langsamer als Männer. Bei Untrainierten nimmt die Lungenfunktion schon vom 20. Lebensjahr an, bei Trainierten erst vom 40. Le-

Abfahren im Tiefschnee ist eine der schönsten Sportarten. Freilich – man muß es können, und „Sonntagsfahrer“ sollten ihre Anforderungen nicht zu hoch schrauben.

Bei großen Volksläufen sind viele tausend Läufer gleichzeitig unterwegs – vom Leistungssportler bis zum Freizeitläufer. Jede Altersgruppe ist vertreten, und einen großen Anteil stellen die Frauen. Und wer den Lauf durchgestanden hat, wird spüren, wie die Befriedigung über die vollbrachte Leistung auch die Seele stärkt.

bensjahr an ab. Bei untrainierten Männern ändern sich die Stoffwechselverhältnisse vom 40. Lebensjahr, bei der Frau vom 50. Lebensjahr an.

Auch Prof. Dr. *Reindell* prüfte die Trainierbarkeit im höheren Alter. Er fand ebenfalls, daß bei Fünfzig- bis Sechzigjährigen noch durch ein vierwöchiges Training eine Leistungssteigerung zu erzielen ist, wenn auch nicht in dem Maße wie bei jüngeren Menschen.

Durch körperliches Training kann man also vorbeugen und wiederherstellen (rehabilitieren). Trainierbarkeit besteht bis zum 50. und 60. Lebensjahr, später sind nur noch selten Leistungssteigerungen zu erzielen.

Bevor man als älterer Mensch ein Training beginnt, sollte durch eine ärztliche Untersuchung ausgeschlossen werden, ob ein Infekt (Herdinfekt) oder eine Herzschädigung besteht, ob Herzklappengeräusche vorhanden sind, ob der Blutdruck in Ruhe und nach Belastung normal ist und ein anzufertigendes Elektrokardiogramm keine wesentlichen krankhaften Veränderungen aufweist.

Sport kann auf die Seele wirken

Der Sport hat nicht zuletzt auch eine wichtige psychologische Funktion. Je weiter unsere Industrialisierung und die Automation der Arbeit voranschreiten, um so stärker wird das Verlangen sein, sich aus der Enge und Beschränkung seines persönlichen Wirkungsbereiches zu befreien. Im Sport kann das Streben nach individueller Entfaltung, nach Höchstleistung verwirklicht werden. Der Mensch will als einzelner gewertet werden, und er hat seine Freude daran, seine Kräfte mit anderen zu messen und das Beste aus sich herauszuholen. Der englische Arzt und Olympionike Dr. *Roger Bannister,* der im Jahre 1954 als erster die Meile in weniger als vier Minuten lief, bezeichnete den Sport als eine Entladungsmöglichkeit für die menschliche Sehnsucht nach Freiheit, eine Sehnsucht, die in unserer immer mehr eingeschränkten, künstlichen und automatisierten Arbeit und Gesellschaft zunehmend an Bedeutung gewinnt.

Wir machen immer wieder die Erfahrung, daß wir uns freuen, daß wir gelöst und entspannt reagieren, wenn wir eine besondere Leistung vollbracht haben. Das ist natürlich vor allem dann der Fall, wenn diese Leistung in einem kleinen oder größeren Kreis oder gar in der breiten Öffentlichkeit Anerkennung findet. Das gilt auch für den Sport. Jede Leistung, auch jede durch Training gesteigerte Leistung, schenkt ein Gefühl innerer Befriedigung. So ist der Sport in des Wortes bester Bedeutung ein Gesundheitsmittel für Körper und Seele.

Es ist nur zu wünschen, daß möglichst viele Menschen, statt nur zuzuschauen, selbst Freude und Entspannung in irgendeiner sportlichen Betätigung finden und so zu ihrer eigenen Gesundung aktiv beitragen.

Ausdauertraining gleicht Zivilisationsschäden aus

Während unsere heute noch übliche Ernährungsweise mit zuviel Fett und Eiweiß und weit überschießender Kalorienzahl als Risikofaktor erkannt ist und durch entsprechende diätetische und psychologische Maßnahmen bekämpft wird, gilt das für die bei weiten Teilen der Bevölkerung übliche *Bewegungsarmut* noch nicht. Dabei häufen sich Beobachtungen, die uns zeigen, daß der Bewegungsmangel die Ursache für eine ganze Reihe von Zivilisationskrankheiten darstellt, worunter die Arteriosklerose, die durch fettähnliche Auf- und Einlagerungen in den Gefäßwänden gekennzeichnet ist, an erster Stelle steht.

Folgen des Bewegungsmangels

Es ist heute eindeutig klar, daß durch den Bewegungsmangel eine zu geringe Versorgung der Gewebe und Organe mit Sauerstoff erfolgt und dadurch die Ablagerungen von Fett-Eiweißkörpern in den Arterienwänden zustande kommen.

Der bekannte Vergleich mit dem Ofen, der zu wenig Sauerstoffzufuhr erhält und dadurch fetthaltigen Ruß ablagert, ist durchaus berechtigt. In beiden Fällen ist im Organismus wie im Ofen die normale Verbrennung unterdrückt und bleibt unvollständig, so daß zuviel Zwischenprodukte übrigbleiben.

Die Ursachenkette fängt mit der Bewegungsarmut an und geht über eine mangelhafte Sauerstoffzufuhr, eine mangelhafte Verbrennung, die Entstehung unverbrannter Zwischenprodukte, über Ablagerungen und Einlagerungen im Gewebe zum Übergewicht mit allen uns bekannten Folgen an den Kreislauf- und Stoffwechselorganen.

Was liegt nun näher, als der wirklichen Ursache, dem Bewegungsmangel, zu begegnen? Das geht nicht besser und einfacher als mit allen Formen des Bewegungs- und Ausdauertrainings.

IN DIESEM KAPITEL:

- **Folgen des Bewegungsmangels**
- **Bewegungstraining löst viele Probleme**
- **Übertriebenes Training schadet nur**
- **Eine gute Form des Bewegungstrainings**

Bewegungstraining löst viele Probleme

Ganz allgemein gesehen ist körperliches Training in jeder Form ein wirksames Mittel zur Leistungssteigerung und zur Erzielung sportlicher Höchstleistungen.

Training, insbesondere Ausdauertraining, hat aber für jeden einzelnen von uns eine fast unschätzbare Bedeutung

- zur Förderung von Gesundheit und Leistungsfähigkeit,

Jogging ist in den letzten Jahren so etwas wie Volkssport geworden. Überall sieht man sie zu allen Tageszeiten durch die Gegend traben. Doch Vorsicht! Untrainierte sollten es langsam angehen lassen.

- zur Vorbeugung von Krankheiten und sogar
- zur Behandlung von Krankheiten.

Durch die starke Technisierung unserer gesamten Arbeitswelt wird uns fast jede körperliche Arbeit abgenommen, und das Auto sorgt dafür, daß wir das Laufen verlernen. Körperliche Beanspruchung wird heute weitgehend durch nervöse Belastung ersetzt. Mangelnde körperliche Bewegung und Übung führt mit größter Sicherheit zur Verkümmerung der Bewegungsorgane und in der Folge davon auch zur Verkümmerung der Kreislauforgane. Das bringt unweigerlich Leistungsschwäche und Krankheitsanfälligkeit mit sich. Der Versuch, diese Prozesse durch Zigaretten, Kaffee und andere Reiz- und Erregungsmittel aufzuheben oder wenigstens aufzuhalten, ist ein Versuch am untauglichen Objekt.

Eine Abkehr von dieser verhängnisvollen Entwicklung ist nur möglich, wenn man endlich begreift, daß Bewegungsmangel die eigentliche Quelle zahlreicher Übel ist und diese auf Dauer nur durch mehr Bewegung, Training und insbesondere Ausdauertraining beseitigt werden können.

Bewegungstraining ist für jeden und in jedem Lebensalter möglich und von kaum abzuschätzendem Nutzen. Es kommt gar nicht darauf an, in welcher Form das Training erfolgt – ob als zügiges *Wandern*, als langsamer Dauerlauf, auch *Jogging* genannt, als maßgeschneidertes *Trimming 130* oder in einer Gruppe als *Gymnastik* mit Musik. Die Hauptsache ist: Es wird trainiert. Das ist die einzigartige Gegenmaßnahme zu unserem zivilisatorischen Bewegungsmangel. Aus diesem Grunde wird diese Maßnahme hier besonders betont. Vom Ausgleich des Bewegungsmangels war schon lange die Rede, aber man hatte wohl bisher den großen Wert nicht erkannt. Heute besteht eine wesentlich bessere Einsicht und größere Sensibilisierung für eine solche Maßnahme.

Übertriebenes Training schadet nur

Bewegungs-, Ausdauer- oder Fitness-Training hat allerdings nur Sinn, wenn Überanstrengungen oder gesundheitliche Risiken vermieden werden. Wenn man beim Lauftraining den Puls auf eine maximale Schlagfrequenz treibt, z. B. auf 160–170 Schläge pro Minute, so ist das nicht nur völlig unsinnig, sondern äußerst gefährlich. Außerdem stellt das auch eine unnötige Quälerei dar.

Es gibt heute die feste Regel, daß es, um auf sichere und gesunde Weise „fit“ zu

werden (in Form zu kommen), nicht der Anstrengung einer hundertprozentigen (vom Arzt leicht errechenbaren) Soll-Leistung bedarf. Es genügt eine Leistung von 60–70 Prozent der errechneten Soll-Leistung, um die erwünschte Fitness zu erreichen.

Wenn nur zwei Drittel der maximalen Kreislaufleistung beansprucht werden, muß man nicht nach Atem ringen; es wird einem nicht schwindlig oder schwarz vor Augen, und es tritt kein plötzlicher Schwächeanfall auf.

Eine gute Form des Bewegungstrainings

Der Deutsche Sportbund hat in Verbindung mit der Bundesärztekammer, mit Sportärzten und Wissenschaftlern nach dem besten Weg gesucht, um möglichst vielen Menschen Fitness, das heißt Leistungsfähigkeit und Wohlbefinden, zu vermitteln.

Man ist dabei zu Erkenntnissen gekommen, die besonders für 30- bis 55jährige Menschen gelten und besagen, daß man mehrmals wöchentlich (wenigstens 2–3 mal) Bewegungsübungen ausführen sollte, die zu einer Pulsfrequenzsteigerung bis zu 130 Schlägen in der Minute führen. Das ist, wie sich leicht am Fahrrad-Ergometer messen läßt, eine mäßige Belastung. Sie wird beim gemächlichen Laufen, beim zügigen Schwimmen oder Radfahren sehr bald erreicht. Eine *tägliche* Trainingszeit von zehn Minuten reicht dabei aus. Wenn man nur 2–3 mal pro Woche trainieren kann, muß man allerdings dreißig Minuten darauf verwenden, um einen Trainingseffekt mit entsprechendem Leistungszuwachs zu errei-

Nach den Aussagen von Kinderärzten leiden zu einem hohen Prozentsatz schon unsere Kleinsten unter Haltungsstörungen, die, wenn sie nicht bekämpft werden, leicht chronisch werden können. Mit dem Eintritt in das Schulalter werden Kinder gezwungen, stundenlang auf meist sehr unphysiologischem Gestühl stillzusitzen. Eltern und Lehrer sollten dafür sorgen, daß dem natürlichen Bewegungsdrang der Kinder Gelegenheit zur Betätigung verschafft wird. Das orthopädische Haltungsturnen ist eine der Möglichkeiten, Haltungsfehler und Haltungsschwächen zu beheben.

chen. Das nur durch Pulsmessung kontrollierte einfache Laufen nennt man auch *Trimming 130*. Dabei soll der Puls nicht mehr als 130 Schläge in der Minute erreichen.

Durch das Lauftraining entstehen im Körper Veränderungen sowohl an den Kreislauforganen und in der Funktion der vegetativen Nerven als auch am Stoffwechsel. Diese Veränderungen und Umstellungen bewirken im Endeffekt eine dauerhafte Leistungssteigerung und Wohlbefinden.

Solange ein Bewegungstraining zur Krankheitsvorbeugung oder als Heilmaßnahme (Therapie) betrieben wird – das gilt vor allem für ältere Menschen –, muß jeder Ehrgeiz und jeder Kampfsport ausgeschaltet bleiben. Das bezieht sich auf alle Formen des Bewegungstrainings.

Zu den einzelnen Formen des Bewegungstrainings gehört auch das **Jogging.**

Bewegungsmangel ist die Ursache für eine ganze Reihe von Zivilisationskrankheiten. Regelmäßiges Laufen oder Joggen vermag diesen Gesundheitsstörungen vorzubeugen. Abgesehen davon, daß es auch unser Wohlbefinden erhöht.

Dieser aus den USA kommende Ausdruck bedeutet das gleiche wie Trablaufen oder Trimm-Trab. Man nennt es auch Minuten-Laufen. Der Trainingsfortschritt entscheidet darüber, wieviel Minuten oder welche Strecke gelaufen wird. Laufzeiten und Gehpausen wechseln einander ab.

Erst wenn ein Trainingsfortschritt erzielt ist, kann und soll man die Laufzeiten allmählich verlängern mit dem Ziel, eine bestimmte Zeit ohne Pause zu laufen. Das braucht bei den verschiedenen Menschen eine verschieden lange Zeit, weil auch die Leistungsmöglichkeit der einzelnen Läufer anfänglich sehr verschieden ist und abhängig von Alter, Körpergewicht, Zustand der Muskeln, Gelenke und Kreislauforgane. Man spricht dann insgesamt von der Ausgangskondition. Für die erste Trainingszeit gilt, daß man mit 50 Prozent der zur Zeit möglichen Belastungsintensität trainieren soll.

Die Belastung muß also anfänglich gering sein und darf auf keinen Fall als „Qual" empfunden werden. Mit steigendem Trainingsgrad fällt das Laufen immer leichter. Dann kann die Belastung (also die Laufdauer) entsprechend gesteigert werden.

Welche Belastung jeweils richtig ist, läßt sich am einfachsten an der Pulszahl messen. Es gibt dazu eine von Prof. *W. Hollmann* entwickelte „Tabelle zur Ermittlung der Pulsfrequenz für Untrainierte – während der sportlichen Belastung"*, und zwar für die verschiedenen Altersstufen wie folgt:

20- bis 30jährige 195/min
31- bis 40jährige 189/min
41- bis 50jährige 182/min
51- bis 60jährige 170/min
61- bis 70jährige 162/min
71- bis 80jährige 145/min

Nach dieser Einteilung hat ein 55jähriger untrainierter Mann eine Höchstleistungsfrequenz von 170, sein Ruhepuls beträgt 70/min. Die Differenz zwischen beiden Werten ist 100. 50 Prozent davon sind 50 Schläge. Diese 50 Schläge werden zum Ruhepuls von 70 hinzugezählt, so daß sich eine anfängliche Belastungszahl von 120/min ergibt.

Natürlich sind diese Werte nur Anhaltspunkte. Bei auftretenden Beschwerden muß die Belastungsintensität sofort reduziert werden

Nach den Untersuchungsergebnissen

* Quelle: Franz Wöllzenmüller, Richtig jogging, dauerlaufen, BLV Verlagsgesellschaft, München/Wien

Skilanglauf, das Wandern durch die verschneite Landschaft, gehört zu den gesündesten sportlichen Betätigungen.

der Sportmedizin sind jene Trainingsformen für die Gesundheit des Menschen am zuträglichsten, die viel Sauerstoff erfordern und bei denen mindestens ein Sechstel der gesamten Skelettmuskulatur wenigstens drei Minuten dynamisch beansprucht wird. So gesehen sind Ausdauersportarten am wertvollsten. Sie führen zu einer meßbaren Leistungssteigerung. Beim Laufen, Schwimmen, Radfahren und Skilanglaufen z. B. treten alle Trainingseffekte auf, die eine Kräftigung des gesamten Organismus bewirken.

Schöpferische Arbeit schenkt Freude und Gesundheit

In einem sehr beachtenswerten Aufsatz („Von dem verlorengegangenen Gleichgewicht zwischen Spiel und Arbeit") bringt der Theologe Prof. *A. Köberle* die Tatsache, daß Arbeit als Last, aber auch als Segen empfunden werden kann, sehr treffend zum Ausdruck, wenn er sagt: „Es gibt eine Stimmung, die sich heutzutage immer weiter ausbreitet. Man betrachtet die Arbeit als eine leider unvermeidliche Sache, die um des täglichen Broterwerbs willen nötig ist. Das eigentliche Leben aber, um dessentwillen sich das Dasein überhaupt erst lohnt, wird nach der Arbeit, außerhalb der Arbeit gesucht. Man ersehnt ihr Ende an jedem Tag, bei jedem Wochenschluß, dann erst meint man mit dem wahren Erleben beginnen zu können.

Dennoch gilt: Arbeit bleibt trotz aller Fragwürdigkeit, Einseitigkeit und Ungerechtigkeit, die ihr anhaften mag, göttlicher Auftrag an den Menschen. Durch die Arbeit werden wir vor der Auflösung unseres Charakters in Weichlichkeit, Genußsucht und unordentliches Wesen bewahrt."

IN DIESEM KAPITEL:

Über Sinn und Wert menschlicher Arbeit

Die zunehmende *Mechanisierung der Arbeit* hat uns zwar wachsenden Wohlstand gebracht, gleichzeitig verlieren wir aber an Persönlichkeit, an Individualität und an beruflicher Befriedigung. Der Mensch kann jedoch nur existieren und an Leib und Seele gesund bleiben, wenn er sich durch das, *was er schafft,* in die Außenwelt projiziert, wenn sich in seiner Arbeit auch seine Möglichkeiten entfalten und erfüllen.

Doch nicht nur das Wohlbefinden des einzelnen, auch das der Gesellschaft ist wesentlich davon abhängig, daß die jeweiligen Arbeiten von Menschen ausgeführt werden, die sich nach Fähigkeit und Neigung dafür eignen. Im anderen Fall treten sehr bald vorzeitige Ermüdung, körperliche und seelische Konflikte sowie eine erhöhte Unfallgefährdung auf.

Wenn früher die althergebrachten Berufe frei und mehr instinktiv gewählt wurden, so ist das heute bei der fortschreitenden Industrialisierung, die immer neue „Berufe" hervorbringt, zu denen eigentlich auch eine entsprechende „Berufung" gehören müßte, gar nicht mehr möglich. Um die Schwierigkeiten bei der heutigen „Berufswahl" zu überbrücken, schuf man Berufsberatungsstellen, die unter Mithilfe von

Psychologen und Pädagogen den für den einzelnen Jugendlichen geeigneten Beruf zu ermitteln trachten.

Es gehört zu den Grundwahrheiten des Lebens, daß der erste Zweck all unserer Arbeit die Unterhaltsbeschaffung bzw. die Existenzsicherung ist. Das gilt nicht nur für den Menschen, sondern auch für das Tier wie für die niederste Pflanze. Natürlich besteht zwischen der pflanzlichen und tierischen Nahrungssuche und der des Menschen ein grundlegender Unterschied. Während Pflanze und Tier die ihnen von der Natur gebotene Nahrung nur zu suchen brauchen, muß der Mensch dafür *bewußt* seine körperlichen und geistigen Kräfte einsetzen; denn er findet in der Natur nicht ohne weiteres genügend Nahrung. Er muß sie erst schaffen, meist auch bearbeiten und zubereiten, um sie genießen zu können. Wir sagen auch, er muß seine Nahrung erst „produzieren", was eigentlich nur „aus der Natur behutsam herausführen" heißt und nicht, wie man oft meint, „erzeugen". Hierzu gehört eine lebendige, nämlich die zeugende Kraft.

Dieses Nachdenken über die notwendige (Not abwendende) Arbeit, dieses Mitschaffen an der Natur, damit sie die von uns benötigte Nahrung hervorbringt, ist der erste Akt der Kultur. Wir nennen diese Arbeit sogar Kultivieren des Bodens oder der Natur und haben damit teil an der Schöpfung Gottes. Unsere Arbeit sollte schöpferisch sein; wir alle sollten uns als Mitschöpfer betätigen.

Schöpfen kann man natürlich nur dort, wo etwas zum Schöpfen vorhanden ist, aus einer Quelle etwa. Eine solche Quelle ist die ganze uns umgebende Natur und die uns mit dem Leben geschenkte seelisch-geistige Kraft. Eine Arbeit, die nicht aus dieser Quelle gespeist ist und an der unsere Seele nicht teilhat, ist seelenlos und damit freudlos. Meist ist sie dann auch wenig „produktiv" und wirkt nicht gestaltend auf die Umwelt.

Das Problem Mensch und Arbeit wird sicher nicht durch wachsenden Wohlstand, Arbeitszeitverkürzung, Mitbestimmung, Freizeitgestaltung und Hobbys gelöst. Es wird weiterhin viel Nachdenken von Ärzten, Psychologen, Soziologen und Wirtschaftswissenschaftlern erfordern. Sie alle werden uns Hilfen und Leitlinien geben können. Letztlich muß aber jeder einzelne damit fertig werden, und es wird für seine seelische und körperliche Gesundheit viel davon abhängen, ob er sich „ganz der Arbeit" oder „ganz dem Nichtstun" verschreibt oder aber sich dem gesunden Rhythmus von Arbeit und Entspannung, von Anstrengung und Erholung, von Tätigkeit und Untätigkeit überläßt.

Heute werden in unserer modernen Gesellschaft in zunehmendem Maße Bestrebungen sichtbar, der Arbeit als einzige Alternative die Freizeit gegenüberzustellen. Man sieht in einer allmählichen Verringerung der Arbeitszeit zugunsten der Freizeit das Heil für den Menschen. Man glaubt, den Gewinn an Freude aus dem Bereich der Arbeit in einen außerhalb der Arbeitswelt liegenden Bereich, nämlich den der Freizeit, verlagern zu können und durch eine organisierte Vergnügungsindustrie zu speisen. Hier liegt jedoch ein gefährlicher Irrtum vor!

Wenn wir als Menschen existieren wollen, dann können wir nicht an einer der grundlegenden Bedingungen menschlicher Existenz vorbeisehen, nämlich an der Tatsache, daß der Mensch arbeiten muß, um leben zu können. Erfüllt er diese Bedingung nicht mehr, so wird er auch nicht mehr in der Lage sein, eine Zivilisation aufzubauen und zu erhalten, die die Aufgabe hat, dem Menschen zur Verwirklichung seines Menschseins zu verhelfen und ihn vor den Einflüssen einer ihm feindlichen Umwelt zu schützen *(Bernanos)*.

Die Höhe einer Zivilisation, die der Mensch zu seinem eigenen Nutzen schafft und die erst die Voraussetzung zu einem

Immer mehr Berufstätige betreiben die Hobby-Malerei zur Entspannung. Oftmals mit erstaunlichem Talent. Auch im Alter die schöpferischen Kräfte sich regen zu lassen ist nicht nur eine sinnerfüllende, sondern auch eine lebenverlängernde Aufgabe.

kultivierten Dasein bildet, hängt in allererster Linie von der Arbeit des Menschen, von seiner Einstellung zur Arbeit und seiner Arbeitsfreude ab.

Rein körperlich gesehen ist die Arbeit eine kostenlose Bewegungsübung. Sie bringt den Blutkreislauf in Bewegung und facht den Stoffwechsel an. Wenn sie außerdem noch Freude und seelische Befriedigung hervorruft, wird sie in jeder Hinsicht zu einem Gesundheitsfaktor allerersten Ranges und damit zum Segen.

Freilich sehen wir uns heute einer Situation gegenüber, die in dieser Form neu ist. Man wird künftig nicht mehr davon ausgehen können, daß es für jeden, der arbeiten will, auch Arbeit gibt.

Das Fortschreiten der Computerisierung unseres Alltags- und Berufslebens wird zwangsläufig zu einer Neuverteilung der Arbeit führen und die Zahl der Arbeitslosen erhöhen. Arbeitslos zu sein muß allerdings nicht zugleich bedeuten, auch keine Beschäftigung zu haben. Hier wird man in Zukunft sicher andere „Prioritäten" setzen müssen. Vielleicht reicht es ja einmal aus, wenn nur die Hälfte der Bevölkerung im üblichen Sinne „arbeitet" und ein Bruttosozialprodukt schafft, welches es gestattet, daß die andere Hälfte ihre Beschäftigung, ihr Engagement ohne Einkommensverlust in öffentlich-sozialen Aufgaben finden kann.

Man wird diesem Bereich unseres Lebens künftig wesentlich mehr Aufmerksamkeit schenken müssen als bisher. Die Gesellschaft heute steht jedenfalls vor der drängenden Frage, welchen Stellenwert sie dem Arbeitslosen in ihr einräumen will; sie hat zusätzlich das Problem zu lösen, für jene, für die keine Arbeit mehr da sein wird, eine neue Ethik zu schaffen und die Beziehung zwischen Mensch, Arbeit und Freizeit auch im Lichte des von Prof. *Köberle* eingangs genannten göttlichen Auftrags neu zu überdenken.

Arbeit als Krankheitsursache

Die Arbeit, insbesondere die Berufsarbeit, kann natürlich auch schädigende Wirkungen auf den Menschen haben. Sie kann – wie ein Medikament – heilen oder Schaden stiften. Heilen, wenn sie richtig gewählt und richtig dosiert ist; Schaden stiften, wenn sie am falschen Arbeitsplatz und auch noch überdosiert wird. Der Arzt wird seine Patienten immer wieder nach der Art ihrer Arbeit und auch nach ihrem Arbeitsplatz fragen, da er arbeits- oder berufsbedingte Schädigungen einkalkuliert. Er denkt hierbei vornehmlich an die gesetzlich festgelegten Berufskrankheiten, wie z. B. an Hautentzündungen durch ständigen Kontakt mit hautschädigenden Substanzen, aber er denkt bei der steigenden Zahl funktioneller Krankheiten auch daran, daß der Arbeitsplatz des Menschen und sein Verhältnis zu seiner Tätigkeit ursächlich für die Entstehung von Krankheiten eine entscheidende Rolle spielen kann. Da wir einen großen Teil des Tages bei unserer Tätigkeit verbringen, ist sie für unser Wohlbefinden und die Leistungsfähigkeit von wesentlicher Bedeutung. Ein ganzer Wissenschaftszweig, die *Arbeitsmedizin*, befaßt sich speziell mit der Anpassung des Menschen an seine Arbeit, mit dem Problem der Vorbeugung gegen Arbeitsschäden, also mit der Verhinderung von Berufserkrankungen. Leider besteht bis heute nur ein geringer Kontakt zwischen den Arbeitsmedizinern und den Ärzten in der Praxis, obwohl manche Fragen in gemeinsamer Tätigkeit wesentlich besser zu lösen wären; denn der Arzt in der freien Praxis kennt häufig weder die Arbeitsplätze, noch kann er sich ein ausreichendes Bild von der eigentlichen Arbeitsbelastung besonders in den Betrieben und bei der Arbeit am Fließband machen.

Jede einseitige Arbeitsbelastung ist schädlich. Dazu gehören auch die Arbeitsabläufe am Fließband. Ausgleichssport ist hier dringend vonnöten.

Einseitige Arbeit ist schädlich

Wenn die Bewegung als Gesundheitsfaktor wirken soll, ist die Art und Weise der Bewegung nicht gleichgültig. Jahrelange Untersuchungen der „Board of British Life Insurance Companies“ haben nämlich ergeben, daß von hundert arbeitenden Menschen mehr als sechzig bei ihrer Tätigkeit eine *ständig einseitig bestimmte Haltung* einnehmen. Einseitige Belastungen gibt es bei folgenden Berufsgruppen: Büroarbeitern, besonders Stenotypistinnen, Berufskraftfahrern, Kranführern, Schneidern, Schuhmachern, Fließbandarbeitern, überhaupt allen Angehörigen der sitzenden Berufe, darüber hinaus aber auch in denen der stehenden Berufe, z. B. Verkäuferinnen, sogar Be- und Entladern, Kellnern, Friseuren, Zahnärzten u. a.

Wenn eine Tätigkeit immer die gleichen Bewegungen erfordert, wird sie zu einer einseitigen Belastung, die selbst dann keinen Gesundheitsfaktor darstellt, wenn man diese Tätigkeit ihrem zeitlichen und kräftemäßigen Aufwand nach als ausreichend ansieht. Sie kann auf die Dauer eher eine Schädigung bedeuten. Hier sind ausgleichende Bewegungen (Ausgleichsgymnastik) erforderlich, die alle Muskeln, Sehnen und Bänder der Bewegungsorgane beanspruchen. So müßte z. B. einem Berufskraftfahrer als Ausgleich Radfahren empfohlen oder sogar verordnet werden oder allen Sitzberufen Schwimmen oder leichter Bewegungssport.

Eine Untersuchung der „American General Insurance Association“ ergab aus mehr als einer Million Einzelfällen, daß Personen, die einer Berufstätigkeit mit einseitiger Bewegung nachgingen, überwiegend eine *vorzeitige Sterblichkeit* aufwiesen.

Das einfachste Programm zu einer allseitigen Bewegung für ältere Menschen besteht in Spaziergängen (mit Atemübungen), bei denen möglichst auch Steigungen überwunden werden sollen, in kleinen Läufen, unterbrochen von sportlichem Gehen über einige hundert Meter, und ein- bis zweimaligem wöchentlichen Schwimmen. Gerade für den alternden Menschen sind diese Möglichkeiten die natürlichsten Mittel, um Erkrankungen vorzubeugen und sich frisch, gesund und leistungsfähig zu erhalten.

Wenn sich bereits Schäden aus einer einseitigen Arbeits- und Lebensweise ergeben haben, muß die Bewegungstherapie natürlich mit dem behandelnden Arzt besprochen werden, der für eine individuelle Dosierung der Maßnahmen sorgt und die Körperfunktionen, insbesondere die Herz-Kreislauf-Funktionen, überwacht. Er wird hierbei ähnlich vorgehen wie bei der individuell angelegten Rehabilitation nach einem Herzinfarkt oder nach einer Herzoperation.

Eine gesundheitliche Schädigung des Menschen durch die Arbeit ist natürlich auch dadurch möglich, daß der Arbeitsvorgang, die Maschine, das Werkzeug oder der Arbeitsplatz nicht oder noch nicht genug an den Menschen angepaßt sind und nicht als „menschengerecht" bezeichnet werden können. Inzwischen gibt es aber eine „Arbeitswissenschaft" (Ergonomie), die sich eine menschengerechte Arbeitsgestaltung, also eine Anpassung der Arbeit an den Menschen, zum Ziel gesetzt hat. Sie berücksichtigt auch die Umweltbedingungen und das Arbeitsklima; denn nicht nur die Arbeit selbst, auch das Klima, die Atmosphäre, in der die Arbeit geleistet werden muß, kann die körperliche wie die geistige Arbeit erschweren oder erleichtern, die Arbeit zum Gesundheits-, aber auch zum Krankheitsfaktor werden lassen. Erleidet der Mensch am Arbeitsplatz, sei es in einer Fabrik oder in einem Büro, eine Kränkung z. B. durch Nichtbeachtung oder ungerechte Behandlung, so kränkelt er immer wieder, bis er schließlich auch körperlich krank wird. Das Gesundbleiben am Arbeitsplatz hängt ganz entscheidend vom körperlichen und *seelischen Wohlbefinden* ab.

Besonders jungen Menschen wird am meisten geschadet, wenn man sie körperlich überfordert oder ihnen nicht hilft, sich zu entwickeln, sich zu steigern. Es gibt keine schlimmere Kränkung für einen aufstrebenden jungen Menschen, als „abgeschoben" zu werden, und es gibt keinen besseren Anreiz zu einer gesunden Entwicklung, als ihn unmerklich dadurch zu führen, daß man ihm etwas zeigt, vormacht und ihn in seinen Bemühungen anerkennt, statt ihn – wie es oft geschieht – abzuwerten.

Die Beziehungen zwischen Arbeit, Gesundheit und Krankheit untersucht besonders der bei uns noch recht junge Wissenschaftszweig *Arbeitsmedizin.* Leider erfährt dieses medizinische Sonderfach in unserem Lande noch nicht die nötige Anerkennung, obwohl es für unsere stark verzweigte, arbeitsteilige Wirtschaft zweifellos von Vorteil wäre, wenn ihre in den einzelnen Wirtschaftszweigen völlig unterschiedlichen Arbeitsbedingungen näher auf ihre gesund- oder krankmachende Wirkung erforscht würden. Das wird um so notwendiger sein, weil die technische Entwicklung dazu führt, daß immer neue Tätigkeiten entstehen und dadurch alte Berufe aussterben. Eine Berufsausbildung im alten Sinne wird es künftig für die meisten Berufe nicht mehr geben. Die enge Berufsausbildung wird einer breiten Grundausbildung weichen, die für viele Berufe gleich ist und die durch immer neue Fertigkeiten und Spezialkenntnisse ergänzt werden muß. Der kommende Berufstätige wird sich zeit seines Berufslebens in einer ständigen Fortbildung befinden, er wird mobil sein müssen, will er den Anforderungen der modernen Arbeitswelt gewachsen sein.

Am Schluß dieses Kapitels muß jedoch noch darauf aufmerksam gemacht werden, daß nicht nur Arbeitsvorgänge, die den Körper einseitig beanspruchen, gesundheitsschädlich sein können, sondern auch eine *einseitige Einstellung zur Arbeit,* bei der alle Kraft, Ruhe, Freude und Menschlichkeit in die Leistung hineingesteckt wird, bei der es zu einer modernen Arbeitsaskese, zu Hektik am Arbeitsplatz und zu Leistungszwang kommt, kann der Gesundheit außerordentlich abträglich sein.

Durch die sich ständig steigernde Aktivierung des Menschen unserer Zeit wird das besinnliche, kontemplative Element immer mehr eingeschränkt und geschwächt, bis der Mensch schließlich seinem eigenen Werk, der modernen Arbeitswelt, verfällt und damit ins körperliche und seelische Ungleichgewicht gerät, das wiederum vegetative Neurosen, echte seelische, körperliche oder psychosomatische Erkrankungen zur Folge hat.

Menschen, die völlig in ihrer Arbeit aufgehen und dadurch für die tausendfältigen Reize des Lebens abstumpfen, werden früher oder später geistig veröden und seelisch verkrüppeln, wogegen dann auch ein sogenanntes „Hobby“ nicht mehr hilft.

Das Heilmittel für Schädigungen durch die Arbeit sind nicht die Möglichkeiten der Psychotechnik, bei der die modernen „Seelen-Ingenieure“ versuchen, die Haltung und Stimmung der Arbeitenden zu beeinflussen, um ihre Leistung zu erhalten oder noch zu steigern, sondern sind Ruhe, Sammlung, Zu-sich-selbst-Kommen, Abstandgewinnen, um innerlich und äußerlich Ordnung und Freiheit wiederzuerlangen, die eines Tages zu der Erkenntnis führen müssen, daß alles Menschenwerk nur Sinn hat, wenn es ins „Werk Gottes“ eingefügt ist.

Romano Guardini machte einmal den Vorschlag, jeder Vielbeschäftigte möge versuchen, ob er nicht täglich eine Viertelstunde der Stille heraussparen könne. Der sonst immer Tätige brauchte in dieser Viertelstunde gar nichts Besonderes zu unternehmen. Nur die Gedanken, die mit seiner Arbeit zusammenhängen, hinaustun, sich lösen und in sich selbst stille werden und dann – je nach persönlicher Veranlagung und nach eigenem Geschmack – etwas Gutes aufnehmen: ein einziges Kunstblatt betrachten, ein Gedicht lesen, einen Satz aus dem „Tao-te-king“, aus Schopenhauers „Aphorismen zur Lebensweisheit“ oder den „Betrachtungen zur Lebensführung“ von Alexis Carrel oder Goethes „Maximen und Reflexionen“ oder ein Wort aus der Heiligen Schrift. *Guardini* ist davon überzeugt, und es entspricht meiner eigenen Erfahrung, daß von dieser Übung eine leise, aber sehr reale Wirkung auf die folgende Zeit ausgeht, die irgendwann, auch bei nicht damit zusammenhängenden Gelegenheiten, zur Geltung kommt.

Arbeit als Heilmittel (Arbeitstherapie)

Die Erkenntnis, daß Arbeiten nicht ein notwendiges Übel oder eine Last zu sein braucht, hat manche Ärzte dazu angeregt, sie in Krankheitsfällen besonderer Art als Heilmittel einzusetzen. Dabei hat man die Erfahrung machen können, daß vor allem Unfallverletzte schneller oder überhaupt erst wieder gesund werden, wenn man sie, oft schon in der Zeit, in der sie noch ans Bett gefesselt sind, arbeiten läßt. In manchen Kliniken verordnet man Kranken, die zur Heilung ihres Leidens viele Monate oder sogar Jahre brauchen, eine *Arbeitstherapie.* Ein langes Krankenlager bringt nämlich die Gefahr mit sich, daß der Kranke nach anfänglicher Auflehnung gegen die Krankheit schließlich apathisch wird, sich an die Krankheit gewöhnt und keinen eigenen Willen zur Gesundung mehr aufbringt. Diese Gefahr ist besonders groß bei Patienten, die als Folge der Erkrankung oder des Unfalls ihren bisherigen Beruf aufgeben müssen und sich nun von sozialem Abstieg bedroht sehen.

Selbstverständlich bedeutet es eine große Schwierigkeit, wenn durch Krankheit oder Unfall ein Organ funktionsschwach gewor-

Zur Rehabilitation gehört nicht nur, daß die Patienten wieder lernen, ihre Glieder zu gebrauchen, sondern daß auch herausgefunden wird, welche Tätigkeiten für den Patienten geeignet sind. Im übrigen ist die Beschäftigungstherapie ein hervorragendes Mittel auch zur seelischen Gesundung.

den, ein Glied verlorengegangen oder im Gelenk versteift ist. Die Erkenntnis der Lage kann durchaus dazu führen, daß der Patient verzweifelt und jeden Lebensmut verliert.

In diesem Augenblick sollte die Arbeitstherapie einsetzen. Es muß schon im Krankenhaus ausfindig gemacht werden, zu welcher Beschäftigung der Patient noch fähig ist, zu welchem Beruf er umgeschult werden kann. Bereits im Krankenhaus muß sich der Kranke oder Unfallgeschädigte davon überzeugen können, daß noch Fähigkeiten in ihm stecken, die der Entwicklung harren, daß Fertigkeiten erlernt werden können, die später zum Erwerb des Lebensunterhaltes dienen oder sogar die Versorgung der ganzen Familie sicherstellen. Wird dem Patienten bewußt, daß er noch etwas leisten kann, so stellt sich der Wille zum Leben und zur Gesundung von selbst wieder ein. Von diesem Augenblick an haben dann die ärztlichen Bemühungen erst den rechten Erfolg. Die Heilung macht Fortschritte, die Entlassung aus dem Krankenhaus und die Wiedereingliederung in die Familie und in den Arbeitsprozeß kann viel früher erfolgen.

Manche Unfallkrankenhäuser haben für ihre Patienten, die bereits aufstehen können, sogar Beschäftigungsräume und Werkstätten eingerichtet, in denen Metall-, Holz- oder Stoffarbeiten ausgeführt werden. Auch Malen, Schreinern, Schnitzen und Maschineschreiben kann hier unter fachkundiger Anleitung geübt werden. Bettlägerigen Patienten wird ein Webstuhl oder ein Arbeitstisch übers Bett gestellt oder über dem Bett in bequemer Entfernung aufgehängt.

Die fachkundige Anleitung geschieht durch „Beschäftigungstherapeuten". Das ist ein völlig neuer, aber außerordentlich dankbarer und vielseitiger Frauenberuf, zu dem eine ebenso vielseitige Ausbildung gehört, da zu diesem Beruf medizinische, psychologische und technische Kenntnisse und nicht zuletzt ein einfühlsames Wesen gehören, um das Vertrauen der Patienten zu gewinnen.

Gartenarbeit als „grüne Medizin"

Dem Arzt *Daniel Gottlieb Moritz Schreber* (1808–1861) ist es wohl letztlich zu danken, daß wir heute, besonders in der Umgebung der großen Städte, nicht nur Schrebergärten, sondern auch zahlreiche Kinderspielplätze besitzen.

Dr. *Schreber*, Privatdozent an der Leipziger Universität, hatte sich als Facharzt für Orthopädie niedergelassen. Als jungen Arzt erschütterten ihn die vielen Kinder, die mit Gebrechen in seine Praxis kamen, welche auf schlechte soziale Verhältnisse zurückzuführen waren. Er sah in der *Anlage von Spielplätzen* eine wesentliche Hilfe, um die Gesundheit der Jugendlichen zu verbessern. Die Pläne, die er den Gemeinden vorlegte, wurden zu seinen Lebzeiten nicht verwirklicht, doch nahm sein Schwiegersohn, Schuldirektor Dr. *Ernst Hauschild*, die Idee auf und gründete 1864 einen Schreberverein, der die Anlage von Spielplätzen betrieb. In den folgenden Jahren entstanden auch in anderen deutschen Städten Schrebervereine und damit Spielplätze, die nach einer Idee des Oberlehrers *Heinrich Karl Gesell* am Rande mit Blumenbeeten ausgestattet wurden. Bald darauf wandelten sich die Plätze in reine Gärten – heute noch *Schrebergärten* genannt –, die sich überall großer Beliebtheit erfreuen.

Wenn heute in allen neuen Wohnvierteln auch Kinderspielplätze gebaut werden müssen, so können wir dabei des Arztes Dr. *Schreber* gedenken, der hierzu die ersten Anregungen gab. Leider haben sich seine Pläne erst heute in größerem Umfang durchgesetzt, da man auch der Psychologie des Kindes mehr Beachtung schenkt.

Für sehr viele Menschen, besonders für die „Sitzberufler", ist Gartenarbeit in frischer Luft und mit vielseitiger Bewegung sehr zu empfehlen, wenn dabei beachtet wird, daß nicht zuviel im Bücken gearbeitet wird, da sonst kein genügender Ausgleich gegen das Sitzen zu erreichen ist. Zu beachten ist auch, daß die Arbeit nicht in schwerer Kleidung erledigt werden sollte, damit sie nicht unnötig anstrengt, zum Schwitzen führt und damit auch leicht zu Erkältungen. Am besten eignet sich für die Gartenarbeit leichte Sportkleidung.

Soweit sich Gelegenheit bietet, im Sommer bei der Gartenarbeit auf dem Rasen barfuß zu laufen, sollte man das nicht versäumen. Die Füße fühlen sich dabei besonders wohl.

Um ein zu häufiges Bücken zu verhindern, benutzt man Gartengeräte mit langem Stiel. Das „zu häufige Bücken" deutet schon an, daß Gartenarbeit auch ungünstige Wirkungen haben kann, wenn man sie nicht mit Vernunft betreibt.

Ihre gesundheitliche Bedeutung verdankt die Gartenarbeit nicht nur ihrer belebenden Wirkung auf die körperlichen Funktionen. Der Garten selbst wirkt auch wohltuend auf Seele und Geist, da er uns den Kreislauf des Lebens mit Blühen, Reifen, Ernten, mit fallendem Laub, Regen, Wind, Sonne, Schnee, Nacht und Sternenhimmel erleben läßt. Der Garten schenkt uns ein Erlebnis, das wegen seiner wechselhaften Fülle und Mannigfaltigkeit Geist und Seele anspricht, beschäftigt und zur tätigen Mitarbeit anregt.

Gartenarbeit heilt auch *Ermüdungserkrankungen* oder *Erschöpfungszustände,* da es sich hierbei meist nicht um eine echte körperliche Ermüdung oder Erschöpfung handelt, sondern um Unlusterlebnisse, Abwehrreaktionen des Nervensystems gegenüber Arbeitsvorgängen, die zu schnell und zu gleichmäßig ablaufen, eine zu lange anhaltende Konzentration erfordern und dadurch das vegetative und psychische Gleichgewicht nachhaltig stören.

Wenn es stimmt, daß Gartenarbeit eine wohltuende oder gar heilende Wirkung auf Körper, Seele und Geist ausübt, so liegt es nahe, sie zur Behandlung seelisch kranker Menschen und sogar bei Depressionen einzusetzen. Das wird auch schon geraume

Gartenarbeit ist nicht nur der Gesundheit sehr zuträglich, der Garten selbst wirkt auch wohltuend auf Seele und Geist. Bei aller Arbeit, die er erfordert, wird er doch zur Quelle der Freude.

Zeit praktiziert. In unseren Heil- und Pflegeanstalten (Landeskrankenhäusern) dient die Gartenarbeit bei psychisch Kranken mit gutem Erfolg als „Beschäftigungstherapie". Sie ist geeignet, seelische Spannungen und Verkrampfungen aufzulösen und die vielfach depressive Stimmung aufzuheitern.

Arbeit – Freizeit – Muße

Wenn in den vergangenen Abschnitten von den Vorzügen der Arbeit für Körper, Seele und Geist, also für den ganzen Menschen, die Rede war, habe ich dabei selbstverständlich ein *erträgliches Maß* an Arbeit vorausgesetzt. Wenn der Mensch gesund bleiben soll, so müssen Arbeit und Ruhe in einem vernünftigen Gleichgewicht zueinander stehen.

Menschen, die nur noch leben, um zu arbeiten, sollten bedenken, daß sie damit allzuleicht am Sinn ihres Lebens vorbeigehen können. Es ist nicht damit getan, in Schlagworten zu reden, wie „Arbeit macht das Leben süß" oder „Müßiggang ist aller Laster Anfang" oder „Arbeit gräbt Segen aus dem Boden". Arbeit kann auch zu einem notwendigen Übel werden oder sogar eine Last sein, wenn sie *maßlos* übertrieben wird oder keine innere Befriedigung mehr vermittelt.

Das Ausspannen von der Arbeit, die Erholung ist genauso wichtig wie die Arbeit selbst. Zeiten der Ruhe gehören zu den Grundfunktionen allein schon des rein körperlichen Daseins. Der Wechsel von Anspannung und Entspannung, von Tätigkeit und Ruhe, von Aktion und Re-Aktion entspricht in seinem natürlichen Rhythmus dem Wechsel von Tag und Nacht, von Ebbe und Flut sowie anderen gesetzmäßigen Abläufen im Kosmos. Die körperliche und seelische Leistungsfähigkeit kann nur erhalten bleiben, wenn eine dem Ausmaß der jeweiligen Belastung (nach Schwere und Dauer) angemessene Erholungszeit folgt. Die Größe einer Belastung ist allerdings für die einzelnen Menschen recht verschieden. Eine optimale Leistungsdauer, bei der sich keine nachteiligen Folgen einstellen, sondern vielmehr eine Kräftigung erfolgt, sollte für jeden einzelnen erprobt sein und nicht überschritten werden.

Sorgen wegen einer körperlichen Überlastung bestehen bei unserer heutigen Arbeitssituation kaum noch. Von einem „Raubbau an unserer Gesundheit" durch *körperliche* Überarbeitung kann keine Rede mehr sein. Der körperliche Aufwand bei unserer Tätigkeit ist heute wesentlich geringer als noch bei unseren Großeltern. Unsere Vorfahren haben zweifellos härter und länger gearbeitet, zumal sie längst nicht über so zahlreiche arbeitssparende und arbeitserleichternde Geräte verfügten wie wir heute. Geändert hat sich jedoch die Arbeitssituation und damit die Einstellung zur Arbeit, wovon bereits die Rede war. Geändert hat sich aber auch das Verhältnis zwischen Arbeit und wirklicher Erholung oder zwischen Arbeitszeit und Freizeit.

Wer in seiner Arbeit Befriedigung – im wahren Sinne des Wortes: Ruhe und Frieden – findet, sich in ihr und durch sie in seinem eigenen Wert und in seinen Fähigkeiten bestätigt sieht, wer einen biologisch richtigen Rhythmus von Arbeitszeit, Feierabendzeit und Nachtruhe einhält, strebt gewiß nicht nach zu viel Freizeit.

Der Berufstätige von heute findet in diesem Sinne häufig keine Befriedigung mehr in seiner Tätigkeit, und er muß damit meist auch auf eine Bestätigung seines Eigenwertes verzichten, weil er in der Regel in Arbeitsvorgänge verflochten ist, in denen er nicht, wie es dem Wesen des Menschen entspricht, in seiner Eigenverantwortlichkeit gebraucht wird, die ihn nicht bestätigen, sondern nur als Rädchen, als schnell austauschbares Maschinenelement benutzen. Der Mensch ist hier nur Teil eines Arbeitsvorganges und übt nur monotone Einzelfunktionen aus, die früher oder später im Zuge der Automation auch von einer photoelektrischen Zelle oder einem Computer übernommen werden können. Er wird hierbei in seinem Wesen *zutiefst gekränkt* (im echten Wortsinn: krank gemacht), weil er sich versklavt fühlt. Um der Kränkung, der Erkrankung oder Versklavung zu entgehen, sucht er seine Arbeitszeit zu verringern und seine Freizeit zu erweitern, eine Entwicklung, wie wir sie heute erleben.

Eine genügend lange Freizeit als Ausgleich für die unbiologischen Verhältnisse unserer Arbeitswelt ist heute eine Notwendigkeit. Die Gefahr einer zu langen Freizeit besteht jedoch darin, daß wir einen falschen Gebrauch von ihr machen. Gelingt es nicht, die sogenannte Freizeit sinnvoll zu nutzen, wird eine weitere Neurotisierung des Menschen die Folge sein, die schließ-

Entspannungsübungen für den Arbeitsplatz

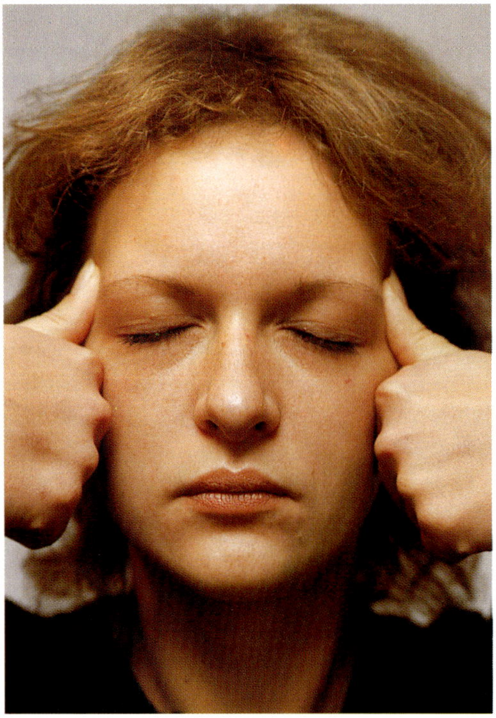

Akupressur ist die seit Jahrtausenden in der chinesischen Volksheilkunde bewährte Selbsthilfe im Krankheitsfall. Sie macht nicht nur schmerzfrei, sondern behebt Funktionsstörungen und beseitigt die organischen Folgen von Hetze und Stress. Bei Stirnkopfschmerz erfolgt eine kräftige Akupressur der Schläfen.

lich zu Erschöpfung, inneren Spannungen und krankhaften Aggressionen führt, welche man häufig mit unvernünftiger Autoraserei abzureagieren sucht, obwohl Sport und Gartenarbeit dazu weit besser geeignet wären.

Muße ist nicht nur eine von Erwerbsarbeit freie Zeit, sondern eine Zeit, die mit einer sinnvollen, meist geistigen Tätigkeit angefüllt ist, die uns von jeder Oberflächlichkeit loslöst und über die Vordergrundkulisse des Alltags hinwegsehen läßt; sie ist eine Zeit des Nachdenkens, Insichgehens, Betrachtens.

Üben wir solche Muße, so wird es uns möglich sein, eine Überbewertung von Technik, Zivilisation und alles dessen, was man heute Fortschritt nennt, zu vermeiden und auch der Unterwerfung unter die Herrschaft der Berufs- und Arbeitswelt zu begegnen. Wir werden uns wieder einer „Ordnung" nähern, die uns den Sinn unseres Lebens erschließt.

Vielleicht gibt es einen tieferen Grund für unsere Unrast und die fehlende Muße. Wir sind irre geworden an den Ordnungen und herausgerissen aus den Bindungen, die unseren Eltern und Großeltern noch heilig waren – Staat, Kirche, Gesellschaft. Wir anerkennen keine „höhere Ordnung" mehr und meinen, daß der Mensch allein durch Veränderung der Arbeits- und gesellschaftlichen Verhältnisse paradiesische Zustände schaffen könnte. Wir bekennen nicht, daß wir aufgehört haben, an göttliche Ordnungen zu glauben, sondern wir sprechen von „Grundlagenkrisen". Dennoch fühlen wir zutiefst, daß es eine „höhere Ordnung" und ein „Ewiges" geben muß, auch wenn diese Begriffe aus unserem Sprachschatz fast verdrängt scheinen. Wir müssen wieder bedenken lernen, daß der Mensch ganz im Sinne der göttlichen Schöpfungsordnung nach sechs Tagen Arbeit einen Tag der Ruhe, der Begegnung auch mit seinem Schöpfer, folgen lassen sollte.

Nur in der Muße wird es uns gelingen, eine Zeitlang aus der Inanspruchnahme durch den Alltag herausgenommen zu sein, den vollkommen nach außen gerichteten Willen, der das Menschliche im Menschen vernichtet, aufzugeben und die Funktion des Konsumenten, die uns alle zu Typen und Zielgruppen erniedrigt, abzuschütteln. Nur so gewinnen wir wieder jene Distanz, die es uns erlaubt, uns wieder dieser „höheren Ordnung" zu nähern.

Ruhe, Stille und Entspannung – die großen Nervenheilmittel

Der Mensch braucht Ruhe, nicht nur um Kräfte zu sammeln für seine Arbeit, sondern auch um Mensch zu sein. Johannes Müller

Ruhe und Entspannung sind lebensnotwendig

Es wurde schon im Kapitel über die Arbeit betont, daß das Ausspannen von der Arbeit, die Erholung also, genauso wichtig ist wie die Arbeit selbst und daß der Wechsel zwischen Arbeit und Entspannung einem natürlichen Rhythmus entspricht, der nicht dauernd gestört werden kann, ohne gesundheitliche Schäden zu hinterlassen. Richtige Erholung und Entspannung sind nur bei äußerer und innerer Ruhe möglich. Leider leben wir aber inmitten einer Umwelt, die es uns immer schwerer werden läßt, äußere und innere Ruhe zu finden.

Lärm macht körperlich und seelisch krank

Die *äußere* Ruhe wird vor allem im Bereich der großen Städte durch den Lärm verjagt, der Tag und Nacht nicht abreißt und uns des besten Nervenregenerationsmittels beraubt, das wir überhaupt haben können, nämlich des ungebrochenen, erquickenden Schlafes. Jeder zweite Bundesbürger fühlt sich heute durch den Tageslärm gestört. 17 % aller Bundesrepublikaner finden Tag und Nacht keine Ruhe und sind oft schon lärmkrank, ohne es zu wissen. Die Zahl der Lärmkranken steigt ständig. Der uns dauernd belästigende Lärm vermindert nach Meinung einer Sachverständigenkommission die Arbeitsleistung der Menschen besonders in lärmungeschützten Bauten, Betrieben und Büros um ungefähr die Hälfte. Das hat neben den Gesundheitsschäden auch beträchtliche volkswirtschaftliche Folgen.

Wir kennen heute die Lärmwirkungen am vegetativen Nervensystem. Sie führen kurz zusammengefaßt zu einer vermehrten Ausschüttung des Hormons Adrenalin aus dem Nebennierenmark. Durch eine übermäßige Reizung des Gleichgewichtsorgans kommt es zu Gleichgewichtsstörungen, Schwindel und Erbrechen. Die Muskelspannung wird erhöht, was eine starke Ermüdung und eine Veränderung der Schlaftiefe zur Folge hat, wodurch natürlich auch die Erholungswerte der Nachtruhe herabgesetzt werden. Es können dann auch Veränderungen in der Hirnstromkurve (EEG) auftreten. Selbst die verschiedensten Kreislaufstörungen hängen von der Lautstärke und der Dauer der Lärmeinwirkung ab.

Es können Unregelmäßigkeiten am Blutdruck, insbesondere Blutdrucksteigerungen, auftreten, ferner Rhythmusstörungen und Veränderungen der Pumpleistung des Herzmuskels. Darüber hinaus wird der Energieverbrauch bei der Arbeit gesteigert, während gleichzeitig die Magenbewegun-

IN DIESEM KAPITEL:

- **Lärm macht körperlich und seelisch krank**
- **Wie finden wir äußere und innere Ruhe?**
- **Fernöstliche Heilslehren für uns wenig geeignet**

gen schwächer und unregelmäßiger ausfallen.

In einer Großstadtbevölkerung wie Düsseldorf rechnet Dr. *Plester* (HNO-Klinik der Universität Düsseldorf) mit einer ganz erheblichen vorzeitigen Abnutzung des Gehörs durch eine Lärmschädigung des Innenohrs, zumal nur 15 % der über Sechzigjährigen noch Schallfrequenzen von 12 000 Hz (Hertz) wahrnehmen.

Abgesehen von den Hörschäden durch Lärm gibt es in der Bundesrepublik bereits über 1 Million Lärmkranke (nach Prof. *Fischer* von der Universität Gießen). Prof. *Fischer* fand, daß viele moderne „Wohnsilos" wahre Lärmhöllen darstellen.

Der Deutsche Arbeitsring für Lärmbekämpfung stellte in seinen „Leitsätzen für die ärztliche Begutachtung" fest, daß eine Lärmbelastung mit Geräuschen von 30–65 Dezibel (dB) (Stufe I) zu psychischen Störungen führt, 65–90 Dezibel seelische und vegetative Wirkungen hervorrufen (Stufe II) und 90–120 Dezibel zu Störungen im seelischen Bereich, im vegetativen Bereich des Nervensystems und im Hörbereich führen (Stufe III).

Wenn Lärm in der Nacht die Aufweckbarkeitsgrenze überschreitet, sind Schlafunterbrechungen oder längerer Schlafentzug die Folge. Länger dauernder Schlafentzug bewirkt schließlich ernste Gesundheitschädigungen, insbesondere eine Schädigung der seelisch-körperlichen Widerstandskraft, die wiederum andere Erkrankungen nach sich ziehen kann.

Es gilt heute als gesichert, daß bereits von einer Geräuscheinwirkung ab 60 Dezibel, das ist etwa der normale Tageslärm, der uns umgibt, eine Beeinträchtigung der menschlichen Persönlichkeit erfolgen kann, was natürlich nicht in jedem Einzelfall zutreffen muß, da es ja besonders geräusch- und lärmempfindliche, aber auch besonders geräuschunempfindliche Menschen gibt.

Abgesehen von der fehlenden äußeren Ruhe mangelt es zahllosen Menschen heute auch an der ebenso notwendigen *inneren* Ruhe, wenn ein gesundes körperliches und seelisch-geistiges Leben aufrechterhalten oder wiederhergestellt werden soll.

Zweifellos ist an der fehlenden inneren Ruhe der unaufhörliche Umweltlärm mitschuldig. Aber er hat einen unerbittlichen Spießgesellen: die *Unrast.* Unser Leben spielt sich meist in einem unheimlichen Tempo ab. Wir sind rastlos, immer „auf dem Sprung" und haben niemals Zeit für uns selbst. Wir verlangen bald, daß immer „etwas los" sein muß. Schließlich haben wir Angst vor der Ruhe oder der Einsamkeit. Ist es die Angst, die uns nicht zur inneren Ruhe kommen läßt? Angst vor dem Leben, der Arbeit, Existenzangst, Angst vor dem Älterwerden, vor einer drohenden wirtschaftlichen oder politischen Katastrophe oder gar vor dem Sinn unseres Lebens? Stürzen wir uns dann nicht oftmals geradezu in den Lärm, und benutzen wir dann nicht den Lärm und die damit verbundene zwangsläufige Unruhe, um uns zu betäuben? Wie Opium unsere Sinne, so können Lärm und Unruhe unser Gewissen betäuben, unsere seelischen Qualitäten verkümmern lassen und uns schließlich zu Nervenkrüppeln machen.

Zahlreiche wissenschaftliche Untersuchungen haben nachgewiesen, daß Lärm und Ruhelosigkeit das menschliche Nervensystem schwer strapazieren und zu organischen Erkrankungen des Herzens, der Blutgefäße und der Verdauungsorgane führen.

Wo finden wir äußere und innere Ruhe?

Es ist selbstverständlich nicht der Sinn dieses Kapitels, nur festzustellen, welche Schäden an Leib und Seele durch Lärm sowie durch äußere und innere Unruhe entstehen. Das wäre, medizinisch gesehen, nur eine Diagnose. Damit können wir uns

Lautstärkentabelle (in dB)		
Hörschwelle	0 =	Ton mit 1000 Hz wird noch gehört
	10 =	Ticken einer Taschenuhr
	20 =	Sprechen im Nebenraum, leises Blätterrauschen
	30 =	Flüstern
Lärmgrenze für Tiefschlaf	40 =	Zerreißen von Papier, leises Sprechen
	50 =	normales Sprechen
	60 =	Staubsauger, lautes Sprechen, Tageslärm
Schwelle für berufliche	70 =	mittlerer Straßenlärm mit PKW-Verkehr
Hörschädigung	80 =	sehr laute Rundfunkmusik
	90 =	elektrische Hupe in 4 m Abstand, Kreissäge
	100 =	Motorrad ohne Schalldämpfer
	110 =	Preßlufthammer
Unbehaglichkeitsgrenze	120 =	Flugzeugmotoren in 4 m Abstand
Schmerzgrenze	130 =	Kesselschmiede, Luftschutzsirene
	140 =	Düsentriebwerk

nicht begnügen. Auf die Diagnose muß die Therapie folgen, d. h., es sind Maßnahmen einzuleiten, die die festgestellten Übel zu verhindern, zu bekämpfen, ja möglichst zu heilen vermögen.

Diese Maßnahmen scheinen auf der Hand zu liegen: Dem Lärm haben wir die *Stille,* der Unruhe die *Ruhe* und der täglichen und oft nächtlichen Dauerspannung die *Entspannung* entgegenzusetzen. Das ist natürlich leichter gesagt als getan. Es ist auch schon viel Lärm um eine Anti-Lärm-Propaganda gemacht worden. Große Erfolge sind jedoch noch nicht zu sehen. Eine eindeutige Gesetzgebung müßte diese Probleme allerdings lösen können. Trotzdem wird es für jeden einzelnen notwendig bleiben, sich in seiner Wohnung, in seinem Garten oder in einem kleinen Häuschen im Freien eine Insel der äußeren Ruhe zu schaffen.

Wie man *innerlich* Ruhe findet, ist schon schwerer zu beantworten, insbesondere dann, wenn man die Lebensumstände des einzelnen Menschen nicht kennt. Dennoch sind einige Grundregeln festzuhalten. Sicher ist die erste Voraussetzung zur inneren Ruhe, zu einem Sich-selbst-Finden zunächst die Schaffung äußerer Ruhe und die Einhaltung eines Ruhetages in der Woche. Bei richtiger, planmäßiger Arbeitseinteilung müßten sechs Arbeitstage in der Woche vollauf reichen. An diesem einen Tag sollte man die Arbeit vergessen, sollten ungelöste Probleme ruhen, was einer späteren Lösung zugute kommt, sollte man entspannen, entkrampfen, sich lösen von vielen Dingen, Umständen und Zwängen.

Auch das ist leicht gesagt. Selbst wenn vielen Menschen die Notwendigkeit dazu bewußt würde, könnten sie trotzdem kaum die erhoffte Ruhe finden, weil die Nerven von den Tagesereignissen aufgepeitscht sind und auch am Abend nur schwer zur Ruhe kommen. Sie suchen dann die Ablenkung und Zerstreuung vor dem Fernsehschirm, am Radio, im Kino oder bei aufreizender, sensationeller Lektüre. Die Hast der Arbeit, ja des ganzen Tages hat sich

Entspannung findet man am ehesten in den Mittelgebirgen. Vor allem Hochdruckkranke und Personen mit leichter Übererregbarkeit sollten den sonnenreichen Süden meiden.

dann in die Hast des „Ausruhens" verwandelt. Unruhe bliebe der durchgehende Lebensstil unserer Tage, zuerst erzwungen, dann freiwillig übernommen, weil man von ihr nicht mehr loskommt.

Fernöstliche Heilslehren für uns wenig geeignet

Wie kann man Ruhe finden? Bei einem Gang durch die Buchhandlungen findet man zur Zeit neben sensationellen, aufregenden, modernen Romanen immer häufiger Bücher über Esoterik, über indische Weisheit, Buddhismus, Yoga und andere asiatische Heilslehren. Ist diese Lektüre „Mode" geworden? Sicher reizt das Fremdartige dieser Geisteswelt. Doch es steckt mehr dahinter. Eine kaum verhüllte Sehnsucht wird hier offenbar, die Sehnsucht nämlich, Ruhe zu finden.

Wer einmal eine Buddha-Figur oder auch einen buddhistischen Mönch mit geschlossenen Augen unbewegt in der Meditation (Versenkung) verharren sah, wurde sich gewiß des ungeheuren Gegensatzes zur eigenen Unruhe bewußt, und er mag gedacht haben: Könnte ich doch Ruhe finden wie diese. Man betrachte einmal das Bild der Riesenstatue des Buddha-Amida zu Kamakura in Japan. Hier kann durchaus der Wunsch aufkommen: Könnte man doch sein wie dieser, der alle Unrast über-

Urlaub – wann beginnt die Zeit der Erholung?

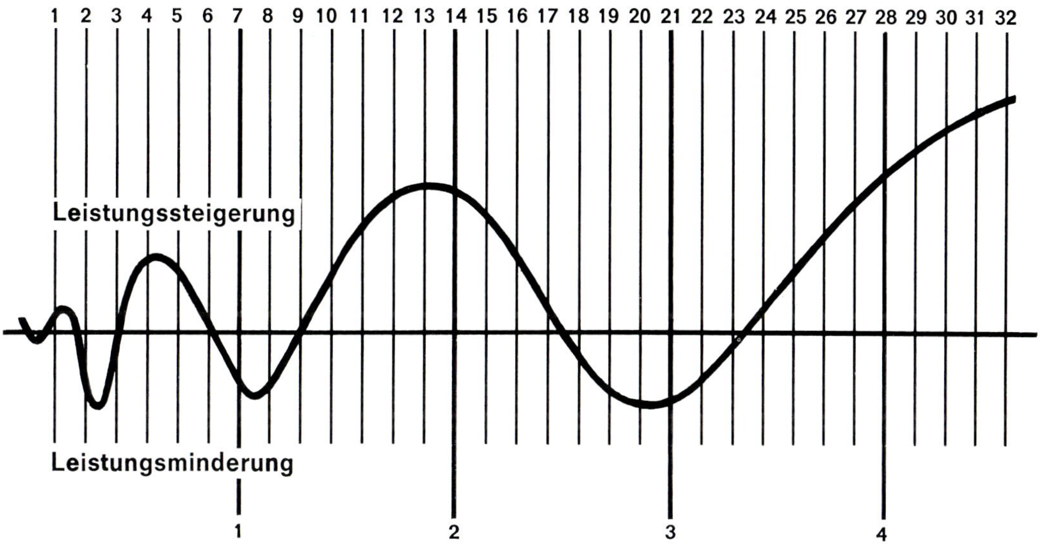

Das Schema Professor Hittmairs zeigt, daß die Phase einer kontinuierlichen Erholung erst am 23. Tage beginnt.

wunden hat – in einer überwältigenden, schweigenden Ruhe.

An all diesen Büchern, Texten, Bildern, die ihm den Spiegel des eigenen, zerfahrenen Daseins vor Augen halten, entzündet sich eine Sehnsucht des modernen Menschen. Für kurze Zeit träumt er sich hinüber in diese ihm so fremde östliche Ruhe, die zu stören sich nunmehr der moderne Tourismus anschickt.

Das Interesse ist erklärlich. Aber warum schweifen wir dabei so weit in die Ferne? Weil das Fremde reizt – aber auch, weil das Dargebotene für den Europäer trotz allem „unverbindlich" bleibt. Er verliert sich wie in einem gaukelnden Traum darin, aber Ruhe, seelisches Gleichgewicht, findet er nicht.

Jeder von uns kennt die Sehnsucht nach Ruhe und Frieden, oder er lernt sie zumindest dann kennen, wenn das stürmische, drängende und bedrängte Jugendalter vorüber ist und sich das unabwendbare Bewußtsein des Alterns einstellt. Zahlreiche Dichterworte geben dieser echten Sehnsucht nach Ruhe und Frieden höchst beredten Ausdruck. Nur wer die Heilsamkeit der Ruhe, des Stillewerdens erfahren hat, wird letztlich auch inneren Frieden finden.

Die Notwendigkeit der Ruhe, Stille und Entspannung ist gerade in unserem modernen Leben unbestritten. Es soll hier aber nicht bei allgemeinen Betrachtungen bleiben, sondern auch noch eine rein praktische Möglichkeit gezeigt werden, zur heilsamen Entspannung und damit auch zur Ruhe zu kommen, wenn man aus guten und vielfach berechtigten Gründen chemische Beruhigungs- und Entspannungsmittel (Tranquilizer) ablehnt, deren Nebenwirkungen oftmals eine Verstärkung der Krankheitssymptome zur Folge haben können.

Möglichkeiten zur Entspannung und Heilung

Wir wissen, daß die meisten Körperfunktionen unbewußt ablaufen. Solange wir gesund sind, nehmen wir sie kaum wahr. Zwei dieser spontan vor sich gehenden Funktionen, nämlich die Atmung und die Muskelfunktion, können wir aber jederzeit bewußt unter Kontrolle nehmen. Wir vermögen die Atmung bis zu einem gewissen Grade zu beschleunigen oder zu verlangsamen oder sie auch eine gewisse Zeit anzuhalten. Die Muskeln, besonders die der Extremitäten und des Bauches, lassen sich bewußt spannen und entspannen, während ohne Einschaltung unseres Bewußtseins das Muskelspiel „von selbst" und fast unbemerkt abläuft. Bei großer Anstrengung merken wir erst hinterher den „Muskelkater".

Bei großer nervöser Beanspruchung zum Beispiel durch eine „Stress"-Situation, einen tatsächlichen oder vermeintlichen Angriff auf uns, in Gefahrensituationen und bei Aggressionen anderer Art tritt *unwillkürlich* eine *Anspannung der Muskulatur* und eine *beschleunigte und vertiefte Atmung* auf. Wir sind dann in höchster Aufregung, in Alarmbereitschaft, um entweder den Kampf aufzunehmen oder die Flucht zu ergreifen.

Diese uns plötzlich treffenden nervösen Erregungen springen unbewußt auf die beiden körperlichen Funktionen, nämlich auf Atmung und Muskulatur, über. Umgekehrt können wir aber bei bewußter Einschaltung die Atmung verlangsamen und damit beruhigen oder auch die verkrampfte Muskulatur entspannen, lösen und damit ebenfalls beruhigen. In diesem Falle geht die Beruhigung und Entspannung vom Körperbereich auf die nervlichen und seelischen Erregungszustände über, und damit tritt die erwünschte Entspannung und Beruhigung ein.

Im ersten Fall haben wir einen Vorgang (Erregung), der vom nervös-seelischen Bereich auf körperliche Funktionen übergeht, und im zweiten Fall einen Vorgang (Beruhigung), der – umgekehrt – von den bewußt gesteuerten körperlichen Funktionen (der Atmung und der Muskulatur) auf den nervös-seelischen Bereich übergeht.

Man benutzt dabei also *bewußt* eine Beeinflussung körperlicher Funktionen, um seelische Wirkungen, nämlich Entspannung, zu erzielen.

Geschieht das in systematischer Form, so spricht man von *Entspannungsübungen* oder *Entspannungsmethoden.*

Drei Beispiele solcher Entspannungsmethoden sollen nachfolgend kurz in ihrer Durchführung und Wirkung beschrieben werden.

IN DIESEM KAPITEL:

- **Bewußte rhythmische Bauchatmung**
- **Kurzatmung durch die Nase**
- **Progressive Muskelentspannung**
- **Das heilsame Du-Erlebnis**

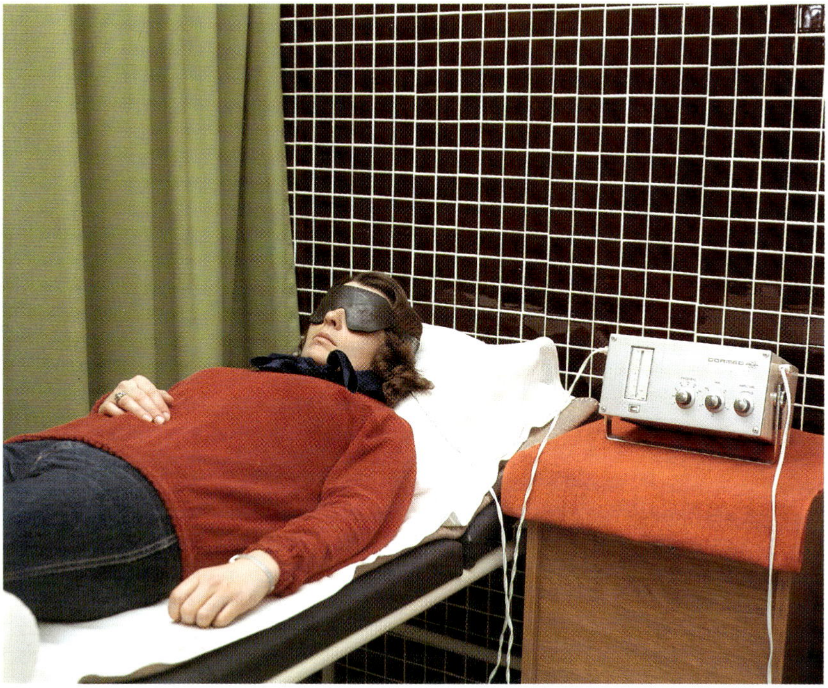

Um wirklich zur Ruhe kommen zu können, muß man einmal herausgenommen sein aus der Inanspruchnahme durch den Alltag. Zusätzlich fördert eine Schlafkur bzw. der sogenannte Heilschlaf diese innere Entspannung. ■ Immer mehr Anhänger findet das Wohnwagen-Camping, allerdings werden solche herrlich gelegenen Plätze immer seltener. Unser Bild zeigt ein Strandgebiet auf Korsika.

Bewußte rhythmische Bauchatmung

Diese Entspannungsübung sollte man zweimal täglich 5–15 Minuten lang durchführen. Man legt sich dabei in einem möglichst ruhigen Zimmer auf den Rücken. Kopf und Knie werden durch Unterlegen einer Kissenrolle leicht angehoben. Man legt die Hände auf den Oberbauch und schließt die Augen. Es ist notwendig, sich dabei völlig bequem zu fühlen. Das ist die erste Voraussetzung zur Entspannung. Vorher sorgt man dafür, daß alle äußeren Störungsquellen ausgeschaltet sind (Sonne, Uhrticken, Kinder, Türen, Telefon, Klingel). Wer nicht gut flach liegen kann, muß sich leicht zurückgelehnt in einen bequemen Sessel setzen.

Nun beginnt die Übung. Ein Mensch, der mit sich und seiner Umwelt zufrieden ist, atmet *unbewußt* langsam, tief und rhythmisch. Aufgeregte, ängstliche, sich getrieben fühlende, gehetzte Menschen haben eine gestörte Atemfunktion. Deshalb schaltet man sich bei dieser Übung bewußt ein und steuert die Atmung mit dem Ziel, *langsam, ruhig* und *rhythmisch* zu atmen. Das klappt nicht von Anfang an, bessert sich aber schnell von Woche zu Woche. Man bekommt die Atmung sozusagen „in den Griff".

Technik: Man atmet bewußt langsam und tief durch die Nase ein. Dabei kann man in Gedanken bis 3, später bis 4, 5 oder 6 zählen. Am Ende des Einatmens hält man den Atem zwei bis drei Sekunden an und atmet dann langsam durch die Nase wieder aus.

Während des ganzen Vorgangs, bei dem die Hände ständig auf dem Bauch liegen bleiben, fühlt man, wie sich die Bauchdekke hebt und wieder senkt. Nach dem Ausatmen hält man wieder den Atem zwei bis drei Sekunden an. Das Ausatmen muß mindestens so lange dauern wie das Ein-

atmen, wobei man anfangs wieder in Gedanken zur Kontrolle zählen kann. Das ist alles.

Den Vorgang nochmals in Kurzform:

1. Einatmen (langsam, tief, zählen bis 2, 3, 4 oder 5)
2. Anhalten (2 bis 3 Sekunden)
3. Ausatmen (sehr langsam)
4. Atempause (2 bis 3 Sekunden oder mehr)

Dann wird dieser Atemzyklus 15–20 mal wiederholt. Ein Atemzyklus nimmt etwa 15–18 Sekunden in Anspruch. Die ganze Übung ist dann in 5–6 Minuten beendet.

Sobald sich während der Übung ein Wärme- oder Schweregefühl einstellt, beginnt der Entspannungsprozeß.

Medizinisch gesehen konnte man feststellen, daß durch die bewußte rhythmische Bauchatmung die folgenden körperlichen und psychischen Wirkungen eintreten:

- Verlangsamung der Herzfrequenz (fühlbar an der Pulszahl)
- Beruhigung des vegetativen Nervensystems (Sympathikusanteil)
- Seelisch-geistige Beruhigung und Entspannung

Sobald man diese einfache Übung beherrscht, kann man auch zu anderen Entspannungsübungen übergehen.

Kurzatmung durch die Nase

Eine weitere, sehr einfache Atemübung ist die von *Leon Chaitow* beschriebene abwechselnde Kurzatmung durch die Nase. Man legt dabei den rechten Daumen an den rechten Nasenflügel und den rechten Ringfinger an den linken Nasenflügel. Den rechten Zeige- und Mittelfinger läßt man auf der Stirn ruhen.

Man kann natürlich auch die linke Hand benutzen und legt dann den linken Daumen an den linken Nasenflügel und den linken Ringfinger an den rechten Nasenflügel. Nun verschließt man die rechte Nasenöffnung durch leichten Druck des Daumens und atmet *langsam* und *tief* durch das linke Nasenloch ein. Auf dem Höhepunkt des Einatmens hält man den Atem zwei bis drei Sekunden an. In dieser Zeit drückt man das linke Nasenloch zu und öffnet das rechte. Anschließend atmet man durch das rechte Nasenloch ganz *langsam* und *tief* aus. Die Hand verbleibt in ihrer Haltung, und man atmet nach einer kurzen Atempause durch das rechte Nasenloch ein, Pause, rechtes Nasenloch verschließen, links öffnen und langsam links ausatmen und wiederum Atempause. Diesen Atemzyklus wiederholt man 10–20 mal.

Nach etwa zehn Atemzyklen kann sich bereits ein Gefühl der Beruhigung, der Gemütsruhe und der Entspannung einstellen.

Dies ist die einfachste Atemübung und eine Maßnahme, die man zu jeder Zeit und überall durchführen kann, wenn sich Ängstlichkeit, Beklemmung oder Stress-

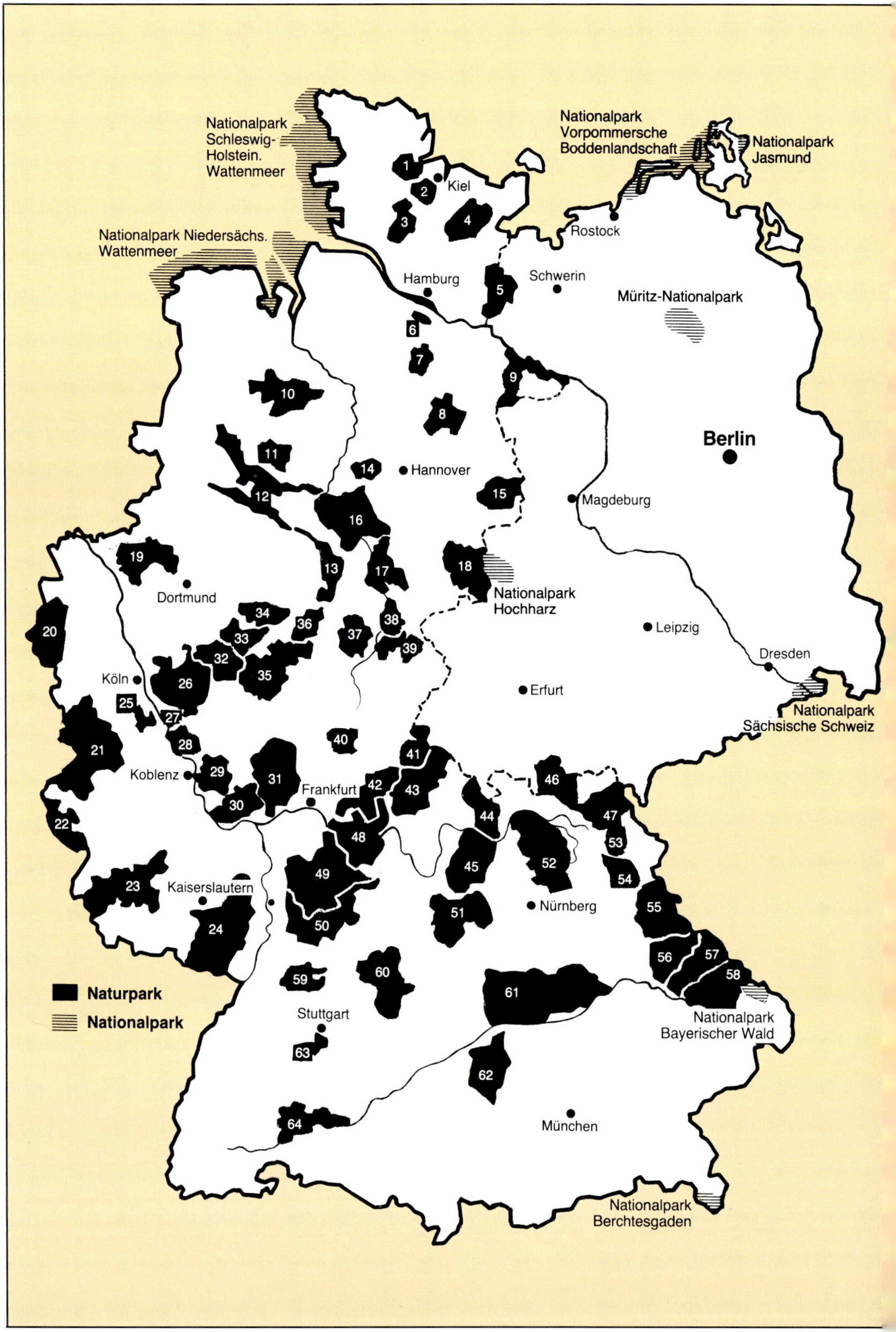

Nationalpark Schleswig-Holstein. Wattenmeer
Nationalpark Vorpommersche Boddenlandschaft
Nationalpark Jasmund
Nationalpark Niedersächs. Wattenmeer
Kiel
Rostock
Hamburg
Schwerin
Müritz-Nationalpark
Berlin
Hannover
Magdeburg
Dortmund
Nationalpark Hochharz
Leipzig
Dresden
Köln
Erfurt
Nationalpark Sächsische Schweiz
Koblenz
Frankfurt
Kaiserslautern
Nürnberg
Stuttgart
Nationalpark Bayerischer Wald
München
Nationalpark Berchtesgaden
Naturpark
Nationalpark
1
2
3
4
5
6
7
8
9
10
11
12
13
14
15
16
17
18
19
20
21
22
23
24
25
26
27
28
29
30
31
32
33
34
35
36
37
38
39
40
41
42
43
44
45
46
47
48
49
50
51
52
53
54
55
56
57
58
59
60
61
62
63
64

Naturparks in Deutschland

(Größe in Quadratkilometern)

1 **Hüttener Berge (260)**
2 **Westensee (260)**
3 **Aukrug (380)**
4 **Holsteinische Schweiz (523)**
5 **Lauenburgische Seen (444)**
6 **Harburger Berge (38)**
7 **Lüneburger Heide (200)**
8 **Südheide (500)**
9 **Elbufer/Drawehn (750)**
10 **Wildeshauser Geest (965)**
11 **Dümmer (472)**
12 **Nördlicher Teutoburger Wald/Wiehengebirge (1219)**
13 **Eggegebirge/Südlicher Teutoburger Wald (593)**
14 **Steinhuder Meer (310)**
15 **Elm-Lappwald (470)**
16 **Weserbergland/Schaumburg/Hameln (1116)**
17 **Solling/Vogler (527)**
18 **Harz (950)**
19 **Hohe Mark (1040)**
20 **Schwalm/Nette (435)**
21 **Nordeifel (1746)**
22 **Südeifel (432)**
23 **Saar/Hunsrück (1746)**
24 **Pfälzerwald (1793)**
25 **Kottenforst/Ville (881)**
26 **Bergisches Land (1917)**
27 **Siebengebirge (42)**
28 **Rhein/Westerwald (446)**
29 **Nassau (560)**
30 **Rhein/Taunus (808)**
31 **Hochtaunus (1202)**
32 **Ebbegebirge (777)**
33 **Homert (550)**
34 **Arnsberger Wald (447)**
35 **Rothaargebirge (1355)**
36 **Diemelsee (334)**
37 **Habichtswald (471)**
38 **Münden (373)**
39 **Meißner/Kaufunger Wald (420)**
40 **Hoher Vogelsberg (385)**
41 **Hessische Rhön (700)**
42 **Hessischer Spessart (710)**
43 **Bayerische Rhön (1240)**
44 **Haßberge (824)**
45 **Steigerwald (1280)**
46 **Frankenwald (1116)**
47 **Fichtelgebirge (1004)**
48 **Bayerischer Spessart (1710)**
49 **Bergstraße/Odenwald (1630)**
50 **Neckartal/Odenwald (1292)**
51 **Frankenhöhe (1104)**
52 **Fränkische Schweiz/Veldensteiner Forst (2346)**
53 **Steinwald (232)**
54 **Hessenreuther und Menteler Wald (270)**
55 **Nördlicher Oberpfälzer Wald (644)**
56 **Oberpfälzer Wald (724)**
57 **Oberer Bayerischer Wald (1801)**
58 **Bayerischer Wald (2068)**
59 **Stromberg/Heuchelberg (330)**
60 **Schwäbisch Fränkischer Wald (904)**
61 **Altmühltal (2908)**
62 **Augsburg/Westliche Wälder (1175)**
63 **Schönbuch (156)**
64 **Obere Donau (840)**

Nationalparks

Nationalpark Bayerischer Wald (130)
Nationalpark Berchtesgaden (210)
Nationalpark Schleswig-Holstein/Wattenmeer (2650)
Nationalpark Niedersächsisches Wattenmeer (400)

Nationalparks auf dem Gebiet der ehemaligen DDR:

Nationalpark Vorpommersche Boddenlandschaft
Nationalpark Jasmund
Müritz-Nationalpark
Nationalpark Hochharz
Nationalpark Sächsische Schweiz

Ökonomische und ideologische Interessen verhinderten in der früheren DDR jahrzehntelang einen sinnvollen Natur- und Landschaftsschutz. Erst am 12. September 1990 wurde dort die Bildung mehrerer Nationalparks und einer Reihe von Naturparks und Biosphärenreservaten beschlossen.

Ruhe und Entspannung sind lebensnotwendig. Der Wechsel zwischen Arbeit und Entspannung entspricht einem natürlichen Rhythmus, der nicht immer wieder gestört werden kann, ohne gesundheitliche Schäden zu hinterlassen. Einmal alle viere von sich zu strecken tut Leib und Seele wohl.

Gefühl einstellen. Sie vermag aber nicht anstelle der Bauchatmung oder der nachfolgenden Muskelentspannung zu treten.

Progressive Muskelentspannung

Diese Methode wurde von dem Psychophysiologen Dr. *Edmund Jacobsen* entwikkelt. Sie beruht auf der Beobachtung, daß Angst, also ein seelischer Spannungszustand, von Muskelspannungen begleitet ist. Ähnlich wie bei der rhythmischen Bauchatmung nahm er an, daß man versuchen müsse, zunächst die Muskelspannungen zu beseitigen, um damit zugleich die Angst aufzulösen. Dr. *Jacobsen* mußte jedoch feststellen, daß es gar nicht so einfach ist, Muskelspannungen, da sie ja *unbewußt* auftreten, zu beseitigen. Er mußte deshalb einen Weg finden, seinen Patienten zunächst die Muskelspannungen *bewußt zu machen,* um sie beeinflussen zu können.

Es gibt viele Menschen, die dauernd verspannt sind und gar nicht merken, daß sie in einem Dauerspannungszustand leben und in welchem Körperteil die Spannungen bestehen.

Dr. *Jacobsen* brachte jedenfalls seinen Patienten bei, Muskelspannungen in den verschiedenen Körperteilen zu fühlen. Er forderte sie auf, ihre Muskeln ganz bewußt in den Körperteilen (z. B. Unterschenkel, Oberschenkel, Gesäß, Rücken, Nacken) nacheinander stark anzuspannen, dann plötzlich locker zu lassen und darauf zu achten, welche Empfindungen danach auftreten. Die meisten Patienten lernten – allerdings erst nach 50–60 Übungsstunden – in den verschiedensten Körperteilen starke Muskelspannungen bewußt hervorzurufen, dann plötzlich loszulassen, zu entkrampfen und eine tiefe Entspannung und damit eine Lösung der Angst zu erleben.

Der Verhaltenspsychologe Dr. *Joseph Walpe* vereinfachte die Methode von *Jacobsen.* Es gelang ihm, in sechs Übungen von je 20 Minuten Dauer das Spannen und Entspannen der Muskelpartien mit seinen Rückwirkungen auf den psychischen Bereich zu erreichen. Dabei veranlaßte er seine Patienten, während der 20 Minuten dauernden Übung die Muskelpartien mehrmals zu spannen und zu entspannen. Das ist für manche Patienten eine starke Belastung, die die erstrebte Entspannung eher stören als fördern kann.

Dr. *Jacobsen* ließ nur 2–3 mal in einer Übungsstunde die einzelnen Muskelpartien spannen und entspannen und ging dabei sehr systematisch vor, beginnend bei den Füßen, dann folgten die Wadenmuskeln (Vorsicht vor Wadenmuskelkrampf!), dann die Beinmuskeln, gefolgt von den Muskeln des Oberschenkels, des Gesäßes, der Rückenpartie, des Bauches, der Brust, von Schultern, Nacken, Armen, Händen, Kopf und Gesicht. Bei der Gesichtsmuskulatur sollte man besonders differenzieren nach Kiefer-, Mund-, Zungen- und Augenmuskulatur.

Bei jeder Muskelpartie versucht man zunächst zu fühlen, ob die Muskulatur nicht gespannt ist. Dann spannt man sie an und hält die Spannung für fünf bis zehn Sekun-

den aufrecht, spannt drei Sekunden noch stärker an, um dann die Spannung rasch loszulassen, wonach das wohlige Gefühl der Lockerung zu fühlen ist. So verfährt man von Muskelbereich zu Muskelbereich.

Bei manchen Muskelgruppen kann man die Spannung entweder durch Dehnung oder Zusammenziehung erzeugen. Das gilt besonders für die Muskeln des Bauches, des Mundes und der Augenumgebung. So kann man die Lippenmuskeln durch weites Öffnen des Mundes spannen oder die Lippen fest zusammenpressen. Beide Möglichkeiten lassen sich auch abwechselnd anwenden.

Die Entkrampfung und Entspannung der Muskulatur führt nach einiger Übung zur fühlbaren körperlichen und seelischen Beruhigung und zur Normalisierung des vegetativen Nervensystems. Das ist von so großer Bedeutung, weil es alle vitalen Funktionen ebenso steuert wie die Emotionen (Gefühle).

Das heilsame Du-Erlebnis

Da der Mensch nicht nur materieller Natur ist, sondern ein mehrdimensionales Wesen darstellt, kann er in allen Bereichen kranken, erkranken, gekränkt werden – sowohl körperlich als auch seelisch und geistig.

Wenn wir Krankheit so sehen, dann müssen wir auch Heilung so umfassend verstehen, aber doch nicht völlig voneinander trennen, nämlich körperliches, psychisches und geistiges Heilen.

Diese den ganzen Menschen umfassende Sicht führt uns über den nur naturwissenschaftlichen Arzt hinaus zum Arzt, der auch das Seelische einbezieht und so zu einer körperlich-seelischen Heilung findet (Psychosomatik).

Aber auch das genügt oft nicht, weil dabei in vielen Fällen die tiefsten Krankheitsursachen nicht erfaßt werden. Dann nämlich nicht, wenn die Krankheitsursachen noch eine Stufe tiefer, nämlich im geistigen und geistlichen Bereich liegen.

Die psychologischen Entspannungsübungen arbeiten alle mit Vorstellungen, Vorsatzformeln oder Umlernprozessen.

Diese rein psychologischen Methoden bergen die Gefahr der Ichhaftigkeit, der Ich-Verkapselung in sich. Die Formeln und Lernprozesse sind allesamt Ich-bezogen, auf Selbsthilfe angelegt, die aber nur in einem begrenzten Rahmen möglich ist.

Wir wissen, daß sich der Mensch oft gar nicht durch eigene Kraft aus seinen seelischen und geistigen Nöten, Schwierigkeiten, Verstrickungen und Süchten – und darin liegen oft die tiefsten Krankheitsursachen – lösen und befreien kann.

- Der Mensch braucht vielmehr dazu das Du.
- Das menschliche Ich will sich einem Du zuwenden.
- Der Mensch ist vom Schöpfer darauf angelegt.

Dieses Du kann der Ehepartner, der Arzt oder der Seelsorger sein.

Man kann aber unter Umständen, vor allem in Grenzsituationen des Lebens (äußerste Not, Verzweiflung, Selbsttötungsabsicht, schwere Krankheit, hohes Alter), die Erfahrung machen, daß sich das not-wendige und not-wendende Du in keinem Mitmenschen finden läßt! Dann gibt es nur noch die Hinwendung und
die Hingabe an den letzten Wert,
den wir noch begreifen können,
den keine Enttäuschung berühren,
den keine Täuschung antasten kann,
der über allem thront und
der für uns alle das letztlich notwendige Du darstellt: Gott.*

* Ich bin mit diesen Gedanken über das eigentliche Thema dieses Buches hinausgegangen, um zu zeigen, wie die verschiedenen menschlichen Bereiche zusammengehören. Diese Zusammenhänge bilden ein eigenes, großes Thema, das der Leser in dem Buch „Nutze die Heilkräfte für Seele und Geist" mit allen notwendigen praktischen Anweisungen dargestellt findet (Saatkorn-Verlag, 2000 Hamburg 13).

Heilerde – Wirkung und Anwendung

Der allgütige Schöpfer hat in unscheinbarsten Dingen,
an welchen der moderne Mensch gleichgültig vorübergeht und die
er sogar verachtet, Heilmittel für Mensch und Tiere geschaffen.
Eines der vorzüglichsten ist der Lehm. Sebastian Kneipp

Was verstehen wir unter Heilerden?

Wie die Wasseranwendungen, die Licht- und Wärmebehandlungen oder die Einwirkungen der Luft, so hat auch die Verwendung der Heilerde in der Medizin eine lange Vorgeschichte. Sie kann hier aber nicht dargestellt werden, weil die praktischen Fragen Vorrang haben sollen.

Die von *Adolf Just* (1859–1936) propagierte Heilerde wurde 1927 von *W. Peyer* in Zusammenarbeit mit dem Geologen *W. Röpke* erstmals wissenschaftlich untersucht, was der Anwendung von Heilerde durch eine größere Anzahl von Ärzten einen wesentlichen Aufschwung brachte, worüber auch entsprechende Berichte vorliegen.

Eine weitere wissenschaftliche Bearbeitung erfolgte dann durch *M. Vogel* (Dresden) und seinen Mitarbeiter *R. Kunze*. Sie fanden u. a., daß die Hauptwirkung bei den Anwendungen der Heilerde in ihrem Aufsaugungsvermögen (Sorptionsvermögen) und in der starken Bindung von Darmgiften, Alkaloiden und Farbstoffen (Methylenblau) besteht, daß aber auch erhebliche Mengen an Kieselsäure und Basen, Eisen- und Aluminiumoxid, Kalk, Magnesia, Kali und Natron gelöst und vom Organismus aufgenommen werden können.

IN DIESEM KAPITEL:

- **Gesteine als Grundlage der Heilerden**
- **Zusammensetzung und Wirkstoffe der Heilerden**
- **Aufbau und Struktur der wichtigsten Heilerdemineralien**

Gesteine als Grundlage der Heilerden

Alle Heilerden stellen Verwitterungsprodukte der Gesteine dar. Die Geologen unterscheiden grundsätzlich nach ihrer Entstehung Eruptiv-, Sediment- und metamorphe Gesteine. Die *Eruptivgesteine* entstammen der Schmelzzone des Erdinneren, die bei ihrem Hervorquellen, z. B. aus Vulkanen, durch Abkühlen in den obersten Erdschichten oder an der Erdoberfläche selbst auskristallisiert sind.

Die *Schicht-* oder *Sedimentgesteine* sind aus anderen Gesteinen durch Verwitterung hervorgegangen und weisen eine schichtweise Ablagerung auf. Beide Arten kann man zum Beispiel auf der Insel Sylt sehr gut sehen. Die als *metamorph* bezeichneten Gesteine haben sich aus anderen Gesteinen, z. B. Sedimentgesteinen, dort gebildet, wo sich die Erdkruste in größere Tiefen gesenkt hat und unter hohem Druck und hoher Temperatur eine Umkristallisation stattfand.

Sowohl die Eruptivgesteine als auch die metamorphen Gesteine sind in der Erdtiefe durch hohen Druck und hohe Temperaturen sehr hart geworden. Die Sedimentgesteine dagegen weisen ein wesentlich lockereres Gefüge auf, verwittern daher leichter und bilden deshalb fast ausschließlich das Material für unsere Heilerden.

Zusammensetzung und Wirkstoffe der Heilerden

Welche Mineralien sind nun hauptsächlich an der Zusammensetzung der Heilerden beteiligt? Im Grunde genommen ergibt sich das bereits sehr deutlich aus einer Übersicht über die *Häufigkeit der in der obersten Erdschicht vorkommenden Elemente:*

Sauerstoff	49,40 %
Silizium	25,80 %
Aluminium	7,50 %
Eisen	4,70 %
Kalzium	3,40 %
Natrium	2,60 %
Kalium	2,40 %
Magnesium	1,90 %
Wasserstoff	0,88 %
Titan	0,58 %
Chlor	0,19 %
Phosphor	0,12 %
Kohlenstoff	0,09 %
Mangan	0,08 %
Schwefel	0,05 %

Man sieht, daß Silizium neben dem Sauerstoff das in der obersten Erdschicht am häufigsten vorkommende Element ist. So verwundert es auch nicht, daß die Sauerstoffverbindungen des Siliziums, die *Siliziumoxide* – z. B. die natürlich als Siliziumdioxid vorkommenden Quarze und Opale und ihre Verbindungen mit anderen Oxiden, auch *Silikate* (oder Salze der Kieselsäure) genannt – am Aufbau der Erdrinde und damit auch an unseren Heilerden entscheidend beteiligt sind.

Der Geologe *H. Jung* betont, daß es trotz der Vielzahl der auf der Erde vorkommenden Mineralien im Grunde genommen nur wenige sind, aus denen die Heilerde besteht. Außer den genannten Siliziumdioxiden Quarz und Opal sind es

Silikate: Feldspat, Glimmer (Muskovit, Biotit), Talk, Chlorit, Tonmineralien (Kaolinit, Montmorillonit), Augit, Hornblende und Olivin;

Kalzium- und Magnesiumkarbonate (Karbonate sind die Salze der Kohlensäure): Kalkspat, Dolomit;

Eisen- und Aluminiumhydroxide (Hydroxide entstehen durch Einwirkung von Wasser auf Metalle): Eisenhydroxid, Diaspor, Hydrargillit;

Mineralien, die nur in geringen Mengen vorkommen: Magneteisen, Apatit, Zirkon und Titanit.

Aufbau und Struktur der wichtigsten Heilerdemineralien

Um die *Zusammensetzung dieser Mineralien* auf den menschlichen Organismus verstehen zu können, müssen wir zuvor etwas über die physikalischen und chemischen Eigenschaften wenigstens der wichtigsten Mineralien wissen.

Der *Quarz* ist allgemein als das härteste der in den Heilerden vorkommenden Mineralien bekannt. Er wird aber sowohl von Laugen als auch von Säuren stark angegriffen. Wichtig ist jedoch nur, daß auch verdünnte Salzsäure bei einer Temperatur von 37° C, wie es im Magensaft der Fall ist, feinstes Quarzpulver bis zu 20 % auflöst.

Der *Opal* löst sich im Körper nicht. Er wird nur von heißen Laugen vollständig aufgelöst.

Die *Feldspate* sind weniger hart als der Quarz. Sie enthalten außer Silizium-Ionen auch Aluminium-Ionen und sind durch Wasser, noch stärker durch Laugen und Säuren zersetzbar.

Bei den *Glimmern* (Muskovit und Biotit) sind die Strukturelemente netzförmig in übereinanderliegenden Ebenen angeordnet, wodurch sie in einer Ebene spaltbar sind. Während Biotit durch verdünnte Säure (Magensäure) lösbar ist, läßt sich Muskovit kaum angreifen.

Eine ähnliche Struktur wie der Glimmer weisen auch die Mineralien *Talk* (es enthält außer Silizium auch Magnesium) und *Chlo-*

Wir kennen etwas mehr als 2000 Mineralien, von denen nur 200 gesteinsbildend sind. So wie auf beiden Bildern zu sehen, „wachsen“ Gesteine und Edelsteine in der Natur. Links Kalkspat, rechts Quarzporphyr.

rit (ein wasserhaltiges Magnesium-Eisen-Aluminium-Silikat) auf. Talk ist durch Säuren kaum löslich, eisenreiches Chlorit wird bereits von verdünnten Säuren erheblich zersetzt.

Die *Tonmineralien* (Kaolinit, Montmorillonit) enthalten neben dem Silizium im wesentlichen Aluminium.

Da sie in verdünnten Säuren nicht zersetzbar sind (wohl aber von einprozentiger Natronlauge bei gewöhnlicher Temperatur), ist kaum anzunehmen, daß im Magen-Darm-Kanal wesentliche Mengen herausgelöst werden.

Die übrigen Silikate *Augit, Hornblende* und *Olivin* spielen für die Heilerdenwirkung nur eine unwesentliche Rolle, zumal sie für die Magen-Darm-Säfte kaum angreifbar und für die Aufsaugfähigkeit anscheinend ohne Bedeutung sind.

Kalkspat (kohlensaures Kalzium) und *Dolomit* (ein Doppelsalz aus kohlensaurem Kalzium und Magnesium) sind in verdünnter Salzsäure lösbar (Kalkspat mehr, Dolomit weniger) und damit für unsere Verdauungssäfte angreifbar.

Auch das *Eisenhydroxid* ist von Säuren gut zu zersetzen. Es färbt je nach Gehalt die Erden rot, braun oder gelb. Die *Aluminiumhydroxide* (Diaspor, Hydrargillit) sind dagegen nur in heißen Säuren und Laugen löslich.

Aus dieser kleinen, keineswegs vollständigen Übersicht ergibt sich bereits, daß die chemische Struktur einzelner Mineralien die Aufsaugfähigkeit (Sorptionsfähigkeit) der Heilerden bedingt, die mehr oder weniger große Löslichkeit anderer Mineralien in den Magen-Darm-Säften aber ihre Aufnahme über den Magen-Darm-Kanal in die Blutbahn möglich macht.

Eigenschaften und Wirkungsweise der Heilerden

Abgesehen von den Eigenschaften und Wirkungen der Einzelbestandteile der Heilerden ist es wesentlich, sie als ganzes natürliches Mineralgemisch zu betrachten. Selbstverständlich beeinflussen dabei die Einzelmineralien je nach ihrem prozentualen Anteil die Eigenschaften und Wirkungen dieser Erden. Die Heilerden als Ganzes weisen einige wichtige, insbesondere physikalische Eigenschaften auf, die für ihre Heilwirkung von besonderer Bedeutung sind.

Wasserbindungs- und Quellvermögen

Das *Wasserbindungs-* oder *Quellvermögen der Heilerden* hängt vor allem von der Teilchen- oder Korngröße der die Erde bildenden Mineralien ab. Je nach Teilchengröße hat man sich auf Bezeichnungen geeinigt, die aus Tabelle 1 auf Seite 344 zu ersehen sind.

Die Heilerden sollten Kies und Steine überhaupt nicht und Grobsand kaum enthalten, also in der Hauptsache aus Feinsand, Schluff und Ton bestehen. Schluff und Ton lassen sich aus der Erde abschlämmen. Man bezeichnet die Erden auch je nach ihrem Gehalt an abschlämmbaren Teilen (Tabelle 2 auf Seite 344).

Sowohl die Teilchengrößen als auch die Art der Teilchen bestimmen das Verhalten der Erden zum Wasser. Je kleiner die Teilchen, um so größer die Wasserbindung. Das Wasserbindungs- und Quellvermögen der Erden hängt aber auch von der inneren Anordnung der Atome und Atomgruppen (Gitterstruktur der Kristalle) ab. Es gibt Mineralien mit elastischen, aufweitbaren Gitterstrukturen (z. B. der Montmorillonit), bei denen das Wasser in das Kristallgitter eindringt, und es gibt andere Mineralien, die ein starres Gitter besitzen (z. B. das Kaolinit), aber dennoch Wasser binden, weil sie das Wasser an der Oberfläche anzulagern vermögen, was allerdings von der chemischen Natur der dort befindlichen Ionen abhängt.

Um ein Maß für das Quell- und Wasserbindungsvermögen einer Erde zu haben, bestimmt man die *Wasserkapazität*, das ist die Wassermenge, die eine Erde halten kann, wenn man sie mit einem Überschuß an Wasser versetzt. Bei Erden ist sie verhältnismäßig klein, wesentlich größer bei Schlick und Torf.

IN DIESEM KAPITEL:

- **Wasserbindungs- und Quellvermögen**
- **Wärmespeicherungsvermögen**
- **Luft- und Gasbindungsvermögen**
- **Kolloidchemische Eigenschaften**
- **Heilerde als Adsorptionsmittel**
- **Polarisationseffekt durch Mikrowellen**

TABELLE 1

Teilchen- oder Korngröße der die Erde bildenden Mineralien

Ton	bei Teilchengrößen von 0,002mm und kleiner (2 μ) (1 μ = 1/1000 mm)
Schluff	bei Teilchengrößen von 0,002–0,02 mm (2–20 μ)
Feinsand	bei Teilchengrößen von 0,02–0,2 mm (20–200 μ)
Grobsand	bei Teilchengrößen von 0,2–2 mm
Kies und Steine	bei Teilchengrößen von 2 mm und größer.

TABELLE 2

Erden nach ihrem Gehalt an abschlämmbaren Teilen

Erde mit 0–10% Abschlämmbarem	= Sand
Erde mit 10–20% Abschlämmbarem	= Lehmiger Sand
Erde mit 20–30% Abschlämmbarem	= Sandiger Lehm
Erde mit 30–50% Abschlämmbarem	= Lehm
Erde mit 50–75% Abschlämmbarem	= Lehmiger Ton
Erde mit über 75% Abschlämmbarem	= Ton

Die Feinkörnigkeit der Erden ist auch für das (kapillare) Steigungsvermögen von Wasser in trockener Heilerde entscheidend. Es ist um so größer, je kleiner die feinsten Hohlräume (Kapillaren) in der Erde sind, also je feiner die Erde ist. Aber je feiner die Erde ist, je dünner die Kapillaren sind, um so länger dauert der Wasseraufstieg; die Durchlässigkeit für Wasser verringert sich.

Wenn es also darum geht, aus einer Wunde wäßrige Absonderungen möglichst rasch aufzusaugen, verwendet man zweckmäßigerweise keine allzu tonige, sondern besser lehmige oder lehmig-sandige Erde, was sich in der Praxis auch sehr bewährt hat.

Wärmespeicherungsvermögen

Von besonderer Bedeutung ist die Fähigkeit der Heilerden, *Wärme zu speichern und wieder abzugeben*. Der Grad der Wärmespeicherung und Wärmeabgabe ist wiederum von der Teilchengröße abhängig. Als Maß benutzt man die *Wärmeleitzahl*. Sie gibt die Wärmemenge in Kalorien an, die in einer Sekunde durch einen Quadratzentimeter hindurchfließt. Je höher die Wärmeleitzahl, desto geringer ist die Isolierfähigkeit. Die Wärmeleitzahl der Heilerde (Lehm) ist sehr hoch. Danach würde die Erde (Lehm) sehr schlecht isolieren oder auch sehr schnell abkühlen. Wird bei entzündlichen Prozessen eine *schnelle Wärmeabfuhr* angestrebt, ist der Lehmumschlag dafür außerordentlich gut geeignet, wenn man darauf achtet, daß der Umschlag gewechselt werden muß, sobald er antrocknet. Die Praxis zeigt nämlich, daß eine Schicht bis zur Dicke von 1,5 Zentimetern die Wärme vom Körper aufnimmt und dann bald einen Wärmemantel von 29° C bildet. Danach erfolgt keine große Wärmeabgabe mehr. Nur dadurch ist es auch zu erklären, daß wenige Minuten nach dem Einsteigen ins Lehmbad kein Kältegefühl mehr besteht (siehe auch Seite 350 ff.).

Das Gehen im Nordseeschlick ist eine außerordentlich gesundheitsfördernde Maßnahme. Schlick ist sehr hautfreundlich.

Luft- und Gasbindungsvermögen

Praktisch wichtig ist auch die Fähigkeit der Heilerden, *Luft und andere gasförmige Bestandteile anzulagern*. Die Stärke des Luftbindungsvermögens hängt von der Art des Materials (Sand-, Lehm- und Tongehalt) ab. Je toniger oder feinkörniger die Erde, desto mehr Gase, Dämpfe und Gerüche aller Art werden angelagert. Diese Fähigkeit der Heilerden ist für die Wirkung auf den Darminhalt (giftige Gase) sehr wesentlich.

Die Frage der *Radioaktivität der Heilerden* wurde grundsätzlich schon von *Kunze* und *Vogel* in ihrer Arbeit „Über Wesen und Wirkungen von Heilerden“ aus dem Jahre 1936 geklärt. Es heißt dort: „Tatsächlich liegt die Radioaktivität *aller* in Betracht kommenden Erden unterhalb der biologisch in Betracht kommenden Grenzen. Es handelt sich nicht um eine primäre, sondern um eine sekundäre Strahlung, wie sie in der ganzen Erdrinde zu finden ist.“ Auch neue Messungen, die *Schulz* an Heilerden aus dem Sobernheimer Gebiet durchführte, ergaben Werte, die unterhalb der Toleranzgrenze lagen.

Nach wie vor wird also der Radioaktivität der Heilerden kein nachweisbarer Anteil an der Heilwirkung des Lehms zugesprochen.

Kolloidchemische Eigenschaften

Da die Heilerden Bestandteile mit sehr geringer Teilchengröße, aber sehr großer Oberfläche enthalten, haben sie auch *kolloidchemische Eigenschaften*. Als Kolloid bezeichnet man einen Stoff in einem bestimmten Zerteilungszustand. Jeder Stoff kann, wenn er einen bestimmten Zerteilungsgrad erreicht hat, in den „kolloidalen" Zustand geraten, in dem er besondere Eigenschaften bekommt. Wann und wie wird dieser Zustand erreicht?

Wenn man einen festen Stoff mechanisch zerreibt, entsteht ein gröberes oder feineres *Pulver.* In einem Gasraum (Luft) kann sich dieses Pulver kürzere oder längere Zeit als *Staub* oder in einer Flüssigkeit (Wasser) als *Suspension* (Aufschwemmung) schwebend erhalten. Ein flüssiger Stoff kann zu einem *Nebel* zerstäubt oder in einer anderen mit ihm nicht mischbaren Flüssigkeit zu einer *Emulsion* zerteilt werden. Löst man einen Stoff ohne Verteilungsmittel durch Verdampfen in seine Moleküle auf, so bildet er ein *Gas;* zerfällt er in einem Lösungsmittel in seine Moleküle, so entsteht eine *Lösung.* Zwischen den sichtbaren Zerteilungsformen (Staub, Nebel, Suspension, Emulsion) bis hin zu den unsichtbaren, molekularen Zerteilungsformen (Gas, Lösung) gibt es alle Übergänge. Von einem *kolloidalen Zustand* spricht man, wenn die Teilchen einen Zerteilungsgrad erreicht haben, bei dem sie mit einem normalen Mikroskop nicht mehr sichtbar sind.

Das Siliziumdioxid z. B. findet man in der Natur in kristallisierter Form als Quarz oder Bergkristall, der sehr fest ist, erst bei 1700° C schmilzt und nach dem Erkalten nicht wieder kristallisiert, sondern dann Quarzglas bildet, das für ultraviolettes Licht durchlässig ist und eine große chemische Widerstandsfähigkeit besitzt. Das Siliziumdioxid kommt aber auch in feinster Verteilung als kolloidale Kieselsäure vor. Nimmt man gleiche Gewichtsmengen, so besitzen die kompakten Kristalle eine *kleine* Oberfläche gegenüber der feinverteilten, kolloidalen Form der Kieselsäure, die eine relativ sehr große Oberfläche aufweist.

Die wichtigste Eigenschaft der sich im kolloidalen Zustand befindenden Stoffteil-

chen, z. B. der kolloidalen Heilerdeteilchen, ist ihre Fähigkeit, andere Stoffe aus einem Lösungsmittel an ihren ausgedehnten Oberflächen anzureichern. Man nennt diesen Vorgang *Adsorption,* das anreichernde Mittel *Adsorptionsmittel* oder *Adsorbens.* Stoffe, die sich an der Oberfläche oder Grenzfläche eines anderen Stoffes anrei-

Sandbäder am Maronti-Strand auf Ischia. Der Sand wird aufgeheizt durch heiße Quellen, die unterirdisch ins Meer fließen. Sandbäder nimmt man bei Gelenkerkrankungen. ■ Linke Seite: In der „Cava scura" (dunkle Grube) badeten vor 2000 Jahren schon die Römer, die ihre Badewannen in die Felsen schlugen. Das heilwirkende Wasser kommt direkt aus den Felsen. Die Damen lassen sich Gesichtsmasken aus heilkräftigem Lehm auftragen – er strafft und verjüngt die Haut.

chern lassen, heißen *Adsorptive* und sind oberflächenaktiv. Man weiß noch nicht genau, durch welche physikalischen oder chemischen Kräfte die Adsorption erfolgt. Jedenfalls sind es lockere Bindungen, so daß die Stoffe aufgenommen, aber auch wieder abgegeben werden können.

Die Menge des aus einer Lösung adsorbierten Stoffes hängt nicht nur von seiner Konzentration im Lösungsmittel ab, sondern auch von der Natur des Lösungsmittels (Wasser, Alkohol o. a.), von der des Adsorptionsmittels und besonders von seiner Oberflächengröße. Es hat sich erwiesen, daß bei niedriger Konzentration des aufzunehmenden Stoffes verhältnismäßig mehr adsorbiert wird als bei höherer Konzentration. Sobald aber die Oberfläche des Adsorptionsmittels „gesättigt" ist, wird auch bei weiter steigender Konzentration des zu adsorbierenden Stoffes in der Lösung nichts mehr aufgenommen.

Heilerde als Adsorptionsmittel

Bekannte und viel verwendete Adsorptionsmittel sind Bleicherden (Aluminiumsilikate), Tonerden und ihre Präparate (Heilerden), Kaolin, Kieselgur (Skelettreste von Kieselalgen, die aus wasserhaltigem Siliziumdioxid bestehen und besonders in der Lüneburger Heide in mächtigen Schichten aufgehäuft vorkommen), Pflanzen- und Tierkohle.

Die verschiedenen Adsorptionsmittel haben oft besondere Eigenschaften und deshalb auch besondere Anwendungsgebiete. So vermögen einige dieser Mittel bestimmte Stoffe aufzunehmen und andere

Auch in den verschiedenen Kurorten, wie hier z. B. in Bad Oeynhausen, werden Sandbäder verordnet. Man benutzt sie zur Wärmebehandlung, vor allem bei chronischen rheumatischen Erkrankungen sowie bei Arthrose und Arthritis, wenn die entzündlichen Prozesse zur Ruhe gekommen sind.

unberührt zu lassen, oder Stoffe (Ionen) aufzunehmen und dafür andere Stoffe (Ionen) abzugeben, also auszutauschen. Man nennt solche Adsorptionsmittel auch Ionenaustauscher, die in der modernen Medizin zunehmend an Bedeutung gewinnen. Die auswählende oder trennende Funktion der Adsorptionsmittel spielt auch in der neueren medizinischen Diagnostik (Chromatographie) eine große Rolle.

Sobald ein Adsorptionsmittel (meist auch Adsorbens genannt) mit einem Stoff „beladen", „gesättigt" oder seine Oberfläche besetzt ist, bezeichnet man das Ganze als Adsorbat. Löst sich der adsorbierte Stoff vom Adsorbens, so spricht man von einer *Elution.*

Die *Eigenschaft der Heilerden, als Adsorptionsmittel* oder Adsorbens zu wirken, ist für die praktische Anwendung in der Heilkunde sehr bedeutsam, zumal sich herausgestellt hat, daß die Adsorptionskraft, also die Kraft, mit der andere Stoffe an der riesigen Oberfläche der kleinen Teilchen festgehalten werden, außerordentlich groß ist. So nehmen sie z. B., äußerlich angewandt, Gifte und andere Absonderungen aus Wunden, Geschwüren und entzündeten Haut- oder Schleimhautflächen oder, innerlich angewandt, aus dem Magen- oder Darminhalt auf, woraus sich auch die gute Wirkung bei zahlreichen äußeren oder inneren Erkrankungen erklärt.

Je kleiner die Teilchen sind, in die der Stoff (die Heilerde-Mineralien) zerfällt, desto größer ist ihre Oberfläche und damit auch die Adsorptionskraft. Eingehende mechanische Analysen von Heilerden besonders durch *Kunze* und *Vogel* ergaben bereits im Jahre 1936, daß sämtliche Heilerden kleinste Teilchen bis zur kolloidalen Größenordnung von 0,001 mm enthalten. Sie betonen aber, daß ihre Wirkung nicht auf die Adsorptionskraft beschränkt ist, sondern auch andere, und zwar mechanische Wirkungen ihren Heilwert wesentlich mitbestimmen dürften.

Praktisch wichtige Ergebnisse erzielten sie bei der Untersuchung des Verhaltens der Heilerde gegenüber der Salzsäurekonzentration, wie sie im menschlichen Magen vorkommt. Dabei zeigte sich, daß Heilerde 57mal mehr Salzsäure adsorbiert als Kaolin, aber im Gegensatz zu den üblichen säurebindenden chemischen Mitteln die Salzsäurebindung nie bis zur völligen Erschöpfung erfolgt, sondern nur der freie Überschuß gebunden wird und ein gewisser Prozentsatz der Säure stets frei bleibt. Dieser ist für die normale Eiweißspaltung im Magen unbedingt notwendig.

So wichtig wie interessant ist auch die Feststellung, daß die Adsorptionsmengen bei Körpertemperatur höher sind als bei normaler Zimmertemperatur.

Zum *Nachweis der Adsorptionskraft gegenüber Giften und Farbstoffen* wurde auch die Adsorption von Phenol und Methylenblau durch Heilerde geprüft und bestätigt gefunden.

Der Nachweis der Adsorption von Darmgiften, wie sie bei einer Reihe von Darmkrankheiten, zum Beispiel bei chronischer Verstopfung, entstehen, ist besonders beachtlich, da diese Gifte, die sich vor allem bei der Eiweißzersetzung bilden (z. B. Phenol, Indol, Kresol, Skatol, Kadaverin, Tyramin und Histamin) nach der Aufsaugung durch den Darm zu schweren Stoffwechsel- und Nervenstörungen führen können, wie vor allem *Becker* nachwies.

Der kolloidale Zustand zahlreicher Heilerdebestandteile bedingt auch die *katalytischen Wirkungen der Heilerde.* Katalysatoren nennt man Stoffe, die einen chemischen Vorgang beschleunigen (oder verlangsamen), ohne sich selbst dabei nachweislich zu verändern. Weil man sich vorstellt, daß die Katalysatoren bereits durch Berührung oder Kontakt wirken, heißen sie auch Kontaktstoffe und die von ihnen beeinflußten chemischen Vorgänge Kontaktprozesse. In der Chemie-Industrie sind solche Kontaktstoffe unentbehrliche Hilfsmittel. Katalytische Prozesse kommen aber auch vielfältig in der belebten und unbelebten Natur vor.

Wie *Eisensack* zeigen konnte, übt auch der tonige Anteil der Heilerde katalytische Wirkungen aus.

Aromatische Amine werden adsorbiert und sogar in Farbstoffe und farblose Nebenprodukte zerlegt. Ätherische Öle verändern sich nach der Anlagerung an Ton; die Zersetzungsgeschwindigkeit von Wasserstoffsuperoxid wird durch Ton beschleunigt, ein Vorgang, der zugleich einen Maßstab für die katalytische Aktivität der Tone abgibt.

Polarisierungseffekt durch Mikrowellen

Eine sehr interessante und praktisch nutzbare Wirkung tritt auf, wenn Strahlen (z. B. Mikrowellen) auf eine Sand- oder eine trockene Lehmschicht (auch eine Lehmkompresse) auftreffen: Sie werden polarisiert und gebündelt und weisen dann eine größere Intensität und Tiefenwirkung auf. Der Effekt tritt bei einer Schichtdicke von 1,2 Zentimetern oder einem Vielfachen davon auf. Setzt man den Strahlungskopf eines Mikrowellenapparates über einer Lehmkompresse an, so werden die Strahlen im Bereich der ganzen Kompresse wirksam.

Die Zwischenschaltung einer Sandschicht zwischen Mikrowellenapparat und bestrahltem Körper oder Körperteil wird in der Praxis als Mikrowellen-Sandapplikationsmethode mit bestem Erfolg ausgeübt. Die Technik der verschiedenen Anwendungsformen ist allerdings der ärztlichen Sprechstunde vorbehalten.

Sand wird in geeigneten Kurorten zur Wärmebehandlung verwendet. Als Heilanzeige gelten vor allem chronische rheumatische Erkrankungen wie Arthrosen (degenerative Gelenkveränderungen) und Arthritiden (entzündliche Gelenkveränderungen), wenn keine Anzeichen einer Aktivität vorliegen.

Anwendungsformen und Heilanzeigen der Heilerden

Wenn hier von den einzelnen Anwendungsformen der Heilerde die Rede ist, darf dabei nicht vergessen werden, daß diese eigentlich immer nur einen Teil der Felke-Kur darstellen, die ja eine Ganzheitskur ist. Immer mehr Ärzte sehen heute ein, daß die Felke-Kur den ganzen Menschen anspricht, seine Mitarbeit und sein Verständnis benötigt, ihn körperlich und seelisch herausfordert und für alle zivilisationsgeplagten und -geschädigten Menschen die richtige Medizin und damit ein wahrer Segen ist. Allein das neue, ungewohnte Milieu, der Aufenthalt in der freien Natur und das Wohnen in kleinen Bungalows oder in Felke-Kurheimen bedeuten schon eine seelische Umstimmung.

IN DIESEM KAPITEL:

- **Das Lehmbad**
- **Lehmbreianwendungen (Kompressen, Teilbäder)**
- **Lehmtreten**
- **Trockenanwendung der Heilerde**
- **Innerliche Lehmanwendungen**
- **Tabellarische Übersicht der Heilanzeigen und Anwendungsformen**
- **Heilerde in der häuslichen Selbstbehandlung**

Die einzelnen Anwendungen mit ihren speziellen Wirkungen müssen also je nach Individualität des Kranken in den Kurplan eingesetzt werden, den der Felke-Kurarzt aufstellt.

Das Lehmbad

Das *Lehmbad* gehört unter den Anhängern der Felke-Heilweise zu den häufigsten natürlichen Anwendungen und stellt sozusagen ein Charakteristikum dieser Heilmethode dar. *Felke* empfahl, die Dauer eines Lehmbades im allgemeinen nicht über eine Stunde auszudehnen. Wegen der beschwerlichen Vorbereitungen blieb dieses Bad fast nur auf die Felke-Heilstätten beschränkt, wo es aber mit großer Sachkenntnis und mit gutem Erfolg angewandt wird (z. B. in Sobernheim und in Diez a. d. Lahn).

Um ein Lehmbad anzulegen, gräbt man im Freien an einem möglichst von der Sonne beschienenen, geeigneten Platz eine badewannenförmige Vertiefung von etwa 130–160 cm Länge, 65 cm Breite und 40–60 cm Tiefe. Am besten wählt man für die Anlage die Nordsüdrichtung, so daß sich der Kopf am Nordende befindet, die Füße in Südrichtung zeigen, damit das Lehmbad möglichst gut von der Sonne beschienen werden kann.

Die Vertiefung wird dann bis ungefähr 10 cm unterhalb des Randes mit frischem Lehm gefüllt, der mit nicht zu kaltem Wasser zu einem schmiegsamen Brei angerührt ist.

Lehmbäder gehören zu den beliebtesten und wirksamsten Anwendungen der Felke-Kur. Wegen der beschwerlichen Vorbereitungen werden diese Bäder fachgerecht fast nur in den Felke-Heilstätten durchgeführt.

Die abgeschrägte Rückwand des Bades wird durch ein schräggestelltes Brett nach oben verlängert, so daß man sich nach dem Einsteigen ins Bad, das bis über den Bauchnabel (bis zu den Rippen) reichen soll, auch bequem mit dem Rücken anlehnen kann. Kopf, Hals und Nacken müssen vor direkter Sonnenbestrahlung geschützt werden (Hut, Lehmanstrich). Die *Dauer des Bades* beträgt in der Regel bei warmem Wetter eine halbe, bei kühlem Wetter eine Viertelstunde. Das Lehmbad kann vom gleichen Patienten vier bis sechs Wochen lang immer wieder benutzt werden, wenn der Lehm jedesmal mit frischem Wasser neu verrührt wird und er mit dem Mutterboden verbunden bleibt.

Bei Patientenwechsel hebt man die Lehmgrube aus und füllt sie mit frischem, unbenutztem Lehmbrei.

Sobald man in dem bis zu den Rippen reichenden Lehmbrei sitzt, bewegt man die Beine so lange, bis der Brei überall gleichmäßig anliegt und der ganze Bauch sowie die Gliedmaßen vom Lehmbrei bedeckt sind.

Die *Badedauer* ist individuell anzupassen. Sie kann je nach Alter, Konstitution, Empfindlichkeit, Gewöhnung an Wasser und Luft sowie Reaktionsweise von 10–60 Minuten reichen. Auch die jeweilige Luft- und Erdtemperatur spielen dabei eine Rolle. Bei starker Luftkühle und großer Kälteempfindlichkeit empfiehlt es sich, den Brei zunächst mit etwas warmem Wasser anzurühren. Grundsätzlich sollte aber sonst das Lehmbad in kalter Form verabreicht werden.

Es ist wohl selbstverständlich, daß der aus dem Bad herausragende Oberkörper bei kühlem Wetter oder stärkerem Wind durch ein Badetuch, eine Decke oder eine Wolljacke geschützt werden muß. Bei starker Besonnung ist ein Sonnenschutz erforderlich.

Nach dem Lehmbad streift der Patient selbst den Lehm so gut es geht mit den Händen oder einem hölzernen Schaber ab. Den Rest kann man bei trocken-warmem Wetter auf der Haut trocknen lassen und dann kräftig abreiben. Damit läßt sich zugleich eine Hautmassage verbinden. Dann in einer Wanne oder unter der Brause gründlich reinigen. Das Abtrocknen geschieht durch Massieren und Klatschen. Die ganze Prozedur wird beendet, indem man den Körper mit Hamamelis-Essig abreibt und danach mit etwas Hautfunktionsöl einreibt, um die starke Entfettung der obersten Hautschichten durch die Lehmanwendung auszugleichen.

Besonders wichtig ist es, sofort anschließend für *aktive Bewegung* (Gymnastik, Laufen, Gehen) zu sorgen, bis ein wohliges Wärmegefühl eintritt. Dann ist es Zeit, eine Stunde warm eingepackt, nach Möglichkeit im Freien, zu ruhen, wobei sich meistens ein Gefühl der Entspannung und Frische zugleich einstellt.

Wie wirkt nun das kühle Lehmbad auf den Körper? Es wurde schon festgestellt, daß die Wärmeleitzahl des Lehms sehr hoch ist, der Lehm daher nur sehr schlecht isoliert und dem Körper fortlaufend Wärme entzieht. Tatsächlich tritt aber keine erhebliche Wärmeabgabe ein. Es besteht vielmehr wenige Minuten nach dem Einsteigen ins Lehmbad kein Kältegefühl mehr. Eine Schicht bis zu 1,5 cm Dicke nimmt zunächst die Körperwärme auf, bildet dann aber einen Wärmemantel von 29° C und verhindert somit den weiteren Abfluß von Wärmeenergien.

Wichtig ist die starke *Druckwirkung des nassen Lehms* auf den Körper. Gewöhnlich wird bei 30 cm Sitztiefe etwa 1 m^2 Körperoberfläche von dem Lehm erfaßt, wobei der Druck (nach *Schulz*) 570 kg/m^2 beträgt. Das entspricht einer außerordentlich kräftigen balneotherapeutischen Maßnahme. Mit dem Eintauchen ins Lehmbad

- beginnen erhebliche Veränderungen des Blutvolumens,
- steigt der Hämatokrit-Wert von 39,5% auf 45%,
- steigt der Blutfarbstoffgehalt an,
- erhöht sich die Zahl der roten Blutkörperchen,
- fällt der Blutzucker ab.

Das Ansteigen der verschiedenen Blutwerte wird mit der starken Verschiebung großer Blutmengen aus den unteren Extremitäten und Blutdepots (Milz usw.) zur oberen Hälfte des Körpers hin erklärt. Das Absinken des Blutzuckers hat seine Ursache in dem enormen Kalorienverbrauch im kalten Lehmbad (Stress-Situation). Als Gegenregulation wird Wärme und Energie durch Oxydation und Verbrennung erzeugt. Hierbei sinkt der Zuckergehalt des peripheren Blutes vorübergehend ab. Das dem Patienten bemerkbare heftige Hungergefühl nach dem Lehmbad bestätigt den im Körper abgelaufenen Vorgang.

Lehmbäder sind also für das Vorstadium der Zuckerkrankheit geeignet. Bei Diabetikern, die in der Gefahr stehen, an Unterzuckerungszuständen (Hypoglykämie) zu leiden, sind sorgfältige Kontrollen erforderlich. Bei Menschen, die ohnehin zu hypoglykämischen Zuständen neigen, sind Lehmbäder nur dann angebracht, wenn nach den Bädern ein Überschuß an kohlenhydratreicher Kost zugeführt wird. Durch die stressbedingten Reaktionen der Nebennierenrinde wird bei kurmäßiger Anwendung die Ausschüttung der der Steuerung dienenden Hormone begünstigt. Dadurch werden Erkrankungen dieses Formenkreises (z. B. durch Nebennierenrindenüberfunktion bedingte Blutdruckerniedrigungen [Hypotonie]) heilend beeinflußt. Weitere langfristige, exakte Untersuchungen über diese interessante Stoffwechselwirkung des Lehmbades sind im Gange.

Die durch das Lehmbad herbeigeführte starke Blutverschiebung in den Oberkörper erzeugt einen *Überdruck im venösen Kreislaufbereich,* was aber zur Folge hat, daß man bei Stauungen im kleinen Kreislauf (Lunge) auf Lehmbäder so lange verzichten muß, bis die schon vorhandenen Stauungen durch eine entsprechende medikamentöse Herz-Kreislauf-Behandlung überwunden sind. Danach ist ärztliche Aufsicht noch erforderlich.

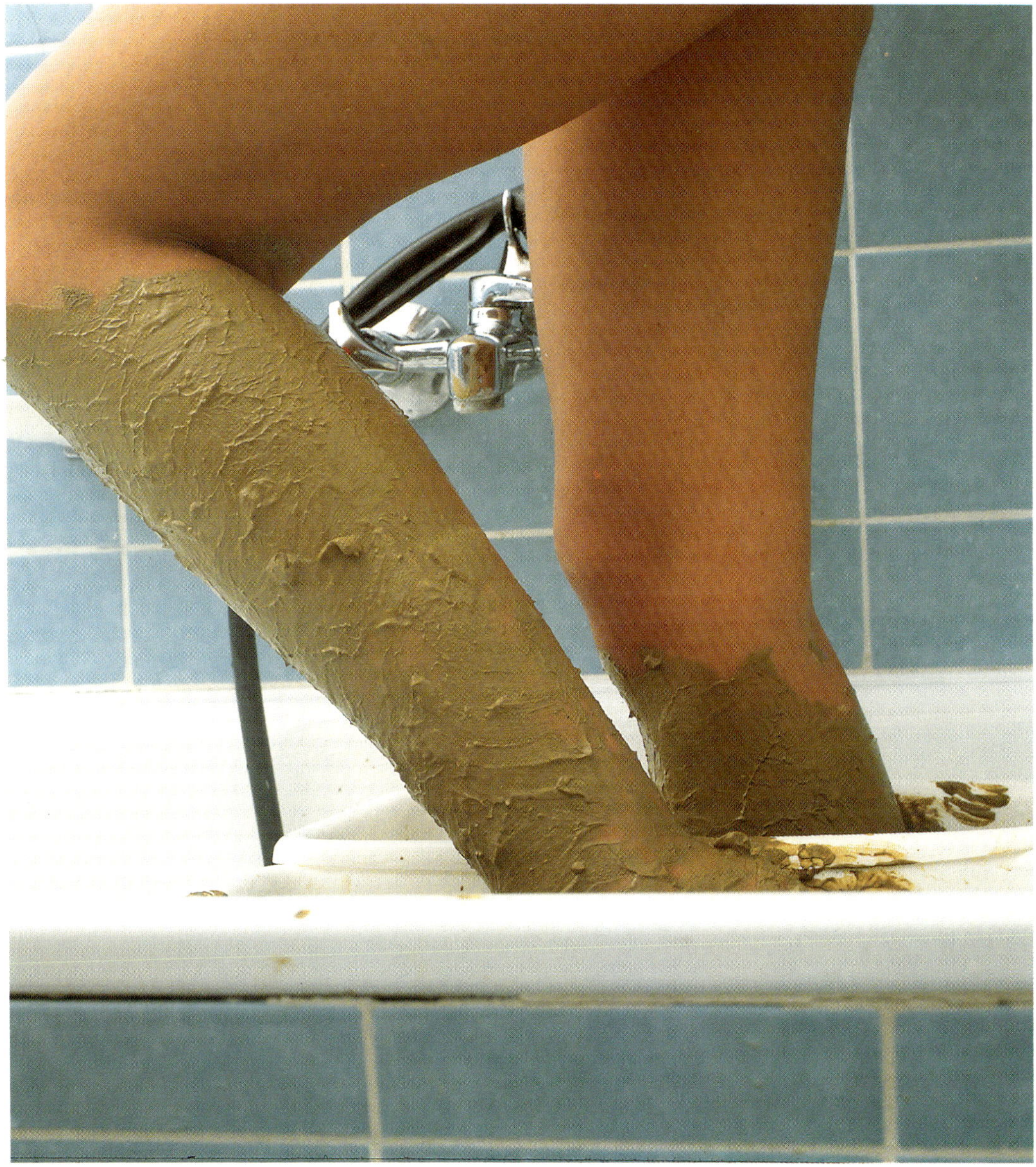

Lehmtreten ist eine vorzügliche Fuß- und Beingymnastik. Es kann auch gut zu Hause durchgeführt werden.

Auch die *Pulszahl* (Pulsfrequenz) reagiert auf das kühle Lehmbad. In den ersten vier Minuten schnellt der Puls bis auf 110 Schläge pro Minute empor, nach zehn Minuten ist die Schlagzahl in der Regel auf den Ausgangswert zurückgekehrt. Nach insgesamt 30 Minuten folgt eine Beruhigung, die nach dem Abreiben wieder von einem Anstieg und danach von einer abermaligen Beruhigung abgelöst wird. Das bedeutet natürlich eine Stress-Situation für den Wärmehaushalt.

Selbstverständlich ist auch das Verhalten des *Blutdrucks während des Lehmbades* von großer Wichtigkeit. Dr. *Schlau* (Diez a. d. Lahn) kam bei seinen Untersuchungen zu folgenden Ergebnissen:

Der *normale Blutdruck* wird – von mäßigen Schwankungen abgesehen – nicht beeinflußt.

Der Lehmwickel muß immer kühl angelegt werden, sollte sich aber durch die Reaktion der Haut bald erwärmen. Er kann als Ganz- oder Teilwickel eingesetzt werden.

Beim *erhöhten Blutdruck* (nicht fixierten, labilen Hochdruck) tritt kurz nach dem Einstieg und nach dem Ausstieg eine geringe Blutdruckerhöhung auf.

Beim *Hochdruck mit Nierenerkrankung* (nephrogener Hochdruck) tritt kein gefährlicher Anstieg des Blutdrucks ein. Erhöhter Blutdruck wäre danach kein Grund, das Lehmbad zu vermeiden. Dr. *Gottmann* (Sobernheim) rät aber vom Lehmbad ab, wenn der Hochdruck durch eine Arteriosklerose der Nierengefäße (nephrosklerotischer Hochdruck) bedingt ist.

Die Erfahrung der Felke-Ärzte geht dahin, daß der (labile) erhöhte Blutdruck im allgemeinen nivelliert und normalisiert wird, wenn nicht nur eine Komponente der Felke-Kur, nämlich das Lehmbad, angewandt, sondern eine regelrechte Kur durchgeführt wird, zu der auch eine entsprechende Ernährung, die Licht-, Luft- und Wasseranwendungen sowie eine psychische Führung gehören.

Die starke an- und aufsaugende Kraft des Lehms, Ad- und Absorptionskraft genannt, wirkt sich im Lehmbad auch auf die äußere Haut besonders in dem Augenblick aus, da der Lehmbrei durch die Außenluft und die Hautwärme trocknet. Der Haut wird dabei Flüssigkeit entzogen, wodurch wassersüchtige und entzündliche Anschwellungen der Haut und des Unterhautzellgewebes abgeleitet und die Ausscheidungsfunktion der Haut angeregt werden.

So ist es verständlich, daß übelriechende Hautausscheidungen, Hautentzündungen und Ekzeme, infizierte Wunden und Unterschenkelgeschwüre unter sachgerechter Lehmbehandlung gebessert und geheilt werden.

Erheblich durch das Lehmbad beeinflußt wird auch das riesige, dicht unter den Hautschichten verlaufende Haargefäßnetz, auch Kapillarsystem genannt. Die Druck- und Saugwirkung des Lehms führt zu einer besseren Funktion und Beschaffenheit der Kapillaren. Das ist deshalb wichtig, weil von einer normalen Kapillarfunktion die Durchblutung und damit die gesamte Ernährung des von den Kapillaren durchzogenen Gewebes abhängt. Leider müssen wir heute bei mikroskopischen Untersuchungen der Lippen- und Nagelfalzkapillaren bei zahlreichen Menschen schwere Kapillarveränderungen als Ausdruck krankhafter Vorgänge in den Geweben beobachten. Hier sind Lehmbäder und Lehmkompressen von großer Heilkraft.

Lehmbreianwendungen (Kompressen, Teilbäder)

Lehmbreianwendungen erfreuen sich besonderer Beliebtheit, weil sie auch im häuslichen Milieu mit Hilfe der käuflich zu erwerbenden Heilerde leicht durchzuführen sind. Man verwendet für die Packung oder die Kompressen entweder frischen, sauberen Lehm, der mindestens 50 cm unterhalb der Erdoberfläche gegraben wurde, oder die in Apotheken und Reformhäusern erhältliche Heilerde.

Zur Anfertigung einer *Kompresse* rührt

man Heilerde mit kaltem Wasser, Essigwasser oder einer Kräuterabkochung zu einem gut streichbaren, salbenartigen Brei an, den man dann als 1–2 cm dicke Schicht direkt auf die Haut der erkrankten Körperteile streicht. Während man Geschwüre, Unterschenkelgeschwüre, Furunkel und Hautausschläge mit nicht sterilisiertem Lehm belegen kann, darf man frische Schnitt- und Rißwunden nur mit *sterilisiertem Lehm* bedecken. Zu diesem Zweck muß man dünnen Lehmbrei zum Kochen bringen.

Über die Lehmschicht breitet man ein Baumwoll- oder Leinentuch und deckt die Kompresse oder den Verband mit einem Wolltuch oder einer elastischen Binde, nicht jedoch mit einer Plastikfolie ab. Sobald der Lehmbrei getrocknet und entsprechend verhärtet ist, was nach ein bis zwei Stunden, bei dickeren Lehmschichten nach mehreren Stunden eintritt, muß er entfernt und eventuell erneuert werden. Nach der Entfernung der Lehmkompresse wäscht man die Haut warm ab und reibt sie mit etwas Hautöl ein.

Der *Lehmwickel* sollte immer kühl angelegt werden, muß sich aber durch die Reaktion der Haut auf die Abkühlung bald erwärmen und darf nicht mehr unangenehm wirken. Es muß vielmehr eine feuchtwarme Atmosphäre unter dem Wickel entstehen. Tritt diese Erwärmung unter der Lehmpackung nicht ein, sondern bleibt ein Kältegefühl bestehen, so sorgt man mit Wärmflaschen und Heizkissen für die notwendige Erwärmung. Bei allzu schlechter Körperdurchblutung verzichtet man wegen der fehlenden Reaktion besser auf die Anwendung einer kalten Kompresse oder eines kalten Lehmwickels. Tritt nach der anfänglichen Abkühlung durch den kalten Lehmbrei bald eine behagliche Wärme und eine angenehme Entspannung auf, verläuft die Anwendung richtig und ordnungsgemäß. Einmal gebrauchter Lehm wird weggeworfen.

Lehmpackungen und *Lehmwickel* können als Ganz- oder als Teilpackungen auf einzelnen Körperteilen durchgeführt werden. Sie eignen sich besonders für eiternde Wunden und schmierige Geschwüre, auch für Unterschenkelgeschwüre und Furunkel, ferner zur Nachbehandlung von Knochenbrüchen, bei Zerrungen, Quetschungen, Prellungen, Blutergüssen und Verrenkungen, Gelenkentzündungen, Venenstauungen und Venenentzündungen, Insektenstichen und Akne vulgaris. Thrombosen mit Emboliegefahr sollten jedoch nicht mit den spezifisch schweren Lehmkompressen behandelt werden, um Komplikationen zu vermeiden.

In einigen Fällen sind auch *Lehmwasserwickel* zweckmäßig und heilsam. Hierzu taucht man ein Leinen- oder Frottiertuch in Lehmwasser (ganz verdünnten Lehmbrei), wringt es mäßig aus und legt es auf oder wickelt es um die erkrankte Körperstelle. Wie bei den reinen Wasserwickeln muß auch der Lehmwickel zunächst mit einem dünnen Flanelltuch abgedeckt und abgedichtet werden, damit die reaktive Erwärmung auftreten kann.

Der Lehmbreiwickel und die Lehmbreikompresse sind häufig der einfachen nassen Kompresse und dem nassen Wickel vorzuziehen, weil die Lehmbreianwendung sehr lange feucht bleibt, eine wesentlich tiefergehende, nachhaltigere Wirkung erzielt und nicht so oft gewechselt werden muß.

Lehmtreten

Ähnlich wie beim Kneippschen Wassertreten verfährt man auch beim *Lehmtreten.* In einer Lehmtrete, das ist eine Lehmgrube ähnlich der Lehmbadegrube, nur etwas flacher, rührt man einen mäßig dicken Lehmbrei an und stapft darin barfüßig fünf bis zehn Minuten oder länger herum. Der Lehm soll möglichst bis zur Mitte der Wade reichen, obwohl das Herumstapfen darin ziemlich anstrengend ist.

Lehmtreten eignet sich vorzüglich zur Fuß- und Beingymnastik bei Fußdeformitäten wie Senk-, Spreiz- und Knickfuß, bei Durchblutungsstörungen funktioneller Art, bei venösen Stauungen und Krampfaderbildungen, jedoch nicht bei Thrombosen.

Nicht geeignet ist das Lehmtreten bei arteriellen Durchblutungsstörungen, bei denen die Behandlung in jedem Fall speziell an die jeweils vorliegenden Bedingungen angepaßt werden muß, was nur unter sorgfältiger ärztlicher Leitung geschehen kann. Gefährlich und sogar schädlich ist jede Kaltanwendung und damit auch jede kalte Lehmanwendung bei arteriellen Verschlußkrankheiten, weil die Kälteeinwirkung und die Kompression die Endstromgebiete verschließen und dadurch Nekrosen (Absterben des Gewebes) herbeigeführt werden, statt daß die wohltuende Reaktion einer gesteigerten Durchblutung ausgelöst wird.

Das gleiche gilt auch für arteriosklerotische und diabetische Durchblutungsstörungen, weil auch hierbei zunächst der Gewebestoffwechsel herabgesetzt und durch Verengung der noch reaktionsfähigen Gefäße die Durchblutung vermindert wird und die unbedingt notwendige Reaktion der vermehrten und damit heilenden Durchblutung ausbleibt.

Lehmbäder haben sich bei folgenden Krankheitszuständen und Leiden besonders bewährt:

- Eingeweidesenkungen
- Hauterkrankungen
- Herz- und Kreislauferkrankungen
- Hormondrüsenstörungen
- nervöse Erschöpfungszustände
- Neurasthenie
- Nierenerkrankungen (nicht akute)
- Stoffwechselerkrankungen
- Unterleibserkrankungen
- Verbrennungen
- Verstopfung und andere Erkrankungen der Verdauungsorgane
- Rekonvaleszenz nach schweren Erkrankungen und Operationen.

Trockenanwendung der Heilerde

Getrocknete, feinpulverisierte Heilerde kann unbedenklich auf eiternde Wunden, Unterschenkelgeschwüre, nässende Hautausschläge, Schleimhautentzündungen (Nasen-, Mund- und Scheidenschleimhaut), Mandelentzündungen und Zahnfleischentzündungen aufgestreut werden.

Die feingepulverte Heilerde saugt die Absonderungen der Haut und der Wundflächen auf, wirkt geruchsbindend (deodorierend), juckreizstillend und fördert so die Heilung. Sobald der Puder stark durchfeuchtet ist und dann wieder einzutrocknen beginnt, muß er erneuert werden. Wenn man vor dem Einpudern Sofratüll unterlegt, kann man beim Wechseln des Verbandes die ganze Masse meist vollständig abheben.

Innerliche Lehmanwendungen

Bei der Besprechung der Inhaltsstoffe, der Eigenschaften und der Wirkung der Heilerden wurde bereits betont, daß die Heilerde ein starkes Bindungsvermögen an eine ganze Reihe von Stoffen, insbesondere auch an Bakterien und deren Stoffwechselprodukte, besitzt. Im Magensaft geht ein Teil der Heilerdebestandteile, vor allem der Basen und der Kieselsäure, in Lösung. Kalzium, Magnesium, Eisen, Kupfer, Mangan

Die Gesichtshaut ist vielen Belastungen ausgesetzt. Kräuter-, Ichthyol- oder Kleiemasken erhalten ihre Spannkraft und Funktionsfähigkeit. Nach einer Gesichtsmaske ist die Haut gut durchblutet, die Falten sind geglättet; dauerhaft ist die Wirkung jedoch nur, wenn die Maske nährende, aufbauende Stoffe enthält.

und Aluminium treten als freie Ionen auf und werden somit als wichtige Spurenelemente vom Körper aufgenommen. Voraussetzung dafür ist aber das Vorhandensein normaler Magensäure.

Über die *Beeinflussung der Magensäureverhältnisse* durch Heilerde liegen Untersuchungen von *Vogel* vor, wonach Heilerde überschüssige Magensäure bindet, aber auch bei Salzsäuremangel günstig wirken kann. Durch die Magensäure werden die Tonteilchen der Heilerde von bereits in der Mundhöhle aufgenommenen Bakterien und Giften „gereinigt“, so daß sie im Dünndarm erneut aktiv werden können.

Mit den sich bereits im Darm befindenden Nährstoffen reagiert die Heilerde recht unterschiedlich. Die *Kohlenhydrate* (Zucker) werden von der Heilerde kaum gebunden, für *Fette* besteht jedoch ein recht erhebliches Aufnahmevermögen. Reichliche Einnahme von Erde (Erdeessen) kann daher zum Fettentzug und damit auch zur Abmagerung führen, eine Wirkung, die bei den verschiedensten Völkern (z. B. den Indianern, den Spaniern, Chinesen u. a.) zu diesem Zweck ausgenutzt wurde.

Wieweit die Heilerde *Eiweißkörper* oder einzelne Eiweißbausteine zu binden vermag, ist noch nicht genauer bekannt. *Jung* empfiehlt vorsichtshalber, die Heilerde zwischen den Mahlzeiten zu geben, damit keine lebenswichtigen Aminosäuren oder Fermente gebunden werden und dadurch für den Gewebsaufbau verlorengehen.

Näher untersucht wurde die *Wirkung der Heilerde auf Eiweißfäulnisprodukte*, wie sie bei reichlicher Eiweißernährung durch bakterielle Zersetzung leicht entstehen. *Vogel* bewies, daß giftige Eiweißabbauprodukte im Darm (Fäulnisprodukte) durch die Heilerde gebunden und mit den Darmentleerungen, durch die Heilerde völlig geruchlos geworden (durch Bindung des stinkenden Skatols), ausgeschieden werden. So wird der Darm durch die Heilerde entlastet. Die Selbstvergiftung vom Darm aus oder die intestinale Autointoxikation, wie *Becker* sie nannte, mit ihren zahlreichen schädlichen Folgen wird vermieden und eine wesentliche Verbesserung des Gesundheitszustandes auf natürliche und einfachste Weise herbeigeführt. Auch andere Giftstoffe, die mit der Nahrung oder auf andere Weise in den Magen oder Darm gelangt sind, werden von der Heilerde gebunden und unschädlich gemacht.

Durch Untersuchungen, die vor allem

Heilerde-Maske: Mit Pinsel oder Spatel die breiige Masse auftragen. Augen und ihre unmittelbare Umgebung, Augenbrauen und die Haut über der Schilddrüse werden frei gelassen. Das Auftragen beginnt am Kinn, über die äußeren Wangenpartien hinauf bis zur Stirn. Von der Nase ausgehend streicht man die Auflage über die Wangen auf. Zum Schluß bestreicht man die Nase. Einwirken und trocknen lassen. Das Abnehmen der Maske geschieht mit lauwarmem Wasser. Danach die Gesichtshaut eincremen. ■ Das Gesichtsdampfbad mit Kräutern gilt als bestes natürliches Schönheitsmittel.

Baumgärtel durchführte, ist die *Wirkung der Heilerde auf die Darmbakterien* gut bekannt. Er wies nach, daß die Heilerde sowohl die schädlichen als auch die normalen Darmbakterien in erheblichem Umfang aufsaugt. Der trotzdem günstige Einfluß der Heilerde beruht aber nicht nur auf der Wirkung gegenüber den schädlichen Keimen selbst, sondern darauf, daß sie vor allem die giftigen Stoffwechselprodukte der krankhaften Darmkeime bindet. Diese Gifte wirken nämlich auf die normalen Colibakterien des Darmes schädigend und entartend. So vermögen sich die für eine normale Darmfunktion notwendigen normalen Colibakterien ungehindert zu entwickeln und uns als Vitamin-Lieferanten zu dienen.

Wir wissen ferner aus der Antibiotika-Forschung, daß im Erdboden eine große Anzahl von Schimmelpilzen vorhanden ist, aus denen die bekannten modernen Arzneimittel Aureomycin, Streptomycin, Terramycin und Chloromycetin gewonnen werden. Prof. *Jung* gibt zu bedenken, daß möglicherweise ein Teil der günstigen Heilwirkungen der Löß-Erden im Darm auf der Wirksamkeit der Bodenorganismen beruhen könnte, die sich im feuchtwarmen Darmklima unter günstigen Bedingungen

ÜBERSICHT DER HEILANZEIGEN UND ANWENDUNGSFORMEN DER HEILERDE

Krankheiten	Form der Lehmanwendungen
Allgemeinstörungen mit Beziehungen zu den Verdauungsorganen (Allergien, Furunkulose, Heuschnupfen, Migräne, Nesselsucht)	Aufschwemmung
Ausfluß (Fluor albus)	Trockeneinblasungen, Spülungen
Autointoxikation (Selbstvergiftung vom Darm aus)	Aufschwemmung
Blähungen (Meteorismus)	Aufschwemmung
Bluterguß (Hämatom)	Packungen
Blutstauungen	Aufschwemmung, Wickel
Darmgeschwüre	Aufschwemmung
Darmvergiftung	Aufschwemmung
Dickdarmentzündung	Aufschwemmung
Diphtherie	Aufschwemmung als Gurgelmittel, Halslehmwickel
Drüsenschwellungen	Kompressen, Wickel
Dünndarmentzündung	Aufschwemmung
Durchfall (Diarrhoe)	Aufschwemmung
Eingeweidesenkungen	Lehmbäder
Erbrechen	Aufschwemmung
Fäulnisdyspepsie	Aufschwemmung
Furunkel	Aufschwemmung, Kompressen
Fußbeschwerden	Lehmtreten, Kompressen
Gärungsdyspepsie	Aufschwemmung
Gelenkentzündung	Kompressen
Gicht	Kompressen
Hämorrhoiden	Aufschwemmung, Kompressen mit T-Binde
Hauterkrankungen (Entzündungen, akute und chronische Ekzeme)	Lehmbäder, Kompressen, Aufschwemmung, Wickel
Herz- und Kreislauferkrankungen	Lehmbäder
Hormondrüsenstörungen (nicht Basedow)	Lehmbäder
Insektenstiche	Kompressen
Karbunkel	Kompressen, Aufschwemmung
Krampfadern	Wickel
Lymphdrüsen- und Lymphgefäß-entzündung	Halslehmwickel, Aufschwemmung als Gurgelmittel, Kompressen, Wickel

Krankheiten	Form der Lehmanwendungen
Magengeschwür	Aufschwemmung
Magenschleimhautentzündung	Aufschwemmung
Magenübersäuerung	Aufschwemmung
Mandelentzündung (Angina tonsillaris)	Halslehmwickel, Aufschwemmung als Gurgelmittel, Trockeneinstäubung
Mundfäule	Aufschwemmung als Gurgelmittel
Mundgeruch, übler	Aufschwemmung als Gurgelmittel, Trockeneinnahme
Mundschleimhautentzündung	Aufschwemmung als Gurgelmittel, Trockeneinnahme
Nasenschleimhautentzündung	Trockeneinblasung
Nervenschwäche (Neurasthenie)	Lehmbäder
Nervöse Erschöpfung	Lehmbäder
Parodontose	Aufschwemmung als Gurgelmittel, Trockeneinnahme
Quetschungen	Wickel, Kompressen
Rheumatische Erkrankungen (nicht alle Formen)	Bäder, Packungen
Rippenfellentzündung	Brustlehmwickel
Schilddrüsenstörungen	Kompressen
Schlaflosigkeit	Nackenkompressen
Schweißdrüsenabszesse	Kompressen
Sehnenscheidenentzündungen	Packungen
Stoffwechselstörungen (allgemeine wie Nervosität, Schlaflosigkeit, Rheuma, Leber-Gallen-Leiden, Zuckerkrankheit)	Lehmbäder, Aufschwemmung
Stuhlträgheit	Lehmbäder, Aufschwemmung
Unterleibserkrankungen (nichtentzündlicher Art)	Lehmbäder
Unterschenkelgeschwüre	Aufstäubungen, Packungen
Venenentzündungen	Bäder, Packungen, Kompressen, Wickel, Aufschwemmung
Verätzungen	Kompressen, Wickel
Verbrennungen	Kompressen, Wickel
Vergiftungen	Spülungen, Auswaschungen, Packungen, Aufschwemmung
Verletzungen	Kompressen, Wickel
Verstauchungen	Kompressen, Wickel
Verstopfung	Lehmbäder, Aufschwemmung
Wunden (infizierte)	Wickel, Kompressen
Zahnfleischentzündung	Trockeneinstäubung, Aufschwemmung zu Spülungen
Zellgewebsentzündung	Kompressen
Zwölffingerdarmgeschwür	Aufschwemmung

leichter vermehren. Die Frage der Bakteriologie der Heilerden bedarf aber noch weiterer Klärung.

Der *innerliche Gebrauch der Heilerde* ist sehr einfach: Man schwemmt morgens, mittags und abends je 1 Teelöffel Heilerde in einem halben Glas Wasser auf und trinkt sie vor den Mahlzeiten. Bei akuten Magen-Darm-Erkrankungen nimmt man die doppelte bis dreifache Menge ebenfalls dreimal täglich.

Für den innerlichen Gebrauch haben sich aus der Erfahrung heraus folgende *Heilanzeigen* ergeben: Entzündungen des Magens und Darmes, Störungen der Magensaftfunktion (vor allem Übersäuerung, aber auch mangelhafte Säurebildung), Magen- und Zwölffingerdarmgeschwüre, Fäulnis- und Gärungsdyspepsie, Erbrechen, Durchfälle, chronische Verstopfung, Hautleiden, Vergiftungen, Würmer (bei Madenwürmern z. B. eingestäubten Wattepfropfen vor dem Schlafengehen in den After drükken), Stoffwechselleiden (nach Behebung der Selbstvergiftung vom Darm aus).

Bei Erkrankungen der Mundhöhle, der Nase und der Scheide sind *Trockeneinblasungen* der Heilerde häufig von bestem Erfolg, so bei Mandelentzündung, Mundschleimhautentzündung, Zahnfleischentzündung, Entzündungen und Geschwüren in den Nasengängen, Scheidenentzündung und Ausfluß.

Die *Verträglichkeit* ist ausgezeichnet, *Gegenindikationen* bestehen eigentlich nicht, wenn man nicht längere Zeit eine sehr fettarme Kost zu sich genommen hat.

Heilerde in der häuslichen Selbstbehandlung

Heilerde (Lehm) ist außerordentlich wertvoll für die Hausapotheke. Ein *Lehmumschlag* kann mit Erfolg angewendet werden bei Kopfschmerzen, bei entzündlichen Zuständen der Muskeln, der Gelenke und der Leber, ferner bei rheumatischen Erkrankungen, bei Entzündungen der oberflächlichen Nerven und bei entzündlichen Hautkrankheiten.

Der Lehmaufschlag oder Lehmumschlag ist auch sehr zweckmäßig bei Mandelentzündung (Halsschmerzen), Venenentzündung und Entzündungen der weiblichen Brust (Mastitis). Diese Erkrankungen sollten nur so lange selbst behandelt werden, bis man ärztliche Hilfe hinzuziehen kann, da diese Krankheiten leicht schwere Folgezustände mit sich bringen können und diese leicht übersehen werden (z. B. Diphtherie, Herz- und Nierenbeteiligung, Beinvenenthrombosen).

Innerlich angewendet ist die Heilerde (in Form des sehr feinen Pulvers, z. B. Luvos Heilerde innerlich) hilfreich bei vielen Magen- und Darmleiden.

Der *kühle Heilerdeumschlag* (Heilerde mit Leitungswasser angerührt) wird bei Fieber, Entzündungen, Gelenkschwellungen, Verstauchungen und allgemeinen Kopfschmerzen verwendet. Heilerdeumschläge halten besonders lange kühl. Wenn der Lehm trocken wird, erneuert man den Umschlag. Die Heilerde ist immer nur einmal zu verwenden.

Der *heiße Heilerdeumschlag* (oder die heiße Kompresse) ist am besten bei rheumatischen Erkrankungen, Koliken und krampfartigen Schmerzen im Magen-, Leber-, Nieren- und Blasenbereich sowie bei Migräne angebracht. Der Lehm hält auch lange die Wärme.

Sowohl Kälte- als auch Wärmereize führen zu einer stärkeren Durchblutung der behandelten Gewebe oder Organe und begünstigen damit eine schnellere natürliche Heilung.

Wetter – Klima – Mensch

Ein schwüler Sommermorgen – man ist reizbar, niedergedrückt und erschöpft, bevor der Tag richtig begonnen hat. Noch vor dem Frühstück färbt und formt das Wetter das physische Wohlbefinden, die Stimmung, die Einstellung des Menschen zum Leben. Jeden Tag muß man es berücksichtigen, jeder Tag hängt gewissermaßen auch von seiner Laune – der Laune des Wetters – ab.

Wetter und Wetterelemente

Die Meteorologie oder die Wissenschaft von Wetter und Klima bezeichnet mit dem Begriff *Wetter* den jeweiligen Zustand der Lufthülle unserer Erde (der Atmosphäre) an einem bestimmten Ort und zu einem bestimmten Zeitpunkt. Eine ganze Reihe einzelner Faktoren wirkt bei der „Gestaltung" des Wetters mit, nämlich Lufttemperatur, Luftdruck, Luftfeuchtigkeit, Wind, Sonneneinstrahlung, Luftelektrizität, Wolken, Regen, Schnee, Hagel, Frost, Nebel und Gewitter. Die vielfältigen Kombinationen, in denen diese Wetterfaktoren vorkommen, nennen wir das „augenblickliche Wetter". Das Wetter ist damit als eine örtliche und vorübergehende Erscheinung gekennzeichnet. Nicht umsonst wird ein Mensch mit schnell wechselnden Ansichten und Meinungen „wetterwendisch" genannt. Vielleicht müßte man auch noch die Einflüsse des Erdkörpers auf die Lufthülle bei der Wetterbildung berücksichtigen, weiß man doch, daß die Witterung einer Gegend durch Entwaldung, Versandung oder Aufforstung verändert werden kann und daß erdmagnetische Felder eine besondere Rolle spielen können.

IN DIESEM KAPITEL:

- **Wetterfaktoren und Wetterformen**
- **Der Einfluß von Lufttemperatur und Luftfeuchtigkeit**
- **Die Wirkungen des Luftdrucks**
- **Der Wind verstärkt die Wetterelemente**
- **Fragen der Luftelektrizität**

Wetterfaktoren und Wetterformen

Die Witterung Westeuropas ist durch ständigen Wechsel charakterisiert, der meist von Kalt- und Warmlufteinbrüchen verursacht wird. Die Begrenzung verschiedener Luftmassen, die häufig in einer Breite von mehreren hundert Kilometern vorstoßen, nennt man *Front.* Von Wetter*strömungen* spricht man bei Föhn, Nebel und Gewitter, während *Inversionen* eine plötzliche Umkehr des Wärmezustandes der Atmosphäre darstellen.

Unter den Kombinationsmöglichkeiten der aufgezählten Wetterfaktoren (Wetterelemente) kann man bestimmte Grundtypen des Wetters unterscheiden, wie Schönwetter, Regenwetter, Frostwetter, Gewitter. Sie werden auch als *Wetterformen* bezeichnet. Bevor wir uns jedoch mit den Einflüssen der verschiedenen Wetterformen auf den Menschen beschäftigen, muß noch einiges von den einzelnen Wetterfaktoren gesagt werden.

Der Einfluß von Lufttemperatur und Luftfeuchtigkeit

Es ist ohne weiteres ersichtlich, daß die *Lufttemperatur* ein wichtiger wetterbildender Faktor ist. Schon bald nach dem morgendlichen Aufstehen spüren wir, ob „es" warm oder kalt ist. Die Temperatur hängt natürlich weitgehend von der Sonneneinstrahlung, also der Strahlungswärme, ab, darüber hinaus aber auch von der Wärmeabgabe der stofflichen Körper, z. B. der Erde oder des Meeres, an die Luft. Die von uns registrierte Temperatur ist das Ergebnis von Erwärmung, Bestrahlung oder Zuleitung und Entwärmung, Ausstrahlung oder Fortleitung stofflicher Wärme. Entscheidend für die Wetterbildung ist die Wärme durch unmittelbare Besonnung und die aus der Besonnung zurückbehaltene oder durch den Einbruch von kalten und warmen Luftmassen veränderte Luftwärme. Wir sprechen von Hitze, wenn die Temperatur im Schatten 25° C und mehr beträgt, von strenger Kälte bei einer Temperatur von −10° C abwärts.

Einen wichtigen Wetterfaktor stellt die *Luftfeuchtigkeit* dar. Im allgemeinen ist von feuchter Luft die Rede, wenn alles regennaß ist oder sich aus dem in der Luft vorhandenen Wasserdampf Nebel bildet. In der Wetterkunde spricht man bei jedem Grad von Wasserdampfgehalt der Luft von Luftfeuchtigkeit, auch wenn diese unsichtbar und nicht spürbar ist. Wissenschaftlich wird vor allem eine relative und eine absolute Luftfeuchtigkeit unterschieden. Diese notwendige Unterscheidung hängt mit der Lufttemperatur zusammen. Warme Luft vermag nämlich bis zu ihrer Sättigung wesentlich mehr Wasserdampf in sich aufzunehmen als kalte.

Die *relative Luftfeuchtigkeit* sagt aus, wieviel Wasserdampf die Luft noch bis zu ihrer Sättigung aufnehmen kann. Die *absolute Luftfeuchtigkeit* stellt die Menge von Wasserdampf dar, die in jeder Raumeinheit Luft gerade vorhanden ist. Wasserdampfgesättigte kalte Luft ist wasserdampfärmer und daher viel trockener als wasserdampfgesättigte heiße Luft. Schwüle Luft tritt daher meist nur bei warmer Luft auf, weil nur sie eine sehr hohe absolute und relative Feuchtigkeit aufweisen kann.

Die Wirkung der Luftfeuchtigkeit auf den menschlichen Körper ist vielseitig und außerordentlich wichtig, unter extremen Bedingungen sogar lebenswichtig. Da unser Körper im gewissen Sinne eine „Wärmekraftmaschine" darstellt, in der eine große Wärmemenge und ein eigener physiologischer Dampfdruck erzeugt werden, muß stets für eine Ableitung der überschüssigen Wärme gesorgt sein. Eine ständige Entwärmung gehört zu unseren Lebensbedürfnissen. Ohne sie kann es kein Wohlbefinden und auch keine Lebensfähigkeit geben. Damit der Körper aber Wasser verdampfen kann, muß ein „Wärmegefälle" bestehen, d. h. der physiologische Dampfdruck muß den atmosphärischen Dampfdruck übersteigen.

Kalte Luft ist rasch mit Wasserdampf gesättigt, erreicht aber nur verhältnismäßig geringfügige absolute Dampfdruckwerte und kann daher immer noch vom menschlichen Körper Wasserdampf aufnehmen, solange sie überhaupt noch aufnahmefähig ist.

Bei kalter Luft ist die Entwärmung des Körpers durch Verdampfen von Körperwasser erst dann erforderlich, wenn die unmittelbare Wärmeleitung vom Körper an die Luft nicht ausreichen sollte. Je kälter aber die Luft, desto mehr geschieht die Entwärmung durch direkte Wärmeleitung, so daß das Abdampfen von Körperwasser gar nicht in Anspruch genommen wird. Das entspricht der alltäglichen Erfahrung, daß man in der Kälte nicht schwitzt, der Körper vielmehr durch eine Zusammenziehung der Gefäße versucht, eine zu rasche Wärmeabgabe zu verhindern. Wenn dennoch die „trockene Wärmefortleitung" zu stark wird, d. h. wenn wir frieren, versuchen wir durch Bewegung und Arbeit die Wärmeproduktion zu steigern.

Bei zunehmender Wärme wird die Möglichkeit der Körperentwärmung durch ckene Wärmeleitung immer geringer. Hat die Außentemperatur die Körpertemperatur erreicht oder sogar überstiegen, dann ist die trockene Wärmeableitung nicht mehr möglich. Dafür tritt jetzt die Wasserabgabe in Form von Wasserdampf ein. Sie funktioniert jedoch nur, wenn der Dampfdruck der Außenluft so niedrig ist, daß zwischen ihm und dem physiologischen Dampfdruck ein Gefälle besteht. Das ist allerdings nur bei verhältnismäßig geringer absoluter Luftfeuchtigkeit der Fall.

Wenn nun warme Luft nahezu gesättigt ist, kann sie keinen Wasserdampf mehr vom Organismus aufnehmen. Der hohe atmosphärische Druck übt dann vielmehr einen sehr hohen Dampfdruck gegen die Abdunstung des Körpers aus.

Je heißer die Luft, um so mehr Wasserdampf kann sie aufnehmen, bevor sie gesättigt ist. Bei trockener Hitze ist daher die Abdampfungsmöglichkeit und damit die Entwärmung des Körpers besonders groß, so daß es zum Schweißausbruch kommt. Diese „feuchte" Entwärmung ist notwendig, weil bei hoher Außentemperatur der Körper keine Möglichkeit zur „trockenen" Wärmeabgabe hat. Steigt bei anhaltender Hitze der atmosphärische Druck so stark an, daß der Körper kein Wasser mehr abdampfen kann (weil der physiologische Dampfdruck gegen den Außendruck nicht mehr ankommt), dann bleibt der Schweiß auf der Haut stehen, ohne zu verdampfen. Die Entwässerung und damit die Entwärmung stockt, es tritt ein „Wärmestau" ein. Steigt dann auch noch die relative Luftfeuchtigkeit weiter an (also der Sättigungsgrad), dann empfinden wir diesen Zustand als Schwüle, bei der „alles an uns klebt". *Schwüle* tritt also bei hoher Außentemperatur mit hoher relativer Luftfeuchtigkeit ein. Schwüle kann auch schon bei mäßiger Wärme auftreten, wenn der Sättigungsgrad der Luft (die relative Luftfeuchtigkeit) *und* die absolute Luftfeuchtigkeit hoch sind.

Als Feuchtigkeitsoptimum gilt nach dem Physiologen *Rubner* bei Körperruhe und einer Außentemperatur von 18° C der Wert von 30–40 %. Bei einer Temperatur von 24° C wird eine relative Luftfeuchtigkeit von 80 % als schwül empfunden, wobei als Wirkung der Schwüle Mattigkeit, Beklommenheit, Unruhe und Bangigkeit auftreten können.

Kalte und dabei sehr feuchte (neblige) Luft wird „naßkalt" empfunden und mit Frösteln und Kälteschauern beantwortet. Bei naßkaltem Wetter gibt der Körper besonders viel Wärme ab, weil nasse Luft einen besseren Wärmeleiter darstellt als trockene Luft. Die immer wieder zu hörende Mahnung, sich bei naßkaltem Wetter besonders warm anzuziehen, um einem Wärmeverlust vorzubeugen, ist vollauf berechtigt.

Sowohl feuchtwarme, schwüle Luft als auch feuchtkalte Luft beeinträchtigen die Atemtätigkeit, wie wir es alle aus Treibhäusern, Dampfbädern, Waschküchen und feuchten Kellern kennen. Man glaubt in solchen Räumen zu ersticken. Wir dürfen nicht vergessen, daß wir auch durch die Atemluft eine erhebliche Menge an Wasser verlieren, und zwar ist der Wasserverlust

Hunderte von Wetterstationen, die über den ganzen Erdball verteilt sind, liefern die Informationen, die über Fernschreiber an das Zentralamt des Deutschen Wetterdienstes in Offenbach übermittelt werden, wo dann das Wetter „gemacht" wird. Das Bild oben links zeigt eine Wetterhütte, die in ihrer Ausstattung auf der ganzen Welt standardisiert ist: weißgestrichene Jalousiewände, allseitig luftdurchlässig, zwei Meter hoch über dem Boden. Darin werden Temperatur und Feuchtigkeit gemessen.

um so (relativ) größer, je kälter die Luft ist. Um über den Umfang der Wasserabgabe eine Vorstellung zu gewinnen, muß gesagt werden, daß zum Beispiel bei 15° C fast die doppelte Wassermenge in Dampfform von der Lunge abgegeben wird wie von der Haut.

Die Wirkungen des Luftdrucks

Neben der Lufttemperatur und der Luftfeuchtigkeit spielt auch der *Luftdruck* bei der Wetterbildung und der Wetterwirkung auf den Menschen eine wesentliche Rolle. Normalerweise spürt der Mensch den Luftdruck, also das Gewicht der auf ihm lastenden Atmosphäre, nicht. Merkwürdigerweise wird der auf unseren Barometern abzulesende „Tiefdruck", d. h. das abnehmende Gewicht der auf uns „drückenden" Luft, als etwas „Schweres", „Lastendes" oder gar „Beklemmendes" empfunden, während wir den „Hochdruck", also das zunehmende Luftgewicht, wie es gewöhnlich bei Schönwetter auftritt, als „angenehm" und „erleichternd" empfinden. Anderseits kann man die Beobachtung machen, daß der abnehmende Luftdruck im Hochgebirge „Leichtigkeit" und „Gelöstheit" besonders in den Gelenken bewirken kann. Sinkt allerdings der Luftdruck in größerer Höhe weiter ab, kann sich eine ausgesprochene Schlaffheit bemerkbar machen, die schon zu den Zeichen der „Bergkrankheit" zu rechnen ist.

Luftdruckwirkungen können heute mit großer Zuverlässigkeit in „pneumatischen Kammern" experimentell erforscht werden. Diese Forschungen haben sich für die Tiefseeforschung, die Aeronautik und Astronautik als äußerst notwendig erwiesen. In den pneumatischen Kammern kann man Luftdrücke von beliebiger Höhe erzeugen und dabei das Verhalten des menschlichen Körpers beobachten und zahlreiche Messungen von Regulationsvorgängen vornehmen (Blutdruck, Puls, Herzaktion, Atmung, Stoffwechselvorgänge, Nervenreaktionen und psychisches Verhalten). Neben den Luftdruckverhältnissen lassen sich auch gleichzeitig beliebige Temperaturen und Feuchtigkeitsgrade herstellen, so daß auch das Zusammenwirken dieser drei Wetterelemente erforscht werden kann.

Die Forschungen über die Luftdruckwirkungen in der Druckkammer haben, kurz zusammengefaßt, folgendes ergeben:

1. Eine mäßige Luftdruckerhöhung, wie sie meistens bei Schönwetter eintritt, führt bei den meisten Menschen zu einer angenehmen, oft sogar „euphorischen" Stimmungslage, zu einer guten Leistungsbereitschaft, zu Unternehmungslust und körperlicher Frische.

2. Luftdruckerhöhungen, die über das aus der freien Natur gewohnte Maß hinausgehen, führen zu Beklemmungen auf der Brust, Ohrensausen, Klingeln in den Ohren, Sprengungsempfinden in den Ohren und rufen Angstgefühle hervor.

3. Verringerung des Luftdrucks in der Kammer bis zu den Drucksenkungen, die den mittleren Gebirgshöhen entsprechen, lassen keine körperlichen oder seelischen Veränderungen erkennen.

4. Drucksenkungen um etwa ein Drittel des atmosphärischen Drucks (was etwa 500 mm Barometerstand entspricht) führen zu einer Herabsetzung der Leistungsfähigkeit und Leistungslust und lähmen die Körper- und Willenskraft. Die gleichen Erscheinungen treten bei der Luftverdünnung auf, die einer Höhenlage von etwa 3000 Metern entspricht; sie ergeben das Bild der Bergkrankheit. Auch hierbei steht die sich immer stärker bemerkbar machende Erschlaffung des Körpers und des Willens im Vordergrund, die bis zu einem überwältigenden Zustand des Versagens gehen kann. Die Wirkung der stärkeren Luftverdünnung (über ¼ der Atmosphäre) ist die sich schnell steigernde körperlich-seelische Erschlaffung.

5. Mäßige Druckverminderung zeigt in der Druckkammer keine körperlichen oder seelischen Veränderungen. Mäßiger Druckabfall bei Wetterwechsel ruft eine bedrückende Stimmungslage hervor. Mäßiger Druckabfall in mittlerer Höhe (unter 3000 Meter) führt zu körperlicher und psychischer Anregung.

In diesen drei Beobachtungen liegt ein Widerspruch, der zu dem Schluß führen muß, daß die Druckverminderung *allein* nicht Ursache der Veränderungen sein kann. Außerdem wird daran deutlich, daß eine von anderen Faktoren isolierte Beobachtung der Luftdruckwirkungen allzuleicht zu Fehlschlüssen führt.

Eindeutige, vorwiegend auf der Druckwirkung beruhende körperliche und seelische Veränderungen treten erst bei sehr hohem und sehr tiefem Kammer- und Freiluftdruck auf. Wahrscheinlich läßt sich sogar die Bergkrankheit nicht durch die Druckverminderung und den Sauerstoffmangel in großer Höhe erklären; es wird vermutet, daß dabei auch Bodenstrahlungen eine Rolle spielen. Mäßiger Druckabfall in den mittleren Gebirgshöhen (unter 3000 m) stellt im Verein mit anderen Wetter- und Klimafaktoren ein ausgesprochenes Erholungs- und Heilklima dar.

Der Wind verstärkt die Wetterelemente

Bei der Betrachtung der Wetterelemente darf der *Wind*, von dem wir wissen, daß er die Wirkung aller anderen Elemente verstärkt und beschleunigt, nicht fehlen. Die vom Wind bewegte Luft wirkt immer erfrischend, selbst bei großer Hitze oder

Schwüle. Jedoch wird durch den Wind auch die Kälte verstärkt, so daß unter Umständen der Wärmeentzug des Körpers stärker ist als die Wärmeneubildung. Das bedeutet aber eine Unterkühlung oder Auskühlung; es besteht dann sogar Erfrierungsgefahr.

Bei einer Zunahme der Windgeschwindigkeit um 1 m pro Sekunde nimmt die Entwärmung bereits um mehr als 30 % des bisherigen Betrages zu. Schwacher Wind entspricht in seiner Entwärmungskraft bereits einer Senkung der Lufttemperatur um etwa 20° C. Die große praktische Bedeutung zeigt sich in der Häufung von Erfrierungen und Kältetodesfällen bei Kältestürmen. Gesellt sich noch Schneetreiben hinzu, so wirkt auch die Schneenässe auf der Haut vermehrt wärmeentziehend.

Luftbewegung oder Wind wirkt aber nicht nur wärmeentziehend, sondern zunächst anregend, erfrischend, belebend, aber auch erregend und später vor allem stark ermüdend. Jede junge Mutter lernt diese Tatsache kennen, wenn sie ihren Säugling im Kinderwagen „an die frische Luft" stellt. Nach einer anfänglichen Munterkeit schläft das Kind bald ruhig ein. In stärkerem Maße macht sich die Wirkung des Windes im Gebirge oder am Seestrand bemerkbar. Nach einer anfangs vermehrten Bewegungs- und Unternehmungslust machen sich eine mehr oder weniger starke Erregung und Schlaflosigkeit bemerkbar, wenn man zuviel des Guten tun will. Auch eine unmittelbare Beeinflussung der Haut, die als intensive Rötung oder Blässe sichtbar wird, also auf das Blutgefäßsystem wirkt, kann mit in Rechnung gestellt werden, soweit dafür nicht die reine Licht- und UV-Strahlungswirkung ursächlich in Frage kommt.

Als weitere Lufteinwirkung muß auch die stärkere Anspannung zahlreicher Muskelgruppen erwähnt werden, hier besonders die Muskulatur des Gesichtes, des Nackens und der Schultern. Aber auch alle anderen Muskeln werden stärker angespannt, z. B. beim Gehen gegen den Wind. Jeder weiß, daß dazu manchmal ein erheblicher Kraftaufwand erforderlich ist. Natürlich folgt auf eine längere Anspannung eine typische Abgespanntheit und Ermüdung. Eine übertriebene Anstrengung bei Wind kann sogar zur Übermüdung und Erschöpfung führen.

Wollen wir die nützlichen Wirkungen des Windes ausnutzen, so muß man darauf bedacht sein, sich besonders im Urlaub an der See oder im Gebirge langsam an den Wind zu gewöhnen, also den Aufenthalt im Wind täglich langsam zu steigern. Auch der Wind ist ein Wetterelement, das richtig und individuell dosiert sein will.

Fragen der Luftelektrizität

Nach unserem heutigen Wissen scheint der *Luftelektrizität* wahrscheinlich die bedeutendste Rolle sowohl bei der Wetterbildung als auch bei der Einwirkung des Wetters auf den Körper und die Seele des Menschen zuzufallen. Um die Wirkungen der Luftelektrizität verstehen zu können, müssen zunächst einige Begriffe aus dem Gebiet der Elektrizität erläutert werden.

Sowohl die Erde als Ganzes als auch die unsere Erde umgebende Atmosphäre (Biosphäre) sind elektrisch geladen (die Erde negativ, die Atmosphäre positiv), haben also entsprechende elektrische Eigenschaften. Ladungen entgegengesetzter Art ziehen sich an und heben sich auf. Ladungen gleicher Art (oder gleichen Vorzeichens) stoßen sich gegenseitig ab. Der Träger der kleinsten negativen elektrischen Elementarladung wird *Elektron* genannt, der Träger der kleinsten positiven Elementarladung heißt *Proton*.

Geladene Körper verbreiten um sich ein sogenanntes *elektrisches* oder *elektrostatisches Feld*, das wie ein Magnetfeld durch Kraftlinien gekennzeichnet werden kann. Man nennt diese auch *elektrische Kraftlinien*.

Satelliten beobachten heute das Wetter und funken ihre Ergebnisse an die Wetterstationen. Dadurch lassen sich Stürme, Tornados und überhaupt Wetterveränderungen schon in der Entstehungsphase erkennen, so daß rechtzeitig geeignete Warnmaßnahmen eingeleitet werden können. Unser Bild oben zeigt einen Zyklon über dem Pazifik, wie er von Apollo 8 beobachtet wurde. ■ Rechte Seite: Eruptionen auf der Sonne, deren Korpuskularstrahlen in etwa 24 Stunden in die Erdatmosphäre eindringen und auch unser Wetter beeinflussen.

Sobald man einen leitfähigen neutralen Körper (der Mensch z. B. ist wegen seines hohen Wassergehaltes gut leitfähig) in ein elektrisches Feld bringt, so wird er dadurch, daß die Elektronen (die Träger der Elektrizität) den Kraftlinien entsprechend geordnet werden, aufgeladen.

Man nennt die Aufladung *Influenz* oder *Influenzladung*, die jedoch nur für die Dauer der Einwirkung des Kraftfeldes vorhanden ist, so lange also, wie sich der Körper im Wirkungsbereich des Kraftfeldes befindet. Der Mensch bewegt sich ständig in dem natürlichen Kraftfeld (elektrischen oder elektrostatischen Feld), das zwischen der Atmosphäre (positive Ladung) und der Erde (negative Ladung) besteht.

Zwischen Körpern verschiedener elektrischer Ladung gibt es wegen der Neigung zum Ladungsausgleich ein Gefälle, das auch als *elektrische Spannung* bezeichnet wird, deren Einheit das Volt ist.

Verbindet man nun Punkte verschiedener Ladungen, zwischen denen ein Gefälle bzw. eine Spannungsdifferenz besteht, durch einen Leiter, so beginnt die Elektrizität zu fließen, d. h. die elektrischen Ladungen werden von den elektrischen Elementarteilchen, den Elektronen, vom Ort höherer Spannung zum Ort niederer Spannung transportiert. Sobald der Spannungsausgleich erreicht ist, hört der Elektronenfluß

auf. Die bewegte Ladung wird *Strom* genannt; die in der Zeiteinheit (Sekunde) durch den Leiterquerschnitt fließende Strommenge heißt *Stromstärke*. Die Einheit der elektrischen Stromstärke ist das *Ampère*.

Nach diesen Vorbemerkungen sollen nun einige uns bisher bekannte elektrische oder magnetische Strahlungsarten kurz erläutert werden.

Bei Sonneneruptionen werden (neben solaren Röntgenstrahlen) *Korpuskularstrahlen* ausgesandt, die mit einer Geschwindigkeit von 1600 km/sec (in etwa 24 Stunden) in die Erdatmosphäre eindringen, in der Regel an einer Stelle, an der ein Tiefdruckgebiet entsteht. Die Strahlen sind sehr energiereich, lassen sich nicht abschwächen und erzeugen in bodennahen Schichten der Erde und in Innenräumen die Ionen. Die Ionen sollen beim Menschen über die Atmung wirksam werden.

Solare (von der Sonne ausgehende) *Röntgenstrahlen* treten im Gefolge einer Sonneneruption auf und stören den transatlantischen Kurzwellenempfang. Über die biologische Bedeutung der solaren Röntgenstrahlen, die sich an die kurzwellige Seite des Lichtspektrums anschließen, ist bis heute nur zu sagen, daß sie in den oberen Schichten der Atmosphäre durch Gase oder Flüssigkeiten absorbiert (aufgesaugt) werden und dort die Stickstoff- und Sauerstoffmoleküle in kleinere, selbständige Einheiten, nämlich Ionen, zerspalten und elektrisch aufladen. Diese Vorgänge werden auch mit Dissoziation und Ionisation bezeichnet. Die Strahlen gelangen also nicht auf die Erde und haben deshalb auch keine unmittelbare Wirkung auf den Menschen.

Weiterhin ist eine *Radiofrequenzstrahlung der Sonne* (Hochfrequenzstrahlung) bekannt, eine elektromagnetische Wellenstrahlung von geringer Feldstärke. Die Feldstärke kann bei Sonneneruptionen bis zum 10 000fachen des Normalwertes ansteigen. Eine Abschirmung dagegen ist durch dünnste Metallfolien möglich, geschieht aber auch durch unsere Stahlbetonbauten. Eine biologische Bedeutung dieser Strahlung konnte bisher nicht nachgewiesen werden.

Immer wieder taucht die Frage auf, ob die elektromagnetischen Felder, wie sie auch unter Hochspannungsleitungen und in der Nähe elektrischer Haushaltsgeräte gemessen werden, für den Menschen schädlich sind.

Da es eine elektromagnetische Strahlung von geringer Feldstärke ist, können sie keinen nachteiligen Einfluß auf unseren Organismus ausüben. Bei Versuchen an Säugetieren blieben alle meßbaren Laborwerte, ebenso Blutdruck, Körpertemperatur und Nervenfunktionen unverändert normal.

Über eine biologische Bedeutung der von Wetterfronten ausgelösten *Infralangwellen*, die sich in normalen Gebäuden einwandfrei nachweisen lassen, ist bisher nichts bekannt.

Nun gibt es in der freien Luft zwei Hauptarten von elektrischen Ladungsträgern, auch Ionen genannt, die leichten Gasionen oder Luftmoleküle und die schweren Ionen, das sind geladene Staub- und Wasserteilchen. Beide Ionen-Arten können positiv oder negativ geladen sein, wobei die positiven und negativen Ladungsträger etwa in gleich großer Zahl vorkommen. In Gebieten größerer Staubdichte (Großstädte, Industriegebiete) sind die schweren Ionen zahlreicher.

Die Ladungsträger selbst befinden sich in ständiger Bewegung, wobei sich die leichten schnell, die schweren wesentlich langsamer bewegen. Beeinflußt wird die Bewegung auch durch das *elektrische Feld der Erde,* das gegenüber der Atmosphäre negativ geladen ist. Zwischen der negativ geladenen Erdoberfläche und der positiv geladenen Atmosphäre besteht eine ständige Spannung von wechselnder Intensität. Der auf der Erde lebende Mensch bewegt sich also in einem wechselnd starken elektrischen Spannungsfeld und weist, obwohl er als guter Leiter (mit entsprechender guter Leitfähigkeit) gilt, doch wesentliche Spannungsunterschiede zwischen Scheitel und Fußsohle auf. Nicht wenige Menschen erfahren ihre elektrische Ladung an sich selbst, wenn bei der Berührung von Metall oder beim Ausziehen von wollenen, seidenen oder aus Nylon gefertigten Kleidungsstücken Knister- und Funkenentladungen entstehen.

Leider sind wir über die elektrischen Vorgänge in der Luft und zwischen Luft und Erde noch nicht genügend orientiert. Einige besondere Strahlungen, die elektromagnetische Längstwellenstrahlung und die erdmagnetische Strahlung, sollen jedoch ihrer praktischen Bedeutung wegen besonders erwähnt werden.

Die *Impulsstrahlung* ist eine diskontinuierliche elektromagnetische Längstwellenstrahlung mit bis zu kilometerlangen Wellen. Diese auch Atmospherics genannten Strahlen entstehen bei Blitzentladungen in der Atmosphäre, breiten sich zwischen Erde und Ionosphäre aus und erreichen jeden Punkt der Erde. Sie besitzen eine starke Eindringtiefe und durchdringen Wasser und Felsgestein bis zu einer Tiefe von mehreren hundert Metern und weisen bei jeder Wetterlage einen bestimmten Energiewert auf. Ihre Frequenzen haben große Ähnlichkeit mit den Nervenimpulsen und liegen in einem Bereich, in dem eine Energieaufnahme aus dieser Strahlung durch die elektrischen Vorgänge an den Übergangs- und Schaltstellen von Nerv zu Nerv (den Synapsen) möglich sein muß.

Bei Blitzentladungen in der Atmosphäre werden gewaltige Energiemengen freigesetzt. Bei Gewittern den Aufenthalt im Freien möglichst meiden. ■ Rechte Seite: Mit 500 000 Volt fährt der Blitz in die Stahlgeflechtkugel, aber dem Mann in der Kugel passiert nichts: Er steht in einem Faradayschen Käfig. Der britische Physiker Michael Faraday war der erste Mensch, der 1836 dieses Experiment wagte. Der Käfig leitet die elektrischen Ströme um den Inhalt herum.

Fachleute nehmen an, daß die Impulsstrahlung für die praktische Heilkunde wahrscheinlich die nachweisbare „Wetterkraft" darstellt und die Grundlage einer künftigen „Elektroklimatologie" abgibt.

Es gilt heute als gesichert, daß die Impulsstrahlung auf Lebewesen u. a. folgende Wirkungen ausübt:

- Ausbruch und Verstärkung verschiedener Krankheiten oder krankhafter Zustände
- Änderung der Reaktionslage des vegetativen Nervensystems
- Beeinträchtigung der geistigen Leistungsfähigkeit
- Beeinflussung von Stoffwechsel, Herz-Kreislauf, Atmung und Absonderungen der Hormondrüsen
- Veränderungen der fermentativen Zellatmung (Sauerstoffaufnahme)
- Störung der Blutgerinnung

Man fand heraus, daß der parasysympathische Anteil des Nervensystems besonders auf eine Frequenzänderung und der sympathische Anteil besonders auf Amplitudenänderungen der Impulsstrahlungen anspricht.

Wenn man elektromagnetische Impulse in einer Stärke, wie sie in der Natur vorkommen, auf Goldhamster einwirken läßt, so ändern sie prompt ihr Verhalten in bezug auf ihre Bewegungen. Es kann zu einer schweren motorischen Unruhe bis zum Bewegungssturm oder auch zu einer Inaktivierung kommen. Wir kennen beim Menschen ein ähnliches Verhalten bei Gewittern, das wir mit Gewitterangst bezeichnen. Sie äußert sich nicht nur in Angst, sondern auch in nervöser Unruhe, großer Reizbarkeit und vermehrtem Umherlaufen, Erscheinungen, die sich bis zur Gewitterpanik (Verkriechen in einer Ecke oder unter der Bettdecke) steigern können.

Wenn die Impulsstrahlung einwandfrei als biologisch wirksam und notwendig anerkannt ist, erhebt sich die seit Jahren immer wieder diskutierte Frage, ob diese Strahlung eine gesundheitsabträgliche Abschirmung durch unsere metallarmierten Betonhäuser und unsere Metallhäuser erfährt, ob diese Häuser also wie Faradaysche Käfige wirken.

Nach Feststellung der Freiburger Forscher *Ludwig* und *Ranscht-Froemersdorff* wird die Intensität der Impulsstrahlung innerhalb der Ganzmetallhäuser auf 1/6 bis 1/10 des Außenwertes und bei metallarmierten Betonhäusern auf etwa die Hälfte des Außenwerts reduziert. Nach Ansicht der Freiburger Wissenschaftler benötigen unsere Nervenzellen den Einstrom der wetterbedingten Impulsenergien. In Metallhäusern sind daher die gleichen Beschwerden zu erwarten, wie sie bei einer „Null-Wetterlage" oder bei Föhn auftreten.

Die Abschirmung intensiver Impulsstrahlung wäre lediglich günstig bei Krankheiten, die durch die intensive Strahlung hervorgerufen oder begünstigt werden, wie Verkrampfung, rheumatische Beschwerden, Embolien u. a.

Als *Ausgleich für eine unerwünschte Abschirmung* der Impulsstrahlung müßten in Metallhäusern künstlich optimale Strahlungsbedingungen geschaffen, außerdem müßte die in modernen Bauten bisher durchgeführte Klimatisierung durch ein Impulsstrahlungsprogramm wirkungsvoll ergänzt werden. Geräte solcher Art sind bereits konstruiert und werden auf ihre Eignung geprüft.

Es ist dabei natürlich die Frage zu klären, welche Intensität und welcher Rhythmus der Impulsstrahlung auf den menschlichen Körper am günstigsten wirkt. Man wird sich dabei weitgehend von den natürlichen Verhältnissen leiten lassen müssen.

Technisch gesehen bestehen keine großen Schwierigkeiten für den Aufbau eines künstlichen elektrischen Feldes. An der Decke der Räume werden offen oder verkleidet Elektroden angebracht, die über eine gut isolierte Leitung bis zu einem Generator führen, der mehrere tausend Volt erzeugt.

Wie wirkt nun ein durch die Elektroden erzeugtes „luftelektrisches Feld"? Fast alle in der Luft schwebenden Teilchen (Rauch, Staub, Bakterien) tragen elektrisch geladene Teilchen und heißen dann Ionen. Diese elektrisch geladenen Teilchen werden von den Elektroden angezogen oder in steriler Form auf den Fußboden gedrückt, wo sie beim Reinigen der Räume beseitigt werden.

Die keimvernichtende Wirkung eines künstlich hergestellten luftelektrischen Feldes konnte mit dem „Tomatentest" in einfacher Weise nachgewiesen werden: Bewahrt man Tomaten in einem Kühlschrank in einem künstlich erzeugten luftelektrischen Feld auf, so wachsen auf ihnen keinerlei Keime. Bewahrt man sie unter sonst gleichen Bedingungen, jedoch ohne das elektrische Feld auf, so schimmeln sie bald.

Manche Wissenschaftler halten den Einfluß der Luftelektrizität auf den Menschen für wichtiger und wesentlicher als die Klimafaktoren Wind, Temperatur, Luftdruck und Sonneneinstrahlung. Die natürlich erzeugten elektrischen Felder sind nicht gleichmäßig. Bei Gewittern, Föhn und Tiefdrucklagen bilden sich sehr wechselnde elektrische Felder (elektrische Wechselfelder), die auf den Menschen günstig, aber auch ungünstig wirken, Wohlbehagen oder auch Unbehagen erzeugen können.

Es ist heute mit Hilfe der elektronischen Mikroampère-Meßtechnik möglich, die verschiedenen Arten der Luftelektrizität genau zu bestimmen. Je nach Wetterlage und Höhe des Standortes lassen sich die einzelnen Bedingungen festlegen, unter denen die günstigen und ungünstigen elektrischen Felder zustande kommen.

Die bisherigen Erfahrungen zeigen jedenfalls, welch große Bedeutung der Erhaltung und auch der Wiederherstellung des natürlichen luftelektrischen Feldes zukommt. Wir müssen also unsere Lebens- und Wohnweise danach einrichten, uns möglichst viel im Freien aufhalten und in Häusern, in denen das luftelektrische Feld gestört oder völlig vernichtet ist, den Impulsmangel durch ein steuerbares Elektroklima ausgleichen. Um gesund zu bleiben, dürfen wir, nach Prof. *H. H. Kritzinger* (ehemaliger Leiter eines Instituts für Klimaforschung in Karlsruhe), nicht in „elektrisch neutralen Käfigen" leben.

Wahrscheinlich haben auch *erdmagnetische Felder* Einfluß auf den Menschen. Die ganze Erde stellt gegenüber der die Erde umgebenden positiv geladenen Atmosphäre ein riesiges negativ geladenes Feld dar. Das Ausgleichsbestreben zwischen diesen beiden entgegengesetzt elektrisch geladenen Feldern führt zu einem dauernden, aber nach Stärke und Art wechselnden Ausgleichsstrom, der an der Erdoberfläche 1500 Ampère beträgt. Warum die Erde

Mit diesem Regentopf wird die Niederschlagsmenge gemessen. Ein Schwimmer bewegt den Trommelschreiber. Die Wetterfrösche haben heute viele Möglichkeiten, das Wetter zu beobachten. Doch die Trefferquoten bei den Vorhersagen bleiben mangelhaft.

trotzdem negativ geladen bleibt, ist bisher unbekannt. Man nimmt einen vielleicht aus dem Weltall oder nur aus den Wolken stammenden Gegenstrom an, der dem Erdkörper immer wieder eine negative Ladung zuführt.

Die elektrischen Verhältnisse an der Erdoberfläche sind vielfältig, und der Mensch steht als Teil der Erde wegen seines hohen Wassergehaltes als relativ guter elektrischer Leiter in diesem elektrischen Feld. Ich erwähnte schon die Glimm- und Knisterentladungen zwischen Haut und Unterwäsche oder Pullovern oder beim Anfassen von metallenen Türklinken. Sie sind Ausdruck dieser Auseinandersetzung mit der Erdelektrizität.

Wieweit diese Ladungen und Entladungen durch die besonders in Bodennähe rasch wechselnden Ionengeschwindigkeiten und Stromstärken den menschlichen Körper beeinflussen, wissen wir noch nicht. Wir wissen nur, daß das bodennahe Klima als Lebensbedingung recht verschieden ist von der hohen Freiluft und daß die Überlagerung des Bodenklimas nicht die günstigste Lebensbedingung darstellt.

Über die *Einwirkungen der elektromagnetischen Stromschwankungen im Erdinnern auf den Menschen* ist auch noch nichts Sicheres bekannt. Wir vermuten, daß sie ursächlich an den „magnetischen Strömen" und auch am Zustandekommen des Nordlichtes beteiligt sind.

Nach der Erläuterung der hauptsächlichen Wetterelemente und der Erwähnung ihrer möglichen Einzelwirkungen möchte ich betonen, daß man sich hüten muß, Wetterwirkungen *nur aus einem* der Elemente zu erklären. Jedes dieser Elemente hat seinen Anteil an der Wirkung des Wetters, sei dieser Anteil nun wärmedynamischer, druckmechanischer oder elektrischer Art. Die Wetterwirkungen auf den Organismus sind zahlreich, verwickelt und oft unübersichtlich. Wir wissen, daß die elektrische Spannung im Körper ebenso beeinflußt wird wie auch der Spannungszustand der Gefäße und des vegetativen Nervensystems. Wir kennen auch Wirkungen auf das Hormondrüsensystem und den Stoffwechsel. Welche der Wirkungen besonders zur Geltung kommen, hängt vom Zustand des einzelnen Menschen, von der Stärke seines Drüsen- und Nervensystems, von seiner Regulationsfähigkeit und auch von seiner seelischen Struktur ab.

Um überhaupt eine Übersicht über die Wetterwirkungen zu gewinnen, geht man von der Wirkung *einiger typischer Wetterformen* oder von Wetterphasen aus, über die im nächsten Kapitel berichtet werden soll.

Wetter und Klima wirken auf den Menschen

Wie anfangs schon gesagt, entsteht jedes Wetter durch das vielfältige Zusammenwirken der einzelnen Wetterelemente. Aus allen Kombinationsmöglichkeiten lassen sich aber einige typische *Wetterformen,* wie Schönwetter, Regenwetter, Nebelwetter, Frostwetter, Gewitter u. a., erkennen, deren Wirkung auf den Menschen nicht unbeträchtlich ist.

Erst relativ kurze Zeit wird die Meteorologie in großem Umfang wissenschaftlich betrieben und finden über große Räume hinweg exakte Wetterbeobachtungen mit entsprechenden Angaben über Temperatur, Luftfeuchtigkeit, Luftdruck, Windrichtung, Bewölkung und Niederschläge statt. Sie ermöglichen erstmals, unsere Abhängigkeit vom Wetter genauer zu studieren. Der daraus entstandene Forschungszweig heißt *Biometeorologie* oder *Bioklimatologie.*

Beim Zentralamt des Deutschen Wetterdienstes in Offenbach werden die Daten von zahlreichen Wetterstationen gesammelt und ausgewertet.

IN DIESEM KAPITEL:

- **Charakteristik der Wetterphasen**
- **Der Einfluß des Wetters auf Krankheiten**
- **Besondere Wirkungen von Föhn und Null-Wetterlagen**
- **Klima und Gesundheit**

Charakteristik der Wetterphasen

In diesem Forschungszweig hat sich die Unterscheidung folgender Witterungsformen oder Wetterphasen weitgehend durchgesetzt:

1. *Freundliches Wetter:* Wolkig bis heiter. Es ist trocken und warm, leichter Dunst liegt über der Landschaft. Im Sommer besteht tagsüber leichte Bewölkung ohne Gewitterneigung, im Winter meist blauer Himmel.

2. *Ruhige Schönwetterlage:* Es herrscht mildes bis warm-trockenes Wetter. Dabei besteht hoher Luftdruck. Man könnte diese Wetterphase noch zum *freundlichen Wetter* rechnen.

3. *Extremes Schönwetter:* Es weist noch wolkenlosen Himmel oder schon Cirruswolkenbildung auf. Klare Sicht in der Ferne, sehr trocken, überdurchschnittlich warm. Am Alpennordrand herrscht *Föhnwetter.*

4. *Heranziehendes Tief:* Mit Warmluftzufuhr an der Vorderseite. Es ist mild bis warm-feucht. Mit zunehmender Bewölkung bahnt sich der Wetterumschlag an. Im Sommer wird es schnell schwül; es drohen Gewitter. Im Winter setzt Tauwetter ein. Der Luftdruck zeigt einen Übergang vom Hoch zum Tief.

5. *Tief mit Kaltluftzufuhr:* Das Tief bringt bedeckten Himmel und meist Regen mit sich. Im Sommer wird es oft kühl bis feuchtkalt, im Winter zuweilen feuchtwarm.

6. *Aufklaren mit Wetterberuhigung:* Noch ziehen starke Wolken über den Himmel,

Ein Düsenflugzeug über Altocumulus-Wolken, sogenannten Haufenschichtwolken, die sich gewöhnlich in 3–4 km Höhe finden.

aber es klärt sich auf. Nach einem kurzen Übergang herrscht wieder die Wetterphase 1.

Die Biometeorologie hat festgestellt, daß zwischen dem Wetterrhythmus und dem menschlichen Lebensrhythmus eindeutige Beziehungen bestehen, daß jeder Phasenwechsel, besonders bei empfindlichen Menschen, mehr oder weniger spürbare Störungen hervorruft.

Der etwas enger gefaßte Zweig der medizin-meteorologischen Forschung sieht seine Aufgabe darin, die Einflüsse des Wetters und des Klimas (mit Klima bezeichnet man die typische Wetterabfolge in einer bestimmten Gegend) auf den Menschen, speziell auf seine Erkrankungen und seinen Gesundheitszustand, zu klären und festzustellen, wie Wetter und Klima zu vorbeugenden und heilenden Maßnahmen (Abhärtung, Klimakuren) einzusetzen sind. Viele Zusammenhänge sind hierbei noch ungeklärt, manche aber bereits zu übersehen.

Der Einfluß des Wetters auf Krankheiten

Wir wissen z. B., daß der Einbruch bestimmter Wetterfronten die Wetterfühligen empfindlich, überempfindlich oder gar krank werden läßt. Bei Wetterströmungen (Föhn, Gewitter, Nebel) treten Unfälle, Anfälle (grüner Star, Epilepsie) und Todesfälle vermehrt auf, und es brechen bestimmte Krankheiten erstmals hervor, oder sie verschlimmern sich. Wir sprechen heute bei Krankheiten, die von Witterungseinflüssen ausgelöst oder beeinflußt werden, von *meteorotropen Krankheiten,* darunter fallen im einzelnen:

Anfälle von grünem Star
Krampfanfälle bei Schwangeren
Epileptische Anfälle
Diphtherie
Angina
Thrombosen
Embolien
Kreislaufkrisen

Diese Krankheiten treten deutlich häufiger beim Durchgang einer Wetterfront auf.

Folgende Krankheiten sind gegen Wettereinflüsse besonders *empfindlich:*
Juckende Hautkrankheiten, Erkrankungen des rheumatischen Formenkreises, Gicht, Bronchialasthma, Narbenschmerzen und Erkrankungen des vegetativen Nervensystems.

Wenn man den Wettereinfluß, stark vereinfacht, schematisch darstellt, so ergibt sich folgendes Bild:

1. *Freundliches Wetter und ruhiges Schönwetter:* Biologisch und medizinisch günstig.

2. *Extremes Schönwetter:* Geringe Vermehrung der Infarktneigung, der Koliken, der Herzkrämpfe und auch der Verkehrsunfälle.

3. *Heranziehendes Tief:* Anstieg der Herzinfarkte, Verkehrsunfälle, Embolien, Asthmaanfälle und Schmerzattacken.

4. *Tief mit Kaltluftzufuhr:* Anstieg der Koliken und der Herzkrämpfe.

Abgesehen von freundlichem Wetter und ruhigem Schönwetter sind die anderen Wetterphasen als biologisch ungünstig zu bezeichnen. Eine Reihe von Krankheiten wird durch diese Wetterphasen nicht unerheblich beeinflußt. Je besser und schneller sich unser Körper an den Wechsel der Wetterphasen anzupassen vermag, um so gesünder ist er. Es ist ja nicht das Wetter selbst, das „krank" macht, es deckt nur Anpassungsschwächen auf, die sich uns unter dem Wetterphaseneinfluß als psychische Fehlleistungen und vegetative Fehlsteuerungen bis zu regelrechten Krankheitszuständen kundtun. Ein sicheres Zeichen dafür, daß Gesundheitsstörungen vorliegen, ist die übermäßige Wetterfühligkeit.

Besondere Wirkungen von Föhn und Null-Wetterlagen

Der *Föhn* und die *Null-Wetterlage* müssen als besondere Wetterlagen noch etwas näher betrachtet werden.

Föhn nennt man eine bei uns nur im nördlichen Alpenvorland auftretende besondere Wetterphase, bei der feuchte, tropische Luftmassen am Rande eines Tiefs (Südströmung) durch ein hohes Gebirgshindernis aufwärts gedrückt werden, wobei ihre Feuchtigkeit kondensiert und als Regen oder Schnee noch auf der Südseite herabfällt. Sobald die nun trockenen und dünnen Luftmassen die Berggipfel überquert haben, gleiten sie auf der Nordseite des Gebirges als Fallwind herab. Dieser Fallwind oder Föhn bringt keinen Regen mit sich. Er erwärmt die Luft vielmehr, zugleich trocknet er sie aber auch erheblich aus, wobei dem Boden viel Feuchtigkeit entzogen wird. Dieser Vorgang ist praktisch abgeschlossen, wenn der Föhn das Alpenvorland erreicht hat. Föhn tritt am nördlichen Alpenrand nicht allzuhäufig, aber dennoch an 18–36 Tagen im Jahr auf. Er führt (entweder selbst oder durch den meist folgenden Einbruch maritimer Luftmassen mit entsprechendem Wetterumschlag) immer wieder zu Störungen im Befinden mancher Patienten, nämlich zu Kreislaufstörungen, Unruhezuständen, Kopfschmerzen, Atembeschwerden und bei entsprechend vorbelasteten Menschen zu Schmerzattacken (Narben-, Stumpf-, Phantomschmerzen).

Interessant ist die Ansicht der Freiburger Forscher, daß hinter Metallwänden die gleichen Krankheitserscheinungen (Syn-

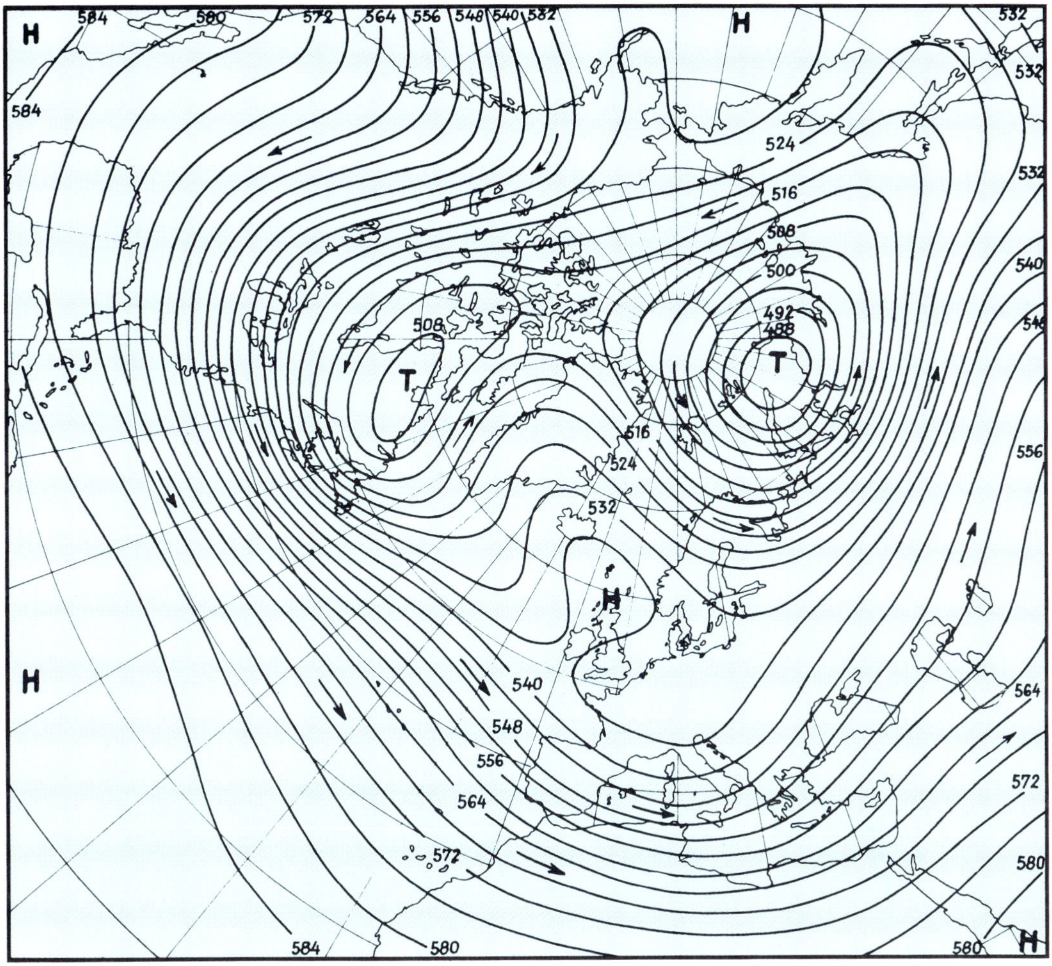

Null-Wetterlage

(Wetterlage ohne Verlagerung und Austausch von Luftmassen über dem deutschen Raum)

drome) zu erwarten wären wie bei Föhn oder der „Wetterlage Null". Sie vertreten die Auffassung, daß durch die Metallwände der Einstrom der wetterbedingten Impulsenergien (Atmospherics), die die Nervenzellen benötigen, gehemmt würde.

Praktisch wichtig kann die vielfach beobachtete Tatsache sein, daß die menschliche *Haut an Föhntagen durchlässiger und ausscheidungsfähiger* ist als an Tagen mit ruhiger Wetterlage.

Bekannt ist ferner die Tatsache, daß bei Föhn elektromagnetische Wellen auftreten, die die *Gerinnung des Blutes* beeinflussen. In den besonders häufig von Föhn heimgesuchten Städten München und Innsbruck wird an solchen Tagen möglichst nicht operiert, um die Gefahr der Thrombosenbildung und der Embolie zu verringern.

Wenn man von *„Föhnkrankheiten"* spricht, meint man damit ein Krankheitsbild, bei dem starke Kopfschmerzen,

Schlaflosigkeit, Durst und Pulsbeschleunigung auftreten. Gleichzeitig kann dabei der Blutdruck so stark absinken, daß für Herzkranke Lebensgefahr besteht. Ob man für das ganze Krankheitsbild eine an Föhntagen veränderte elektrische Leitungsfähigkeit des Menschen verantwortlich machen kann, ist noch nicht genügend geklärt. Das vegetative Nervensystem ist jedenfalls an solchen Tagen erhöhten Spannungen unterworfen, wodurch es zu *veränderten Reaktionsabläufen* und *nervösen Fehlsteuerungen* kommt.

Die *Null-Wetterlage* (nach dem Hamburger Meteorologen Dr. *Kuhnke*) ist eigentlich „gar kein Wetter". Sie herrscht in Regionen außerhalb der aktiven Wetterzentren, wo „abgelagerte", alternde Luftmassen ohne Windbewegung ruhig verbleiben, so daß die Impulsstrahlung fehlt, wo eine hohe Wolkendecke die Temperatureinstrahlung abschirmt, so daß keine großen Tag-Nacht-Temperaturdifferenzen auftreten. Dabei wird in bodennahen Schichten die Luft stark verschmutzt, weil sie nicht zirkuliert.

Null-Wetterlagen sind biologisch negativ oder ungünstig wirksam. Ein krasses Beispiel war der Februar 1963, in dem während einer lang anhaltenden Frostperiode über Westdeutschland eine extreme Null-Wetterlage bestand und zugleich die *höchste Sterblichkeit* auftrat, die in Friedenszeiten je festgestellt wurde. Sie lag im Ruhrgebiet 86 %, in Frankfurt a. M. 60 % über der Sterblichkeit im vergleichbaren Zeitraum des Vorjahres. Mit der Verschiebung der Null-Wetterlage über Westdeutschland verschob sich auch der hohe Stand der Sterbefälle.

Die negative Wirksamkeit der Null-Wetterlage oder „reizarmen Wetterlage" (geringe oder fehlende Impulsstrahlung) bezieht sich besonders auch auf das Auftreten eines *Herzinfarktes*, wie Dr. *Brezowsky* (Bad Tölz) und Dr. *Ranscht-Froemersdorff* (Freiburg) nachwiesen. Sie hatten bei 117 auf die Stunde genau festgelegten Herzinfarkten die zu dieser Zeit bestehende Intensität der Impulsstrahlung ermittelt, wobei sich ergab, daß bei 80 % der Infarktfälle die Impulsstrahlungsintensität unter dem Tagesdurchschnitt, bei 49 % sogar unter dem halben Tagesdurchschnitt lag.

Die Bilder oben zeigen eine sogenannte tiefe Bewölkung. Links vertikal ausgedehnte Cumulus-Wolken, daneben flache und gebrochene Cumulus-Wolken. Cumulus-Wolken sind Wasserwolken, während die mittelhohe Bewölkung aus Mischwolken (teils Wasser, teils Eis) und die hohe Bewölkung (Cirrus) aus Eiswolken besteht. ■ Rechts unten: Linsenförmige Wolken zeigen Föhn an. Nicht selten sind Linsenbänke in regelmäßigen Abständen angeordnet. Diese Erscheinung deutet auf Wellenvorgänge in der Atmosphäre. ■ Rechts außen: Drei verschiedene Wolkenformen übereinander. Unten die mächtig aufgetürmten Quellwolken (Cumulus), darüber flokkenartige Schichtwolken (Altocumulus), wieder darüber faserige Federwolken (Cirrus).

Null-Wetterlagen tragen schließlich dazu bei, daß sich *das Befinden von Krankenhauspatienten verschlechtert*, wie Dr. *Daubert* (Stuttgart) berichtete. Zusammenhänge ergaben sich auch zwischen „reizarmen Wetterlagen" (Null-Wetterlage) und der Zahl der Verkehrsunfälle.

Ganz allgemein muß gesagt werden, daß es nie einzelne Klima- oder Wetterelemente sind, die den menschlichen Organismus

beeinflussen, sondern es ist das Wetter in seiner Gesamtheit mit allen seinen zahlreichen und sehr variablen Faktoren. Diese Faktorenvielfalt macht auch die mannigfachen Wirkungen des Wetters auf praktisch alle Gewebe und Organe des Menschen verständlich. In erster Linie aber sind Haut, Nase, Augen, Atmungsorgane und das zentrale Nervensystem betroffen.

Klima und Gesundheit

Wenn man das Wetter aller Tage eines Jahres auswertet, bekommt man einen ziemlich genau eingegrenzten Durchschnittsablauf des Wetters in einem Jahr, den wir dann Klima nennen.

Spricht man ganz allgemein von Klima, so bezieht sich das immer auf den Jahrescharakter der Witterung. Gebraucht man den Begriff des Klimas für einen anderen Zeitabschnitt als für ein Jahr, so fügt man ein entsprechendes Wort zur näheren Erklärung hinzu, z. B. Frühlingsklima, Winterklima, Tagesklima, Nachtklima.

Da das Klima (= Jahresgang der Witterung) aber nicht nur an einem bestimmten Ort, sondern in ganzen Erdzonen sehr verschieden ist, sprechen wir auch je nach Erdzone von arktischem oder subarktischem Klima. Das bezieht sich auf das um den Polarkreis gelagerte Festlandsgebiet der Nordpolarkappe. Subarktis nennt man speziell die noch dicht bevölkerten Gegenden um den Polarkreis herum. Südlich davon schließt sich die gemäßigte Zone an, zu der die meisten europäischen Länder gehö-

ren, und noch weiter südlich die subtropische und tropische Zone beiderseits des Äquators.

Diese Zonen weisen alle ein charakteristisches Klima auf, das sich auch sehr unterschiedlich auf den Menschen auswirkt.

Wenn wir einmal von den üblichen klimatologischen Einteilungen absehen und nur nach der Klimawirkung auf den menschlichen Organismus fragen, dann stehen die Reiz- und Schonfaktoren im Vordergrund, wie wir sie im Mittelgebirgsklima (einschließlich Waldklima), im Hochgebirgsklima und auch im Seeklima einschließlich des Tieflandklimas vorfinden.

Das *Mittelgebirgsklima* ist nicht einheitlich. Das Klima der Gebirgsränder ist sehr verschieden von dem Klima in den tief eingeschnittenen Tälern. Ebenso unterscheidet sich das Klima der mittleren Höhenlage sehr von dem der höheren Höhenlagen bis zur Baumgrenze.

In der Vorgebirgszone mit ihrer Mischung von Klimaeigenschaften der Ebenen und der Mittelgebirge findet man viele Heilbäder und Kurorte. Eine ganze Reihe von Eigenschaften ist wichtig für die örtlich gebundene Klimabeurteilung und ihre Bekömmlichkeit oder Schädlichkeit im Krankheitsfall. Hierzu muß der örtlich ansässige Kurarzt befragt werden, der die Bedingungen (Wind, Stau, Nebel, Regenhäufigkeit, Strahlung u. a.) am besten kennt.

Mittelgebirgsklima eignet sich am besten für Erkältungskrankheiten, Bronchitis, Asthma bronchiale, Herz- und Kreislaufkrankheiten, Bluthochdruck, Rheuma, Arthritis, Basedowsche Krankheit und vegetative Dystonie.

Das *Hochgebirgsklima*, das es in allen geographischen Breiten gibt, hat folgende charakteristischen Eigenschaften: Temperaturabnahme von durchschnittlich 6,5° C pro 1000 Meter (mit jahreszeitlichen Schwankungen), gute Strahlungsverhältnisse, Windarmut, hoher Reinheitsgrad der Luft. Die Niederschlagsmenge nimmt mit wachsender Höhe zu, ebenso die Zahl der Regentage. Von den mittleren Höhenlagen aufwärts fällt der Niederschlag oft als Schnee.

Hochgebirgsklima ist vorteilhaft bei Erkältungskrankheiten, Asthma bronchiale, allergisches Asthma, Heufieber (am besten über 2000 m hoch), Blutkrankheiten, Diabetes mellitus, Arthritis, manche Tuberkuloseformen, manche Hautkrankheiten (Akne vulgaris, Psoriasis, konstitutionelle Ekzeme).

Das *Seeklima* nimmt auf den Wasserflächen 10 bis 15 Meter tief die Strahlung auf. Die aufgenommene Wärme wird nur langsam abgegeben. Der Erdboden gibt die aufgenommene und wenig tiefreichende Wärme an die kalte Luft rascher ab. Das Landklima weist daher extremere Temperaturschwankungen auf als das Seeklima. Durch die Weite des Horizonts und die ungehinderte Einstrahlung der Sonne hat das Seeklima ein biologisch starkes Strahlungsklima von umstimmender, bei zu langer Einwirkung (Dauer individuell sehr verschieden!) auch belastender Wirkung. Der Gehalt der Meeresluft an Magnesium, Spurenstoffen, Jod und Ozon spielt bei der Wirkung eine wesentliche Rolle. Man kann von einem bakterienvernichtenden Milieu sprechen. Die Luftverschmutzung ist gering. Das Seeklima ist ein ausgesprochenes Reizklima.

Es eignet sich für alle Erkältungskrankheiten, Asthma bronchiale, einige Tuberkuloseformen, besonders Drüsentuberkulose, alle allergischen Krankheiten, Stoffwechselkrankheiten, Rheuma, Hautkrankheiten und funktionelle Herz-Kreislauf-Störungen.

Klimafragen sind auch immer Gesundheitsfragen. Es lohnt sich daher, die Klimawirkungen in den persönlichen Therapieplan einzubauen.

Wettereinfluß auf spezielle Krankheiten

Wir freuen uns immer, wenn „gutes" Wetter eintritt. Es muß aber gesagt werden, daß das „gute Wetter" für die meisten Menschen keineswegs das gesündeste Wetter ist. Alle Wetterzustände können durch ihre starken physikalischen Vorgänge eine vielseitige Wirkung auf alle Lebensvorgänge ausüben, und zwar – vom menschlichen Standpunkt aus gesehen – gute und schlechte oder Wirkungen, die krankheits- oder gesundheitsfördernd sind. Das gilt ganz besonders, wenn irgendeine Wetterform lange anhält. Auch lange anhaltendes „schönes" Wetter kann durch seine Gleichförmigkeit seelisch deprimieren und rein körperlich die Anpassungsfähigkeit herabsetzen, so daß der Körper bei einem plötzlichen Wetterumschwung schneller einer Infektion oder „Erkältung" anheimfällt. Anderseits kann auch zu häufig wechselndes Wetter die vegetativen Funktionen irritieren und seelisch verwirren. In großangelegten Untersuchungsreihen werden gegenwärtig die Wettereinwirkungen auf einzelne Krankheiten näher erforscht.

IN DIESEM KAPITEL:

- **Wetterfühligkeit**
- **Herzkrankheiten**
- **Rheumatismus**
- **Harnsteinkoliken**
- **Asthma**

Wetterfühligkeit

Viele Menschen, keineswegs aber alle in gleicher Weise und Intensität, spüren das Wetter. Man nennt sie gewöhnlich wetterfühlig oder wetterempfindlich. Im Grunde genommen gibt es zwischen Menschen, die gar nichts vom Wetter spüren und denen auch ein wechselhaftes Klima völlig gleichgültig ist, wenn es ihre Vorhaben und Unternehmungen nicht stört, und Menschen, die unter jedem Wetter stöhnen und über Beschwerden klagen, alle nur denkbaren Übergänge.

Manche Menschen sind in ihrem körperlichen und seelischen Wohlbefinden und in ihrer Leistungsfähigkeit in hohem Maße vom Wetter abhängig. Nicht wenige leiden unter bestimmten Wetterlagen, andere wieder fühlen sich sogar regelrecht krank. Häufig findet man in seinem Bekannten- und Freundeskreis Menschen, die bei entsprechendem Befinden Wetterveränderungen „vorhersagen" können. Die Wetterempfindlichkeit, Wetterfühligkeit oder Vorfühligkeit ist tatsächlich ein medizinisches Problem. Nach Ansicht des schwedischen Nervenarztes und Meteorologen Prof. *Lindholm* reagieren 88 % aller Menschen auf Hochdruckwetter (Schönwetterlage) positiv, 76 % fühlen sich durch Tiefdruckgebiete nachteilig beeinflußt, fast alle Menschen leiden unter Nebel und tiefhängenden Regenwolken.

Manche Wetterforscher unterscheiden „Wetterfühligkeit" und „Wetterempfindlichkeit". „Wetterfühligkeit" nennt man die Reaktionsweise eines Menschen auf

Wetteränderungen oder bestimmte Wettersituationen mit Störungen des allgemeinen Befindens, nämlich Kopfdruck, Kopfschmerzen, Müdigkeit, Mattigkeit, Konzentrationsschwäche, Arbeitsunlust oder auch Unruhe, Ängstlichkeit, Beklommenheit, Reizbarkeit und Schwindel. Örtliche Reaktionen, meist Schmerzen an alten Narben, Brüchen, Amputationsstümpfen oder rheumatisch veränderten Gelenken, werden dagegen als „Wetterempfindlichkeit" bezeichnet. Vielleicht kann man die Wetterempfindlichkeit als eine Teilerscheinung der Wetterfühligkeit auffassen.

Wetterfühlige und wetterempfindliche Menschen haben besonders unter der Wetterlage zu leiden, die wir Föhn nennen. Die gleichen Beschwerden treten auch bei Tiefdruckwetterlagen, bei subtropischem Aufgleiten, Überlagerungen von Luftkörpern und Warm- und Kaltfronten auf. Das sind Wetterlagen, bei denen auch die Zahl der Sterbefälle, der Betriebs- und Verkehrsunfälle stark ansteigt.

Prof. *Lindholm* ist der Meinung, daß die Zahl der Menschen, die auf Wetteränderungen (positiv oder negativ) reagieren, von Jahr zu Jahr zunimmt und daß eine naturwidrige Lebensweise, zuwenig Schlaf und eine gehetzte Lebensführung weitgehend daran schuld sind, weil dadurch die großen Stränge des vegetativen Nervensystems überlastet werden.

Wetterfühlige und wetterempfindliche Menschen sind krank, jedoch nicht durch das Wetter oder durch einzelne Wetterfaktoren, sondern sie reagieren auf das Wetter übermäßig und in unangenehm fühlbarer Weise, *weil* sie krank sind. Die Naturentfremdung des zivilisierten Menschen hat wesentlich dazu beigetragen, daß er seine normale Reaktionsfähigkeit auf Wetterschwankungen verloren hat. Er versucht daher, die dadurch bedingten Störungen durch Anregungs- oder Beruhigungsmittel zu beseitigen oder zu überwinden. Besser wäre es, wenn sich insbesondere jüngere Menschen möglichst oft dem Wetter aussetzten, um dadurch ihre Anpassungsfähigkeit zu verbessern. Neben der Abhärtung eignen sich dafür auch Bäder und Massagen.

Leider wissen wir noch nicht genau, welche Veränderungen sich bei kritischen Wetterlagen im Körper abspielen. Eine aktive Vorbeugung kann aber die kritischen Situationen überwinden und so dazu beitragen, die Lebenszeit gerade im mittleren und höheren Alter zu verlängern.

Natürlich macht das Wetter allein nicht krank, es kann aber bei bereits bestehender Krankheit der zusätzlich ausschlaggebende Faktor sein, der dem Leben ein Ende setzt.

Einiges Licht in die Zusammenhänge zwischen Wetter und Krankheiten, insbesondere Herzkrankheiten, brachte der Nauheimer Internist Prof. *Udo Köhler.* Auf Grund exakter Beobachtungen kam er zu der Auffassung, daß bei vielen Menschen 24 Stunden oder noch länger *vor* einem Wetterwechsel, zu einer Zeit also, zu der noch keine sichtbaren Veränderungen der Wetterelemente stattgefunden haben, eine *Vorfühligkeit* der bevorstehenden Wetteränderung eintritt. Der gleiche Abstand besteht auch zwischen einer sogenannten Sonneneruption und der davon ausgehenden *Korpuskularstrahlung,* deren kleine Partikel mit einer Geschwindigkeit von 1600 Kilometern in der Sekunde in die Erdatmosphäre eindringen, und zwar vorwiegend an Stellen, an denen gerade ein Tiefdruckgebiet entsteht. Gleichzeitig tritt eine solare Röntgenstrahlung auf, die eine erhebliche Störung der transatlantischen Kurzwellensendungen mit sich bringt. Das vegetative Nervensystem des Menschen empfängt wie eine Antenne alle von der Atmosphäre, aber auch von der Erde ausgehenden Impulse. Das ist besonders beim Durchzug von Wetterfronten der Fall. Hierbei reagieren Personen von starker Sensibilität sehr nachhaltig. Die Frage ist nur, ob man eine Art Antennenwirkung des Ner-

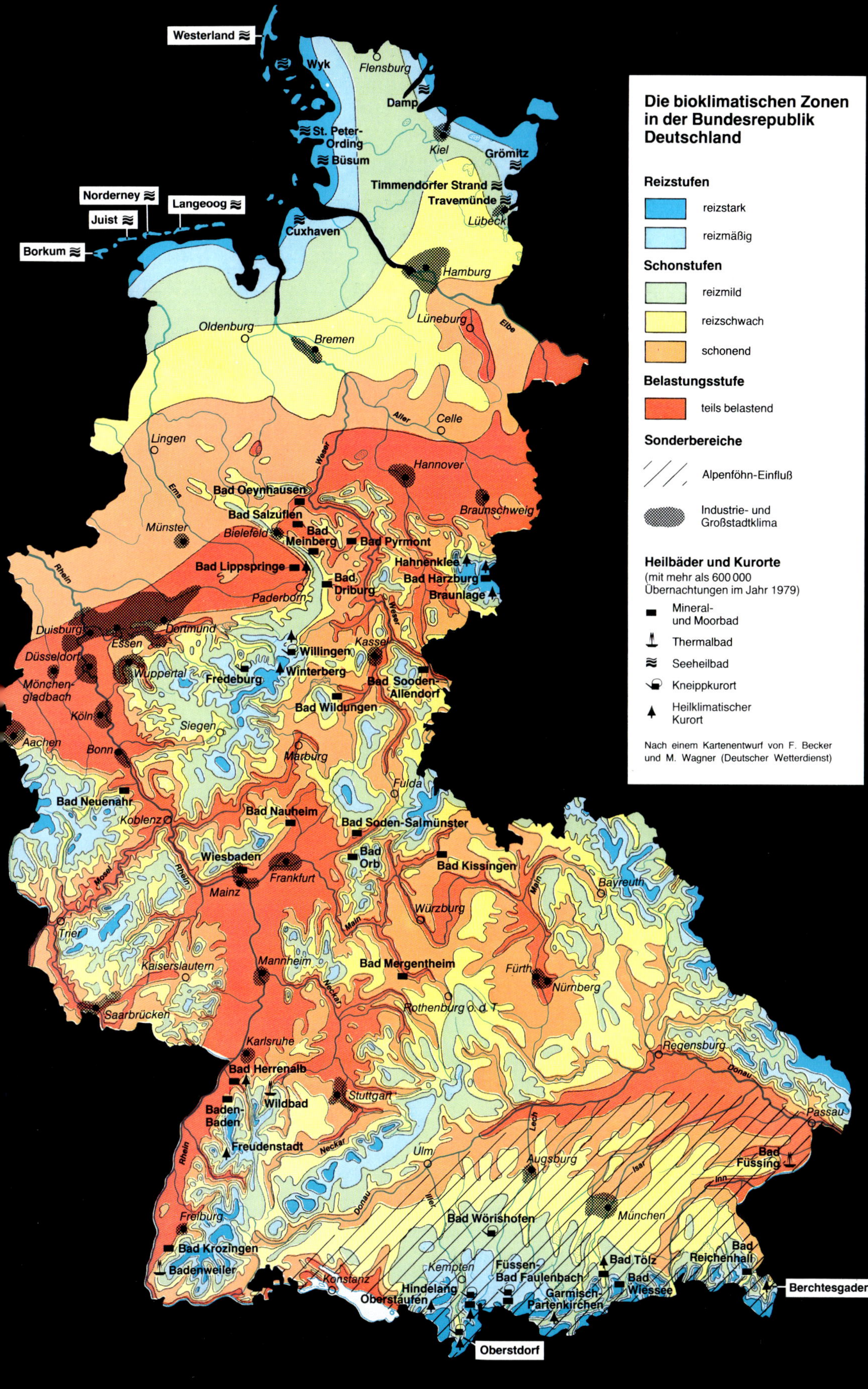
Die bioklimatischen Zonen in der Bundesrepublik Deutschland
Reizstufen
reizstark
reizmäßig
Schonstufen
reizmild
reizschwach
schonend
Belastungsstufe
teils belastend
Sonderbereiche
Alpenföhn-Einfluß
Industrie- und Großstadtklima
Heilbäder und Kurorte
(mit mehr als 600 000 Übernachtungen im Jahr 1979)
Mineral- und Moorbad
Thermalbad
Seeheilbad
Kneippkurort
Heilklimatischer Kurort
Nach einem Kartenentwurf von F. Becker und M. Wagner (Deutscher Wetterdienst)
Westerland
Wyk
Flensburg
Damp
St. Peter-Ording
Büsum
Kiel
Grömitz
Timmendorfer Strand
Travemünde
Lübeck
Norderney
Langeoog
Juist
Borkum
Cuxhaven
Hamburg
Lüneburg
Elbe
Oldenburg
Bremen
Aller
Celle
Lingen
Weser
Hannover
Ems
Bad Oeynhausen
Braunschweig
Bad Salzuflen
Münster
Bielefeld
Bad Meinberg
Bad Pyrmont
Hahnenklee
Bad Harzburg
Braunlage
Bad Lippspringe
Bad Driburg
Rhein
Paderborn
Duisburg
Dortmund
Essen
Willingen
Kassel
Düsseldorf
Wuppertal
Fredeburg
Winterberg
Bad Sooden-Allendorf
Mönchengladbach
Bad Wildungen
Köln
Siegen
Aachen
Bonn
Marburg
Fulda
Bad Neuenahr
Bad Nauheim
Koblenz
Bad Soden-Salmünster
Bad Orb
Wiesbaden
Frankfurt
Bad Kissingen
Mosel
Mainz
Bayreuth
Main
Würzburg
Trier
Bad Mergentheim
Kaiserslautern
Mannheim
Fürth
Nürnberg
Neckar
Rothenburg o. d. T.
Saarbrücken
Karlsruhe
Regensburg
Donau
Bad Herrenalb
Wildbad
Stuttgart
Baden-Baden
Passau
Lech
Freudenstadt
Ulm
Bad Füssing
Augsburg
Isar
Inn
Iller
München
Bad Wörishofen
Freiburg
Bad Krozingen
Badenweiler
Kempten
Füssen-Bad Faulenbach
Bad Tölz
Bad Reichenhall
Bad Wiessee
Konstanz
Hindelang
Oberstaufen
Garmisch-Partenkirchen
Berchtesgaden
Oberstdorf

vensystems annehmen darf. Allerdings ändert sich der normale Strahlungspegel lange vor dem Luftdruckabfall des heranziehenden Tiefs.

Prof. *Köhler* (Bad Nauheim) ist der Meinung, daß Wetterfühligkeit eine Reaktion des Menschen auf Vorgänge ist, die sich auf der Sonne abspielen, noch bevor diese Vorgänge einen Wetterumschwung hervorgerufen haben.

Die Meteorologen haben inzwischen den Nachweis erbringen können, daß der Durchzug von Wetterfronten in der Erdatmosphäre immer mit Störungen des luftelektrischen Feldes einhergeht und der Ausbruch von Sonneneruptionen Störungen des erdmagnetischen Feldes zur Folge hat. Diese Störungen sind als Ursache anzusehen

1. für das Auftreten vermehrter Herzinfarkte,
2. für den sogenannten Wetterschmerz bei Amputierten, bei Nervenverletzungen und bei Narbenschmerzen,
3. für eine Veränderung der Reaktionszeit bei Gesunden, wodurch die Zahl der Verkehrsunfälle zunimmt und
4. für die Zunahme der Selbstmorde und Verbrechen.

Vorbeugende Maßnahmen sind also bei Durchzug von Wetterfronten in den genannten Fällen, insbesondere bei Herzkranken, nicht nur berechtigt, sondern notwendig, ja manchmal lebensrettend.

Nach *Brezowsky* (Bad Tölz) ist die Hypothese widerlegt, daß es sich bei der Wetterempfindlichkeit um ein Vorfühlen einer bevorstehenden Änderung handle, die auf Grund einer Fernwirkung luftelektrischer Einflüsse zustande käme. Er zieht zwar die Einwirkungsmöglichkeiten luftelektrischer Vorgänge nicht in Zweifel, glaubt aber auf Grund neuer meteorologischer Analysemethoden sagen zu können, daß die Vorderseite des Tiefs mit verschiedenen Formen der Warmluftzufuhr der Hauptsitz der Wetterwirkung auf Lebensvorgänge (der Biotropie des Wetters) ist. Nach seiner Meinung stimmt damit die vielfach bestätigte Beobachtung überein, daß die Störungen des Befindens bevorzugt *vor* einer Wetteränderung, d. h. an der Vorderseite des Tiefdruckgebietes *vor* der später folgenden Kaltfront, auftreten. Für *Brezowsky* ist die Wetterfühligkeit die Folge einer Änderung der physikalischen Umwelt durch die Zufuhr einer fremden Luftmasse beim Herannahen eines Tiefs. Die Erscheinung der Wetterfühligkeit ist in der Regel mit dem Eintreffen der labilen Kaltluft beendet.

Wie die Wetterfühligkeit auch zu erklären sein mag, wir müssen das Auftreten dieser sehr verbreiteten Erscheinung anerkennen und bei den davon betroffenen Menschen als Zeichen dafür werten, daß sie nicht mehr ganz gesund sind, daß eine vegetative Regulationsschwäche und damit eine mangelhafte Anpassungsfähigkeit besteht, die bei jüngeren Menschen durch ein entsprechendes Training wieder ausgeglichen werden kann, deren Folgen bei älteren Menschen jedoch nur noch medikamentös zu bekämpfen sind.

Herzkrankheiten

Ärzte und Meteorologen stellen übereinstimmend fest, daß das Wetter einen entscheidenden Einfluß auf Erkrankungen des Herzens hat. Bei bestimmten Wetterlagen ist die Gefahr des Herzinfarktes besonders groß. Der Hamburger Arzt Dr. *Beleke*, ehemals Chefarzt des Allgemeinen Krankenhauses in Hamburg-Wandsbek, fand, daß die meisten Infarkte (80 %) eintreten, wenn warme Luftmassen über kalte aufgleiten, wobei dann das Thermometer steigt, aber der Luftdruck fällt. Mit Hilfe des Deutschen Wetterdienstes ist es möglich, die Ärzte über das Herannahen gefährlicher Wetterlagen zu unterrichten, damit diese ihre Patienten über die zusätzliche Belastung des Befindens durch das Wetter aufklären und mit ihnen entsprechende Verhaltensregeln besprechen können.

Diese medizin-meteorologischen Hinweise für die Ärzteschaft gibt es seit über dreißig Jahren. Seit einiger Zeit kann die medizin-meteorologische Vorhersage von den Ärzten über BTX 444407 abgerufen werden. Auch gibt es jetzt medizin-meteorologische Hinweise für die Öffentlichkeit, die aber nur über den Fernsprechansagedienst abgehört werden können.

Die medizin-meteorologischen Hinweise sind zur Zeit für die Klimabereiche Nord 3 über FAD (02 11) 1 16 01 in Düsseldorf, für Mitte 2 über FAD (069) 1 16 01 in Frankfurt/M. und für Süd 3 über FAD (089) 1 16 01 in München abrufbar. Sie sind in der Regel auch für den Norden, den Süden und die Mitte der Bundesrepublik gültig.

Für Berlin und die östlichen Bundesländer gibt Auskunft das Zentralamt des Deutschen Wetterdienstes, Abt. Klimatologie, Außenstelle Potsdam in O-1115 Berlin-Buch (Telefon-Vorwahl Berlin-Ost 2/3 49 73 02).

Diese Hinweise können für den Patienten aber nur dann hilfreich sein, wenn er zuvor von seinem Hausarzt über den möglichen Einfluß des Wetters auf den Gesundheitszustand aufgeklärt wurde.

Jeder Bericht enthält:

1. Eine Aussage über die Wetterlage und deren voraussichtliche Entwicklung;
2. Hinweise über die Art des Wettereinflusses bei subjektiven Beschwerden und Krankheitserscheinungen, dazu Ernährungsratschläge und Warnhinweise für Autofahrer.

Gefährdet sind vor allem die sogenannten Manager, genauso aber auch alle Menschen, die wie Manager leben, d. h. ein gehetztes Dasein führen und dabei in beträchtliche nervöse und vegetative Spannungszustände hineingeraten, die dann die Katastrophe auslösen.

Die Zusammenarbeit von Ärzten und Meteorologen kann zu sehr genauen Vorhersagen führen, wann im Durchschnitt die meisten Herzinfakte zu erwarten sind. Beim Auftreten solcher todbringenden Wetterlagen läßt sich bei gefährdeten Patienten durch entspannende, beruhigende und blutgerinnungshemmende Mittel eine vorbeugende Wirkung erzielen, also der plötzliche Herztod verhindern.

Rheumatismus

Wird der Rheumatismus, insbesondere die rheumatische Gelenkentzündung (Arthritis), eine der hartnäckigsten und aufwendigsten Krankheiten der Welt, tatsächlich vom Wetter beeinflußt? Immer wieder versuchen Forscher diese Frage zu klären. So stellten Dr. *Joseph L. Holländer* und seine Mitarbeiter an der Pennsylvania-Universität in Philadelphia (USA) folgenden Versuch in einer Klimakammer an, in der jede beliebige Kombination von Temperatur, Luftdruck, Luftfeuchtigkeit und atmosphärischer Ionisierung erzeugt werden kann:

Sie suchten zehn Personen aus, die an so schwerem Rheuma litten, daß sie regelmäßig schmerzstillende Medikamente einnehmen mußten. Diese Personen klagten ferner darüber, daß sich ihre arthritischen Beschwerden bei jedem Wetterwechsel verschlimmerten. Die Forscher setzten diese Patienten vier Wochen lang in der Klimakammer wechselnden künstlichen Klimabedingungen aus, von denen die Patienten nichts wußten. In Tagebüchern mußten diese ihre Beschwerden und ihr Befinden aufzeichnen. Die Art und Zahl der eingenommenen Medikamente wurde kontrolliert, auch wurden Blutdruckmessungen sowie Leistungsprüfungen und Blutuntersuchungen durchgeführt. Das Ergebnis der Untersuchungen war eigentlich enttäuschend: Eine Verschlimmerung der arthritischen Beschwerden und eine arthritische Wetterfühligkeit hat sich durch die künstlich herbeigeführten, als günstig oder schädlich angesehenen Wetter- und Klimabedingungen nicht nachweisen lassen. Alle Rheumatiker (Arthritiker) fühlten sich jedoch bei anhaltender trockener Wärme von 25° C am wohlsten.

Wenn uns trotzdem unsere Rheumatiker einen bevorstehenden Wetterumschlag „vorhersagen" können, müssen wir einsehen, daß die künstlich hervorgerufenen und beliebig manipulierbaren „Wetterbedingungen" doch nicht den natürlichen Verhältnissen entsprechen. Wahrscheinlich fehlen auch wesentliche und noch unerkannte Faktoren, die aber offensichtlich bei der Wirkung des Wetters auf Krankheiten eine wichtige Rolle spielen.

Harnsteinkoliken

Bei Untersuchungen von 795 Kolikanfällen in den Jahren 1961–1965 fanden die Urologen Dr. *Hans Sachse* und Dr. *M. Friedrich* in Zusammenarbeit mit dem inzwischen verstorbenen Dr. *H. Brezowsky* vom medizin-meteorologischen Dienst Bad Tölz, daß die Anzahl der *Harnsteinkoliken* bei Kaltluftzufuhr oder Übergang zu Tiefdruckphasen deutlich ansteigt. Sie beobachteten jedoch eine Verminderung der Zahl der Koliken bei allgemeiner Wetterberuhigung, bei Schönwetter- und Föhnlage.

Im allgemeinen fand sich ein Januar-Maximum und ein Juni-Minimum. In den Jahren, in denen diese Januar-Maxima und Juni-Minima nicht auftraten, gab es auch entsprechende meteorologische Abweichungen. Ganz untypisch verlief das Jahr 1961, in dem die Häufung der Kolikanfälle im Juli auftrat. Es war aber auch ein Monat, der von Kaltluftzufuhr beherrscht war.

Auch bei den *Nierensteinkoliken* erfolgt der Wettereinfluß über das vegetative Nervensystem, wobei die Aktivität der glatten Muskulatur von Harnleiter und Nierenbekken erhöht ist, was vorhandene Steine in Bewegung bringen kann, wodurch wiederum die Gefahr der Einklemmung besteht. Natürlich kann diese größere Aktivität auch durch seelische Erregung und Ernährungsfehler zustande kommen.

Asthma

Die häufig vertretene Annahme, plötzliche Temperaturänderungen und hohe Luftfeuchtigkeit könnten Asthmaanfälle auslösen, besteht zu Unrecht.

Bei 19 Asthmakindern, die seit wenigstens drei Jahren krank waren, hielt man die sie umgebende Luft fünf Tage lang frei von Zigarettenrauch, Staub und anderen Substanzen, die bei asthmatischen Patienten gewöhnlich den Widerstand in den Luftwegen erhöhen. Bereits nach ein bis zwei Tagen trat eine deutliche Besserung ein. Bei mehreren Kindern hörte nach dem dritten Tag die erschwerte Atmung völlig auf. Änderte man dann die Temperatur und die Luftfeuchtigkeit, so traten dadurch keine Asthmaanfälle auf, und auch die Lungenfunktion änderte sich nicht.

Dieses Beispiel zeigt, daß die Luftfeuchtigkeit und die Temperatur keinen wesentlichen Einfluß auf die Anfälle hatten, wohl aber die Luftverunreinigungen.

Wenn sich dennoch manche, vor allem ältere Asthmatiker als „Wetterfrösche" erweisen, so ist anzunehmen, daß nicht allein die Änderung der Temperatur und der Luftfeuchtigkeit die auslösenden Faktoren für die asthmatischen Anfälle darstellen, sondern andere Wetterfaktoren dafür von größerer Bedeutung sind.

Dessenungeachtet besteht ein Zusammenhang zwischen Wetter und Asthma. Zwar trägt der meist angeschuldigte Witterungsumschlag daran keine Schuld, aber in der dabei auftretenden milden, feuchten Luftschicht können sich Industrie- und Autoabgase besonders gut ansammeln. Sie führen dann unter Umständen zu den quälenden Asthmaanfällen.

Die Krankheiten und ihre ganzheitliche Behandlung

„Das Wahre ist nur das Ganze."

Bemerkungen zu den Behandlungsmaßnahmen

Bei allen im folgenden aufgeführten Krankheiten – manchmal bedeutet der Name nur ein Krankheitszeichen – muß vor aller Behandlung die Ursache der Erkrankung ergründet und, falls möglich, beseitigt werden.

Viele der angegebenen physikalischen Maßnahmen dienen der Vorbeugung von Krankheiten (Prophylaxe); häufig unterstützen sie auch nur die etwa notwendige Diät- und Arzneibehandlung oder einen operativen Eingriff. Sehr oft können sie aber auch als *alleinige Behandlung* besser heilen als jegliche Arzneitherapie. Die alten Empfehlungen der Naturheilkunde, wie geregeltes Leben, gesunde Kost, Bewegung, Abhärtung und Meiden von Giften jeder Art (Genußgifte, Suchtmittel, Nahrungsgifte, Gifte in unserer Umwelt), haben nicht nur nichts von ihrer Bedeutung verloren, sondern werden immer aktueller, weil wir in unserem bewegungsarmen, vielfältig übersättigten Zivilisationsdasein zahlreichen Schädigungen und Giften ausgesetzt sind, deren Bedeutung uns heute erst richtig aufgeht, nachdem unsere Umwelt mehr und mehr und immer schneller vergiftet und verpestet wird.

IN DIESEM KAPITEL:

- **Die Rolle der physikalischen Therapie**
- **Die Ernährung als Heilfaktor**
- **Psychotherapeutische Maßnahmen**
- **Arzneimittelbehandlung**

Die Rolle der physikalischen Therapie

Bei vielen Maßnahmen der physikalischen Therapie spielen Temperaturreize eine entscheidende Rolle. Die Art der Temperaturreize, der Zufuhr von Wärme oder Kälte also, ist von Maßnahme zu Maßnahme verschieden. Auch die Mittel, deren man sich dabei bedient, die Reizmedien, sind sehr unterschiedlich, z. B. Luft, Wasser, Erde (Heilerde, Schlamm, Schlick, Moor) oder Strahlen. Alle diese Mittel lassen sich sehr gut den individuellen Bedürfnissen nach Intensität, Dauer und Größe der Angriffsfläche der Reize (z. B. Kompresse oder Ganzpackung, Teilbad oder Vollbad) anpassen. Entscheidend ist jedoch letztlich, daß unter dem Einfluß der physikalischen Reize Stoffe entstehen, die die Gefäßaktivität mobilisieren und die Durchblutung auch bei örtlich begrenzten Maßnahmen nicht nur am Ort der Anwendung, sondern auf Grund der konsensuellen (übereinstimmenden) Reaktionen auch im Bereich der gesamten Körperoberfläche, des Gehirns und der Nieren außerordentlich steigern.

Durch physikalische Reize auf einzelne Hautsegmente lassen sich ebenso die ihnen über den Nervenweg zugeordneten inneren Organe beeinflussen (z. B. Armbad –

Herz, Brustwickel – Lunge, Lendenwickel – Bauchorgane).

Die vielen vorwiegend auf die Haut einwirkenden natürlichen Heilmaßnahmen wie Luft-, Licht- und Wasseranwendungen, Bestrahlungen, Massagen, Abreibungen und Trockenbürsten wären völlig überflüssig, wenn nicht zwischen Haut und Körperinnerem intensive Zusammenhänge bestünden. Darüber hinaus gibt es beim Menschen sehr wesentliche Möglichkeiten, von der Haut aus auf den ganzen Organismus einzuwirken. Die Vermittlerrolle zwischen der Haut und den inneren Organen übernimmt das Nervensystem. Dabei ist interessant zu wissen, daß das Nervensystem, das Gehirn und die Haut bei der Entwicklung der befruchteten Eizelle und des daraus entstehenden Embryos aus der gleichen Keimschicht hervorgehen. Das ist die Erklärung für die starken Wechselbeziehungen zwischen Haut und Nervensystem.

Wir kennen diese Beziehungen übrigens auch beim Tier. Das Striegeln der Pferde wirkt sich auf ihre ganze Verfassung sehr wohltuend aus. Werden Kühe zweimal täglich mit Striegel und Bürste geputzt, so geben sie wesentlich mehr Milch, als wenn diese Pflegemaßnahme unterlassen wird. Es wurden Unterschiede bis zu elf Litern täglich festgestellt.

Wir wissen auch, daß es allein durch die physikalischen Hautreize (z. B. Seeklima, Seebäder) gelingt, die Hormonproduktion der Hypophyse und der Nebennieren anzuregen, wenn wir auch über die sich dabei im einzelnen abspielenden Vorgänge noch nicht genau unterrichtet sind.

Die Ernährung als Heilfaktor

Zweifellos hängt von der *richtigen Ernährung* des Menschen in jedem Lebensalter die Erhaltung der körperlichen und geistigen Leistungsfähigkeit und damit seine ganze Existenz ab. Im einzelnen kennen wir die gute Infektionsabwehr frauenmilchernährter Kinder gegenüber den künstlich ernährten Kindern. Wir wissen heute auch, daß eine gute Ernährung in der Schwangerschaft Mißbildungen bei Kindern verhüten kann und die besten Voraussetzungen für eine leichte Geburt schafft.

Immer klarer zeigen die Forschungsergebnisse, daß eine Nahrung, in der die Hauptnährstoffträger Eiweiß, Fett und Kohlenhydrate in einem wohlausgewogenen Verhältnis stehen, der Kaloriengehalt mäßig bleibt und die Ergänzungsstoffe (Vitamine, Mineralien, Spurenstoffe, Aromastoffe) lückenlos vorhanden sind, die frei von giftigen Beimengungen ist und einen Frischkostanteil von wenigstens 20 % aufweist, den besten Schutz gegen zahlreiche Krankheiten bietet.

Wir können mit Genugtuung feststellen, daß die Gesundheitsbehörden besonders der skandinavischen Länder einer zweckmäßigen Ernährung so große Bedeutung beimessen, daß sie Richtlinien für eine diätetische Herzinfarktvorbeugung erlassen, wobei ganz in unserem Sinne Eiweiß, Vitamine und Mineralien gegenüber Fett und Kohlenhydraten bevorzugt und ins richtige Verhältnis gebracht werden und die pflanzlichen Fette überwiegen.

Neu ist in diesem Zusammenhang auch die Erkenntnis, daß eine *Magnesium*anreicherung der Nahrung durch entsprechende Nahrungsmittel ebenfalls die Infarktanfälligkeit verringert, wahrscheinlich weil das Magnesium zu einer besseren Blutlöslichkeit des Cholesterins beiträgt.

Anderseits wissen wir auch, daß *falsche* Ernährung einen Krankheitsfaktor ersten Ranges darstellt. Der häufigste Fehler ist eine kalorische *Überernährung.* Natürlich wird die Überernährung in den hochentwickelten westlichen Industrieländern durch die verlockende Fülle der Nahrungsmittelangebote aus allen Ländern stark begünstigt. Als Folge treten Stoffwechsel-

Vor Beginn der Produktion von Arzneimitteln müssen sämtliche Einsatzstoffe untersucht werden. Die Analyse der Rohstoffe erfolgt in den Laboratorien für Analytik und Qualitätskontrolle. Das Bild zeigt eine Titration. Mit Hilfe dieser Methode kann die Konzentration einer gelösten Substanz durch Zugabe einer bekannten Lösung aus einem genormten Meßinstrument (Bürette) bestimmt werden.

erkrankungen aller Art auf. Eine falsche Ernährungsweise ist allein- oder mitschuldig an Lebererkrankungen, Herz-Kreislauf-Versagen, Zuckerkrankheit, Zahnfäule und Kieferdeformationen, Mißbildungen bei Neugeborenen, Fehlgeburten, Bandscheiben- und Haltungsschäden und noch mancherlei anderen Erkrankungen. Die Überernährung muß als erste Ursache für das Übergewicht und die Fettsucht gelten. Neben den allein schon daraus resultierenden Stoffwechselstörungen ist die Fettsucht auch ein sehr ernsthafter Faktor für die Entstehung chronischer Lungenleiden, da sie eine ungenügende Atmungsfähigkeit (respiratorische Atmungsinsuffizienz) zur Folge haben kann.

Daß man bei ernsten Krankheiten mit einer Spezialdiät viel erreichen kann, zeigt das Beispiel der *Phenylketonurie,* einer angeborenen Fermentstoffwechselstörung, bei der es durch eine sofort eingeleitete (phenylalaninarme) Diät gelingt, den sonst unausweichlich eintretenden Schwachsinn zu verhindern.

Da Ernährungsfehler verschiedenster Art mit den sich daraus ergebenden Stoffwechselstörungen und Erkrankungen ein großes Problem vor allem in den Industrieländern darstellen, ist eine entsprechende Ernährung die Basis für die Behandlung zahlreicher Krankheitszustände.

Wenn bei den nachfolgend besprochenen Krankheiten die notwendigen Diätformen meist nur erwähnt wurden, so geschah das der notwendigen Kürze wegen und weil ich das große Gebiet der Ernährungsbehandlung in dem Buch „Nutze die Heilkraft unserer Nahrung" ausführlich besprochen habe.

Psychotherapeutische Maßnahmen

Für eine erfolgreiche *seelische Behandlung* ist es von großem Wert zu wissen, mit welchen verstandesmäßigen Voraussetzungen man zu rechnen hat, ob der seelisch Kranke also intelligent ist oder nicht. Das Heilverfahren stellt nämlich an den Kranken sehr häufig hohe Anforderungen an Einsicht und das Erfassen von Beziehungen. Da der Weg der Heilung meist über die diagnostische Aufhellung des Charakters, der seelischen Eigenart und der seelisch-körperlichen Störungen führt, kann sich die Heilung zwangsläufig nur unter weitgehender Mitwirkung der Intelligenz vollziehen.

Es wird immer viele Fälle von seelischer Erkrankung geben, bei denen eine tiefergehende Behandlung nicht möglich ist, und es wird genauso zahlreiche Fälle geben, die eine solche Behandlung auch gar nicht nötig haben.

Es muß dem Psychotherapeuten überlassen bleiben, auf welchem Weg (mit welchen psychodiagnostischen Maßnahmen) er eine Einsicht in die Wesensart eines Menschen und seine seelischen Störungen gewinnt, um einen Weg zur Heilung finden zu können. Dabei muß wohl bedacht werden, daß die seelische Analyse, die Aufdeckung der Eigenarten und Störungen in manchen Fällen allein schon eine Heilung einleiten kann, daß sie aber häufig nicht einmal zu einer Besserung genügt. Es besteht sogar die Gefahr, daß nur eine Erschütterung erfolgt, die ihrerseits neuen seelischen Schaden anrichtet.

Zu einer echten Heilung kann es kommen, wenn es dem Psychotherapeuten gelingt, im Kranken die Bereitschaft zu wekken, *mit sich selbst ins reine zu kommen.* Der Kranke muß die Ursachen und Zusammenhänge seiner seelischen Störungen wirklich erleben, erfassen, verstehen und verarbeiten. Was er selbst erkennt, was ihn selbst klärt, wozu er sich vielleicht nach tiefen Depressionen und Erschütterungen durchringt, bringt ihn auf den Weg der Heilung. Der Arzt kann ihm dabei sozusagen nur Geburtshelferdienste erweisen, ihm nur zur Seite stehen mit seinem Verständnis, seinem Wissen und seiner Bereitschaft, ihm auf den Weg zur Klärung zu helfen und ihm Rückendeckung zu gewähren.

In nicht wenigen Fällen wird auch die beste seelische Diagnostik und Therapie nicht helfen, wenn es sich um einsame, entmutigte Menschen handelt, die an sich selbst, an den Menschen ihrer Umgebung, an der Welt und an Gott irre geworden sind. Wer diesen Menschen helfen will, muß ihr Vertrauen gewinnen, muß ihnen mit wirklicher Anteilnahme und Liebe begegnen, bis sie „aus sich herausgehen", das heißt aber, sich selbst, ihre Person, ihre Existenz dem anderen anvertrauen und damit ihre Liebebedürftigkeit zu erkennen geben. Hier sind Vertrauen und Liebe die erlösenden und heilenden Kräfte.

Bei den verschiedenen Krankheiten war es nur möglich, einzelne in Frage kommende Maßnahmen der seelischen Heilbehandlung (Psychotherapie) anzuführen. Der Arzt muß entscheiden, ob und wie er sie in seinen Behandlungsplan aufnehmen kann oder sogar muß. Jedes leichtfertige Experimentieren kann mehr schaden als nutzen, wenn auch diese Maßnahmen aus einer Behandlung, die den ganzen Menschen berücksichtigt, nicht mehr wegzudenken sind.

Arzneimittelbehandlung

Obwohl dieses Buch die Behandlung der Krankheiten mit natürlichen, insbesondere physikalischen Maßnahmen in den Vordergrund rückt, soll die zweifellos oft akut wirksame und in der ärztlichen Praxis am meisten und zuerst geübte *medikamentöse Behandlung* nicht zu kurz kommen. Da diese Behandlungsart in jüngster Zeit in der Allgemeinpresse, in Rundfunk und Fernsehen immer wieder besprochen und diskutiert wird, erscheint es mir angebracht, auch hierzu einiges zu sagen, da sowohl das rein pflanzliche als auch das sogenannte chemische Medikament in der modernen Krankenbehandlung seinen Platz hat. Seine Wirkungsmöglichkeiten und seine Grenzen müssen nur richtig gesehen werden, und sein Einsatz darf nicht ohne Notwendigkeit erfolgen.

Die Problematik der Arzneimitteltherapie kann am besten an dem Beispiel des allgemein bekannten Penicillins gezeigt werden.

Penicillin ist zur Bekämpfung einer Reihe akuter Infektionen bei Ärzten und Patienten sehr beliebt. Verschiedene Penicillinpräparate haben eine weite Verbreitung gefunden. Im allgemeinen ist Penicillin für den Menschen nicht giftig. Es werden Tagesdosen bis zu 6 g praktisch ohne Nebenwirkungen vertragen. In seltenen Fällen tritt allerdings als einzige Nebenwirkung eine *Allergie* auf.

Man muß annehmen, daß sich eine Penicillinallergie dann entwickelt, wenn früher schon einmal Kontakt mit Penicillin oder einer ähnlichen Substanz bestand. Dabei muß es sich nicht um ärztlich verordnetes, eingenommenes oder eingespritztes Penicillin handeln, es kann vielmehr auch ein längerer unbemerkter Kontakt zu einer Sensibilisierung geführt haben. Solche *unbemerkten Kontakte* können z. B. über Milch und Milchprodukte zustande kommen, wenn die Milch von Kühen stammt, die mit Penicillin behandelt wurden.

Im Auftrage der Deutschen Forschungsgemeinschaft untersuchten Prof. *Gieszke* und seine Mitarbeiter 1508 Kalbfleischproben und fanden in 67,3 % dieser Proben Hemmstoffe (Antibiotika), die den Tieren verabreicht worden sein müssen. Das zeigt, daß das Fleisch, das wir essen, in einem erschreckend hohen Maße Antibiotika enthält, die zur Überempfindlichkeit gegen diese Stoffe führen können, so daß dadurch in akuten Krankheitsfällen eine arzneiliche Behandlung unmöglich wird.

In England hat der Landwirtschaftsminister die Verwendung der bekanntesten Hemmstoffe (Penicillin, Chlortetracyclin und Oxytetracyclin) als Futtermittelzusatz verboten, weil ein Expertenausschuß die Gefährdung des menschlichen Organismus durch diese Substanzen als erwiesen ansah.

Auch mit Penicillin verunreinigte Luft oder damit verunreinigtes Sterilisationswasser kann zur Allergisierung beitragen. Selbst Pilze verschiedener Art sind in der Lage, Penicillin und penicillinähnliche Substanzen zu produzieren, die dann bei Pilzinfektionen zu einer unbemerkten Penicillinüberempfindlichkeit führen können.

Wir unterscheiden heute streng die seltenen nichtallergischen schockartigen Zwischenfälle, die nur bei Verabreichung von Depot-Penicillinpräparaten durch Infektion auftreten, von der eigentlichen Penicillinallergie. In der Praxis bevorzugt der Arzt heute die sehr gut wirksamen, einzunehmenden Penicillinpräparate.

Die echte Penicillinallergie kann sich als Sofortreaktion innerhalb von Sekunden bis zu einer Stunde nach Verabreichung des Penicillins in schwachen bis starken Krankheitssymptomen zeigen. Zu den Sofortreaktionen zählen auch die nach Minuten bis zu zwei Tagen auftretenden nesselsuchtartigen Hautquaddeln. Zwischen dem fünften bis vierzehnten Tag nach Beginn einer Penicillinbehandlung kann eine allergische Spätreaktion erfolgen, die sich unter verschiedenen Bildern auf der Haut zeigt, wie generalisierte Urtikaria, Hautrötungen, masernähnliche Ausschläge und andere, die manchmal von Fieber und Gelenkschwellungen begleitet sein können.

Aus der Erfahrung ergibt sich, daß Patienten, die irgendwelche allergische Reaktionen aufwiesen oder noch aufweisen (z. B. Pollenallergien, meistens in Form von Heuschnupfen), von einer Penicillinbehandlung ausgeschlossen werden sollten, weil sie besonders penicillinempfindlich sind. Die Altersgruppe zwischen 20 und 50

Während der Patient auf dem Fahrradergometer die Pedale tritt, werden Atemkapazität, Sauerstoffverbrauch und EKG registriert. Die Belastung wird nach der Kondition des Patienten gesteigert.

Jahren ist am meisten betroffen, während Kinder unter zwölf Jahren selten überempfindlich auf Penicillin reagieren. Nach heutigem Wissen ist die *Penicillinallergie die häufigste Arzneimittelallergie.*

Man sollte also jede nicht unbedingt notwendige Penicillinanwendung vermeiden, jede Anwendung auf der Haut und den Schleimhäuten unterlassen und vor jeder Anwendung nach einer möglichen Allergie in der Krankheitsvorgeschichte fahnden.

Auch zahlreiche andere hochwirksame Medikamente sind leider mit oft erheblichen Nebenwirkungen belastet, über die unter dem Stichwort *Arzneimittelvergiftungen* nachzulesen ist. Immer wieder tauchen neue Medikamente auf. Es soll damit der große Wert der medikamentösen Behandlung keineswegs verkannt oder geschmälert werden. Sie muß aber vom behandelnden Arzt sehr wohl überlegt sein und überwacht werden, damit nicht mehr Schaden als Nutzen entsteht.

Mit Bedacht wurde die medikamentöse Behandlung jeweils an den Schluß der Therapie gestellt in dem Wunsch, daß man zunächst die diätetisch-physikalischen Behandlungsmaßnahmen und die seelischen Beeinflussungsmöglichkeiten in Betracht ziehen möge. Selbstverständlich kann auch oft genug ein nach diagnostischer Klärung gezielt und richtig dosiert eingesetztes Medikament die erstrebte Wendung im Krankheitsablauf herbeiführen.

Das Was, Wann, Wieviel und Wie lange ist aber bei allen ernsthaften Fällen und bei allen hochwirksamen Medikamenten Sache des Arztes, weil er am besten den zu erwartenden Nutzen und die möglichen Risiken bei jedem einzelnen abschätzen kann.

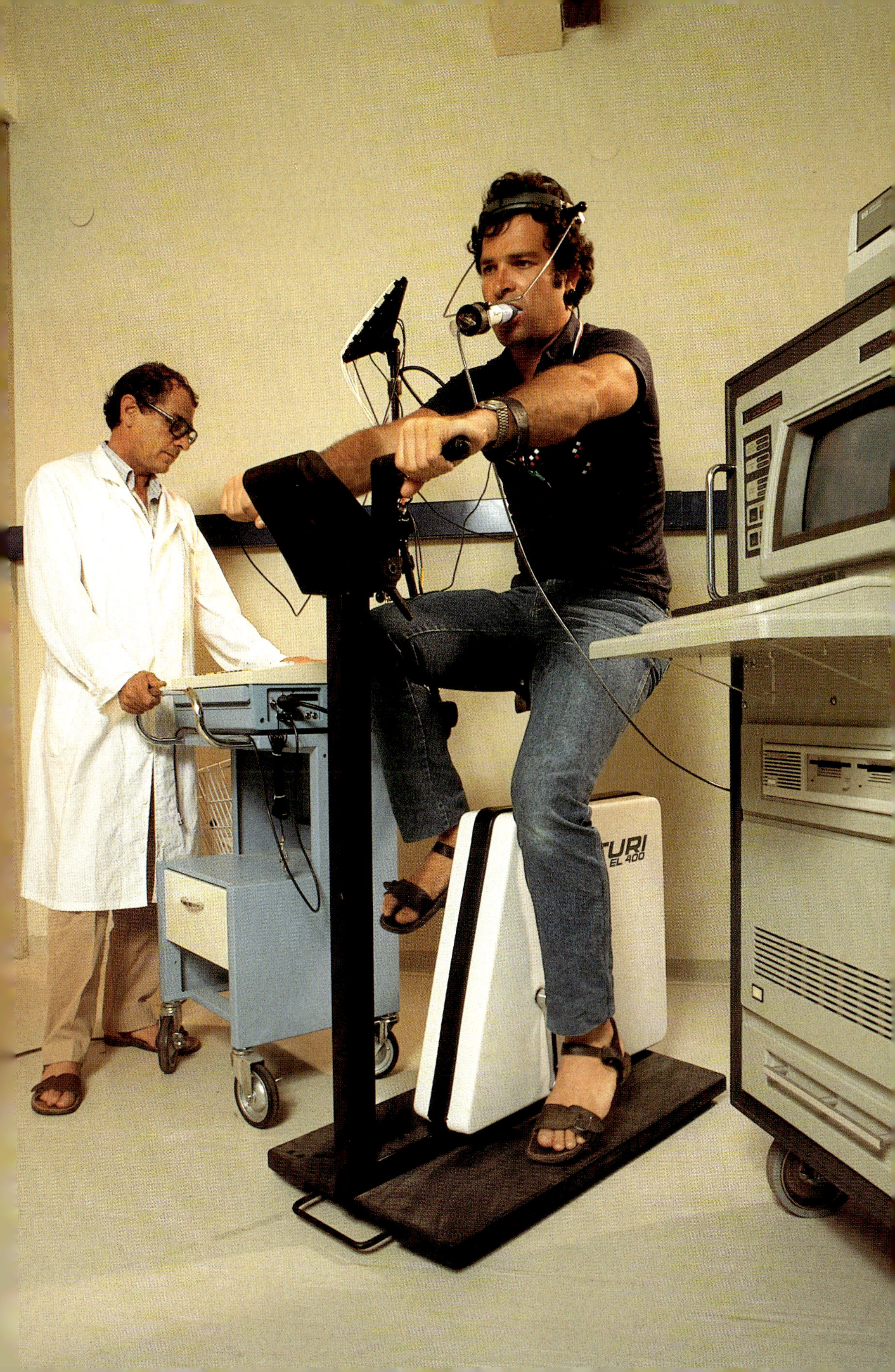
TURI
EL 400

Die Krankheiten

A

ABFÜHRMITTEL (Mißbrauch)

Durch länger dauernden Gebrauch von Abführmitteln, die wegen Darmträgheit sehr häufig genommen werden, verliert der Körper fortwährend zu große Mengen Kalium. Dieser Kaliumverlust hat eine zusätzliche Verschlechterung der Darmbewegungen zur Folge. Die Einnahme von Abführmitteln wird dann meist gesteigert, wodurch der Kaliumverlust und in seiner Folge die Darmträgheit zunimmt. Der steigende Kaliumverlust führt schließlich zu weiteren Organschädigungen vor allem an den Nieren und am Herzen. Nun aber ist die Niere das Hauptausscheidungsorgan für Kalium. Durch eine Schädigung der Nieren können sie die Fähigkeit verlieren, die Kaliumausscheidung den Bedürfnissen des Körpers anzupassen. Besonders starke Kaliumverluste sind die weitere Folge.

Bedeutsam ist, daß der Kaliummangel im Blut die Empfindlichkeit des Herzmuskels gegenüber Herzmitteln (vor allem Fingerhutpräparaten bzw. Digitalisglykosiden) beträchtlich erhöht. Schon geringe Digitalismengen, die sonst immer sehr gut vertragen wurden, führen dann schon zu Vergiftungserscheinungen. Die Situation verschlimmert sich, wenn auch noch wasserausscheidende Mittel verabreicht werden, die ebenfalls den Kaliumverlust durch die Nieren erhöhen.

Der Kaliummangel im Blut (Hypokaliämie) führt auch zu einer Reihe von allgemeinen Krankheitszeichen wie Blässe, Verwirrtheit, Gefühlsstörungen an Händen und Füßen, Muskelschwäche, aufsteigende schlaffe Lähmung, Herzverlangsamung, unregelmäßiger Herzschlag (Rhythmusstörungen), EKG-Veränderungen und schließlich Kollapserscheinungen, Magen-Darm-Störungen und Nierenschäden.

Am Anfang einer ursächlichen *Behandlung* muß selbstverständlich jede weitere Einnahme von Abführmitteln unterbleiben und zunächst der Kaliummangel beseitigt werden.

Diät: Kaliumreiche Ernährung durch viel Gemüse, Obstsäfte, Salate.

Medikamente: Agiolax, Agiocur, Laxiplant sind zu empfehlen. Je nach Ausmaß des Kaliummangels zusätzlich zur Kost 6–10 g Kalium pro Tag bis zur Normalisierung des Serum-Kaliumspiegels (vom Arzt leicht festzustellen). Die Zufuhr geschieht durch entsprechende Präparate wie Kalinor, Rekawan, KCl-retard Zyma u. a.

Wenn es gelingt, den Serum-Kaliummangel zu beheben, bilden sich in den meisten Fällen alle Krankheitserscheinungen zurück. Die ursprüngliche Darmträgheit muß mit diätetischen und physikalischen Maßnahmen beeinflußt werden.

ABMAGERUNG (Magersucht)

Sie ist zunächst nur ein Krankheitssymptom, dessen Ursache aufgeklärt werden muß. Magen- und Darmkrankheiten, chronische Infektionen, Schilddrüsen- oder andere Hormondrüsenerkrankungen, z. B. Zuckerkrankheit, verschiedene Formen der Blutarmut, Suchtkrankheiten (Alkohol-, Nikotin, Schlafmittel-, Halluzinogen- und Morphiumsucht) und Krebs können ihr zugrunde liegen.

Bei anhaltender Abmagerung muß auch an die *Whipplesche Erkrankung* gedacht werden, eine schwere Dünndarmerkrankung, bei der die Nahrungsstoffe nicht aufgesaugt werden können und es alsbald zu einer Entgleisung vor allem des Fettstoff-

Mit regelmäßigem Trockenbürsten kann die Behandlung der Magersucht unterstützt werden.

wechsels kommt. Leibschmerzen, anhaltende, schwere Blähungen und Durchfälle führen den Patienten meist zum Arzt. Außer der Abmagerung tritt auch bald Blutarmut, Gelenkentzündung und Steatorrhoe (vermehrter Fettgehalt des Stuhls) auf.

Diät: Häufige, kleine, konzentrierte Mahlzeiten, anfänglich als Haferbrei, angereichert mit Weizenkeimen, Schlagsahne, Sanddornextrakt, Mandelmus, Obstsalate mit angerührtem Quark (Quark-Obst-Speisen), Südfrüchte und Säfte, möglichst viel Würzkräuter.

Physikalische Maßnahmen: Trockenbürsten, täglich zweimal längere Spaziergänge, Gymnastik, Schwimmen und Turnen.

Psychotherapeutische Maßnahmen: Wenn psychische Ursachen bei der Krankheit mitsprechen, sind Aussprachen in ruhiger Atmosphäre erforderlich, ferner Entspannungsübungen.

Medikamente: Appetitanregende Heilpflanzenzubereitungen (z. B. Gastricholan, Wacholderextrakt, Bockshornkleesamen).

ABSZESS

Bei Eiteransammlungen im Gewebe spricht man von einem Abszeß. Oberflächlich (unter der Haut) gelegene Abszesse kann man durch erweichende und ziehende Kompressen oder durch Salbenverbände nach außen durchbrechen lassen. Sie heilen nach der Eiterentleerung meist ab. Tieferliegende Abszesse müssen durch chirurgischen Eingriff geöffnet werden, damit der Eiter abfließen kann.

Diät: Normalkost.

Physikalische Maßnahmen: Bei oberflächlichen Abszessen legt man Ichthyol- oder Enelbinkompressen auf.

Medikamente: Antibiotische Mittel (Penicillin) und Sulfonamide, wenn eine Allgemeininfektion befürchtet werden muß.

AFTERJUCKEN

Kommt vor bei Hämorrhoiden, Hormonmangelzuständen, Altershaut, Zuckerkrankheit und Würmern.

Diät: Sie richtet sich nach dem zugrunde liegenden Leiden. Falls keines zu ermitteln ist, für leichten Stuhlgang sorgen durch Leinsamen, viel Obst (roh und gekocht), Gemüse, Salate, Quarkspeisen.

Physikalische Maßnahmen: Kalte oder auch wechselwarme Sitzbäder, Kuhne-Reibebäder, kalte und wechselwarme Afterduschen (auf dem Bidet oder mit der Badewannen-Handbrause).

Medikamente: Stuhlregulierende Mittel und Mittel zur Behandlung der zugrunde liegenden Krankheit (siehe dort), z. B. Wurmmittel, örtlich Hämorrhoidensalben (siehe unter Hämorrhoiden).

AFTERRISSE *(Afterschrunden)*

Es bestehen streifenförmige Geschwürchen am Übergang der Außenhaut zur

Schleimhaut des Mastdarms. Durch Vernachlässigung kommt häufig eine Afterentzündung hinzu. Die Heilungstendenz ist besonders durch die mechanische Reizung und Verschmutzung beim Stuhlgang schlecht. In schweren Fällen kann es bis zu einer sehr schmerzhaften Zusammenziehung des Afterschließmuskels (Afterkrampf) kommen, der jeden Stuhlgang zur Qual werden läßt.

Grundsätzlich sollte bei allen anhaltenden Beschwerden in der Aftergegend eine fachärztliche Untersuchung mit einer Spiegelung des Enddarms erfolgen, um eine leicht zu übersehende, bösartige Erkrankung (Dickdarmkrebs) auszuschließen.

Diät: Reizlose Kost (Haferschleim- und Weizen-Gel-Tage).

Physikalische Maßnahmen: Kühle Sitzbäder, kühle Kompressen.

Psychotherapeutische Maßnahmen: Konzentrative Selbstentspannung.

Medikamente: Gallen- und stuhlfördernde Mittel (Cynarzym, gallo sanol N) sowie Hämorrhoidensalben.

AKNE VULGARIS

Erkrankung der Hauttalgdrüsen, die meist in den Entwicklungsjahren beginnt. Die eigentliche Ursache ist unbekannt. Man vermutet, daß die Akne durch ein Überwiegen der Östrogene gegenüber den Gegenspielern, den Gestagenen bzw. Androgenen, entsteht. Dieses Mißverhältnis soll durch das rein pflanzliche Medikament Agnolyt (Madaus) ausgeglichen werden.

Diät: Salzarm, keine reinen Kohlenhydrate (Zucker, Weißmehl), keine tierischen Fette, keine Genußmittel.

Physikalische Maßnahmen: Höhensonne, Gesichtsdampfbäder mit Kamille oder Heublumen.

Medikamente: Agnolyt, manchmal können auch Östrogenpräparate wirksamer sein; Vitamin A.

ALKOHOLISMUS

Der zunehmende Alkoholismus führt in steigendem Maße zu seelischen und organischen Folgekrankheiten. Auch rauscharme Alkoholismusformen haben häufig erhebliche zentralnervöse Ausfallerscheinungen zur Folge, wie Erinnerungs- und Gedächtnisstörungen, Störungen der Aufmerksamkeit und der Aufnahmefähigkeit, Einschränkung der Urteilsfähigkeit, Verlangsamung des Denkens, Haftenbleiben an gehörten und selbstgesprochenen Worten, aber auch Gereiztheit, leichte Erregbarkeit, Stimmungslabilität, Weinerlichkeit und Einengung der Interessensphäre.

Wenn auch alle diese Symptome auf eine organische Hirnschädigung hinweisen, so

Immer mehr Menschen, vor allem Jugendliche, verfallen der Droge Alkohol mit all ihren verheerenden Folgeerscheinungen.

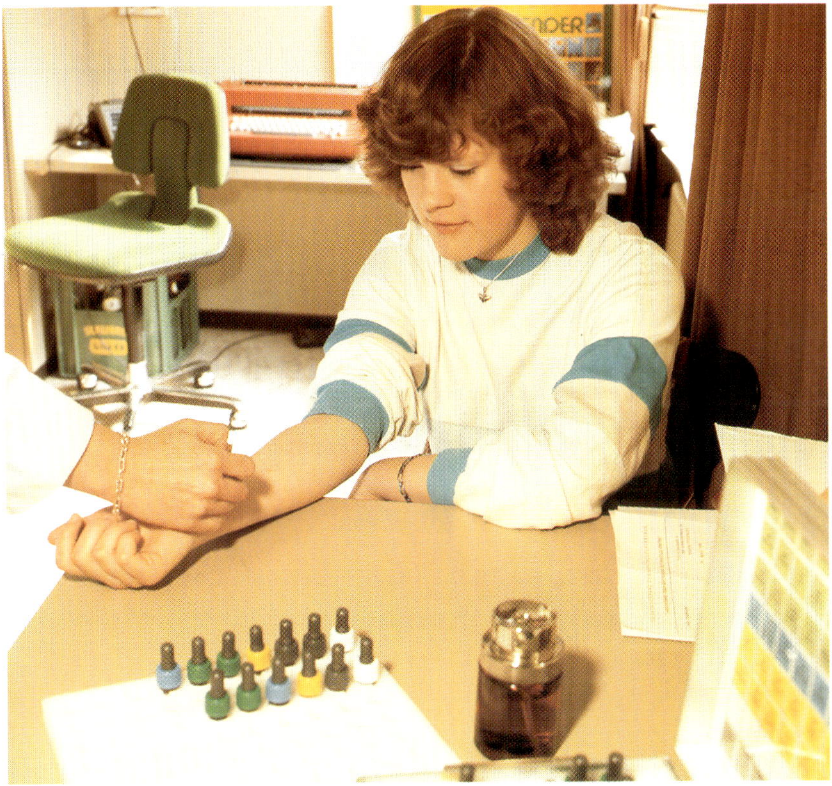

Der Heuschnupfen gehört zu den verbreitetsten allergischen Krankheiten. Beim Hals-Nasen-Ohren-Arzt versucht man mit Hilfe eines Allergietests das auslösende Allergen herauszufinden.

sind sie anfänglich doch noch rückbildungsfähig. Das ist jedoch nur bei strenger Abstinenz möglich und nimmt längere Zeit in Anspruch.

Die leichten bis mittelschweren organischen Hirnveränderungen können in das Bild der **Alkoholdemenz** (Verblödung) oder des **Delirium tremens** (Säuferwahnsinn) übergehen. Es ist dann nur noch eine klinische Behandlung in einer Spezialabteilung möglich.

Chronischer Alkoholismus kann bei Kindern zu schweren Entwicklungsstörungen führen, nämlich zu Fehlbildungen im Bereich des Gesichtsschädels, der Arme und Beine sowie der Kreislauforgane. Daneben treten vorgeburtliche Wachstums- und Entwicklungsverzögerungen auf.

In fast allen größeren Städten gibt es bei Behörden, Krankenkassen und den Wohlfahrtsverbänden Alkoholiker-Beratungsstellen.

Dort können auch die Anschriften jener Organisationen erfragt werden, die sich gezielt der Bekämpfung des Alkoholismus widmen.

ALLERGIE · ALLERGISCHE KRANKHEITEN

Bei allergischen Krankheiten besteht eine veränderte Reaktionsfähigkeit des Organismus gegenüber einer mehr oder minder großen Zahl von Substanzen, die aus der Umwelt, aus den Nahrungsmitteln oder dem eigenen Stoffwechsel stammen können. Darüber hinaus gibt es aber auch rein seelisch bedingte allergische Krankheiten.

Bei der Verwendung von Rohkost treten im allgemeinen keine allergischen Reaktionen auf.

Stoffe, die allergische Reaktionen oder Krankheiten auslösen, heißen *Allergene* oder auch *Antigene.*

Zu den allergischen Krankheiten zählen Heuschnupfen, Nesselsucht, vasomotorischer Schnupfen, Bronchialasthma, Migräne, endogene Ekzeme, Hautjucken (ohne erkennbare äußere Ursache), bestimmte Blutungsleiden und Bindehautentzündung (falls sie nicht bakterieller Natur ist).

Falls durch Beobachtung oder einen Test die allergieauslösenden Stoffe erkannt werden, versucht man diese natürlich zu meiden oder auszuschalten. Oft genug gehört kriminalistischer Scharfsinn dazu, um die Allergene in der Umwelt, in Nahrungsmitteln oder Medikamenten zu entdecken. Die gemeinsame Grundlage aller Allergenwirkungen ist die Erweiterung und das Durchlässigwerden der Blutgefäße. Durchlässig werden die Gefäße durch das Gewebshormon Histamin. Normalerweise ist dieses in einer bestimmten Blutzellart (nämlich in der basophilen Granula der Mastzellen) gespeichert. Auf bestimmte Anreize hin entleeren sich die Histaminspeicher. Der Anreiz kann chemischer Natur (Nahrungsmittel oder Medikamente) oder physikalisch bedingt sein (Reibung, Druck, Kälte, Wärme, Licht, Überanstrengung), aber auch durch seelische Regungen ausgelöst werden. Manchmal besteht auch eine Allergie gegen Gummi.

Bei den akut verlaufenden allergischen Erkrankungen ist die Ursache meist zu ermitteln, bei den chronisch verlaufenden ist das sehr viel seltener der Fall. Als häufigste Ursache für die akute Form kommen Nahrungs- und Genußmittel, Salicylsäurepräparate, Penicillin- und Phenazonabkömmlinge in Frage. Bei den Nahrungsmitteln ist neben Milch, Eiern, Fisch und Muscheln auch an Kaffee, Tee und Kakao, ja selbst an Honig zu denken. Nicht selten wirken auch Hefe- und Schimmelpilze im Körper als Allergene.

Eine *ursächliche Behandlung* ist nur möglich, wenn man das Allergen (oder mehrere Allergene) ausfindig macht, es ausschaltet oder dagegen desensibilisiert. Die Allergensuche, der Allergentest und die Desensibilisierungsbehandlung sind nur mit ärztlicher Hilfe möglich. Lassen sich die Allergene nicht ermitteln, bleibt nur die *symptomatische Behandlung.* Dafür stehen genügend, aber nur ärztlich zu verordnende Mittel zur Verfügung.

Diät: Eventuell zunächst Suchkost, d. h. man beginnt mit einem Teetag und legt dann Tag für Tag ein Nahrungsmittel zu, um herauszufinden, bei welchem Nahrungsmittel eine allergische Reaktion auftritt. Damit können Nahrungsmittel-Allergene aufgefunden werden. Andernfalls Rohkost, rein vegetarische Kost, lacto-vegetabile Kost oder zumindest salzarme Kost.

Physikalische Maßnahmen: Überwärmungsbäder, Wickel und Kneippgüsse, Bindegewebsmassage, Lehmbehandlungen.

Psychotherapeutische Maßnahmen: Psychoanalyse, Entspannungsübungen.

Medikamente: In den akuten Stadien sind Antihistaminpräparate und Corticosteroide oder Kombinationen dieser beiden Stoffgruppen (z. B. Celestamine) nicht zu vermeiden. Sie müssen aber alle ärztlich verordnet werden.

ALLGEMEINSCHWÄCHE

(Schwächezustände)

Da die Allgemeinschwäche eigentlich keine Krankheit, sondern ein Symptom darstellt, muß zunächst nach der Ursache geforscht werden. Es kann sich um die verschiedensten Formen der Allgemeinschwäche handeln, nämlich um nervöse Erschöpfung, eine meist anlagebedingte Asthenie und Nervenschwäche (Neurasthenie), um Potenzschwäche der Männer oder Geschlechtskälte (Frigidität) der Frauen. Es kann auch eine versteckte Kreislaufschwäche, eine Blutarmut, ein chronischer Infekt (Herdinfekte, Tuberkulose) oder eine bösartige Geschwulst dahinterstecken.

Bleibt die Allgemeinschwäche trotz mehrfacher Behandlungsversuche hartnäckig bestehen und wird über zunehmende Müdigkeit, Unlust zur körperlichen Betätigung und überall auftretende rheumatische Beschwerden geklagt, so muß nach einer *Überfunktion der Nebenschilddrüsen* (Hyperparathyreoidismus) geforscht werden. Die Erkrankung läßt sich durch einige Serum-Kalzium-Bestimmungen erkennen. Meist besteht dann eine Vergrößerung der Nebenschilddrüsen (Epithelkörperchen), die *operativ* behandelt werden muß.

Die Behandlung richtet sich natürlich nach der eigentlichen Ursache der Allgemeinschwäche, die möglichst rasch zu ermitteln ist. Ein sorgfältiges Erforschen der Vorgeschichte ist notwendig.

Diät: Normalkost oder lacto-vegetabile Vollkost.

Physikalische Maßnahmen: Regelmäßig 1 Stunde Mittagsruhe, rechtzeitiger Schlaf, viel sauerstoffreiche Frischluft, Trockenbürstenbäder, Luftbäder, Sonnenbäder (ohne Übertreibung!), Abreibungen mit Franzbranntwein, Kneippkuren (nach ärztlicher Verordnung), Sauna (2- bis 3mal im Monat), Massagen und Atemtherapie, Gymnastik, Sport, insbesondere Schwimmen.

Psychotherapeutische Maßnahmen: Entspannungsübungen, Psychotherapie.

Medikamente: Möglichst nur pflanzliche Mittel und eventuell Multivitaminpräparate.

Pflanzliche Mittel: Arnika- und Baldrianpräparate, Berberitzensaft, Enzian-, Johanniskraut-, Melissen-, Tausendgüldenkraut- und Wermutzubereitungen.

Vitaminpräparate: BVK „Roche", Multibionta, Mulgatol u. a.

ALTERN, VORZEITIGES

Vorzeitiges und krankhaftes Altern läßt sich meist nach Ausmaß und Tempo beeinflussen. Eine erste Voraussetzung dafür ist allerdings geistige und seelische Ausgeglichenheit, die aber nur möglich ist, wenn der Betreffende einen gewissen Reifegrad erreicht hat.

Gegen die im Alter auftretenden körperlichen und seelischen Leistungsminderungen können folgende Mittel eingesetzt werden:

Diät: Eine angemessene Kostform, z. B. Altersdiät.

Physikalische Maßnahmen: Reichlich körperliche Bewegung in frischer Luft (Spazierengehen, Wandern, Schwimmen, dem Alter angemessene Bewegungsübungen und Sportarten), Kneippkuren und Sauna (nach ärztlicher Anweisung).

Medikamente: Kombinationen von gering dosierten Hormonpräparaten mit Vitaminen, Präparate aus echter Ginsengwurzel, Maiglöckchen- und Weißdornpräparate.

ALTERSBESCHWERDEN

Das Altern kann eine ganze Reihe von Beschwerden mit sich bringen, so unter anderem Kreislaufstörungen, Sehstörungen, Steifigkeit und Schmerzen in den Bewegungsorganen, Beschwerden beim Wasserlassen, Darmträgheit, Kopfschmerzen, Herzbeschwerden, Atemnot, Anschwellen der Beine.

Die Anfangsursache für alle diese Beschwerden ist häufig die Verschlackung der Zwischengewebe (Bindegewebe), also der Gewebe, die die Organzellen mit Blut und dadurch mit Sauerstoff und Nährstoffen versorgen.

Eine sinnvolle Bekämpfung der Altersbeschwerden muß demnach auf eine „Entschlackung" der Zwischengewebe gerichtet sein. Tatsächlich ist damit viel zu erreichen. Die Alternsforscher halten Vitaminkombinationen und Kaliumzufuhr zur Behebung von Altersbeschwerden für geeignet. Mit Recht weist Dr. *Heun* darauf hin, daß dies am besten durch Rohsäfte geschieht. Kombiniert man diese mit Mandelmilch, so hat man eine Fruchtsaft-Diät, die durch ihren Gehalt an Vitaminen, Kalium und anderen lebenswichtigen Mineralien sowie den ungesättigten Fettsäuren eine starke regenerierende Wirkung ausübt.

Diät: Altersdiät.

Physikalische Maßnahmen: Sie sollen die Durchblutung fördern, z. B. Kneippkuren, Darmbäder, Sauna, Meerwasserkuren, Schwimmen, alle Bewegungsübungen.

Medikamente: Kreislaufmittel und stoffwechselanregende Präparate.

ALTERSHERZ

Bei alternden Menschen spielt die ungenügende Herzleistung, und zwar die akute wie die chronische, eine ganz wesentliche Rolle, weil sie zu einer mangelhaften Hirndurchblutung und damit zu einem mangelhaften Gehirnstoffwechsel führt.

In 329 eingehenden Untersuchungen wies Prof. Dr. *Gottstein* (Kiel) auf die enge Beziehung zwischen Herz- und Hirnfunktion hin und unterstrich die Notwendigkeit, eine ungenügende Herzleistung gerade beim alternden Menschen zu behandeln, weil damit die Blutzirkulation des Gehirns deutlich ansteigt und die geistigen und körperlichen Leistungen verbessert werden und länger erhalten bleiben. Die ärztliche Praxis legt heute großen Wert darauf, daß das Leben auch für den alternden Menschen im vollen Sinne des Wortes lebenswert bleibt.

Neben der jeweils ärztlich festzusetzenden medikamentösen Behandlung des Altersherzens spielen zur Leistungssteigerung dem jeweiligen Alter und der entsprechenden Konstitution angepaßte Spaziergänge oder Wanderungen, Bewegungsübungen, Schwimmen, kalte und warme Halbbäder, Obergüsse und Oberschenkelgüsse eine hervorragende Rolle.

ALTERSIRRSINN

Der Altersirrsinn (Altersdemenz) wird nicht selten durch Vitamin-B_{12}-Mangel im Blutserum hervorgerufen oder zumindest begünstigt. Im Anfangsstadium ist eine volle Wiederherstellung möglich, wenn Vitamin B_{12} zunächst in Form von Injektionen verabreicht wird.

Bei der Altersdemenz besteht eine körperliche und geistige Verlangsamung, eine herabgesetzte Vitalität, hochgradige Gedächtnisschwäche, Neigung zum Konfabulieren („Faseln", Phantasieren). Es treten auch Verwirrtheitszustände auf.

Diät: Altersdiät.

Physikalische Maßnahmen: Ansteigende Armbäder 1- bis 2mal täglich zur Steigerung der Durchblutung des Kopfes.

Psychotherapeutische Maßnahmen: In vielen Fällen fehlt dazu die nötige geistige Ansprechbarkeit.

Medikamente: 1. Zur Herz-Kreislauf-Verbesserung: Anfänglich Strophanthin, später Digitalispräparate. 2. Zur Blutdruckregulierung: Sanft senkende oder steigernde Präparate. 3. Zur Verbesserung des Hirnstoffwechsels: Vitaminpräparate und Tebonin forte.

ALTERSJUCKEN

Für das Auftreten des Altersjuckens wird eine ganze Reihe von Ursachen angeschuldigt, wie Durchblutungsstörungen verschiedenster Art, Funktionsstörungen innerer Organe (Altersdiabetes, fehlende Magensäure, Leberleiden), Funktionsänderungen der Keimdrüsen (ungenügende Eierstockfunktion, Prostatavergrößerung, Nachlassen der Hodenfunktion), Genußmittel (Alkohol, Koffein), Veränderungen der gealterten Haut (Trockenheit, Fettarmut, Rückbildung der Talg- und Schweißdrüsen), auch Blut- und Nierenkrankheiten oder Krebs. Es ist schwer, die Ursache oder Ursachen im Einzelfall herauszufinden. Häufig ist das Altersjucken durch ein älteres Leberleiden oder das Vorstadium der Zuckerkrankheit bedingt, so daß der Ausdruck Altersjucken nicht immer gerechtfertigt ist.

Ebenso schwierig wie die ursächliche Aufklärung kann auch die Behandlung sein. Liegt ein inneres Leiden zugrunde, muß dieses behandelt und damit auch der Juckreiz beeinflußt werden. Dazu wird oft eine entsprechende *Diät* gehören, die durch *Medikamente* zu ergänzen ist.

Physikalische Maßnahmen: Ganzwaschungen (auch mit Essigwasser), Kneippsche Güsse, Haferstroh-, Heublumen-, Kamillen- und Zinnkrautbäder, ferner Kleie- und Schwefelbäder.

ALTERSSTAR *(grauer Star)*

„Star" wird eine im Alter auftretende Linsentrübung genannt, die zu Sehstörungen führt, wenn die Linse nicht mehr durchsichtig ist. Sobald der Star praktisch zur beiderseitigen Blindheit geführt hat, ist er „reif" zur Operation. Neuerdings ist es möglich, mit bestimmten Augentropfen (Pherajod) – längere Zeit angewandt – in vielen Fällen eine Operation zu vermeiden.

Geringe Linsentrübungen sind vom 60. Lebensjahr an bei vielen Menschen zu finden. Der Zustand kann lange Jahre unverändert bleiben oder nur sehr langsam zunehmen, so daß sich eine Operation erübrigt.

Eine wirksame *Diät* ist nicht bekannt, es sei denn, daß ein erhöhter Blutzuckerspiegel im Blutzuckertest gefunden wird. Dann ist eine Diabetes-Diät sinnvoll.

Medikamente: Lentinorm, Pherajod, Vitamin A, Vitamin E.

ALTERSWARZEN

Die typisch ausgeprägten Alterswarzen sind Ausdruck einer Altersdegeneration der Haut. Sie werden von vielen Menschen als Anzeichen einer Lebererkrankung gewertet. Dafür gibt es jedoch keinerlei Anhaltspunkte. Sie können vom Hausarzt, falls gewünscht, gefahrlos beseitigt werden. Sie werden mit dem scharfen Löffel abgetragen, mit Kohlensäureschnee oder elektrolytisch behandelt.

AMENORRHOE (fehlende Menstruation)

Die Menstruation fehlt von ihrem erstmaligen Auftreten zwischen dem 12. und 14. Lebensjahr (Menarche genannt) und dem Aufhören der Monatsblutung um das 50. Lebensjahr herum (Klimakterium oder Wechseljahre) gewöhnlich nicht, außer es besteht eine Schwangerschaft. Wenn ohne Schwangerschaft in der geschlechtsreifen Phase der Frau die Menstruation ausbleibt, so ist das immer ein Zeichen einer funktionellen oder organischen Störung. Bleibt die Menstruation mehrmals aus, ohne daß schwere Krankheiten, Schwächegefühl, ein plötzlicher Milieu- oder Klimawechsel oder schwere seelische Verletzungen vorausgegangen sind, muß ein Frauenarzt zunächst klären, ob eine organische Krankheit vorliegt und welche Behandlung einzuschlagen ist (Hormone, Operation).

Falls bis zum 18. Lebensjahr die Menarche nicht von selbst auftritt, liegt eine primäre Amenorrhoe vor, deren meist organisch bedingte Ursache vom Gynäkologen zu klären ist.

Wenn es sich aber nur um eine oft vorkommende Funktionsschwäche der Eierstöcke handelt, ist eine Normalisierung meist sehr gut möglich (sekundäre Amenorrhoe). Sie tritt auch als „Sparmaßnahme des Organismus" bei Keimdrüsenschwäche in den Reifungsjahren auf.

Diät: Milcheiweißreiche Vollkost.

Physikalische Maßnahmen: Blitzgußmassagebäder (im Bereich der inneren weiblichen Geschlechtsorgane), Darmbäder, römisch-irische Bäder, Sauna.

Psychotherapeutische Maßnahmen: Seelische Faktoren spielen bei der sekundären Amenorrhoe eine weit häufigere und größere Rolle, als bisher angenommen wurde. Seelische Verletzungen, Konfliktsituationen oder wahnhafte Vorstellungen (z. B. schwanger zu sein) sind häufige Ursachen. Aussprachen und Entspannungsübungen helfen dann besser als Medikamente.

Medikamente: Wenn einfache hormonfreie pflanzliche Mittel (Rosmarin, Rainfarn, Raute, Alant, Arnika, Johanniskraut, Kamille, Melisse, Schafgarbe und Wermut) oder entsprechende Fertigpräparate (Feminon, Phytoestrol) nicht zum Ziele führen, ist eine vom Arzt verordnete und überwachte Hormonbehandlung erforderlich.

ANGINA PECTORIS

(Herzenge, Herzkrampf)

Jede *Angina pectoris*, ob sie nun zeitweilig auftritt, länger anhält oder sogar dauernd besteht, ist ein Anzeichen für eine unzureichende Blutversorgung des Herzmuskels (Koronarinsuffizienz). Es ist oft nicht möglich, zwischen einer rein nervös bedingten und damit funktionellen und einer auf anatomischen Organveränderungen (z. B. Herzkranzgefäßverkalkung) beruhenden Angina pectoris zu unterscheiden. Wir müssen heute annehmen, daß Kranke mit zunächst funktionellen Störungen später organische Schäden an den Herzkranzgefäßen bekommen. Die Behandlung muß daher im Prinzip bei allen Stadien die gleiche sein und das Ziel verfolgen, das vorliegende Mißverhältnis zwischen Blutbedarf und Blutversorgung des Herzens zu beseitigen. Ein Anfall kann wenige Minuten bis zu mehreren Stunden dauern. Der Puls ist während des Anfalls meist klein und unregelmäßig.

Die Ursachen für eine Angina pectoris sind vielfältig. Zugrunde liegende Faktoren können sein: Blutarmut, Herzklappenfehler oder eine die Kranzgefäße einengende Verkalkung (Koronarsklerose). Mitverantwortlich sind Bluthochdruck, Zuckerkrankheit, überhöhter Blutfett- und Blutcholesteringehalt, Nikotin oder auch bestimmte Nervenknotentumoren. Anfallsauslösend können wirken: Körperliche oder seelische Überlastung, Stuhlverstop-

Angina pectoris – Notruf des Herzens

fung, Kälte und starke Herzbeschleunigung. Schließlich spielen auch Alter, Geschlecht und Beruf eine Rolle.

In der Behandlung hat die Diät ihren festen Platz. Die physikalischen Maßnahmen sind in der Vorbeugung und auch in der Wiederherstellungsphase den medikamentösen Behandlungsmöglichkeiten weit überlegen, aber natürlich etwas zeitraubender und – da die Mitarbeit des Patienten verlangt werden muß – unbequemer. Man erreicht aber durch die physikalischen Maßnahmen auf völlig natürliche Weise und auf Dauer eine wirtschaftliche Herzarbeit und die Entwicklung von Umweggefäßen (Kollateralen) und damit wieder eine bessere Blutversorgung des Herzens. Die medikamentöse Behandlung hat ihre Bedeutung hauptsächlich in der Anfallsphase.

Diät: Herz-Kreislauf-Diät. Alle erfahrungsgemäß Völlegefühl erzeugenden, blähenden oder schwer verträglichen Speisen sind zu meiden. Das subjektive Wohlbefinden muß dabei Richtschnur sein. Für regelmäßigen Stuhlgang ist zu sorgen. Alkohol und Nikotin müssen aus dem Leben eines Angina-pectoris-Kranken völlig verschwinden.

Physikalische Maßnahmen: Sie haben sich bei der Behandlung der Angina pectoris immer wieder bewährt. Wie bei der medikamentösen Behandlung ist es auch mit physikalischen Mitteln möglich, die Herzkranzgefäße zu erweitern und damit dem Herzen mehr Blut zuzuführen.

Die in der Praxis bewährten Maßnahmen sind

1. das ansteigende Armbad nach *Schwenninger-Hauffe,*
2. Senfwickel des ganzen linken Armes, besonders bei übergewichtigen, kurzatmigen, zu Blutstauungen im Kopf neigenden Patienten, die das ansteigende Armbad schlecht vertragen,
3. wechselwarme Abwaschungen oder Güsse des Oberkörpers und des linken Armes mit vorhergehender Trockenbürstenmassage,
4. Kohlensäurebäder,
5. Bürstenbäder,
6. Bauchmassage besonders bei Übergewichtigen mit Blähsucht und Zwerchfellhochstand,
7. Atemgymnastik,
8. Selbstentspannung, Entspannungsübungen,
9. Erholungsaufenthalt in mittlerer Höhenlage,
10. Kurzwellenbehandlung (nach ärztlicher Verordnung),
11. Sauna (bei ärztlicher Kontrolle).

Nach eingetretener Besserung können auch kühle Wasseranwendungen in Form von Güssen, Wickeln (Brust- oder Lendenwickel), Bürsten- und Wechselsitzbädern angebracht sein. Schließlich folgen dann noch das Wassertreten und – wenn möglich – Taulaufen sowie am Schluß Terrain- und Trainingskuren.

Angina pectoris

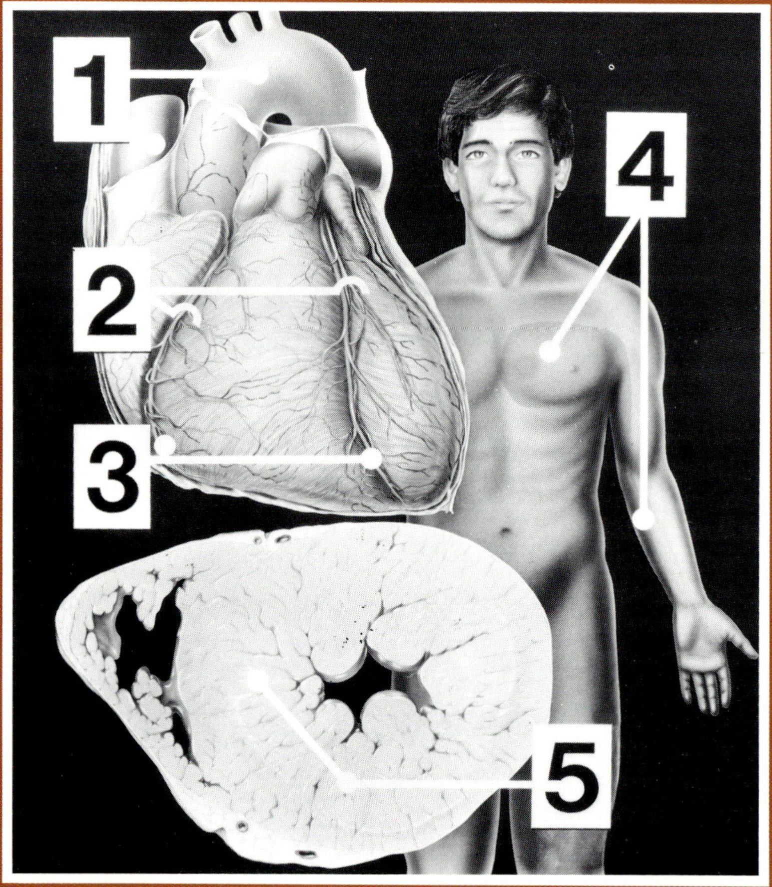

1 = Hauptschlagader (Aorta) – Obere Hohlvene.

2 = Die Herzkranzgefäße versorgen den Herzmuskel mit Sauerstoff. Arteriosklerotische Veränderungen behindern den Blutfluß.

3 = Körperliche und seelische Belastungen, Kälte, große Mahlzeiten u. a. können einen Angina-pectoris-Anfall auslösen.

4 = Angina pectoris wird hinter dem Brustbein krampfartig, dumpf und bedrückend empfunden. Der Schmerz kann bis in die Hand, in manchen Fällen aber auch in den Rücken, den Hals und in den Oberbauch ausstrahlen. (Dauer: wenige Minuten)

5 = Querschnitt durch das Herz eines Hochdruckpatienten: Linke Herzwand infolge erhöhter Druckarbeit stark verdickt. Die Innenschichten der linken Herzkammer sind durch Sauerstoffmangel besonders gefährdet. Sauerstoffmangel löst Angina-pectoris-Anfälle aus.

Medikamentöse Maßnahmen: Im akuten Anfall ist Nitroglyzerin (Nitrolingual) immer noch das beste Mittel. Gleichzeitig sind meist Beruhigungsmittel erforderlich. Sie sollen vor allem weiteren Anfällen vorbeugen. *Man muß aber wissen, daß sie die Aufmerksamkeit und damit die Sicherheit im Straßenverkehr verringern.* Es können auch die eigentlichen Herzglykoside gegeben werden. Für eine längere oder sogar eine Dauerbehandlung eignen sich neuere Mittel. Keines wirkt aber auf eine etwa zugrunde liegende Herzkranzgefäßverkalkung. Dennoch bedeuten diese Mittel einen Fortschritt in der medikamentösen Behandlung, weil sie das Herz vor zu großen Reizeinflüssen schützen, erhöhten Blutdruck senken oder bei entsprechender Dosierung Umweggefäße entwickeln und damit die Durchblutung fördern.

Diese neueren Mittel sind: Adalat, Dociton, Segontin und Isoptin. Sie sollen hier lediglich genannt sein, da sie sämtlich der Rezeptpflicht unterliegen. Die Entscheidung über die gesamte medikamentöse Herzbehandlung ist allein Sache des Arztes.

ANGSTNEUROSE

Die heute immer häufiger werdenden Angstschmerzen stellen eine echte seelische Erkrankung dar. Neben der Angst können auch häufig wechselnde Organstörungen auftreten. Ursächlich kommen Wunsch- und Triebverdrängungen, auch aus der Umwelt stammende unverarbeitete Erlebnisse in Frage, die bis in die Kindheit zurückreichen können. Sie wurden ins Unbewußte abgedrängt, machen sich aber immer wieder als „neurotische Störungen" bemerkbar. In schweren Fällen ist nervenfachärztliche Behandlung notwendig.

Diät: Lacto-vegetabile Normalkost.

Physikalische Maßnahmen: Kneippanwendungen, Kneippkuren.

Psychotherapeutische Maßnahmen: Entspannungsübungen, Psychoanalyse, seelsorgerliche Gespräche.

Medikamentöse Behandlung: Hyperforat. Der Nervenarzt wird häufig seelisch entspannende Mittel (Psycholytika) verordnen müssen.

APPETITLOSIGKEIT

Sie kommt bei verschiedenen Magenerkrankungen vor, so daß zunächst die eventuell zugrunde liegende Krankheit geklärt werden muß. Ist keine organische Krankheit zu finden, besteht meist eine mangelhafte Funktion der zahlreichen Drüsen der Verdauungsorgane, insbesondere der salzsäurebildenden Drüsen der Magenschleimhaut. Mangelhafte, fehlerhafte oder völlig fehlende Salzsäurebildung kann schon beim Kind auftreten.

Eine Anregung der Verdauungsdrüsen läßt sich durch zahlreiche pflanzliche Bitterstoffe erreichen (z. B. Andorn, Angelika, Berberitze, Enzian, Hopfen, Kalmus, Schafgarbe, Tausendgüldenkraut, Wegwarte, Wermut), aber auch durch *Trockenbürsten* der Magengegend, wodurch in der Haut ein Stoff (Histamin) entsteht, der die Magensaft- und Magensäurebildung fördert. Bei sehr empfindlichen Menschen genügen auch *feucht-warme Kompressen* auf die Magen- und Lebergegend.

In hartnäckigen und chronischen Fällen muß man zu jeder Mahlzeit ferment- und salzsäurehaltige Präparate verabreichen (z. B. Pansan, Enzynorm, Citropepsin, Nutrizym u. a.).

ARTERIENERKRANKUNG

Unter den arteriellen Gefäßerkrankungen kommt die Beinarterienverengung, die bis zum Verschluß der Arterie führen kann, am häufigsten vor. Gefühlsstörungen und

Schmerzen, die beim Gehen auftreten und beim Stehenbleiben verschwinden, sind die ersten subjektiven Anzeichen. Wegen der immer wieder beim Gehen auftretenden Schmerzen spricht man auch vom intermittierenden Hinken (Claudicatio intermittens).

Neben der gewöhnlich chronisch verlaufenden Arterienerkrankung der Beine mit langsam zunehmenden Beschwerden kommt nicht selten auch ein akuter arterieller Verschluß vor. Dabei setzt der Schmerz plötzlich ein und hält an. Der Unterschenkel ist meist kalt und blaß, die Venen sind ganz schlaff oder verschwinden (Ischämie-Syndrom) in 70 % der Fälle. Schnelle ärztliche Hilfe, möglichst Krankenhausaufnahme, am besten in eine „Angiologische Abteilung", ist erforderlich.

Auch bei chronischem Verlauf ist ärztliche Behandlung dringend notwendig. Einige Behandlungsmaßnahmen sollen zur Orientierung angeführt werden.

Diät: Kalorienarme, fettarme, lacto-vegetabile Kost; eventuelles Übergewicht muß normalisiert werden. Völliges Nikotinverbot!

Physikalische Maßnahmen: Systematisches Gehtraining, um die Gehstrecke allmählich zu verlängern. Bei Sitzberufen empfiehlt sich ein Berufswechsel. Morgens Trockenbürsten und Teilwaschungen, nachmittags warme Teilbäder von 37 bis 38°C oder ansteigende Teilbäder der erkrankten Extremität. Die Temperatur darf im Verlauf von 15 bis 20 Minuten nur langsam von 36 auf 38°C durch Zugießen von heißem Wasser gesteigert werden. Schnelle und höhere Temperaturanstiege werden meist schlecht vertragen. Durch Badezusätze läßt sich die Reizwirkung verstärken.

Weitere vom Arzt planmäßig vorzuschreibende Maßnahmen sind feuchtwarme Fuß- und Beinwickel, lauwarme bis warme Lehmwickel, zweimal jede Woche, Heublumenbäder von 38 bis 39°C, Rollübungen, leichte Massagen und schließlich auch Sauna und Überwärmungsbäder. Keine wechselwarmen Bäder!

Systematisches Gehtraining durch sportliches Wandern kann mithelfen, der Beinarterienerkrankung vorzubeugen.

Die ganzen physikalischen Heilmaßnahmen sind nur angebracht, solange die Erkrankungsstadien 1 und 2 nicht überschritten sind. Im Stadium 1 bestehen lediglich uncharakteristische Beschwerden, und nur durch eine eingehende Untersuchung ist eine Einengung der Beinarterien nachzuweisen. Im Stadium 2 tritt schon das intermittierende Hinken auf. Wenn es möglich ist, noch längere Strecken schmerzfrei zu gehen, sind die ganzen Kurmaßnahmen angebracht und damit manchmal ein sehr guter Erfolg zu erzielen. Sobald Schmerzen auch in Ruhestellung auftreten, ist das Stadium 3 erreicht, das bereits stationäre Behandlung in einer Angiologischen Fachabteilung erfordert. Im Stadium 4 schließlich treten Störungen der

Gewebsernährung mit eintrocknenden Stellen (Nekrosen) oder Brand (Gangrän) auf. Hierbei kommt höchstens noch eine operative Behandlung in Frage.

Psychotherapeutische Maßnahmen: Entspannungsübungen, insbesondere nach den Gehübungen.

Medikamente: Die Verordnung von gefäßerweiternden Mitteln und ihre Wirkungskontrolle ist eine rein ärztliche Aufgabe. Letzte Möglichkeiten sind operative Eingriffe am Gefäßsystem und am sympathischen Nervensystem (Grenzstrangresektion).

ARTERIOSKLEROSE

(Atherosklerose, Atheromatose)

Der eigentlichen Ursache dieser mit steigendem Alter fast unausweichlichen Krankheit ist man nicht auf die Spur gekommen. Wir kennen nur eine Reihe begünstigender Faktoren, nämlich einen hohen Blutcholesteringehalt (Hypercholesterinämie, die auch familiär vorkommt), hohen Blutdruck (Hypertonie), Übergewicht (Adipositas), Zuckerkrankheit (Diabetes mellitus), Gicht (Arthritis urica), infektiöse, toxische und allergische Prozesse sowie hormonelle Störungen (z. B. Myxödem). Genauso wirken aber auch Nikotin, Überernährung und Bewegungsmangel fördernd auf die Arteriosklerose.

Der Ablauf der Krankheit ist im Einzelfall nicht vorauszusagen. Es kann zu ausgedehnten Verkalkungsherden in der Aorta und in den Extremitätenarterien ohne wesentliche Funktionsausfälle kommen. Es kann aber auch schon ein kleiner Herd an einer engen Stelle der Herzkranzgefäße zum tödlich verlaufenden Herzinfarkt führen.

Die Arteriosklerose beginnt an der Innenhaut der Blutgefäßwand (Intima) mit Aufquellung, Geschwürsbildung und Thrombose. Erst später kommt es beim weiteren Wandumbau zur eigentlichen Verkalkung, die nicht mehr rückgängig zu machen ist. Es wäre also günstig, die Arterienerkrankung im frühesten Stadium zu erkennen oder ihr nach Möglichkeit vorzubeugen.

Das Gefährdungsalter beginnt bereits mit 40 Jahren. Typischerweise tritt die Erkrankung etwa im 50. Lebensjahr in Erscheinung (Angina pectoris als Ausweis der Koronarsklerose und das intermittierende Hinken als Kriterium der Beinarterienerkrankung).

Ehe man mit einer zielgerichteten Behandlung beginnen kann, müssen zuerst die erwähnten begünstigenden Krankheitserscheinungen erkannt und nach Möglichkeit bekämpft werden.

Diät: Cholesterinarme, fettarme, kohlenhydratarme und an Kalorien knappe Kost. Diese Forderung läßt sich am besten durch eine lacto-vegetabile Kost erfüllen. Die zu verwendenden Fette müssen reich an ungesättigten Fettsäuren sein, was am besten durch die Verwendung pflanzlicher Öle (kaltgeschlagen) zu erzielen ist, die den Cholesterinspiegel deutlich senken können (Lein-, Mais-, Sonnenblumen-, Soja- und Distelöl).

Das Fett selbst darf nur 30 % der Gesamtkalorienmenge (1600 bis 1800 Kalorien) ausmachen, also etwa 480 bis 520 Kalorien. Jedes Übergewicht muß vermieden werden. Völlige Nikotinabstinenz ist selbstverständlich.

Physikalische Maßnahmen: Kneippkuren und andere Wasseranwendungen (besonders warme) wie unter „Arterienerkrankung" (siehe Seite 409f.), systematisches Gehtraining.

Psychotherapeutische Maßnahmen: Entspannungsübungen.

Medikamente: Da das Magnesium eine sklerosehemmende Wirkung ausübt, empfiehlt es sich, zur Vorbeugung oder zur Verhinderung des Fortschreitens einer be-

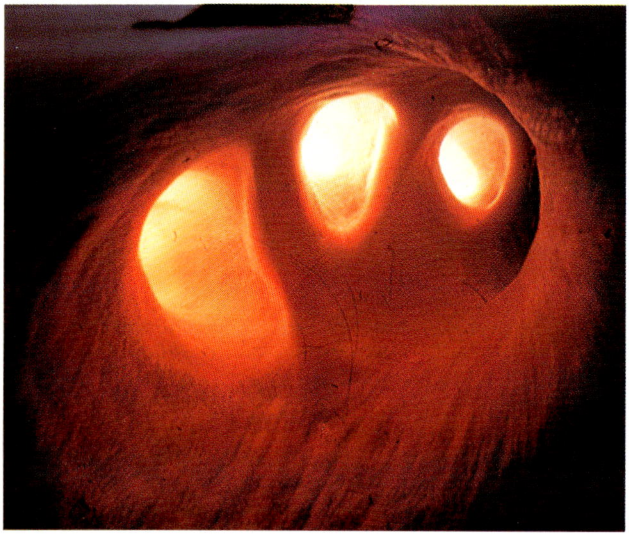

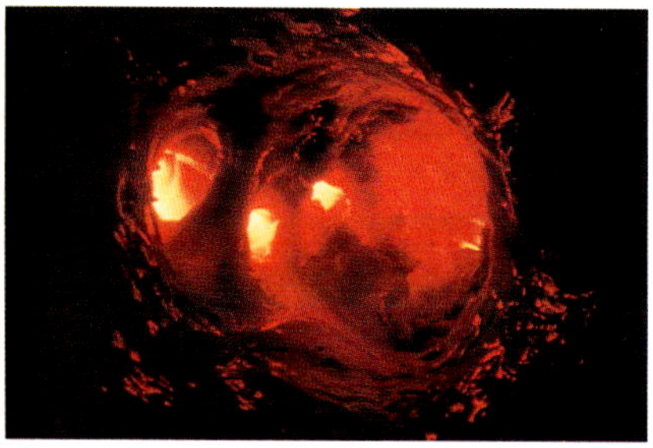

Das linke Bild zeigt die normale Aorta eines gesunden Herzens. Die Wand der Arterie ist glatt. Auf dem Bild oben sieht man eine arteriosklerotisch verengte Gefäßverzweigung.

stehenden Arteriosklerose Magnesiumpräparate in die Behandlung aufzunehmen, z. B. Magnesium-Diasporal, Magnorbin oder Magnesium Verla.

Eine wesentliche Verbesserung des Allgemeinzustandes läßt sich (nach Erfahrungen an der „Johns Hopkins School of Medicine" in Baltimore) auch erreichen mit täglichen Gaben von 100 mg Vitamin C, 100 I. E. Vitamin E und Spurenstoffgaben von Kupfer, Zink und Mangan, ferner alle vier Monate vier Wochen lang mit Gaben von 100 mg Vitamin B_6.

ARTHRITIS

Siehe Rheumatismus

ARZNEIMITTELVERGIFTUNGEN

Arzneimittelvergiftungen sind im allgemeinen nicht zu befürchten, wenn die unbedingt erforderlichen arzneilichen Substanzen nach Menge und Zeitdauer streng nach ärztlicher Verordnung angewendet werden. Wir müssen bei allen modernen, hochwirksamen Medikamenten mit Haupt- und Nebenwirkungen rechnen, die gut und schlecht, erwünscht oder unerwünscht sein können. Es muß einfach der Kenntnis und Erfahrung des behandelnden Arztes überlassen bleiben, den Nutzen oder möglichen Schaden eines Medikamentes abzuwägen und unter Umständen einen Nachteil in Kauf zu nehmen, wenn dadurch das Leben des Patienten erhalten werden kann. Es ist bei dieser Gelegenheit angebracht, erneut darauf hinzuweisen, daß es Arzneimittel ganz ohne Nebenwirkungen nicht geben kann. Bei Heilmitteln, die heilen sollen, gibt es immer auch gewisse Nebenwirkungen.

Daß Nebenwirkungen auch erwünscht sein können, hat das Beispiel der sogenannten Sulfonylharnstoffe gezeigt. Sie wurden im Rahmen der Sulfonamidforschung für die Bekämpfung von Krankheitserregern entwickelt. Bei der Prüfung stellte sich heraus, daß sie zunächst als „Nebenwirkung" eine blutzuckersenkende Wirkung entfalteten, was sie dann sehr schnell zu einem Mittel zur Behandlung der Zuckerkrankheit machte.

Die moderne Arzneimittelbehandlung ist nicht frei von jedem Risiko, aber dieses

Risiko muß „kalkulierbar“ sein, was eine entsprechende Sachkenntnis voraussetzt. Jeder Arzt wird sich daher auf einen Arzneischatz einstellen, von dem er nicht nur alle Haupt-, sondern auch alle möglichen Nebenwirkungen kennt, um so den Nutzen oder Schaden abwägen zu können. Jeder unkontrollierte Arzneimittelkonsum ist daher unsinnig.

Einige mögliche Arzneimittelschäden sollen erwähnt werden, um damit die Berechtigung der vorstehenden Zeilen zu belegen.

Es gibt Medikamente, die das *Knochenmark und damit die Blutneubildung* schädigen, z. B. Chloramphenicol, Phenylbutazon, Gold, Tolbutamid-Tablinen und Meprobamat Saar.

Wahrscheinlich wird das Knochenmark auch durch Phenazetin, Chlorpromazin, Diamox, Streptomycin u. a. geschädigt.

Medikamente, die das Knochenmark schädigen können, dürfen also nur angewandt werden, wenn sie nach ärztlichem Ermessen unbedingt erforderlich sind.

Bei der Behandlung mit zellwachstumshemmenden Mitteln (Zytostatika) stellt sich nicht selten *Haarausfall,* manchmal sogar totaler Haarausfall ein. Die gleiche Wirkung fand sich auch bei Tierversuchen an Schafen, Angorakaninchen, Meerschweinchen und Hühnern. Äußerste Vorsicht ist mit dem Verschreiben dieser Mittel geboten!

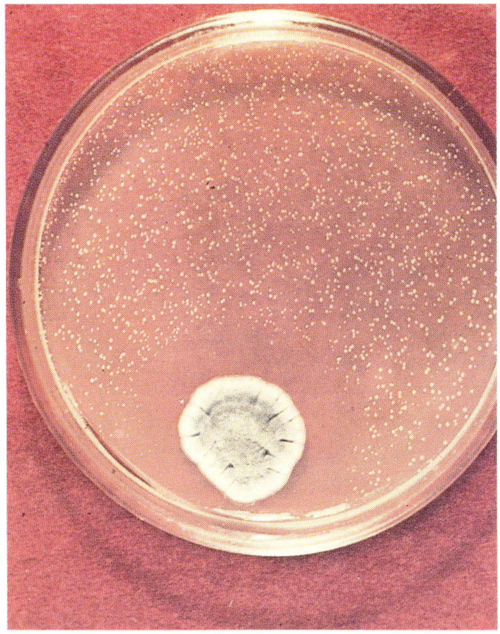

Hemmwirkung des Staphylokokkenwachstums durch Penicillin. Man sieht sehr gut die Zone, in der im Umkreis der Pilzkolonie das Wachstum der Staphylokokken gehemmt worden ist.

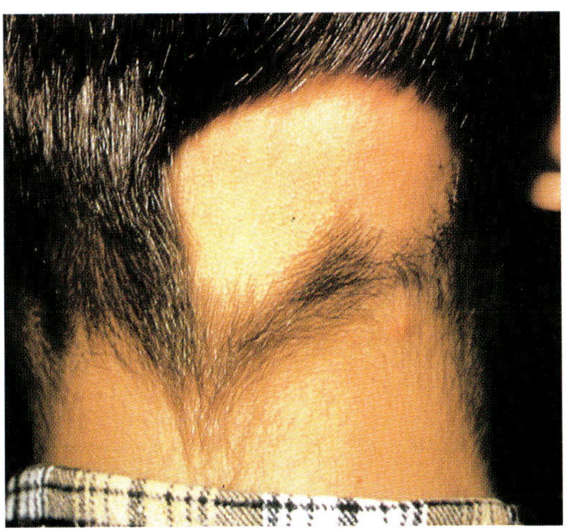

Bei der chemotherapeutischen Behandlung schwerer Krankheiten, unter anderem mit Zytostatika, stellt sich nicht selten Haarausfall ein.

Schädigungen der Gleichgewichtsorgane (Labyrinthschädigung) werden nach Behandlung mit Streptomycin berichtet. Oft kommt die Labyrinthschädigung erst Monate *nach* Beendigung der Streptomycinbehandlung zutage.

Noch nicht lange ist bekannt, daß eine Langzeitbehandlung mit Mitteln, die auf den seelischen Zustand wirken (Psychopharmaka), zu einer *Minderung der Herzleistung* (Belastungsinsuffizienz des Herzens) führen kann. Elektronenmikroskopisch konnte man Zellschäden nachweisen.

Auch *Blutungsneigungen* (hämorrhagische Diathesen) können medikamentös verursacht sein, wenn diese sonst hochwirksamen Präparate falsch dosiert werden. Es handelt sich um gerinnungshemmende Mittel (Antikoagulantien) wie Cumarin, Heparin und um fibrinauslösende Mittel (Fibrinolytika) wie Streptokinase und Urokinase.

Unter der Einwirkung von entzündungswidrigen Mitteln (Antiphlogistika) wie Salizylaten, Phenylbutazon und Glucocorticoiden können Schleimhautschäden, Magen-Darm-Blutungen und Blutungsanämien entstehen.

Nicht selten können Arzneimittel auf Leber und Nieren, die Entgiftungs- und Ausscheidungsorgane unseres Körpers, schädigend wirken. So kennen wir Stoffe, die in der zweiten bis dritten Woche nach Behandlungsbeginn ein Krankheitsbild erzeugen, das mit *Gelbsucht* einhergeht und an eine akute Leberentzündung denken läßt. Die Gelbsucht kann bis zu dreieinhalb Monaten nach Einnahme der Medikamente auftreten. Beispiele solcher Drogen sind Chloroform, Immunosuppressiva, Tetrachlorkohlenstoff, Zytostatika (zellwachstumshemmende Mittel) und Mykotoxine (Pilzgifte).

Andere Medikamente können Veränderungen der Leber hervorrufen, wie wir sie bei einer *Leberentzündung* durch Viren kennen. Zu diesen Mitteln gehören MAO-Hemmer (psychisch wirksame Mittel), langwirkende Sulfonamide (Bakterienhemmer), Anästhetika (Betäubungsmittel), Paraaminosalicylsäure = PAS (Hemmittel gegen Tuberkulosebakterien) und Muskelrelaxantien (Muskelentspannungsmittel).

Die Ausbildung einer *Fettleber* ist möglich z. B. durch die Anwendung der Tetracycline, wobei Schwangere besonders empfindlich reagieren.

Auch bei den Anti-Baby-Pillen ist in vielen Fällen große Vorsicht am Platze, da unter der täglichen Einwirkung der Pille in 7 bis 48% der Fälle Leberfunktionsproben und Fermentreaktionen Abweichungen von der Norm zeigen. Man wird bei Frauen, die die Pille nehmen, zunehmend mit Leberstörungen rechnen müssen.

Die *Corticosteroid-Therapie* ist bei längerer Dauer mit zahlreichen Nebenwirkungen belastet, wie Appetit- und Gewichtszunahme, Wasser- und Kochsalzbindung im Gewebe, Kaliumverlust, Neigung zu Wassersucht, seelische Störungen, Muskelschwäche, Hautausschlag (Akne vulgaris), Blutdruckanstieg, Hemmungen der Infektabwehr, Nerven- und Kreislaufstörungen und vor allem auch Knochenentkalkung in 50 bis 85% aller Fälle.

Nebenwirkungen am Zentralnervensystem können durch folgende Medikamente ausgelöst werden: zu hohe Penicillindosen, langdauernde Steroidgaben und Ovulationshemmer (Anti-Baby-Pillen).

Verschiedene Bakterienhemmittel (die sogenannten Oligosaccharid-Antibiotika) können schädigend auf das Gehörorgan wirken. *Schwerhörigkeit* oder sogar *Ertaubung* kann die Folge sein. Zu diesen Mitteln zählen Streptomycin, Gentamycin, Kanamycin und Neomycin. Der schädigende Effekt verstärkt sich, wenn die Nierenfunktion eingeschränkt ist. Bevor solche Mittel verordnet werden, muß bekannt sein, ob eine normale Ausscheidungsfähigkeit der Nieren besteht. Auch wenn die Einschränkung der Nierenausscheidung durch Herzschwäche bedingt ist, dürfen Antibiotika, die das Gehör- und Gleichgewichtsorgan schädigen können, nicht verabreicht werden.

Nur wenn die Präparate richtig dosiert und gefährdete Patienten (Herz-, Nieren-, Ohrenleidende) ausgeschlossen werden, lassen sich Hör- und Gleichgewichtsschäden weitgehend vermeiden.

Treten nach Medikamenteneinnahme in Wochen bis Monaten Leberstörungen auf, sind folgende Maßnahmen zu beachten und durchzuführen:

Diät: Leberschonkost, mäßig in der Menge (1800–2200 Kalorien), fettarm, reich an

Milcheiweiß, frischem und gekochtem Obst (Vitamine und Mineralien), mäßig Kohlenhydrate (Getreideprodukte, Kartoffeln).

Physikalische Maßnahmen: Bettruhe bis zum völligen Abklingen der Gelbsucht und bis zur Normalisierung der Leberfunktionsproben, Heublumensack, Leib- oder Lendenwickel, Unterwasserdarmbäder, ansteigende Halbbäder, Kurzwellenbestrahlung, warme Bürstenbäder.

Medikamente: Alle Medikamente, die mit der Erkrankung im Zusammenhang stehen können, werden abgesetzt. Nur ärztlich verordnete, leberregenerierende und gallentreibende Mittel pflanzlicher Natur können genommen werden.

Man muß sich bewußt sein, daß das griechische Wort Pharmakon nicht nur Heilmittel, sondern auch Gift bedeutet. Es ist nur eine Frage der richtigen Dosierung und Anwendung, ob das Medikament, das Pharmakon, giftig oder heilend wirkt. Man sollte soweit wie möglich versuchen, mit diätetischen und physikalischen Maßnahmen auszukommen, bevor man zum hochwirksamen Medikament greift. Wenn es aber erforderlich ist, dann auch in der richtigen, wohlabgewogenen Dosierung, d. h. weder unter- noch überdosiert und ausschließlich nach Anweisung des Arztes.

ASTHENIE

Sie ist häufig Ausdruck einer schwächlichen Körperverfassung. Dabei besteht neben dem Gefühl der Kraftlosigkeit auch Magerkeit, eine Schlaffheit der Verdauungsorgane, Verstopfung, leichte Ermüdbarkeit, Blutarmut und Muskelschwäche. Der körperlichen Schwäche entspricht häufig auch eine seelische Schwäche und Kindlichkeit (Infantilität).

Aus dieser körperlich-seelischen Schwäche ergeben sich oft Fehlhaltungen gegenüber den täglichen Anforderungen, was meist als Neurose oder neurotisches Verhalten gedeutet wird.

Die sogenannten Kräftigungsmittel helfen nur wenig, können aber trotzdem nützlich sein, wenn sie die meist geringe Eßlust anregen und zugleich eine psychotherapeutische Beratung eingeleitet wird.

Die rein körperliche Verfassung läßt sich durch systematisch betriebenen Sport (vor allem Schwimmen) und durch heilgymnastische Behandlung wesentlich verbessern.

ASTHMA

Siehe Bäckerasthma und Bronchialasthma

ATEMNOT

Sie ist ein Symptom für verschiedene funktionelle und auch schwere organische Störungen. Die Grundkrankheit, wie nervöse Übererregung, vegetative Dystonie, Bronchial- oder Herzasthma, Herzschwäche, Bluthochdruck, Lungenbläschenverödung (Emphysem) sowie eine Reihe anderer Herz- und Lungenerkrankungen oder auch Nierenkrankheiten, muß geklärt und diese dann behandelt werden.

AUFSTOSSEN *(siehe auch Schluckauf)*

Der Schluckauf ist meist ein rein nervöses Symptom, er kann aber auch bei Gehirn- und Baucherkrankungen auftreten (epidemische Gehirnentzündung, Ruhr, Bauchfellentzündung). Der rein nervöse Schluckauf verschwindet durch kräftiges Niesen (z. B. durch Niespulver, Schnupftabak). Oft genügt es schon, recht kaltes Wasser zu trinken. Aufstoßen kann natürlich auch durch einen verdorbenen Magen hervorgerufen werden. Fasten ist dann die beste Medizin. Feucht-heiße Kompressen auf die Magen-Zwerchfell-Gegend beschleunigen die Heilung.

AUGEN, ALTERNDE

Mit zunehmendem Alter müssen die Augen öfter fachärztlich untersucht werden, damit Augenerkrankungen, z. B. der graue und der grüne Star, frühzeitig zu erkennen sind. Wie der grüne Star, so kann auch die Kurzsichtigkeit zur Erblindung führen. Chronischen Infektionen können Entzündungen der Ader-, Netz-und Regenbogenhaut folgen. Auch Augenschwäche und schnelle Ermüdbarkeit der Augen muß beachtet werden. Augenärztlicher Rat ist in allen Fällen unentbehrlich.

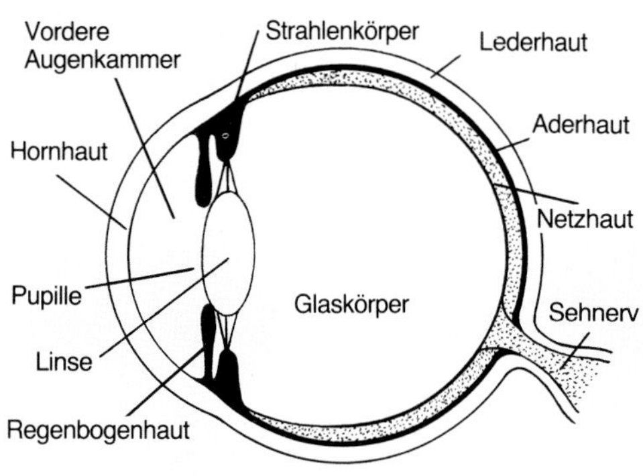

Senkrechter Schnitt durch das menschliche Auge

AUGENLIDRANDENTZÜNDUNG

Am Lidrand können verschiedene entzündliche Erkrankungen auftreten, so zum Beispiel das *Hagelkorn* (Chalazion), wenn sich die am freien Lidrand mündenden Ausführungsgänge der Meibomschen Drüsen, die normalerweise den Lidrand einfetten, verstopfen. Verstopfen die den Wimpern zugehörigen Mollschen Drüsen, so entsteht das *Gerstenkorn* (Hordeolum). Das Hagelkorn muß operativ entfernt werden, das Gerstenkorn kann man durch warme Kamillen- oder Leinsamenkompressen erweichen, so daß es sich öffnet und entleert.

Auch bei einer *skrofulösen Bindehautentzündung* kommt es zur entzündlichen Miterkrankung des Lidrandes, der nicht nur gerötet aussieht, sondern auch mit Krusten und Borken bedeckt ist. Diese werden mit Kamillen- oder Augentrostbädern aufgeweicht und abgelöst. Dann trägt man eine sulfonamid- oder cortisonhaltige Augensalbe nach ärztlicher Verordnung auf.

AUGENSCHÄDEN

Zahlreiche Augenschäden können durch Medikamente entstehen, z. B. durch Resochin, ein Malaria-Mittel, das auch vielfach bei chronischem Rheumatismus gebraucht wird. Bei zu hoher Dosierung können Netzhautentzündungen auftreten, die das Sehvermögen verschlechtern und das Gesichtsfeld einschränken. Auch mit Hornhauteinlagerungen, die aber voll rückbildungsfähig sind, muß man rechnen. Auf jeden Fall ist der Augenarzt aufzusuchen.

AUGENSCHMERZEN

Bei Augenschmerzen ist zu unterscheiden, ob es sich um Schmerzen in der Umgebung des Auges, im Auge selbst oder beim Lesen handelt.

Bei Schmerzen in der Umgebung des Auges kann es sich um eine Lidrandentzündung, eventuell verbunden mit einer Bindehautentzündung, ein Gerstenkorn, ein Hagelkorn oder um eine Entzündung der Tränendrüsen handeln. Es kann aber auch eine Entzündung der Schläfenarterie, eine Riesenzellarteriitis Horton oder eine Gürtelrose im Bereich des ersten Gesichtsnervenastes bestehen.

Bei Schmerzen im Auge kann es an einer Bindehautentzündung, Hornhautentzündung oder an einem Glaukomanfall liegen.

Schon beim geringsten Anzeichen von Sehschwäche oder Sehstörungen sollte der Augenarzt aufgesucht werden. Unser Bild zeigt den Andrang zu einer Vorsorgeuntersuchung gegen den grünen Star im Bayer-Werk Leverkusen.

Treten die Schmerzen beim Lesen auf, so ist entweder ein Brechungsfehler der Augenlinse (Hyperopie, Astigmatismus, Presbyopie) die Ursache, oder es liegt eine Störung des beidäugigen Sehens (Heterophorie) durch eine Schwäche einzelner äußerer Augenmuskeln vor.

Da die Unterscheidung der einzelnen Erkrankungsformen schwierig ist, sollte man bei anhaltenden Augenschmerzen in jedem Falle den Augenarzt aufsuchen.

AUSFLUSS *(Weißfluß, Scheidenkatarrh)*

Die Scheide wird nicht aus Schleimhaut gebildet, sondern aus einer Haut ohne drüsige Anteile, nämlich aus mehrschichtigem Plattenepithel. Beim Ausfluß handelt es sich immer um eine Ausschwitzung infolge einer Entzündung des unter der Haut liegenden Bindegewebes.

Die Ausbildung der Scheidenhaut hängt von der Funktion der Eierstöcke ab. Die während der ersten Zyklushälfte gebildeten Hormone, die Östrogene, bauen die Scheidenhaut auf und lagern zugleich eine zuckerbildende Substanz (Glykogen) ein. Die Eierstockhormone der zweiten Zyklushälfte, die Gestagene, bewirken eine Abschilferung der oberflächlichen Zellschichten, die dann durch die normalen Scheidenbakterien aufgelöst werden, wobei das eingelagerte Glykogen frei wird und sich in Malz- und Traubenzucker umwandelt. Die Döderleinschen Scheidenbakterien leben von dem Zucker und vergären ihn dabei zu Milchsäure. Diese bewirkt normalerweise ein saures Milieu in der Scheide.

Wird das saure Milieu zur alkalischen Seite hin verschoben, beginnt sofort eine hemmungslose Vermehrung krankhafter Mikroorganismen (Trichomonaden, Soor-Erreger, Bakterien). Schon während der Menstruation wird die Vermehrung begünstigt, da das Menstrualblut alkalisch ist. Eine falsche Hygiene, so die Verwendung alkalischer geruchsbindender Seifen und Intimsprays, kann zur Vermehrung der Keime führen. Beim Waschen ist peinlich darauf zu achten, daß mit dem Waschlappen nicht Keime (z. B. Colibakterien) vom After auf die Scheide übertragen werden.

Eine bei Entzündung vermehrte Absonderung aus dem sich in der Tiefe der Scheide befindenden Muttermund ist ebenfalls alkalisch und vermindert den Säureschutz. Die Entzündung am Muttermund kann allein schon durch eine Verlagerung des Muttermundes eintreten, eine Veränderung, die durch die modernen Schwangerschaftsverhütungsmittel anscheinend begünstigt wird.

Die Behandlung richtet sich in jedem Falle zunächst nach den vorhandenen und nachweisbaren Erregern. Diesen Nachweis kann jeder Arzt durchführen. Neben Spezialmitteln gegen die nachgewiesenen Erreger (z. B. Clont gegen Trichomonaden oder Moronal gegen Soor) benötigt man ein Mittel zur Wiederherstellung des normalen sauren Scheidenmilieus. Eine Selbstbehandlung ist sinnlos; die örtliche und innerliche medikamentöse Behandlung ist Sache des Arztes.

Eine Verbesserung der allgemeinen Körperverfassung und der Hormondrüsentätigkeit (also auch der Eierstöcke, wovon die Scheidenhautfunktion abhängig ist) erreicht man durch viel körperliche Bewegung, Schwimmen, Meerwasser- und Sauna- sowie Blitzgußmassagebäder.

AUSFLUSS NACH GEBURT

Bei Entbindungen kommt es nicht selten zu einem Riß am Gebärmutterhals. Häufig tritt danach eine chronische Entzündung und infolgedessen Ausfluß auf. Durch einen kleinen operativen Eingriff läßt sich das zerrissene Gewebe entfernen und die Wunde vernähen. Sie heilt fast völlig glatt ab, und der Ausfluß ist damit beseitigt.

B

BÄCKERASTHMA

(siehe auch Bronchialasthma)

Es ist ein regelrechtes Bronchialasthma, das durch eine Mehl- und Getreidestaub-Allergie hervorgerufen wird und von dem etwa jeder zehnte Bäcker betroffen ist. Meist tritt etwa um das zwölfte Berufsjahr zunächst ein allergischer Schnupfen (allergische Mehlrhinitis) auf, nach weiteren zwei bis fünf Jahren folgt das eigentliche Asthma, das später zu einer Lungenfibrose (bindegewebige Entartung) führt. Um diese Entwicklung zu verhindern, sind schon beim Mehlschnupfen Vorbeugungsmaßnahmen erforderlich, die fast immer einen Arbeitsplatz- oder gar einen Berufswechsel notwendig machen.

Weitere Vorbeugungs- und Heilmaßnahmen sind Atemübungen, Wandern, Schwimmen, eventuell ein Allergietest und eine entsprechende Desensibilisierung, die allerdings Sache des Arztes sind.

BANDSCHEIBENSCHADEN

Bandscheiben sind die elastischen „Kissen" zwischen den Wirbelkörpern. Sie bestehen in der Mitte aus einem weichen Gallertkern, der von einem festen Faserknorpelring (Anulus fibrosus) umgeben ist. Da sie keine Blutgefäße enthalten, erfolgt die Ernährung durch Aufsaugen der Stoffe aus den Wirbelkörpern.

Unter unseren zivilisierten Lebensverhältnissen (meist Sitzen, Stehen oder Fahren) unterliegen die Bandscheiben einer vorzeitigen und vermehrten Abnutzung. Nur bei wenigen älteren Menschen sind sie noch normal.

Der vorzeitige Bandscheibenverschleiß bewirkt meistens, aber nicht immer, erhebliche, zeitweilig auftretende oder auch anhaltende rheumatisch-neuralgische Schmerzen im Nacken, in den Armen, im Rücken oder in den Beinen. Bei Fortschreiten der Degeneration der Bandscheiben können die Schmerzen nachlassen oder gar verschwinden, weil die Stützfunktion allmählich durch knöcherne Randzackenbildungen der Wirbelkörper übernommen wird, was aber zugleich die Elastizität und Beweglichkeit der Wirbelsäule verringert. Im Röntgenbild findet man dann an den mechanisch am stärksten beanspruchten Stellen der Wirbelsäule die bekannten „osteochondrotischen Veränderungen".

Es kann nun gelegentlich bei Überarbei-

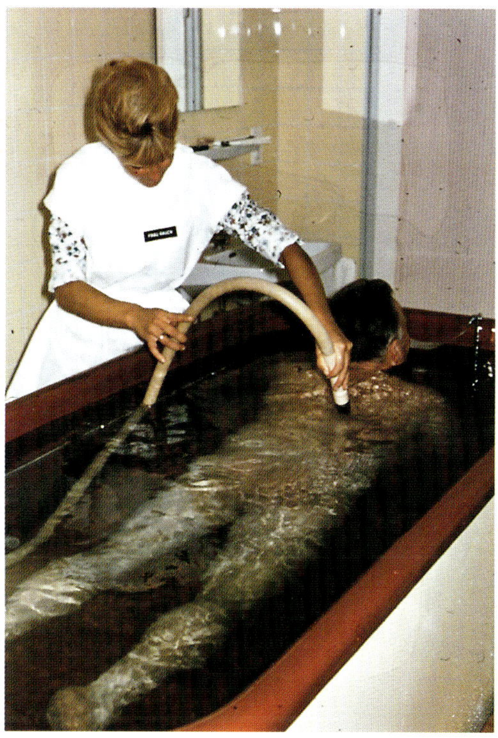

Bandscheibenschäden sind schmerzhaft und bedürfen der Behandlung. Die Unterwasser-Druckstrahlmassage ist eine wichtige physikalische Maßnahme gegen diese Beschwerden.

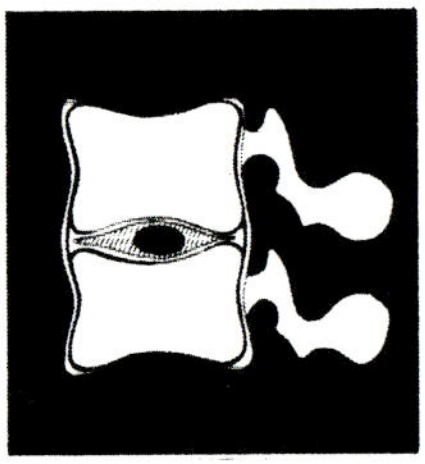

In der Wirbelsäule liegen zwischen den Wirbeln die Bandscheiben. Sie bestehen aus einem Gallertkern, der von einem Ring aus Binde- und Knorpelgewebe umgeben wird

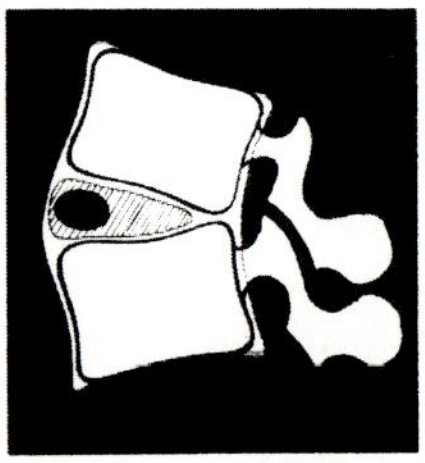

Wird die Wirbelsäule belastet, sorgt der Gallertkern, der zu 80 % aus Wasser besteht, für einen Druckausgleich. Beugt man sich nach hinten, weicht er zur weniger belasteten Seite nach vorne aus

Wenn man sich nach vorne beugt, wandert der Gallertkern in die entgegengesetzte Richtung. Bei dieser Bewegung erhöht sich der Druck auf die Bandscheibe von 80 Kilo auf das Doppelte

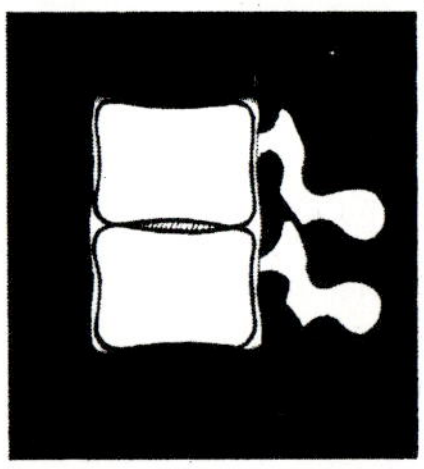

Bei Druckbelastung entweicht aus der Bandscheibe Flüssigkeit. Hält der Druck zu lange an, trocknet sie aus. Das Gewebe wird brüchig, und der Bandscheiben-Ring kann reißen

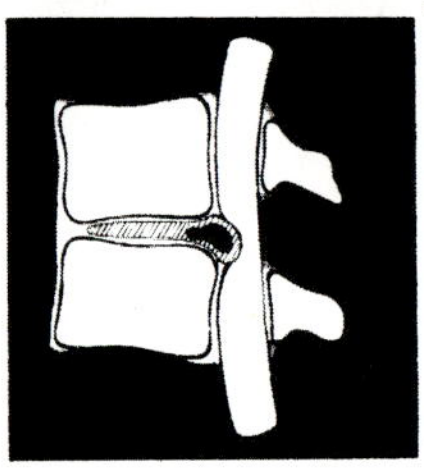

Wenn der Bandscheiben-Ring seine Elastizität verliert, hält er dem Druck des Gallertkerns nicht mehr stand. Beide wölben sich zwischen den Wirbeln vor und drücken auf die Nervenwurzeln

tung, langem Bücken, „falschen“, das heißt plötzlichen und ungewohnten Bewegungen oder auch bei heftigem Niesen zu Einrissen des Faserrings der degenerierten Bandscheibe kommen, wodurch akute Schmerzen ausgelöst werden, weil sich durch den Einriß die Bandscheibe in den Rückenmarkskanal vorwölbt. Man spricht dann meist von „Hexenschuß“ oder „Ischias“. Viel seltener kommt es zur Sprengung des Faserrings und damit zu einem Vorfall (Prolaps) der Bandscheibe in den Rückenmarkskanal. Tritt der Gallertkern völlig aus dem Faserring in den Rükkenmarkskanal, so besteht ein Bandscheibenbruch (Diskushernie). Durch Vorfälle und Brüche entstehen Nervenwurzelreizungen, die bis zu vollständigen Lähmungen führen können. Die Behandlung richtet sich nach dem Stadium des Bandscheibenschadens und muß ärztlich geleitet werden.

Bei der am häufigsten vorkommenden Vorwölbung der Bandscheibe im unteren Lendenwirbelsäulenbereich kommen folgende Maßnahmen in Frage:

Diät: Anreicherung der Kost mit den Vitaminen der B-Gruppe und mit Vitamin E (Hefeextrakte, Nußmuse und Vollkornerzeugnisse).

Physikalische Maßnahmen: Chiropraktische Behandlungen können akute Schmerzzustände häufig schnell bessern. Sie bedeuten allerdings keinen Schutz vor Rückfällen. Auch Einreibungen (z. B. mit Pinimenthol, Finalgon-Salbe, Menthoneurin-Salbe oder -Liniment, Bayolin und Rubriment-Öl) können zeitweilige Linderung bringen.

Sobald als möglich mit einer Übungsbehandlung beginnen, dazu Massage, Wärmeanwendung, Unterwassermassage, Stangerbäder, Bewegungsbäder. Später Badekuren in Schwefel-, Moor- und Thermalbädern sowie Gymnastik und sytematisches Gehtraining.

Psychotherapeutische Maßnahmen: Entspannungsübungen.

Medikamente: Schmerzmittel, Beruhigungsmittel und Muskelentspannungsmittel einzeln oder in Kombination nur nach Verordnung.

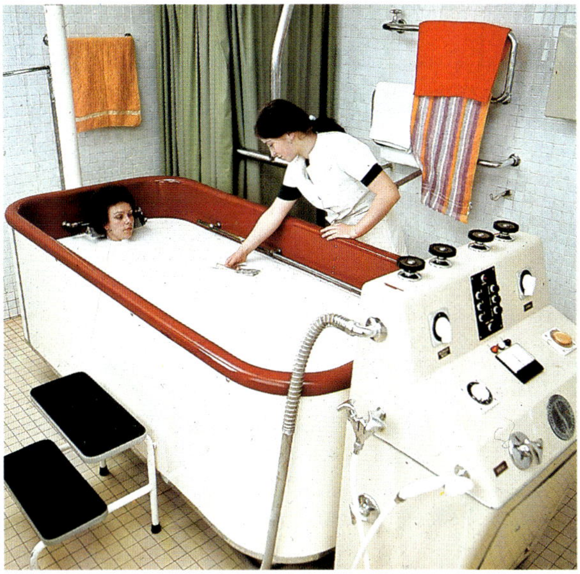

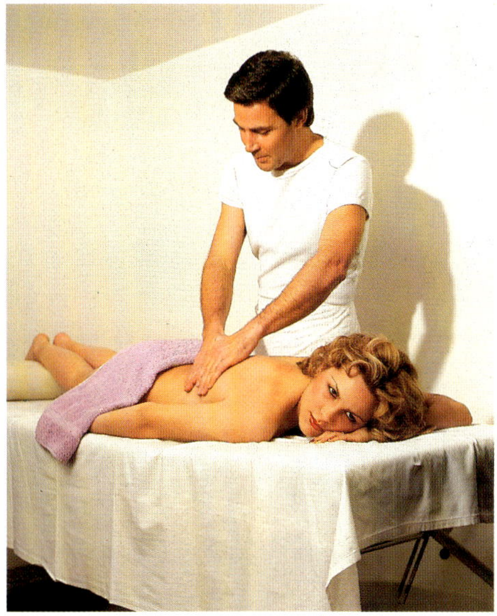

Stangerbäder und Massagen zur Behandlung von Bandscheibenschäden. Das Stangerbad ist ein hydroelektrisches Vollbad. In die Wände der Badewanne sind plattenförmige Elektroden eingelassen, so daß der im Bad liegende Körper von Strom umflossen werden kann.

Viele Ärzte werden auch örtliche Injektionen vornehmen mit Novocain, Impletol, Hostacain, auch in Verbindung mit Hydrocortison und Hyaluronidase.

Bewährt haben sich Injektionen von Novalgin mit Zusätzen von Vitaminen der B-Gruppe (B_1, B_2, B_{12}).

Tritt eine akute Einklemmung mit Lähmung auf, muß sofort operiert werden. Je schneller dies möglich ist, um so vollständiger bilden sich die Lähmungen zurück. Von allen Bandscheibenerkrankten müssen etwa 10% früher oder später operiert werden.

Oft ist auch die operative Beseitigung von Zahnherden, insbesondere knochenauflösenden Herden im Kieferwinkel, Anlaß zum Verschwinden sämtlicher Beschwerden im Halswirbelbereich.

BANDWURM

Siehe Wurmerkrankungen

BAUCHPRELLUNG

Bei stumpfen Verletzungen des Bauches ist es sehr schwer zu entscheiden, ob wirklich nur eine Bauchprellung oder etwa eine wesentlich darüber hinausgehende Quetschung mit Verletzungen innerer Organe, z. B. Riß und Blutung von Bauchfell, Leber, Milz, Zwerchfell, Bauchspeicheldrüse oder Nieren, vorliegt.

Wenn es sich nur um eine Prellung handelt, kann sie im Hause mit Ruhe und feuchter Wärme behandelt werden. Das läßt sich aber bei der ersten Untersuchung in der Hälfte aller Fälle nicht sicher beurteilen. Risse in Milz, Leber, Bauchspeicheldrüse und den Nieren machen sich oft erst Stunden bis Tage nach der Verletzung bemerkbar. Auch ein Schock braucht nicht schon unmittelbar nach der Verletzung erkennbar zu sein. Jede stärkere Bauchverletzung bedarf daher klinischer Beobachtung. Ein Viertel aller mit einer stumpfen Bauchverletzung in die Klinik eingewiesenen Patienten muß operativ behandelt werden. Schon im Verdachtsfall ist daher die schnelle Einweisung in eine Chirurgische Klinik notwendig. Bei Schockzuständen muß unbedingt schnellstmöglich ein Unfallwagen bestellt werden, in dem ein Unfallarzt bereits auf dem Transport eine Infusion vornehmen kann. Siehe auch unter „Quetschung".

BAUCHSPEICHELDRÜSEN-ENTZÜNDUNG

Die Entzündung der Bauchspeicheldrüse (Pankreatitis) kann verschiedene Ursachen haben (mechanische, toxische, bakterielle, Stoffwechselstörungen). Am häufigsten kommt sie aber bei Erkrankungen der Gallenwege (chronische Entzündungen, Steine) und beim Alkoholismus vor.

Man unterscheidet zwar eine akute und eine chronische Bauchspeicheldrüsenentzündung, es handelt sich dabei aber um dasselbe Krankheitsbild, nur kann es einmal hochdramatisch schnell ablaufen, zum andern sich über Jahre hinziehen. Die *akute* Entzündung macht sich durch plötzlich auftretende Bauchschmerzen bemerkbar, die nach dem Rücken oder nach den Schultern ausstrahlen oder gürtelförmig empfunden werden. Fast regelmäßig tritt auch Erbrechen, Fieber und ein Rippenfell-Erguß auf. Die Auslösung des Anfalls geschieht oft durch umfangreiche oder fettreiche Mahlzeiten oder durch Alkohol.

Schon bei dem Verdacht auf eine akute Bauchspeicheldrüsenentzündung ist schnelle ärztliche Hilfe, am besten Krankenhausaufnahme, erforderlich, da sich das Krankheitsbild durch das Auftreten von Schocksymptomen mit beängstigender Atemnot dramatisch zuspitzen und die Erkrankung leicht mit akuter Blinddarmentzündung, Magendurchbruch, Darmverschlingung, Rippenfellentzündung, Lungenentzündung oder Herzinfarkt verwechselt werden kann. Der Verdacht ist bereits gegeben, wenn plötzlich heftige, anhaltende und ausstrahlende Oberbauchschmerzen auftreten. Der Arzt wird zunächst Trasylol injizieren, ein Medikament, das die Verdauungsfermente des Pankreas außer Gefecht setzt.

Die Ursache ist immer der Austritt von Bauchspeicheldrüsensaft aus der Drüse und dessen Eindringen in die anderen Bauchorgane, wo er das Gewebe zerstört und verdaut (Nekrosen). Außerdem wird der Saft von der Blutbahn aufgenommen. Die Folge ist eine Blutvergiftung.

Bei der weniger dramatisch ablaufenden *chronischen* Bauchspeicheldrüsenentzündung spielen sich diese Vorgänge langsamer, über Monate bis Jahre ab. Aber auch hierbei steht der Schmerz als Krankheitssymptom an erster Stelle. Dann kommen Verdauungsbeschwerden (Übelkeit, Blähungen, Erbrechen, Völlegefühl) und Alkoholunverträglichkeit hinzu. In der Folgezeit macht sich ein immer stärker werdender Gewichtsverlust bemerkbar. Außerdem tritt Durchfall auf mit umfangreichen, breiförmigen Fettstühlen.

Bauchspeicheldrüsenentzündungen (z. T. mit Durchfällen) können auch als Nebenwirkung bei der Anwendung der modernen Wasserausscheidungsmittel (Diuretika) auftreten, und zwar als Folge eines Magnesiummangels.

Die Sicherung der Diagnose bleibt immer eine sehr schwierige ärztliche Aufgabe, die manchmal nur durch eingehende Untersuchungen im Krankenhaus gelöst werden kann.

Die ärztliche Behandlung der sicher nachgewiesenen chronischen Bauchspeicheldrüsenentzündung umfaßt 1. die Schmerzbekämpfung (meist Atropin und Papaverin), 2. die Beseitigung der auslösenden Ursachen (Leber-Gallenwegs-Infekte, Alkoholismus u. a.), 3. den Ersatz

Bauchspeicheldrüse

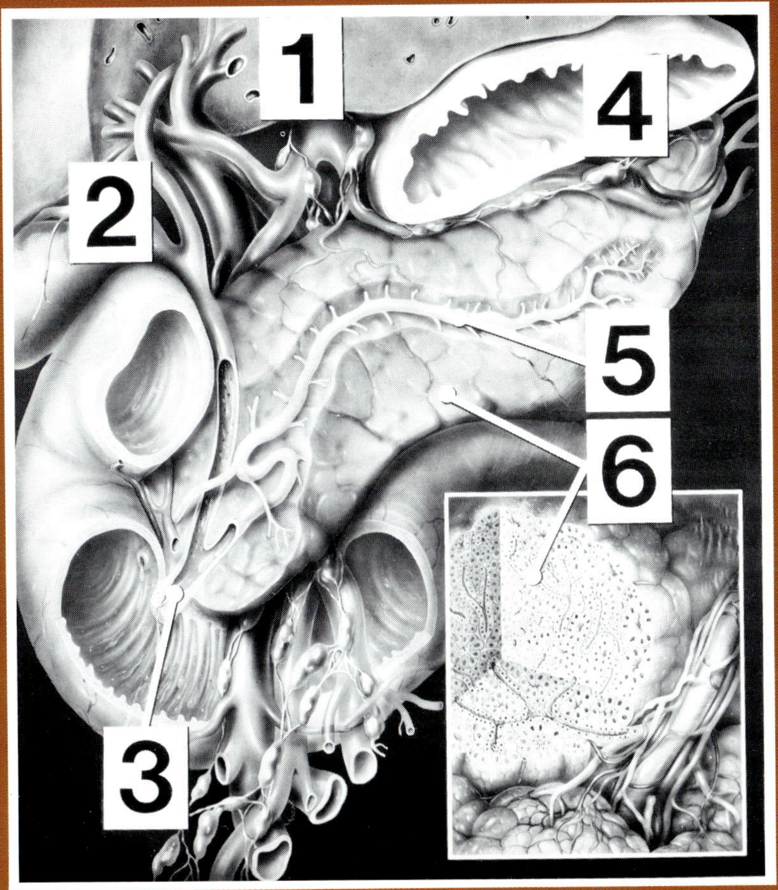

1 = Leber

2 = Gallenblase

3 = Gallenblase und Bauchspeicheldrüse haben einen gemeinsamen Ausführungsgang in den Darm

4 = Magen

5 = Bauchspeicheldrüse mit Abflußsystem für Verdauungsfermente

6 = Mikroskopisches Bild eines Pankreas-Läppchens

der fehlenden Bauchspeicheldrüsenfermente durch Präparate mit einem möglichst hohen Lipasegehalt (z. B. Cotazym forte Dragees) und 4. diätetische Maßnahmen, und zwar eine leichte Magen-Darm-Schonkost, auf fünf bis sechs kleine Mahlzeiten verteilt, unter Zugabe fettlöslicher Vitamine (A, D_2, E, K), die eventuell auch als Injektion gegeben werden können.

Eine Operation wird notwendig, wenn Abflußhindernisse in den Drüsenausführungsgängen bestehen, wenn vegetative Schmerzleitungsbahnen auszuschalten sind oder das Vorhandensein eines Pankreaskrebses ausgeschlossen werden muß.

BAUCHSPEICHELDRÜSENSCHWÄCHE

Die normale Bauchspeicheldrüsenfunktion ist weitgehend vom normalen Funktionszustand der anderen Verdauungsorgane abhängig. Gallenflußstörungen schränken auch die Absonderung der Bauchspeicheldrüsensäfte in den Zwölffingerdarm ein. Ebenso führen Leberveränderungen zu Störungen der Bauchspeicheldrüsenfunktion. Die Säureverhältnisse im Magen haben nur einen geringen Einfluß auf die Bauchspeicheldrüse.

Eine zu geringe Bauchspeicheldrüsenfunktion hat Störungen der Nahrungsverarbeitung mit entsprechenden Verdauungsbeschwerden zur Folge. Die Unterfunktion der Drüse kann im ärztlichen Labor festgestellt werden.

Physikalische Maßnahmen: Leibwickel, Blitzgußmassagebad, Kurzwellendurchflutungen des Oberbauchs, Heublumensack.

Medikamente: Funktionssteigernd wirken einige Bitterkräuter und senfölhaltige Pflanzen, wie Brennessel, Kardobenediktenkraut, Seifenkraut, Tausendgüldenkraut und Meerrettich. Pflanzliche Fertigpräparate sind Bilipeptal, Gastritol, Gastroplant, Harongan. Als Ersatz für fehlende Enzyme dienen Nutrizym, Pankreon, Pascopankreat, Pankreoflat u. a.

BESCHÄFTIGUNGSKRAMPF

Bei ständiger Überarbeitung können Krämpfe in den Muskelgruppen der Hände oder der Unterarme eintreten (z. B. Schreibkrampf). Eine Unterbrechung der Tätigkeit ist für kurze Zeit erforderlich. Falls das nicht genügt, kommen folgende Behandlungsmöglichkeiten in Frage:

Physikalische Behandlung: Ansteigende Armbäder, kalter oder wechselwarmer Arm- und Oberkörperguß, Bindegewebsmassage, Bewegungsübungen.

Medikamente: Einreibungen mit „Rheumasalben", z. B. Finalgon, Menthoneurin und andere. Innerlich sind Vitamin-B-Komplex-Präparate von großem Nutzen.

BINDEGEWEBSSCHWÄCHE

Die Bindegewebsschwäche zeigt sich in erster Linie als Krampfaderleiden. Sie gehört aber auch zum Bild der Allgemeinschwäche (Asthenie) und ist oft mit einer Nervenschwäche (Neurasthenie) anzutreffen. Bindegewebsschwächlinge sind meist mager, blaß, schlank, haben überstreckbare Gelenke, weiße, kariesanfällige Zähne, neigen zu niedrigem Blutdruck und zu Senk-Spreiz-Füßen. Eine Behandlung kann nur auf lange Sicht zu einer Besserung dieser Körperverfassung führen.

Diät: Milcheiweißhaltige, vitaminreiche Vollkost mit reichlich Obst, Salaten und Gemüse.

Physikalische Maßnahmen: Sie spielen über Jahre hinaus die Hauptrolle in der

Brandungsbaden ist nicht nur ein Riesenspaß, es kräftigt auch die Gewebe und tut der Haut wohl.

Behandlung und müssen vom Arzt regelrecht geplant werden. Nützlich sind Gymnastik, einschließlich Fußgymnastik, Taulaufen, Barfußgehen, Schwimmen, Radfahren, Seilspringen auf dem Rasen (weicher Boden).

Psychotherapeutische Maßnahmen: Bindegewebsschwache Menschen brauchen neben körperlicher und psychischer Anregung auch Anerkennung für ihre Leistungen, damit sich ihr Selbstbewußtsein erhöht.

Medikamente: Calcium fluoratum D_6 (dreimal täglich 1 Tablette), Silicea D_4, Akkerschachtelhalm, Spitzwegerich, Tausendgüldenkraut.

Als *Fertigpräparate* stehen zur Verfügung Cefossin „Cefak“, Silicea Oligoplex, Zinnkrautsaft.

Da die sogenannten *Glucocorticoide* zahlreiche chemische Veränderungen an der Grundsubstanz hervorrufen und die Reaktion des Bindegewebes auf Verletzungen verändern, ist bei Bindegewebsschwächlingen mit Glucocorticoidpräparaten (z. B. Cortison, Hydrocortison = Cortisol und Corticosteron) größte Vorsicht am Platze. Sie haben eine intensive Wirkung auf den Kohlenhydrat- und Eiweißstoffwechsel, wobei sie den Transport der Aminosäuren (der Eiweißbausteine) in die Zellen bremsen.

BINDEHAUTENTZÜNDUNG

Die einfache Bindehautentzündung kommt häufig vor und wird durch Staub, Wind, Neigung zu Schleimhautkatarrhen oder Skrofulose hervorgerufen. Sie tritt auch in Begleitung zahlreicher anderer Krankheiten auf, z. B. bei chronischem Schnupfen, Nasenscheidewandverbiegungen und Polypen.

Wenn sich die einfache Bindehautentzündung nicht in wenigen Tagen zurückbildet (z. B. nach Kamillen- und Augentrostkompressen), ist der Augenarzt aufzusuchen, um eventuell vorhandene Erreger oder Herde feststellen zu lassen.

BLÄHUNGEN

Viele, besonders ältere Menschen, leiden häufig an einer quälenden Aufblähung des Leibes, vor allem dann, wenn sie reichlich Rohkost zu sich nehmen. Der Bauch ist meist sogar bei normalem Stuhlgang gespannt, weil die Därme durch die sich bildenden Gase schmerzhaft überdehnt sind (Meteorismus).

Manchmal fehlt dann die Magensäure, oder sie ist nur in ungenügender Menge vorhanden. Ebenso kann die Produktion der Verdauungsfermente zu gering sein. Oft genug auch ist die Funktion der Bauchspeicheldrüse einfach zu schwach. In diesen Fällen bringen Säure-, Ferment- oder Bauchspeicheldrüsenpräparate schnelle Hilfe.

Vielfach läßt sich die übermäßige Gasbildung auch durch Gaben von Heilerde, Moor-Trinkkuren und Leinsamenschrot beseitigen.

Allein durch Bauchdeckengymnastik lassen sich meist die Funktionen der Bauchorgane aktivieren und damit die Blähungen beseitigen. Versagen alle diese Möglichkeiten, muß durch eingehendere Untersuchungen (Röntgenkontrolle) geklärt werden, ob eine schwerere organische Erkrankung vorliegt!

BLASENKATARRH

Das normale Fassungsvermögen der Blase beträgt etwa ¼–½ Liter. Da täglich 1000–1600 cm^3 Harn (etwa 1–1½ Liter) ausgeschieden werden müssen, ist 3–4mal täglich eine Entleerung notwendig. Nachts soll der Harndrang fehlen. Häufiges Wasserlassen mit Schmerzen am Schluß der

Entleerung spricht bereits für eine *akute Blasenentzündung* (Cystitis).

Häufiges Wasserlassen ohne Schmerzen kann Ausdruck einer *Schrumpfblase* als Ergebnis häufiger Blasenentzündungen sein.

Auch *Harnleitersteine* können plötzlich auftretendes häufiges Wasserlassen verursachen.

Bei einer *chronischen Blasenentzündung* gibt es wenig Symptome, immerhin besteht auch dann alle zwei Stunden Harndrang bei nur mäßigen Schmerzen, und zwar auch nachts. Häufiges Wasserlassen nur am Tage und ohne Schmerzen kann ein rein nervöses Zeichen sein.

Treten die Anzeichen einer chronischen Blasenentzündung beim Mann auf, muß man zunächst an eine organische Krankheit wie Prostatavergrößerung, Blasensteine, Blasenpolypen oder Tumoren denken. Seelisch-nervös bedingt ist meist die Reizblase der Frau. Man findet dabei keinerlei Veränderungen im Harn.

Die *akute* Blasenentzündung heilt in den meisten Fälle durch Ruhe, Wärme, Bärentraubenblättertee oder Arctuvan ab. Stärker wirkt schon das pflanzliche Antibiotikum Tromacaps, ein Präparat aus der Kapuzinerkresse (3mal täglich 2 Kapseln).

Sollte dann immer noch keine Abheilung erfolgen, empfiehlt sich die Anwendung eines Nitrofurantoin-Präparats, das eine starke antibakterielle Wirksamkeit bei den vier häufigsten Erregern entfaltet und ärztlich angeordnet werden muß.

Bei *chronischen* Blasenentzündungen muß zunächst eine Empfindlichkeitsprüfung in einer bakteriologischen Untersuchungsstelle vorgenommen werden, bevor ein Mittel eingesetzt werden kann, gegen das die vorhandenen Erreger empfindlich sind, damit sie abgetötet werden können.

Bei sehr hartnäckigen Fällen sieht sich der Arzt gezwungen, Blasenspülungen mit antibiotisch wirksamen Mitteln vorzunehmen, weil dadurch eine besonders intensive Beeinflussung der Erreger möglich ist.

Das Wechselfußbad. Man bleibt 5–10 Minuten im warmen Wasser (38–40° C) und 10–15 Sekunden im kalten Wasser (15–18° C), beginnt warm und hört kalt auf. 3- bis 5mal wechseln.

BLASENKRÄMPFE

Sie treten vorwiegend bei Frauen im mittleren und höheren Alter auf, verbunden mit Harndrang, der nur zu geringen Entleerungen führt, aber brennende Schmerzen verursacht. Außer an eine Blasenentzündung oder Reizblase ist auch an eine Blasenschwäche zu denken, die besonders beim Husten oder Lachen zum Einnässen führt oder auch die Ursache des „Nachtröpfelns" sein kann. Neben einer Blasenschwäche liegt dann häufig noch eine Erschlaffung des Beckenbodens und eine Scheidensenkung vor.

Physikalische Maßnahmen: Ansteigende Fußbäder, Wechselfußbäder, Wechselsitz- oder -halbbäder mit Haferstroh oder Kamillenzusatz, Bindegewebsmassagen, Kurzwellen- oder Hochfrequenzbestrahlungen.

Medikamente: Hovaletten, Rhoival, Valdispert, Kamillosan, Urgenin, Buccotean-Tee. Auch *Heilpflanzen,* innerlich angewandt, können von großem Nutzen sein, z. B. Baldrian, Birke, Kamille, Melisse, Tormentill.

Häufig sind allerdings Zäpfchen oder Injektionen nicht zu vermeiden.

BLASENLÄHMUNG

Eine Blasenlähmung kann akut oder subakut auftreten und mit einer totalen Harnsperre verbunden sein. Sie darf nicht auf die leichte Schulter genommen werden, da sie das Symptom eines sogenannten *medianen Bandscheibenschadens* sein kann, wenn zugleich ischiasartige Schmerzen bestehen.

Wird der frühestmögliche Zeitpunkt für eine Operation verpaßt (sie sollte möglichst schon nach Stunden geschehen), tritt fast immer eine nicht mehr rückgängig zu machende Schädigung der Blasenfunktion ein.

BLASENSCHWÄCHE BEI FRAUEN

Bei Frauen stellt die Blasenschwäche, auch Urin-Inkontinenz oder unfreiwilliger Harnabgang genannt, ein häufiges, sehr unangenehmes Problem dar. Die Ursachen der Blasenschwäche sind sehr unterschiedlicher Natur. Sie müssen am besten durch einen Frauenarzt geklärt werden, damit eine zielbewußte Behandlung erfolgen kann.

An dem recht einfach erscheinenden Vorgang des Wasserlassens ist nicht nur die Harnblase beteiligt, auch Harnröhre, Muskeln, Nerven und Hormondrüsen spielen dabei eine wichtige Rolle. Es kommt nicht selten durch mehrere Geburten, besonders wenn sie dicht aufeinander folgen, zu einer Schwäche der beteiligten Muskeln, zu einer Gebärmutter- oder Blasensenkung. In diesen Fällen hilft nur eine Operation. Es kann aber auch ein Versagen der nervösen Steuerung vorliegen, die wiederum häufig seelisch bedingt ist.

Das den ganzen Tag über anhaltende Gefühl, mehr oder weniger dringend Wasser lassen zu müssen, macht immer reizbarer und nervöser. Viele Frauen reagieren auf seelische Probleme mit ständigem Harndrang. Die Probleme können mit dem Beruf, dem Privatleben oder der Sexualität zusammenhängen. Nur wenn es gelingt, sie aufzudecken und zu beseitigen, z. B. durch eine psychotherapeutische Behandlung, bessert sich die Blasenschwäche, oder sie heilt dann sogar von selbst aus.

BLASENSTEINE

Wenn nach dem Liegen klarer Urin entleert werden kann, nach dem Gehen aber blutiger Urin auftritt, muß man mit einem Blasenstein rechnen. Kleinere Steine können aus dem Nierenbecken stammen, größere sind meist in der Blase selbst entstanden. Oft besteht zugleich ein Hindernis am Blasenausgang (Prostatavergrößerung, narbige Verengung, Tumoren).

Kleinere Steine gehen meist von selbst ab, größere Steine müssen instrumentell in der Blase zerkleinert (eventuell durch Ultraschall) und der entstandene Grieß dann abgesaugt werden.

Neue Steinbildungen sucht man durch Uralyt (bei Oxalatsteinen) oder Uralyt-U (bei Harnsäuresteinen) zu verhüten.

BLASENTUMOREN

Etwa 75% aller Blasentumoren entfallen auf Männer nach dem 50. Lebensjahr. Wiederum in 75% aller Fälle tritt als erstes Krankheitszeichen Blutharnen auf. Nicht selten kommt es auch zur Infektion mit Fieber und Schmerzen oberhalb des Schambeins.

Die diagnostische Klärung kann nur der Urologe vornehmen, da eine Blasenspiegelung, eventuell Probeentnahme von Gewebe und andere zusätzliche Untersuchungen notwendig sind. Bei Auftreten von blutigem Urin ist also in allen Fällen der Facharzt für Urologie aufzusuchen.

Wird ein Blasentumor einwandfrei festgestellt, kommt nur noch eine chirurgische Behandlung, manchmal eine Elektroresektion (elektrische Ausschneidung) oder Koagulation (elektrische Verkochung mit Laserstrahlen) in Frage.

Die reine Bestrahlungsbehandlung muß noch mit zu hohen Dosen vorgenommen werden, so daß Schäden am gesunden Gewebe nicht immer vermieden werden können. Sobald es technisch gelingt, den Tumor durch eine entsprechende Vorbehandlung (Säuerung des Gewebes und Überwärmungsbäder mit 40° C und darüber) wesentlich strahlenempfindlicher zu machen, so daß die Strahlendosis erheblich vermindert werden kann, dürfte diese Behandlung sehr viel befriedigender durchzuführen sein.

Etwa 15–20% der Erkrankten können geheilt werden, wenn der Tumor noch nicht auf die Umgebung der Blase oder auf die Lymphbahnen übergegriffen hat, insbesondere hier bietet sich die Behandlung mit Laserstrahlen an.

Krebshemmende chemische Mittel, die sogenannten Zytostatika, haben auf den Tumor keinen nennenswerten Einfluß; sie schädigen meist nur das blutbildende System und die natürliche Immun-Abwehr des Organismus.

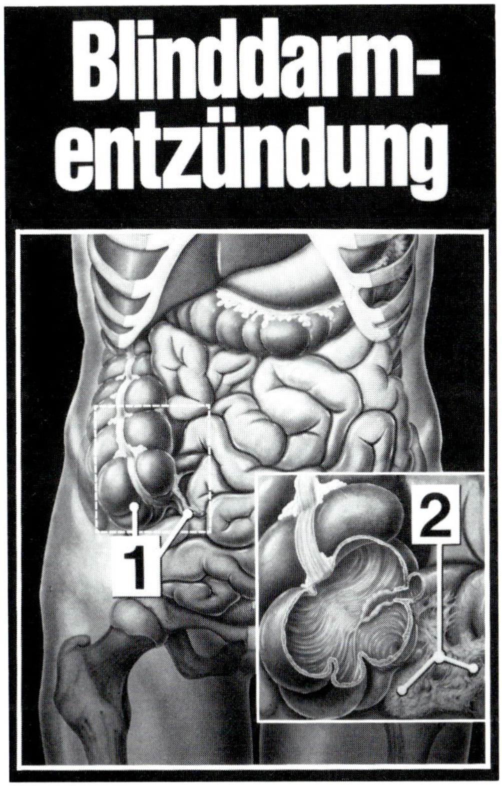

1 = Der Blinddarm mit Wurmfortsatz liegt oberhalb der Leistenbeuge

2 = Eitrige Entzündung des Wurmfortsatzes mit Verklebungen und Verwachsungen der Umgebung

BLINDDARMENTZÜNDUNG

Die hauptsächlichen Krankheitszeichen sind größter Schmerz im rechten Unterbauch (im Bereich des sogenannten MacBurneyschen Punktes), Abwehrspannung der Bauchdecke, Zunahme des Schmerzes bei plötzlichem Loslassen der abtastenden Hand (positives Loslaßzeichen), etwas erhöhte Temperatur, Temperaturdifferenz von 1 Grad zwischen Achselhöhlen- und Darmmessung. Die Diagnose ist jedoch schwierig, da der Blinddarm häufig keine normale Lage aufweist, was sehr leicht zu

Das morgendliche Trockenbürsten steigert nicht nur das Wohlbefinden, es verbessert auch die Blutbildung und heilt manche krankhafte Veränderung.

Fehldiagnosen führen kann. Schmerzen im rechten Unterbauch können auch bei anderen Infekten, als Anfangssymptom z. B. auch bei Masern, Röteln, Scharlach und Typhus, entstehen.

Bei rechtsseitigen Unterbauchschmerzen sollte daher immer baldmöglichst der Arzt geholt werden.

Als *Behandlung* ist nur die frühzeitige *Operation* möglich, auch bei nicht eindeutiger Diagnose.

In der *Nachbehandlung* kommen Bewegungsübungen (Beingymnastik) und Atemübungen in Frage, die so bald wie möglich begonnen werden sollen, damit sich das Risiko von Folgekrankheiten (Venenentzündung, Thrombose, Embolie) verringert.

Dem gleichen Zweck dient in dieser Zeit auch die Verabreichung von Kreislaufmitteln, Antibiotika und gerinnungshemmenden Substanzen besonders bei älteren Menschen.

BLUTARMUT *(Anämie)*

Es gibt verschiedene Formen der Blutarmut. Man unterscheidet sie am besten nach der Ursache. Die erste Gruppe bilden

1. *Blutungsanämien* durch übermäßigen Blutverlust, wobei wiederum eine akute Blutungsanämie von einer chronischen Blutungsanämie zu unterscheiden wäre;

2. *Anämien durch Blutzerfall* (hämolytische Anämien), der entweder akut auftreten kann oder durch Bakteriengifte, chemische Stoffe, Arzneimittel oder Autoagglutinine oder aber chronisch. In diesem Fall ist er familiär bedingt oder angeboren.

Eine zweite Gruppe bilden die Anämien infolge verminderter Blutbildung. Hierzu gehören

1. *Anämien bei mangelhaftem Kerneiweißaufbau* durch einen Mangel an Vitamin B_{12} (perniziöse Anämie und ähnliche Formen, wie sie auch bei rein vegetarischer Lebensweise auftreten), durch einen Mangel an

Folsäure, wie er bei Magen-, Darm- und Leberkrankheiten sowie bei Alkoholismus und der Einnahme von Hydantoinpräparaten vorkommt;

2. *Anämien, die durch einen gestörten Blutfarbstoffaufbau* auftreten infolge Eisen- und Vitamin-B_6-Mangels (Pyridoxinmangel);

3. *Anämien infolge einer ungenügenden Ausschwemmung von Blutzellen,* wie es bei Entzündungen, chronischen Infekten, chronischen Nierenerkrankungen und bösartigen Tumorbildungen vorkommt;

4. *Anämien infolge einer Knochenmarksverdrängung* (z. B. bei schweren Erkrankungen der weißen Blutzellen);

5. *Anämien infolge von Schädigungen des Knochenmarks* durch Bakteriengifte und chemische Substanzen.

Eine Unterscheidung der vielen Anämieformen ist ohne ärztliche Hilfe nicht möglich.

Diät: Diätetische Maßnahmen unterstützen die meist im Vordergrund stehende medikamentöse Behandlung der Anämien. Bei den *Blutungsanämien* ist eine eiweiß- und vitaminreiche Vollkost notwendig. Die erschöpften Eisendepots füllt man am besten mit den heute gut verträglichen Eisenpräparaten auf. Heilpflanzen können nur unterstützende Wirkung haben. Eisenreiche Nahrungsmittel sind zu bevorzugen.

Bei den *Anämien durch Blutzerfall* ist von einer speziellen Diät nicht viel zu erwarten. Wenn die Ursache des Blutzerfalls beseitigt werden kann, stellt sich auch wieder Appetit ein. Vollkost ist dann die beste Diät.

Auch bei den *Anämien durch verminderte Blutbildung* ist nur eine eiweiß- und vitaminreiche Kost sinnvoll. Früher stand bei einer Form dieser Gruppe, nämlich der *perniziösen Anämie,* diätetisch die Leberbehandlung an erster Stelle. Der Genuß von täglich 500 g roher Kalbsleber oder von Leberpreßsaft war aber nicht nur kein Vergnügen, sondern auch sehr teuer. Heute stehen dafür zahlreiche gut einnehmbare und besser wirksame Leberpräparate zur Verfügung, so daß die Leber-Diät keine Bedeutung mehr hat.

Physikalische Maßnahmen: Sie können die anfängliche medikamentöse Behandlung wesentlich unterstützen. Das gilt vor allem für die sekundären Anämien nach Infektionskrankheiten und bei einem schlechten Allgemeinzustand des Körpers, weil in diesem Fall auch die blutbildenden Organe in ihrer Funktion gehemmt sind.

Eine Verbesserung der Blutneubildung ist zu erreichen durch Sonnen- und Höhensonnenbestrahlungen des ganzen Körpers, durch Trockenbürsten, wechselwarme Waschungen und Badeanwendungen sowie durch Radiumbäder (radioaktive Quellen).

Die als Folge der *perniziösen Anämie* auftretenden Nervenstrangstörungen des Rückenmarks (funikuläre Myelose) lassen sich gut behandeln mit Stangerbädern, faradischen Vierzellenbädern, Massagen und gymnastischen Übungen, wenn sie wochen-, manchmal sogar monatelang durchgeführt werden.

Medikamente: Die verschiedenen Anämieformen mit Eisen-, Leber-, Vitaminpräparaten, Bluttransfusionen, Blutersatzmitteln, Hemmitteln für die Blutgerinnung und Corticoiden zu behandeln ist ganz und gar eine ärztliche Aufgabe. In manchen Fällen ist auch die operative Entfernung der Milz notwendig.

BLUTDRUCK · BLUTHOCHDRUCK · HOHER BLUTDRUCK

Gesunde Menschen weisen auch im höheren Alter in Ruhestellung einen Blutdruck bis 140/90 mmHg (Millimeter Quecksilbersäule) auf. Alles, was darüber hinausgeht, muß als krankhaft angesehen werden, wenn auch eine geringe Blutdruckerhöhung bei älteren Menschen gewöhnlich nicht so schwerwiegend ist wie bei jüngeren.

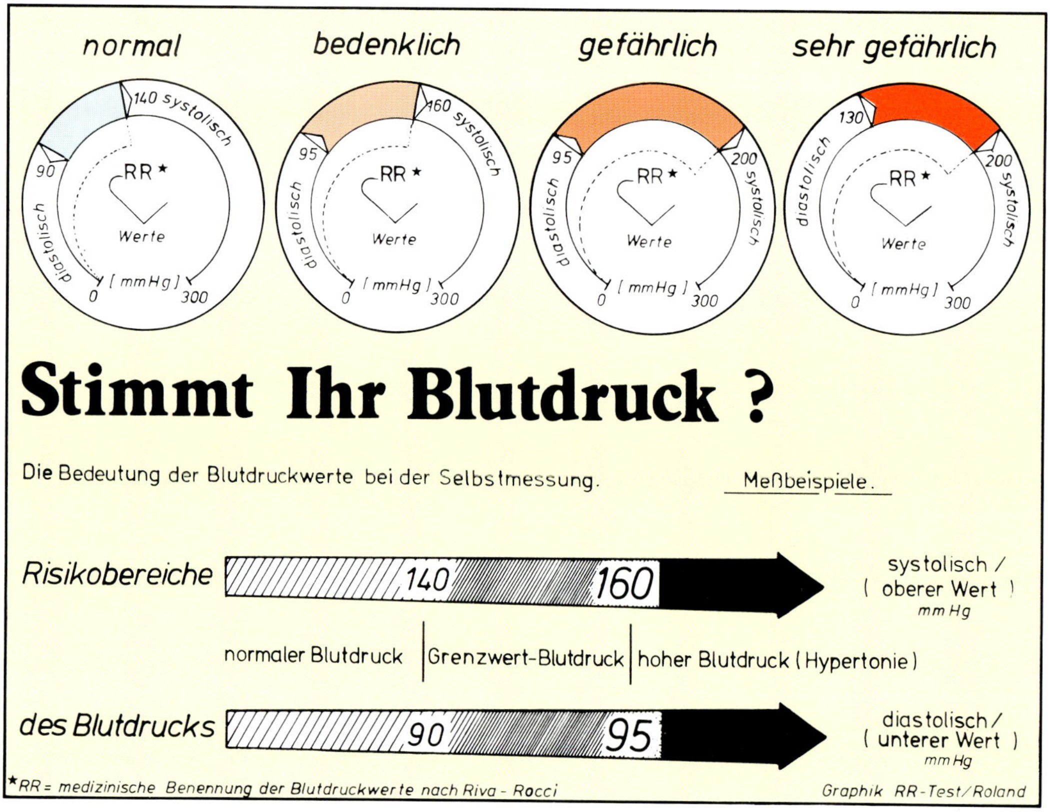

Man schätzt, daß in der Bundesrepublik mehr als sechs Millionen Menschen unter hohem Blutdruck leiden. Regelmäßige Blutdruckkontrolle sollte bei allen Patienten über 40 zur Selbstverständlichkeit werden.

Weitaus am häufigsten ist der konstitutionell bedingte (essentielle, genuine, primäre) Hochdruck, bei dem andere Krankheiten als Ursache nicht auszumachen sind.

Geht ein erhöhter Blutdruck mit Übergewicht einher, so ist unbedingt auf eine versteckte oder sich anbahnende *Zuckerkrankheit* zu untersuchen und nach einer *Fettleber* zu fahnden. Erhöhter Blutdruck kann auch bei noch normalem Gewicht schon eine verminderte Zuckerverwertung (verminderte Glukosetoleranz) mit sich bringen. Nach Glukosezufuhr reagieren alle Hypertoniker mit einer erhöhten Insulin-Ausschüttung ins Blut.

Recht häufig entsteht hoher Blutdruck durch eine Erkrankung der Nierenarterien (renaler Hochdruck). Der Verdacht auf eine solche Erkrankung ist gegeben, wenn insbesondere bei jüngeren Patienten ein erhöhter Blutdruck ohne erkennbare andere Ursachen festgestellt wird. Nur eine klinische Untersuchung kann den Sachverhalt klären, da eine Röntgenuntersuchung der Nierenarterien erforderlich ist (Nierenangiographie = Untersuchungsverfahren zum Sichtbarmachen der Blutgefäße im Röntgenbild). Ergibt sich dabei eine Einengung der Nierenarterien (Stenose), muß weiter geklärt werden, ob diese Einengung blutdrucksteigernd wirkt. In zahlreichen

Fällen kann dann operativ noch eine Heilung erzielt werden. Allerdings können auch andere schwere Erkrankungen als Ursache des Hochdruckleidens in Frage kommen.

Während beim sekundären Hochdruck zunächst die Grundkrankheit (Blut, Nieren, Übergewicht) behandelt werden muß, bedarf der essentielle (primäre) Hochdruck einer vielseitigen Behandlung, wenn nicht schon Ruhe, Entspannung und Erholungskuren den Druck normalisieren.

Diät: Nach wie vor ist eine kochsalz-, fett- und kalorienarme Kost die vorteilhafteste. Die lacto-vegetabile Diät ist dazu am besten geeignet. Man schaltet 1–2mal wöchentlich einen Reis-Obst-Tag ein. Die Diät muß heute nicht mehr so streng gehandhabt werden, wenn man wassertreibende Mittel verabreicht, da diese zugleich eine vermehrte Kochsalzausscheidung bewirken. Die Diät muß mindestens drei Monate eingehalten werden.

Reis-Obst-Tag gegen hohen Blutdruck

Physikalische Maßnahmen: Ansteigende oder wechselwarme Unterschenkelbäder (täglich, mindestens jeden zweiten Tag), warme Bürstenbäder (34–36° C), warme, vorsichtig und individuell dosierte Kohlensäurebäder, Klimakur im Mittelgebirge, später auch in größeren Höhen, Galvanisation des Kopfes, Blutegel im Nacken.

Psychotherapeutische Maßnahmen: Aussprachen, Bereinigung von Konfliktsituationen, Entspannungsübungen.

Medikamente: Es gibt viele entspannende, beruhigende und blutdrucksenkende Medikamente. Sie sind aber schwer zu handhaben, einmal weil alle nur wirken, solange man sie einnimmt, und zum anderen weil fast alle auf die Dauer unerwünschte Nebenwirkungen haben. Die Verordnung kann daher nur vom Arzt geschehen, der auch die in regelmäßigen Abständen zu wiederholenden Blutdruckkontrollen vornimmt.

Der Gefahr einer Kalium-Verarmung, die bei Einnahme der modernen Saluretika (Wasserausscheidungsmittel) besteht, begegnet man durch tägliches Obstessen (besonders Grapefruit, Orangen, Bananen und Trockenfrüchte).

BLUTUNTERDRUCK · NIEDRIGER BLUTDRUCK · BLUTGEFÄSS-SCHWÄCHE

Der niedrige Blutdruck ist meist das Zeichen einer Blutgefäßschwäche, die wiederum Bestandteil der allgemeinen Körperschwäche ist (siehe Asthenie). Man spricht auch von einer hypotonen Kreislaufdysregulation. Eigentlich ist es ein harmloses Leiden, es können aber bei langem Stehen oder bei Überanstrengung Ohnmachten auftreten.

Nach Prof. *H. Venrath* (Köln) kann eine jahrelang bestehende, nicht erkannte

Zwölffingerdarm-Schleimhautentzündung Ursache einer Blutdruckerniedrigung sein.

Falls der niedrige Blutdruck überhaupt Beschwerden macht, ist es mit blutdrucksteigernden Medikamenten nicht getan. Es müssen physikalische Maßnahmen hinzukommen.

Diät: Milcheiweißreiche Vollkost, ergänzt durch Hefepräparate und Nuß- oder Mandelmus. Nikotin und Alkohol sind streng zu meiden. Eine Meerwassertrinkkur ist sehr zu empfehlen.

Physikalische Maßnahmen: Armguß, Brustguß, Vollguß, Armbäder (kalt), Halbbäder (kalt), Seebäder, Luftbäder, Massage, vorsichtige Sonnenbestrahlung, Gehen, Terrainkur, Ohlstädter Kur, Barfußgehen, Wandern, Sport.

Der Vollguß ist ein ausgezeichnetes Mittel, Herz und Kreislauf auf Touren zu bringen.

Vorzüglich normalisierend wirkt auch das Bürstenbad. Man beginnt bei 36° C und läßt, während man die Haut mit zwei Bürsten bearbeitet, kaltes Wasser zulaufen, bis die Temperatur auf 33–25° C abgesunken ist. Es muß dabei eine kräftige Hautrötung auftreten. Nach dem Bad eine Stunde Bettruhe. Das Bad wirkt tonisierend auf Herz und Kreislauf und regulierend auf das vegetative Nervensystem. Später viel Schwimmen. Manchmal sind Gummistrümpfe, Beinbandagen und Leibbinden sehr nützlich, um den venösen Rückfluß zu fördern.

Psychotherapeutische Maßnahmen: Es ist eine Stärkung des Selbstbewußtseins und des Leistungswillens erforderlich, damit der Zustand des Blutunterdrucks nicht überbewertet wird.

Medikamente: Es sollten möglichst wenig Medikamente gebraucht werden. Das beste Medikament ist viel körperliche Bewegung. Nur bei sehr niedrigem Blutdruck kann Dihydergot retard eingesetzt werden. In schweren Fällen kommen Nebennierenrindenpräparate in Frage.

Der Dauergebrauch von Schlaf-, Abführ-, Abmagerungs- und psychisch wirksamen Mitteln begünstigt die mangelhafte Gefäßfunktion und muß auf jeden Fall unterbleiben. Auch die blutdrucksteigernden Medikamente können zusätzlich die Kreislaufregulation belasten.

BLUTERGUSS

Bei äußerer Gewalteinwirkung auf den Körper (Stoß, Schlag, Fall, Unfall) zerreißen häufig die Gefäße, wobei Blut auch in das Gewebe eindringt. Schwellungen – auch ohne Hautverfärbung – sind als Blutergüsse (Hämatome) zu werten. Unter größeren sichtbaren Hautverfärbungen muß immer ein Knochenbruch vermutet werden; eine Röntgenuntersuchung ist unerläßlich. Bei Verkalkung, krankhafter Durchlässigkeit der Gefäßwand, Mangel an Vitamin P und C kann es schon aus geringen Anlässen zum Bluterguß kommen. Die Verfärbung geht von bläulich über violett und grün zu gelb. Im Laufe einer Woche sollte der „blaue Fleck" allerdings wieder verschwunden sein.

Physikalische Maßnahmen: Anfangs kalte Wickel, Kompressen, Heilerde- oder Quarkauflagen zur Schmerzstillung und Kühlung, später warme Kompressen oder Umschläge, um den Erguß aufzusaugen, auch warme Bäder mit kaltem Abguß sind dazu geeignet, noch später ansteigende heiße Teilbäder, Kneippgüsse, Rotlichtbestrahlungen und ableitende Massagen.

Medikamente: Zur Auflösung und zum Abbau sind viele Mittel geeignet. Äußerlich: Arnikamill Wund- und Heilsalbe, Hametum-Salbe, Venoplant-Salbe, Arnikatinktur.

Innerlich: Hametum-Extrakt, Hyperforat-Tropfen, Symphytum-Pentarkan. Nichtpflanzliche Mittel: Lasonil-Salbe, Thrombophob-Salbe.

Wacholderbeeren sind ein altbewährtes Blutreinigungsmittel. Bei der Kneippschen Wacholderbeerkur kaut man am 1. Tag 4, am 2. Tag 5, am 3. Tag 6 Beeren und so weiter bis zum 12. Tag, an dem man 15 Beeren verzehrt. Dann nimmt man täglich wieder eine Beere weniger, bis man am 23. Tag wieder bei 4 Beeren angekommen ist. Diese Kur, ein paarmal wiederholt, reinigt auch das ungesündeste Blut.

BLUTHARNEN

Blut im Harn ist immer ernst zu bewerten. Die Herkunft des Blutes muß möglichst bald geklärt werden. Das Aufhören der Blutung darf nicht beruhigen, weil es häufig das erste Anzeichen eines schon fortgeschrittenen Tumors sein kann. Da eine Vielzahl von Erkrankungen zum Blutharnen führt, muß zur Diagnostik und zur Behandlung fachärztliche Hilfe herangezogen werden. Sobald die zugrunde liegende Krankheit festgestellt ist, läßt sich eine entsprechende Behandlung durchführen.

BLUTREINIGUNG

Der alte Begriff „Blutreinigung" soll hier als Stoffwechselanregung verstanden werden, Blutreinigungsmittel demnach als Mittel, die den Stoffumsatz und damit den Ablauf aller Auf- und Abbauvorgänge beschleunigen. Man kann auch etwas spezieller eine Normalisierung und Anregung der Drüsenabsonderungen und Ausscheidungen des Körpers darunter verstehen oder eine Anregung und Normalisierung der Grundfunktionen des Körpers. Neuerdings könnte man den Begriff auch noch weiter spezialisieren und von einer Mesenchymentlastung sprechen.

Mit Mesenchym wird ein System von Zellen bezeichnet, das in der Lage ist, Grundsubstanz und Fasern zu bilden, die für die Stützsysteme, das Wachsen und die Gestaltung der Organe von entscheidender Bedeutung sind. Dieses Zellsystem reagiert auf zahlreiche Reize und Schädigungen und hat eine besondere Bedeutung für den

Das römisch-irische Bad hilft den Organismus zu entschlacken. Unser Bild zeigt den Warmluftraum (Temperatur bis 50° C). Den genauen Ablauf dieser Badeform finden Sie im Kapitel über das römische-irische Bad.

Stofftransport zwischen Blut und Geweben. Es bildet sozusagen die Transitstrecke. Wird es zu sehr gereizt, durch Gifte geschädigt oder durch ständig zu hohe Nahrungszufuhr belastet und blockiert, so sprechen wir von einer Mesenchymblockade, was eigentlich das gleiche besagt wie die alten Ausdrücke „Blut- und Gewebsvergiftung oder -überlastung“. „Blutreinigung“ ist somit nichts anderes als eine Mesenchymbefreiung oder ein Mesenchymtraining, damit die lebenswichtigen Transitstrecken wieder ihre normale Stoffwechselfunktion erfüllen können. Welche Maßnahmen sind dazu geeignet?

Diät: Fasten, Saftfasten, Rohkost und streng vegetarische Kost sind die stärksten „Blockadebrecher“ für das Mesenchymzwischengewebe. Diese strengen Diätformen sind natürlich als Dauerkost nicht geeignet.

Nach zwei bis vier Wochen strenger Diät (am besten unter ärztlicher Kontrolle oder in einem entsprechenden Sanatorium) geht man wieder auf lacto-vegetabile Kost oder normale Vollkost über.

Physikalische Maßnahmen: Praktisch alle Wasseranwendungen, nur sollte es planvoll und nach individueller Verträglichkeit geschehen. Vielfach genügen regelmäßig wiederholte Saunabäder oder römisch-irische Bäder. Überwärmungsbäder bilden den stärksten „Entschlackungsreiz“.

Psychotherapeutische Maßnahmen: Entspannung, Entkrampfung und die Lösung etwaiger Konfliktsituationen tragen wesentlich zur Stoffwechselumstimmung bei.

Medikamente: Falls nicht dringend geboten (z. B. Herzmittel), sollte jegliche Belastung durch Medikamente unterbleiben. Lediglich pflanzliche Mittel, die die Ausscheidungsorgane anregen, sind erwünscht, z. B. folgende Fertigpräparate: Bärlauchsaft, Brennesselsaft, Kneipp-Wacholder-Pflanzensaft, Salus-Schafgarben-Tropfen.

BLUTSCHWAMM

Eine oft im Gesicht lokalisierte, entstellende Regelwidrigkeit (Anomalie) der Haut, die bei Neugeborenen oft das Erschrecken der Eltern hervorruft. Fast drei Viertel dieser „Blutschwämme“ bilden sich jedoch spätestens bis zum zehnten Lebensjahr ohne jede Behandlung wieder zurück. Eine zu frühe Behandlung und Entfernung führt dagegen häufig zu auffälligen Narbenbildungen. Außer einer ständigen und sorgfältigen Kontrolle der Entwicklung des „Blutschwamms“ durch den Hautarzt sollte nichts unternommen werden, bis sich endgültig herausgestellt hat, daß sich diese Hautveränderung nicht von selbst zurückbildet.

BLUTUNGEN

Ganz grob sind natürlich äußere und innere Blutungen zu unterscheiden. Blutet es durch eine Verletzung aus den kleinsten Gefäßen (Kapillaren), spricht man von einer Sickerblutung, die man mit einem einfachen sterilen Verband stillen kann. Fließt das Blut aus einer Wunde, dann besteht eine Venenblutung. Spritzt es aus einer Wunde, ist eine Schlagader verletzt (Arterienblutung). Venen- und Arterienblutungen müssen unbedingt gestillt, am besten ärztlich versorgt werden. Bis dahin ist ein Druckverband anzulegen. Bei spritzenden Blutungen muß man versuchen, oberhalb der spritzenden Stelle die zuführende Arterie abzudrücken, bis ärztliche Hilfe möglich ist. Arterien dürfen nicht länger als eine Stunde abgedrückt oder abgebunden werden.

Auch bei *inneren* Blutungen kann es Sicker-, Venen- und Arterienblutungen geben. Die Blutungsursachen sind sehr verschieden und schwer zu erkennen, ebenso der Umfang einer Blutung. Blutergüsse und blaue Flecke (Haut, Unterhautgewebe) sind meist einfache Sickerblutungen, die von selbst aufhören. Blutungen in der Brust- oder Bauchhöhle sowie in einzelnen Organen (Magen, Leber, Nieren, Milz) können lebensbedrohend werden. Bei jedem Verdacht auf innere Blutungen (der Verdacht ist nach jeder stärkeren Gewalteinwirkung und nach größeren Verkehrsunfällen gegeben) muß die Beobachtung im Krankenhaus erfolgen. Jedes Abwarten kann hier gefährlich sein.

BRANDWUNDEN

Leichte Brandwunden (Rötung und Blasenbildung entsprechen Brandverletzungen ersten und zweiten Grades) in kaltes Wasser stecken. Blasen nicht öffnen! Später steriler Verband.

Kleinere Brandwunden, wie sie öfter im Haushalt vorkommen und schlecht heilen, behandelt man mit Arnikamill, Combudoron, Echinacin extern, Echinacin-Salbe.

Bei schweren Brandwunden besteht Schockgefahr. Den Verunglückten hinlegen und für raschen Transport ins Krankenhaus sorgen. Wenn der Verunglückte bei Bewußtsein ist, Tee verabreichen. Wunden vor dem Transport nicht behandeln, nur mit sterilen Tüchern oder Mull bedekken. Den Kranken durch Decken warmhalten, vor dem Transport eventuell ein Schmerzmittel geben.

Die Behandlung schwerer Brandwunden ist Sache des Krankenhauses.

BRECHREIZ *(Erbrechen)*

Es gibt ein nervöses Erbrechen, ein Erbrechen nach Überlastung des Magens, nach Vergiftungen oder als Zeichen einer Reihe von zum Teil ernsten Erkrankungen (Blinddarmentzündung, Bauchfellentzündung, Brucheinklemmung, Darmverschlingung, Magengeschwür, Magenkrebs, Gallensteine und chronische, oft alkoholische Gastritis). Ferner ist bei Frauen an eine Schwangerschaft zu denken. Darüber hinaus gibt es das sogenannte zentrale Erbrechen durch eine direkte Reizung des Brechzentrums im Gehirn infolge einer Hirnhautentzündung, einer Gehirnerschütterung, eines Glaukoms (grüner Star) oder eines Hirntumors.

Brechreiz und Erbrechen sind also keine Krankheit, sondern vielseitige Symptome, die unbedingt eine ärztliche Klärung erforderlich machen.

Einfaches Erbrechen durch Magenüberreizung nach Genuß von Alkohol oder schweren Speisen kann mit einfachen Heilpflanzenzubereitungen nach einem Teefastentag behandelt werden.

Diät: Einen Tag fasten, einen Tag Haferschleim.

Physikalische Maßnahmen: Feuchtwarme Oberbauchkompressen.

Medikamente: Kamillosan, Melissentee, nach einigen Tagen Gastricholan.

BRONCHIALASTHMA

Besonders bei Asthma (Asthma bronchiale) im Kindesalter muß versucht werden zu klären, ob es sich um ein allergisches, ein nichtallergisches oder ein seelisch bedingtes Asthma handelt.

Verschiedene neue Tests zur Allergie-Diagnostik haben sich in den letzten Jahren praktisch bewährt. Sie können jedoch nicht während oder kurz nach einem Asthmaanfall durchgeführt werden. Sie verbieten sich auch bei akuten und chronischen Ekzemen, entzündlichen oder degenerativen Hauterkrankungen sowie übergroßer Empfindlichkeit der Haut schon bei mechanischer Reizung. Der Arzt muß entscheiden, wann ein Test möglich und welcher Test anwendbar ist. Durch die Allergietests können die das Asthma verursachenden Substanzen ausfindig gemacht werden.

Klimakuren an der Nordsee, das Laufen in der aerosolhaltigen Luft gehören zu den erfolgreichsten Maßnahmen gegen Bronchialasthma.

Diät: Antiallergische Kost (fleischarm, salzarm, am besten vegetarisch), falls ein allergisches Ekzem vermutet werden muß, der die Allergie hervorrufende Stoff jedoch noch nicht erkannt ist. Nahrungsmittel, auf die beim Allergietest besonders heftig reagiert wurde, sind möglichst vollständig auszuschalten (z. B. Eier, Milch, Mehl- oder Fleischarten). Es liegt dann eine Nahrungsmittelallergie vor. Auch Rohkostperioden und Fastenkuren können umstimmend wirken.

Physikalische Maßnahmen: Atemschulung, Entspannungsübungen. Überwärmungsbäder (falls der Zustand der Kreislauforgane sie zuläßt), Klimakuren im Hochgebirge oder an der See.

Wenn man auch beim akuten Anfall medikamentöse Hilfe meist nicht entbehren kann, möchte ich doch darauf hinweisen, daß es oft mit *ansteigenden heißen Unterschenkelbädern* (von 36 auf 44°C) gelingt, den Anfall zu kurieren. Man sollte dieses leicht zu Hause durchführbare Bad schon beginnen, wenn ein Anfall droht.

Man kann die ansteigenden Unterschenkelbäder (manchmal genügen auch ansteigende Armbäder) mit schnell fühlbarer Atmungserleichterung und verbessertem Schleimauswurf auch kurmäßig (jeden zweiten Tag) durchführen.

Abwechselnd mit den Bädern bilden auch *heiße Senfwickel* um die Brust ein hervorragendes Mittel, um eine zähe Asthmabronchitis zu lösen. Dem gleichen Zweck dienen auch Inhalationen von *Emser-Salz-Lösungen*.

Kreislaufgesunde Asthmakranke können nach einiger Zeit von Unterschenkelbädern auf ansteigende heiße Halbbäder übergehen und diesen Bädern ätherische

Bronchialasthma
beängstigende Atemnot

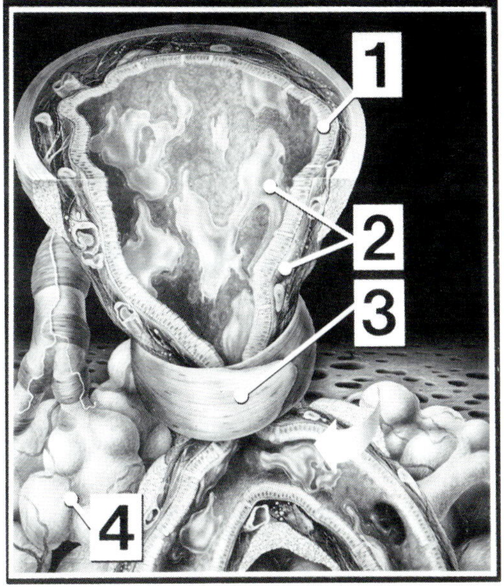

1 = Querschnitt eines kleinen Bronchus: Viele Millionen kleiner Flimmerzellen transportieren Schleim und den Schmutz der Atemluft nach oben

2 = Das Asthma wird von geschwollener Schleimhaut, Blutstau und zähem Schleim begleitet

3 = Beim Asthma kommt es zur Atemnot durch einen Krampf der kleinen Bronchialmuskeln

4 = Feines Lungenbläschen

Öle (z. B. Fichtennadelextrakt) zusetzen, die während des Bades aus dem Wasser aufsteigen und eingeatmet werden. Heiße Halbbäder beendet man am besten durch einen kühlen Rückenguß.

Es gibt Asthmakranke, die alle Wasseranwendungen ablehnen, weil sie sie nicht vertrügen. In solchen (seltenen) Fällen ist man auf Klimakuren, Kurzwellen- und Hochfrequenzbehandlung sowie Atemgymnastik angewiesen.

Psychotherapeutische Maßnahmen: Sie sind meist sehr hilfreich. In Frage kommen Atemschulung (Atemgymnastik) und Psychagogik.

Medikamente: Mit den diätetischen, physikalischen und psychotherapeutischen Maßnahmen wird man in den meisten Fällen der Gefahr eines steigenden Medikamentenverbrauchs oder gar -mißbrauchs erfolgreich begegnen können. Dennoch wird man bei akuten Anfällen und im Anfang einer Behandlung ohne Medikamente nicht auskommen. Da es sich meist um stark wirksame Arzneimittel handelt, bedürfen sie der ärztlichen Verordnung und Überwachung.

BRONCHIALKREBS

Der Bronchialkrebs steht mit rund 30 % aller Krebsformen bei Männern an der Spitze. Vor allem erkranken Männer nach dem 40. Lebensjahr, die seit 20 Jahren mehr als 20 Zigaretten pro Tag geraucht haben. Die Sterblichkeit nach Operationen ist außerordentlich hoch. Nicht einmal 5 % aller Operierten überleben die Operation länger als fünf Jahre. Natürlich wäre die Frühdiagnose die einzige Möglichkeit, die Überlebenschancen zu verbessern. Das heißt aber, daß die Diagnose schon in einem Stadium gestellt werden müßte, bevor überhaupt Krankheitszeichen wahrnehmbar sind. Das ist jedoch nur möglich, wenn nach dem 40. Lebensjahr jährlich zweimal eine gezielte Röntgenuntersuchung durchgeführt wird. Das müßte zumindest bei den Personen geschehen, die durch Alter und Lebensgewohnheiten besonders gefährdet sind. Wenn die hauptsächlichsten Krankheitszeichen, nämlich Husten, Atemnot, Blutauswurf und Leistungsabfall auftreten,

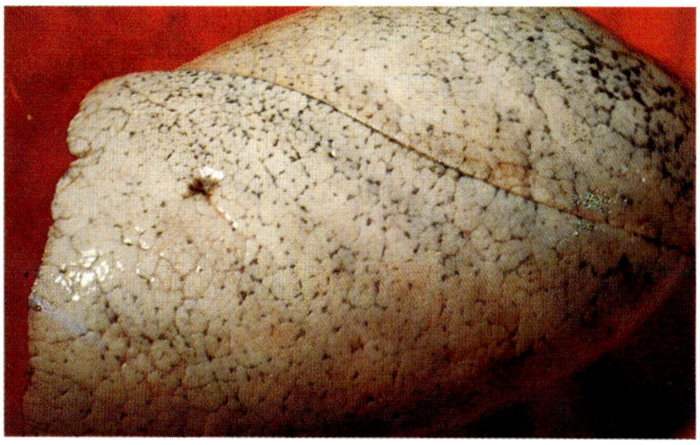

Die Lunge des Nichtrauchers ist mit Luft gefüllt. Sie stammt von einem 47jährigen Städter, der die übliche Menge verschmutzte Luft eingeatmet hat. Der „Smog“ spielt, wie alle Untersuchungen zeigen, bei der Krebsentstehung nur eine unbedeutende Rolle.

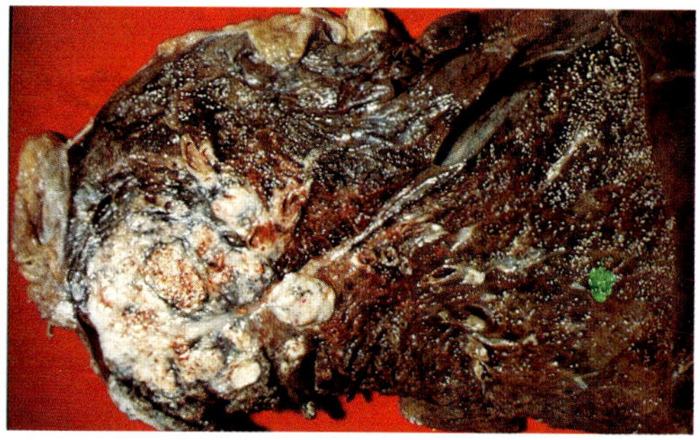

Die Lunge des Rauchers ist die Zielscheibe ständiger Reizung durch Teere und vom Zigarettenrauch ausgelöste chemische Prozesse. Das Ergebnis heißt Lungenkrebs. Er zeigt sich hier in Gestalt weißlicher Flecken in der schwärzlich gefärbten Lunge.

sind das in der Mehrzahl der Fälle schon Spätsymptome.

Die Behandlung des Bronchialkrebses besteht bis heute immer noch in Operation und Bestrahlung. Diät, physikalische Maßnahmen und auch Medikamente haben nur vorbeugende Bedeutung oder kommen erst in der Nachbehandlung zum Zuge.

Die beste Vorbeugung ist selbstverständlich absolutes Nichtrauchen und eine naturgemäße Lebensweise. Der Durchschnittsraucher trägt ein zehnfach höheres Risiko, an einem Lungenkarzinom zu erkranken, als der Nichtraucher; das Risiko des Kettenrauchers ist sogar zwanzigmal höher. Auch Umweltfaktoren spielen dabei eine wesentliche Rolle.

Diät: Eine spezielle Anti-Krebs-Diät kann zur Zeit noch nicht angegeben werden. Die sogenannte Sauerkost mit normalem Kalorien- und Eiweißgehalt ist noch am ehesten zu empfehlen. Da durch Operation, Bestrahlung und Chemotherapie erhebliche Stoffwechselstörungen und -belastungen auftreten, muß die Diät sich nach diesen Störungen richten und daher individuell gestaltet werden. Nach Magen- und Darmoperation sind besondere Diätformen erforderlich.

Physikalische Maßnahmen: Solange es der Zustand des Patienten erlaubt, sind alle Maßnahmen angebracht, die die unspezifische Abwehr mobilisieren, z. B. Waschungen, Güsse, warme Bäder, Heusack, heiße Kompressen auf die Leber oder Leibwickel. Wenn irgend möglich: Sauerstoff-Mehrschritt-Therapie nach Prof. Manfred v. Ardenne.

Psychotherapeutische Maßnahmen: Im Frühstadium der Erkrankung sollte der Kranke nach Möglichkeit über seine Krankheit aufgeklärt werden, um bei den zahlreichen eventuell notwendig werdenden Maßnahmen seine Mitarbeit zu gewinnen und seinen Lebenswillen zu mobilisieren. In der Regel geht er dann mit Eifer und Gewissenhaftigkeit auf alle Vorschläge ein. Früher oder später wird sich sowieso jedes Verschleiern der echten Diagnose rächen.

Wenn in einem fortgeschrittenen Stadium kein Informationsbedürfnis mehr besteht, sollte man den Patienten nicht mit Diskussionen über die Krankheit beunruhigen, aber versuchen, das meist eintretende Vereinsamungs- und Verlorenheitsgefühl gar nicht erst aufkommen zu lassen. In diesem Augenblick zeigt sich der unschätzbare Wert einer religiösen Lebenshaltung.

Medikamente: Nach heutigem Wissen sind nur wenige Medikamente sinnvoll: Vitamin A, Vitamin B_2 (= Riboflavin, viel in Hefe enthalten), Vitamin C, ferner Magnesium und Masterid.

Die eigentlichen krebshemmenden Mittel (Zytostatika) haben noch immer keine wesentliche Bedeutung, weil sie meist mit zu starken Nebenwirkungen belastet sind. Hier kann nur der Arzt entscheiden, welche Mittel im Einzelfall eingesetzt werden können.

BRONCHITIS · BRONCHIALKATARRH

Die Diagnose „Bronchitis" ist so häufig, daß sie schon ein wichtiges sozialmedizinisches Problem darstellt, das besonders dann drängend wird, wenn eine Bronchitis nicht ausheilt und schließlich zu einer Lungenbläschenverödung (Emphysem) und zu einer Überlastung des rechten Herzens (Cor pulmonale) führt. Daraus ergibt sich zwangsläufig baldige Berufs- und Erwerbsunfähigkeit.

Für die Entstehung einer chronischen Bronchitis wird heute eine besondere Körperverfassung (konstitutionelle Disposition) angenommen. Die Weltgesundheitsorganisation (WHO) hat für die chronische Bronchitis folgende Beschreibung abgegeben:

„Eine chronische Bronchitis ist eine überschießende Schleimproduktion in den Bronchien, die von chronischem oder ständig wiederkehrendem Husten begleitet ist. Dieser Husten muß wenigstens in zwei aufeinanderfolgenden Jahren mindestens während drei Monaten an den meisten Tagen der Woche vorhanden sein."

Die Behandlung einer hartnäckigen akuten, viel mehr noch einer chronischen Bronchitis ist oft sehr schwierig und langwierig. Mit einem Hustenmittel oder einem Hustensaft ist es meist nicht getan. In der Regel ist eine vielseitige Therapie notwendig, um die Atemwege frei zu machen. Der Diagnose „chronische Bronchitis" sollte man immer wieder mißtrauen. Sie ist oft eine Verdachts- und Verlegenheitsdiagnose.

Stets muß zu klären versucht werden, ob sich hinter der chronischen Bronchitis nicht ein die Lungenbläschen zerstörendes Lungenemphysem, ein Bronchialkarzinom, eine Tuberkulose, eine Boecksche Sarkoidose oder eine Pilzinfektion verbirgt. Die chronische Bronchitis muß immer wieder das ganze diagnostische Können des Arztes herausfordern.

Diät: Viel Rohkost, sonst salzarme lactovegetabile Kost.

Bei der normalen Atmung strömt Luft durch die Nasenhöhle (1) in den Rachen (3), dann durch die Luftröhre (4) in die beiden Hauptbronchien (5). (2) Mundhöhle, (6) Lungenbläschen.

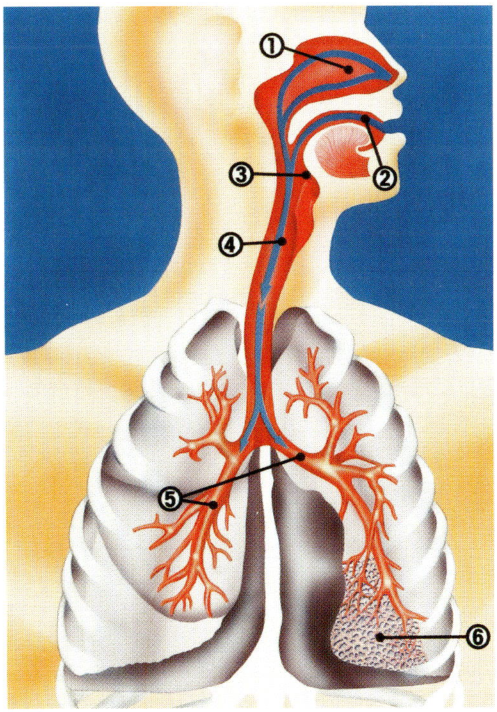

Der Brustwickel – mit zwei Tüchern und einer Decke angelegt, die einander überlagern müssen – gehört zu den wichtigsten Maßnahmen gegen die Bronchitis.

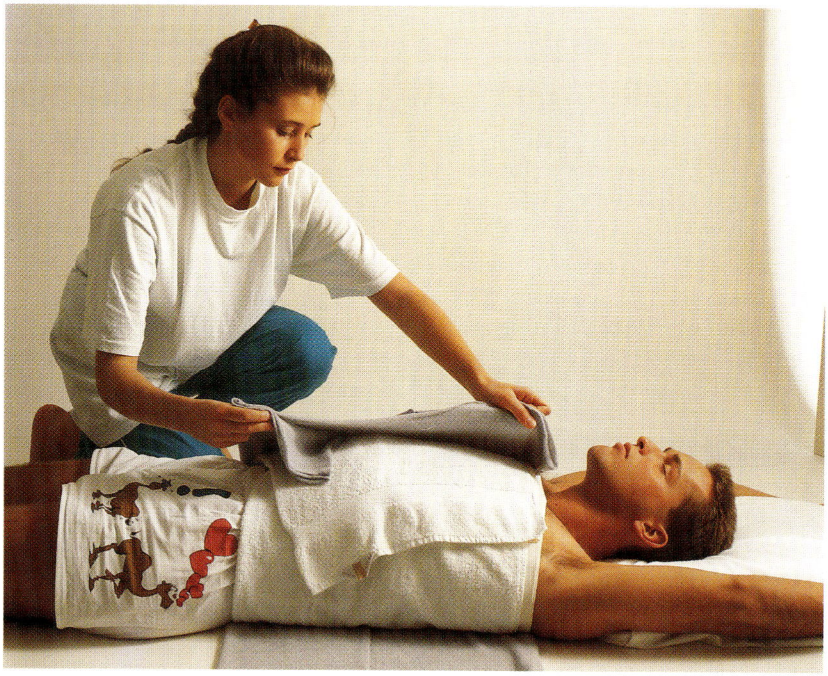

Physikalische Maßnahmen: Sauna, römisch-irische Bäder, ansteigende Halb- und Unterschenkelbäder mit anschließender Einpackung bis zum Schweißausbruch, Volldampfbäder, Inhalationen von Kamillendampf (Bronchitiskessel), Emser Salz, Eukalyptus oder Menthol, Brustwickel, Dampfkompresse, Senfwickel, Kurzwellendurchflutung, Klimakur (Nordsee), Moor-Fangopackungen, Bindegewebsmassagen, Atemgymnastik.

Medikamente: Alle medikamentöse Behandlung der akuten und chronischen Bronchitis ist symptomatisch; sie führt allein oft nicht zum Ziel. Daher ist eine physikalische Behandlung nicht zu entbehren.

Zunächst sucht man mit einfachen Mitteln auszukommen: Hustentees, Bronchicum Elixir, Bronchicum Tropfen, Ephepect, Eupatal, Makatussin, Pinimenthol-Liquidum, Solubifix, Thymipin u. a.

Erst wenn diese keine Wirkung mehr entfalten, geht man zu stärkeren Mitteln über. Auch Brustbalsame und Brustsalben können nützlich, mindestens subjektiv sehr angenehm sein.

Antibiotika und Sulfonamide sind erst sinnvoll, wenn eine Mischinfektion mit eitrigem Auswurf besteht und die Gefahr einer Lungenentzündung droht.

BRUSTERSCHLAFFUNG

Einer Erschlaffung und Rückbildung der weiblichen Brust kann mit einzelnen Medikamenten, insbesondere mit Hormonpräparaten, nicht begegnet werden, da auf Form und Umfang der Brust eine ganze Reihe von Faktoren einwirkt, nämlich die Elastizität und Spannung der Haut, des Drüsenkörpers, des Fettgewebes, des Stützgewebes mit seinen bandartigen Verstärkungen, die Form des Brustkorbs und die Haltung der Wirbelsäule.

Für eine Erhaltung der weiblichen Brust

ist daher nur eine Behandlung sinnvoll, die möglichst alle beteiligten Faktoren berücksichtigt.

Diät: Vollkost. – Sie soll enthalten: viel Obst, Gemüse, Salate, pflanzliche Gewürze, Milchprodukte, Nuß- und Mandelmus, Hefepräparate, Vollkornbrot, pflanzliche, kaltgeschlagene Öle.

Physikalische Maßnahmen: Schwimmen, Sauna, Gymnastik, viel Bewegung in frischer Luft (Wandern), Seebäder, Oberkörperwaschungen, Oberkörpergüsse, Blitzgüsse, Atemübungen und Massagen.

Psychotherapeutische Maßnahmen: Sie sind nicht erforderlich, falls nicht Verspannungen durch berufliche oder familiäre Konfliktsituationen zu beseitigen sind.

Medikamente: Sie sind bei Durchführung der genannten Maßnahmen kaum erforderlich. Kräftigend und erhaltend auf das Stützgewebe wirken die kieselsäurehaltigen Heilpflanzen (Ackerschachtelhalm, Brennessel, Hauhechel, Lungenkraut, Quecke und Vogelknöterich).

Fertigpräparate: Anaemodoron, Brennnesselsaft (Schoenenberger), Kneipp-Zinnkraut-Pflanzensaft, Salus-Zinnkraut-Tropfen.

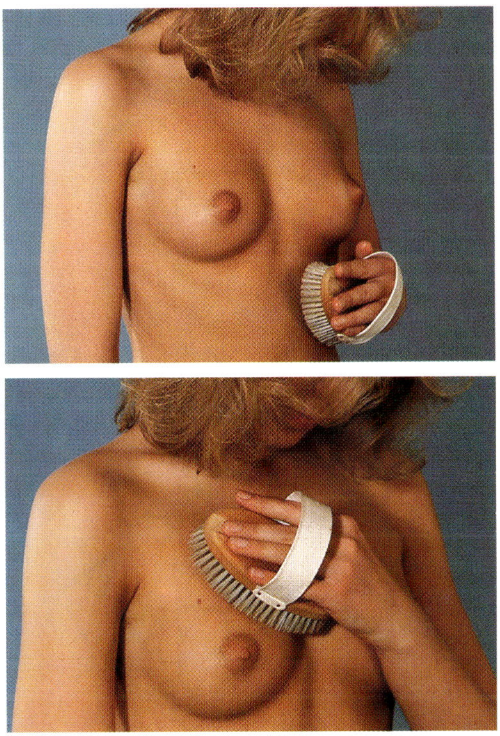

Mit einer nicht zu harten Bürste die Brust umstreichen. Das wirkt einer vorzeitigen Erschlaffung entgegen.

BRUSTSCHMERZEN DER FRAU

Treten in der zweiten Hälfte des Menstruationszyklus oder in der Woche vor der Menstruation Spannungsgefühl und Schmerzen in den Brustdrüsen sowie eine große Überempfindlichkeit der Brustwarzen auf, so spricht man von einer „schmerzenden Brust" (Mastodynie). Oft bestehen vor der Menstruation auch noch andere Beschwerden wie Gereiztheit, Schlafstörungen, ein Gefühl der Gedunsenheit, migräneartige Kopfschmerzen, Ödemneigung und leichte depressive Verstimmung.

Alle diese Beschwerden verschwinden mit Eintritt der Menstruation. Ursache ist eine vermehrte Absonderung des follikelanregenden Hormons des Hypophysenvorderlappens.

Die Behandlung muß zu einer Normalisierung der Hypophysenfunktion führen, was durch die Heilpflanze Mönchspfeffer *(Vitex agnus-castus)* möglich ist. Am sichersten wirkt das daraus hergestellte Fertigpräparat Agnolyt, von dem man morgens nüchtern 40 Tropfen über mehrere Menstruationszyklen hinaus nimmt.

Eine Regularisierung auf die Hypophysenfunktion üben auch Kneippkuren und Seebäder aus.

Zu unterscheiden von der Mastodynie ist die Mastopathie, bei der es sich immer neben den Brustschmerzen auch um Knotenbildungen in der Brust handelt (Tumor-Verdacht!).

Cholesteringehalt der wichtigsten Nahrungsmittel

in Milligramm bezogen auf jeweils 100 g Handelsware

Milch	
Frauenmilch	25
Kuhmilch, H-Milch (3,5 % Fett)	11
H-Milch, fettarm (1,5 % Fett)	5
Rohmilch, Vorzugsmilch	12
Trinkmilch (3,5 % Fett)	11
Trinkmilch, fettarm (1,5 % Fett)	5
Ziegenmilch	11
Milchprodukte	
Buttermilch	4
Dickmilch	
aus Trinkmilch (3,5 % Fett)	11
Joghurt	
aus Trinkmilch (3,5 % Fett)	11
Joghurt, fettarm (1,5 % Fett)	5
Joghurt aus Magermilch	+
Kefir aus Trinkmilch (3,5 % Fett)	11
Kondensmilch (4 % Fett)	13
Kondensmilch (7,5 % Fett)	25
Molke, süß	*
Sahne (10 % Fett)	34
Schlagsahne	109
Saure Sahne	33
Crème fraîche (40 % Fett)	131
Trockenmilchpulver	
aus Vollmilch	85
aus Magermilch	3
Käse	
Brie (50 % Fett i. Tr.)	100
Camembert (60 % Fett i. Tr.)	*
Chester	
(Cheddar) (50 % Fett i. Tr.)	100
Doppelrahmkäse	103
Edamer (45 % Fett i. Tr.)	95
Edelpilzkäse (50 % Fett i. Tr.)	88
Emmentaler (45 % Fett i. Tr.)	92
Gouda (45 % Fett i. Tr.)	114
Harzer, Korbkäse	7
Limburger Käse (40 % Fett i. Tr.)	90
Parmesan (35 % Fett i. Tr.)	68
Schichtkäse	14
Schmelzkäse (45 % Fett i. Tr.)	80
Speisequark (40 % Fett i. Tr.)	37
Speisequark, mager	1
Tilsiter (45 % Fett i. Tr.)	95
Eier und Trockeneipulver	
Hühnerei (Gesamtinhalt)	604
Hühnereigelb	1650
Hühnereiklar	0
Hühnervollei, getrocknet	2200
Hühnereigelb, getrocknet	3100
Hühnereiklar, getrocknet	0
Tierische Fette und Öle	
Butter (Süß- und Sauerrahm)	240
Butterschmalz	340
Gänseschmalz	100
Lebertran	500
Pflanzliche Fette und Öle	
Baumwollsamenöl	2
Erdnußöl	1
Erdnußmus	*
Leinöl	7
Maiskeimöl	2
Margarine	7
Olivenöl	1
Palmöl	2
Safloröl (Distelöl)	0
Sesamöl	1
Sojaöl	1
Sonnenblumenöl	5
Mayonnaise (80 % Fett)	142
Seefische	
Heilbutt	50
Hering	85
Kabeljau (Dorsch)	50
Makrele	70
Ostseehering	44
Rotbarsch (Goldbarsch)	38
Schellfisch	60
Scholle	55
Seelachs	33
Seezunge	60
Süßwasserfische	
Barsch (Flußbarsch)	72
Brassen	*
Felchen (Renke)	*
Forelle (Bachforelle)	55
Hecht	*
Karpfen	*
Lachs	35
Schleie	*
Zander	*
Fleisch und Geflügel	
Ente	70
Gans	75
Huhn, Brathuhn	81
Hühnerleber	555
Puter (Truthahn),	
ausgewachsene Tiere	74
Hammel- und Lammfleisch	70
(ohne Fett)	
Hirn	2200
Leber	300
Kalbfleisch	*
Hirn	2000
Leber	360
Zunge	370
Rindfleisch (ohne Fett)	70
Fleisch- und Wurstwaren	
Bierschinken	85
Bockwurst	100
Cervelatwurst	85
Cornedbeef	70
Fleischwurst	85
Jagdwurst	85
Kalbsbratwurst	100
Leberwurst	85
Wiener Würstchen	85
Getreide, Mehle und sonstige Mahlprodukte	
Buchweizengrütze	(0)
Gerste, Korn	(0)
Gerstengrütze	(0)
Graupen	(0)
Grünkern (Dinkel), Korn	(0)
Haferflocken (Vollkorn)	(0)
Hirse, Korn	(0)
Mais, Korn	(0)
Reis, Korn, Naturreis	(0)
Roggen, Korn	(0)
Roggenmehl	(0)
Weizen, Korn	(0)
Weizenmehl	(0)
Weizenkeime	(0)
Backwaren	
Roggenbrot	(0)
Roggenmischbrot	(0)
Roggenschrot- und Vollkornbrot	(0)
Weißbrot	(0)
Weizenschrot- und Vollkornbrot	(0)
Knäckebrot	(0)
Pumpernickel	(0)
Steinmetzbrot	(0)
Blätterteiggebäck	71
Butterkeks	80
Hefegebäck, einfach	26
Nußkuchen	122
Obstkuchen	46
Rührkuchen	134
Russisch Brot	*
Sachertorte	161
Frühstücksflocken	
Corn-flakes	(0)
Müsli-Mischung,	
Trockenprodukt	(0)
Früchte-Müsli, ohne Zucker	(0)
Teigwaren	
Eier-Teigwaren (Nudeln)	94
Spaghetti, eifrei	(0)
Vollkornnudeln	(0)
Alle Hülsenfrüchte	*
Samen und Nüsse	*
Alle Pilze	(0)
Obst und Obstprodukte	(0)
Alle Gemüse	(0)

+ = in Spuren, * = keine Daten,
(0) = praktisch nicht vorhanden

C

CHOLERA

Im Jahre 1829 griff die Cholera, eine schwere infektiöse Darmerkrankung, aus Asien kommend, daher auch Cholera asiatica genannt, auf Europa über. Viele Menschen fielen ihr zum Opfer. Im Jahre 1854 kam es in München, 1892 in Hamburg zu Epidemien. In wenigen Wochen starben in Hamburg 8000 Menschen. *Robert Koch* entdeckte im Jahre 1883 den kommaförmigen Cholerabazillus (Vibrio cholerae), der im Stuhl nachgewiesen werden kann. Ein neuer Typ wurde erst 1962 entdeckt.

Seit einigen Jahren ist die Cholera wieder auf dem Vormarsch. Auch in Europa gab es schon vereinzelt Cholerafälle. Wir müssen damit rechnen, daß der moderne Massentourismus das Einschleppen der Seuche nach Europa fördert.

Die Übertragung erfolgt hauptsächlich durch verseuchtes Trinkwasser und infizierte Nahrungsmittel. Die Inkubationszeit beträgt wenige Stunden bis mehrere Tage. Die Erkrankung beginnt mit leichtem Fieber, Erbrechen, Bauchschmerzen und schweren Durchfällen, denen starkes Durstgefühl folgt. Da Flüssigkeiten nicht behalten werden, tritt schnell eine gefährliche Austrocknung des Körpers auf, so daß Haut und Schleimhäute faltig werden, die Urinabsonderung spärlich wird und sich Wadenkrämpfe einstellen.

Treten Cholera-Erkrankungen in unserer näheren oder weiteren Umgebung auf, sind folgende vorbeugende Maßnahmen anzuwenden:

1. Vor jeder Mahlzeit und nach jeder Toilettenbenutzung Hände waschen (desinfizieren).
2. Keine rohen Lebensmittel, keine ungekochte Milch genießen.
3. Kein ungekochtes Wasser benutzen (auch nicht zum Spülen, Waschen oder Zähneputzen).
4. Nahrungsmittel vor Fliegen schützen.
5. Speisen warm essen, Reste wegwerfen!
6. Dickschalige Früchte (Bananen, Apfelsinen) *vor* dem Schälen einige Minuten in kochend heißes Wasser tauchen und dann erst schälen.

Sofortige Krankenhausaufnahme ist erforderlich, damit dort durch Infusionen der Flüssigkeitsverlust ausgeglichen und die Infektion durch Antibiotika bekämpft werden kann.

Vorbeugung ist durch den Cholera-Impfstoff möglich. Der Impfung muß sich jeder unterziehen, der Gebiete mit endemisch auftretender Cholera besucht. Die Wirksamkeit der Impfung beträgt sechs Monate. Wiederholungsimpfungen sind daher notwendig.

CHOLESTERINERHÖHUNG IM BLUTSERUM

Da auch schon jüngere Menschen (20–40 Jahre) erhöhte Cholesterin- und Neutralfettwerte im Blut aufweisen können, sollte vermehrt daraufhin untersucht werden, weil diese Veränderungen Schrittmacher zu Herzkranzgefäßerkrankungen sein können. Durch rechtzeitige diätetische Behandlung mit cholesterinfreier und vegetarischer Kost sowie physikalische Maßnahmen (körperliche Bewegung, Sport, Sauna und Schwimmen) kann in zahlreichen Fällen das Entstehen von Kranzgefäßerkrankungen vermieden werden.

Nach dem Ernährungsbericht der Bundesregierung ist die Cholesterinaufnahme viel zu hoch. Sie liegt mit 600 mg pro Tag bei Männern und 500 mg bei Frauen weit über den Empfehlungen der Ernährungswissenschaftler, die sich für 300 mg ausgesprochen haben.

D

DARMKATARRH

Der akute Darmkatarrh wird meistens durch bakterielle Verunreinigungen der Nahrungsmittel hervorgerufen (Enterocolitis). An Erregern kommen hauptsächlich Salmonellen (600 Arten bekannt), Clostridien (spindelförmige Bakterien), Staphylokokken (traubenförmige Erreger), aber auch Viren in Frage. Die Sommerdiarrhoe der Kleinkinder und die Sommergrippe (Darmgrippe) der Erwachsenen ist meist eine Virusinfektion. Es ist sogar eine ganze Anzahl von Virusstämmen (die sogenannten Enteroviren) daran beteiligt.

Betrifft der Katarrh oder die Schleimhautentzündung nur den Dünndarm, bezeichnet man ihn mit Enteritis, spielt sich die Entzündung nur im Dickdarm ab, nennt man sie Colitis. Sind beide Darmabschnitte betroffen, so reden wir von Enterocolitis.

Der akute Darmkatarrh, gleich welcher Ursache, beginnt plötzlich mit Leibschmerzen, Durchfällen, Übelkeit und Erbrechen. Die Durchfälle bedingen einen starken Flüssigkeitsverlust, so daß Durst und Austrocknung auftreten. Daraus ergeben sich die ersten Maßnahmen.

Diät: Reiswasser (50 g Reis mit 1 l Wasser 10 Minuten kochen, dann abkühlen lassen, abseihen, 5 g Meersalz oder Kochsalz hinzufügen und teelöffelweise eingeben). Als erste Maßnahme altbewährt.

Meist kann am zweiten Tag schon zusätzlich ungesüßter Heidelbeermuttersaft verabreicht werden. Wenn er abgelehnt wird, versuche man dünnen schwarzen oder grünen Tee (Pfefferminztee) und einen Zwieback oder ein Stück Knäckebrot.

Wenn die Durchfälle nachgelassen haben, ist eine *Apfelkur* angebracht: 1500 g Äpfel auf fünf Mahlzeiten verteilt. Zu jeder Mahlzeit 300 g Äpfel, nachdem Schale und Kernhaus entfernt sind, auf einer Glasreibe reiben und sofort essen.

Eine Bereicherung der Kost ist die *Möhrensuppe:* 500 g Möhren fein schneiden, in Wasser weich kochen, durchseihen, mit heißem Wasser auf 1 Liter ergänzen, Meer- oder Kochsalz hinzufügen und diese Suppe als einzige Mahlzeit über den Tag verteilt verabreichen.

Nach Aufhören der Durchfälle gibt man Haferschleim, Reis, Zwieback, Toast, Grahambrot, Ei und geht dann langsam wieder auf Normalkost über.

Physikalische Maßnahmen: Ruhe, Wärme, feuchtwarme bis heiße Leibkompressen.

Medikamente: Bei strenger Durchführung der Diät meist nicht erforderlich. Wenn nötig, einfache Darm-Antiseptika nehmen. Häufig genügen auch die pflanzlichen Mittel entero sanol, Kamillosan, Linusit, Salvysat Bürger, Veratrum-Pentarkan.

DARMKRÄMPFE · DARMSPASMEN · DARMKOLIKEN

Darmkrämpfe sind ein Anzeichen verschiedener Darmerkrankungen, wie Ernährungsfehler, Erkältung, infektiöse Darmerkrankungen, Blinddarmentzündung, Bleivergiftung, Pilzvergiftung und Würmer. Sie können aber auch rein seelische Ursachen haben.

Um besser nach der Grundkrankheit fahnden zu können, bekämpft man die Schmerzen vorerst mit krampflösenden Mitteln.

Oft genügen heißfeuchte Leibkompressen; in der Regel muß der Arzt aber starke krampflösende Injektionen verabreichen. Die weitere Behandlung richtet sich nach der die Krämpfe auslösenden Grundkrankheit.

DARMSCHWÄCHE

(Darmerschlaffung)

Die Darmerschlaffung findet sich häufig als Teilerscheinung bei Bindegewebsschäden, Muskelschwäche, Nerven- und Drüsenschwäche. Wie bei der Darmverkrampfung besteht auch bei der Darmschwäche eine meist sehr hartnäckige Stuhlverstopfung (schlaffe oder atonische Obstipation). Häufig wechselt die schlaffe mit der verkrampften (spastischen) Verstopfung ab. Die Darmerschlaffung ist sehr viel besser durch eine intensive diätetisch-physikalische Behandlung zu beheben als durch Medikamente.

Diät: Sie muß reichlich Schlackenstoffe (Zellulose) enthalten, damit die Darmschleimhaut den nötigen mechanischen Reiz erhält. Das läßt sich am besten durch Rohkost, lacto-vegetabile Vollkost mit Vollkornbrot und Knäckebrot erreichen. Auch Sauermilchprodukte, Kurpflaumen, Leinsamenschrot und etwas Honig gehören zu dieser Kost.

Bei der Salatzubereitung sollte am besten Sonnenblumenöl verwendet werden. Eingeweichten Leinsamenschrot nimmt man morgens nüchtern.

Physikalische Maßnahmen: Angezeigt sind Wasseranwendungen wie Wechselsitzbäder, kurze Halbbäder von 35°C mit abschließender kalter Übergießung des Bauches, absteigende kühle Bürstenbäder, kalte Ganzabreibungen, Blitzgußmassagebäder, Bauchmassage und Bauchgymnastik.

Psychotherapeutische Maßnahmen: Entspannungsübungen.

Medikamente: Sie sollen bei intensiver diätetisch-physikalischer Behandlung nur eine untergeordnete Rolle spielen. Anfangs sind die folgenden pflanzlichen Mittel erlaubt: Agiolax, Cynarzym, Kneipp-Pillen, Hepata, Neda-Früchtewürfel, Laxiplant Granulat.

Mit lacto-vegetabiler Vollkost und Sauermilchprodukten läßt sich die Darmschwäche am besten bekämpfen.

DARMTRÄGHEIT

Siehe Stuhlverstopfung

DEPRESSIONEN

Leider nimmt die Zahl der an einer Depression Erkrankten ständig zu. Bis zur Klärung der Diagnose vergehen häufig sechs Monate. Viele Fälle klären sich auch erst nach dem ersten Selbstmordversuch. Die Früherkennung einer Depression ist recht schwer, weil sich hinter ihr kein einheitliches Krankheitsgeschehen verbirgt. Es werden häufig einzelne Krankheitserscheinungen oder vermeintliche Organkrankheiten (z. B. chronische Gallenblasenerkrankung) behandelt und die Grundkrankheit dabei verkannt. Symptome, die an eine Depression denken lassen müssen, sind Antriebsschwäche, mangelnde Konzentration, Verlust der Fröhlichkeit, Gefühl

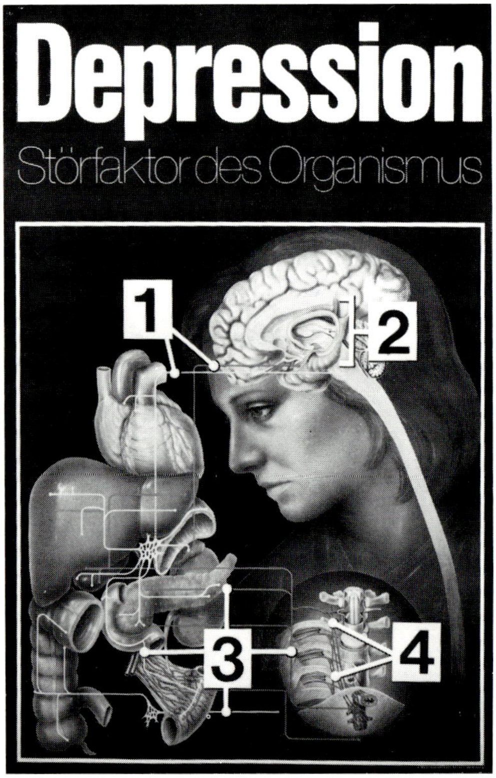

1 = Gemütskrankheit (Depression) äußert sich auch durch Störungen im Bereich des Brustkorbes, des Herzens, im Oberbauch und Darmbereich, bedingt durch eine enge Verknüpfung der limbischen Nervenstruktur mit dem vegetativen Nervensystem

2 = Angst, Spannung und Depression werden im limbischen System verarbeitet und über einen Seitenstrang entlang dem Rückenmark mit dem vegetativen Nervensystem verknüpft

3 = Vegetative Nerven bilden einen Störkreis bei Depressionen

4 = Seitenstrang des vegetativen Nervensystems

der inneren Unrast, übergroße Ängstlichkeit, Frühmorgenängstlichkeit, Gedankenarmut, Störungen von Schlaf und Libido.

Jede erkannte Depression gehört in die Hand des Nervenarztes, da die Behandlung völlig individuell gestaltet werden muß, wozu eine große Erfahrung gehört.

Ein ungenügender Gehalt des Blutes an Vitamin B_{12} kann zuweilen eine Depression zur Folge haben. Im Alter fällt der notwendige Vitamin-B_{12}-Gehalt des Blutes oft ab und ruft dann eine senile Demenz (Geistesschwäche) hervor. Im Anfangsstadium ist mit einer Vitamin-B_{12}-Behandlung volle Erholung möglich.

Der Psychiater Prof. Dr. *Klaus Wanke* hat auf einem der letzten Fortbildungskongresse der Bundesärztekammer in Davos berichtet, daß Menschen, die intensiv Langlauf betreiben, weniger zu depressiven Verstimmungen und psychosomatischen Beschwerden neigen und sich körperlich und seelisch wohler fühlen.

In Untersuchungen an Personengruppen, die niemals Sport getrieben hatten, stellte er fest, daß bei diesen Gruppen durch Dauerlauf die Aggressivität und die damit verbundene Angst sowie die Krankheitsanfälligkeit insgesamt sich eindeutig verminderten und die Stresstoleranz, das Durchsetzungsvermögen, das Selbstvertrauen und die Kontaktfähigkeit sich erhöhten. Man kann den Depressionen sozusagen davonlaufen

DIARRHOE

Siehe Darmkatarrh und Durchfall

DIATHESE *(allergische, exsudative, lymphatische, hämorrhagische)*

Man bezeichnet die individuellen Eigentümlichkeiten des Organismus, seine Körperverfassung, auch als Konstitution. Auf dem Boden einer Körperverfassung, die den Körperbau, die ganze äußere Erscheinung, aber auch seinen Stoffwechsel betrifft, können sich besondere Krankheits-

Vitamin-C-haltige Fruchtsäfte sind ein vorzügliches Mittel, die Widerstandsfähigkeit des Kindes zu steigern.

bereitschaften bemerkbar machen, die wir Diathesen nennen. Man unterscheidet eine allergische, exsudative, lymphatische und hämorrhagische Diathese.

Die **allergische Diathese** spielt besonders bei Kindern eine Rolle. Sie wird vererbt und zeigt sich in einer angeborenen Überempfindlichkeit gegen die verschiedensten äußeren und inneren Reize, spezifische und unspezifische. Auf alle möglichen Reize reagieren die Kinder erst an der Haut mit Hautjucken, Quaddeln, Ekzemen, Hautrötung an den Schleimhäuten, mit Bindehautentzündung, Bronchitis, Asthma, Magen-Darm-Katarrhen, Schnupfen und Heufieber.

Später wirkt die allergische Diathese begünstigend auf die rheumatischen Infektionen. Nach einer Angina können diese Kinder mit Überempfindlichkeitserscheinungen an den Gelenken, an Muskeln oder Nerven reagieren oder auch an einer Herzinnenhaut- oder Herzbeutelentzündung erkranken. Menschen ohne allergische Diathese erkranken auch nach einer Reihe von Mandelentzündungen nicht an solchen Folgekrankheiten.

Die **exsudative Diathese,** nach Prof. *Czerny* eine angeborene Neigung zu gesteigerten Absonderungen auf der Haut und den Schleimhäuten, ist mit einer Vergrößerung der Mandeln (Gaumen und Rachen) und Lymphdrüsen verbunden. Sie kann sich auf verschiedene Weise äußern. An der Haut als *Schuppenbildung* auf dem Kopf (Grieß), *Milchschorf* (rauhe, schuppende Rötungen auf den Wangen), *Wundsein* am Gesäß und in den Hautfalten (Intertrigo) und als *kindliche Flechte,* eine Sonderform der Nesselsucht. Tritt eine Infektion der Haut hinzu, entsteht meist ein Ekzem, eine Eiterflechte, oder es kommt zu Abszessen.

An der Schleimhaut können Schwellungszustände auftreten, Katarrhe im Nasen-Rachen-Raum und im Magen-Darm-Kanal, Entzündungen an den Augen oder den Geschlechtsorganen. Meist bestehen gleichzeitig vergrößerte Gaumen- und Rachenmandeln und vergrößerte Lymphdrüsen am Hals oder in den Gelenkbeugen. Alle diese Prozesse sind besonders heftig wirksam, wenn das Kind zugleich ein von Anfang an nervöses Kind ist.

Der ganze Formenkreis der exsudativen Diathese wird heute zum großen Teil zur allergischen Diathese gerechnet.

Die **Diät** spielt bei der Bekämpfung der exsudativen Diathese eine wesentliche Rolle. Jede übermäßige, zu kalorienreiche und damit zu raschem Gewichtsanstieg und zu Übergewicht führende Kost wirkt verschlimmernd. Manche Nahrungsmittel und Nahrungsmittelgruppen können sogar schädlich sein. In vielen Fällen wirkt das Kochsalz, in manchen Fällen das eine oder andere Tierfett ungünstig. Auch Eier und Milch können sich ebenso schädlich auswirken wie die Mast mit Kohlenhydraten (besonders Süßigkeiten).

Dicken Kindern mit exsudativer Diathese hilft eine fettarme, kochsalzarme Kost.

Bei mageren Säuglingen mit der Neigung zu seborrhoischer Hautentzündung verschwinden die Hauterscheinungen meist bei einer vitaminreichen Kost, bei der die Zufuhr von Vitamin-C-haltigen Fruchtsäften (Zitronen, Orangen, Tomatensaft) und Gemüsen vermehrt und so die Widerstandsfähigkeit des Kindes gesteigert wird. Auch die von Prof. *Czerny* angegebene langdauernde Zufuhr von Milchsäure (saure Milchprodukte, Sauerkrautsaft, milchsaure Gemüse) bewährt sich immer wieder.

Die **lymphatische Diathese** oder der Lymphatismus ist gekennzeichnet durch eine Vergrößerung oder sogar Wucherung der sogenannten lymphatischen Organe – Milz, Mandeln und Lymphdrüsen – besonders bei etwas dicken, aufgequollenen Kindern. Die lymphatische Diathese wird auch nicht mehr als eigenes Krankheitsbild aufgefaßt, sondern (seit *Czerny)* zur exsudativen Diathese gezählt.

Auch hierbei kann eine Diätbehandlung wertvolle Dienste leisten. Bewährt haben sich kürzere (8–10 Tage) oder auch längere (2–3 Wochen) Rohsäfte-Fastenkuren oder eine Diät aus Rohsäften mit Mandelmilch drei- bis viermal jährlich oder auch öfter. Durch diese Diätmaßnahme wird das Lymphsystem entscheidend entlastet und dadurch wieder fähig, die Zwischen- und Abfallprodukte des Stoffwechsels aufzunehmen, abzubauen und auszuscheiden. Es kommt zu einer Stoffwechselbelebung und Selbstreinigung dieses Systems als notwendige Voraussetzung der Heilung und Regeneration.

Kneippkuren stehen bei der Behandlung der hämorrhagischen Diathese mit an erster Stelle.

Die **hämorrhagische Diathese** setzt sich scharf von dem ganzen Kreis der allergisch-lymphatischen Diathese ab. Bei ihr spielen konstitutionelle Fehler im Blutplättchenapparat eine wichtige Rolle. Weil dadurch die Blutgerinnung und Blutstillung gestört ist, kommt es zu Blutungen. Um Blutungen zu stillen, ist ein Zusammenspiel zwischen Blutgefäß, Blutplättchen und Gerinnungsvorgang nötig. Am Gerinnungsvorgang sind mindestens zehn Faktoren beteiligt; er ist kompliziert, daher gibt es viele Störungsmöglichkeiten.

Nach den Hauptursachen der hämorrhagischen Diathese unterscheidet man gefäßbedingte, blutplättchenbedingte und blutplasmabedingte Blutungsneigungen.

In einigen Fällen können Meerwassertrinkkuren trotz des hohen Kochsalzgehaltes eine Umstimmung hervorrufen, in anderen Fällen sind Heilerde-Aufschwemmungen besser.

Unter den **physikalischen Maßnahmen** stehen Solebäder, Seebäder, Schwefelbäder, Kräuterbäder und Kneippkuren an erster Stelle. Auch Schwimmen und römisch-irische oder Saunabäder gehören zur Behandlung.

Alle drei Arten können sich unter verschiedenen Formen (mit verschiedenen Krankheitsnamen) äußern, und es kann außerdem eine Kombination verschiedener Formen vorkommen. Darüber hinaus muß noch zwischen angeborenen und erworbenen hämorrhagischen Diathesen unterschieden werden.

Die Diagnose der jeweils vorliegenden Form der hämorrhagischen Diathese kann nur durch eine Reihe von Laboruntersuchungen geklärt werden, muß also dem Facharzt (Kinderarzt, Internist) überlassen bleiben.

Die Behandlung hat natürlich die Aufgabe, die Blutung zu stillen und die erkannte Blutungsneigung zu bekämpfen. Man verwendet dazu lokal wirksame Blutstillungsmittel (z. B. Thrombin-Präparate, Schlangengiftpräparate, gefäßzusammenziehende Substanzen u. a.) und innerlich wirksame Mittel (z. B. Bluttransfusion, gefäßabdichtende Mittel, Epsilon-Aminocapronsäure u. a.).

Bei Magen-Darm-Blutungen muß man auch daran denken, daß Medikamente (z. B. Acetylsalicylsäure, Cortison) die Ursache sein können.

Blutungen in die Gelenke hinein oder Muskelblutungen können zu Gelenk- und Muskelschäden führen, die besonderer Pflege bedürfen, wenn nicht Steifigkeit und Zusammenziehungen (Kontrakturen) die Folge sein sollen. In allen Fällen kommt nur eine klinische Behandlung in Frage.

Es ist natürlich sehr wichtig, beim Kind möglichst früh seine Konstitution und eventuelle Diathese zu erkennen, weil Konstitution und Diathesen nicht immer durch Vererbung ohne weiteres festgelegt sind. Eine der Konstitution mit ihren Diathesen angepaßte Diät spielt dabei eine wesentliche Rolle.

DICKDARMENTZÜNDUNG

Auf verschiedene Schädigungen der Darmschleimhaut, wie Ernährungsfehler, Bakteriengifte oder andere Toxine, kann der Dickdarm mit lange anhaltenden Durchfällen oder einem ständigen Wechsel zwischen Durchfall und Verstopfung reagieren (Colitis). Das ist besonders dann der Fall, wenn eine allergische oder familiäre Veranlagung besteht. Zuweilen kann ursächlich eine Kuhmilch-Unverträglichkeit beteiligt sein. Die Entleerung ist fast immer schmerzhaft, mit heftigen Blähungen und üblem Geruch verbunden. Der Stuhl selbst ist mit Schleim in Körner-, Fetzen- oder Membranform vermischt. Kommt es zur Geschwürbildung, tritt auch Blut im Stuhl auf. Die Folgen sind natürlich Gewichtsverlust, Störungen des Wasser- und Mineralhaushalts, Temperatursteigerungen über

Wasseranwendungen können bei bestimmten Formen der Diathese eingesetzt werden. Unser Bild zeigt einen Gesichtsguß.

37,5° C und Blutarmut. Manchmal tritt auch Erbrechen auf.

Der Verlauf ist unberechenbar, eine Voraussage unmöglich. Die Dickdarmentzündung kann sehr akut und bedrohlich auftreten mit Vergiftungssymptomen und hohem Fieber, häufiger ist aber die andauernde oder immer wieder neu auftretende chronische Form. Darmdurchbrüche, Vernarbungen und bösartige Veränderungen kommen nur in wenigen Fällen vor.

Diät: Magen-Darm-Schonkost, mit viel Vitaminen und Magerquark. Nach Aufhören der Durchfälle langsam zur Vollkost zurückkehren. Zeitweilig Apfel-Reis-Tage, viel Heidelbeermuttersaft (ungezuckert), Fastentage.

Physikalische Maßnahmen: Heißer Leibwickel, Kurzwellendurchflutungen, Trokkenbürsten, warme Bürstenbäder, Höhensonnenbestrahlungen, später Sauna und Schwimmen.

Psychotherapeutische Maßnahmen: Häufig werden seelische Ursachen als auslösendes Moment für die Colitis verantwortlich gemacht, z. B. ein Zustand der Hilflosigkeit oder Hoffnungslosigkeit oder bei Bewußtwerden, einer übertragenen Aufgabe nicht gewachsen zu sein. Es sind meist Menschen mit passiver Haltung gegenüber dem Leben, mit mangelndem Selbstgefühl, aber mit einem großen Bedürfnis nach Geborgenheit, Liebe und Mitgefühl. Eine Aussprache mit dem Psychotherapeuten ist oft sehr wirksam; manchmal ist ein solches Gespräch allerdings besser mit einem Geistlichen zu führen.

Medikamente: Sie müssen individuell nach dem jeweiligen Zustand ärztlich verordnet werden. Sie können immer nur einen Faktor beeinflussen, sind daher von begrenztem Wert, aber doch auch notwendig (z. B. Antibiotika).

In schweren, chronischen Fällen kann auch eine Dickdarmoperation notwendig werden.

DICKDARMKREBS

Der Dickdarmkrebs ist die häufigste Geschwulsterkrankung vor allem des fortgeschrittenen Alters. Er ist in vielen, rechtzeitig entdeckten Fällen heilbar. Die einzelnen Dickdarmabschnitte werden verschieden häufig vom Krebs befallen. Am häufigsten ist der Endabschnitt, das Rektum, erkrankt, nämlich in 50% aller Fälle. Eine Routineuntersuchung des Enddarms (Rektoskopie) besonders bei männlichen Patienten über 40 Jahre könnte den hohen Anteil des Enddarmkrebses in der Todesursachenstatistik erheblich senken.

Eine sich lange hinziehende geschwürige Dickdarmschleimhautentzündung (Colitis ulcerosa) neigt zur krebsigen Entartung. Tritt mehrmals Blut im Stuhl auf, so darf man sich nicht mit dem Vorhandensein von Hämorrhoiden beruhigen, sondern muß den Arzt aufsuchen, der auf verschiedene

Weise die Blutungsquelle ermittelt. Nahezu drei Viertel aller Dickdarmkrebse lassen sich allein schon durch Austastung feststellen, weil 70–80 % im Bereich des tastenden Fingers liegen. Selbstverständlich können bei einem Teil der Patienten außer einem Krebs auch noch Hämorrhoiden vorhanden sein und umgekehrt. Nicht immer rufen Hämorrhoiden eine Blutung hervor, es kann auch ein dahinter liegender Krebs dafür verantwortlich sein.

Neuere Untersuchungen in vielen Teilen der Welt lassen die Vermutung zu, daß man mit einer sinnvoll zusammengestellten Vollwertkost – natürlich unter weitgehendem Verzicht auf Fleisch und Fleischprodukte – dem Dickdarmkrebs vorbeugen könnte.

Die Behandlung besteht bis heute in Operation und Bestrahlung. Für die Nachbehandlung gelten die unter dem Stichwort „Krebs" genannten Maßnahmen.

DICKDARMPOLYPEN

Das Auftreten von Dickdarmpolypen scheint ebenso wie der Dickdarmkrebs immer häufiger zu werden. Die meisten Polypen finden sich im absteigenden Dickdarm. Die moderne Koloskopie (Besichtigung des Dickdarms mit einem Koloskop genannten Gerät) ist dem bisherigen Röntgenverfahren überlegen, zumal sie zugleich die Möglichkeit bietet, Polypen mit der elektrischen Schlinge ohne wesentliche Komplikationen zu entfernen. Nicht selten findet sich bei der feingeweblichen (histologischen) Untersuchung der abgetragenen Polypen im Kopfteil eine herdförmige krebsige Umwandlung der Zellen.

Das Entfernen der Polypen mit Hilfe der Koloskopie ist häufig dem chirurgischen Eingriff vorzuziehen, zumal das Risiko gering ist, die Kosten erheblich niedriger sind und der Krankenhausaufenthalt wesentlich kürzer wird.

Diät: Nach der Operation oder dem Entfernen der Polypen durch Koloskopie und elektrische Abtragung sollte längere Zeit eine vegetarische Ernährung mit viel Ballaststoffen eingehalten und der Stuhl nur diätetisch, also ohne Dickdarmreizmittel, reguliert werden.

Physikalische Maßnahmen: Sollte der Stuhlgang diätetisch nicht zu regulieren sein, so sind Einläufe angebracht.

Psychotherapeutische Maßnahmen: Spannungszustände (durch Arbeit, Beruf und Familie) müssen möglichst abgebaut werden, da sie die regelmäßige Stuhlentleerung verzögern oder gar verhindern. Geeignete Maßnahmen sind die Atemtherapie und auch eine psychotherapeutische Behandlung.

Medikamente: Wenn nicht zu vermeiden, dann nur Agiolax, Laxiplant oder die vom Arzt verordneten, dem Einzelfall entsprechenden homöopathischen Zubereitungen.

DRÜSENSCHWELLUNGEN *(Hals)*

Sie finden sich vor allem bei lymphatisch-exsudativer Diathese (siehe Diathese), bei und nach akuten und chronischen Mandelentzündungen und anderen Entzündungen im Rachenraum mit und ohne Fieber.

Diät: Bei fieberhaften Drüsenschwellungen, insbesondere bei akuten Mandelentzündungen (siehe dort), gibt man in den ersten Tagen Fruchtsäfte, später flüssig-breiige Kost (Haferschleim, Haferbrei). Nach Besserung Übergang zu Normalkost.

Physikalische Maßnahmen: Dampfinhalationen mit Zusatz von Kamille oder Eukalyptusöl (Bronchitiskessel), Kopfdampfbäder, ansteigende heiße Fußbäder, Blutegel entlang des Kieferwinkels, heiße Halswickel, Leinsamen- oder Enelbinpackungen (heiße Kataplasmen). Bei Fieberfreiheit Kurzwellenbehandlung.

Medikamente: Brennessel-, Ringelblumen- und Zinnkrautzubereitungen, Hamamelis- und Echinacea-Präparate, Vitamin C, Kalzium, Lebertran.

DUPUYTRENSCHE KONTRAKTUR

(Beugestellung der Finger)

Es handelt sich hierbei um eine narbige Veränderung der Hohlhandsehne und der Fingersehnen, die zu einer Beugestellung der Finger führt. Die Beweglichkeit ist stark eingeschränkt. Die Finger können nicht mehr aus der Beugestellung zurückkehren (Krallenhand). Meist sind zunächst der vierte und fünfte Finger auf beiden Seiten betroffen. Stillstand und Rückbildung der Erkrankung kommen gelegentlich vor. Über die eigentliche Ursache ist bisher nichts bekannt; es gibt daher auch keine ursächliche Behandlung.

An nichtoperativen Behandlungsmethoden werden angewandt: Passive Streckung, lokale Injektionen von Heparin, Cortison, Hyaluronidase und Impletol, Strahlenbehandlung (Röntgen, Radium, Ultraschall), hochdosierte Vitamin-E-Behandlung. Große Erfolge sind bei keiner dieser Methoden zu verzeichnen.

Verschiedene operative Behandlungsmethoden haben zu befriedigenden Ergebnissen geführt.

DURCHBLUTUNGSSTÖRUNGEN

Die peripheren Durchblutungsstörungen spielen sich vorwiegend in den Armen und Beinen ab, am häufigsten jedoch in den Beinen. Sie können verschiedener Art sein, haben aber immer die gleichen Krankheitszeichen: Schmerzen (92%), Empfindungsstörungen (4%) und Zerspringen des Gewebes (2%). Die restlichen Prozentsätze betreffen Veränderungen der Hautfarbe, der lokalen Temperatur und der Gefäßpulsation. Die Schmerzempfindung führt dabei meist zur Gefäßverengung, diese zur Verschlechterung der Sauerstoffversorgung, was wiederum den Schmerz verstärkt.

Verschlimmert wird dieser Reaktionskreis noch durch den täglichen Genußmittelkonsum, wobei das Nikotin die größten Beeinträchtigungen zur Folge hat.

Wir haben zu unterscheiden zwischen nervösen Gefäßverengungen (Angioneurosen), entzündlichen Gefäßverengungen (Angiitiden) und vorwiegend degenerativen Gefäßerkrankungen (Angiosen). Diese Einteilung ist nur sehr grob, und man muß sich darüber klar sein, daß es von der nervösen Gefäßverengung bis zum schweren, nicht mehr reparablen Gefäßprozeß alle Übergänge gibt. Die erste Ursache, der schleichende Beginn der Erkrankung ist für uns meist nicht erkennbar. Wenn das Hauptsymptom, der Schmerz, auftritt, sind meist schon erhebliche Veränderungen vor sich gegangen.

Die häufigste, aber auch noch am besten zu beeinflussende Gefäßerkrankung ist die nervös-krankhafte Angioneurose. Hauptursachen sind neben einer entsprechenden Körperverfassung (Konstitution) und einer Reihe von sich summierenden Umwelteinflüssen vor allem die Genußmittel (Nikotin, Alkohol, Koffein).

Am erfolgreichsten bekämpft wird die Erkrankung durch eine Reihe natürlicher Heilfaktoren.

Diät: Fleischlos, salzarm, reichlich Obst, Salate, Gemüse.

Physikalische Maßnahmen: Bettruhe, Bettwärme, Gefäßtraining mit zeitweiligen Venensperren, Fernteilbäder (keine örtliche Wärmeanwendung), alternierende Saug- und Druckmassage, Kohlensäuregasbäder, Kohlensäuresolebäder (eventuell nur Halbbäder), Unterwasserstrahlmassage, Bindegewebsmassage, Luftdusche (vor allem bei gangränösen Prozessen, die trocken gehalten werden müssen).

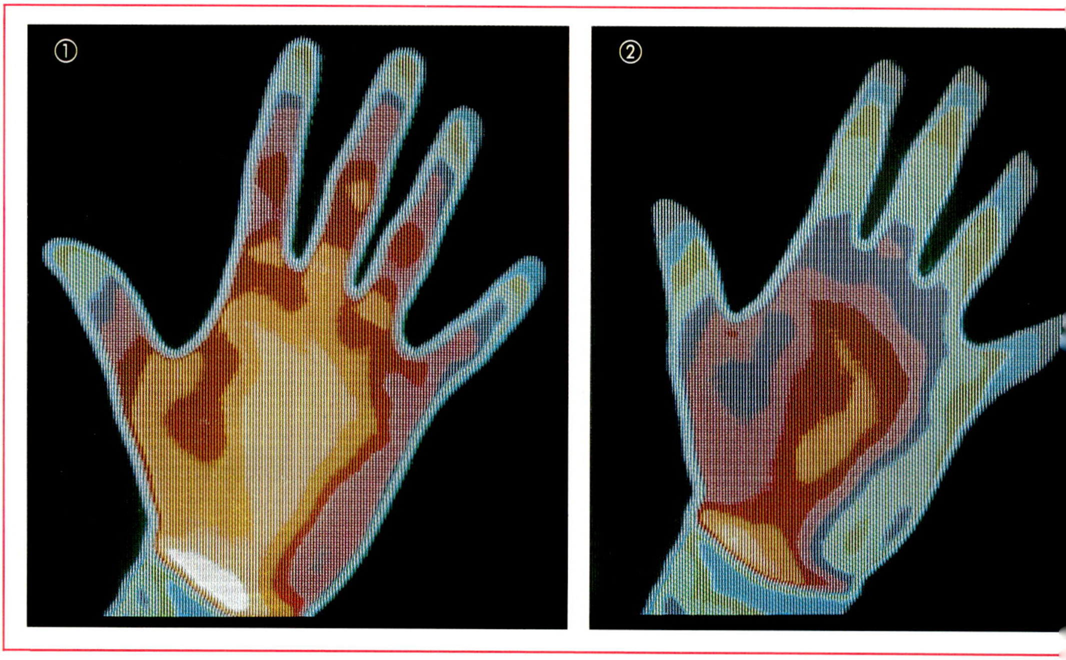

Psychotherapeutische Maßnahmen: Entspannungsübungen.

Medikamente: Secale Cornutum in homöopathischer Konzentration, andere Mutterkornpräparate, Arnika-, Maiglöckchen- und Weißdornpräparate (alle in ärztlicher Verordnung).

DURCHBLUTUNGSSTÖRUNGEN, ARTERIELLE *(Anleitung zur Fußpflege)*

1. Täglich ein lauwarmes Fußbad, mit milder Seife waschen. Mit einem weichen Handtuch gut abtrocknen, besonders zwischen den Zehen. Dabei nicht zu stark reiben.

2. Bei *trockener* oder *schuppiger Haut* anschließend mit einer milden Fettcreme einreiben. Bei Schweißfuß nach dem Abtrocknen einen Fußpuder verwenden.

3. *Nägel* nur nach einem Bad bei guter Beleuchtung gerade und nicht zu kurz schneiden. Dabei ist jede Verletzung peinlich zu vermeiden. Reinigung der Nägel mit Holzstäbchen. Brüchige Nägel mit Fettcreme einreiben.

4. *Nicht barfußgehen.* Keine örtliche Hitze- (heißes Fußbad, Heizkissen, heiße Wärmflasche) oder Kälte-Einwirkung!

5. Die *Strümpfe* dürfen nicht zu klein sein, müssen am Fuß aber faltenlos sitzen und dürfen keine drückenden Stopfstellen haben. Keine die Blutzirkulation behindernden Strumpfbänder oder Sockenhalter tragen.

6. Es dürfen nur *Schuhe* aus weichem Leder getragen werden, die gut passen und nirgends drücken. Neue Schuhe zunächst nur eine Stunde anbehalten, bis sie gut „eingelaufen" sind.

7. Größte Vorsicht bei der Entfernung von *Hühneraugen* und Hornhautverdickungen! Nach einem lauwarmen Seifenwasserbad Hornhautverdickungen vorsichtig mit einer sauberen Feile abfeilen. Teilweise abgelöste tote Haut nicht abziehen, sondern

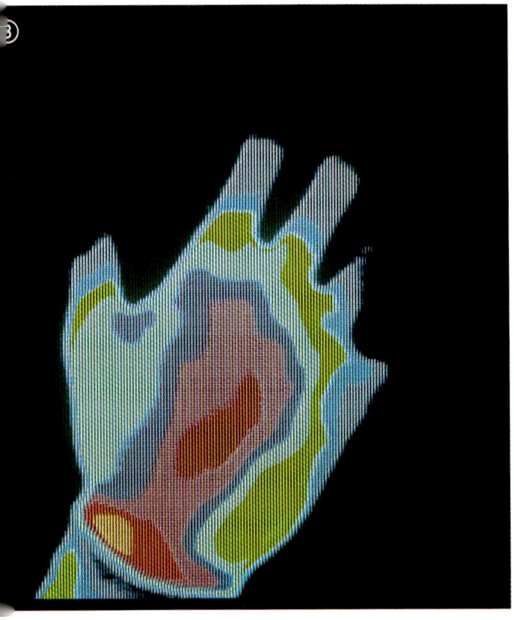

① „Thermische Amputation“ nennt Dr. Bernhardt Brill, Spezialist für eindrucksvolle technisch-wissenschaftliche Photographie, seine Serie von thermographischen Aufnahmen, mit der er die Folgen der Gefäßverengung durch Nikotingenuß belegen will. Das erste Bild wurde mit der Thermokamera aufgenommen, bevor sich die 22 Jahre alte Versuchsperson eine Zigarette anzündete.

② Siebeneinhalb Minuten später hat sich durch die verringerte Blutzirkulation die Temperatur reduziert, so daß die Fingerkuppen verschwinden.

③ Nach weiteren zehn Minuten Rauchens sind von den Fingern der Versuchsperson nur noch Stümpfe bei Daumen, Zeige- und Mittelfinger zu erkennen. Bei dem Versuch wurden Temperaturabsenkungen an der Oberfläche der Hand um bis zu sieben Grad Celsius festgestellt.

abschneiden, weil es leicht zu Einrissen in die lebende Haut kommt. Bei der Behandlung in einem Fußpflegesalon eindringlich darauf hinweisen, daß eine Durchblutungsstörung vorliegt und jede Verletzung vermieden werden muß.

8. Ist es doch zu einer kleinen *Wunde* gekommen, Alkoholtupfer auflegen und dann Actihaemyl-Salbe auftragen. Mit einer Mullbinde verbinden und Fuß schonen. Bei den geringsten Anzeichen einer Entzündung (Rötung, Schwellung, Schmerz) oder Nekrose (Schwarzfärbung) absolute Ruhigstellung (Bettruhe) und den Arzt rufen. Bei Diabetikern genaue Stoffwechselkontrolle. Frühbehandlung ist von größter Wichtigkeit und kann für die Erhaltung des Fußes entscheidend sein!

DURCHBLUTUNGS-STÖRUNGEN DES GEHIRNS

Nach vielen Untersuchungen ist man heute zu der Überzeugung gekommen, daß sich bei Personen über 50 Jahren nur noch ausnahmsweise ein völlig intaktes Gefäßsystem findet. Bei den meisten Menschen jenseits des 50. Lebensjahres lassen sich meßbare Veränderungen der Hirndurchblutung feststellen. Dieser Durchblutungsmangel des Gehirns ist bereits vorhanden, bevor entsprechende klinische Symptome nachweisbar sind. Er setzt eine Erhöhung des Gefäßwiderstandes, also eine Gefäßwandveränderung, voraus. Sie ließ sich auch experimentell nachweisen.

Als Folge der Mangeldurchblutung treten meist als Hauptsymptome Kopfschmerzen, Schwindel, schnelle Ermüdbarkeit, Stimmungslabilität oder sogar depressive Verstimmung auf. Es können hinzukommen: Schlafstörungen, Beeinträchtigung der Merkfähigkeit und des Frühgedächtnisses sowie Störungen des Wortfindungsvermögens. Die ganzen Krank-

heitszeichen zusammengenommen bezeichnet man als *psychoorganisches Hirnsyndrom*. Wenn dieser Zustand unbehandelt bleibt, entwickelt sich daraus schließlich der Altersschwachsinn. Eine langdauernde intensive Behandlung ist deshalb anzuraten.

Diät: Mäßige, lacto-vegetabile Kost, deren Kaloriengehalt so zu bemessen ist, daß Übergewicht langsam reduziert und normalisiert wird.

Physikalische Maßnahmen: Bewegungstraining (Laufen, Schwimmen, Radfahren), Kneippkuren, Oberkörper- und Ganzwaschungen, Taulaufen, Knie- und Unterschenkelgüsse, Rückengüsse, Vollgüsse, Kältewickel (vor allem Lendenwickel), kalte und ansteigende Armbäder, ansteigende Fußbäder, Wechselfußbäder, kalte Sitz- oder Halbbäder, warme Vollbäder, Sauna, Luftbäder.

Psychotherapeutische Maßnahmen: Entspannungsübungen.

Medikamentöse Behandlung: Sie ist in jedem Fall dem Arzt zu überlassen. In Frage kommen als gefäßerweiternde Mittel bei erhöhtem Blutdruck Hydergin und Tebonin. Bei niedrigem Blutdruck Dihydergot. Bei Schlafstörungen sind Kreislaufmittel (bis zum Strophanthin) oft wirksamer als Schlafmittel, weil diese meist die Hirndurchblutung verschlechtern.

Häufig genügen auch einfache pflanzliche Beruhigungsmittel, die Hopfen, Baldrian, Melisse und Johanniskraut enthalten. Wenn Schlafmittel unbedingt erforderlich sind, sollte man barbitursäurefreie Schlafmittel bevorzugen.

Treten depressive und ängstliche Verstimmungszustände auf, ist nervenärztlicher Rat einzuholen.

DURCHFALL

Durchfallserkrankungen sind vielfach durch eine Virusinfektion bedingt, da viele Viren durchfallartige Zustände auslösen können. Meistens sind die Infektionen harmlos.

Nur bei anhaltenden Durchfällen mit hohem Wasserverlust ist die Einweisung in eine Klinik notwendig. Kleinkinder sollten bei Durchfall in jedem Fall dem Arzt vorgestellt werden.

Die Behandlung ist die gleiche wie bei anderen Durchfällen. Zunächst keine feste Nahrung, sondern heißen Tee geben (Kamille, Pfefferminze, dünner schwarzer Tee in kleinen Portionen). Nach Besserung, nach mindestens 24 Stunden, Zwieback, Knäckebrot, Haferschleim, Haferbrei und langsamer Übergang zu normaler Vollkost.

Da meist nicht zu klären ist, ob es sich um einen virus- oder bakterienbedingten Durchfall handelt, setzt man medikamentös darmwirksame, schwer aufsaugbare Bakterienhemmittel ein.

DURCHLIEGEN

Bei langem, unbeweglichem Liegen entstehen an den Stellen geringer Hautpolsterung und stärkerer Druckbelastung leicht Druckgeschwüre, die sehr schlecht heilen. Begünstigend wirken trockene Haut, Reizungen durch Harn, Stuhl und Schweiß, allergische Reaktionen gegen Gummiunterlagen, hohes Alter, Unterernährung, Durchfälle, Infektionen, Durchblutungsstörungen, aber auch verminderter Lebenswille und Depressionen.

Die Abwehr- und Heilmaßnahmen sind überwiegend pflegerischer Natur. Zuerst wird der Patient alle zwei bis drei Stunden gedreht, damit die Druckpunkte entlastet werden. Wenn die Druckstellen freigelegt sind, mit warmer Luft aus einem Haartrockner behandeln (15–20 Minuten) und anschließend mit Siliconspray und Silicoderm-Salbe abdecken. Als Unterlage benutzt man ein medizinisches Lammfell, das viel Feuchtigkeit aufnehmen kann, ohne

naß zu wirken, und sich leicht reinigen und trocknen läßt. Sind Bäder möglich, so kommen Vollbäder mit Zinnkrautextrakt in Frage.

DYSBAKTERIE

Die Dysbakterie ist ein noch nicht genau zu bezeichnendes Krankheitsbild. Man versteht darunter eine Störung in der Zusammensetzung der Darmbakterienflora, die sich nur durch eine bakteriologische Stuhluntersuchung feststellen läßt.

Veränderungen der normalen bakteriologischen und biochemischen Zusammensetzung der Darmflora können durch extreme Ernährungsweisen, durch Arzneimittel, Röntgenstrahlen und Entzündungen im Magen-Darm-Bereich hervorgerufen werden. Es kommt dann zum Überwiegen einer unphysiologischen Bakterienbesiedlung im oberen Dünndarmabschnitt, eventuell sogar zum Überwuchern krankmachender Bakterien. Es können sich daraus die verschiedensten Beschwerden vom Unwohlsein bis zum Darmkatarrh (Enterocolitis) entwickeln. Eine Sanierung der Darmflora führt meist zu schneller Besserung und Heilung.

Diät: 1 bis 2 Tee- oder Saftfastentage, dann Haferschleim und Kamillentee mit Milchzucker, später Übergang zu lacto-vegetabiler Vollkost. Abends und morgens nüchtern weiterhin Kamillentee oder Bittertee mit Milchzucker trinken.

Physikalische Maßnahmen: Leib- oder Lendenwickel, heiße Leibkompressen, Wechselsitzbäder, Wechselfußbäder, Unterwasserdarmbäder.

Medikamente: Sie sollen die Darmflora normalisieren, eine Umstimmung herbeiführen und die Darmwand tonisieren. In Frage kommen Acidophilus-Zyma, Colibiogen, Symbioflor 2, Bactisubtil, Edelweiß-Milchzucker, Hylak-Tropfen, Rephalysin, Omniflora.

DYSMENORRHOE

(Gebärmutterkrämpfe)

Als Dysmenorrhoe bezeichnet man krampfartige Schmerzen kurz vor und während der Menstruation bei Unterentwicklung der Geschlechtsorgane (primäre Dysmenorrhoe), bei organischen Veränderungen an den Geschlechtsorganen, wie Mißbildungen, Entzündungen, Geschwülste und Verwachsungen (sekundäre Dysmenorrhoe). Die Krämpfe können auch bei Unterfunktion der Eierstöcke oder des Hypophysenvorderlappens und aus rein seelischer Ursache vorkommen.

Physikalische Maßnahmen: Trockenbürstenbäder, ansteigende Fußbäder, heiße Bauchkompressen oder Lendenwickel, ab 15. Tag nach der Menstruation heiße Sitzbäder und Wechselsitzbäder, Blitzgußmassagebäder.

Medikamente: Gänsefingerkraut, Kamille, Melisse, Raute, Rosmarin, Schafgarbe und Tausendgüldenkraut oder Fertigpräparate aus diesen Heilpflanzen.

DYSPEPSIE

siehe Verdauungsstörungen

DYSTONIE, VEGETATIVE

Diese häufig diagnostizierte Erkrankung ist noch in vieler Hinsicht nach Ursachen, Krankheitsbild, Verlauf und Behandlung problematisch. Man kommt aber anscheinend ohne diesen Begriff, mit dem man sehr verschiedene vegetative Regulationsstörungen (der Kreislauforgane, des Magen-Darm-Traktes oder des Nervensystems) zusammenfaßt, nicht mehr aus.

Mehr und mehr glaubt man heute, die vegetative Dystonie als Folge einer langandauernden Überlastung des seelisch-nervösen Gleichgewichts auffassen zu müs-

sen. Die Grundlage dazu wird aber in einer nervenschwachen und labilen Körperverfassung (Konstitution) gesehen. Anforderungen und Belastungen, die der Gesunde normal bewältigt, werden von solchen Menschen oft schon als Überforderung und übernormaler Stress empfunden und krankhaft verarbeitet. Es handelt sich daher um eine Verflechtung von seelischen und körperlichen Störungen, also um ein typisch psychosomatisches Krankheitsbild. Die Behandlung muß sich daher stets auf den ganzen Menschen beziehen. Auch das Rot- und Blaßwerden sowie Schweißausbrüche sind Ausdruck einer Fehlsteuerung der Organfunktionen.

Die Krankheitszeichen sind mannigfaltig. Nervöse Reaktionen, Kreislaufbeschwerden, Magen-Darm- oder andere Organstörungen können im Vordergrund stehen oder auch miteinander abwechseln. Hinter mancher vermeintlichen vegetativen Dystonie verbirgt sich eine Überfunktion der Schilddrüse (Hyperthyreose).

Diät: Normale, aber kochsalzarme, lactovegetabile Vollkost.

Physikalische Maßnahmen: Neben Abhärtungsmaßnahmen und Klimawechsel gehören dazu Schwimmen, Wandern, Gymnastik, Sauna und Kneippkuren.

Psychotherapeutische Maßnahmen: Ärztliche Besprechung der Lebenssituation und der familiären Verhältnisse, Konfliktlösungen, Aktivierung des Selbstbewußtseins, Berufswechsel.

Medikamente: Valdispert, Hovaletten, Bellergal. Nur in schweren Fällen Tranquilizer (Librium u. a.) geben.

Die vegetative Dystonie ist ein typisch psychosomatisches Krankheitsbild. Die Fehlsteuerung der Organfunktionen läßt sich oftmals durch eine Umstimmungskur mit entsprechendem Klimawechsel beheben.

E

EITERUNGEN (Abszeß, Furunkel)

Dringen Eitererreger ins Gewebe ein, so entwickelt sich eine entzündliche Abwehrreaktion, die meist mit Eiterbildung endet. Sitzt die Eiterung im Gewebe oder in Organen, sprechen wir von einem Abszeß. Wenn eiterbildende Bakterien in einen Haarfollikel eindringen, kommt es zur Bildung von Furunkeln oder Karbunkeln, die durch das Zusammenfließen mehrerer benachbarter Furunkel entstehen. Breiten sich die Eiterherde über die Lymphbahnen aus, tritt Fieber auf, und der Allgemeinzustand verschlechtert sich. Im schlimmsten Fall droht eine Blutvergiftung.

Die Behandlung besteht darin, die Herde aufzuschneiden, um den Abfluß des Eiters nach außen zu ermöglichen. Gleichzeitig gibt man Antibiotika (Penicillin), um eine Ausbreitung der Infektion zu verhindern. Bei immer erneut auftretenden Furunkeln spricht man von *Furunkulose*. Es fehlt dann an der Abwehrfähigkeit des Körpers.

Diät: Sie muß eine völlige Kostumstellung bedeuten, z. B. Rohkost, dann rein vegetarische Kost, später lacto-vegetabile Kost mit reichlich Vitamin-C-haltigen Früchten und Hefeextrakten.

Medikamente: In vielen Fällen genügt die rein homöopathische Behandlung mit Sulfur jodatum D 3 oder Hegar sulf. Calc. D 3 (2–3mal täglich). Bei Furunkulose für längere Zeit Silicea D 4 (3mal täglich 1 Tablette).

EKZEM

Als Ekzem bezeichnen wir eine Entzündung der oberflächlichen Hautschichten. Sie kann akut bis chronisch, nässend bis trocken sein. Das Ekzem zeigt eine Reihe von Erscheinungen, die hintereinander auftreten, aber auch gleichzeitig nebeneinander bestehen können, und zwar Rötung, Schwellung, Nässen, Bläschen- und Knötchenbildung, Schuppung sowie Krusten- und Borkenbildung.

Man unterscheidet zwei Hauttypen: 1. den *seborrhoischen Typus* (90 % aller Personen), der eine erhöhte Talg- und Schweißdrüsenabsonderung zeigt. Er neigt in der Pubertät zur Pubertätsakne und entwickelt später als Extremform das seborrhoische Ekzem. Im Alter neigt er zum Altersjucken (seniler Pruritus); 2. den *sebostatischen Typus* (10 % aller Personen). Er hat eine trockene, fettarme Haut, eine Unterfunktion der Talg- und Schweißdrüsen und eine Neigung zu Pollen- und Lichtallergie. Als Extremfall entwickelt er eine Neurodermitis.

Der Seborrhoiker bedarf der Trockenbehandlung mit Schüttelmixturen oder fettfreien Cremes und Lotionen (flüssige Kosmetika). Der Sebostatiker benötigt Fettsalben als Medikamententräger, meistens auch antiallergische und nervös-vegetativ dämpfende Mittel.

Die Ekzeme selbst treten in drei sehr unterschiedlichen Hauptformem auf:

1. **Vulgäre Ekzeme,** zu denen vor allem die Kontakt-Ekzeme und die durch Bakterien und Pilze infizierten Ekzeme gehören. Das mittlere Lebensalter wird bevorzugt davon befallen.

2. **Seborrhoische Ekzeme,** die schuppende, scheibenförmige Rötungen mit betontem Rand aufweisen, gelbrot aussehen und wenig absondern. Sie treten in jedem Lebensalter auf, besonders aber in der Pubertät.

3. **Endogene Ekzeme,** die schmutzigbraunrot aussehen, die Haut verdicken und schuppen lassen. Sie treten vor allem im Gesicht, am Hals und in den Arm-, Leisten- und Kniebeugen auf. Das kann vom Säuglingsalter bis zum 40. Lebensjahr der Fall sein. In der Vorgeschichte findet

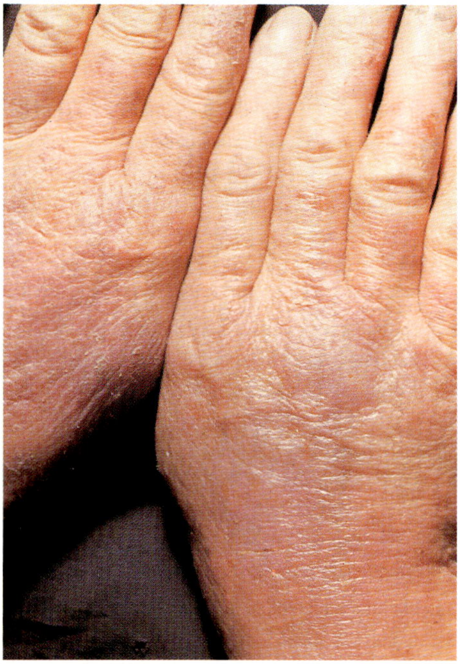

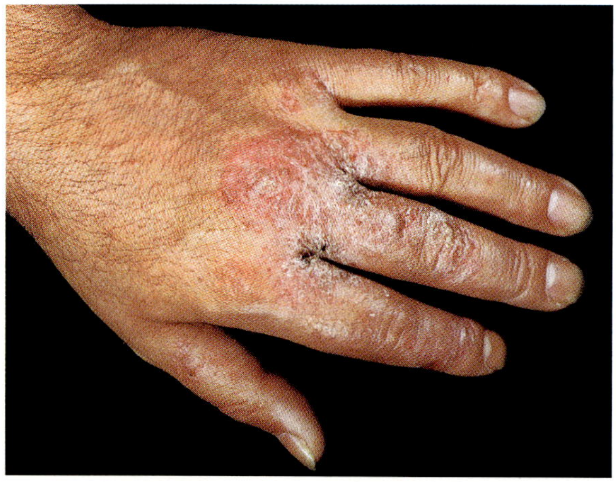

Ekzeme und ekzematöse Schwellungen und Rötungen gehören heute zu den häufigsten Hauterkrankungen. Die beiden Bilder links und oben zeigen Handekzeme, wie sie häufig durch äußere Einwirkungen – hier durch Gerbstoffe und Waschmittel – hervorgerufen werden.

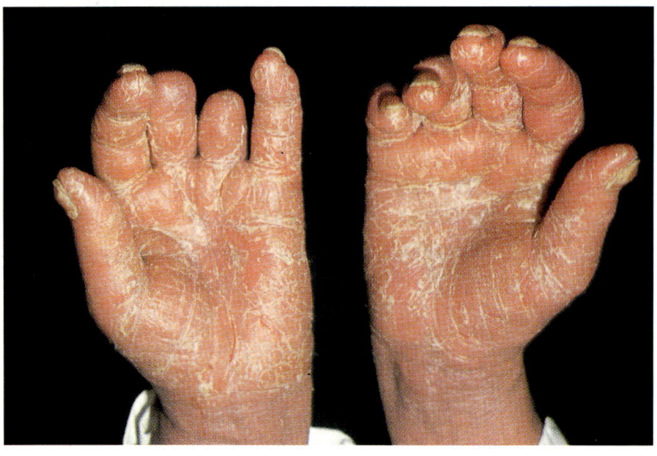

Ekzem mit übermäßiger Verhornung. Die Haut der Hände ist rot und leicht geschwollen. Die obersten Hautschichten sind trocken und von fest haftenden lamellenartigen Schuppen bedeckt. In den Beugefalten befinden sich zuweilen tiefe Einrisse. ● Rechte Seite: Ekzem der Kopfhaut mit starker Talgdrüsenabsonderung (seborrhoisches Ekzem).

man häufig Milchschorf, chronische Nasenkatarrhe (vasomotorische Rhinopathie) und Asthma.

Diät: Ekzeme sind oft sehr schwierig zu behandeln. Im allgemeinen fährt man mit einer monatelang durchgeführten Diät, die vegetarisch und salzlos, aber vitamin- und mineralreich ist, am besten. Bei Rohkost treten Veränderungen im Mineralbestand der Haut auf. So werden z. B. Kochsalzdepots, die den Zellstoffwechsel und die Transitstrecke zwischen Gefäßen und Geweben belasten, abgebaut und ödematöse Verquellungen ausgeschieden. Die Folge ist ein Nachlassen der Hautentzündungen und Ausscheidungen. Manchmal müssen sogar reine Rohkostperioden oder Fastentage eingelegt werden, um die Hautreaktion umzustimmen und damit eine Heilung zu erzielen. Es ist möglich, daß für Sebostatiker die vegetarische und Rohkost gar nicht angebracht ist. Hier muß vielmehr ein hochwirksames Öl mit einem hohen Vitamin-A- und Vitamin-E-Gehalt und reichlich ungesättigten Fettsäuren mit der Kost zugeführt werden (z. B. Dr. Grandels Weizenkeimöl plus, ein mit Vitamin E angereichertes Getreidekeimöl, und Viton Kapseln, ein Heilbutt-Lebertran). Als Streichfett kann in diesen Fällen Butter, zur Zubereitung der Gemüse und Salate sollte Sonnenblumenöl, Maisöl oder Reisöl verwendet werden. Die gesamte Tagesfettmenge einschließlich des in den Nahrungsmitteln versteckten Fettes darf 60–80 g nicht überschreiten.

Bei der Behandlung des vulgären Ekzems kann man auch mit Kuhmilch (in 24 Stunden nur 1 Liter Kuhmilch, roh oder gekocht, sonst nichts) eine prompte Umstimmung, Besserung und Heilung erzielen.

Psychotherapeutische Maßnahmen: Es müßte erörtert werden, ob bei manchen Ekzematikern die Haut nicht das leibliche Austragungsmedium für Verdrängungen und eines Angst- und Abwehrverhaltens bildet. Es ist denkbar, daß in manchen Fällen eine psychotherapeutische Behandlung mehr wert ist als alle Medizin.

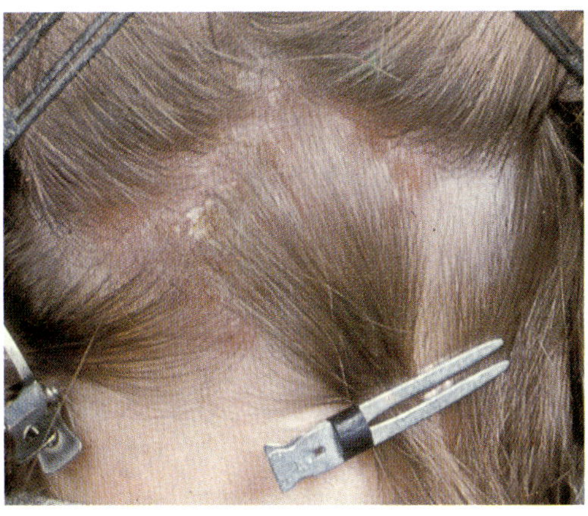

Physikalische Maßnahmen: Bei nässenden Ekzemen Kamillen-, Eichenrinden-, Haferstroh- oder Balnacid-Bäder. Nach dem Bad gut abtrocknen, mit Buttermilch oder Molke nachwaschen und auf die ekzematösen Partien die fachärztlich verordnete Salbe oder Mixtur auftragen. Die Meinung, daß Ekzeme grundsätzlich nicht ins Wasser gehören, betrifft nur das hochentzündliche Stadium und wenn es sich dabei um Sebostatiker handelt.

Medikamente: Sie sollten nur nach hautfachärztlicher Verordnung angewandt werden.

EMBOLIE *(Lungenembolie)*

Voraussetzung für die Entstehung einer Lungenembolie ist eine Thrombose. Diese entsteht in den meisten Fällen in einer Bein- oder Bauchvene. Leider werden die dort auftretenden Thrombosen leicht übersehen.

Ein weiterer wichtiger Ort der Thrombosenbildung sind die Herzkranzgefäße. Eine besondere Neigung zu Thrombosen und Embolien besteht nach Operationen, Unfällen, Entbindungen, bei Herzleiden, Bluthochdruck und Fettsucht. Bei plötzlich auftretenden Schmerzen unter dem Brustbein, bei Atemnot, schnellem, kurzem Atem, Herzjagen, Blaufärbung, Schock, Husten und Blutauswurf ist mit einer Lungenembolie zu rechnen. Es gibt alle Übergänge von der fast symptomlosen bis zur schwersten.

Eine akute Lungenembolie ist nicht nur ein plötzliches, sondern immer auch ein lebensbedrohliches Ereignis. Sofort Arzt und Krankenwagen bestellen. Transport ist erst möglich, wenn der Schockzustand überwunden und der Kreislauf etwas gebessert ist. Möglichst rasch Intensivbehandlung einleiten. Der Krankheitszustand ist schwer vom Herzinfarkt zu unterscheiden.

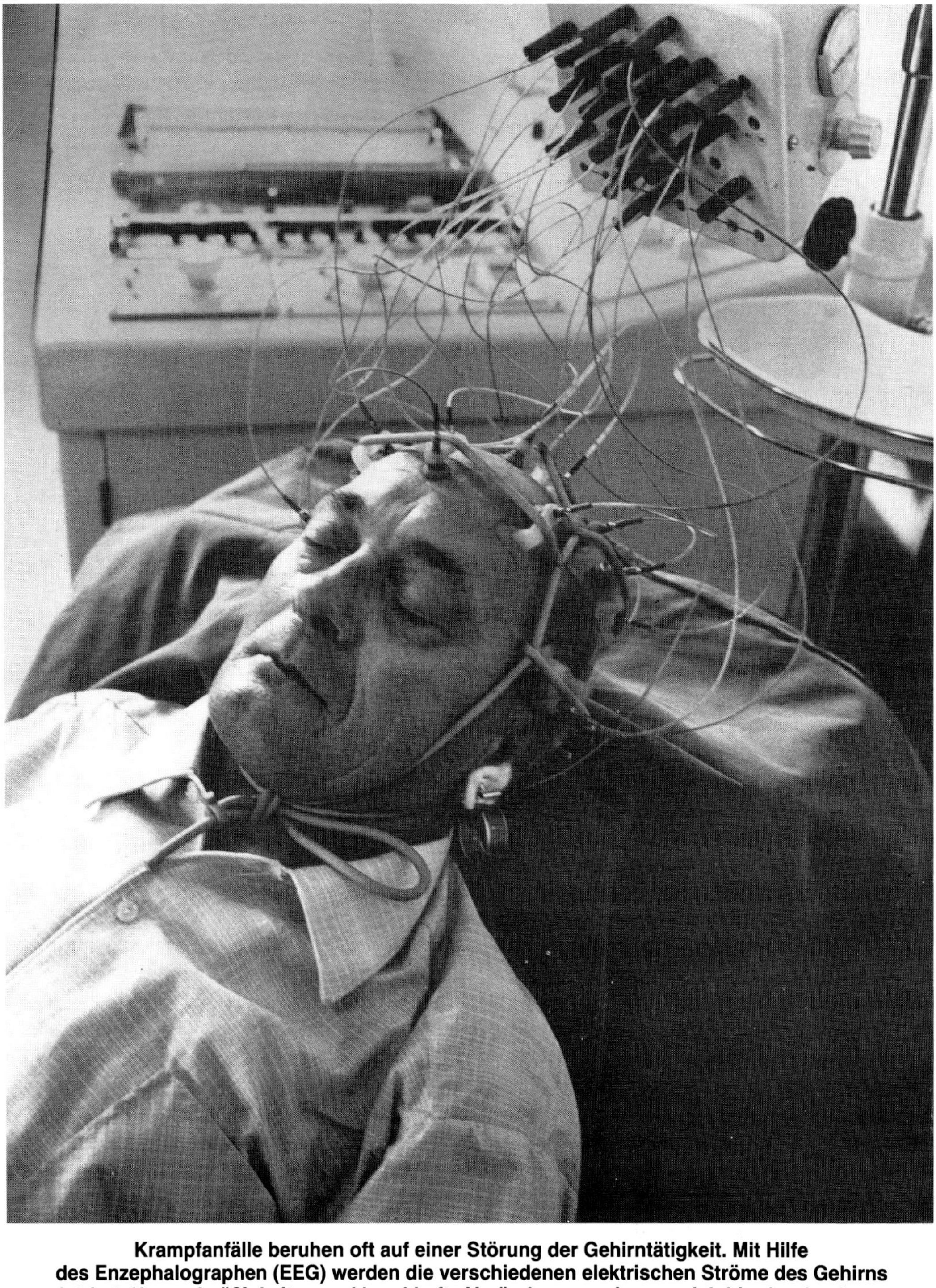

Krampfanfälle beruhen oft auf einer Störung der Gehirntätigkeit. Mit Hilfe des Enzephalographen (EEG) werden die verschiedenen elektrischen Ströme des Gehirns registriert. Unregelmäßigkeiten und krankhafte Veränderungen lassen sich hierdurch erkennen.

EPILEPSIE *(Fallsucht)*

Plötzlich beginnende, oft kurzdauernde, aber in unregelmäßigen Abständen wiederkehrende *Krampfanfälle* mit Bewußtseinsstörungen beruhen auf einer Störung der Gehirntätigkeit.

Obwohl sehr oft eine eigentliche Ursache für die Krampfanfälle nicht gefunden wird, unterscheidet man Krampfanfälle, die einem Herdschaden des Gehirns zugeschrieben werden, von solchen, für die eine organische Grundlage nicht festzustellen ist. Das erstere wird mit „symptomatischer", das letztere mit „idiopathischer" Epilepsie bezeichnet. Es steht aber fest, daß es viele organische Hirnschäden ohne epileptische Anfälle gibt. Dennoch muß man annehmen, daß bei Kranken mit wiederkehrenden Krampfanfällen entweder ein grobsichtbarer (makroskopischer) oder ein mikroskopisch sichtbarer oder ein im Stoffwechsel begründeter Gehirnschaden vorliegt. Einige Experten glauben, daß jede Epilepsie von einer Geburtsverletzung oder einer anderen Verletzung herrührt, auch wenn sie nur mikroskopisch kleine Narben im Gehirn zurückgelassen hat.

Die Anfälle beginnen häufig mit typischen Vorankündigungen, z. B. Zuckungen in der Hand, plötzlichen Kopf- oder Augenverdrehungen zu einer Seite hin, Störungen im Bereich der Sinnesorgane, wie Sehstörungen, Geruchs- und Geschmacksstörungen, oder es treten Störungen der Empfindungsnerven, z. B. Taubheitsgefühl in einer Körperhälfte, auf. Auch rein subjektive Störungen werden von dem Kranken geäußert, z. B. unbegründete Angstgefühle, starke Glücks- oder Mitleidsgefühle oder Gedankenflucht. Diese ganzen Vorboten werden auch als *Aura* bezeichnet.

Für die Lokalisation eines Krampfherdes kann es von Bedeutung sein, die Vorbotensymptome objektiver und subjektiver Art zu erfassen.

Meist folgt der Aura, die einige Sekunden bis wenige Minuten dauern kann, ein großer Krampfanfall, wobei der Patient zu Boden schlägt und das Bewußtsein verliert. Nicht selten kommt es dabei zu schweren Verletzungen. Nach einer kurzen, völligen Verkrampfung setzen starke, krampfartige Zuckungen der Arm- und Beinmuskulatur ein. Dabei kann es durch Einklemmung der Zunge zwischen den Zähnen zum Zungenbiß kommen, der für die Epilepsie genauso typisch ist wie die Schaumbildung vor dem Mund. Ein kurzer Krampf der Atemmuskulatur kann auch durch die ungenügende Sauerstoffversorgung des Blutes zu einer Blaufärbung des Gesichtes führen. Nach wenigen Minuten löst sich der Krampf; ihm folgen tiefe Bewußtlosigkeit und Erschöpfungsschlaf.

Neben dem großen Krampfanfall gibt es auch kleinere Anfälle, die in kurzdauernden Bewußtseinstrübungen (Absencen) bestehen, in denen der Patient keinerlei Reaktionen zeigt, wenn er angesprochen wird. Am Fehlen der Reaktion und an den manchmal dabei auftretenden bizarren Bewegungen ist der „kleine Anfall" für die Umgebung zu erkennen.

Die Diagnose der Epilepsie ist schwierig und muß dem Neurologen genauso überlassen werden wie die anfänglichen Behandlungsmaßnahmen. Hier können nur einige Richtlinien zur Information gegeben werden.

Diät: Eine salzarme (3–4 g Kochsalz täglich) und flüssigkeitsarme alkalisierende Kost ist am besten, da Salzarmut und eine alkalische Stoffwechsellage die Anfallsbereitschaft herabsetzen. Fastenkuren sowie eine fettreiche und kohlenhydratarme Kost wirken säuernd und sind daher zu vermeiden. Am besten ist eine lacto-vegetabile Kost.

Physikalische Maßnahmen: Es ist für viel Licht und Luft, also möglichst für Arbeit im Freien und für einen normalen Rhythmus von Ruhe und Bewegung,

Schlafen und Wachen sowie für eine regelmäßige Darmfunktion eventuell mit Hilfe von subaqualen Darmbädern zu sorgen.

Psychotherapeutische Maßnahmen: Für den Epileptiker ist es wichtig, daß er nicht in Vereinsamung gerät und einen sozialen Abstieg erlebt. Aussprachen, mitmenschliche und soziale Kontakte sind daher erforderlich. Er sollte auch über die seelischen Vorgänge, die zur Auslösung und Wiederholung der Anfälle führen können, Bescheid wissen. Selbst die Tatsache, daß – wie immer wieder beobachtet wird – es Patienten gibt, die ihre Anfälle „brauchen", um sich die Aufmerksamkeit ihrer Umgebung zu sichern oder sich ihrer unerträglichen Lebenssituation zu entziehen, muß bei der Psychotherapie berücksichtigt werden. Anfallskranke dürfen kein Kraftfahrzeug führen!

Medikamente: Es gibt kein Mittel, das in jedem Fall hilft. Es gibt aber eine Reihe von Mitteln, durch die Anfallsfreiheit erreicht werden kann. Sie müssen vom Facharzt systematisch und gezielt verordnet und in ihrer Wirkung beobachtet werden, bis bei einer bestimmten Dosis mit einem oder einer Kombination von Mitteln Anfallsfreiheit erzielt ist. Die bekanntesten Mittel sind Zentropil, Mylepsinum, Comital, Tegretal, Petinutin, Suxinutin, Tridione.

ERBRECHEN *(siehe auch Brechreiz)*

Erbrechen ist keine Krankheit, sondern nur ein Krankheitssymptom. Die zugrunde liegende Krankheit muß gesucht und erkannt werden. Die Ursache kann rein nervös bedingt sein, an einer Magenerkrankung oder einer beginnenden Infektionskrankheit, einer Baucherkrankung oder einer Kopferkrankung liegen oder auch durch eine beginnende Schwangerschaft hervorgerufen werden.

Nach Ermittlung der Grundkrankheit ist diese entsprechend zu behandeln.

ERKÄLTUNGSKRANKHEITEN

(siehe auch Grippe)

Meist verstehen wir darunter Schnupfen, Rachenkatarrh, Bronchialkatarrh und Grippe. Es können aber auch ernstere Erkrankungen mit einer Unterkühlung ihren Anfang nehmen, wie z. B. Lungen- und Rippenfellentzündung, rheumatische Erkrankungen, Nasennebenhöhleninfektionen.

Die Behandlung der mit oder ohne Fieber ablaufenden Unterkühlungsfolgen sollte möglichst frühzeitig beginnen.

Diät: Obstsäfte, vegetarische Kost, lactovegetabile Kost.

Vitamin-C-reiche Säfte helfen bei Erkältungskrankheiten und bei Erschöpfung.

Physikalische Maßnahmen: Ansteigende heiße Halbbäder (in 10 Minuten von 37 auf 43° C), wenn die Kreislauffunktionen nicht wesentlich gestört sind. Anschließend einhüllen und eine Stunde im Bett nachdünsten lassen. Während des Bades oder danach heißes Zitronenwasser trinken. Man kann auch einen schweißtreibenden kalten Lendenwickel anlegen. Er bleibt bis zum Schweißausbruch (etwa 90 Minuten) liegen. Auch hierbei muß der Übergang vom ersten Kältereiz über die Erwärmung bis zum Schweißausbruch durch Trinken von heißem Tee unterstützt werden.

Medikamente: Sie sollten bei den einfachen Erkältungskrankheiten möglichst wenig genommen werden. In Frage kommen vor allem einige die allgemeine Abwehr steigernde und auswurfbefördernde Mittel wie Bronchicum Elixir und Bronchicum Tropfen, Esberitox, Eupatal N, Makatussin, Optipect, Thymipin, Tromacaps und Tumarol-Balsam.

ERSCHÖPFUNGSZUSTÄNDE

(Ermüdungszustände)

Ermüdung und Erschöpfung lassen sich nur schwer objektiv erfassen, obwohl wir praktisch immer wieder damit zu tun haben. Unter Ermüdung verstehen wir bis heute einen vorübergehenden, nicht krankhaften Zustand nach einer körperlichen oder geistigen Leistung. Erschöpfung bezeichnet dagegen einen krankhaften Zustand körperlich-geistiger Erschlaffung nach langdauernder und hochgradiger – die Reserven erschöpfender – Belastung. Erschöpfungszustände treten natürlich bei körperlichen oder nervlichen Schwächlingen besonders schnell auf. Hierbei spielt die körperlich-seelische Verfassung eine wesentliche Rolle (Asthenie und Neurasthenie). Unsere heutige Umwelt liefert allerdings auch zahlreiche Faktoren, die Erschöpfungszustände begünstigen oder überhaupt erst auslösen können (Lärm, Verkehr, Mangel an sauerstoffreicher Luft u. a.). Auch der ständige Mißbrauch von Erregungs-, Beruhigungs- und Suchtmitteln trägt wesentlich dazu bei. Die Behandlung hat den *ganzen* Menschen zu berücksichtigen.

Diät: Eine milcheiweißreiche Kost und leicht aufnehmbare Kohlenhydrate sind günstig. Das entspricht einer lacto-vegetabilen Kost mit viel rohen und gekochten Früchten und etwas Honig. Auch Vitamin-C-reiche Säfte (Apfelsinen-, Zitronen-, Pampelmusen-, Hagebutten-, Sanddorn- und Acerolakirschsaft) tragen zum allmählichen Wiederaufbau einer normalen Leistung bei.

Physikalische Maßnahmen: Kneippkuren, Wechselbäder mit Zusätzen von ätherischen Ölen zum Warmbad, Wechselgüsse bis zu Blitzgüssen, Sauna, Wandern, Gymnastik, Schwimmen.

Psychotherapeutische Maßnahmen: Psychische Faktoren und Konfliktsituationen müssen erkannt und möglichst beseitigt werden. Es ist oft schwierig, die Gesamtsituation mehr oder weniger intuitiv zu erfassen und zu erkennen, wieweit die Erschöpfung nur Ausdruck einer unterdrückten oder unterbliebenen Selbstverwirklichung ist. Unterdrückte Konfliktsituationen können so lange unbewußt weiterwirken, bis sie zur seelischen Erschöpfung führen. Eine psychotherapeutische Behandlung oder eine gute seelsorgerliche Betreuung sind in solchen Fällen am Platze und dann besser als alle Medikamente.

Medikamente: Um über eine akute Situation hinwegzuhelfen, sind Medikamente wie Reactivan, Tradon oder Captagon vorübergehend von Nutzen.

Häufig genügen auch beruhigende oder antriebssteigernde pflanzliche Mittel, z. B. Aranivit, Esberi-Nervin, Euvegal und Seda-Kneipp.

F

FETTSUCHT

Übergewicht und Fettsucht (Adipositas) werden heute als Krankheitsfaktoren immer mehr in den Vordergrund gestellt. Jeder Fettleibige jenseits des 50. Lebensjahres ist ein potentieller Herzkranker oder Diabetiker, er wird auch von Blutdruckerhöhung, Arteriosklerose, Nierenkrankheit, Leber-Gallen-Leiden, Thrombose, Embolie, Gelenk- und Fußschäden bedroht. Fettleibigkeit ist also der Schrittmacher zahlreicher Krankheiten. Ganz gleich, welche erkannte oder unerkannte Ursache die Fettsucht haben mag, sie muß mit allen Mitteln bekämpft werden.

Diät: Fastenkuren stellen die radikalste, einfachste und zugleich zuverlässigste Behandlungsmaßnahme besonders für hartnäckige, sonst unbeeinflußbare Fälle von Fettsucht dar. Totales Fasten wird meist überraschend gut vertragen. Nach zwei bis drei Tagen stellt sich meist subjektives Wohlbefinden, ja fast eine euphorische Stimmung ein, und zugleich geht das Hungergefühl verloren. Appetitzügler sind daher überflüssig. Während dieser Fastentage wird nur Wasser, dünner Tee, Obst- und Gemüsesaft (als Vitaminquellen, sonst müßte täglich 1 Kapsel eines Multivitamins verabreicht werden) zugeführt. Dauer der Fastenkur fünf bis vierzehn Tage, bei Jugendlichen höchstens sieben Tage. Die Kur kann in einer Klinik, im Fastensanatorium oder auch zu Hause durchgeführt werden, wenn sie ständig sorgfältig ärztlich überwacht wird. Wer sich nicht zu einer radikalen Fastenkur entschließen kann, muß eine auf täglich 800, 1200 oder 1600 Kalorien beschränkte Kost zu sich nehmen. Appetitzügler sollten auch hierbei möglichst vermieden werden.

Während der Schwangerschaft, bei Tuberkulose, Krebs, Magen- und Zwölffingerdarmgeschwüren, schweren Lebererkrankungen und Infektionen sollte man nicht längere Zeit fasten. Durch mehrfach wiederholte einzelne Fastentage (1–2 Tage) läßt sich der Erfolg sichern.

Physikalische Maßnahmen (zwischen den Fastenperioden): Blitzgüsse, Rückengüsse, Kurzwickel, kalte Vollbäder, Sauna, römisch-irische Bäder, Sonnenbäder, Wandern, Sport, Schwimmen.

Psychotherapeutische Maßnahmen: Die ganze Behandlung hat keinen Zweck, wenn sie erzwungen wird. Der Kranke muß sich freiwillig und mit Überzeugung besonders der Diätmaßnahmen unterziehen, also seine Lebensweise unter Umständen radikal ändern. Oft ist die übermäßige Nahrungsaufnahme seelisch bedingt und Ausdruck einer Angst vor dem Hunger oder eine Kompensationshandlung für erlittenes seelisches Leid (Kummerspeck). Vertiefte ärztliche analytische Gespräche sind besonders während einer Fastenperiode notwendig und fruchtbar.

Medikamente: Am besten keine, höchstens notwendig werdende Kreislaufmittel und Vitaminpräparate.

FETTSUCHT IM KINDESALTER

Bei einem Übergewicht von 16 bis 20% muß man auch beim Kind schon von Fettsucht sprechen. Sie stellt für das Kind genauso eine Gesundheitsgefährdung dar wie für den Erwachsenen. Als eigene Krankheit ist sie beim Kind allerdings relativ selten, häufiger ist sie ein Leitsymptom einer zentralnervösen, hormonellen oder anderweitigen Erkrankung. Um die Ursache ausfindig zu machen, bedarf es eingehender ärztlicher Untersuchungen, weil sich nur daraus auch eine ursächliche Behandlung ergeben kann.

Zu den notwendigen Routineuntersu-

Bewegungstherapie, um überflüssige Pfunde zu verlieren

chungen gehört eine komplette körperliche Bestandsaufnahme einschließlich der neurologischen Untersuchungen, eine genaue Aufnahme der Vorgeschichte, die Bestimmung von Größe und Körpergewicht und ein Vergleich mit den Sollwerten, ferner eine Röntgenuntersuchung des Schädels und eine augenärztliche Untersuchung des Augenhintergrundes, die Fahndung nach degenerativen Anzeichen und die Bestimmung der Ausscheidung eines Nebennierenrindenhormons im Urin (17-Hydroxycorticosteroid-Ausscheidung).

Erst durch die Ermittlung der etwa vorhandenen Grundkrankheit ergibt sich die der Krankheit entsprechende notwendige Behandlung. Kommt man zu dem Ergebnis, daß eine Fettsucht als eigene Krankheit vorliegt, dann gelten die unter dem Stichwort Fettsucht für Erwachsene aufgeführten Behandlungsmaßnahmen.

FIEBER

Im Mund gemessene Temperaturen über 37° C gelten bei bettlägerigen Personen, über 37,2–37,5° C bei gerade noch tätig gewesenen Personen als Fieber. Bei Messungen im Darm muß man 0,5–0,8° C hinzurechnen. Mißt man in der Achselhöhle, so ist jede Temperaturmessung über 37° C als erhöhte Körpertemperatur, also als Fieber, anzusehen.

Einem schnelleren Temperaturanstieg geht meist Kältegefühl oder Schüttelfrost voraus. Die häufigste Fieberursache ist ein krankhafter Prozeß, der die normale Wärmeregulation (Wärmeproduktion und Wärmeabgabe) verändert. Das geschieht meist durch Infektionen, aber es können auch Gefäßprozesse, Verletzungen oder Tumoren im Gebiet der temperaturregulierenden Nervenzentren oder der von hier ausgehenden Nervenbahnen als Ursache in Frage kommen. Darüber hinaus gibt es eine ganze Reihe von Prozessen und Krankheiten entzündlicher Natur, die Fieber erzeugen können, wie es auch Medikamente gibt (z. B. Sulfonamide), nach deren Einnahme Fieber entsteht.

Es wird allein aus den aufgezählten Möglichkeiten klar, daß Fieber zunächst einmal nur ein Krankheitszeichen ist, wobei immer wieder erörtert werden muß, ob der Körper die Temperaturerhöhung als Abwehrmaßnahme im Kampf gegen die Krankheit produziert und sie in erträglichem Rahmen toleriert werden muß oder ob das Fieber schädlich wirkt und damit zu bekämpfen ist.

Natürlich wird man zu hohes und damit belastendes Fieber, das ja auch noch einige andere subjektiv unerwünschte Begleiterscheinungen mit sich bringt, wie Kopfschmerzen, Übelkeit, Hitze-Kälte-Gefühl, meist auch Stuhlverhaltung, sofort zu dämpfen versuchen. Es ist aber zu bedenken, daß der ungestörte Fieberverlauf auch ein wichtiges diagnostisches Zeichen für die Erkennung der Krankheit darstellt, weshalb die Temperatur wenigstens zweimal täglich (morgens und nachmittags) gemessen werden sollte. Allein schon die aus den Meßwerten aufzuzeichnende Temperaturkurve kann für die vorliegende Krankheit kennzeichnend sein.

Das Fieber ist erst dann wirklich ursächlich zu bekämpfen, wenn die zugrunde liegende Krankheit erkannt ist. Selbstverständlich ist das nicht allein aus der Temperaturkurve möglich. Der Arzt benötigt dazu noch eine ganze Reihe anderer subjektiver Angaben und objektiver Untersuchungsbefunde, um zu einer Diagnose zu kommen. Nicht selten gibt es längere Zeit ungeklärte Fieberzustände, bei denen alle diagnostischen Möglichkeiten herangezogen werden müssen, um doch noch zu einer Klärung zu kommen.

Daß bei längerer Dauer eines Fieberzustandes das Fieber herabgesetzt werden muß, ist selbstverständlich. Die folgenden Maßnahmen kommen dafür in Frage.

Diät: Bei Fieberzuständen hat sie den Zweck, den Stoffwechsel des Organismus nicht unnötig zu belasten, ihm vielmehr alles das zuzuführen, was ihn in seinem Abwehrkampf unterstützt. Dazu gehört die Entgiftung und Ausschwemmung von Stoffwechselendprodukten und Giften (Bakterientoxine u. a.). Süße Obstsäfte sind wichtig für die Nieren- und Leberfunktion. Frisch gepreßte Obst- und Gemüsesäfte sorgen für die nötigen Vitamine und Mineralien. Der Basenüberschuß neutralisiert die bei Fieber vermehrt auftretenden sauren Stoffwechselprodukte, wirkt entzündungswidrig und abdichtend auf die feinen Haargefäße (Kapillaren). Besonders geeignet sind die frischen Preßsäfte aus Apfelsinen, Zitronen, Pampelmusen, roten und schwarzen Johannisbeeren, Heidelbeeren, Himbeeren, Kirschen, Weintrauben, Äpfeln, Tomaten, Spinat und Möhren. Dazu kommen Haferschleim, Reis- und Hirsebrei, ferner Puddings, Obstsalate und nach Abklingen des Fiebers lacto-vegetabile Normalkost.

Physikalische Maßnahmen: Sie können

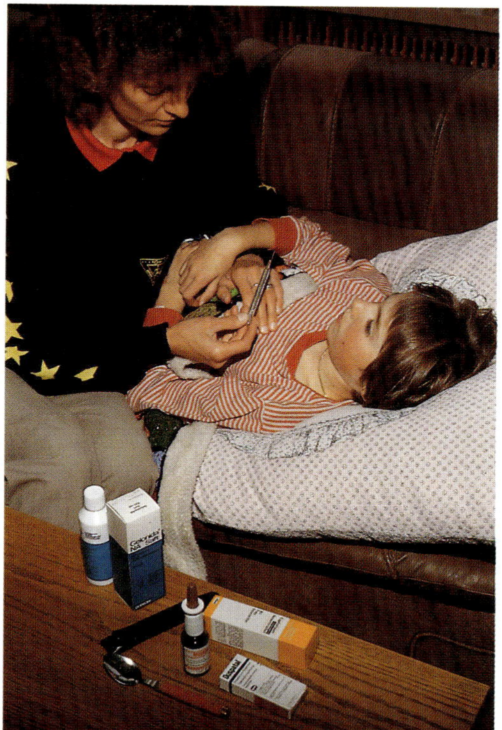

Fieber ist keine Krankheit, sondern ein Krankheitssymptom, ein Zeichen dafür, daß irgendwo im Organismus die Abwehrreaktionen auf „Verteidigung" geschaltet sind.

sehr wesentlich und auf schonende Weise zur Senkung überhöhter Temperaturen beitragen. Dazu kommen in Frage: kalte Kompressen auf die Stirn (wenn nötig auch kurzfristig Eisbeutel), kalte Wadenwickel, die sofort nach Erwärmen erneuert werden müssen (6–8mal), kalte Halb- oder Ganzwickel, heiße Ganzwaschungen, um die Haut von den meist giftigen Ausscheidungen zu reinigen. Nach Abklingen des Fiebers zunächst warme, dann laue, kühle und wechselwarme Waschungen, Trokkenbürsten, Sonnen- bzw. Höhensonnenbestrahlung.

Psychotherapeutische Maßnahmen: Sie haben bei Fieber keinen Sinn. Sorgsame, ruhige Pflege ist bei Infektionskrankheiten immer noch die beste Psychotherapie.

Medikamente: Fiebersenkende Medikamente sollten eigentlich nur dann gegeben werden, wenn die physikalischen bzw. hydrotherapeutischen Maßnahmen nicht ausreichen, was aber in der Regel der Fall sein wird. Als verträglichste fiebersenkende Präparate gelten die Salicylsäure- und Anilinverbindungen oder Kombinationspräparate aus diesen Substanzen, denen meist noch etwas Coffein oder Codein zugesetzt ist.

FINGEREITERUNG

Vereiterte Finger (Panaritien) stellen Entzündungen des Unterhautzellgewebes dar. Meist sind die Fingerkuppen davon betroffen. Die Vereiterungen breiten sich meist in die Tiefe bis auf die Sehnen, Sehnenscheiden, Schleimbeutel und Knochen aus. Dadurch werden sie gefährlich. Sie müssen daher schnell erkannt und behandelt werden. Man erkennt sie an der Rötung, Schwellung, Schmerzhaftigkeit und dem Hitzegefühl. Bald danach tritt Fieber und Eiterbildung auf.

Physikalische Maßnahmen: Ruhigstellung (Schiene) bei feuchten Verbänden (Heilerde), Seifenbäder, Ichthyolsalbenverbände. Wenn nicht baldige Besserung eintritt, muß operative Öffnung des Herdes erfolgen, um dem sich bildenden Eiter Abfluß zu verschaffen.

FISTELN

So heißen Gänge oder Kanäle, die tiefer gelegene Hohlräume mit der Körperoberfläche oder Hohlorgane miteinander verbinden (z. B. Darmfistel, Analfistel, Blasen-Scheiden-Fistel). Fisteln können angeboren sein oder nach Verletzung oder Entzündung entstehen (z. B. Halsfisteln, Nabelfisteln, Harnröhrenfisteln oder Dermoidfisteln als angeborene, Zahn- oder Knochenfisteln als erworbene Fisteln).

Wenn Fisteln nicht durch Spülungen (Kamille, Eichenrinde, Frauenmantel) abheilen, müssen sie operativ entfernt werden.

FURUNKEL

siehe Eiterungen

FUSSLEIDEN

Da die kleineren, aber lästigen und viele Beschwerden verursachenden Fußleiden stark verbreitet sind, sollen sie hier zusammengefaßt abgehandelt werden.

Die bekannteste Fußdeformation ist der **Flachfuß** oder **Plattfuß,** bei dem der innere Fußrand den Boden berührt. Ist das Längs- und Quergewölbe des Fußes abgeflacht und der Fuß nach außen abgeknickt, spricht man meist von einem Platt-Knickfuß oder gar **Plattspreizknickfuß.** Es entstehen dadurch Schmerzen im Längsgewölbe des Fußes, hinter dem Innenknöchel. Sie können bis zur Wade, ins Knie- und Hüftgelenk und auch bis in die Lendengegend (Rückenschmerzen) ausstrahlen. Sie verstärken sich dann durch längeres Gehen oder Stehen. Zur Behandlung benötigt man Einlagen aus Schaumgummi, Metall oder Kunststoff, die die Füße in einer weitgehend normalen Lage halten. Warme oder wechselwarme Fußbäder, auch heiße Salzfußbäder und anschließende Einreibungen oder Massagen mit einem Fußbalsam, das man in der Apotheke oder Drogerie bekommt, verschaffen eine starke Linderung der Beschwerden.

Nach einer gewissen Zeit, in der die Füße entlastet und geschont werden sollen, sind Fußbewegungsübungen und Übungen auf dem Laufbalken angebracht.

Beim **Hohlfuß** findet man ein sehr hohes Längsgewölbe und eine Verhärtung und Versteifung (Kontraktur) in den Zehengrundgelenken. Der Körpergewichtsdruck verlagert sich daher hauptsächlich auf die Mittelfußköpfchen, wodurch der Mittelfuß zu schmerzen beginnt und sich Schwielen unter den Mittelfußköpfchen bilden. Auf die Dauer verkürzt sich auch die Achillessehne, so daß sich das Gewicht noch weiter auf den Vorfuß verlagert. Zur Bekämpfung der Beschwerden muß auf der Innensohle der Schuhe dicht hinter den Mittelfußköpfchen eine Lederpelotte angebracht werden, so daß diese entlastet werden. Auch beim Hohlfuß sind heiße Salzfußbäder, Einreibungen und Massagen erforderlich, damit sich die Kontrakturen lösen. Wenn alle konservativen Mittel erfolglos bleiben, können chirurgische Maßnahmen noch Hilfe bringen.

Der **Fußballen** ist besonders bei Frauen sehr häufig zu finden und wird meist durch das Tragen zu spitzer Schuhe hervorgerufen. Der große Zeh ist dabei meist nicht mehr geradeaus, sondern über die vierte Zehe hinweg nach innen gerichtet, wobei das Großzehen-Mittelfußgelenk stark nach außen vorspringt. Auf Grund des Dauerdrucks entwickelt sich an der vorspringenden Stelle des ersten Mittelfußköpfchens ein Schleimbeutel, der sich immer wieder entzündet und der vereitern kann. Nicht

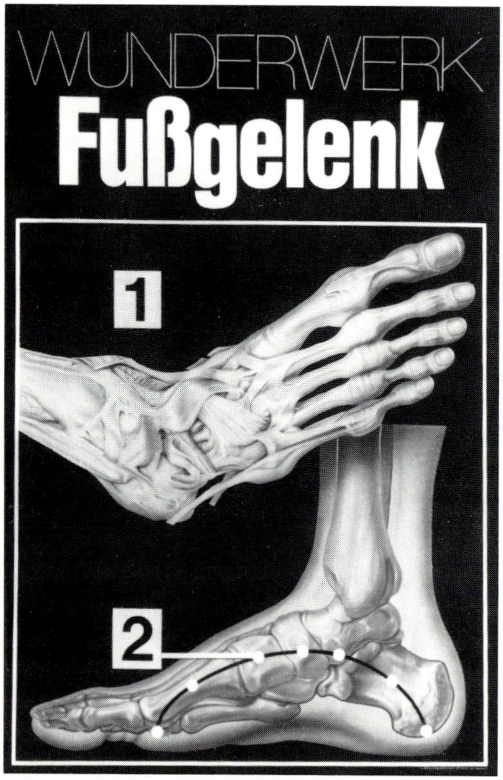

1 = Ein sehr kompliziertes Band- und Sehnensystem verbindet Fußwurzelknochen, Gelenke und Muskeln fest, aber doch beweglich miteinander

2 = Fußwurzel-, Mittelfuß- und Zehenknochen bilden eine tragende, elastische Brückenkonstruktion

selten entsteht als weitere Druckfolge eine Knochenhautentzündung des ersten Mittelfußköpfchens und eine Knochenwucherung. Diese Fehlstellung ruft natürlich starke Schmerzen hervor.

Die Behandlung kann zunächst nur in einer Druckentlastung durch geeignetes (orthopädisches) Schuhwerk geschehen (es muß im Vorfußbereich besonders weit und weich sein). Feuchte Kompressen, Bewegungsübungen, Fußbäder, Massagen und eine orthopädische, in schwereren Fällen auch chirurgische Korrektur der Zehenfehlstellung führen eine Besserung oder sogar Heilung herbei!

Manchmal ist neben ungeeignetem Schuhwerk eine individuelle Veranlagung die Ursache dieser Fußdeformierung. Bei Barfußgängern beobachtet man nur sehr selten einen Großzehenballen. Bei Zivilisationsvölkern ist der Fußballen die häufigste Fußdeformität.

Eine weitere Deformität ist die **Großzehenversteifung,** die durch eine Degeneration des Knorpelgewebes der Gelenke mit nachfolgender Knocheneinlagerung entsteht. Die Bewegungseinschränkung, die das normale Abstoßen beim Gehen unmöglich macht, verursacht starke Schmerzen im Großzehen-Grundgelenk. Das Großzehengelenk wird geschont und die Schmerzen lassen nach, wenn Schuhe mit steifer Sohle getragen werden. Wenn nach außerdem durchgeführten Salhuminbädern, Einreibungen und heißen Kompressen die Beschwerden nicht verschwinden, ist eine operative Behandlung erforderlich.

Die **Hammerzehe,** auch Klauenzehe genannt, entsteht durch Versteifung einer Zehe im Mittel- oder Endgelenk in Beugestellung. Ursache kann zu kurzes oder zu schlecht sitzendes Schuhwerk sein. Es ist aber auch möglich, daß die Hammerzehe angeboren ist. Manchmal bleibt nach einer Erkrankung an Kinderlähmung eine Hammerzehe zurück. Durch Druckwirkung des Schuhs auf das hochstehende Gelenk kommt es hier zu Entzündungen, zu Schwielen- und Hühneraugenbildung. Mit gutsitzendem Schuhwerk, passiven Zehenstreckübungen und Hühneraugenpflastern läßt sich oft eine wesentliche Besserung erzielen. Wenn nicht, muß eine operative Korrektur erfolgen.

Ein Krankheitsbild eigener Art ist der **vordere Mittelfußschmerz.** Durch Absinken des Quergewölbes des Vorfußes tritt eine Mehrbelastung der Köpfchen der drei mittleren Mittelfußknochen auf, wodurch hartnäckige Schmerzen entstehen. Muskel- und Bänderschwäche sowie schlecht passende Schuhe werden als Ursache angesehen. Unter dem Fuß entstehen an den drei Stellen stark druckempfindliche Schwielen.

Durch Fußübungen, insbesondere Greifübungen mit den Zehen, und durch das Anbringen von Filz- oder Gummistützen hinter den Köpfchen der Mittelfußknochen lassen sich die Schmerzen beseitigen. Außerdem kräftigt sich allmählich das Fußgewölbe. Wie bei allen Fußdeformitäten wirken auch hier feuchtwarme Umschläge, Fußbäder, Einreibungen und Massagen heilungsfördernd.

Eine Reihe von Ursachen kann den meist sehr lästigen und hartnäckigen **Fersenschmerz** auslösen. Vielfach besteht eine Knochenhautentzündung oder eine Entzündung der Fußsohlensehnenplatte, besonders wenn die langen Fußsohlensehnen überbeansprucht wurden. Häufig muß auch eine Entzündung des Schleimbeutels, der am Ansatzpunkt der Achillessehne am Fersenbeinhöcker liegt, diagnostiziert werden. Diese Schleimbeutelentzündung tritt meist beim Tragen ungeeigneter und schlecht passender Schuhe auf. Verknöchert der Ansatz der langen Fußsehnen am Fersenbein, so spricht man von einem **Fersensporn,** weil es im Röntgenbild wie ein Sporn aussieht. Auch diese Erscheinung kann den Fersenschmerz auslösen, obwohl manche Orthopäden glauben, daß der Fersensporn nicht schmerzhaft ist, Plattfüße dagegen viel eher dafür verantwortlich zu machen seien.

Bei der Behandlung ist in erster Linie durch passendes Schuhwerk, Korrektur der Plattfüße, vorübergehend höhere Absätze (um die Achillessehne zu entlasten), Filz- und Schaumgummi-Einlagen sowie Gewichtsabnahme bei Übergewicht für eine Entlastung der Bänder und Sehnen zu sorgen. Fußbäder, warme Wickel und Massage bilden eine sehr wirksame und not-

Wechselfußbäder erhöhen die Durchblutung

wendige Unterstützung der orthopädischen Maßnahmen. Wenn sich der Schmerz dadurch nicht beseitigen läßt, kann durch eine Hydrocortison-Injektion Schmerzfreiheit erzielt werden.

Durch dauerndes Tragen von Schuhen mit hohen Absätzen kann es zur Verkürzung und Verhärtung der Achillessehne kommen. Man spricht dann von einer **Achillessehnenkontraktur.** Die Sehnenverkürzung schwächt den Fuß und schränkt die Hebung des Fußes im oberen Sprunggelenk ein. Die Folgen sind Schmerzen im Mittelfuß, am Längsgewölbe und in der Wade. In diesem Falle tritt durch Barfußgehen und Tragen absatzloser Schuhe eine Verschlimmerung ein. Nervenstörungen (Kinderlähmung) und Muskelerkrankungen können ebenfalls Ursache der Sehnenverkürzung sein.

In vielen Fällen genügen zur Behandlung Unterschenkeldampfbäder, Bewegungs- und Dehnungsübungen. In schweren Fällen kann man die Sehne operativ verlängern.

Warzen an der Fußsohle werden als eine Virusinfektion (durch feuchtes Holz z. B. in Badeanstalten) angesehen. Die Warzen finden sich vorwiegend in der Umgebung der Mittelfußköpfchen und überragen meist nicht die Hautoberfläche. Schmerzen entstehen durch Druck auf die Warzen. Die befallenen Stellen müssen möglichst vom Druck entlastet werden. Fußbäder morgens und abends mit anschließendem Einpudern sind wichtig. Starke Schwielen müssen ausgeschnitten und die Warzen mit Ätzmitteln (Salicylsäure, Salpeter- oder Trichloressigsäure) behandelt werden. In hartnäckigen Fällen chirurgische Behandlung.

Schwielen stellen Verdickungen der Hornhaut dar, die durch vermehrte Druckbelastung bei zu hohem Körpergewicht besonders an den beiden Hauptbelastungspunkten des Vorfußes auftreten (Köpfchen des ersten und fünften Mittelfußknochens). Frauen, die hauptsächlich Schuhe mit hohen Absätzen tragen, haben besonders darunter zu leiden, da die Schwielenbildung Schmerzen verursacht. Die erhöhte Druckbelastung kann bei Diabetikern auch zu wunden Stellen (Geschwüren) führen, weil die Durchblutung der Fußsohlen gestört ist. Fußschwielen und Fußgeschwüre bedürfen oft einer längeren Behandlung mit Bädern und erweichenden oder heilenden Pflastern. Durch unsachgemäßes Herausschneiden können später größere Narben und Schwielen entstehen, die erhebliche Schmerzen verursachen.

Die bekannten **Hühneraugen** sind Hornhautwucherungen auf der Oberseite der Zehen. Sie werden mit Spezialpflastern oder -tinkturen behandelt und gegebenenfalls ausgeschält.

Die schwerste Fußdeformität ist wohl der **Klumpfuß.** Dabei besteht eine Beugung und Einwärtshebung des Rückfußes bei gleichzeitiger Hebung des Vorfußes. Die Erkrankung ist meist angeboren, kann aber durch Nerven- und Muskelerkrankungen auch erworben werden. Sie tritt bei Knaben häufiger auf als bei Mädchen. Die Behandlung muß zum frühestmöglichen Zeitpunkt erfolgen. Sie besteht in einer Ruhigstellung im Gipsverband, damit sich die Fußstellung langsam normalisiert, bevor das Kind anfängt zu laufen.

G

GALLENBLASENENTZÜNDUNG · GALLENGANGSENTZÜNDUNG

Die Entzündung der Gallenblase (Cholezystitis) mit oder ohne Entzündung der Gallenwege betrifft Frauen viel häufiger als Männer. Die Erkrankung wird vorwiegend durch Bakterien (Streptokokken oder Colibakterien) verursacht. Manchmal sind auch entzündliche Erkrankungen beteiligt, die sich in der unmittelbaren Umgebung der Gallenblase abspielen. Gallensteine können die Folge oder später auch die erneute Ursache einer Gallenblasenentzündung sein. Das Gallengangssystem kann sowohl bei Infektionen, die aus dem Darm aufsteigen, als auch bei solchen, die aus der Gallenblase oder der Leber absteigen, miterkranken (Cholangitis).

Die Zeichen einer *akuten* Gallenblasenentzündung sind Schmerzen in der Gallenblasengegend, unregelmäßig oder periodisch auftretendes Fieber, Übelkeit und galliges Erbrechen. Bei der ärztlichen Untersuchung ergibt sich ein erheblicher Druckschmerz an der Gallenblase. Wenn sie tastbar ist, muß man auch an Gallensteine (siehe unter Gallensteinleiden) oder an eine Vereiterung der Gallenblase (Empyem) denken.

Laboruntersuchungen ergeben eine Erhöhung der Zahl der weißen Blutkörperchen und eine starke Beschleunigung der Blutsenkung. Bei der Röntgenuntersuchung läßt sich die Gallenblase meist nicht darstellen (negatives Cholezystogramm).

Die *chronische* Gallenblasenentzündung verursacht gewöhnlich nur geringe Beschwerden. Aber auch hier sind Gallensteine, immer wieder auftretende Gallengangs- und Bauchspeicheldrüsenentzündungen die Ursache oder die Folge. Die nach längerer oder kürzerer Zeit fast immer notwendig werdende Operation ergibt oft eine völlig funktionsuntüchtige kleine „Schrumpfgallenblase".

Neben den Gallengangsentzündungen akuter wie chronischer Art besteht in der Mehrzahl der Fälle auch eine Gallenblasenentzündung. Die Entzündung kann auf die Leber übergreifen.

Diät (bei akuter Entzündung): Am besten zunächst 1–2 Tage fasten. Vorsichtige Flüssigkeitszufuhr (in schweren Fällen durch Infusionen) ist erforderlich. Nach den Fastentagen verdünnte Säfte, Tee (Kamille, Pfefferminze), Schleimsuppen, Zwieback und Kompott. Später lacto-vegetabile Kost (vegetarische Kost unter Einschluß von Milch). Bohnenkaffee, Alkohol, kalte Getränke und starke Gewürze sind völlig zu meiden. Als Fett vorerst nur Pflanzenmargarine und kaltgeschlagene Öle.

Physikalische Maßnahmen: Wärmeanwendungen sind bei fieberhafter Gallenblasen- und Gallengangsentzündung nicht angebracht, unter Umständen sogar schädlich. Nach den Erfahrungen von *Scholtz* kommen nur *Kurzwellenbehandlungen* mit großem Elektroden-Haut-Abstand (etwa 15 Zentimeter) in Frage, wobei der Patient nur ganz wenig Wärme spüren darf (täglich 10–15 Minuten). Dadurch soll eine Vereiterung der Gallenblase verhindert werden. Diese Behandlung gilt auch für Fälle, bei denen die Bauchspeicheldrüse mitbeteiligt ist. Nach Abklingen des Fiebers und der akuten Erscheinungen kommen feuchtwarme *Kompressen* und *Lendenwickel* in Frage, bei chronischen Zuständen auch heiße Kompressen und Heusäcke.

Psychotherapeutische Maßnahmen: Bei Zuständen von Übererregung lassen sich Maßnahmen zur Entspannung und Beruhigung durchführen.

Medikamente: Ihre Anwendung richtet sich nach dem Einzelfall, sie sind also ärztlich zu verordnen. In Frage kommen

Gallensteine

ein häufiges Leiden

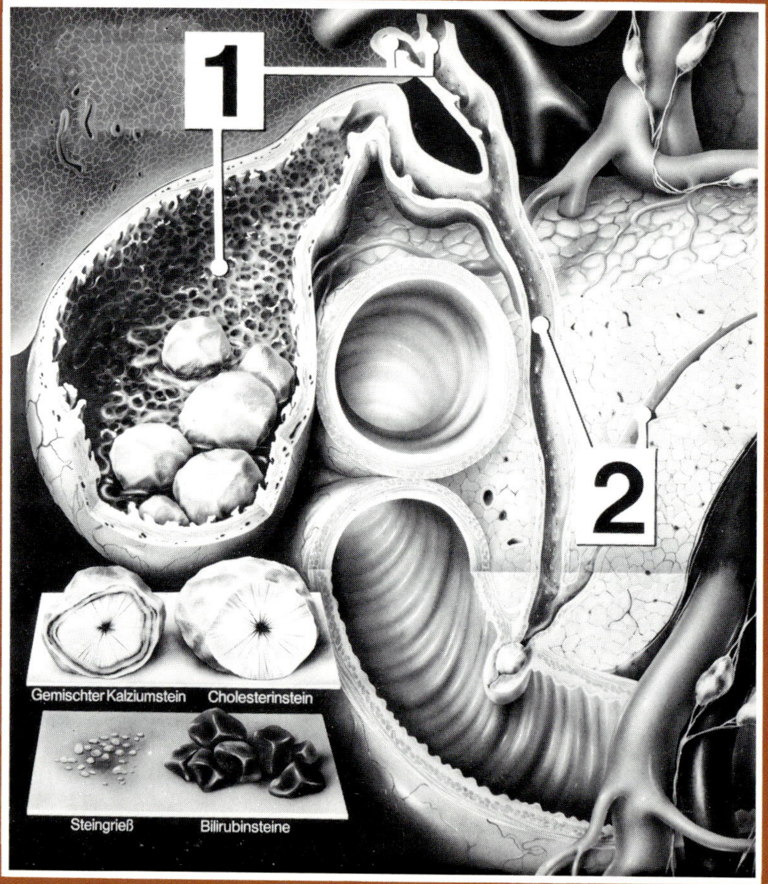

1 = Galle aus der Leber wird in der Gallenblase eingedickt. Hier bilden sich auch Gallensteine

2 = Im gemeinsamen Endteil von Gallengang und Bauchspeicheldrüse eingeklemmter Stein

Wegwarte

Erdrauch

Löwenzahn

Diese Pflanzen wirken lindernd bei Gallensteinleiden und Gallenkoliken, außerdem fördern sie den Gallenfluß.

schmerzlindernde und krampflösende Mittel sowie Antibiotika zur Bekämpfung des Infektes. Gallentreibende Mittel sind anfangs nicht angebracht, weil sie die Gallenwege zu stark reizen. Später läßt man täglich morgens nüchtern 1 Glas lauwarme 4%ige Magnesiumsulfatlösung trinken, damit die Gallengänge gereinigt und der Stuhlgang gefördert werden.

GALLENSTEINLEIDEN · GALLENKOLIKEN

Die meisten Beschwerden in der Gallenblasengegend (im rechten Oberbauch) werden durch Gallensteine verursacht. Die Beschwerden sind nach Stärke und Ausmaß natürlich recht verschieden, je nachdem, ob ein Stein eingeklemmt ist, ob die Leber durch Gallenstauung oder eine Entzündung der Gallengänge beteiligt ist, ob außer der Steinbildung eine mehr oder weniger akute Entzündung der Gallenblase vorliegt oder etwa die Entzündung auf die benachbarte Bauchspeicheldrüse übergreift.

Bei *Gallenkoliken* steht zunächst die Schmerzbekämpfung völlig im Vordergrund. Bei sehr starken Schmerzen wird sich der herbeizurufende Arzt in der Regel genötigt sehen, ein stärkeres krampflösendes Mittel zu injizieren.

Diät: Sie besteht während des akuten Anfalls nur aus Teefasten mit heißem Kamillen- und Pfefferminztee. Wenn der Anfall abgeklungen ist, geht man über Suppen, Wasser- und Milchspeisen langsam auf eine Leber-Gallen-Diät über.

Nach den Erfahrungen von Dr. med. et phil. *Eugen Heun* können sich auch die Schleimhäute des Gallensystems regenerieren, wenn eine *Saftfastenkur* von vier- bis sechswöchiger Dauer durchgeführt wird. Während dieser Zeit werden unter ärztlicher Kontrolle nur Gemüse- und Obstsäfte (bevorzugt Löwenzahn- und Rettichsaft, Möhrensaft und Saft der Zitrusfrüchte) gegeben. Nach *Heun* kann dadurch eine erhebliche Besserung der Beschwerden erreicht werden; gelegentlich gehen sogar Gallensteine ab oder lösen sich auf. Zuweilen wird dadurch eine Operation überflüssig.

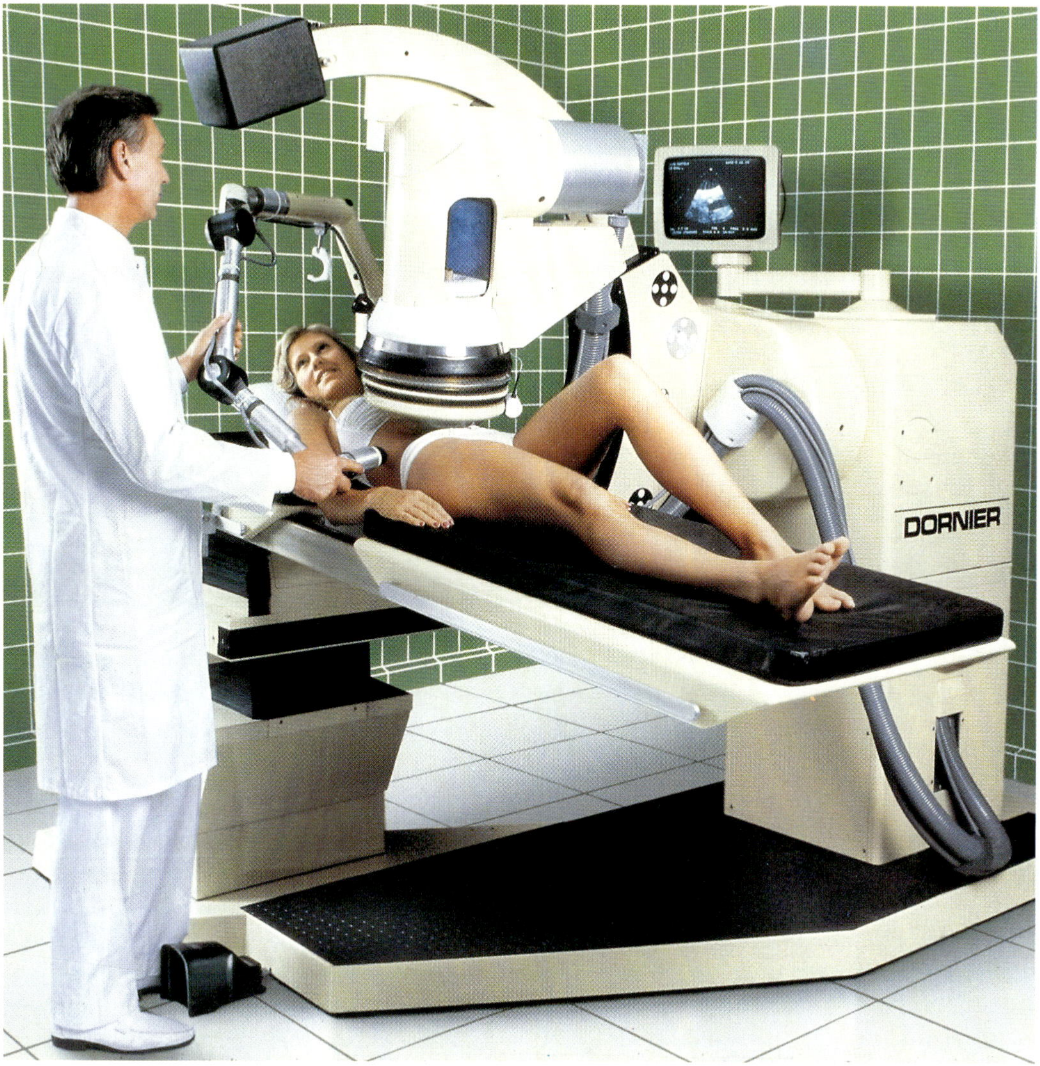

Mit Hilfe dieses Gallenstein-Lithotripters können Gallensteine geortet und mittels Stoßwellen unblutig zerkleinert werden. Computergesteuert wird der Patient in die richtige Lage gebracht („positioniert"). Die Behandlung dauert nur etwa eine halbe Stunde und ist nahezu schmerzlos. Die Trümmerreste gehen auf natürlichem Wege über den Darm ab. Durch den verkürzten Aufenthalt im Krankenhaus reduzieren sich nicht nur die Kosten der Behandlung, sondern auch die Arbeitsausfallzeiten des Patienten. Diese Methode bedeutet auch weniger Narben, weniger Infektionsrisiko und weniger Wundheilrisiko.

Physikalische Maßnahmen: Häufig läßt sich eine beginnende Kolik auch durch ein ansteigendes Sitz- oder Halbbad mit anschließendem heißen Leibwickel, durch hohe heiße Darmeinläufe (37–39° C) und durch das Trinken von heißem Kamillentee überwinden.

Durch diese Anwendungen werden Gallengänge und Gallenblase entkrampft, so daß eher die Möglichkeit zum Abgang oder zum Rückgang des Gallensteins in die Gallenblase gegeben ist. In der anfallsfreien Zeit lassen sich kleinere Steine auch mit Darmbädern (subaquale Darmbäder) austreiben. Nützliche Maßnahmen sind ferner: Lendenwickel, Oberbauchkompressen, Heublumensack.

Medikamente: Sie sind oft zur weiteren Unterstützung notwendig. Es kommen Karlsbader Salz in heißem Wasser gelöst und Zwölffingerdarmspülungen mit Magnesiumsulfatlösung, Rettichsaft und Zubereitungen gallentreibender Heilpflanzen, wie zum Beispiel Erdrauch, Löwenzahn, Mariendistel, Schöllkraut und Wegwarte, in Frage.

Eine *jahrelange* medikamentöse und diätetische Behandlung des Gallensteinleidens ist jedoch nicht zu empfehlen.

Wenn mit Diät und Medikamenten keine Heilung erzielt wird, sollte so früh wie möglich mit Hilfe der „extrakorporalen Lithotripsie" (so der Fachausdruck) die Zertrümmerung der Gallensteine versucht werden.

Nachdem nach dem gleichen Verfahren vier Fünftel aller Nierenbecken- bzw. Harnleitersteine zertrümmert werden, können mittels Stoßwellen auch schon etwa 30 Prozent aller Gallensteine zerkleinert werden. Natürlich ist die Lithotripsie abhängig von der Anatomie der Gallenblase, von der unterschiedlichen Zusammensetzung der Steine und von deren Größe.

Diesem unblutigen Verfahren zur Gallensteinbeseitigung ohne Operation und Narkose gehört zweifellos die Zukunft.

GEBÄRMUTTERKRÄMPFE

siehe Dysmenorrhoe

GEHIRNGEFÄSSVERKALKUNG

In der zweiten Lebenshälfte ist der Mensch besonders durch die fortschreitende Verkalkung seiner Gehirngefäße bedroht (Zerebralsklerose), die sehr bald zum beschleunigten Absterben von Nervenzellen (Gehirnzellen) führt. Man muß daher auf die Frühsymptome achten: Benommenheit, Flimmern vor den Augen, Ohnmachtsanfälle, Kopfschmerzen (auch nachts), Konzentrationsschwäche, Gedächtnisschwäche, Nachlassen der geistigen Wendigkeit, Schlafstörungen. Meist bestehen keine wesentlichen Einschlafstörungen. Der Schlaf erreicht auch zunächst die nötige Schlaftiefe, nach wenigen Stunden aber wird der Schlaf flach, und auf geringe äußere oder innere Reize kommt es schon zum Erwachen.

Zu den Schlafstörungen gesellen sich häufig auch seelische Störungen mit Übererregbarkeit, Unduldsamkeit oder depressiven Verstimmungen. Nicht selten geht die Gehirngefäßverkalkung auch mit einem hohen Blutdruck einher, der dann eine besondere Gefahr bedeutet. Die Behandlung muß so früh wie möglich einsetzen.

Diät: Salzarme, lacto-vegetabile Kost.

Physikalische Maßnahmen: Viel körperliche Bewegung, Kneippkuren, Badekuren (z. B. in Badenweiler, Kissingen, Nauheim, Meinberg, Oeynhausen, Pyrmont, Salzuflen, Tölz, Wiessee), Ballspiele, wenn möglich Schwimmen.

Psychotherapeutische Maßnahmen: Klärung von Konfliktsituationen (Ehe, Familie, Beruf, soziale Lage, religiöser Standpunkt), Entspannungsübungen.

Medikamente: Blutdrucksenkende Medikamente bei erhöhtem Blutdruck, herzstärkende Mittel nach ärztlicher Entscheidung (Fingerhut-, Maiglöckchen-, Meerzwiebelpräparate), hirngefäßerweiternde Mittel (Tebonin, Hydergin), Mittel, die den Blutrücklauf begünstigen (Roßkastanienextrakte).

GELENKENTZÜNDUNG

siehe Rheumatismus

GELENKRHEUMATISMUS

siehe Rheumatismus

GESICHTSNERVENLÄHMUNG

Der deutsche Krankheitsname „Gesichtsnervenlähmung" wird besser durch die Bezeichnung „Facialislähmung" (Facialisparese) ergänzt, weil sonst eine Verwechslung mit dem anderen großen Gesichtsnerv, dem Trigeminus, möglich ist. Bei diesem Nerv redet man meist auch von Gesichtsnerven- oder auch nur von Gesichtsneuralgie.

Die von den Amerikanern auch *Bellsche Lähmung* genannte Krankheit ist in ihren ersten Ursachen noch ungeklärt. Man hält sie oft für rheumatisch bedingt, obwohl mit antirheumatischen Mitteln in der Regel keine Erfolge zu erzielen sind. Wahrscheinlich tritt die Lähmung nach einem Durchblutungsmangel infolge eines Krampfes der die Nerven ernährenden Gefäße auf. Der Krampf kann durch Kälte oder Zugluft hervorgerufen werden. Durch die dem Krampf folgende Schwellung des Nervs wird er in seiner Scheide eingeklemmt und damit schwer bedrängt.

Die heute übliche Behandlung besteht in gefäßerweiternden Medikamenten (Nikotinsäurepräparate), Vitamin B_{12} und Diathermie (Wärmebehandlung). Als letzte Maßnahme kann operativ durch Öffnen der Nervenscheide der Nerv wieder befreit werden. Es läßt sich aber nur schwer sagen, wie lange man bis zur Operation warten darf. Manche Fachleute glauben, daß es nach acht Wochen bereits zu spät sein kann und nur noch eine Defektheilung möglich ist.

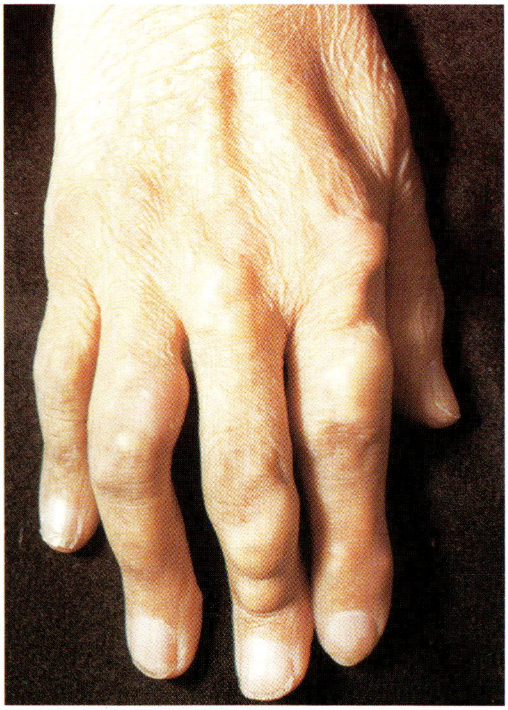

Gicht ist eine Störung des Harnsäurestoffwechsels. Bei einer bestimmten Höhe des Harnsäurespiegels kommt es zur Bildung von Harnsäurekristallen im Gewebe. Sie führen zu einer höchst schmerzhaften Entzündung. Am häufigsten befallen sind die Gelenke. Sie schwellen an, sind gerötet und fühlen sich warm an. Wiederholte Gichtanfälle können im Laufe der Zeit das Gelenk zerstören. Unser Bild zeigt ausgedehnte typische Gichtknoten an den Fingern.

GICHT

Die Gicht (Arthritis urica) ist eine erblich bedingte Stoffwechselkrankheit, bei der ein krankmachendes Mißverhältnis zwischen Harnsäurebildung und Harnsäureausscheidung besteht. Die Gichtanlage wird erst durch eine Reihe von auslösenden Umweltfaktoren zur Gichtkrankheit. Die auslösenden Ursachen sind eine vermehrte Zufuhr von harnsäurebildenden Nahrungsmitteln (z. B. Fleisch, Fisch, Hülsenfrüchte, Kohl und Spargel, Alkoholgenuß) und eine Schädigung der Nieren, wodurch die Harnsäureausscheidung gehemmt ist.

Die krankhafte Erhöhung des Harnsäurespiegels im Blut (über 7 mg %) und in den Körpersäften führt zu einer Ablagerung von harnsauren Salzen in den verschiedenen Körpergeweben, besonders in den

Aus der Herbstzeitlose werden die bei akuten Gichtanfällen hochwirksamen Colchizinpräparate hergestellt.

Gelenken. Die Ablagerung beginnt meist in einem Großzehengelenk (Podagra) und greift dann auch auf andere Gelenke, auf Schleimbeutel, Sehnenscheiden und Nieren über.

Die Gicht kann symptomlos verlaufen, wobei nur ein familiär bedingter hoher Harnsäurespiegel im Blut besteht. Es kann ein akuter Gichtanfall mit starken Schmerzen in den betroffenen Gelenken auftreten, oder es kann sich die Gicht in chronischer Form in vielen Gelenken entwickeln, wobei die Gelenke nicht mehr schmerzfrei, sondern steif, geschwollen und oft deformiert sind.

Diät: Notwendig ist eine harnsäurearme und im ganzen relativ eiweißarme Kost (Gicht-Diät). Der größte Teil der Kost muß dabei aus Milch und Milchprodukten, Früchten und Gemüsen bestehen.

Physikalische Maßnahmen: Heilerde- und Dampfkompressen, ansteigende Teilbäder, römisch-irische Bäder, Sauna und Überwärmungsbäder.

Psychotherapeutische Maßnahmen: Entspannungsübungen.

Medikamente: Am wirksamsten sind Colchizin-Präparate (Herbstzeitlose), die in mehrfacher Form für die akute Gicht zur Verfügung stehen (Pillen, Tropfen, Pulver und Ampullen). Die eigentlichen modernen harnsäureausscheidenden Mittel wirken besser bei der chronischen Gicht, zum Beispiel Anturano. Ein anderes Mittel, Zyloric (Allopurinol), hemmt die Harnsäurebildung und senkt so den Harnsäurespiegel im Blut, ein weiteres – Uralyt-U – sorgt für vermehrte Ausschwemmung und Alkalisierung des Harns.

Es ist besonders auf die Nieren zu achten, da durch Ausfall der Harnsäure in den ableitenden Harnwegen Nierensteine entstehen können.

GRIPPE *(Influenza)*

Die echte Grippe wird durch Viren hervorgerufen. Alle paar Jahre tritt sie epidemisch auf. Von den in der kälteren Jahreszeit auftretenden „grippalen Infekten" werden kaum die Hälfte in ihrer wirklichen Ursache aufgeklärt. So läuft manche einfache „Erkältungskrankheit" als Grippe, und manche echte Grippe wird gar nicht oder erst später als solche erkannt. Die Schwierigkeit einer exakten Diagnose liegt nicht nur in der Vielzahl der Beschwerden und Befunde, sondern auch in der Tatsache, daß wir ungefähr 150 Erreger für Infektionen der Atmungsorgane kennen. In der Mehrzahl sind es allerdings Grippeviren mit ihren verschiedenen Typen und Abwandlungen. Ungefähr alle sieben bis zehn Jahre bilden sich völlig neue Varianten heraus.

Die echte Grippe muß ernst genommen werden, da sie nicht selten tödlich verläuft. Sie beginnt meist plötzlich mit Kopf- und Gliederschmerzen, schwerem Krankheitsgefühl und Fieber, häufig auch mit Schüttelfrost. Der Puls bleibt in der Regel langsamer, als bei Fieber zu erwarten wäre. Bei einem unkomplizierten Verlauf fällt das Fieber am dritten Tag langsam oder ziemlich rasch (kritisch) ab, wobei dann die Gefahr eines Kreislaufkollapses besteht.

Außer den beschriebenen Beschwerden können auch auftreten: Husten, Schnupfen, Halsschmerzen, Schmerzen unter dem Brustbein, Nasenbluten, Erbrechen, trokkener Rachen- und Bronchialkatarrh, feuchter Bronchialkatarrh und in etwa einem Viertel aller Fälle eine herdförmige Lungenentzündung.

Neben dem erwähnten Kreislaufkollaps bei plötzlichem Temperaturabfall sind weitere Komplikationen zu befürchten, nämlich Lungenentzündung und Lungenabszeß (worauf besonders zu achten ist, wenn Schüttelfrost auftritt), selten Herzmuskelentzündung (Myocarditis) und schließlich als schwerste Komplikation eine Gehirnentzündung (Enzephalitis).

Eine Besonderheit ist auch der gar nicht seltene Verlust des Riechvermögens nach Grippe.

Inhalationen mit Emser Salz

Die Behandlung muß sehr vielseitig sein, da es eine echte ursächliche Behandlung nicht gibt.

Diät: Reichlich frische Obstsäfte vornehmlich mit hohem Vitamin-C-Gehalt, also Zitronen-, Apfelsinen-, Grapefruit-, Sanddorn-, Acerolakirsch- und Hagebuttensaft. Sonst leichte Kost, solange Fieber besteht.

Physikalische Maßnahmen: Bettruhe ist selbstverständlich. *Schwitzprozeduren* sind bei leichteren Erkrankungen besonders im Beginn sehr häufig in der Lage, die Krankheit schnell zu beenden. Am einfachsten ist das trockene Einpacken im Bett, dazu Wärmflasche einlegen oder Lichtkasten verwenden. Viel heißen Tee (Bronchialtee, Lindenblütentee) trinken. Stärker und schneller wirksam ist ein heißes ansteigendes Halbbad, anschließende Trockenpakkung und Trinken heißen Tees. Ein bis eineinhalb Stunden nach Schweißausbruch wird trockengerieben und ein kühler Lendenwickel angelegt. Wiederholung der Maßnahme an den beiden folgenden Tagen, wenn nicht Kreislaufschäden, höhere Temperaturen oder eine Lungenentzündung eintreten.

Bei schweren Grippeerkrankungen sind wegen einer zu befürchtenden Kreislaufschwäche Schwitzprozeduren zu unterlassen. Bei Schmerzen unter dem Brustbein können *Dampfkompressen* sehr wirksam und wohltuend sein, außerdem kommen auch feuchte Brust- und Halswickel in Frage. Inhalationen mit Emser Salz bessern die Bronchitis.

Medikamente: Medikamente, die die allgemeine Abwehrfähigkeit steigern, und Präparate mit einem hohen Vitamin-C-Anteil sind angebracht, z. B. Esberitox, Echinacin, Cebion, Cedoxon, Cal-C-Vita und Macalvit. Je nach Lage des Falles muß der Arzt zusätzlich Mittel gegen Husten, Schmerzen, Fieber und Kreislaufschwäche oder gar Antibiotika einsetzen, wenn es zur Lungenentzündung kommt.

Schwitzprozeduren sind am Beginn der Erkrankung häufig noch in der Lage, sie schnell zu beenden.

H

HAARAUSFALL

Haarschäden treten entweder am Haarschaft oder an der Haarwurzel auf. Schäden am Haarschaft sind sehr häufig die Folge von kosmetischen Maßnahmen zur Pflege des Haares. An der Universitätsklinik in Köln beobachtete man solche Schäden bei 85% aller Frauen und 9% aller Männer in Form von Längsspaltungen der Haare und von grauweißen, knotigen Anschwellungen des Haarschaftes (Trichorrhexis nodosa), an denen das Haar häufig knickt oder bricht. Durch Dauerwellenflüssigkeit hervorgerufene Veränderungen der Haarstruktur sind nicht rückgängig zu machen und können auch nicht behandelt werden. Da die Haarwurzel aber davon nicht betroffen wird, wächst normales Haar nach.

Bildet sich nach Dauerwellen ein Kontaktekzem auf der Kopfhaut, so folgt ein echter symptomatischer Haarausfall.

Pilzinfektionen (Mikrosporie und Trichophytie) sind Erkrankungen der Haarschäfte. An den mehr oder weniger kahlen Stellen findet man meist noch von Pilzsporen und Pilzgeflechten durchsetzte Haarstümpfe. Mit modernen pilzhemmenden Mitteln läßt sich diese Infektion erfolgreich behandeln.

Zu straffe Frisuren, die einen dauernden Zug an den Haaren ausüben, können nach einiger Zeit einen Schwund der Haarpapillen hervorrufen und daher zu Haarausfall führen, der nicht mehr behandelt werden kann.

Für den allgemeinen (diffusen) Haarausfall gibt es eine ganze Reihe von Ursachen:

1. Erkrankungen der Kopfhaut, Kontaktekzem, seborrhoisches Ekzem, Erythrodermie, Lues.
2. Allgemeinerkrankungen: Infektionskrankheiten, Anämie, Dermatomyositis, Diabetes, bösartige Tumoren, Operationen, Unfälle und Schockzustände.
3. Hormondrüsenstörungen: Über- oder Unterfunktion der Schilddrüse, Unterfunktion der Hirnanhangsdrüse, Nachgeburtsperiode und Eierstockserkrankungen.
4. Vergiftungen mit gerinnungshemmenden und zellwachstumshemmenden Substanzen, Mitteln zur Schwangerschaftsverhütung, männlichen Geschlechtshormonen (Androgenen), sogenannten Aufbaumitteln (Anabolika), Thallium und Pflanzengiften.

Wenn die den symptomatischen Haarausfall bedingenden Erkrankungen oder Vergiftungen wegfallen, wächst meist das Haar wieder normal nach.

Beim *diffusen weiblichen Haarausfall* besonders in und nach der Schwangerschaft findet man als Ursache häufig einen *Eisenmangel* im Blutserum. Rein subjektive Beschwerden, wie Schwächegefühl, Herzklopfen, Kribbeln in den Fingern, Kopfschmerzen und Schwindel, können schon darauf hinweisen. Meist ist der Eisenverlust mit einer *Anämie* verbunden. Bei Eisenverlust ohne Anämie finden sich in der Regel andere Erscheinungen, nämlich Abflachung der Mundschleimhaut, Brennen auf der Zunge, Faulecken am Mund, Einrisse und Schuppung an den Fingerspitzen, Müdigkeit, pelzige Haut (Parästhesien) und Brennen an der Scheide.

Beim *fleckförmigen Haarausfall* hat sich bisher am meisten eine medikamentöse Behandlung mit Glucocorticoiden (Prednison) bewährt. Die Behandlung muß aber wegen der anfangs hohen Dosierung ärztlich verordnet und überwacht und so lange fortgesetzt werden, bis der Organismus die Krankheit, deren eigentliche Ursache unbekannt ist, überwunden hat.

Bei männlichen Glatzenträgern ist die Behandlung am schwierigsten, doch konn-

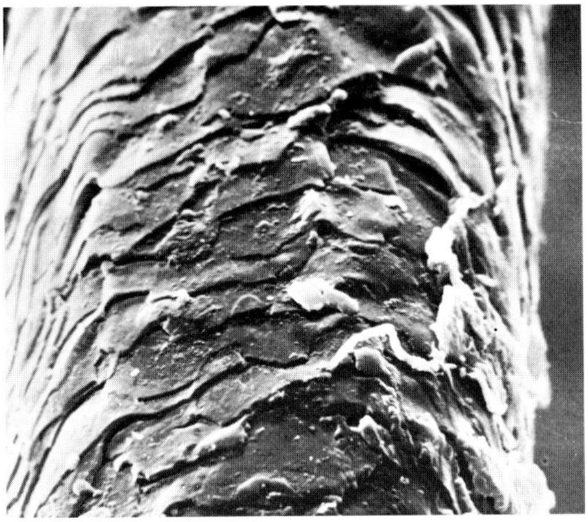

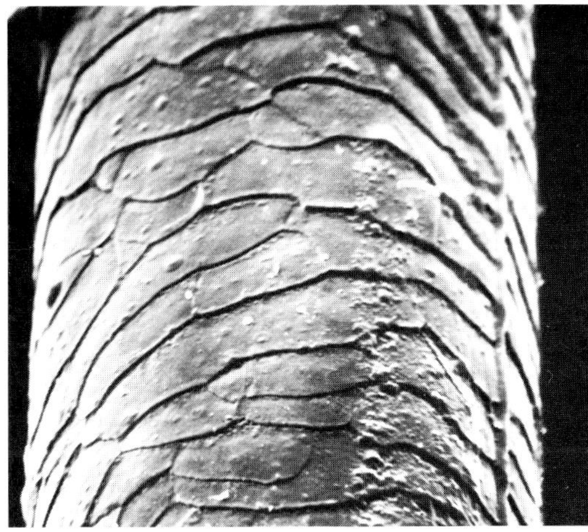

Haarschäden in der Vergrößerung. Links ein kosmetisch (durch Bleichen und Dauerwellen) geschädigtes Frauenhaar. Die Deckplättchensäume sind zerstört und die Cuticula-Zellen (Cuticula = Hornplättchen) zum Teil von ihrer Unterlage abgelöst, so daß ein unregelmäßiges Muster entsteht (Vergrößerung: 1 : 1050).

Rechts: Gesundes Kopfhaar eines Mannes, unterer Anteil. Die einzelnen Deckzellenränder sind dachziegelartig übereinander angeordnet und lassen ein regelmäßiges Cuticula-Muster erkennen (Vergrößerung: 1 : 1200).

ten bei erhalten gebliebenen Haarwurzeln durch eine einprozentige Testosteronsalbe die Haarfollikel wieder zum Haarwachstum angeregt werden. Die Behandlung ist jedoch nicht frei von Nebenwirkungen (z. B. Prostatahypertrophie).

Neben den bereits genannten Maßnahmen sind noch die folgenden von Wichtigkeit und auch im Einzelfall nach der Entscheidung des Arztes anzuwenden:

Diät: Lacto-vegetabile Vollkost.

Physikalische Maßnahmen: UV-Bestrahlungen, Kopfmassage (Bindegewebsmassage), Kopfwaschen zweimal wöchentlich mit Dermowas, allabendliche Einreibung mit Alpicort-F.

Psychotherapeutische Maßnahmen: Entspannungsübungen.

Medikamente: Eisenpräparate, Vitamin-A-Präparate, Vitamin D (Dosierung ärztlich festlegen).

HÄMORRHOIDEN

Hämorrhoiden sind ein sehr verbreitetes Leiden. Etwa 30% aller Erwachsenen haben damit zu tun. Die Erkrankung äußert sich in Schmerzen, unerträglichem Juckreiz, Schleimabsonderung, zuweilen auch in Entzündungen und Blutungen. Durch die längere Anwendung von Hämorrhoidalsalben oder -zäpfchen kann ein Analekzem entstehen. Es ist ein kontakt-allergisches Ekzem, das entsteht und unterhalten wird, wenn die verwendeten Mittel Anaesthesin, Perubalsam oder Neomycin enthalten. Das chronische Analekzem tritt oft als Folge innerer Hämorrhoiden auf, die dann verödet oder sklerosiert (verhärtet) werden müssen.

Diät: Lacto-vegetabile Kost mit Rohkost, Vollkornbrot und Sauermilchprodukten.

Physikalische Maßnahmen: Kühle Sitzbäder von 30 bis 20° C und 3–5 Minuten Dauer, Kamillensitzdampfbad mit anschließendem kalten T-Wickel (öfters wechseln!), Becken- und Beinbewegungs-

Linderung bringt bei schmerzhaften Hämorrhoiden ein spezielles Sitzkissen.

übungen im Liegen, Trockenbürsten mit Wechselgüssen, Schwimmen.

Psychotherapeutische Maßnahmen: Entspannungsübungen.

Medikamente: H-Tüchlein (Hämorrhoiden-Feuchttüchlein „Hämolind"). Sie beseitigen den Juckreiz und fördern das Abklingen des Analekzems. Ferner sind folgende Salben und Zäpfchen geeignet: Ultraproct, Scheriproct, Procto-Kaban, Procto-Jellin und Anacal.

In schwereren Fällen ist Verödung oder operative Beseitigung angezeigt.

HALSWIRBELSÄULENSYNDROM

(Halswirbelsäulenschmerz)

Bei den heute häufig durchgeführten „Einrenkungs"-Maßnahmen an der Halswirbelsäule kann die Blutzirkulation der die Halswirbelsäule versorgenden Arterie (Arteria vertebralis) beeinträchtigt werden. Es sind dadurch bleibende Schäden am Gehirn infolge einer mangelnden Blutversorgung möglich.

Man muß zunächst versuchen, mit anderen physikalischen Maßnahmen auszukommen, wie flache Lagerung, heiße Nakkenkompressen, Schwimmen im Thermalbad. Eine ergänzende medikamentöse Behandlung ist meist erforderlich mit Mitteln, die schmerzhemmend, abschwellend und entzündungswidrig wirken. Niemals ohne ärztliche Verordnung handeln!

HALTUNGSSCHWÄCHE

Das moderne Zivilisationsdasein hat zwangsläufig zu einer beträchtlichen Bewegungsarmut geführt, so daß die Funktionen der Bewegungsorgane ungenügend beansprucht werden und Haltungsschwäche und Haltungsanomalien immer häufiger werden. Die Folgen einer mangelhaften Haltung, nämlich Muskel- und Wirbelsäulenschwäche, sind Nervenreizerscheinungen und Nervendefekte, die an den Nervenaustrittsstellen der Wirbelsäule ihren Ursprung haben (spondylogene Neuropathien). Die meist bereits in jungen Jahren erworbenen Schäden sind (nach Prof. *Walter Birkmayer)* in mittleren Jahren durch sportliche Betätigung kaum mehr auszugleichen. Besonders ungünstig ist auch das stundenlange Herumsitzen in den „bequemen" Klubsesseln, weil sie keine Muskelspannung erfordern.

Die Folgen der Haltungsschwäche zeigen sich meist in wohlbekannten Krank-

Haltungsschäden und ihre Vorstufe, die Haltungsschwäche, sind ausgesprochene Zivilisationskrankheiten, hervorgerufen durch Bewegungsarmut und die daraus resultierenden Muskel- und Wirbelsäulenschwächen. Regelmäßige Gymnastik und orthopädisches Haltungsturnen können diese Schwächen beheben.

heitsbildern, wie der von der Halswirbelsäule ausgelösten Migräne, dem Zervikalsyndrom (Neuralgie der Nervenwurzeln im Bereich der Halswirbelsäule), dem Schulter-Arm-Syndrom (mit heftigen Schmerzen in diesem Bereich) und Hexenschuß. Röntgenaufnahmen der Wirbelsäule und elektrische Untersuchungen der Muskelfunktion (Elektromyogramm) dekken diese Erkankungen auf.

Die Behandlung der Haltungsschwäche und ihrer Folgen, den Nervenreiz- und Defekterscheinungen, ist langwierig. Zunächst wird der Arzt die akuten Beschwerden, vor allem die Schmerzen, mit schmerzhemmenden Mitteln zu bessern suchen. Anschließend ist durch *physikalische Maßnahmen* wie Solbäder, Massage, Gymnastik, Schwimmen, Wandern, Sonnen- und Seebäder eine Kräftigung der Bewegungsorgane anzustreben und durch eine mit Obst, Gemüse und Vollmilch an-

gereicherte Vollkost der Allgemeinzustand zu bessern.

Psychotherapeutische Maßnahmen: Sie sind angebracht, wenn sich durch ein ärztliches Gespräch herausstellt, daß zum Haltungsverfall auch seelische Vorgänge beigetragen haben, was nicht selten der Fall ist.

Darüber hinaus muß der Arzt überlegen, ob es sinnvoll sein kann, daß Vitamin- und Mineralstoffpräparate die Nahrung ergänzen.

HARNRÖHRENENTZÜNDUNG (-KATARRH)

In den letzten Jahren ist ein ganz erheblicher Anstieg der nicht durch nachweisbare Bakterien bedingten Harnröhrenentzündung (Urethritis) besonders beim Mann zu verzeichnen. Die nichtbakterielle Harnröhrenentzündung ist heute vielfach häufiger als der Tripper (Gonorrhoe) und läßt sich nur sehr schwer behandeln. Die Erkrankung beginnt meist schleichend und mit kaum merklichen subjektiven Beschwerden und wird daher oft übersehen. Meist besteht zunächst nur ein geringer schleimiger Ausfluß aus der Harnröhre. Wenn Erreger im Spiel sind, kommt es in der Regel zu einer schnellen Miterkrankung der Vorsteherdrüse (Prostata). Da kaum subjektive Beschwerden auftreten, besteht oft eine unbemerkte *chronische Prostatitis* (siehe unter Prostatitis).

Auch die Samenblasen oder die Nebenhoden können davon ergriffen sein. Nicht selten greift die Krankheit sogar auf entfernt liegende Organsysteme über. Am häufigsten ist die Mitbeteiligung der Gelenke (kleine Gelenke und Wirbelsäule) und Augen. Das ausgeprägte Krankheitsbild dieser Art (Entzündung der Harnröhre, der Gelenke und der Augenbindehaut) ist die *Reitersche Krankheit.*

Ein Erregernachweis ist schwierig, oft unmöglich. Virusartige Erreger und Trichomonaden sind meist dafür verantwortlich. Läßt sich ein Erreger nachweisen, so kommt in erster Linie die Behandlung mit einem entsprechenden Antibiotikum in Frage. So würde der Nachweis von Trichomonaden im Harnröhrensekret (14–60% der Fälle) die Anwendung von Clont ermöglichen. Hierbei müßte die Partnerin mitbehandelt werden, da sonst eine Infektion oder Wiederinfektion möglich ist. Gelingt ein Erregernachweis nicht, so wird der behandelnde Arzt ein sogenanntes Breitbandantibiotikum (z. B. Chloramphenicol) anwenden müssen, was aber nach Art, Dosierung und Dauer der Anwendung dem Einzelfall angepaßt sein muß.

Hat die Harnröhrenentzündung auf die Anhangsdrüsen übergegriffen, so ist die Behandlung äußerst schwierig, da die mutmaßlichen Erreger dort Dauerformen entwickeln, die hartnäckig jeder Behandlung trotzen.

In solchen Fällen kann aber eine *physikalische Maßnahme* weiterhelfen, nämlich das Überwärmungsbad. Durch die hohen Temperaturen lassen sich die körpereigenen unspezifischen Abwehrkräfte in höchstem Maße mobilisieren, und zugleich werden die Erreger sozusagen aus ihren Verstecken hervorgeholt und so stark geschwächt, daß nunmehr die antibiotischen Medikamente in verstärktem Umfang wirksam werden können.

Selbstverständlich bedarf die ganze, sehr wichtige und eingreifende Behandlung der wohlüberlegten Verordnung und Überwachung des Facharztes. Es sollte nur gezeigt werden, daß diese oft äußerst lästige und langwierige Krankheit dennoch geheilt werden kann.

Diätetisch ist die kochsalzarme, fleischfreie und vorwiegend vegetarische Kost (mit $\frac{1}{5}$–$\frac{1}{3}$ Rohkost) anzuraten, die entzündungswidrig, entgiftend und ausscheidend wirkt.

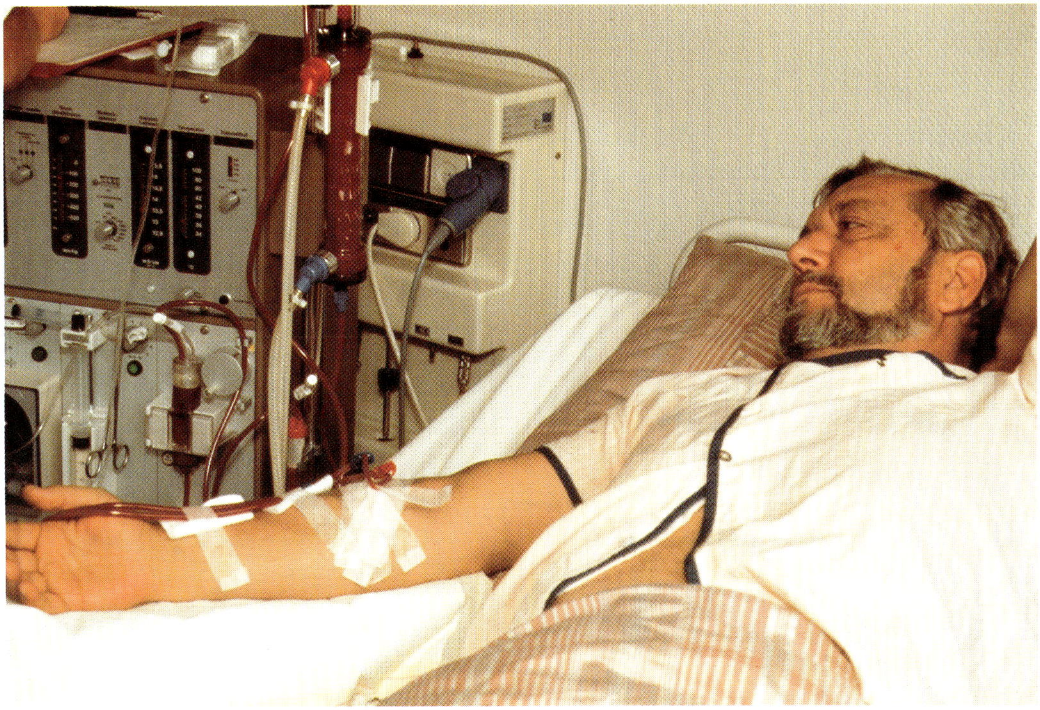

Bei Harnvergiftung ist der Anschluß an eine „künstliche Niere“ oftmals die einzige Möglichkeit der Hilfe.

HARNVERGIFTUNG

Alle Formen der akuten und chronischen Nierenerkrankung können zum Vollbild der Harnvergiftung (Urämie) führen. Die Ursache liegt immer im Zurückbleiben harnpflichtiger Substanzen im Blut und in Störungen des Wasser- und Salzhaushalts, weil die Nieren nicht mehr fähig sind, ihrer normalen Ausscheidungsfunktion zu genügen. Im Endzustand (im urämischen Koma) entwickelt sich eine Vergiftung des Gehirns. Appetitlosigkeit, Übelkeit und abnorme Ermüdbarkeit können frühe Zeichen sein, Kopfschmerzen, Teilnahmslosigkeit und Gewichtsabnahme sind bereits spätere Symptome.

Diät: Kaliumarme Kohlenhydrat-Fett-Kost mit ärztlich festgelegter Flüssigkeitsmenge.

Physikalische Maßnahmen: Anschluß an „künstliche Niere“ (extrakorporale Hämodialyse), was vorerst für die meisten Patienten immer noch nur auf einer Fachstation im Krankenhaus möglich ist. Falls sich die Urämie überhaupt als rückbildungsfähig erweist, lassen sich durch eine Langzeitdialyse die meisten Symptome dieser Krankheit beheben.

Neuerdings werden auch verstärkt und in besonderen Fällen Heimdialysegeräte eingesetzt.

HAUTENTZÜNDUNG

siehe Ekzem

HAUTJUCKEN

Wenn ein außerordentlich starkes Hautjucken bei normal aussehender Haut besteht, spricht man von Pruritus oder auch Hautneurose. Die Ursache ist oft nicht nachweisbar. Zuckerkrankheit und Gelbsucht, die ebenfalls Hautjucken erzeugen, müssen ausgeschlossen werden, ebenso Giftwirkungen, die zu Reizungen der Hautnerven und zu allergischen Reaktionen führen.

Das Hautjucken kann oft jeder Behandlung trotzen. Amerikanische Ärzte empfehlen *Heißwasseranwendungen.* Das Wasser muß möglichst heiß sein, darf jedoch nicht verbrühen, d. h. die Temperatur kann etwa 45–55° C betragen. Kurzes Eintauchen, mehrmals hintereinander, genügt. Die Temperatur muß unbedingt mit dem Thermometer kontrolliert werden.

Wenn das Wasser nicht heiß genug ist, bleibt die Wirkung aus, oder sie kann sogar negativ sein. Zu langes Eintauchen ist ebenfalls schädlich.

Die Wirkungsweise ist nicht bekannt. Man denkt an eine Wirkung auf das unter der Haut liegende Nervennetz oder daß die starke Durchblutungssteigerung und der angeregte Kreislauf die juckreizauslösenden Stoffe fortschwemmen.

HAUTKREBS *(siehe auch Krebs)*

Wenn man wachsartige, weißlich-gelbe, harte Knötchen mit einem wallartigen derben Rand und in der Mitte mit einer Geschwürbildung findet, muß man an Hautkrebs denken. Hautkrebse wachsen zwar sehr langsam, müssen aber trotzdem möglichst früh behandelt werden. Immerhin hat Hautkrebs die günstigste Heilungsprognose.

Es ist heute nicht mehr zu bezweifeln, daß bestimmte Formen von Hautkrebs durch starke Sonnen- oder Ultraviolettbestrahlungen der Haut verursacht werden. Bei Bestrahlung mit UV-Licht entsteht in der Haut eine Reihe von Photoprodukten des Cholesterins, darunter auch ein Stoff, der krebserregende Eigenschaften besitzt, nämlich Cholesterin-Alpha-Oxid. Wahrscheinlich läßt sich die Entstehung dieses Stoffes durch Gaben von Vitamin E und C verhindern.

Vor übermäßiger und zu langer Sonnen- und UV-Bestrahlung muß dringend gewarnt werden.

HEISERKEIT

Heiserkeit ist nur ein Symptom, das anzeigt, daß unser Stimmbildungsapparat gestört ist. Die Störung kann durch einen *Kehlkopfkatarrh* hervorgerufen werden, der im Anschluß an eine Erkältung auftritt. Er macht die Stimme rauh und heiser und kann bis zur völligen Stimmlosigkeit führen. Man spürt dann Hustenreiz, Kratzen und Brennen im Kehlkopf. Jede andauernde Heiserkeit, die bei Schonung der Stimme nicht nach einigen Tagen verschwindet, muß fachärztlich behandelt werden.

Eine chronische Heiserkeit muß an andere Ursachen denken lassen, z. B. an *gutartige* Wucherungen an den Stimmbändern (Sängerknötchen). Das sind kleine Knötchen an den Stimmbändern, die sich operativ entfernen lassen, wonach die Stimme völlig wiederhergestellt ist. Es treten aber auch *bösartige* Wucherungen an den Stimmbändern auf. Sie machen sich meist durch eine geringe, aber allmählich zunehmende Heiserkeit bemerkbar. Nur eine frühe Erkennung und Behandlung kann in diesen Fällen Hilfe bringen.

Tuberkulöse *Infektionen des Kehlkopfes* sind auch nicht selten. Sie beginnen ebenfalls mit einer allmählich zunehmenden Heiserkeit. Es muß dabei immer daran gedacht werden, daß gleichzeitig eine Tuberkulose der Lunge vorliegen kann. Auch die Syphilis kann als Begleiterscheinung Heiserkeit verursachen, so daß auch danach bei anhaltender Heiserkeit und anderen Verdachtsmomenten gefahndet werden muß.

Am wenigsten ernst, aber oft sehr hartnäckig ist auch eine rein nervös bedingte Heiserkeit und eine Heiserkeit, die schon in jungen Jahren durch zu schwache Stimmbänder auftritt. Auch in diesen beiden Fällen kann es einmal zur völligen Stimmlosigkeit kommen.

Diät: Man sollte Vitamin-C- und Vitamin-A-haltigen Säften und Nahrungsmitteln den Vorzug geben, um die Schleimhäute in ihrer Abwehrfähigkeit zu unterstützen.

Physikalische Maßnahmen: Bei akuter Heiserkeit kommen feuchtwarme Umschläge und ableitende heiße oder wechselwarme Fußbäder in Frage.

Psychotherapeutische Maßnahmen: Sie können manchmal bei der nervös bedingten Heiserkeit notwendig werden.

Medikamente: Inhalationen mit Emser Salz können bei Heiserkeit oftmals von großem Nutzen sein.

HEPATITIS

siehe Leberentzündung

HERZASTHMA

Wenn plötzlich Atemnot, Reizhusten und ein Engegefühl in der Brust auftritt, ist schon an ein Herzasthma (Asthma cardiale) zu denken. Meist findet man dann auch eine blasse Gesichtsfarbe und blaue Lippen. Verschlimmert sich der Zustand, ist der Puls stark beschleunigt und klein, und der auftretende Auswurf sieht schleimigblutig aus. Es ist möglichst rasch ärztliche Hilfe erforderlich, da es sich um ein Versagen vorwiegend des linken Herzens handelt.

Als Sofortmaßnahmen sind durchzuführen: Patienten in einen Lehnstuhl setzen oder im Bett aufsetzen und den Rücken gut abstützen. Frischluftzufuhr oder möglichst Sauerstoffmaske. Der Arzt wird ein Beruhigungsmittel, Strophanthin mit Zuckerlösung (Lävulose) und Theophyllin, in die Vene spritzen. Ob auch Aderlässe wegen der Lungenstauung erforderlich sind, muß der Arzt entscheiden.

Nach Überwindung der akuten Erscheinungen (Atemnot, Blaufärbung, Stauungserscheinungen) muß noch lange Zeit die ärztlich festzusetzende und ständig zu überwachende medikamentöse Behandlung – meist mit Digitalispräparaten – fortgesetzt werden.

Diät: Eine typische Herz-Kreislauf-Diät ist einzuhalten und die Flüssigkeitszufuhr einzuschränken. Am besten nimmt man nach der Mittagsmahlzeit keine Flüssigkeit mehr auf, was bei salzarmer Kost meist nicht schwerfällt.

Physikalische Maßnahmen: Heiße Brustkompressen und heiße Kreuzwickel sind sehr wohltuend.

HERZBEUTELENTZÜNDUNG

Wir kennen Herzbeutelentzündungen (Pericarditis) verschiedenster Art und Ursache und unterscheiden zunächst akut oder chronisch verlaufende, dann der Art nach trockene (fibrinöse), feuchte (exsudative) oder verwachsene bzw. verklebende (fibröse) Herzbeutelentzündung. Ursächlich kommen Virusinfektionen, bakterielle Infektionen und der akute Gelenkrheumatismus in Frage. Darüber hinaus gibt es noch eine ganze Reihe seltener Ursachen (Pilzinfektionen, Tumormetastasen, Harnvergiftungen und viele andere), wobei die Herzbeutelentzündung jeweils als Miterkrankung oder Komplikation auftritt. Besonders nach einem Herzinfarkt wird sie häufig festgestellt.

Da es sich in allen Fällen um eine mehr oder weniger schwere Erkrankung handelt und die Behandlung meist entscheidend davon abhängt, ob die zugrunde liegende Krankheit erkannt ist, müssen die Diagnose und die Behandlung völlig dem Arzt überlassen werden. Nicht selten kommt es als weitere Folge der Herzbeutelentzündung zu einem Herzbeutelerguß. Das ist eine Ansammlung von Ausschwitzungen zwischen den beiden Blättern des Herzbeutels.

Das wichtigste Krankheitssymptom sind stechende Schmerzen in der Herzgegend.

Eine stärkere Ansammlung von Flüssigkeit im Herzbeutel hemmt die Herzfunktion so sehr, daß nur eine Punktion des Herzbeutels die Gefahr abwenden kann. Verläuft die Herzbeutelentzündung chronisch, so besteht die Gefahr, daß die beiden Herzblätter unter stellenweiser Einlagerung von Kalksalzen verwachsen, wodurch eine Art Panzer entsteht. Man spricht dann auch von einem *Panzerherzen,* bei dem nur noch eine Operation Abhilfe schaffen kann.

HERZFEHLER · HERZKLAPPENFEHLER

Es gibt verschiedene angeborene und erworbene Herzfehler (Vitium cordis), die alle die Blutzirkulation beeinträchtigen und dadurch das Herz zusätzlich belasten. Die Fehler können sich auf die Herzklappen beziehen oder auf Defekten in den Herzscheidewänden oder den großen Arterien beruhen. Es können sogar mehrere Fehler gleichzeitig vorkommen.

Die reinen *Klappenfehler* sind am häufigsten (etwa 1 % der Bevölkerung) und kommen meistens durch eine Infektion der Klappenränder und hierbei wiederum überwiegend durch eine rheumatische Infektion zustande. Die Entzündungsprozesse rufen schließlich Defekte und Schrumpfungen an den Klappen hervor, so daß sie nicht mehr völlig schließen.

Neben den vorwiegend entzündlichen Klappenfehlern gibt es – besonders am Abgang der Lungenarterien – auch angeborene Klappenfehler. Je nach dem Sitz der Defekte an den verschiedenen Herzklappen haben die Herzfehler verschiedene Namen. So heißt z. B. eine zwischen dem linken Vorhof und der linken Kammer – dort sitzen die Mitralklappen – durch die Entzündung verursachte Verengung Mitralvitium, oder eine Schlußunfähigkeit der Klappen zwischen der linken Kammer und der aus der linken Kammer abgehenden Aorta wird Aortenvitium genannt.

Eine Verhärtung und Verengung der Klappen (Stenose) führt immer zu einem Rückstau des Blutes, eine Mitralstenose also zu einem Rückstau im linken Vorhof, wodurch die Herzleistung vermindert wird. Es kann aber auch zu einer Undichtigkeit oder Schlußunfähigkeit der Klappen kommen. Handelt es sich wiederum um die Mitralklappen, so fließt das Blut bei der Zusammenziehung der linken Kammer nur teilweise in die große Körperschlagader (Aorta), zum Teil aber durch die undichten Mitralklappen auch wieder in den linken Vorhof zurück. Die schlechte und ungenügende Klappenfunktion heißt *Klappeninsuffizienz.* Da das bei jedem Herzschlag passiert, wird ein Teil des Blutes nutzlos zwischen linker Kammer und Vorkammer hin und her bewegt. Die Folge ist wieder eine Mehrbelastung, die zur Erweiterung (Dilatation) und zur Verdickung (Hypertrophie) des Herzmuskels führt. Das Herz sieht dann im Röntgenbild vergrößert aus.

Herzfehler führen je nach ihrem Sitz meist zu Luftmangel bei Anstrengungen und Stauungserscheinungen in verschiedenen Organen und Geweben (Lunge, Leber, Magen, Beine).

Die *angeborenen Herzfehler* (Mißbildungen) können erblich bedingt sein, aber auch durch eine Rötelninfektion der Mutter in den ersten drei Schwangerschaftsmonaten oder durch eine Herzentzündung während der Embryonalentwicklung verursacht werden. Es können dabei die verschiedensten Herzfehler und Herzfehlerkombinationen vorkommen. So kann ein Defekt an der Herzvorhof- oder in der Herzkammerscheidewand vorliegen (Atriumseptumdefekt oder Ventrikelseptumdefekt). Im vorgeburtlichen Kreislauf besteht eine Querverbindung zwischen Aorta und Lungenschlagader (Ductus arteriosus Botalli) zur Umgehung des Lungenkreislaufs. Sie schließt sich normalerweise nach der Ge-

Defekte Herzklappen können ersetzt werden

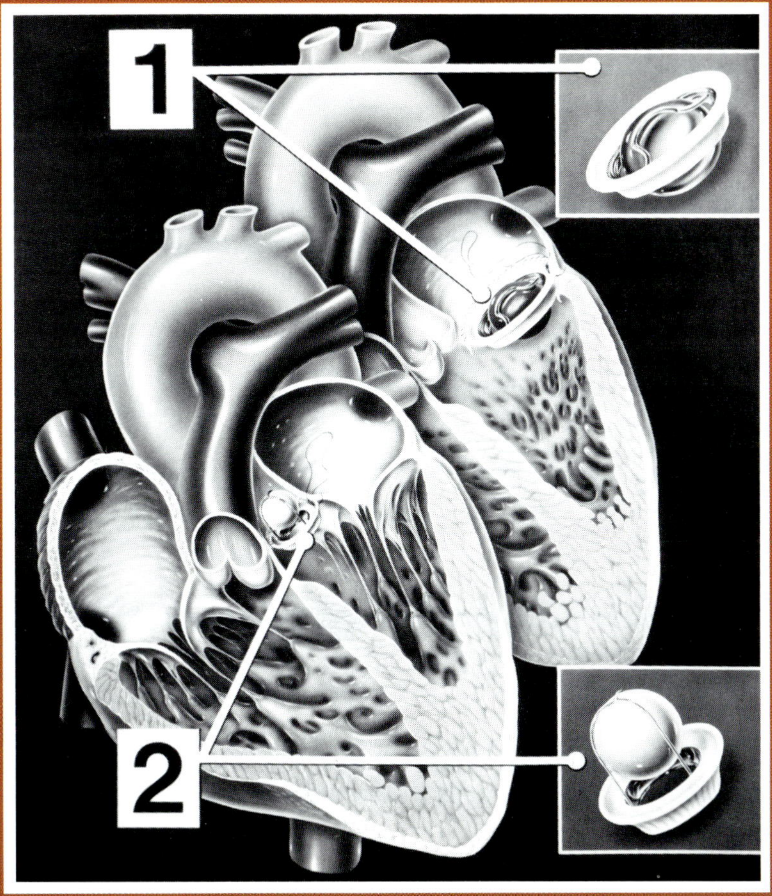

1 = Im linken Herzen wurden die beiden kranken Segel der Mitralklappe entfernt und durch eine künstliche Scheibenklappe ersetzt.

2 = Der Chirurg hat hier eine nicht mehr funktionstüchtige Aortenklappe entfernt und statt dessen eine Kunstklappe am Teflonrand eingenäht.

burt. Das Offenbleiben des Ganges stellt einen angeborenen Herzfehler dar. Es kann eine Verengung der Aorta an der Stelle eintreten, an der die Querverbindung in die Aorta einmündet. Diese Mißbildung wird als Aortenisthmusstenose bezeichnet und macht sich durch einen erhöhten Blutdruck in der oberen, bei gleichzeitig erniedrigtem Blutdruck in der unteren Körperhälfte bemerkbar.

Darüber hinaus gibt es die verschiedenen Kombinationen von angeborenen Herzdefekten (Fallotsche Tetralogie, Morgagni-Syndrom und Eisenmenger-Komplex), die meist an einer Blaufärbung der Haut (Zyanose) zu erkennen sind. Wegen der mangelhaften Sauerstoffversorgung bleibt die Entwicklung der mit solchen Fehlern geborenen Kinder *(blue babies)* stark zurück. Weitere seltenere Mißbildungen des Herzens und der großen Gefäße bleiben hier außer Betracht.

Alle angeborenen Mißbildungen können grundsätzlich nur chirurgisch behandelt werden. Man wird diesen Weg wählen, wenn der Defekt so schwer ist, daß er zu einer Beeinträchtigung des Blutumlaufs führt. Man kann aber auch diese Behandlung nur so lange durchführen, wie noch keine nicht wieder rückgängig zu machende Komplikation aufgetreten ist (z. B. eine Verkalkung der Lungengefäße).

Alle anderen möglichen Behandlungsmaßnahmen sind nur Hilfsmittel, um die Zeit bis zur Operation zu überbrücken. *Diätetisch* wird man das Kochsalz stark einschränken und die Flüssigkeitszufuhr mäßig halten müssen. *Physikalische Maßnahmen* können nur vom Arzt dem Einzelfall vorsichtig angepaßt werden. An *psychotherapeutischen* Maßnahmen sind nur Entspannungsübungen sinnvoll. Auch die *Medikamente* können nur nach Lage des Einzelfalles ärztlich verordnet werden. Es kommen dabei in Frage: Digitalispräparate, Mittel zur Wasserausschwemmung (Diuretika), manchmal kleine Aderlässe und Sauerstoffbehandlung. Wie der Zuckerkranke mit seiner Zuckerkrankheit, so muß der Herzfehlerkranke lernen, mit seinem Herzfehler zu leben, falls der Fehler nicht operativ beseitigt werden kann.

HERZINFARKT

Unter Herzinfarkt (Myocardinfarkt) verstehen wir eine Herzmuskelschädigung, bei der ein Ast einer Herzkranzarterie (Koronararterie) verengt oder verschlossen ist. Die Herzkranzarterien bilden die Blutversorgungsbahnen für den Herzmuskel. Fällt die Blutversorgung für diese Arterien mehr oder weniger aus, so ist das akute Herzversagen die Folge. Die häufigste Ursache eines Kranzgefäßverschlusses ist die Bildung eines Blutgerinnsels (Thrombose) in einer Kranzgefäßarterie. Die Thrombose wiederum entsteht meist auf Grund einer arteriosklerotischen Gefäßwandveränderung im Bereich der Koronararterien.

Herzinfarktpatienten beim Lauftraining. Über Funk stehen sie unter ärztlicher Kontrolle. Außerdem läuft immer ein Arzt mit. In vielen Städten sind schon sogenannte Infarkt-Sportgruppen, in denen die Patienten leistungsmäßig wieder aufgebaut werden.

Das wichtigste Anzeichen eines Herzinfarktes ist plötzliches Auftreten schwerer Schmerzen (Vernichtungsschmerz) in der Herzgegend (unter dem Brustbein), meist in den linken Arm, zwischen die Schultern, seltener auch einmal in die rechte Brust oder den Bauch ausstrahlend. Es sind die gleichen Schmerzen wie bei Angina pectoris, nur stärker und andauernder. Bei anhaltenden starken Schmerzen muß immer an Herzinfarkt gedacht, für schnelle ärztliche Hilfe und, wenn es der Zustand zuläßt, Transport ins Krankenhaus gesorgt werden, weil Intensivpflege und ständige Überwachung erforderlich sind.

Eine Thrombose in einem der Hauptäste der Herzkranzgefäße hat immer eine schwere Herzschädigung und meist sogar den Tod zur Folge. Man spricht dann auch von akutem Herzversagen oder Herzschlag.

Jeder zehnte Mann und jede 25. Frau sind heute von einer Herzkranzgefäßerkrankung bedroht. Frauen erkranken vorwiegend an Angina pectoris, Männer an Herzinfarkt.

Eine Reihe von Faktoren bildet für die Entstehung dieser Krankheiten ein besonderes Risiko, nämlich Blutdruckerhöhung, erhöhte Cholesterin- und Neutralfettwerte im Blut, Verminderung des Atmungsumfangs (durch mangelhafte Atmung), Übergewicht (Überernährung) und Zigarettenrauchen.

Neuerdings wird eine Anreicherung der Nahrung mit Magnesium gefordert, weil Magnesium eine infarktvorbeugende Wirkung entfaltet.

Füttert man nämlich Ratten mit einer Arteriosklerose erzeugenden Diät, die reich ist an Cholesterin, Kochsalz und Kalzium und außerdem zuviel Vitamin D_2 enthält, so bekommt ein sehr hoher Prozentsatz (65 %) nach acht Wochen einen Herzinfarkt. Wird aber die gleiche Diät mit Magnesium angereichert, so sinken die Infarktfälle auf Null.

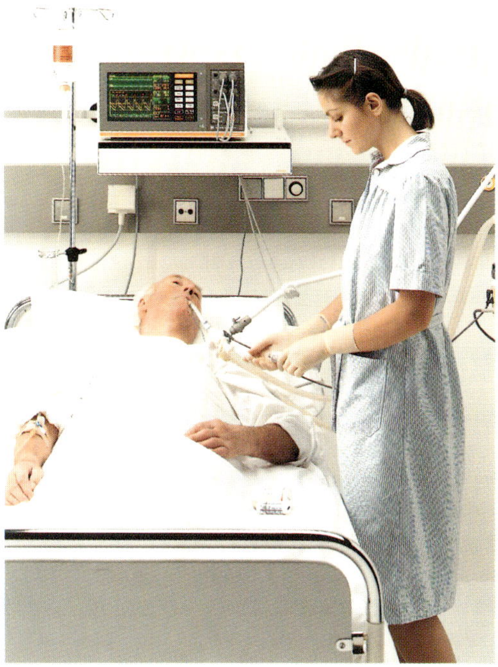

Auf der Intensivstation stehen die Infarktpatienten unter ständiger Beobachtung, so daß Unregelmäßigkeiten sofort erkannt werden können.

Daraus ergeben sich folgende Maßnahmen zur Vorbeugung und Behandlung des Herzinfarkts:

Diät: Mäßige, ausgeglichene Nahrung mit viel Obst, Gemüse und Salat, wenig oder gar kein Tierfett (20–30 g Butter täglich sind erlaubt) und wenig Kochsalz. Bei Übergewicht ist eine Kalorienbeschränkung auf 1600, 1300, 1200 oder zeitweilig sogar auf 800 Kalorien erforderlich (Reduktionskost). Die Genußmittel Tabak und Alkohol müssen radikal gemieden werden.

Beim Menschen kann man die Magnesiumanreicherung der Nahrung (oder Diät) rein medikamentös, besser aber durch magnesiumreiche Nahrungsmittel erreichen (siehe Tabelle auf Seite 496).

Physikalische Maßnahmen: Systematisches Gehtraining (siehe das Kapitel über Wandern und Spazierengehen), Heilgymnastik, Schwimmen, ansteigende Armbäder, ansteigende Fußbäder, Senfwickel des ganzen linken Armes, Atemübungen.

Bevor Belastungen mit den physikalischen Maßnahmen vorgenommen werden, muß der Arzt das Ausheilungsstadium festlegen (am besten nach der internationalen Einteilung, die sich bewährt hat und die nach dem Vorschlag der American Heart Association vier Schweregrade I–IV unterscheidet). Daraus ergibt sich die Belastbarkeit und damit das Tempo und das Ausmaß der Rehabilitation.

Psychotherapeutische Maßnahmen: Lösung und Bereinigung aller etwa vorhandenen Konfliktsituationen, psychotherapeutische und seelsorgerliche Aussprachen, Vermeidung seelischer Erregungen. Nachuntersuchungen in regelmäßigen Abständen (etwa alle 6–12 Monate). Eine andauernde menschliche Betreuung des angstvollen Patienten kann von entscheidender Bedeutung sein.

Medikamente: Sie sollten auf jeden Fall und auf längere Zeit ärztlich festgelegt und überwacht werden. Es kommen Beruhigungsmittel und herzkranzgefäßerweiternde Medikamente ebenso in Frage wie Mittel, die die Herzmuskelleistung verbessern und die Blutgerinnung hemmen.

HERZINNENHAUTENTZÜNDUNG

Die Herzinnenhautentzündung (Endocarditis) kann durch Bakterien, Viren, Pilze oder Gifte verursacht werden. Am häufigsten tritt sie als Begleit- oder Folgeerkrankung nach einer akuten rheumatischen Infektion oder nach einer Lungenentzündung auf. Durch die Entzündung wird die Herzinnenhaut vor allem im Bereich der Herzklappen geschädigt und so sehr verändert, daß die Herzklappen nicht mehr richtig schließen und somit ihre Aufgabe nicht

Tabelle magnesiumreicher Nahrungsmittel
(in Milligramm pro 100 g)

Sonnenblumenkerne	420	Grahambrot	92
Kakaopulver	405	Gurken	91
Leinsamen	350	Roggenmehl	83
Weizenkeime	336	Eierteigwaren	67
Cashew-Nuß	270	Mangold	65
Mandeln	252	Spinat	58
Sojabohne	247	Schokolade	58
Paranüsse	225	Emmentaler	55
Pistazien	160	Datteln	50
Haselnüsse	150	Erdnüsse	50
Heppinger (1 Flasche)	150	Linsen	40
Haferflocken	145	Rosinen	42
Walnüsse	135	Limburger	39
Weiße Bohnen	132	Banane	36
Mais	120	Grünkohl	34
Dill	120	Avocado	30
Hagebutten	120	Himbeeren	30
Reis (unpoliert)	119	Grüne Bohnen	25
Magermilchpulver	110	Mischbrot	20–50
Meerrettich	100	Tee	1–13
Löwenzahn	100		

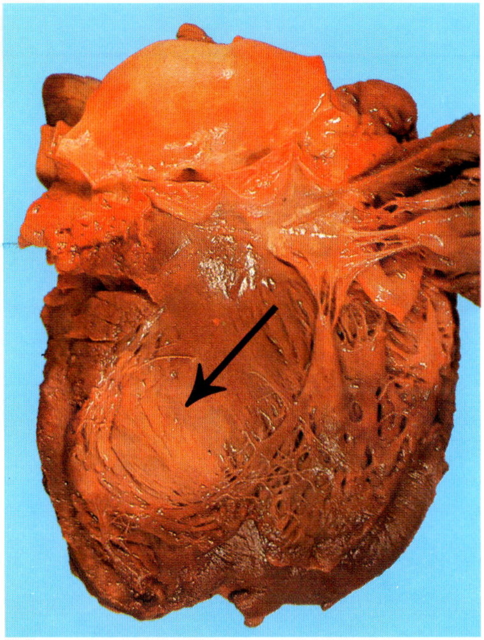

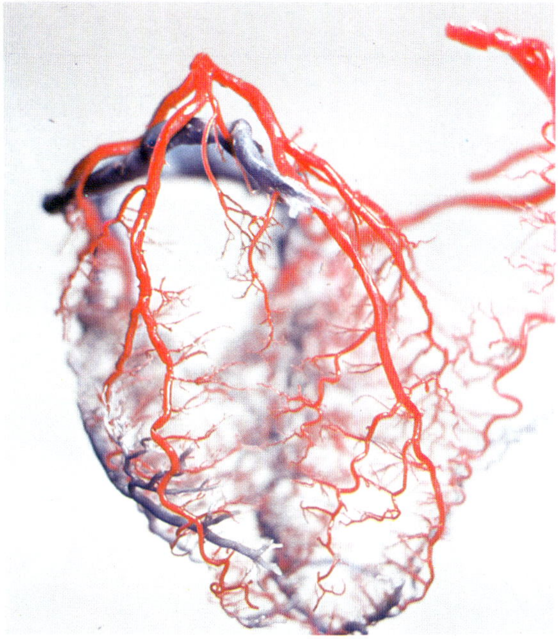

Die Herzwand zeigt eine Narbe (zentral gelegene blasse Stelle) – ein geheilter Herzinfarkt. Auf dem rechten Bild sieht man die feinen Herzkranzgefäße eines gesunden Herzens.

mehr erfüllen können. Es liegt dann als Folge der Endocarditis ein Herzklappenfehler vor (siehe unter Herzfehler).

Die Krankheit beginnt meist schleichend mit unregelmäßigem oder auch gleichbleibendem Fieber, das bis zu 40° C und mehr ansteigen kann. Geklagt wird meist über Frösteln, Unwohlsein, Gelenkschmerzen, Müdigkeit und Appetitlosigkeit. Werden Bakterien in andere Gewebe und Organe verschleppt, so macht sich das durch stecknadelkopfgroße Blutungen in der Haut und in den Schleimhäuten oder unter den Nägeln bemerkbar. Durch Embolien in den Nieren kommt es zu bluthaltigem Urin.

Als besonders bösartig gilt die schleichend auftretende Herzklappenentzündung, die Endocarditis lenta. Sie entsteht durch eine Infektion mit dem Erreger Streptococcus viridans, der sich an den Herzklappen festsetzt und sie langsam zerstört. Die Herzklappen bilden wiederum einen Entzündungsherd, aus dem Gifte und Bakterien mit dem Blutstrom abgeschwemmt und in andere Organe (z. B. Niere, Milz, Gehirn, Haut u. a.) verschleppt werden. Es besteht dann eine bakterielle Embolie. Früher verlief diese Krankheit immer tödlich. Heute gelingt es in klinischer Behandlung und mit sehr hohen Dosen antibiotischer, bakterienhemmender Mittel (meist Penicillin) die Krankheit zu heilen.

Schon bei begründetem Verdacht auf eine Herzinnenhautentzündung sollte die Einweisung ins Krankenhaus oder in eine Klinik erfolgen.

HERZKRANZGEFÄSS-VERKALKUNG

Damit der Herzmuskel, der eine riesige Pumpleistung vollbringt, seine Arbeit zu leisten vermag, bedarf er selbst einer guten

Während der Patient auf dem Fahrradergometer die Pedale tritt, werden Sauerstoffverbrauch (links) und EKG (rechts) registriert. Die Belastung wird alle drei Minuten gesteigert, und zwar nach der Kondition des Patienten.

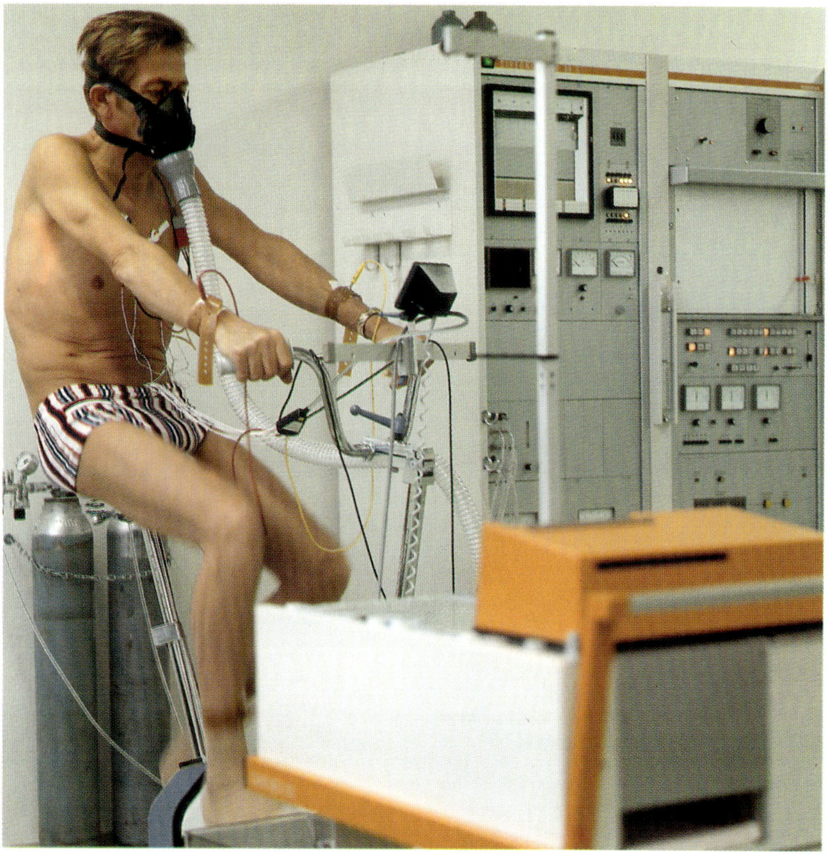

Blutversorgung. Sie wird gesichert durch die Herzkranzgefäße (Koronararterien), die aus der Aorta direkt hinter ihren Klappen abzweigen und kranzartig über die Außenseite des Herzens verlaufen, um sich dann allmählich in der Herzmuskulatur zu verzweigen. Das Blut sammelt sich schließlich wieder im rechten Vorhof und wird dort zusammen mit dem anderen venösen Blut zur Reinigung und Sauerstoffaufnahme in die Lunge geleitet.

Tritt nun ein Mißverhältnis zwischen dem Blutbedarf des Herzens und dem über die Kranzgefäße herangeführten Blut ein, so besteht eine ungenügende Kranzgefäßfunktion (Koronarinsuffizienz), die sich als Herzschmerz (Angina pectoris), ungenügende Herzmuskelleistung (Herzinsuffizienz) oder als Herzinfarkt bemerkbar machen kann.

Eine der häufigsten Ursachen der ungenügenden Herzkranzgefäßfunktion ist die Verkalkung der Herzkranzgefäße (Koronarsklerose). Die dadurch bedingte Einengung des Gefäßes und die mangelnde Elastizität der Gefäßwandungen führten zum Unvermögen der Koronararterien, den Herzmuskel ausreichend mit sauerstoffreichem Blut zu versorgen. Man nimmt an, daß es durch den Sauerstoffmangel zu einer Anhäufung nicht verbrannter Stoffwechselprodukte im Herzmuskel kommt, die dann die sich im Herzmuskel befindenden Nervenendigungen reizen und so die Schmerzen erzeugen.

Ist die Lichtung des Kranzgefäßes so

stark eingeengt, daß der Blutstrom immer mehr verlangsamt wird und schließlich zum Stehen kommt, dann gerinnt das Blut, bildet also eine Thrombose im Kranzgefäß, deren unmittelbare Folge der Herzinfarkt ist.

Über die Ursache der Verkalkung sowohl der Herzkranzgefäße als auch der anderen Körperarterien wird viel gestritten. Eindeutig geklärt ist sie noch nicht. Die Verkalkung tritt aber meist zusammen auf mit Blutdruckerhöhung, einem erhöhten Blutspiegel an Cholesterin und Neutralfetten, Fettsucht, Unterfunktion der Schilddrüse sowie im Alter. Eindeutig geklärt ist auch, daß die Verkalkung bei Männern viermal so häufig auftritt wie bei Frauen, daß rund 80% der Fälle im sechsten bis achten Lebensjahrzehnt auftreten, aber in zunehmendem Maße auch jüngere Jahrgänge betroffen sind, sogar schon junge Männer zwischen 18 und 30 Jahren. In den USA ist heute bereits bei jedem dritten Sterbefall eine Koronargefäßerkrankung die Todesursache.

Schweizer Wissenschaftler fanden, daß innerhalb der vielfältigen Ursachen der Herzkranzgefäßerkrankungen die *Ernährung* einen der wichtigsten Faktoren darstellt.

Ausgedehnte amerikanische Untersuchungen (Framingham-Studie) haben gezeigt, daß als die wichtigsten Risikofaktoren zu gelten haben: Blutdruckerhöhung, erhöhte Cholesterin- und Neutralfettwerte im Blutserum, Verminderung des Atmungsumfangs (Vitalkapazität), Veränderungen im Elektrokardiogramm, Übergewicht und Zigarettenrauchen.

Aus den bis heute zu übersehenden Ursachenforschungen kann und muß die Konsequenz gezogen werden, daß vorbeugende und heilende Maßnahmen nur in den ersten Stadien der Erkrankung noch zu einem vollen Heilerfolg führen können. Daraus ergibt sich die Notwendigkeit der Frühdiagnose und Frühbehandlung.

Die *Frühdiagnose* ist nur möglich, wenn Männer und Frauen über 40 Jahre regelmäßig etwa alle zwei Jahre ihren Gesundheitszustand überprüfen lassen, auch wenn sie sich völlig gesund fühlen. Dabei sind folgende Untersuchungen durchzuführen: Blutdruckmessung, Feststellung des Körpergewichts, Messung des Atmungsumfangs (Vitalkapazität), Anfertigung eines Elektrokardiogramms (wobei zu bemerken ist, daß schon eine ganz erhebliche Schädigung der Kranzgefäße im Sinne der Kranzgefäßverkalkung besteht, wenn sie sich im EKG nachweisen läßt), Kontrolle des Blut-

Das Wassertreten draußen in der Natur hilft mit, die körperliche Leistungsfähigkeit aufrechtzuerhalten.

spiegels auf Cholesterin-, Neutralfett- und Zuckergehalt (eventuell mit Belastungsprobe). Außerdem ist zu fragen nach der Ernährungsweise, dem Zigarettenkonsum, seelischem Befinden, außergewöhnlichen seelischen Belastungen und nach der körperlichen Bewegung.

Aus den Ergebnissen dieser Untersuchungen lassen sich ärztlicherseits die nötigen Rückschlüsse ziehen und vorbeugende oder heilende Maßnahmen ergreifen.

Zeichnet sich bereits eine Gefahr für Herz und Gefäße ab, so sind für die Behandlung folgende Ratschläge zu geben:

Diät: Mäßige, aber ausgeglichene Vollkost. Bei Übergewicht ist Reduktionskost notwendig. Fettreiche und kalorienreiche Nahrung ist zu vermeiden. Pflanzliche Fette sind den tierischen vorzuziehen. Kalorienreiche Desserts und Sahne sind weitgehend durch frische Früchte zu ersetzen. Rauchen ist völlig einzustellen!

Physikalische Maßnahmen: Die körperliche Leistungsfähigkeit muß durch Wandern, Spazierengehen, Schwimmen, Gymnastik aller Art und Wasseranwendungen (Sauna) aufrechterhalten werden.

Psychotherapeutische Maßnahmen: Das seelische Gleichgewicht muß durch Atemtherapie, ärztliche und seelsorgerliche Gespräche und möglichst weitgehenden Abbau von Spannungszuständen (Arbeit, Beruf, Familie) wiederhergestellt werden.

Medikamente: Sie sollten eigentlich überflüssig sein oder nur vorübergehend nach ärztlicher Verordnung genommen werden.

Bei einer erheblichen, sich nicht mehr in den ersten Stadien befindlichen Koronarsklerose ist eine Dauereinnahme der dem Einzelfall angepaßten Medikamente zur Beseitigung der Beschwerden nicht zu vermeiden.

Siehe auch unter Angina pectoris.

HERZMUSKELERKRANKUNGEN
bei oder als Folge von verschiedenen organischen Krankheiten

Entzündliche Herzerkrankungen	Viruserkrankungen (Grippe, Kinderlähmung), bakterielle Erkrankungen (Hirnhautentzündungen, Diphtherie, Sepsis), andere Infektionskrankheiten (Wurmerkrankungen, Toxoplasmose, Fleckfieber)
Hormonell bedingte Herzerkrankungen	Schilddrüsenunterfunktion (Myxödem), Schilddrüsenüberfunktion (Hyperthyreose), Hirnanhangsdrüsenstörung (Akromegalie)
Durch Nerven-Muskel-Erkrankungen bedingte Herzerkrankungen	Muskeldystrophie, Rückenmarkserkrankungen (Friedreichsche Ataxie)
Durch Mangelernährung bedingte Herzerkrankungen	Beriberi (Vitamin-B_1-Mangel), Kwashiorkor (Eiweißmangel), Alkoholismus
Durch Tumoren, Anämien und Einlagerungen krankhafter Stoffwechselprodukte bedingte Herzerkrankungen	Primärtumoren im Herzvorhof oder im Gehirn oder Tochtergeschwülste oder Nebennierengeschwülste, Vorhofmyxom, Melanome, Leukämien, Amyloidose des Herzens

Leichtes Bewegungstraining auf dem Standrad fördert die Ausdauerleistung.

HERZMUSKELENTZÜNDUNG

Bei der Herzmuskelentzündung (Myocarditis) muß eine akute und eine chronische Verlaufsform unterschieden werden. Als selbständige Krankheit mit nicht erkennbarer Ursache ist die Herzmuskelentzündung (sogenannte akute interstitielle Myocarditis) sehr selten. Sie tritt fast immer als Begleitkrankheit einer anderen, meist den Gesamtorganismus betreffenden Krankheit auf. Dabei stehen die Infektionen im Vordergrund. Es können aber auch allergische Prozesse sein. Am häufigsten kommen virusbedingte und rheumatische Herzmuskelentzündungen vor.

Die Krankheitserscheinungen der Herzmuskelentzündung können geringfügig sein, so daß man die Erkrankung des Herzmuskels übersieht; sie können aber auch sehr heftig werden und bis zum Lungenödem oder Schock reichen. Ein wichtiges Hilfsmittel zur Diagnose ist zwar das Elektrokardiogramm (EKG), die Veränderungen sind aber oft vieldeutig, die Diagnose ist daher auch für den Arzt oft nicht leicht.

Da die Herzmuskelentzündung sehr häufig eine Spätfolge der Grippe darstellt, sollte man nach jeder Grippeerkrankung daran denken und danach fahnden. Die Herzen der einer Grippe erlegenen Patienten sind fast immer entzündlich verändert. Häufig hängt das Auftreten einer Herzmuskelentzündung nicht einmal vom Schweregrad der Grippe ab. Verzögert sich die Erholung nach einer Grippe, dann müssen Herz- und Kreislauforgane überprüft werden. Nur rechtzeitiges Erkennen und Behandeln der Herzmuskelentzündung kann die Beschwerden völlig beheben, andernfalls können schwere Herzleiden die Folge sein, die mit dem ursprünglichen Grippeinfekt gar nicht im Zusammenhang stehen.

Für die Behandlung ist zu beachten, daß jede entzündliche Herzmuskelerkrankung unbedingt einer längeren Bettruhe bedarf.

Diät: Als Diät kommt nur eine kochsalz-

Kaum eine andere Sportart kann bis ins hohe Alter im selben Ausmaß und mit dem gleichen Erfolg ausgeübt werden wie sinnvolle Gymnastik. Ob aus Freude an der Bewegung oder aus therapeutischen Gründen – die Gymnastik ist ein echtes Lebenselixier; sie entspannt, beugt vor und heilt.

arme (natriumarme) Kost in Frage, sofern eine zugrunde liegende Krankheit keine andere Diät verlangt (z. B. Diabetes).

Physikalische Maßnahmen (außer anfänglich kalten Herzkompressen): Sie kommen erst in Frage, wenn der entzündliche Vorgang völlig abgeklungen und nach der langen Bettruhe wieder eine Belastung möglich ist. Grad und Art der Übung (Gehtraining, Wasseranwendungen) müssen vom Arzt im Einzelfall festgelegt werden.

Psychotherapeutische Maßnahmen: Entspannungsübungen können den Heilungsvorgang beschleunigen.

Medikamente: Die medikamentöse Behandlung ist eine schwierige ärztliche Aufgabe. Zunächst ist die ursächliche, begleitende oder auslösende Krankheit, meist eine Infektion, zu berücksichtigen. Sie bedarf oft noch der Anwendung von Antibiotika. Das Herz selbst benötigt meist Beruhigungsmittel, Glykosidpräparate (meist Digitalis) und wasserausscheidende Mittel (Diuretika). Liegt eine rheumatische Herzmuskelentzündung vor, so sind auch oft noch antirheumatisch wirksame Mittel nötig.

HERZNEUROSE · NERVÖSE HERZSTÖRUNGEN

Es gibt verschiedene Formen von Funktionsstörungen der Herz-Kreislauf-Organe, wobei sich – wie bei allen Neurosen – keine organischen Herz- oder Gefäßveränderungen nachweisen lassen. Die tiefere Ursache liegt im seelischen Bereich. Natürlich sind bei der Untersuchung auch außerhalb der Kreislauforgane liegende Krankheiten (wie Schilddrüsenerkrankungen, Hirntumoren und multiple Sklerose) auszuschließen, da auch diese mit funktionellen Kreislaufstörungen einhergehen können.

I.

Das charakteristischste Bild einer Herzneurose (Neurosis cardis) wird durch eine *Gefäßregulationsschwäche* (vasoregulatorische Asthenie oder auch hyperkinetisches Herz-Syndrom genannt) ausgelöst. Bei der meist anlagebedingten Gefäßschwäche kommt es bei besonderen körperlichen, nervlichen oder seelischen Anforderungen leicht zu Herzbeschwerden wie Atemnot und Herzschmerzen. Objektiv findet man tatsächlich eine anhaltende Herzbeschleunigung (Tachykardie) und eine stark verminderte körperliche Leistungsfähigkeit. Durch einen einfachen Test (Dociton-Test) kann der Arzt herausfinden, ob es sich um dieses Krankheitsbild handelt. Er wird es dann auch noch von anderen Krankheitsbildern abgrenzen müssen, die ebenfalls mit einer Herzbeschleunigung einhergehen (Schilddrüsenüberfunktion, schwere Anämien, Leberkrankheiten, Fieber, Schwangerschaft und Beriberi).

Diät: Eine besondere Diät ist bei der Behandlung nicht erforderlich.

Physikalische Maßnahmen: Sie sind besonders bei jugendlichen Patienten äußerst wertvoll. Dazu gehören vor allem Schwimmen, Wandern und jede Art eines körperlichen, sportlichen Trainings, das keine plötzlichen Leistungssteigerungen erfordert (Gymnastik, Radfahren in der Ebene).

Psychotherapeutische Maßnahmen: Sie müssen sich darauf konzentrieren, den Leistungswillen zu steigern und Verständnis für das manchmal mehrjährige körperliche Training zu wecken, wozu ein beträchtliches Maß an Geduld und Ausdauer gehört.

II.

Ein anderes Bild stellen die *anfallsweise auftretenden Herzbeschleunigungen* (dysrhythmisches Syndrom, supraventrikuläre Tachykardie) dar. Es handelt sich hierbei um zeitweilig auftretende Beschleunigungen der Herzaktion, die von einem Nervenknoten ausgelöst werden (Sinusknoten), der die Herzaktion steuert.

Diät: Auch in diesem Falle ist eine besondere Diät nicht bekannt.

Physikalische Maßnahmen: Während der Anfälle kommen kalte Armbäder und kalte Herzkompressen in Frage.

Psychotherapeutische Maßnahmen: Sie können in diesen Fällen von größtem Nutzen sein, ja sogar zur Heilung führen, da die Anfälle meist von noch unbewußten Konflikten verursacht werden. Die körperlichen Symptome sind hier Ausdruck der Konfliktsituation. Sie wird ins Körperliche übertragen und soll einen Schutz vor Lebensproblemen und auch eine Abwehr gegen sie darstellen.

Die psychotherapeutische Behandlung muß die zugrunde liegenden Konflikte bewußtmachen und eine echte Lösung dieser Konflikte anstreben. Dann werden die körperlichen Symptome fortfallen.

Bei den funktionellen Herzbeschwerden ist die Persönlichkeitsstruktur zu berücksichtigen. Es sind meist Menschen mit vorwiegend zwanghafter oder depressiver Persönlichkeit.

Medikamente: Die medikamentöse Behandlung muß dem Hausarzt überlassen bleiben, da allein er entscheiden kann, ob reine Nervenmittel mit zentralnervöser Wirkung, gefäß- oder herzwirksame Mittel oder Kombinationen dieser Mittel einzusetzen sind.

III.

Ein weiteres Bild der funktionellen Herz-Kreislauf-Störungen ist das **überempfindliche Herz** (dysästhetisches Syndrom). Es bestehen dabei zahlreiche, immer wieder geäußerte und offenbar sehr hartnäckige Beschwerden in der Herzgegend, meist Herzschmerzen, die sich nicht objektiv begründen lassen, für die wir daher auch keine Erklärung haben.

Natürlich muß dieser Zustand von der echten Angina pectoris und einer schwereren Halswirbelsäulenveränderung abgegrenzt werden. Die Patienten sind meist ängstlich, depressiv und fühlen sich schwach und wehrlos.

Diät: Im Rahmen der Behandlung sollte die Ernährungsweise einer Normalkost entsprechen, die man so gestaltet, daß Unter- oder Übergewicht normalisiert wird. Das Rauchen ist einzustellen.

Physikalische Maßnahmen: Sie spielen eine große, oft sogar entscheidende Rolle. In Frage kommen Atem- und Entspannungsübungen, Kneippkuren, Sauna, Bindegewebsmassagen, Bewegungsübungen (Wanderungen mit langsamer Steigerung nach Dauer, Höhenlage und Anstiegen), Radfahren, Schwimmen. Diese Maßnahmen sind jahrelang durchzuführen.

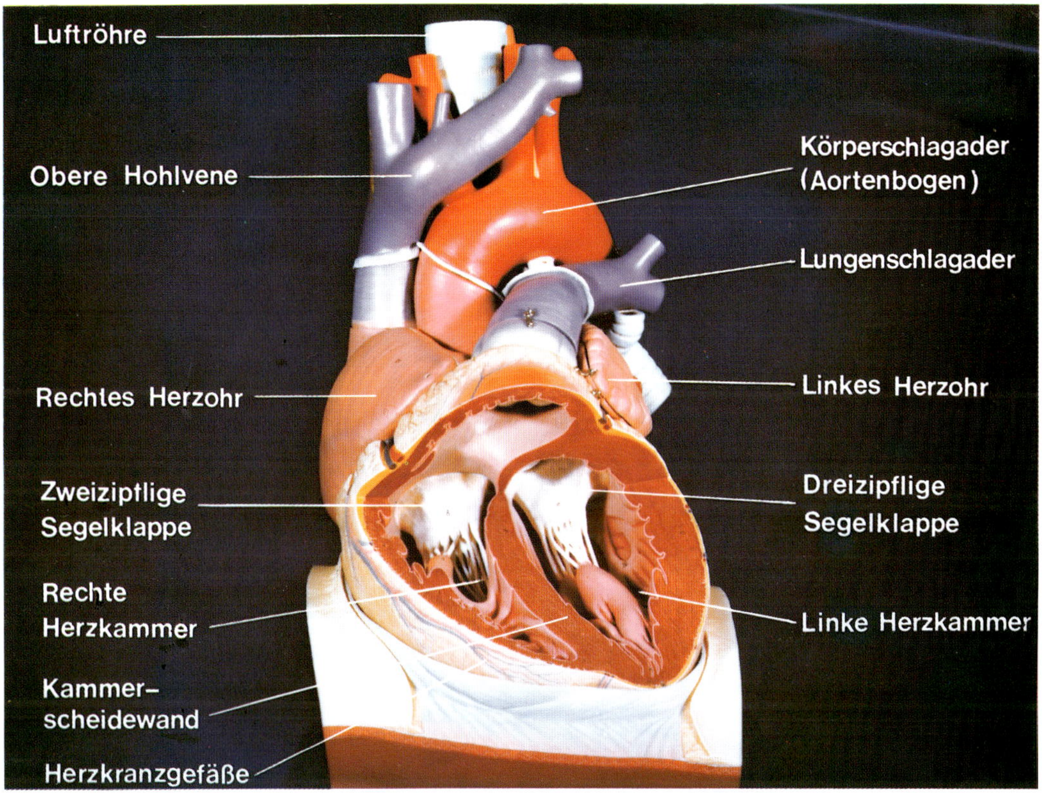

Querschnitt durch das Herz – einen etwa faustgroßen Hohlmuskel, der sich rhythmisch zusammenzieht und so das Blut in das Arteriensystem pumpt. Das Herz wiegt bei der erwachsenen Frau etwa 260 g, beim Mann etwa 310 g. Eine Scheidewand, die auf unserer Abbildung gut zu erkennen ist, teilt das Herz in eine linke und eine rechte Herzhälfte.

Psychotherapeutische Maßnahmen: Die physikalische Behandlung trägt schon zur psychischen Umstimmung bei, da das langsam erwachende Gefühl der körperlichen Leistungsfähigkeit die Grundstimmung und den Gesundungswillen hebt.

Die psychotherapeutischen Maßnahmen, vor allem das ärztliche Gespräch, das neurotische Fehlhaltungen und Verdrängungen bewußtmacht, fördern den Heilungsprozeß wesentlich. Gerade der Herzneurotiker braucht Verständnis für seine wirklich empfundenen Beschwerden und eine Anleitung zur Bewältigung seiner Lebenssituation.

Medikamente: Sie sind anfangs meist nötig, sollten aber bald immer sparsamer verwendet und nach einiger Zeit möglichst ganz abgesetzt werden. Der Arzt hat dabei je nach Einzelfall unter den gefäß-, psychisch oder nervenwirksamen Medikamenten zu entscheiden.

HERZRHYTHMUSSTÖRUNGEN

In den letzten Jahren nimmt die Zahl der Herzrhythmusstörungen ständig zu. Vielleicht werden durch die routinemäßig

Rhythmusstörungen

Ein Herz schlägt falsch

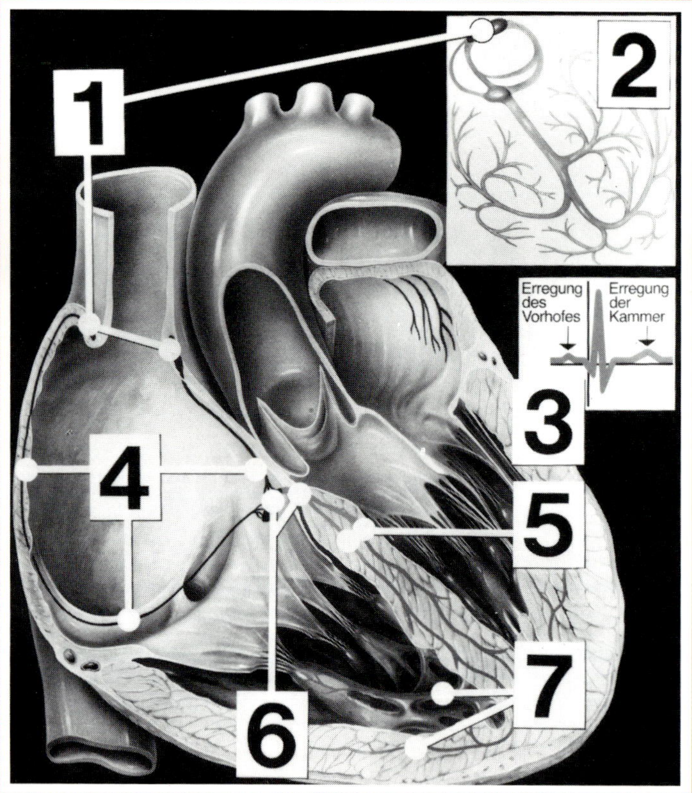

1 = Die elektrischen Erregungen, die den eigentlichen Pumpvorgang auslösen, entstehen im Herzen selbst, im Sinusknoten, im Bereich der Einmündung der oberen Hohlvene in den rechten Vorhof (Schrittmacherfunktion).

2 = So verteilt sich das Erregungsbildungs- und Reizleitungssystem über das ganze Herz.

3 = So entsteht eine Herzstromkurve (EKG).

4 = Erregungsleitungsbahnen leiten den Reiz über beide Vorhöfe zum AV-Knoten (Aschoff-Tawara-Knoten).

5 = In der oberen Herzkammerscheidewand spaltet sich das Reizleitungssystem in drei Schenkel.

6 = Über den AV-Knoten und das His-Bündel wird die Erregung vom Vorhof auf die Herzkammerwände übertragen.

7 = Die Ausläufer des Herzreizleitungssystems heißen Purkinje-Fasern. Sie leiten die Erregungen in die Muskulatur der Herzkammern hinein.

durchgeführten Elektrokardiogramm-Aufnahmen auch mehr Rhythmusstörungen gefunden als früher. Es muß auch bedacht werden, daß durch eine Behandlung mit Herzmitteln (Glykosiden) erst Herzrhythmusstörungen auftreten können, besonders dann, wenn ein verminderter Kaliumspiegel im Blut besteht.

Die unregelmäßige Herztätigkeit wird von den Betroffenen recht verschieden empfunden und beurteilt. Manche werten sie als lebensbedrohliche Erscheinung und geraten in große Angst, andere meinen, „ein guter Stolperer fällt nicht". Die einen registrieren jeden Extraschlag (Extrasystole) und glauben, daß dies der Anfang vom Ende sei, andere sagen „eine Schwalbe macht noch keinen Frühling, und eine Extrasystole macht noch längst keinen Herzinfarkt". Es gibt Patienten, die ein echtes Herzvorhofflimmern mit hoher Herzkammerfrequenz haben, ohne es zu merken. Gewöhnlich kommt es erst durch die ärztliche Untersuchung zutage, und dann bedeutet es für den Patienten so viel, wie der Arzt aus der Rhythmusstörung macht.

Bei dieser sehr unterschiedlichen Bewertung der Herzrhythmusstörungen muß man sagen, daß es sicher richtig ist, daß sie in vielen Fällen überbewertet werden, daß sie andererseits aber auch im Einzelfall große akute Gefahren in sich bergen. Es bleibt daher nichts anderes übrig, als durch eingehende und wiederholte Herzuntersuchungen – wie sie heute jeder Arzt in der eigenen Praxis und mit Hilfe der Untersuchungsinstitute durchführen kann – festzustellen, welche Auswirkungen die gestörte Herzschlagfolge auf die Herzfunktion, die Herzleistung und die Durchblutung der Organe mit sich bringt, welche Bedeutung also die Rhythmusstörung für die tägliche Leistungsfähigkeit und Lebensfähigkeit hat.

Die wichtigsten Rhythmusstörungen sind Herzjagen (Tachykardie), Herzverlangsamung (Bradykardie), Extraschläge (Extrasystolie), Herzvorhofflimmern oder -flattern.

Das **Herzjagen** (Tachykardie) mit einer Herzschlagbeschleunigung auf mehr als 100 Schläge in der Minute kann ständig oder nur vorübergehend vorhanden sein und ist ernst zu nehmen, wenn es – wie nur ärztlich festgestellt werden kann – von den Herzkammern ausgeht (ventrikuläre Tachykardie). Liegt die Ursache außerhalb der Herzkammer (supraventrikuläre Tachykardie, Sinustachykardie), so ist das Herzjagen günstig zu beurteilen. Es kann auch anfallsweise auftreten. In zahlreichen Fällen besteht dann eine Unterfunktion der Hirnanhangsdrüse (Hypophyse). Neben der Anwendung der etwa erforderlichen Herzmittel ist auch eine Behandlung mit Hypophysenhormonen notwendig und meist erfolgreich.

Herzverlangsamungen (Bradykardien) mit einer Schlagfolge unter 60 in der Minute haben bei Jugendlichen und Sportlern meist keine Bedeutung. Viele Hochleistungssportler haben nur einen Pulsschlag von 40 Schlägen in der Minute. In den meisten Fällen wird die Verlangsamung durch eine erhöhte Spannung im Vagusnerv hervorgerufen, wodurch der Pulsträger des Herzens, der Sinusknoten (ein Nervenknoten vor dem rechten Vorhof), gebremst wird. Diese Verlangsamung wird daher auch Sinusbradykardie genannt. Normalerweise macht sie keine krankhaften Erscheinungen und bedarf auch keiner Behandlung.

Für ältere Leute gewinnt der verlangsamte Herzschlag eine andere Bedeutung. Er kann zur Gefährdung werden, weil die Förderleistung des Herzens absinkt, das Gehirn zuwenig mit Sauerstoff versorgt wird und bei längerer Dauer eine Herzmuskelschwäche einsetzt, die zu den entsprechenden Stauungserscheinungen führt (siehe unter Herzschwäche).

Geht die Verlangsamung der Herztätigkeit nicht vom Sinusknoten, sondern von den Herzkammern aus (Kammerbradykardie), was vom Arzt im Elektrokardiogramm schnell festzustellen ist, so wird die Sache bedrohlich, weil dann meist stärkere Überleitungsstörungen im Reizleitungssystem des Herzens vorliegen. Baldige ärztliche Hilfe oder Klinikeinweisung ist in diesen Fällen erforderlich.

Extraschläge (Extrasystolen), die in den normalen Herzrhythmus eingestreut sind, finden sich in 5–16% routinemäßig aufgezeichneter Herzstromkurven. Die meisten Menschen bemerken sie überhaupt nicht. Manche aber werden davon sehr beunruhigt, so daß sogar eine Neurose die Folge sein kann. Meistens läßt sich durch die ärztliche Untersuchung eine organische Herzerkrankung ausschließen.

Die Extraschläge haben dann auch keine Rückwirkungen auf die Herzleistung. In seltenen Fällen können sie Herzjagen oder Herzkammerflimmern auslösen, daher müssen auch die im allgemeinen harmlosen Extrasystolen, wenn sie gehäuft auftreten, unter ärztlicher Kontrolle bleiben.

Herzvorhofflimmern kann entstehen, ohne daß sonst eine organische Herzkrankheit nachweisbar ist. Es treten dann im allgemeinen auch keine Rückwirkungen auf die Herz-Kreislauf-Funktionen ein, und die Lebenserwartung ist kaum eingeschränkt. Meist läßt sich das Vorhofflimmern auch regularisieren, so daß sich wieder ein normaler Sinusrhythmus einstellt.

Besteht jedoch eine organische Herzkrankheit, bringt das Vorhofflimmern meist eine Verschlechterung des Zustandes mit sich, ist dann also viel ernster zu bewerten und bedarf daher immer ärztlicher Behandlung und Überwachung.

Kammerflimmern und -flattern ist ein sehr ernstes Krankheitszeichen und kann nur in einer Fachklinik behandelt werden. Besonders bei alten und schon vorher organisch kranken Herzen besteht dann Lebensgefahr.

Die Herzrhythmusstörungen wurden im einzelnen hier besprochen, um zeigen zu können, daß sie in den meisten Fällen zwar nicht zu ernst genommen werden müssen, daß es aber doch einer sehr sorgfältigen ärztlichen Untersuchung bedarf, um herauszufinden, wann eine Rhythmusstörung lebensbedrohlich wird.

Die *Behandlung* kann dann nur vom untersuchenden und betreuenden Arzt durchgeführt werden.

HERZSCHWÄCHE · HERZMUSKELSCHWÄCHE

Wenn man den Ring nicht mehr vom Finger bekommt oder nachts einmal oder mehrmals Wasser lassen muß, so ist das oft ein Zeichen nachlassender Herzleistung mit Ödemneigung. Es bedarf dann natürlich einer ärztlichen Untersuchung, ob der Verdacht zu Recht besteht. Wenn das Herz seine Aufgabe, das Blut durch den Körper zu pumpen, nicht mehr genügend erfüllen kann, besteht eine ungenügende Herzleistung oder eine Herzschwäche, fachlich Herzinsuffizienz genannt. Normalerweise ist das Herz an vermehrte Anforderungen sehr anpassungsfähig. Ist es aber durch Krankheit, andauernde Überanstrengung oder Alter erschöpft, kommt es zum langsamen oder akuten Herzversagen. Dieser Zustand macht sich durch Stauungen in verschiedenen Organen bemerkbar.

Wenn ein Herzteil leistungsschwach geworden ist, staut sich das Blut immer *vor* dem leistungsschwachen Herzabschnitt. Besteht also ein *Linksherzversagen* bei noch guter Leistung des rechten Herzens, z. B. durch Bluthochdruck, Aortenklappenfehler, Mitralklappenfehler oder Herzinfarkt, so tritt eine Stauung im „kleinen Kreislauf", also in der Lunge, auf, was zu folgenden Krankheitszeichen führt: Atemnot, besonders bei Anstrengung, Husten (Stauungsbronchitis), Blaufärbung der Haut und

Schleimhäute wegen des mangelhaften Sauerstoffaustausches und schließlich ein Lungenödem.

Beim *Rechtsherzversagen* z. B. durch Lungenemphysem, Lungenzirrhose, grober Rippenfellverschwartung oder einigen angeborenen Herzfehlern (Löchern in den Scheidewänden) entstehen Stauungen im „großen", also im Körperkreislauf. Dadurch kommt es anfänglich zum nächtlichen Wasserlassen, zu Einflußstauungen in den Hals- und Armvenen, zur Leber-, Nieren- und Magenstauung und zu Wasseransammlungen in den Unterschenkeln und den Körperhöhlen.

Das Versagen eines Anteils oder auch des ganzen Herzens kommt am häufigsten durch infektiös-toxische Einwirkungen oder auch durch einen Herzinfarkt zustande.

Die Behandlung wird sich nach jedem Einzelfall richten und der ärztlichen Kunst und Erfahrung vorbehalten bleiben müssen, da die Diagnose des jeweiligen Herzzustandes sehr schwierig sein kann und der Arzt stets in seiner Verantwortung herausgefordert ist.

Diät: Nach den heute gültigen Grundsätzen der Herzkranken-Diät muß diese salzarm sein, kräftig mit Würzkräutern gewürzt, auch die Augen ansprechen und die notwendigen Kalorien enthalten. Die Kalorienzahl richtet sich nach Alter, Geschlecht und Gewicht.

Physikalische Maßnahmen: Sie beschränken sich anfänglich auf Bettruhe, obwohl dieser Maßnahme am wenigsten Verständnis entgegengebracht wird. Sie ist jedoch zur Entlastung des Herzens anfangs unbedingt erforderlich. Erst viel später kommen Waschungen, Güsse, Bäder oder Gymnastik in Frage.

Psychotherapeutische Maßnahmen: Sie ergeben sich aus der Tatsache, daß durch die erzwungene Bettruhe, die viel Zeit kostet, Verdienstausfall entsteht und zudem noch eine Menge Arbeit liegenbleibt, was eine innere Unruhe zur Folge hat, die auch im Bett nicht nachläßt. Meist greift man dann zu Beruhigungs- und Schlafmitteln, die überwiegend Barbitursäureverbindungen enthalten. Gerade vor Barbituraten muß aber bei Herzkranken gewarnt werden, weil diese auf den kleinen Kreislauf (Lungenkreislauf) gefäßverengend wirken. Der Gefäßwiderstand in der Lunge nimmt dann um bis zu 60% zu, so daß vor allem dem rechten Herzen die Arbeit enorm erschwert wird. Sparsame Verwendung von Beruhigungs- und Schlafmitteln ist daher notwendig. Barbitursäurepräparate sollten möglichst ganz vermieden werden.

Meist hat die innere Unruhe auch seelische Hintergründe, die durch das ärztliche psychotherapeutische Gespräch oder durch ein seelsorgerliches Gespräch erhellt und nach Möglichkeit beseitigt werden müssen.

Medikamente: Die medikamentöse Behandlung ist eine rein ärztliche Aufgabe. Sie muß dem Einzelfall und dem jeweiligen Zustand angepaßt sein.

Neben den hauptsächlichen Herzmitteln Digitalis und Strophanthin verwendet der Arzt heute eine ganze Reihe von neueren, teils ergänzenden, teils auch selbständigen Mitteln, die in den Herzstoffwechsel eingreifen, wie Magnesium- und Kaliumpräparate, Adenosintriphosphorsäure und Asparaginsäure, oder Substanzen, die die Funktion der Blutgefäße beeinflussen, wie Weißdorn, Mistel, Rutin, oder Substanzen, die die nervösen Regulationen beeinflussen, wie Nitropräparate, Betarezeptorenblocker oder Stimulantien, oder Substanzen, die beruhigend und entspannend wirken.

Hiermit die bestmögliche Behandlung durchzuführen bedarf großer Umsicht und Erfahrung.

HERZVERSAGEN

siehe Herzinfarkt

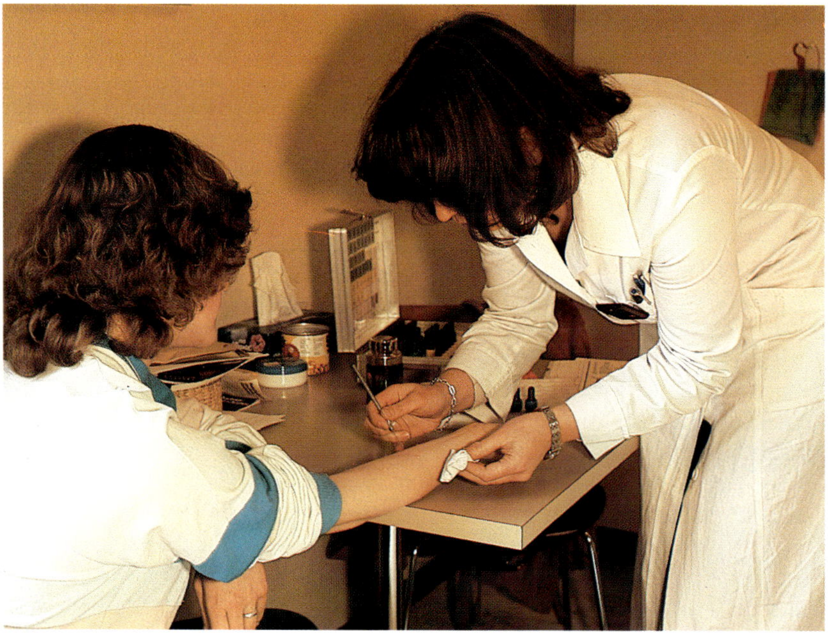

Beim Heuschnupfen handelt es sich um eine echte allergische Reaktion auf Pflanzenpollen. Mit Hilfe des Heuschnupfentests versucht man herauszufinden, welche Pflanze die Überempfindlichkeitsreaktion auslöst.

HEUSCHNUPFEN

Während der Gräser- und Getreideblüte in den Frühjahrs- und Sommermonaten kann die Blütenstaubausstreuung bis zu 5–10 Millionen Pollenkörner pro Quadratmeter Fläche innerhalb von 24 Stunden erreichen. In der Nähe der Erdoberfläche sind dann mehr als 400 Pollenkörner in einem Kubikmeter Luft enthalten. Die stärkste Blütenstaubausstreuung findet in den Morgenstunden statt. Man atmet in den Frühjahrs- und Sommermonaten täglich 4000–5000 Pollenkörner (Blütenstaub) ein, die einen Durchmesser von 200–250 μ (Mikron = tausendstel Millimeter) aufweisen. Schon 40–50 der winzigen Blütenstäubchen genügen, um die Symptome einer Pollenallergie (Heuschnupfen) auszulösen.

Die Symptome sind: Schwellung der Nasenschleimhaut, Nasenlaufen, Niesanfälle, Augenjucken. Auf dem Höhepunkt der Erkrankung können Asthmaanfälle (Heuasthma, Pollenasthma) auftreten. Die Erkrankung wiederholt sich in jedem Jahr zur Blütezeit, häufig schon im jugendlichen Lebensalter.

Natürlich sind für das Zustandekommen des Heuschnupfens (Rhinitis allergica) nicht allein die Gräser- und Getreidepollen verantwortlich, die ja jeder einatmet, sondern auch die Beschaffenheit und Reaktionsweise des durch das Eindringen der Pollen erkrankenden Organismus. Dieser ist ja nicht wie ein gesunder Organismus in der Lage, die eindringenden Pollen bereits im Schleimhautgebiet der Atmungsorgane, insbesondere schon in der Nase, abzubauen. Sie dringen vielmehr unabgebaut durch die Schleimhaut ein und bilden so die Ursache für eine entzündliche oder allergische Reaktion, da die Pollen unabgebaut aktives, fremdes, an Eiweiß gebundenes Leben darstellen. Der gesunde Organismus ist in der Lage, nicht abgebautes Eiweiß an seinen Grenzflächen abzubauen oder zumindest nicht passieren zu lassen. Als weitere Schwäche neben der mangelhaften Abbaufähigkeit muß auch eine zu starke Durch-

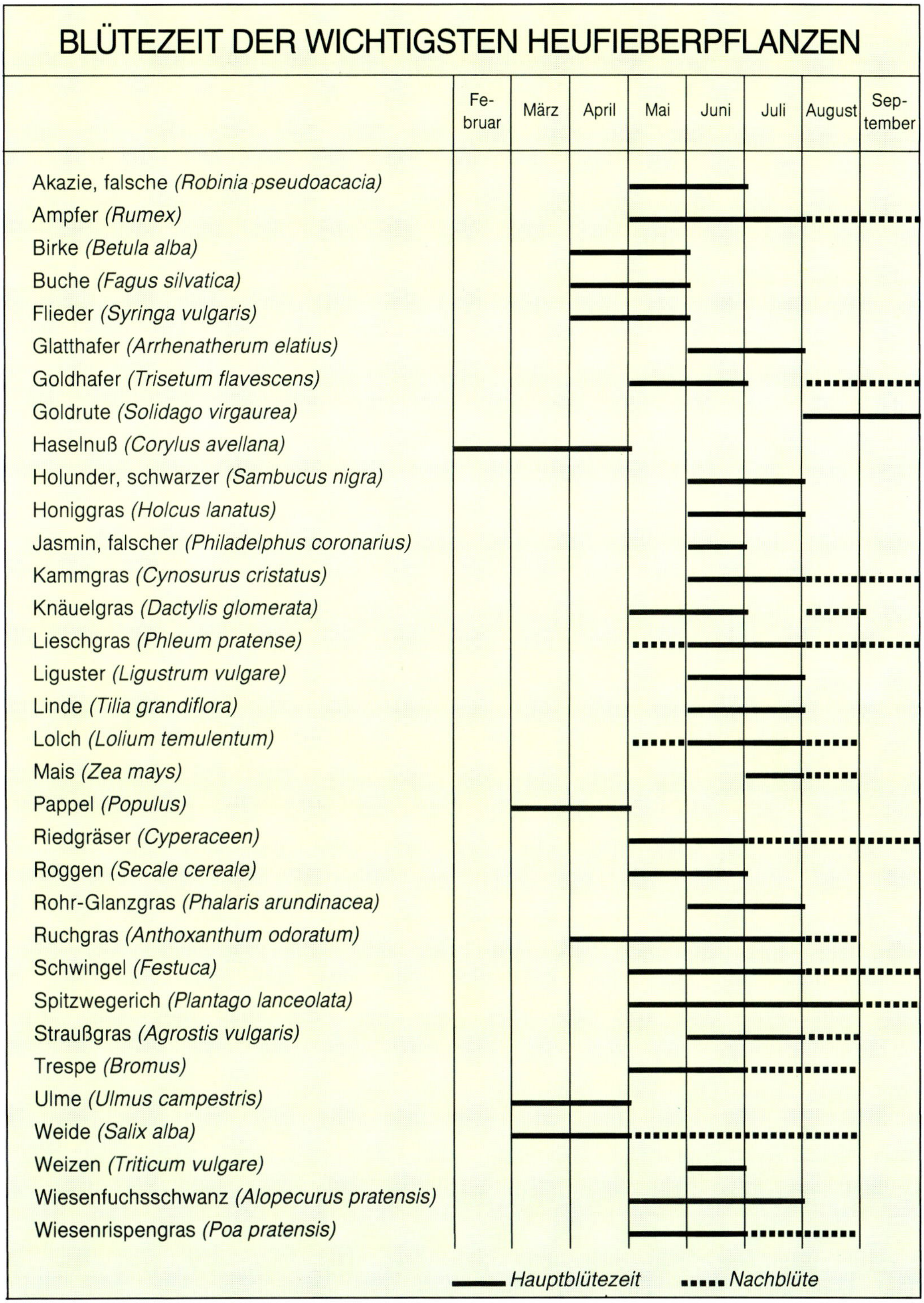
BLÜTEZEIT DER WICHTIGSTEN HEUFIEBERPFLANZEN
Fe- bruar
März
April
Mai
Juni
Juli
August
Sep- tember
Akazie, falsche (Robinia pseudoacacia)
Ampfer (Rumex)
Birke (Betula alba)
Buche (Fagus silvatica)
Flieder (Syringa vulgaris)
Glatthafer (Arrhenatherum elatius)
Goldhafer (Trisetum flavescens)
Goldrute (Solidago virgaurea)
Haselnuß (Corylus avellana)
Holunder, schwarzer (Sambucus nigra)
Honiggras (Holcus lanatus)
Jasmin, falscher (Philadelphus coronarius)
Kammgras (Cynosurus cristatus)
Knäuelgras (Dactylis glomerata)
Lieschgras (Phleum pratense)
Liguster (Ligustrum vulgare)
Linde (Tilia grandiflora)
Lolch (Lolium temulentum)
Mais (Zea mays)
Pappel (Populus)
Riedgräser (Cyperaceen)
Roggen (Secale cereale)
Rohr-Glanzgras (Phalaris arundinacea)
Ruchgras (Anthoxanthum odoratum)
Schwingel (Festuca)
Spitzwegerich (Plantago lanceolata)
Straußgras (Agrostis vulgaris)
Trespe (Bromus)
Ulme (Ulmus campestris)
Weide (Salix alba)
Weizen (Triticum vulgare)
Wiesenfuchsschwanz (Alopecurus pratensis)
Wiesenrispengras (Poa pratensis)
Hauptblütezeit
Nachblüte

lässigkeit der Grenzflächen erwähnt werden. Die Nasen- und Bronchialschleimhaut wird undicht, löcherig, durchlässig für Pollen. Der Körper versucht dann, durch mechanische Ausschwemmung, Fließschnupfen, Niesen, Auswurf der eindringenden Fremdkörper Herr zu werden.

Neben den Getreide- und Gräserpollen kann die Erkrankung auch vom Blütenstaub der Robinien (Akazien), des Holunders, des Ligusters, der Linden und anderer Pflanzen ausgelöst werden.

Da es sich beim Heuschnupfen um eine echte allergische Reaktion auf Pflanzenpollen handelt, versucht man, den Organismus gegen die Pollen unempfindlich zu machen (zu desensibilisieren). Es wurden zunächst Tests entwickelt, durch die man feststellen kann, gegen welche Pflanzenarten eine Überempfindlichkeit (Allergie) besteht. Meist stellt sich eine Überempfindlichkeit gegen mehrere Pflanzenarten heraus. Die Testreaktion selbst fällt mit Beginn der Heufieberzeit stärker aus.

Den indirekten Methoden des Allergen-Nachweises, wie Pulstest nach Coca, Leukozytensturz (Absinken der weißen Blutkörperchen) und Thrombozytensturz (Absinken der Blutplättchen), haften erhebliche Unzulänglichkeiten an, und ihre Durchführung ist in der Praxis technisch aufwendig.

Die Methoden des direkten Allergen-Nachweises durch Einbringen von Pollenextrakten in die Haut (Hauttests) führen zu brauchbaren Ergebnissen.

Die Behandlung muß darauf abzielen, die Abwehrschwäche (mangelhafter Abbau, Undichtigkeit der Zellgrenzen) und die Verwässerung zu bekämpfen sowie die sehr lästigen Krankheitssymptome wie Schnupfen, Asthmabronchitis, Entzündung der Augenbindehaut, Reizung der Nasenschleimhaut und das beeinträchtigte Wohlbefinden zu beseitigen. Das kann durch die nachfolgend genannten Maßnahmen geschehen.

Diät: Sie darf über die ganze Heuschnupfenzeit hinweg nur wenig Flüssigkeit enthalten und muß salz- und eiweißarm sein. Lacto-vegetabile Kost mit viel Rohkost oder nur Rohkost für vier bis sechs Wochen Dauer ist anzuraten. Rohkost trägt zur Abdichtung der Zellgrenzen bei. Das gilt im besonderen Maße für die Zitrusfrüchte.

Es ist beim Allergie-Test zweckmäßigerweise zu prüfen, ob nicht neben der Pollenallergie auch eine Überempfindlichkeit gegen bestimmte Nahrungsmittel besteht. Oft genügen als diätetische Maßnahmen Hafer- und Reistage.

Physikalische Maßnahmen: Solbäder mit Staßfurter Salz, römisch-irische Bäder, Sauna, Seebäder, Schwimmen.

Psychotherapeutische Maßnahmen: Entspannungsübungen, Atemübungen am Seestrand.

Medikamente: Zunächst das Zitronen-Quitten-Präparat Gencydo. Es enthält eine Substanz aus Zitrusfrüchten, die eine 60- bis 200mal stärkere entzündungswidrige Wirkung entfaltet als das stark entzündungswidrig wirkende chemische Mittel Phenylbutazon. Es kann Prosplen, ein Milzextraktpräparat, folgen, das ebenfalls die allergischen Reaktionen hemmt. Erst dann sollten die rein symptomatisch wirkenden Antihistamine (Atosil, Tavegil, Soventol) und Cortisonpräparate (Volon A, Urbason, Delphicort u. a.) folgen und eine Umstimmung der Darmflora durch Omniflora, Bactisubtil, Acidophilus und Colibiogen eingeleitet werden.

Zuweilen lohnt sich auch sehr ein Versuch mit den homöopathischen Mitteln Galphimia D 3 oder D 4, dreimal täglich fünf, allmählich ansteigend bis dreimal täglich zehn Tropfen. Es ist eine Zubereitung der in Mexiko wachsenden Pflanze Galphimia glauca.

Solbäder, wie hier in der Wanne, und auch Seebäder eignen sich gut bei Hauterkrankungen und allergischen Reaktionen.

HEXENSCHUSS

Siehe Kreuzschmerzen

HIRNKREISLAUFSTÖRUNGEN

Sie können sich aus einer Vielzahl von Ursachen ergeben, die oft recht verschiedene Behandlungsmaßnahmen erfordern und sich jeweils nach dem Grundleiden richten müssen.

Hirnkreislaufstörungen können auftreten als *Teilerscheinung von Störungen des Gesamtkreislaufs* mit einem Blutdruckabfall unter einen Mittelwert von 70 mmHg. Hierbei sind natürlich Maßnahmen notwendig, die den Gesamtkreislauf beeinflussen.

Hirnkreislaufstörungen können die *Folge einer veränderten Blutzusammensetzung* sein, sei es durch eine Änderung der Blutgase, durch echte oder symptomatische Polyzythämie oder durch Stoffwechselerkrankungen (Störungen des Säure-Basen-Gleichgewichts oder der Elektrolytzusammensetzung).

Die Behandlung muß diese Störungen berücksichtigen und ist unter den einzelnen Krankheiten nachzulesen.

Störungen des Hirnkreislaufs treten auch durch *Erkrankungen der Hirngefäße* auf, die wiederum durch niedrigen Blutdruck, durch Entzündungen verschiedener Art, durch Arteriosklerose (Atherosklerose) und rheumatisch bedingt sein können. In allen diesen Fällen, die natürlich zunächst ärztlich zu klären sind, richtet sich die Behandlung nach dem vorliegenden Grundleiden.

Schließlich gibt es auch rein „nervös", besser *seelisch und neurotisch bedingte oder ausgelöste Hirndurchblutungsstörungen,* die man aber erst annehmen sollte, wenn feststeht, daß keine der eben genannten Krankheiten vorliegen. Nur für solche Fälle sind die folgenden Behandlungsmaßnahmen vorzuschlagen.

Diät: Normalkost.

Physikalische Maßnahmen: Kneippkuren oder auch einzelne Anwendungen wie ansteigende Armbäder, wechselwarme Fußbäder, Leibwickel.

Psychotherapeutische Maßnahmen: Entspannungsübungen, Schulterstand, Kopfstand, Schwimmen.

Medikamente: Möglichst keine, höchstens Hovaletten, Passiorin, Tebonin, Valdispert, Crataegutt.

HITZSCHLAG (*Hitzeschaden*)

Wenn die normale Wärmeregulation überfordert wird – z. B. durch eine Wärmestauung, die der Körper nicht mehr ausgleichen kann –, tritt ein Hitzschlag oder ein Hitzeschaden ein. Herz-Kreislauf-Kranke sind besonders gefährdet. Nicht selten verläuft ein Hitzschlag tödlich.

Ein Wärmestau tritt auf, wenn die Umgebungstemperatur 30° C überschreitet, weil dann der Körper nicht mehr genug Wärme an die Umgebung abgeben kann. Bei Temperaturen über 35° C muß er durch eine vermehrte Schweißabsonderung eine Abkühlung zustande bringen. Bei hoher Außentemperatur, hoher Luftfeuchtigkeit und wenig Luftbewegung ist sie aber nur gering. Kommen noch Körperbewegung und Sonnenbestrahlung hinzu, so steigt die Gefährdung.

Wir kennen mehrere Formen des Hitzeschadens:

1. Hitzeerschöpfung oder Hitzekollaps,
2. Hitzekrämpfe (Muskelkrämpfe besonders der Waden bei großem Kochsalzverlust des Körpers) und
3. Hitzschlag, bei dem nach einer Reihe von Vorboten, wie Kopfschmerzen, Mattigkeit, Teilnahmslosigkeit, Flimmern vor den Augen, schließlich Schwindel, Übelkeit, Erbrechen und Ohnmacht eintritt. Die Körpertemperatur steigt dabei erheblich an (40° C und darüber).

Einen Hitzschlag kann man vermeiden, indem man einen Wärmestau gar nicht erst entstehen läßt. Erste Regel beim Sonnenbaden: Immer den Kopf bedeckt halten, und nie in die pralle Sonne legen.

Erfolgt in diesem Stadium keine Hilfe, so treten schwere zentralnervöse Erscheinungen wie Krämpfe und Nackensteifigkeit auf. Es besteht dann größte Lebensgefahr.

Bis zur dringend notwendigen Klinikeinweisung muß für schnelle Temperatursenkung und Wiederherstellung der Blutzirkulation gesorgt werden, was durch Abbrausen des ganzen Körpers und kalte Abwaschungen zu besorgen ist. Falls möglich, läßt man auch eine 0,1–1 %ige Kochsalzlösung trinken, sorgt aber sonst für schnellen Transport in die Klinik, wo durch Infusionen und Kreislaufbehandlung weitere Gefahren abgewendet werden können.

HODEN- UND NEBENHODEN-ENTZÜNDUNG

Sehr schmerzhaft ist eine meist ziemlich plötzlich auftretende Anschwellung der Hoden. Ursächlich kommen verschiedene akute Infektionskrankheiten in Frage. Besonders häufig tritt die Hodenentzündung (Orchitis) jedoch nach Mumps auf. Bei schwerem Verlauf kann es zur Hodenschrumpfung, bei beiderseitiger Erkrankung zur Unfruchtbarkeit kommen. Bei schmerzlosen Hodenschwellungen ist auch an Hodentumoren zu denken, die gerade bei jüngeren Männern nicht selten sind.

Bei jeder schmerzlosen, aber harten Schwellung im Hodensack, die nicht in einigen Tagen zurückgeht, sollte unverzüglich der Arzt aufgesucht werden, damit er die Frage, ob ein Hodentumor vorliegt, klären kann.

Auch die Nebenhodenentzündung (Epididymitis) wird meist durch Bakterien hervorgerufen, die von der Harnröhre aus durch die Samengänge in die Nebenhoden eindringen. Die Entzündung bringt meist ein schmerzhaft-wundes Gefühl in der Hodengegend mit sich.

In beiden Fällen wird die Behandlung auf die verursachende Infektionskrankheit (z. B. Mumps oder Harnwegstuberkulose) gerichtet sein. Durch Tragen eines im Bandagistengeschäft zu erhaltenden *Suspensoriums* (Tragverbands) wird der Hodensack angehoben und die entzündliche Spannung beseitigt, was als große Erleichterung empfunden wird.

Ganz allgemein ist bei Hoden- und Nebenhodenentzündung Bettruhe nötig. Als einzige *physikalische Maßnahme* kommen nur kühle, feuchte Kompressen oder sogar kurzfristige Eisbeutelauflagen in Frage. Die *medikamentöse Behandlung* richtet sich völlig nach der Grundkrankheit (Mumps, Tuberkulose, Gonorrhoe, Syphilis).

Es gibt zuweilen auch eine erotische Nebenhodenentzündung, die durch eine Blutüberfüllung des Nebenhodens infolge zahlreicher Erektionen und geschlechtlicher Erregungen zustande kommt. Diese läßt sich manchmal durch eine rein homöopathische Behandlung mit Pulsatilla = Küchenschelle (Urtinktur oder D 2) – alle zwei Stunden fünf Tropfen oder dreimal täglich zehn Tropfen – zum Verschwinden bringen.

HÖRSCHÄDEN

Am häufigsten und bekanntesten sind vererbte Hörschäden. Durch frühzeitige Hörtests lassen sich aber viele bisher als ererbt angesehene Hörschäden als früherworbene Hörschäden erkennen. Bekannt ist, daß aus Ehen Blutsverwandter öfter taubstumme Kinder hervorgehen. Die bei erblichen Gehörknochenleiden meistens behinderte Schalleitung läßt sich heute operativ (Tympanoplastik) bessern oder beseitigen.

Eine große Gefahr für die noch ungeborenen Kinder stellen Virusinfekte der Mütter, vor allem mit Röteln, dar. In vielen Fällen erleiden Kinder dabei Hörschäden.

Kurz nach der Geburt kann die Neugeborenengelbsucht zu einem Hochtonverlust führen. Nur eine sofortige Austauschtransfusion verhindert eine schwere Einschränkung der Hörfähigkeit.

Hörverluste können auch durch Atemstillstand nach langen und schweren Geburten auftreten und werden oftmals vorerst gar nicht erkannt.

Mit Recht gefürchtet sind auch die drei Infektionen Masern, Mumps und Meningitis (Hirnhautentzündung), die bis zu völliger Taubheit führen können.

Schließlich ist bei Anwendung von bakterienhemmenden Mitteln daran zu denken, daß ein Teil von ihnen auf das Gehör giftig wirken kann.

In allen diesen Fällen muß eine *frühzeitige audiologische Untersuchung* durch den Ohrenarzt die Situation klären. Durch jede wie auch immer geartete Selbstbehandlung verstreicht kostbare Zeit, während der eine fachgerechte Behandlung die Hörfähigkeit des Kindes retten oder bessern könnte.

HÜFTGELENKSVERÄNDERUNG

Die angeborene Hüftgelenksveränderung (Luxatio coxae congenita) wird häufig nicht früh genug erkannt. Beckenendlagengeburten und Mädchen sind am häufigsten betroffen. Eine erbliche Belastung ist in vielen Fällen anzunehmen. Frühzeitige Erkennung und Behandlung, möglichst sofort nach der Geburt, ist außerordentlich wichtig, damit nichtwiedergutzumachende Spätschäden vermieden werden. Unmittelbar nach der Geburt ist die Diagnose

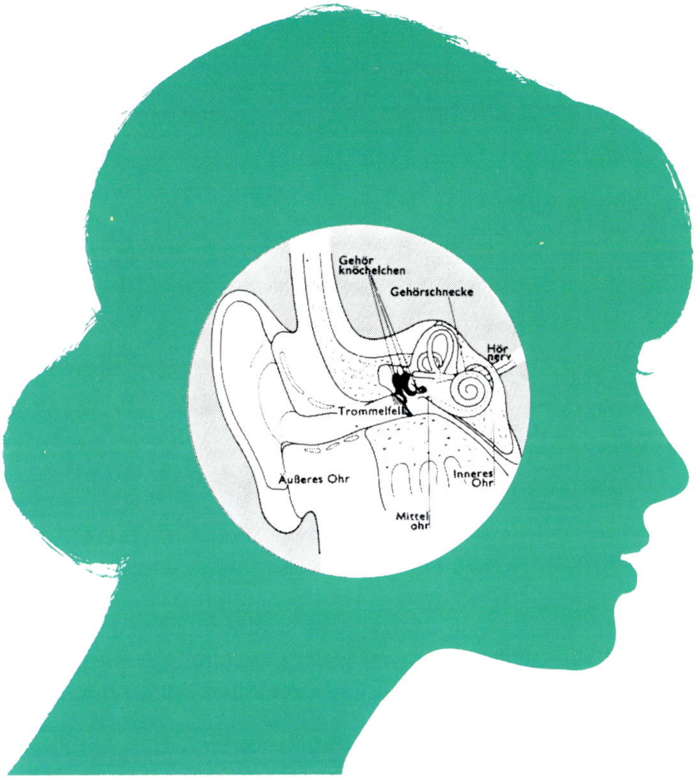

Unser Gehör ist schutzbedürftig. Wird das Ohr starkem Lärm ausgesetzt, erholt es sich erst wieder nach mehreren Stunden. Bis dahin ist das Hörvermögen reduziert. Ist die Erholungszeit ständig unzureichend, entsteht bleibender Hörverlust, der nicht mehr geheilt werden kann.

am leichtesten und noch *ohne* Röntgenaufnahmen möglich. Im frühen Stadium genügen einfache funktionelle Behandlungsmaßnahmen, die aber fachärztlich angeordnet werden müssen. Später sind nur noch operative Eingriffe möglich. In vielen Fällen genügt *breites Windeln,* um eine Heilung zu erzielen. Den Müttern muß diese Windeltechnik, die sechs Monate lang durchgeführt werden muß, schon in der Klinik beigebracht werden.

HÜFTGELENKSVERSTEIFUNG

Die Hüftgelenksversteifung (Coxarthrose) ist ein Leiden, das nicht geheilt, sondern nur symptomatisch behandelt und gelindert werden kann, und zwar durch *orthopädische Maßnahmen,* die eine Druckentlastung herbeiführen, durch Gelenkplastiken oder durch künstliche Gelenkmodelle. Medikamente können die Schmerzen stillen, entzündliche Reaktionen hemmen und die Ernährung des Gelenks verbessern. Auch operative Maßnahmen setzen sich immer mehr durch.

Physikalische Maßnahmen sind als Begleit- und Dauerbehandlung, konsequent durchgeführt, sehr wesentlich. In Frage kommen Wärme, Wasser (Bäder, Schwimmen), Massage und Bewegungsübungen. Die physikalischen Maßnahmen sind natürlich bei der Früharthrose und nach einer operativen Behandlung besonders wertvoll.

Unter den zahlreichen Behandlungsmöglichkeiten muß vom Facharzt sehr sorgfältig diejenige ausgewählt werden, die dem Alter, den Lebensumständen und den persönlichen Erfordernissen des Patienten am meisten entspricht.

HÜHNERAUGEN

siehe Fußleiden

I

INNENOHRSCHWERHÖRIGKEIT

siehe auch unter Schwerhörigkeit und Hörschäden

Es ist heute sicher, daß Virusinfekte, Sauerstoffmangel, Medikamente, Toxoplasmose (siehe dort) und Störungen der Embryonalentwicklung ursächlich viel häufiger eine Rolle spielen, als man früher annahm.

Im frühen Kindesalter treten Innenohrschäden nach Mumps, Masern und Hirnhautentzündung am häufigsten auf.

In späteren Jahren kommen zuweilen beträchtliche und zum Teil nicht wieder rückgängig zu machende Ohrschäden nach einem plötzlichen Knall vor (Knalltraumen). Das Knalltrauma spielt beim Jagdsport wie auch in der Industrie zunehmend eine Rolle.

Abgesehen von diesen Ursachen, die zur Innenohrschwerhörigkeit führen können, handelt es sich vorwiegend um eine Altersschwerhörigkeit, deren Ursache in einer Funktionseinschränkung des zugehörigen Nervenknotens (Ganglion spirale) zu suchen ist. Meistens tritt zu der verminderten Hörfähigkeit auch eine (zentral bedingte) Verminderung des Wortverständnisses und der Konzentrationsfähigkeit hinzu.

Die immer wieder auftauchende Annahme, daß auch *Herdinfekte* für mehr oder weniger plötzlich auftretende Innenohrschwerhörigkeiten verantwortlich sein könnten, war bisher noch nicht sicher nachzuweisen.

Die Aussichten, eine Schallempfindungsschwerhörigkeit, um die es sich nämlich bei der Innenohrschwerhörigkeit handelt, durch Behandlung zu heilen oder zu bessern, sind gering. Vielfach kann es durch Behandlung des Grundleidens zu einer Besserung kommen, aber die durch übermäßige Schallbelastungen, durch Alterung, Traumen oder andere Einwirkungen zugrunde gegangenen Hörsinneszellen (etwa 20000) können durch kein Medikament und keine Operation ersetzt werden. In der Regel gibt es nur dort eine Chance auf Besserung, wo sich die Schwerhörigkeit in sehr kurzer Zeit entwickelt hat und noch nicht lange besteht.

Die Behandlung des sogenannten *Hörsturzes* freilich, wie man die offensichtlich ohne äußere Einflüsse plötzlich entstandene akute Innenohrschwerhörigkeit nennt, verläuft bei vielen Erkrankten erfolgreich. Sie besteht hauptsächlich in durchblutungsfördernden Maßnahmen (werden meist als Infusion in die Vene gegeben, was für 1–3 Wochen einen stationären Aufenthalt im Krankenhaus notwendig macht) oder in Einspritzungen in das Ganglion stellatum, einen Halsnervenknoten.

Wird die Behandlung jedoch später als sechs Tage nach der plötzlichen Hörverschlechterung begonnen, sind die Aussichten auf Verbesserung der Hörfähigkeit wenig erfolgversprechend.

Die Behandlung der Altersschwerhörigkeit hat eine Funktionsverbesserung sowie eine Verzögerung des Alterungsprozesses der Hörsinneszellen zum Ziel.

INSEKTENSTICHE

Mückenstiche: Mücken werden von saurem Schweiß angelockt. Betupfen mit Mundspeichel, der alkalisch ist, kann durchaus nützlich sein, wenn nichts anderes bei der Hand ist. Sonst preßt man eine Zwiebelscheibe auf die Stichstelle, betupft sie mit Salmiakgeist oder trägt antiallergisch wirkende Gelees (oder Salben) auf, z. B. Calcistin-Gel, Ilvin, Soventol Gel.

Die tägliche Einnahme von zwei- bis dreimal 100 mg Vitamin B_1 schützt meist vor Mückenstichen (z. B. Benerva, Betabion, Betaxin, in Tabletten zu 100 oder 300 mg).

Bienen- und Wespenstiche: Der Bienenstachel muß mit der meist anhängenden Giftblase möglichst ohne Druck entfernt werden. Wenn möglich, schneidet man die Giftblase mit einer scharfen Rasierklinge ab und zieht dann den Stachel zwischen zwei Fingernägeln oder mit einer kleinen Pinzette heraus. Anschließend trägt man ein Antihistamin-Präparat oder Fortecortin oder Volon-A-Salbe auf. In schwereren Fällen baldmöglichst den Arzt aufsuchen, da Kalzium-Injektion oder Schockbekämpfung nötig sein kann.

Nach Bienenstichen treten meist keine Infektionen auf, nach Wespenstichen können jedoch stärkere Infektionen entstehen. Findet man einen Stachel mit anhängender Giftblase, so war es ein Bienenstich. Bei Wespen- und Stechhummelstichen bleibt keine Giftblase stecken.

Ein Moorbad tut gut bei Nervenentzündungen.

ISCHIAS

Bei einer sich trotz aller Behandlungsmaßnahmen nicht bessernden Ischiaserkrankung muß an das Vorliegen eines Tumors im untersten Rückenmarkabschnitt gedacht werden. Aufklärung ist nur durch eine fachneurologische Untersuchung möglich. Bei mehrfacher Wiederholung einer Ischiaserkrankung besteht der Verdacht einer *Bandscheibenerkrankung,* die meist durch eine Röntgenuntersuchung festgestellt werden kann.

Bei der unkomplizierten Ischiaserkrankung dienen folgende Maßnahmen der Besserung und Heilung: Anfängliche Bettruhe, mäßige (feuchte) Wärme, Einreiben mit durchblutungsfördernden Mitteln.

Die physikalischen Maßnahmen sind im Anfangsstadium (akuten Stadium) andere als im späteren chronischen Stadium.

Eine akute Ischiaserkrankung ist nie leicht zu nehmen; man sollte durch sorgfältige Behandlung und genaue Befolgung der verordneten Maßnahmen zu verhindern suchen, daß sie ins chronische Stadium gerät.

Die für eine akute Ischiaserkrankung notwendigen Behandlungsmaßnahmen sind zunächst mehrere Wochen *Bettruhe,* wobei das erkrankte Bein so gelagert sein muß, daß der erkrankte Nerv möglichst entspannt ist (z. B. Polster unter dem Knie).

Diät: Während der ersten zehn Tage *Abführkur* mit salinischen Mitteln (z. B. Karlsbader Salz, 1–2 Teelöffel morgens), leichte entgiftende Diät (Obst, Obstsäfte, Kompotte, Gemüse, Salate und Breie, insgesamt lacto-vegetabile Kost).

Physikalische Maßnahmen: Jeden zweiten Tag Schwitzpackungen im Bett mit nachfolgender Abreibung mit Franzbranntwein. Es folgen warme *Vollbäder* (30 Minu-

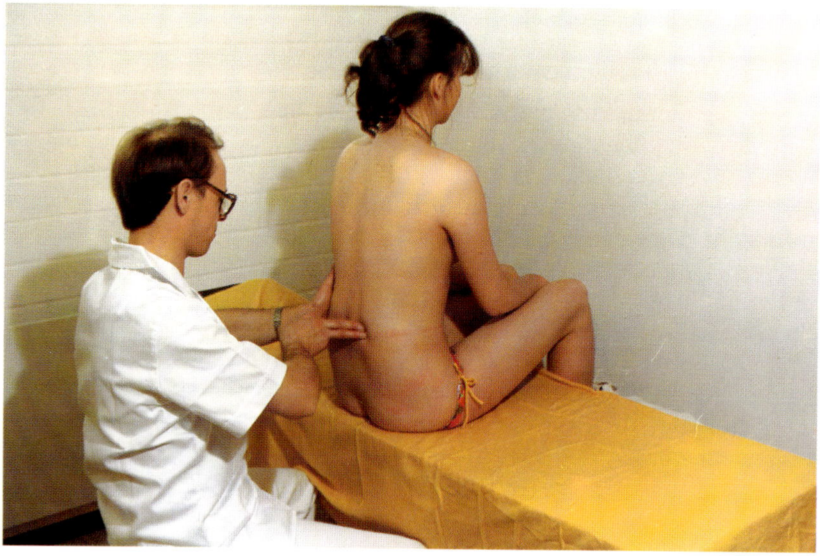

Die beim Ischias meist auftretenden Muskelhärten bekämpft man auch mit Bindegewebsmassagen, die am besten nach einer Wärmebehandlung erfolgen sollen.

ten 37–39° C ansteigend) mit Zusätzen von Fichtennadelöl, Rosmarinöl oder Salhumin.

Nach Verlassen des Bades sofort in ein vorgewärmtes Bett und warm einpacken. Nach einer Stunde auspacken und trockenreiben. Auch Bettglühlichtbäder (Glühlichtkasten) sind sehr zweckmäßig. Abwechselnd mit der allgemeinen Wärmeanwendung muß auch eine lokale Wärmebehandlung erfolgen, z. B. mit einem elektrischen Heizkissen in der Kreuzgegend und auf der Rückseite des Oberschenkels. Angenehmer ist die Dampfkompresse durchzuführen.

Medikamentös kommen noch Rheuma- und Bienengiftsalben in Frage.

Im späteren, subakuten bis chronischen Stadium sind meist energische und oft auch länger dauernde Maßnahmen durchzuführen. Es muß in diesem Stadium möglichst unterschieden werden, ob die Schmerzhaftigkeit und damit der entzündliche Prozeß mehr die Muskulatur oder mehr den großen, das ganze Bein durchziehenden Nerv selbst betrifft.

Bei der vorwiegend die Muskulatur betreffenden Form der Ischiaserkrankung findet man zahlreiche Muskelhärten im Gebiet der Lenden-, Gesäß- oder Oberschenkelmuskulatur. Gleichzeitig fehlen meist die Nervenreflexveränderungen und Hautempfindungsstörungen. In der Regel erkranken an dieser Form muskelkräftige Menschen (athletischen und pyknischen Körperbautyps).

An der vorwiegend den Nerv betreffenden Krankheit (neuralgisch-neuritische Form) leiden meist schlaffe, schlecht durchblutete, schlanke, nervös-vegetativ labile Menschen mit kalten Händen und Füßen. Es findet sich dabei eine schwache Muskulatur, auch sind Nervenreflexstörungen und Hautnervenempfindungsstörungen nachweisbar. Diese Form kann monatelang dauern.

Bei der muskulären (myalgischen) Form des Ischias sind folgende Maßnahmen erforderlich:

1. *Hautreizbehandlungen* von der Lendengegend herab bis zur Kniekehle und am Oberschenkel. Sie lassen sich durchführen mit Einreibemitteln (z. B. Forapin, Menthoneurin u. a.), Vitamin-Iontophorese, Höhensonnen-Reizbestrahlungen.

2. *Kräftige Wärmeanwendungen* vornehmen, und zwar abwechselnd lokal, also am erkrankten Bein (mit Schlamm, Schlick, Moor, Paraffin, Kurzwellen, Hochfrequenz) und allgemein durch Bäder (z. B. Stangerbäder, Salhuminbäder, Volldampfbäder, Moorbäder, Schlickbäder, Sandbäder, Überwärmungsbäder).
3. *Massage* insbesondere der verhärteten und meist sehr schmerzhaften Muskelpartien. Am besten wird die Massage im Anschluß an eine Wärmebehandlung durchgeführt.
4. *Gymnastische Übungen,* sobald sich die Erkrankung im Abklingen befindet, weil dadurch die Muskulatur aufgelockert und besser durchblutet wird.
5. *Wechselduschen* der Lendengegend und der Oberschenkel als Abschluß der Behandlung.

Bei der sehr hartnäckigen neuralgisch-neuritischen Form des Ischias sind bei oft längerer Behandlungsdauer folgende Maßnahmen erforderlich:

1. Elektrotherapie mit galvanischem Strom, Kurzwellendurchflutung, Hochfrequenzbehandlung,
2. Unterwassermassagen,
3. heiße Blitzgüsse,
4. Massage (im abklingenden Stadium).

Die **Diät** ist bei allen Formen der Ischiasbehandlung wichtig, weil eine Kost mit zu geringem Gehalt an den Vitaminen der B-Gruppe die Neuralgien und Nervenentzündungen begünstigt oder nicht abheilen läßt. Die Kost muß genügend Milcheiweiß, viel Obst, Gemüse und Salat und nur Vollkornbrot enthalten. Man gibt am besten noch Weizenkeime und Hefepräparate hinzu. Sucht- und Genußmittel (Alkohol, Nikotin) sind streng zu meiden.

Die **medikamentöse Behandlung** des Ischias ist eine rein ärztliche Sache, da die Auswahl der an sich gut wirkenden Mittel sehr individuell geschehen muß, weil sie alle mit mehr oder weniger starken Nebenwirkungen belastet sind.

K

KARZINOM

siehe Krebs

KEUCHHUSTEN

Der Keuchhusten (Pertussis), eine ansteckende Infektionskrankheit der Atemwege, kommt häufig bei Kindern unter zehn Jahren vor. Die Übertragung des Erregers erfolgt ausschließlich durch Tröpfcheninfektion (Anhusten). Die Krankheit verläuft meist in drei Stadien: 1. dem katarrhalischen Stadium mit Schnupfen, Niesen und gewöhnlichem Husten. Es dauert meist etwa 14 Tage; 2. dem Krampfhustenstadium, auch Anfallsstadium genannt, das sechs bis zwölf Wochen dauert; 3. dem Abheilstadium, in dem die Anfälle geringer und weniger heftig werden und in zwei bis drei Wochen abklingen. Die überstandene Krankheit hinterläßt im allgemeinen eine jahrzehntelange, nach einer gewissen Zeit aber doch langsam abklingende Immunität. Ältere Menschen können deshalb nochmals an Keuchhusten erkranken. Je jünger ein Kind ist, um so häufiger können folgende Komplikationen auftreten: Lungenentzündung, Bronchopneumonie (besondere Form der Lungenentzündung) und Krämpfe (Spasmophilie).

Die **Behandlung** besteht in Bettruhe (bei geringer Erkrankung entbehrlich) und Frischluft, möglichst Aufenthalt im Freien. In der Ernährung des Kranken sind alle festen, bröckeligen und krümeligen Nahrungsmittel, auch alle scharf schmeckenden oder riechenden Speisen zu meiden, weil sie vermehrt Anfälle auslösen können. Also nur eine weich-breiige Ernährung geben.

Klimakammerbehandlung kann Erleichterung bringen. Vom Arzt einzusetzende Mittel bekämpfen die Infektion und mögliche Komplikationen. Wegen erheblicher Nebenwirkungen wird die Schutzimpfung nicht mehr empfohlen.

KINDERLÄHMUNG

Die Kinderlähmung (Poliomyelitis) verläuft in zwei Phasen: In der ersten, zwei bis drei Tage dauernden Phase tritt ein Krankheitsbild wie bei einer Erkältung oder Grippe auf mit Fieber, Kopfschmerzen, Appetitlosigkeit und Allgemeinschwäche. Es können auch Halsschmerzen und Durchfall hinzukommen. Nach weiteren zwei bis vier Tagen erscheint die zweite Phase, die durch Lähmung gekennzeichnet ist.

Da die Diagnose meist erst gestellt wird, wenn die Lähmungen auftreten, sucht man nach Frühsymptomen. Als solche werden angesehen: Stirnkopfschmerzen, Nacken-, Rücken- und Gliederschmerzen, wobei die Glieder schwer und schwach und bei Bewegung schmerzhaft sind. Die Muskeln zeigen ein feines Zittern, die Erkrankten können nicht mehr stehen und knicken ein, die Kinder setzen sich nicht mehr allein auf. Alles das können bereits Reizerscheinungen des Nervensystems sein. Treten im weiteren Verlauf Schmerzen auf beim Anheben des Kopfes gegen die Brust oder beim Beugen des im Knie gestreckten Beines in den Hüftgelenken, so besteht schon eine Hirnhautreizung. Zieht man ein Kind in diesem Zustand an den Armen hoch, läßt es den Kopf kraftlos nach hinten fallen.

Trotz dieser Anzeichen ist es oft schwer, eine Diagnose *vor* Auftreten der Lähmungen zu stellen.

Der geschilderte typische Zweiphasenverlauf kommt zudem nur in der Hälfte aller Fälle zustande. Oft läuft nur die erste uncharakteristische Phase ab und wird dann meist als Grippe bezeichnet. Die erste Phase kann auch nur gering ausgeprägt

Als außerordentlich wirksam hat sich bei Kinderlähmungspatienten die Behandlung im Schwimmbecken erwiesen. Die speziellen Turnübungen im warmen Wasser regen das Erstarken der Muskeln an. Diese Übungsbehandlung muß mit großer Geduld bis zu zwei Jahren durchgeführt werden.

sein oder ganz fehlen, und die zweite oder Hauptphase tritt als erstes in Erscheinung. Die Krankheit kann also außerordentlich täuschen, in jeder Phase zuerst erkennbar werden und in jedem Entwicklungsstadium innehalten. Erst durch die auftretenden Lähmungen wird die Diagnose völlig sicher. Nicht selten ist es auch sehr schwierig, die Kinderlähmung von einer anderen akuten Infektion (z. B. Hirnhautentzündung, akutem Gelenkrheumatismus) abzugrenzen.

Treten mehrere der geschilderten Krankheitszeichen auf, sollte der Arzt befragt werden, der durch *Virusnachweis* im Stuhl oder im Rachenschleim und durch *Antikörpernachweis* im Serum die oft doch recht folgenschwere Diagnose sichern oder ausschließen kann.

Wenn ein Familienmitglied infiziert ist, stehen alle anderen in Gefahr, mitinfiziert zu werden. Die Erkrankung von Jugendlichen und Erwachsenen, die im Kleinkindesalter nicht genügend immunisiert wurden, ist bei Epidemien keine Seltenheit.

Die *Behandlungsmöglichkeiten* der akuten Erkrankung sind im allgemeinen noch recht unbefriedigend.

Diät: Als Diät ist eine an Obst, Gemüsen, Salaten und Milcheiweiß reiche Kost unter Weglassen von Zucker und allen konzentrierten Süßigkeiten zu empfehlen, da nach einer hohen Zuckerbelastung meist eine Phase mit erniedrigtem Zuckerspiegel im Blut auftritt, in der die Kinderlähmungserreger besonders gut gedeihen.

Physikalische Maßnahmen: Durch *feuchtheiße Wickel,* die häufig gewechselt werden müssen, kann man die Schmerzen bekämpfen; sie verhindern aber nicht die Lähmungen. Auch *Schwitzpackungen* im Bett (Glühlichtkasten) oder – wenn durchführbar – *warme ansteigende Halbbäder* (37–39° C) sind nützlich. Es können dadurch Krampferscheinungen und Schmerzen gebessert werden.

Nach den Erfahrungen von Dr. *Scholtz* haben sich auch *Kurzwellendurchflutungen* des Rückenmarks schon im akuten Stadium gut bewährt (eine Elektrode bei angewinkelten Beinen gegen das Gesäß, die andere zwischen die Schulterblätter). Er konnte damit bei täglich 15 Minuten Bestrahlung die Schmerzen lindern und die Beweglichkeit bessern.

Während *Massagen* schon im akuten Stadium durchgeführt werden können, kann man mit einer energischen Übungsbehandlung erst drei bis vier Wochen nach der Entfieberung beginnen. Bis dahin muß auf eine richtige Lagerung besonders der gelähmten Glieder größter Wert gelegt werden. Die Lagerung geschieht auf einer festen und ganz ebenen Matratze, die Hüft- und Kniegelenke müssen durchgestreckt sein, die Fußgelenke sind im rechten Winkel gebeugt zu lagern.

Auf dem Balance-Brett werden Gleichgewicht und Reaktionsfähigkeit geübt.

Das wichtigste Mittel zur Wiederherstellung der Beweglichkeit ist die *aktive Übungsbehandlung* in warmem Wasser (Bewegungsbad oder Schwimmbad, täglich 15–20 Minuten). Sie muß anhaltend und mit größter Geduld bis zu einer Dauer von zwei Jahren durchgeführt werden. Lähmungen, die nach zwei Jahren noch bestehen, lassen sich meist nicht mehr beeinflussen.

Falls praktisch durchführbar, sollte auch eine kurmäßige Behandlung im Thermalstollen Böckstein bei Badgastein erfolgen, solange die Erkrankung nicht länger als drei Jahre zurückliegt. Die Wirkung dort beruht auf dem Radongehalt, der hohen Luftfeuchtigkeit (bis 95 %) und der Temperatur (37–41,3° C) der Stollenluft, wobei eine Körpertemperatur von etwa 39° C erreicht wird, durch die ein Maximum an Radon in den Körper übergeht.

Die Übungsbehandlung im Wasser wird ergänzt durch Widerstandsübungen zur Steigerung der Muskelkraft und Reizstrombehandlung bis acht Wochen nach dem akuten Stadium.

Bei der Ernsthaftigkeit der Erkrankung müssen alle Behandlungsmaßnahmen ärztlich zum rechten Zeitpunkt angesetzt und überwacht werden.

Medikamente: Die Behandlung der Kinderlähmung mit Medikamenten verschiedenster Art hat bis heute zu keinem wesentlichen Erfolg geführt. Zur Bekämpfung von Schmerzen und Schlaflosigkeit verabreicht man entsprechende Mittel nach Bedarf.

Die einzige wirklich wirksame Maßnahme gegen die Kinderlähmung ist die Schutzimpfung, und zwar heute ganz vorwiegend in Form der *Schluckimpfung nach Sabin.* Wo die Schluckimpfung konsequent und in größerem Umfang durchgeführt wird, läßt sich die Kinderlähmung (nach Prof. Dr. O. *Vivell)* ausrotten. Zur Schluckimpfung gehört das zweimalige Schlucken des Dreifach-Impfstoffes im Mindestabstand von sechs Wochen. Die Impfung verleiht eine viele Jahre anhaltende Immunität. Wiederauffrischungsimpfungen sollen nach fünf bis zehn Jahren erfolgen.

KLIMAKTERIUM

siehe Wechseljahre

KOPFSCHMERZEN

Kopfschmerzen stellen in den meisten Fällen eine Zivilisationskrankheit dar und können als funktionell und gefäßbedingt angesehen werden. Darüber hinaus gibt es aber auch durch organische Krankheiten bedingte Kopfschmerzen, so z. B. durch Veränderungen der Halswirbelsäule, Nasennebenhöhlenerkrankungen, Genußmittel- und Arzneimittelmißbrauch, Glaukom, Hirnhauterkrankungen, Infektionen, drucksteigernde Prozesse im Schädel (Tumoren), Gesichtsnervenentzündungen oder Herz- und Gefäßerkrankungen (Bluthochdruck). Es ist daher bei anhaltenden Kopfschmerzen stets zu klären, ob organisch oder funktionell bedingte Kopfschmerzen vorliegen, weil sonst eine nach Möglichkeit ursächliche Behandlung nicht durchführbar ist.

Kann für den Kopfschmerz eine eindeutige Ursache, z. B. hoher Blutdruck oder eine eitrige Nasennebenhöhlenentzündung, ermittelt werden, wird man die Erkrankungen entsprechend behandeln, damit der Kopfschmerz verschwindet. Ist er funktionell bedingt, d. h. ohne erkennbare organische Ursache, so kann man seelische, nervliche, gefäßbedingte Störungen vermuten.

Es muß aber auch an die konstitutionell bedingte Migräne gedacht werden, besonders dann, wenn die Kopfschmerzen plötzlich anfallsweise auftreten. Es besteht dann meist eine erblich-familiäre Belastung. Die Tatsache, daß Kopfschmerzen keine eigene Krankheit, sondern nur ein Krankheitssymptom darstellen, hat zur Folge, daß es kein einfaches und sicher wirksames Kopfschmerzmittel gibt. Solange die Ursachen nicht erkennbar sind, wird man auf eine symptomatische und zuweilen auch vielschichtige Behandlung angewiesen sein.

Diät: Beim migräneartigen Kopfschmerz hat häufig eine kochsalzfreie und fleischlose (vegetarische) Kost einen ausgezeichneten Erfolg.

Physikalische Maßnahmen: Feuchtwarme Kompressen und vorsichtige Massagen der Nackengegend, ansteigende Fuß- oder Armbäder, häufiges Spazierengehen in frischer Luft, Sauna, Sonnenbaden, Schwimmen, Gartenarbeit.

Psychotherapeutische Maßnahmen: Aussprache mit einem Arzt oder Seelsor-

Wassertreten ist ein ausgezeichnetes Mittel gegen Krampfadern und Venenerkrankungen. Unser Bild zeigt die Wassertretanlage in Hindelang-Bad Oberdorf.

ger, wobei etwa seelisch bedingte Kopfschmerzen aufzuklären sind; Entspannungsübungen, Glissonsche Schlinge.

Medikamente: Manche Medikamente, die den Kopfschmerz bekämpfen sollen, wirken, als wollte man den Teufel mit Beelzebub austreiben. Sie können leicht zum Mißbrauch führen. Daher sollte man sich zum Grundsatz machen: so wenig Kopfschmerzmittel wie möglich; wenn notwendig, Herz- und Kreislaufmittel.

KORONARSKLEROSE

siehe Herzkranzgefäßverkalkung

KRAMPFADERN

Man muß unterscheiden zwischen einer *primären Venenerweiterung,* bei der eine Ausweitung der oberflächlichen Beinvenen besteht, die auf Grund einer ererbten Bindegewebsschwäche entstanden ist, und einer *chronischen Unterfunktion der Venen,* die sich nach Thrombosen der tiefen Beinvenen im Verlauf von Jahren bis Jahrzehnten entwickelt.

Die *primäre Venenerweiterung* (primäre Varikose) kann lange Zeit nur eine kosmetische Bedeutung haben. Die verminderte Hautdurchblutung begünstigt jedoch die Verwundbarkeit der Haut und die Bildung von Thrombosen und Venenentzündungen.

Die *chronische Unterfunktion der Venen* führt meist zur Ödembildung, zu einer braunen Verfärbung der Haut, zu Ekzemen (Stauungsekzeme) und zur Bildung von Beingeschwüren (Ulcera cruris) oder offenen Beinen.

Diät: Eine entzündungswidrige, das heißt salzarme und vegetarische Diät ist anzuraten, wenn nicht ein ausgesprochen niedriger Blutdruck besteht. Bei Übergewicht ist eine Reduktionskost erforderlich.

Physikalische Maßnahmen: Die beste Vorbeugung und Behandlung aller Venen-

So wird ein Kompressionsverband gewickelt . . .

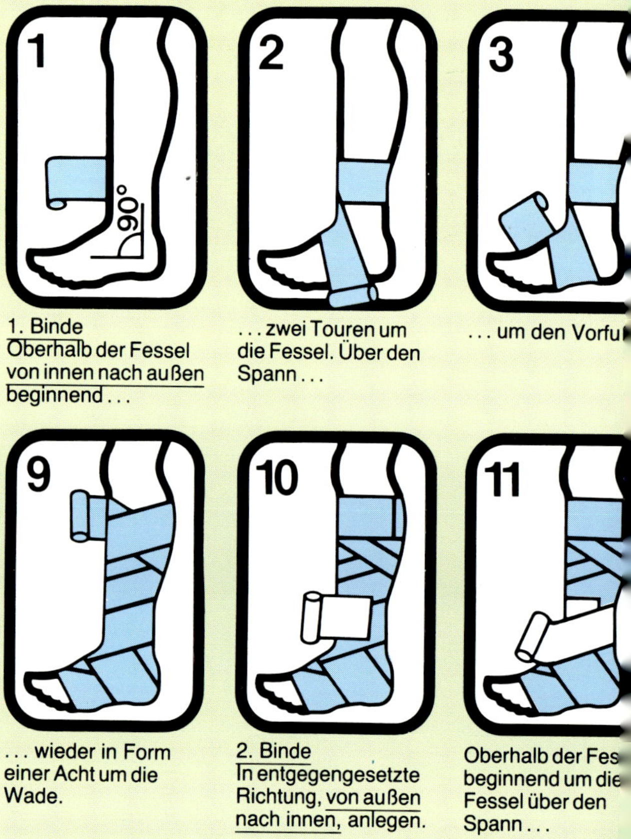

krankheiten (außer den akut entzündlichen) ist das aktive Gefäßtraining in Form regelmäßiger Spaziergänge. Dabei sind alle zu engen und beengenden Kleidungsstükke (zu enge Schuhe, zu harte Schuhsohlen, zu enge Strumpfbänder und Sockenhalter) zu vermeiden.

Weitere besonders gute Maßnahmen sind Schwimmen, Bewegungsbäder, Fußgymnastik und Atemübungen. Mit heißen Bädern und anderen heißen Anwendungen (Heizkissen, Warmluftbestrahlungen) ist Vorsicht am Platze, ebenso mit Wechselbädern und Unterwassermassagen. Wassertreten, kalte und wechselwarme Knie- und Schenkelgüsse wirken jedoch vorteilhaft.

Bei allen stärkeren Venenerweiterungen, insbesondere wenn sie zu entzündlichen Reaktionen neigen, ist eine *Kompressionsbehandlung* erforderlich. Manchmal genügen straffe Strümpfe oder die handelsüblichen Gummistrümpfe. Bei stärkeren Stauungszuständen muß eine Dauerkompression mit Maßstrümpfen (Zweizug-Gummistrümpfen) oder – wenn diese nicht vertragen werden oder wegen eines nässenden Ekzems oder „offenen Beines" nicht möglich sind – mit elastischen Verbänden durchgeführt werden. Das Wickeln darf nicht zu locker erfolgen (siehe die Darstellung oben).

Medikamente: Unter den zahlreich vorhandenen „Venenmitteln" wählt am besten der Hausarzt aus, da sie im Einzelfall häufig mit Herzmitteln kombiniert werden müssen. Oft nützt eine konservative Behandlung nichts mehr. Dann ist eine der modernen Venenoperationen erforderlich, die das Problem auf viele Jahre radikal löst.

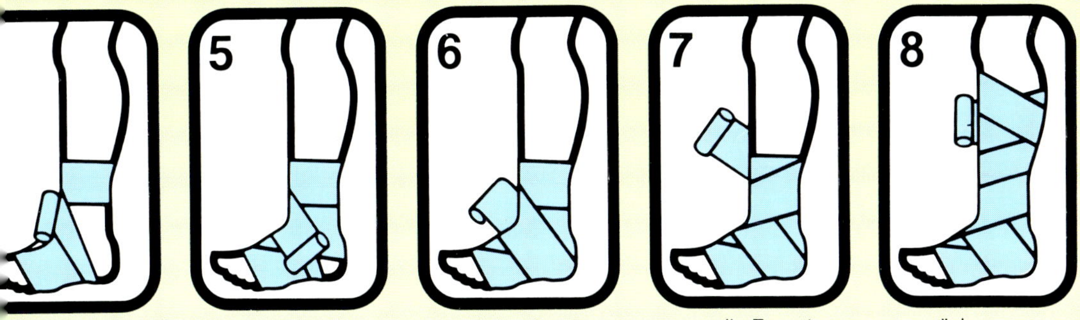

ieder um den ß, über den n . . .

. . . über die Ferse . . .

. . . über den Spann zur Fessel . . .

. . . um die Fessel . . .

. . . zurück zum Wadenansatz . . .

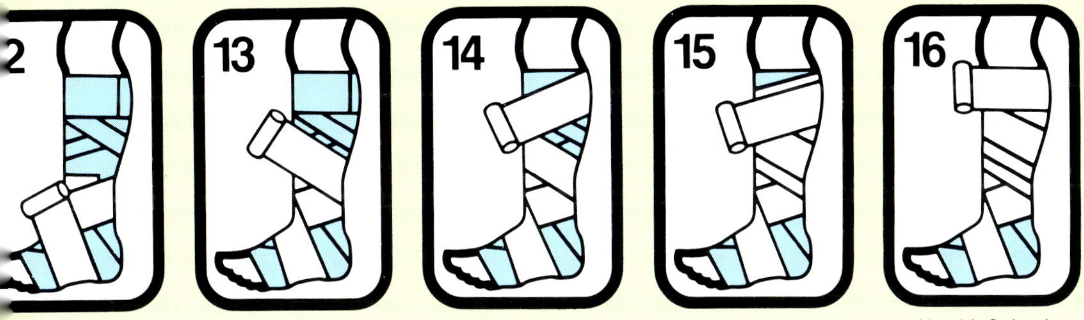

n den Mittelfuß . . .

. . . um den Wadenansatz . . .

. . . über die Wade zurück zum Wadenansatz . . .

. . . in mehreren kleiner werdenden „Achter"-touren . . .

. . . Abschluß durch eine einfache Kreistour.

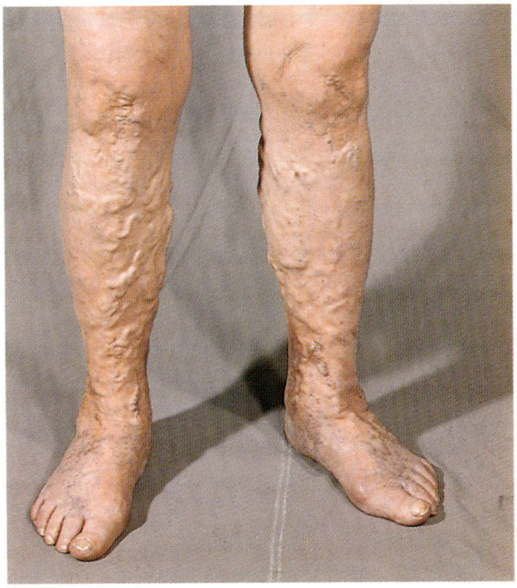

Krampfadern heißen eigentlich „Krummadern". Sie sind eine Aufdehnung und Aussackung einer normalen Vene, die jetzt geschlängelt verläuft und nicht mehr gestreckt.

KRAMPFANFÄLLE *(im Kindesalter)*

Krämpfe im Kindesalter sind noch nicht als eigentliche Krankheit, sondern nur als Anzeichen einer Krankheit zu werten, so daß nach der Ursache geforscht werden muß. Krämpfe oder „zerebrale Anfälle" kommen bis zum 20. Lebensjahr bei etwa einem Prozent der Menschen vor.

Bei Kindern im Alter von sechs Monaten bis zu vier Jahren kommen Krämpfe als Begleiterscheinung bei Infektionen mit schnellem Temperaturanstieg vor (Okkasionskrämpfe, Fieberkrämpfe). Sie sind nicht so harmlos, wie oft angenommen wird, zumal sich bei fast einem Fünftel der Kinder ein echtes epileptisches Anfallsleiden daraus entwickelt.

Bei allen Krämpfen muß selbst im Kindesalter an einen Hirntumor gedacht werden. Wiederholt sich ein Krampfanfall ein- oder zweimal, auch in jahrelangen Abständen, sollte der Hausarzt einen Neurologen hinzuziehen, weil dann die große neurologische Untersuchung notwendig ist, aus deren Ergebnissen sich die weitere Behandlung ergibt. Die natürlichen Heilverfahren haben hierbei keine entscheidende Bedeutung.

Sollte sich herausstellen, daß die Krampfanfälle von einem zu niedrigen Kalziumspiegel herrühren, was ursächlich auf eine Unterfunktion der Nebenschilddrüsen hindeutet, so ist eine kalziumreiche Kost, eine Ernährung mit reichlich Milch und Milchprodukten und die regelmäßige Gabe von Heilbutt-Lebertran-Kapseln und Kalziumpräparaten angebracht.

KREBS

Ganz allgemein ist heute Krebs (Karzinom) die Bezeichnung für alle bösartigen Geschwülste (Tumoren). Man muß aber darüber hinaus weiter unterscheiden zwischen

Karzinomen, das sind die bösartigen Geschwülste der Deckzellenschichten (Epithelien), die vornehmlich die äußere Haut und die Schleimhaut des gesamten Verdauungskanals ausmachen, und

Sarkomen, den bösartigen Geschwülsten des Zwischengewebes (Mesenchyms), aus dem Bindesubstanzen, Gefäße und Blut, Lymphdrüsen und ähnliche Organe, glatte Muskulatur u. a. entstehen.

Wir verstehen heute unter einer Geschwulst Zellbildungen, die aus körpereigenen Zellen hervorgegangen sind, aber selbständig und ohne Rücksicht auf ihren Verband (das bisherige Gewebe oder Organ) zerstörerisch und anarchistisch wachsen.

Der Krebs ist zwar nicht erst mit der modernen Zivilisation aufgetreten – auch die Ägypter, Inder und Inkas kannten ihn schon –, aber die Zivilisation hat doch zu einer erheblichen Zunahme dieser tückischen Erkrankung wesentlich beigetragen. Die Krebsstatistiken zeigen einen immer noch andauernden Anstieg der Krebshäufigkeit. Der Krebsanteil an der Gesamtzahl der Todesfälle betrug im Jahre 1990 etwa 25% gegenüber 6,5% im Jahre 1922.

Die Hauptursachen der Krebszunahme sind vor allem zu suchen in krebserzeugenden Faktoren unserer Umwelt, in falscher Ernährung, in Nahrungsmittelzusätzen, Genußmitteln, Abgasen der verschiedensten Art und sicher noch zahlreichen unbekannten Umweltfaktoren.

Betroffen werden von der Krebserkrankung vor allem Menschen im mittleren und fortgeschrittenen Lebensalter. Der Häufigkeitsgipfel der Erkrankung liegt in der Altersgruppe der Vierzig- bis Fünfundsech-

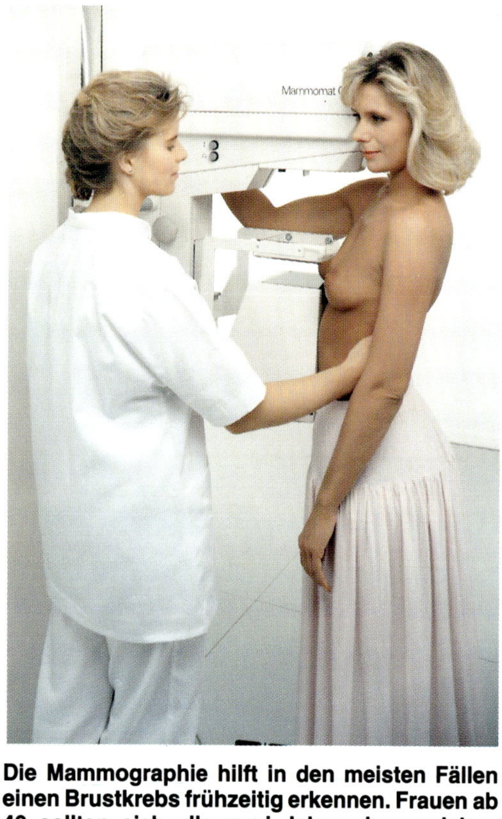

Die Mammographie hilft in den meisten Fällen einen Brustkrebs frühzeitig erkennen. Frauen ab 40 sollten sich alle zwei Jahre einer solchen Untersuchung unterziehen.

zigjährigen. Aber auch bei Kindern und Jugendlichen können bösartige Geschwülste auftreten. Nicht einmal das Säuglingsalter bleibt von bösartigen Tumoren verschont.

Die Unterscheidung von gutartigen und bösartigen Tumoren hat schon seine Bedeutung, da die gutartigen scharf begrenzt sind, langsam wachsen, nicht in das umliegende Gewebe und nicht in die Blutgefäße eindringen, während die bösartigen unscharfe Grenzen aufweisen, schnell wachsen und dabei in Gefäße und Nachbargewebe eindringen und vor allem zu Absiedelungen (Metastasenbildung) neigen. Dennoch können auch gutartige Tumoren (z. B. des Gehirns) zum Tode führen und bösartige geheilt werden, wenn eine frühzeitige Erkennung und Behandlung erfolgt.

Es ist auch für Fachleute oft schwierig, das Vorhandensein eines Tumors festzustellen, noch schwieriger ist es, seine Gut- oder Bösartigkeit sicher zu erkennen. Wegen der schwierigen Erkennung und der Gefährlichkeit der Krebserkrankung wird heute ganz besonders darauf hingewiesen, daß jeder einzelne dazu beitragen muß, daß durch regelmäßige Untersuchung eine bei vielen Krebsarten mögliche Früherkennung gewährleistet ist.

Viele der über 30 000 Frauen, die jährlich an Unterleibskrebs, und der etwa 25 000 Frauen, die jährlich an Brustkrebs erkranken, hätten eine Überlebenschance, wenn bei ihnen in regelmäßigen Zeitabständen eine Früherkennungsuntersuchung erfolgt wäre. Gerade beim Unterleibs- und Brustkrebs sind die Frühstadien, in denen meist eine völlige Heilung möglich ist, gut erkennbar.

Je früher eine Krebserkrankung erkannt und behandelt wird, desto besser sind die Aussichten auf völlige Heilung. Viele Frauen haben so ihr Schicksal selbst in der Hand. Man muß eindringlich fordern, daß sich jede Frau über 30 Jahre jährlich einmal auch dann untersuchen läßt, wenn sie keinerlei Krankheitszeichen wahrgenommen hat und sich auch sonst völlig gesund fühlt. Die Untersuchungen sind einfach und gefahrlos durchzuführen, und die Kosten dieser Vorsorgeuntersuchungen werden heute von den Krankenkassen voll übernommen.

Heute erkennt man immer mehr, welche bedeutsame Rolle der psycho-soziale Stress mit seinem verhängnisvollen Kreislauf zwischen Hetze, Rauchen, Alkohol, Überforderung bei der Entstehung des Krebses spielt.

Auch bei Männern ist eine Vorsorgeuntersuchung auf Dickdarm- und Vorsteherdrüsenkrebs ohne wesentliche Schwierigkeiten möglich, wobei auch in diesen Fällen die Krankenkassen die Kosten tragen. Männer über 45 Jahre sollten sich regelmäßig einer solchen Untersuchung unterziehen.

Eine besondere Gefahr wird offenbar durch die Einnahme von Hormonen (Stilböstrol, Diäthyl-stilböstrol) in den ersten Schwangerschaftsmonaten heraufbeschworen, weil dadurch das Risiko eines Scheidenkrebses (Vagina-Adeno-Karzinoms) bei den Töchtern vergrößert wird. Der Zusammenhang war schwer zu erkennen, weil dieser Krebs erst zwei Jahrzehnte später entsteht. Über entsprechende Beob-

Betrachten der Brust

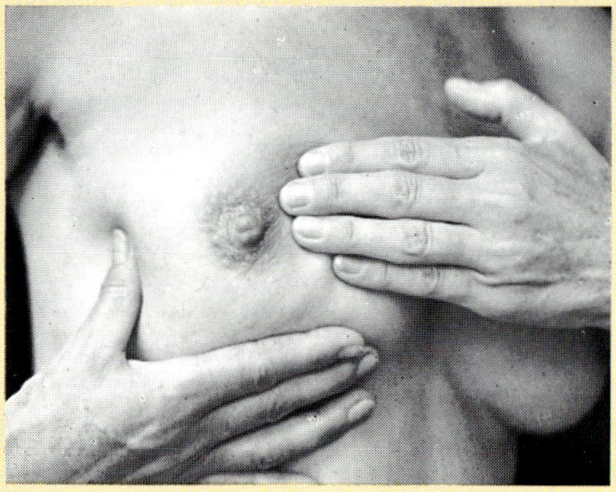

Abtasten der Brust

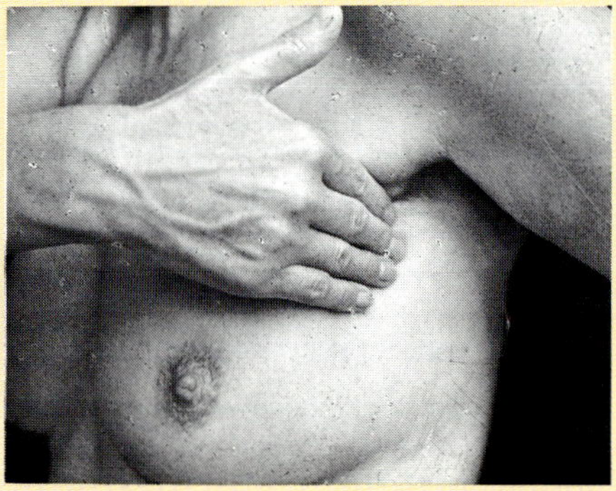

Prüfen der Achselhöhlen

Trotz aller technischen Hilfsmittel und regelmäßiger Vorsorgeuntersuchungen werden in über 70 Prozent aller Fälle die Knoten zuerst von den Frauen selbst ertastet. Jede Frau sollte deshalb in regelmäßigen Abständen ihre Brust abtasten und auf jede Veränderung achthaben.

achtungen berichten Ärzte aus dem Vincent Memorial Hospital (New England). Die Hormonbehandlung in den ersten Schwangerschaftsmonaten wurde meist vorgenommen, um Blutungen zum Stillstand zu bringen.

Bei der *Behandlung des Krebses* steht selbstverständlich die *Vorbeugung* (Prophylaxe) im Vordergrund. Um die Entwicklung von Krankheiten, hier also besonders des Krebses, verhindern zu können, muß die Ursache (oder müssen die verschiedensten Ursachen) der Krebskrankheit und ihre Entwicklung aufgeklärt sein. Das ist noch nicht in befriedigender Weise der Fall.

Einiges kann jedoch zur Vorbeugung schon gesagt werden: *Zigarettenrauchen* sollte man unter allen Umständen unterlassen, weil heute nicht mehr zu bezweifeln ist, daß das Rauchen die wesentliche Ursache der Bronchialkrebsentwicklung ist. Der Welt-Krebskongreß 1990 in Hamburg hat nachdrücklich deutlich gemacht, daß es 30 Prozent weniger Krebstote gäbe, wenn nicht geraucht würde.

Wir kennen *Nahrungsmittelzusätze,* die krebserregende Eigenschaften haben. Durch entsprechende Nahrungsmittelgesetze muß der Zusatz solcher Stoffe verboten (wie es zum Beispiel mit dem Buttergelb geschah) oder auf ein unschädliches Maß eingeschränkt werden.

Da *Röntgen- und andere radioaktive Strahlen* sowie auch Höhensonnenbestrahlungen die Krebsentwicklung verursachen oder fördern können, muß eine unnötige oder zu hoch dosierte Bestrahlung durch diese Bestrahlungsmittel vermieden werden. Für Röntgenärzte und ihre Helferinnen bestehen entsprechende Strahlenschutzvorschriften. Schon im frühen Kindesalter kann es sogar nach therapeutischen Bestrahlungen zur Krebsentwicklung kommen. Vor einer nicht unbedingt notwendigen Bestrahlung ist im Kindesalter besonders zu warnen.

Krebsvorstadien (Präcancerosen) sind Veränderungen, die bei längerem Einwirken einer schädlichen Ursache und nach genügend langem Bestehen der Veränderungen gesetzmäßig zur Krebsbildung führen. Daher müssen diese schädigenden Ursachen beseitigt werden.

Als Krebsvorstadien werden heute angesehen: 1. Deckzellenwucherungen (Papillome) aller Art (Haut, Schleimhaut, Drüsen) und jeglichen Sitzes (Blasenpapillom, Eierstockspapillom, Gebärmutterpapillom, Nierenrindenpapillom, Schilddrüsenpapillom, Stimmbandpapillom, Milchgangpapillom); 2. Polypen (Nasenschleimhaut, Darm, Harnröhre); 3. Muttermale besonderer Art (Grenzflächennaevus); 4. Teerwarzen (die zu Hautkrebs führen); 5. Deckzellenverhornung, Weißschwielen an Stellen, wo sich normalerweise keine Haut- oder Schleimhautverhornung befindet (z. B. Mundschleimhaut, Speiseröhre, Muttermund).

Die *Möglichkeiten der Behandlung eines entwickelten Krebses* können hier nur kurz skizziert werden. Sie sind vom behandelnden Arzt für jeden Einzelfall sorgfältig zu erwägen und festzusetzen.

Diät: Eine eigentliche Krebsdiät gibt es bis heute nicht. Wie weit durch eine entsprechende Kost das Krebsgeschehen beeinflußt werden kann, habe ich eingehend in meinem Buch „Nutze die Heilkraft unserer Nahrung" (Bd. 2) dargestellt.

Man hat jedoch immer wieder beobachtet, daß sich der Allgemeinzustand von Krebspatienten meistens bessert, wenn ihre Ernährung sehr knapp gehalten wird, wenn also eine leichte Unterernährung besteht. An schlecht ernährten australischen Eingeborenenkindern konnte man feststellen, daß sie zwar eine erheblich verringerte allgemeine Widerstandsfähigkeit aufwiesen, die Immunität (Zellimmunität) gegen Krebs jedoch stark erhöht war.

Gleichlautend damit stellte man fest, daß sich bei schlecht ernährten Tieren die Immunitätsmechanismen gegen Krebs, die im allgemeinen nur schlecht entwickelt sind, ganz außerordentlich verstärken (*D. Zose* und *R. Good*). Die Erhöhung der Zellimmunität gegen Krebs bei Unterernährten gibt uns einen sicheren Hinweis dafür, daß die Ernährung bzw. die Diät des Krebskranken nur sehr knapp sein darf. Bei Übergewichtigen sollte sie 1800 Kalorien nicht überschreiten, bis ein leichtes Untergewicht erreicht ist. Natürlich muß die knappe Kost vollwertig sein, d. h. alle lebensnotwendigen Stoffe enthalten.

Physikalische Maßnahmen: Unter den physikalischen Maßnahmen nimmt die Strahlentherapie (Radiotherapie) bis heute noch die hervorragendste Stelle ein. Neue Geräte und Methoden (Hochvolttherapie) erlauben eine Strahlenbehandlung, die nur eine geringe subjektive Beeinträchtigung mit sich bringt (kaum Hautschäden oder „Strahlenkater"), aber die lästigen Krankheitserscheinungen beseitigt und zur Lebensverlängerung führt.

Verschiedene andere physikalische Maßnahmen können zur Wiederherstellung nach Operation oder Bestrahlung dienen, indem sie die Entgiftungsfunktionen steigern, die Bindegewebsfunktionen regeln, die vegetativ-nervösen Funktionen normalisieren, Schmerzen lindern und allgemein beruhigen und entspannen.

Die dafür in Frage kommenden Maßnahmen sind: Galvanisation, Iontophorese, Stangerbäder, Unterwassermassage, Reflexzonenmassage, Krankengymnastik, aufsteigende Teilbäder, Fichtennadel-, Heublumen-, Haferstroh-, Kohlensäure- und Sprudelbäder.

Auch andere Maßnahmen der Kneipptherapie (Güsse, Packungen, Umschläge) sind möglich. Die einzelnen Maßnahmen müssen nur vom Arzt zu einem systematischen, jeweils dem Einzelfall angepaßten Behandlungsplan zusammengestellt werden.

Nicht unerwähnt bleiben darf in diesem Zusammenhang die *Sauerstoff-Mehrschritt-*

Therapie, die von Prof. *Manfred v. Ardenne* entwickelt wurde. Inzwischen liegen zahlreiche Erfahrungen aus der Praxis darüber vor.

Prof. *v. Ardenne* ging in seinen ausgedehnten Forschungen von der Tatsache

Die Sauerstoff-Mehrschritt-Therapie (SMT) ist ein wichtiges Mittel, die Abwehrkräfte des Patienten zu erhöhen. Durch die SMT wird der Organismus mit Sauerstoff angereichert, so daß es für den Patienten möglich ist, viele Krankheiten und Beschwerden erfolgreich zu bekämpfen. In vielen Praxen und Behandlungszentren kann diese Therapie bereits durchgeführt werden.

aus, daß 80% aller Krebstodesfälle durch Tochtergeschwülste (Metastasen) verursacht werden. Den Grund dafür sieht er in der wechselseitig sich verstärkenden Begünstigung der Metastasierung durch die oft starke *Verminderung der Abwehrzellen* (Leukozyten, T-Lymphozyten u. a.) im Blut.

Diese Abwehrschwächung tritt aber gerade durch die bis heute als unbedingt notwendig erachteten Eingriffe ein, nämlich Operation, radioaktive Bestrahlung und der Einsatz krebszellhemmender chemischer Mittel (Karzinostatika), weil durch diese Maßnahmen vor allem auch der Sauerstoff-Transport in das Körpergewebe verschlechtert wird.

Prof. *v. Ardenne* sieht darin die Erklärung für die heute noch bestürzend häufige Metastasierung trotz ausgedehnter Operation, Bestrahlung und chemotherapeutischer Beeinflussung.

Aus diesen Erkenntnissen heraus entwickelte Prof. *v. Ardenne* seine Sauerstoff-Mehrschritt-Therapie, die

1. die allgemeine Abwehrfähigkeit verbessert und
2. für eine Sauerstoff-Aufsättigung des gesamten Organismus sorgt.

Dabei ist zu betonen, daß diese Methode mit ihren mehrfachen, der Krankheitssituation angepaßten Variationen nicht nur bei Krebserkrankungen angebracht ist, sondern auch bei zahlreichen anderen, auf Sauerstoffmangel beruhenden Erkrankungen vor allem des höheren Alters eindrucksvolle Erfolge erzielt.

Falls sich bei einem unserer Leser wegen einer bösartigen Erkrankung die Notwendigkeit einer solchen Sauerstoff-Mehrschritt-Therapie (SMT) ergibt und der behandelnde Arzt keine Möglichkeit für deren Durchführung sieht, so wende er sich an die Ärztegesellschaft für Sauerstoff-Mehrschritt-Therapie e. V., Harburger Ring 10, 2100 Hamburg 90, Telefon (040) 7 65 57 47.

Eingehende wissenschaftliche Untersuchungen belegen, daß Mistelpräparate in der Therapie des Krebses eine größere Rolle spielen könnten, als es bisher der Fall ist.

Klinisch erprobt wird jetzt die ebenfalls von Prof. *v. Ardenne* entwickelte selektive Krebs-Mehrschritt-Therapie, die aus drei sich gegenseitig ergänzenden Schritten besteht (siehe dazu auch die Seiten 180ff.).

1. Die *Erhöhung der Körpertemperatur* durch Infrarotbestrahlung auf 42,5° C. Diese Erwärmung im Tumorbereich wirkt entscheidend mit bei der Vernichtung der Krebszellen, indem die Zellmembranen und die Lysosomen geschädigt werden und auch die Mikrozirkulation gehemmt wird, wodurch es zu einer vermehrten Milchsäurebildung und zu weiterer Gewebssäuerung (pH-Senkung) kommt. Außerdem vermehren sich die Abwehrzellen. Schon dieser erste Schritt schädigt die Krebszellen und leitet ihre Vernichtung ein.

2. Die *Blutzuckererhöhung* (Hyperglykämie) läßt sich durch Glukose-Injektionen

erreichen. Sie erzeugt in allen Krebsgeweben bis zu den kleinsten Metastasen (Tochtergeschwülsten) eine Erhöhung des Gärungsstoffwechsels (durch pH-Senkung) und damit eine erhöhte Säuerung der Krebszellen. Diese wiederum führt zu einer höheren Wärmeempfindlichkeit der Krebszellen und bildet damit eine wesentliche Ergänzung zum ersten Schritt (Erhöhung der Körpertemperatur).

Die Überwärmung wird durch die Blutzuckererhöhung sehr erleichtert und wesentlich effektvoller. Sie ist daher eine unverzichtbare Maßnahme bei der Bekämpfung des Krebses.

3. Der dritte Schritt besteht in der Zufuhr von Sauerstoff bei einem Atemflußvolumen von 25 l pro Minute. Der Sauerstoffgehalt der Atemluft wird dabei verdoppelt. Das wird erreicht durch eine Sauerstoffatmung über eine Sauerstoff-Atmungsmaske.

Auf einer solchen Infrarot-Patientenliege IRA-Therm II erfolgt die Ganzkörper-Überwärmung. Der Patient liegt auf einem feinmaschigen, knotenfreien Netz. Rechts und links befinden sich Strahler für eine zusätzliche Energiezufuhr. Der Organismus wird auf etwa 42° bis 42,5° C erwärmt.

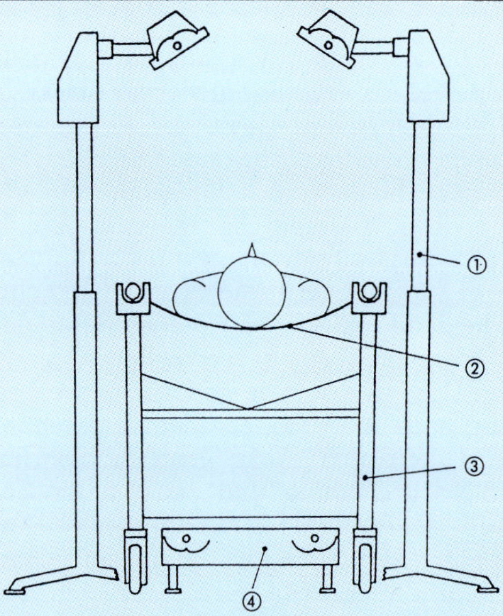

① = IRA-Therm Beistelleinheit
② = feinmaschiges knotenloses Liegenetz
③ = fahrbare Patientenliege
④ = Strahlereinheit

Dieser dritte Schritt stabilisiert den Kreislauf und vermeidet die Kollapsneigung. Außerdem wird dadurch die Empfindlichkeit gegen Strahlen deutlich erhöht, so daß die Strahlendosis bei Bestrahlungen erheblich herabgesetzt werden kann.

Der erhöhte Sauerstoffgehalt des Blutes steigert zudem die Zahl der Freßzellen (Phagozyten), die die Krebszellen direkt angreifen und vernichten.

Schon seit einigen Jahren besteht die Gesellschaft für biologische Krebsabwehr (Postfach 10 25 49, 6900 Heidelberg), die es sich zur Aufgabe gemacht hat, biologische Therapien als zusätzliche Behandlungsmaßnahmen in die Krebstherapie einzuführen. Die Methoden der biologischen Krebsabwehr sollen die Selbstheilungskräfte stärken und den Organismus in die Lage versetzen, aus eigener Kraft mit der Krankheit fertig zu werden.

Psychotherapeutische Maßnahmen: Sie sind zweifellos erforderlich, lassen sich hier aber nicht schematisch angeben. Es kann oft sein, daß der Seelsorger wichtiger ist als der Psychotherapeut. Das zu entscheiden ist allerdings Sache des behandelnden Arztes.

Medikamente: Sichere Krebsheilmittel gibt es noch nicht. Die *Mistel* liefert als pflanzliche Quelle die beiden Mittel *Iscador* und *Plenosol.* Sie vermögen die körpereigene Abwehr gegen das bösartige Wachstum zu mobilisieren und eine wachstumsanhaltende (kanzerostatische) Wirkung zu entfalten. Die sonstigen chemotherapeutischen wachstumshemmenden Mittel (Karzinostatika) sind mit nicht unerheblichen Nebenwirkungen belastet. Operation und Bestrahlung (Betatron u. a.) sind meist erforderlich.

Heben, ohne die Knie zu beugen, ist falsch. Bei 25 kg Hebegewicht müssen die Bandscheiben 550 kg verkraften.

Auch die halbe Verbeugung bringt noch keine wesentliche Entlastung: 300 kg drücken auf die Bandscheiben.

Erst beim Knicks und bei geradem Kreuz heben Sie „bandscheibenbewußt": Nur noch 150 kg drücken zwischen den Wirbeln.

KREUZSCHMERZEN *(Hexenschuß)*

Als Kreuzschmerzen werden Schmerzen in der unteren Lendengegend, der Lenden-Kreuzbein- oder der Kreuz-Darmbeingegend bezeichnet. Die Schmerzen können auch, meist dem Verlauf des Ischiasnervs folgend, in die Beine ausstrahlen, so daß man dann von einer Ischialgie oder Ischiasneuralgie, schlimmstenfalls von einer Ischiasnervenentzündung (Ischiasneuritis) sprechen muß. Hier soll die Mitbeteiligung der Ischiasnerven unberücksichtigt bleiben (siehe unter Ischias).

Beschwerden, die sich auf die Lenden-Kreuzbein-Darmbeingegend beschränken, können eine ganze Reihe von Ursachen haben, die meist erst vom Arzt geklärt werden müssen. In Frage kommen rein lokale Ursachen wie Verletzungen oder Unterkühlungen (Erkältungen), rheumatische Muskelerkrankungen, Wirbelsäulenerkrankungen, Fernwirkungen anderer Erkrankungen (z. B. der weiblichen Geschlechtsorgane), aber auch akute Folgen von Überarbeitung nach Tätigsein in gebückter Haltung oder nach vielem Heben. Nicht selten sind auch Mißbildungen oder Strukturanomalien der Lendenwirbelsäule oder des Kreuzbeins Ursache der Kreuzschmerzen. Selbstverständlich wird auch immer an Rückenmarks- und Nervenwurzelerkrankungen, an Tumormetastasen oder sogar an seelisch bzw. neurotisch bedingte Kreuzschmerzen gedacht werden müssen.

Der ganz plötzlich auftretende Kreuzschmerz – der eigentliche „Hexenschuß" – wird meistens durch eine Verschiebung im Bereich einer Bandscheibe (Zwischenwirbelscheibe) ausgelöst, wodurch es zur Blockierung der Bewegung in diesem Bereich vor allem nach vor- und rückwärts kommt. Die langen Rückenstreckermuskeln sind dabei bretthart gespannt, und die Dornfortsätze sind druckempfindlich. Gleichzeitig besteht vielfach eine hartnäckige Darmverstopfung.

Diät: Stuhltreibende Kost wie Kompotte, eingeweichte Trockenpflaumen, geschroteter und eingeweichter Leinsamen, Milchzucker und Abführtee.

Rückenschmerzen sind längst zur Volkskrankheit geworden. Mindestens jeder zweite leidet bei uns unter Rückenschmerzen. Die Ursachen sind vielfältig. Sie reichen vom falschen Bücken und Heben über falsches Sitzen bis hin zu seelischen Belastungen. Neben Lendenwickeln und heißen Bädern üben Massagen eine wohltuende entspannende Wirkung aus.

Physikalische Maßnahmen: Bei stärkeren Schmerzen Bettruhe auf möglichst flacher und harter Unterlage, feuchte Wärme in Form von Lendenwickeln, heißen Bädern. Nach dem akuten Stadium Massagen oder gleitende Saugmassagen.

Psychotherapeutische Maßnahmen: Sobald das akute Schmerzstadium überwunden ist, können Entspannungsübungen ein gutes Hilfsmittel sein.

Medikamente: Die heftigen Anfangsschmerzen können vom Arzt bei täglich einmaliger Behandlung meist in zwei bis drei Tagen durch einen *Chloräthylspray* beseitigt werden. Anschließend kann man ein Rheumamittel oder ein gefäßerweiterndes Mittel (z. B. Mediment, Rubriment, Bayolin) einmassieren. Man sollte diesen Versuch auf jeden Fall durchführen lassen, damit man die Einnahme stark wirkender Medikamente verringern oder ganz erübrigen kann.

Manchmal sind auch Injektionen von lokalanästhesierenden Mitteln (z. B. Procain-Peristonlösung) dicht neben die Wirbelkörper notwendig. Diese Injektionen sind aber nicht ohne Gefahr.

Injektionen mit einem Mistelextrakt (z. B. Plenosol oder Iscador) sind meist rasch wirksam. Man setzt dabei nur im Schmerzbereich in steigenden Dosen Quaddeln in die Haut.

Nur selten wird man bei einem Hexenschuß gezwungen sein, das verlagerte Bandscheibengewebe operativ zu entfernen. Diese Operation wird heute so schonend durchgeführt, daß man davor keine Angst zu haben braucht.

L

LÄHMUNGEN *(seelisch bedingte)*

Bevor man annehmen darf, daß eine Lähmung allein durch seelische Ursachen entstanden ist, müssen echte, organische Nervenleiden ausgeschlossen sein.

Seelisch bedingte Lähmungen, z. B. eines Armes, sind der körperliche Ausdruck einer hysterischen oder neurotischen Verhaltensweise eines Menschen, der meist nicht zur vollen Entfaltung der in ihm liegenden Möglichkeiten gekommen ist, der nicht gemäß seiner Lebensbestimmung leben, der seine Beziehungsmöglichkeiten, seien sie geistig-seelischer oder rein triebhafter Art, nicht verwirklichen kann.

In derartigen Fällen kann nur eine psychotherapeutische Behandlung helfen. Ihr muß es gelingen, diesen Menschen ihre Umwelt zu erschließen, das Verständnis dafür zu wecken und dieses Leben zur Entfaltung zu bringen; eine schwierige, aber oft lohnende Aufgabe.

LEBERENTZÜNDUNG

Die Leberentzündung (Hepatitis) gehört heute zu den häufigsten Infektionskrankheiten und tritt vorwiegend im Kindes- und jugendlichen Erwachsenenalter auf. Die häufigste Form ist die durch Viren bedingte Leberentzündung. Man konnte jedoch bis zum heutigen Tag den Erreger nicht sicher feststellen. Bisher werden zwei nahe verwandte Viren dafür verantwortlich gemacht, die verschieden lange Inkubationszeiten haben sollen. Man unterscheidet danach eine Virus-A-Hepatitis, die durch Schmierinfektion, z. B. auch durch Kopfdüngung und verunreinigtes Wasser, übertragen wird und einen plötzlichen Ausbruch der Krankheit verursachen soll, und eine Virus-B-Hepatitis, die nach Injektionen auftritt. Diese Form der Leberentzündung wurde zuerst im Jahre 1883 in Bremen nach einer Massenimpfung gegen Pocken beobachtet und hat sich seither zunehmend verbreitet. Vor allem ist die Gefahr, daß bei Bluttransfusionen Erreger der Hepatitis vom Blutspender auf den Empfänger übertragen werden, erheblich größer, als man bisher angenommen hat.

Die Virus-A-Hepatitis wird auch als epidemische Hepatitis, die Virus-B-Hepatitis als Serum-Hepatitis bezeichnet. In den Krankheitserscheinungen unterscheiden sich die beiden Infektionen nicht. Die epidemische Hepatitis hinterläßt jedoch eine lange, mehrjährige Immunität, während die Serum-Hepatitis keinerlei Immunität bewirkt und auch ganz allgemein ungünstiger verläuft.

Die ersten mehr oder weniger plötzlich auftretenden Krankheitserscheinungen sind Fieber, Gelenkschmerzen und starkes Krankheitsgefühl. Die Leber schwillt im ganzen etwas an, und es folgt rasch eine zunehmende Gelbsucht als Ausdruck eines Gallenfarbstoffübertritts ins Blut. Der vermehrt im Blut kreisende Gallenfarbstoff wird durch den Harn in großer Menge ausgeschieden, wodurch sich der Harn bierbraun färbt und beim Schütteln gelben Schaum ergibt. Da gleichzeitig zuwenig Galle in den Darm fließt, wird der Stuhl tonfarben bis weißlich oder auch fettig glänzend.

Es ist eine besondere ärztliche Aufgabe, festzustellen, ob eine Gelbsucht durch eine epidemische Leberentzündung oder durch andere Störungen (z. B. Steinverschluß des Gallenganges) hervorgerufen wurde.

Die epidemische Leberentzündung heilt nach sechs bis acht Wochen Krankheitsdauer in den meisten Fällen (80%) unter völliger Wiederherstellung der Leberzellen aus. Ob die Heilung erreicht ist, kann durch eine Blutuntersuchung mit großer Wahrscheinlichkeit festgestellt werden. Volle Sicherheit läßt sich aber nur durch eine mikroskopische Untersuchung von entnommenen kleinen Leberteilchen (Leberbiopsie) gewinnen.

In 10–20% der Erkrankungsfälle bleiben mehr oder weniger schwere Folgezustände zurück, die sich auf die Leber selbst, die Gallenblase, den Magen und die Bauchspeicheldrüse beziehen können.

Die wichtigste und zugleich schwerste Folgekrankheit, die in 10% der Fälle auftritt, ist die *sekundäre chronische Leberentzündung*, bei der keine Virusinfektion mehr besteht, aber eine Widerstandsverminderung des Lebergewebes gegen schädliche Einwirkungen aller Art (Alkohol, Arzneimittel, Überernährung, Überanstrengung, Infekte) und Autoimmunisierungsvorgänge (eine Selbstfortsetzung der Krankheit durch leberzellschädliche Antigen-Antikörper-Reaktionen) eine wesentliche Rolle spielen.

Diät: Bei der Behandlung der *akuten Leberentzündung* ist eine Diät erforderlich, die aus Pfefferminz- und Kamillentee, Fruchtsäften, Haferschleim, Reisbrei, Kartoffelpüree, Zwieback und Eiweiß (50–70 g/Tag) in Form von vorwiegend sauren Milchprodukten (Buttermilch, Bioghurt, Quark) besteht.

Nach sechs Monaten kann die Diät langsam wieder in eine Normalkost umgewandelt werden.

Physikalische Maßnahmen: Bettruhe (manchmal monatelang), Wärme in Form von feuchten Kompressen, Waschungen mit Essigwasser gegen den Juckreiz.

Medikamente: In schweren Fällen werden gewisse Mengen von Cortisonpräparaten erforderlich. Für die *chronische Leberentzündung* gilt im Grunde genommen die gleiche diätetische und physikalische Behandlung, nur treten noch Leberextrakte und Multivitaminpräparate als Medikamente hinzu. Manchmal sind auch Vitamin-B_{12}-Präparate nützlich.

LEBERSCHRUMPFUNG · LEBERZIRRHOSE

Bei chronischer Lebererkrankung muß immer wieder die *Magenfunktion* kontrolliert werden, da bei Leberzirrhose gehäuft Magengeschwüre auftreten und die Magensaft- und Magensäureproduktion erheblich gestört sein kann.

Daß starker *Alkoholverbrauch* gesundheitsschädlich ist und eine starke Leberbelastung darstellt, sollte allgemein bekannt sein. Inzwischen ließ sich nachweisen, daß zumeist auch die *Magnesiumaufnahme* aus dem Darm gestört ist. Magnesium ist aber für den Leberstoffwechsel unentbehrlich. Man muß annehmen, daß die beim Alkoholiker auftretende Leberverfettung und Leberschrumpfung durch Magnesiummangel mitbedingt ist. Auch eine chronische Hepatitis kann eine Leberzirrhose hervorrufen.

Diät: Die Fähigkeit der Leberzellen, sich normalerweise in zwei Wochen um 50 % zu erneuern, ist im Krankheitsfall durch eine regenerationsfördernde Diät zu unterstützen. Solange kein schwerer Leberschaden vorliegt, ist dazu eine Rohsäftekur mit Zusätzen von Mandel- oder Nußmus außerordentlich gut geeignet. Man wählt für die Kur vorwiegend süße Kost und karotinreiche Gemüsesäfte.

Physikalische Maßnahmen: Feuchtwarme Kompressen, Heublumensack, Lendenwickel.

Psychotherapeutische Maßnahmen: Entspannungsübungen, nach Möglichkeit Lösung aller eventuell vorhandenen Konflikte ehelicher, familiärer, sexueller und religiöser Art.

Medikamentöse Behandlung: Alle Mittel vorwiegend pflanzlicher Art sind geeignet, die eine bessere Gallebildung, Galleabsonderung, Leberzellenregeneration und Leberdurchblutung bewirken. Solche Mittel sind kanadische Gelbwurz, Löwenzahn, Mariendistel, Meerrettich, Schöllkraut, Tausendgüldenkraut, Wegwarte und Wermut.

Als Fertigpräparate kommen in Frage Legalon, Hepaticum-Medice N und andere.

LUNGENEMBOLIE

siehe Embolie

LUNGENENTZÜNDUNG

Das klassische Bild der Lungenentzündung (Pneumonie) mit Befall eines ganzen Lungenlappens ist seltener geworden, wie auch die Gesamtzahl der Lungenentzündungen in den letzten Jahren zurückgegangen ist. Auch die frühere Einteilung der Lungenentzündungen in Lappen-Pneumonien und Broncho-Pneumonien (bei der die Entzündungsherde über die Lunge verstreut sind) wird heute als ebenso unzureichend empfunden wie eine Einteilung nur nach dem Erregertyp. Man bevorzugt heute eine Unterscheidung nach primär akuter, primär chronischer und sekundärer Lungenentzündung (im Gefolge einer anderen Erkrankung).

Nach einer Inkubationszeit von einigen Stunden bis zu sechs Tagen treten schnell zunehmender Husten, Atemnot und Seitenstechen auf. Es folgt plötzlicher Schüttelfrost mit anschließender Temperatursteigerung bis 40° C, begleitet von Kopfschmerzen, schwerem Krankheitsgefühl und starkem Pulsfrequenzanstieg. Vom zweiten Tag an stellt sich „pflaumenbrühfarbener" Auswurf und ein bläschenförmiger Lippenausschlag ein.

Wegen der Einschränkung der Atemfläche durch den ausgedehnten Entzündungsprozeß in der Lunge werden die Atmung erschwert (man sieht das Nasenflügelatmen) und der Kreislauf stark belastet, was sich in einer leichten Blaufärbung der Haut und der Schleimhäute zeigt. Es wird heute nur noch selten zu diesem vollent-

Lungenentzündung

heute gut zu beherrschen

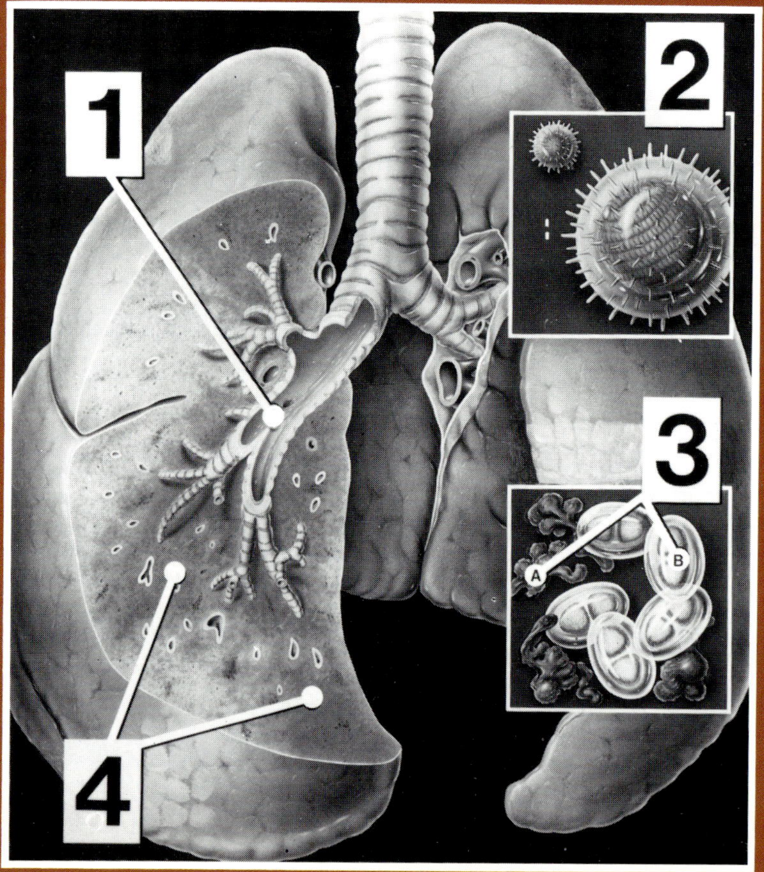

1 = Das Lungengewebe scheidet Eiweiß, Blut und Eiter als Sekret in die Bronchien ab.

2 = Lungenentzündung durch Influenza-Virus (vergrößert).

3 = Lungenentzündung durch PBLO-Mikroorganismen (A) und Pneumokokken (B).

4 = Einige Lappenbereiche der Lunge sind durch starken Bakterienbefall entzündet.

wickelten Stadium kommen, das ohne Behandlung wegen der schweren Kreislaufbelastung in einem Drittel aller Fälle zum Tode führt.

Schon in einem sehr frühen Stadium muß der Arzt geholt werden. Er wird die Lungenentzündung schnell erkennen und die notwendige antibiotische Behandlung einleiten. Trotzdem ist die Allgemeinbehandlung oft von entscheidender Bedeutung.

Diät: Vitamin- und flüssigkeitsreiche leichte Kost mit viel Haferschleim oder Haferbrei, Früchten und Fruchtsäften. Sie sollte durch Gaben von Leinsamen, Weizenkleie, eingeweichten Feigen und Pflaumen auch stuhlfördernd sein.

Physikalische Maßnahmen: Abwaschungen mit Essigwasser, Kamilleneinläufe bei Stuhlverstopfung, Aerosol-Inhalationen mit Emser Salz, feuchtwarme oder (bei hohem Fieber) kühle Brustkompressen, leichte Extremitäten-Massagen (Streichungen) zur Verhütung von Thrombosen, Sorge für kühle, gut durchfeuchtete Zimmerluft. Wenn möglich Freiluftbehandlung.

Medikamente: Kleine Dosen von fiebersenkenden Mitteln sind anfänglich angebracht. Sobald die notwendigen, vom Arzt verordneten Antibiotika wirken, sind Fiebermittel meist nicht mehr erforderlich. Der Einsatz der antibiotisch wirkenden Arzneimittel richtet sich nach dem vermuteten oder vielleicht nachzuweisenden Erregertyp. Gleichzeitig sind Kreislaufmittel (Herz- und Gefäßmittel) erforderlich, deren Art und Menge sich nach dem Zustand des Patienten richten und daher vom behandelnden Arzt verordnet sein müssen. Es wird sich fast immer um Digitalis- oder Strophanthinpräparate und blutdruckwirksame Mittel handeln.

Eine sehr sorgfältige Behandlung ist auch wegen der möglichen Komplikationen notwendig. Heilt die Lungenentzündung nicht aus, kann eine chronische Lungenentzündung, eine wandernde (auf andere Lungenlappen übergehende) Lungenentzündung, ein Lungenabszeß, eine Rippenfellentzündung oder eine Eiteransammlung im Brustraum (Empyem) entstehen.

LUNGENERWEITERUNG · LUNGENEMPHYSEM

Die Lungenerweiterung (Lungenemphysem) hat als Folge der Überalterung, aber auch der fortschreitenden Verstädterung, Industrialisierung und nicht zuletzt wegen des ungeheuren Zigarettenkonsums sehr stark zugenommen. Die häufigsten Ursachen sind die chronische Bronchitis und das Asthma bronchiale. Wenn keine Gegenmaßnahmen ergriffen werden, schreitet das einmal aufgetretene Leiden bis zur Zerstörung der zarten Membranen der lebenswichtigen Lungenbläschen fort. In den meisten Fällen handelt es sich um das sogenannte obstruktive (verstopfende, verengende) Lungenemphysem, das als Folge einer Verengung der Atemwege durch entzündliche Schwellungen der Schleimhäute (Raucherbronchitis, chronische Bronchitis, Asthmabronchitis) auftritt.

Die Zeichen des Emphysems sind Kurzatmigkeit, Faß-Brustkorb (keine Atembewegungen), abgeschwächtes Atemgeräusch, Trommelschlegelfinger und verkleinerter Atemumfang (Vitalkapazität).

Der untersuchende Arzt findet die Lungengrenzen tiefstehend und nicht verschiebbar, ferner Veränderungen im Blutbild, EKG und auf dem Röntgenbild.

Die Behandlung des Lungenemphysems ist äußerst schwierig und langwierig, aber doch notwendig und insofern auch keineswegs aussichtslos, als dadurch die durchaus rückbildungsfähigen Infektionen der Bronchialschleimhaut und die asthmatischen Zustände günstig beeinflußt werden.

In weit größerem Umfang, als die meisten Menschen ahnen, kommt es heute zum chronischen Lungensiechtum als Folge des Zigarettenrauchens. Nachdem der Zusammenhang zwischen Zigarettenrauchen und Lungenkrebs geklärt ist, muß darauf hingewiesen werden, daß viermal mehr schwere Raucher an chronischem Lungensiechtum sterben als an Bronchialkrebs.

Das wird verständlich, wenn man die Vorgänge näher kennt. Durch den tief in die Lunge inhalierten Zigarettenrauch werden die feinen, zarten Lungenbläschen gereizt. Der immer wiederholte Reiz führt zu einer Verdickung der Bläschenwände. Fachlich spricht man hier von einer fibrösen Verdickung. Die zarten Bläschenwände, die etwa eine 100 m^2 große Oberfläche darstellen und eine ausgiebige und nahe Berührung von Luft und Blutflüssigkeit gestatten, sind hierbei mit derben Bindegewebsfasern durchsetzt. Damit beginnt bereits das Unheil! Die Bläschenwände (Alveolenwände) verlieren ihre Zartheit und Elastizität. Sie büßen ihre Qualität ein und

Inhalationen mit einer ½–1%igen Solelösung sind beim Lungenemphysem von Nutzen.

vermögen nicht mehr, ihrer besonderen Aufgabe gerecht zu werden, nämlich Sauerstoff aufzunehmen und Kohlensäure in die Ausatmungsluft abzugeben. Tritt bei irgendeiner Gelegenheitserkältung Niesen und Husten hinzu, so reißen sie ein und sind für die Atmungsfunktion verloren.

Nach den Lungenbläschen verändern sich auch bald die kleinen Lungenarterien (Arteriolen), die sich verdicken und langsam verengen. Das aber läßt wiederum den Blutdruck im kleinen Kreislauf (Lungenkreislauf) ansteigen, was sich auf das rechte Herz als ständige Mehrbelastung auswirkt. Es kommt zur Ausbildung einer im EKG leicht feststellbaren Veränderung des rechten Herzens (Cor pulmonale). In diesem Stadium ist es bereits höchste Zeit, eine völlige Änderung der Lebensweise vorzunehmen, falls nicht das unheilbare Lungensiechtum in Form des (chronischen!) Lungenemphysems und der sogenannten Pulmonalfibrose eintreten soll. Mit diesem Leiden ist man immer ein Lungenkrüppel. Das Rauchen muß sofort *völlig* gemieden werden!

Lediglich die Atmung anzuregen würde aber eine einseitige Maßnahme bedeuten, wenn nicht zugleich auch die Gesunderhaltung der Schranke zwischen Innen- und Außenwelt, nämlich der feinen Lungenbläschen, mit großer Sorgfalt betrieben wird. Gerade dieses hochwichtige Austauschorgan, das die Kohlensäure als Stoffwechselschlacke abgeben und frischen Sauerstoff aufnehmen muß, wird heute am meisten geschädigt. Bei zerstörten Lungenbläschen nützt auch der schönste Spaziergang im besten Klima nichts mehr.

Diät: Bei allen Formen am besten kurze Rohsäfte-Fastenkuren, dann Rohkosttage, sonst rein vegetarische Kost unter Einschluß von Milch- und Milchprodukten (lacto-vegetabile Kost). Normal- bzw. Idealgewicht anstreben.

Physikalische Maßnahmen: Atemgymnastik unter Einbeziehung der Hals-, Nak-

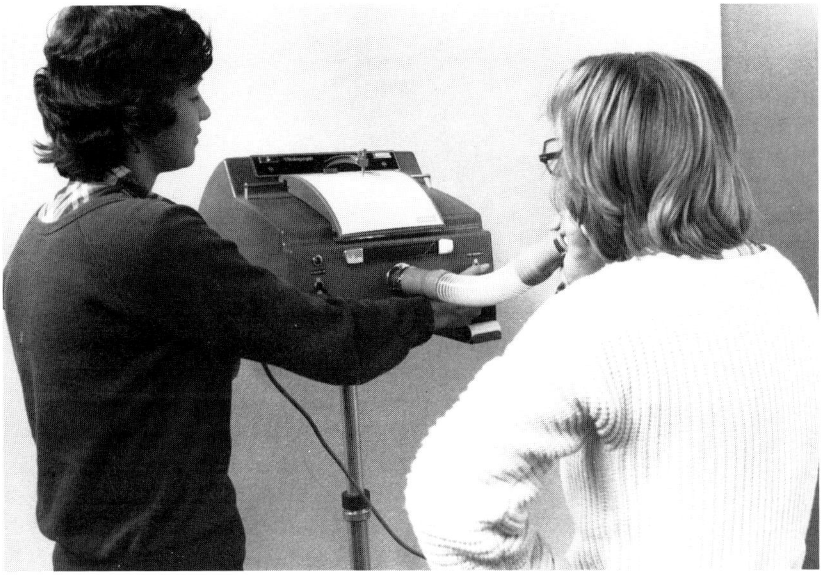

Messen der Vitalkapazität. Hieran erkennt man, ob die Lungenfunktion noch ausreichend ist oder nicht.

ken- und Schultermuskulatur, Klimawechsel (See- oder Mittelgebirgsklima). Beides bekämpft die Starre des Brustkorbs. Klopf-, Vibrations-, Unterwasser- und Bindegewebsmassagen können durch Lockerung der Atemmuskeln die Krampfatmung verringern. Übungen der Bauchmuskulatur (Zwerchfellatmung) verbessern schließlich den Atmungsumfang und damit auch die Sauerstoffaufnahme. In schweren Fällen muß eine Sauerstoffatmung zum Ausgleich der unzureichenden Lungenfunktion durchgeführt werden. Inhalationen mit einer ½- bis 1%igen Solelösung (z. B. aus Emser Salz) sind von großem Nutzen. Reichlich körperliche Bewegung ist günstig. Dazu sind Spaziergänge geeignet, sofern dabei keine Atemnot auftritt. Die Gehstrecke läßt sich nach einiger Zeit wesentlich verlängern. Wenn durchführbar, auch Schwimmen bei Temperaturen von 22–26°C.

Es muß hierzu jedoch klar gesagt werden, daß alle diese teilweise teuren und zeitraubenden Maßnahmen sinnlos sind, wenn nicht das oft größte Problem, nämlich das Rauchen, zuerst gelöst wird. Es besteht überhaupt kein Zweifel mehr über die große Schädlichkeit des Rauchens besonders auch beim Emphysemkranken. Völliger Rauchverzicht muß erreicht werden, wenn die Behandlung einen Sinn haben soll.

Psychotherapeutische Maßnahmen: Zur Entwöhnung vom Rauchen Gruppentherapie, Aussprechen mit dem behandelnden Arzt auch über Suchtfragen, Entspannungsübungen.

Medikamente: Der Einsatz von Medikamenten ist, zumal sie lange Zeit eingenommen werden müssen, eine verantwortungsvolle ärztliche Aufgabe. Es sind oft erforderlich: Antibiotika, um Infekte der Bronchien zu bekämpfen; krampflösende Mittel, um die Bronchien zu erweitern; Corticoide, um entzündliche Schwellungen der Schleimhäute zu vermindern, und Kreislaufmittel, um den Blutdurchlauf durch die Lungen zu erleichtern.

Manche Beruhigungsmittel (wie Librium, Valium und Distraneurin) haben eine atemhemmende Wirkung. Sie sind daher nicht anzuwenden, da ja beim Emphysem die Atmungsfähigkeit bereits eingeschränkt ist.

M

MAGENKREBS

Der Magenkrebs steht in der Bundesrepublik mit an der Spitze aller Krebserkrankungen. Die Japaner weisen die absolut höchste Zahl an Magenkrebserkrankungen auf, während die Nordamerikaner am wenigsten davon befallen sind. Man hat daraus geschlossen, daß Japaner vermehrt mit krebserregenden Stoffen in Berührung kommen, die bei Amerikanern weitgehend fehlen. Das muß wohl zutreffen, da bei in die USA eingewanderten Japanern in der nächsten Generation die Zahl der Magenkrebskranken stark abnimmt. Man glaubt, die krebsauslösende Substanz gefunden zu haben, und zwar handelt es sich um das Stoffwechselprodukt eines Schimmelpilzes (Mykotoxin), der sich auf wichtigen Lebensmitteln der Japaner besonders gern festsetzt, vor allem auf dem Reis. Fütterte man Tiere mit diesem Stoff, so bekamen sie alle Magenkrebs. In unseren Breiten besiedelt dieser Schimmelpilz besonders Speck, Zitronen, Christstollen, Landbrot, Walnuß- und Haselnußkerne.

Jeder Arzt erfährt in der Praxis die Wahrheit der folgenden Aussage von Prof. Dr. *N. Henning:* „Der Verdacht auf einen Magenkrebs muß geweckt werden, wenn sich bei einem über 40 Jahre alten Patienten anscheinend unmotivierte und unbestimmte Magenbeschwerden einstellen, die nicht nach wenigen Wochen verschwinden. Nur sehr zögernd und nur nach Ausschöpfung aller diagnostischen Möglichkeiten dürfen wir den Verdacht fallen lassen, damit wir nicht vom Vollbild der Krankheit überrascht werden, die nun autonom verläuft."

Solange der Krebs nur die Magenschleimhaut befallen hat, erreicht man in 93–100 % der Fälle eine 5-Jahres-Heilung. Bei Befall der Muskulatur sind es nur noch 53 % und bei Befall der ganzen Magenwand nur noch 2 %, bei denen man eine Heilung erwarten kann.

Bis heute ist die Heilung nur durch eine frühzeitige Operation mit nachfolgender guter allgemeiner Behandlung zu erreichen. Siehe hierzu unter „Krebs".

MAGENNEUROSE · NERVÖSER MAGEN

Die Magenneurose oder der nervöse Magen ist eine funktionelle Magenstörung mit sehr wechselhaftem Krankheitsbild. Die häufigsten Krankheitszeichen sind Sodbrennen, Übelkeit, manchmal bis zum Erbrechen, Schluckschmerzen, Blähungen, Magenschmerzen, Kopfdruck, Herzbeschwerden, schnelle Erschöpfbarkeit und Unverträglichkeit der verschiedensten Speisen. Die Beschwerden können von selbst wieder verschwinden, aber auch hartnäckig bleiben. Die Untersuchungen ergeben selten einen wesentlichen Befund. Der Schlüssel zu diesem Krankheitsbild liegt überwiegend im seelischen Bereich.

Die psychosomatischen Forschungen haben sichergestellt, daß eine Beeinträchtigung der seelischen Funktionen (deren Entwicklung bei der heutigen Erziehung kaum noch eine Rolle spielt) im körperlichen Bereich zu erheblichen Funktionsstörungen der inneren Organe, vor allem auch der Stoffwechselorgane, also Magen, Darm, Leber, Galle und Bauchspeicheldrüse, führt. Die Störungen betreffen nicht nur die Bewegungen des Magens und Darms, sondern auch die Absonderungen der verschiedenen Verdauungssäfte, den Stoffumsatz und die Aufsaugung der Nahrungsbestandteile aus dem Darm. Je nach Anlage, Persönlichkeit und Umweltbedingungen können aus anfänglich rein funktionellen Störungen schließlich schwere, sogar lebensbedrohliche Organveränderungen werden. Dem „nervösen" Magen ist daher alle Aufmerksamkeit zuzuwenden. Die Behandlung muß, der Art des Leidens entsprechend, neben diätetisch-medikamentösen auch allgemein-physikalische und vor allem psychologische Maßnahmen einschließen.

Diät: Lacto-vegetabile Kost ohne irgendwelche Einschränkungen.

Physikalische Maßnahmen: Wechselwarme Güsse und Bäder, Lendenwickel oder Heusack auf die Magen- und Lebergegend, Sauna, Wandern, Schwimmen, Blitzgußmassagebäder.

Psychotherapeutische Maßnahmen: Die körperlichen Erscheinungen sind vielfach Ausdruck der Verdrängung seelischer Probleme und Nöte verschiedenster Art (Angst, Unsicherheit, sexuelle, eheliche, familiäre oder berufliche Probleme). Es kommen daher zunächst psychosomatische Gespräche in Frage, bis sich die seelischen Hintergründe geklärt haben. Wahrscheinlich muß dann der Psychotherapeut oder der Seelsorger weiterhelfen.

Entspannungsübungen können zu einem sehr wertvollen Hilfsmittel bei der Überwindung innerer Konfliktzustände werden.

Medikamente: In Frage kommen alle krampflösenden und psychisch beruhigenden und entspannenden Mittel aus dem rein pflanzlichen Bereich, z. B. Hovaletten, Biral, Passiflora-Pentarkan.

MAGENSCHLEIMHAUT-ENTZÜNDUNG *(Magenkatarrh)*

Die mehr oder weniger akut auftretende Magenschleimhautentzündung (Gastritis) macht sich hauptsächlich durch Oberbauchbeschwerden wie Brennen, Druckgefühl, Krampf oder bohrende Schmerzen bemerkbar. Solange die Schleimhautentzündung nur oberflächlicher Art ist, kommt es lediglich zu einem empfindlichen Magen mit einigem Unbehagen nach dem Essen. Treten die Beschwerden anfallsweise und mit „Magenkrämpfen" verbunden auf, ist auch an eine Erkrankung der Gallenwege und Gallenblase zu denken.

Durch Röntgenuntersuchung ist eine Magenschleimhautentzündung kaum zu erfassen. Auch die *Magenspiegelung* (Gastroskopie) führt vielfach zu subjektiven Befunden. Neue Erkenntnisse hat die *Saugbiopsie* (Ansaugen von Zellmaterial aus der Magenschleimhaut zur histologischen Untersuchung) gebracht. Danach haben viele Menschen eine schwere, sogar degenerative (atrophische) Gastritis ohne jegliche Beschwerden, während andere Menschen mit jahrelangen „gastritischen" Beschwerden nach mikroskopischer (histologischer) Untersuchung eine normale Schleimhaut aufweisen. Auch fand man, daß eine einmal schwer veränderte Schleimhaut trotz aller Behandlung nie mehr normal wird und daß eine chronische Gastritis mit teilweiser oder vollständiger Verödung der Drüsenzellen der Magenschleimhaut als Krebsvorstadium (Präcancerose) anzusehen ist.

Normale Magensäure hat für die Aufnahme von Eisen aus der Nahrung oder bei der Verabreichung als Medikament bei bestehender Eisenmangelanämie eine erhebliche Bedeutung. Normaler Magensaft steigert bei Gesunden und Anämiekranken die Aufname von anorganischem Eisen durch einen aus der Magenschleimhaut stammenden, eisenbindenden Wirkstoff. Bei fehlender Magensäure muß daher auf eine eventuell bestehende Anämie untersucht werden.

Außerdem besteht bei fehlender Magensäure praktisch immer eine Magenschleimhautentzündung. Diese kann chronisch-degenerativ sein (meist bei länger beste-

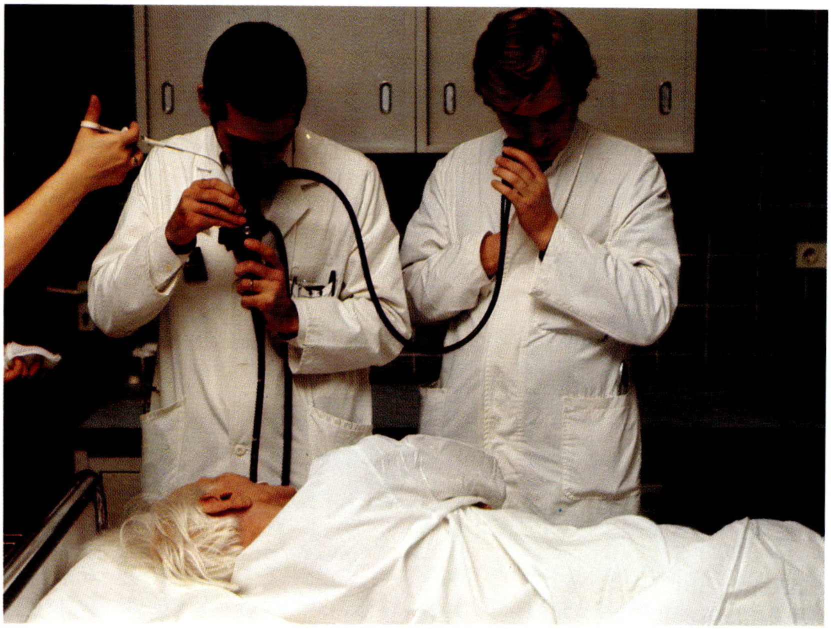

Mit Hilfe einer Magenspiegelung (Gastroskopie) lassen sich mit der von außen dirigierten Spitze des Instruments alle Magenbereiche betrachten; zugleich können Gewebeproben entnommen werden.

hendem Salzsäuremangel), sie kann akut sein oder in Form einer Oberflächengastritis verlaufen. Auch bei verminderter Magensäure findet man häufig eine Gastritis. Bei übermäßiger Salzsäurebildung treten leichte Magen- und Zwölffingerdarmgeschwüre auf.

Zu geringe oder fehlende Magensäure ist bei gesunden Männern über 60 Jahren häufiger festzustellen als bei Männern unter 60 Jahren. Fehlende Magensäure führt zu einer mangelhaften Aufsaugung von Vitamin C, am besten wird es dann aus dem sauren Zitronensaft aufgenommen.

Aus diesen Ausführungen geht hervor, daß der Behandlung einer Magenschleimhautentzündung wegen der möglichen schweren Folgen größte Sorgfalt zu widmen ist, daß bei anhaltenden Magenbeschwerden ärztlicherseits zunächst die Diagnose einwandfrei geklärt und dann ein langfristiger Behandlungsplan zusammengestellt werden muß. Einige Behandlungsmöglichkeiten sind im folgenden genannt.

Diät: Zunächst wie beim Magengeschwür ein bis zwei Teefastentage, dann Schleimsuppen, Milchbreie, Zwieback, schließlich allmählicher Übergang zu Magen-Darm-Schonkost oder lacto-vegetabiler Kost. Rauchen, Alkohol, fette und scharf gewürzte Speisen, Hülsenfrüchte und Kohlarten sind verboten. Obst anfänglich nur gekocht, frische Obstsäfte aber sind in kleinen Mengen möglich. Sobald verträglich, ist auch der Saft von Zitrusfrüchten zu geben und Hefeextrakt zu verwenden. Neben Kamillentee sind auch Bitterkräutertees von Nutzen.

Physikalische Maßnahmen: Feuchtwarme bis heiße Magenkompressen, Moor- und Schlammpackungen, Lendenwickel und Heusack, solange Beschwerden anhalten, Kurzwellenbestrahlung des Oberbauchs, wechselwarme Güsse, Leibwickel.

Psychotherapeutische Maßnahmen: Entspannungsübungen, Aussprachen, mitmenschliche Zuwendung. Bei der Magenschleimhauterkrankung spielen – wie bei allen anderen Magen-Darm-Krankheiten auch – spezielle seelische Erregungen eine große Rolle, nämlich die Frage nach der *Geborgenheit* des Menschen. Wird das seelische Geschehen, etwa Angst, innere Not oder Unsicherheit, verdrängt, so treten je nach Persönlichkeit, Anlage und Umweltbedingungen körperliche Symptome auf, die zunächst Funktionsstörungen darstellen, aber auch bis zur organischen Erkrankung gehen können.

Medikamente: Krampflösende Mittel (Kamillentee, Pfefferminztee, Baldrian, Melisse), Beruhigungsmittel und Psychopharmaka (Hovaletten, Valdispert, Bellergal), Bauchspeicheldrüsenfermentpräparate (Pankreon comp., Pankreon forte, Panpeptal, Pankreaplex, Pankreatan u. a.), Eisenpräparate, falls gleichzeitig Eisenmangel besteht; pflanzliche Bitterstoffpräparate (Teegemische von bitteren Kräutern oder entsprechende Bittertropfen wie Gastricholan), Leinsamen.

Wenn sich die Magensaft- und Magensäurebildung durch pflanzliche Bitterstoffe (z. B. Aloe, Enzian, Löwenzahn, Kalmus, Wermut und Tausendgüldenkraut) nicht normalisieren läßt, sind Präparate erforderlich, die die Magenfunktion unterstützen und meist Säure *und* Fermente enthalten (Citropepsin, Enzynorm, Pansan).

Bei übermäßiger Salzsäurebildung kommen säurebindende Mittel in Frage wie Gelusil-Lac, Aludrox und Masigel „K".

MAGENSCHWÄCHE

Bei jahrelanger Zuckerkrankheit kommt es nicht selten zu Störungen der rhythmischen Bewegungen von Magen und Darm. Meist zeigt sich das durch folgende Erscheinungen: Druck im Oberbauch, Appetitlosigkeit, Blähungen, Brechreiz und auch Erbrechen.

Bei der Röntgenuntersuchung zeigt sich ein schlaffer, erweiterter Magen mit freiem Durchgang durch den Magenschließmuskel. Die Bewegungen sind träge.

Bei gleichzeitig vorhandener Bindegewebsschwäche kann es auch zu einer regelrechten Erschlaffung von Magen und Darm kommen, die wiederum meist eine Darmverstopfung zur Folge hat. Die Behandlung muß darauf abzielen, die Funktionen der Haut, der Schleimhäute, des Bindegewebes und des gesamten Magen-Darm-Kanals anzuregen.

Diät: Schlackenreiche lacto-vegetabile Kost mit viel Früchten, Gemüsen, sauren Milchprodukten und groben Vollkornbrotsorten.

Physikalische Maßnahmen: Trockenbürstenmassagen, Güsse und wechselwarme Waschungen, Teil- und Ganzabreibungen, Höhensonne, Bauchdeckengymnastik, Dickdarmmassage, faradische Schwellstrombehandlung zur Muskelkräftigung, Leibwickel und Blitzgußmassagebäder (Segmentblitzbäder nach *Fey* und *Kaiser),* Sauna.

Psychotherapeutische Maßnahmen: Wegen der gleichzeitig bestehenden allgemeinen Bindegewebsschwäche, die auch mit einer nervlichen und psychischen Schwäche vergesellschaftet ist, muß eine psychische Aktivierung erreicht werden, zumal diese Menschen dem Leben gegenüber eine gleichgültige, wenn nicht sogar negative Haltung einnehmen.

Medikamente: Alle die Leistungen der Verdauungsorgane steigernden Substanzen sind angebracht, doch sollte man mit ganz einfachen Bittermitteln (Tausendgüldenkraut-, Wermut- und Kalmustee, Wermuttinktur, Brennesselsaft u. a.) oder Fermentpräparaten (Enzynorm, Pansan, Bilipeptal, Nutrizym u. a.) beginnen.

MAGEN- UND ZWÖLFFINGER-DARMGESCHWÜR

Für ein Magen- oder Zwölffingerdarmgeschwür (Ulcus ventriculi et duodeni) ist typisch, daß die Beschwerden in einem bestimmten Rhythmus auftreten, nämlich zwei bis vier Stunden nach den Mahlzeiten, und daß sie nach einer Nahrungsaufnahme vermindert sind. Gehäuft treten die Schmerzen auch im Frühjahr und im Herbst auf. Ein Magen- oder Zwölffingerdarmgeschwür muß durch Röntgenuntersuchung zunächst sicher nachgewiesen sein. Ursächlich spielen eine nervöse Körperverfassung und seelische Fehlhaltungen oft eine große Rolle, wodurch es zu anhaltenden Durchblutungsstörungen kommt. Die Behandlung besteht seit langer Zeit in der Anwendung von Ruhe, Wärme, Diät sowie einiger Medikamente.

Diät beim nicht blutenden Magengeschwür: Gewöhnlich wird eine vierwöchige Ulkus-Diät durchgeführt. Es muß dabei aber bedacht werden, daß sich unmöglich in vier Wochen die Folgen einer jahrzehntelangen Fehlernährung beseitigen lassen. Die Magengeschwür-Diät muß eine Schonkost und trotzdem schmackhaft und abwechslungsreich sein, damit sie auch eingehalten werden kann. Der Kranke sollte wenig trinken, damit die Verdauungskraft des Magensaftes nicht beeinträchtigt wird. Die Getränke müssen reizlos und temperiert sein, am besten sind Kräutertees und Milch (wenn keine Überempfindlichkeit besteht). Milchprodukte (besonders Quark und Sahne) sind gut geeignet, auch mäßig magerer Fisch und Eier. An Backwaren am besten Zwieback, Knäckebrot, Grahambrot und Toast verwenden, auch andere Brote aus fein vermahlenem Weizenmehl. Kuchen sollte (wegen des hohen Weißmehl-, Fett- und Zuckergehaltes) vermieden werden. Zarte Gemüse (Möhren, Spargel, Blumenkohl, Tomaten, ganz junge Erbsen) und gekochtes, schwach gesüßtes Obst sind erlaubt.

Diät beim blutenden Magen- und Zwölffingerdarmgeschwür: Zunächst 1–2 Fastentage, an denen nur Kamillentee oder dünner schwarzer Tee verabreicht wird. Am dritten Tag gibt man 200 g Sahne mit Milch oder Buttermilch verdünnt über den Tag verteilt. Dann steigert man die Milchmenge täglich von 200 g bis zu 1 Liter. Vom vierten Tag an kann man auch Quark (bis 100 g), etwas später 1–2 geschlagene Eier, Haferschleimsuppen und Haferschleimbreie verabreichen. Nach acht bis zehn Tagen hört die Blutung meist völlig auf, so daß sich die Nahrung durch Obstsaft, Reisbrei, Vollkornzwieback und Butter, Möhrensaft, zarte Gemüse und mageren Fisch ergänzen läßt. Nach weiteren zwei Wochen kann die normale Magen-Darm-Schonkost einsetzen.

Physikalische Maßnahmen: Jedes frische Magen- oder Zwölffingerdarmgeschwür benötigt drei bis vier Wochen lang Bettruhe und feuchte Wärmeanwendungen auf den Leib, mehrere Stunden täglich, am besten in Form von feuchtwarmen Leinsamenkompressen. Auch Moor-, Fango- und andere Schlammpackungen sind geeignet, falls man sie nicht allzu schwer empfindet. Häufig werden statt der dauernden warmen Wickel die kalten Leib- und Lendenwickel, Leibaufschläge oder auch der Heusack als angenehmer bezeichnet. In der dritten und vierten Behandlungswoche sind Trockenbürstenbäder mit nachfolgender wechselwarmer Abwaschung durchzuführen. Nach dem Aufstehen in oder nach der vierten Woche beginnt man mit wechselwarmen Güssen, Duschen, Bädern und Ganzabreibungen.

Nach der fünften Woche sind auch Saunabäder erlaubt, zumal sich dadurch die allgemeine Durchblutung stark verbessern läßt. Nach völliger Abheilung des Geschwürs ist eine Weiterführung der Allgemeinbehandlung mit Wasseranwendungen, Bädern, Gymnastik und Sport – um die Körperkonstitution zu verbessern und damit die Neigung zur Geschwürbildung zu überwinden – dringend anzuraten. Besonders heilkräftig wirkt auch das Blitzgußmassagebad.

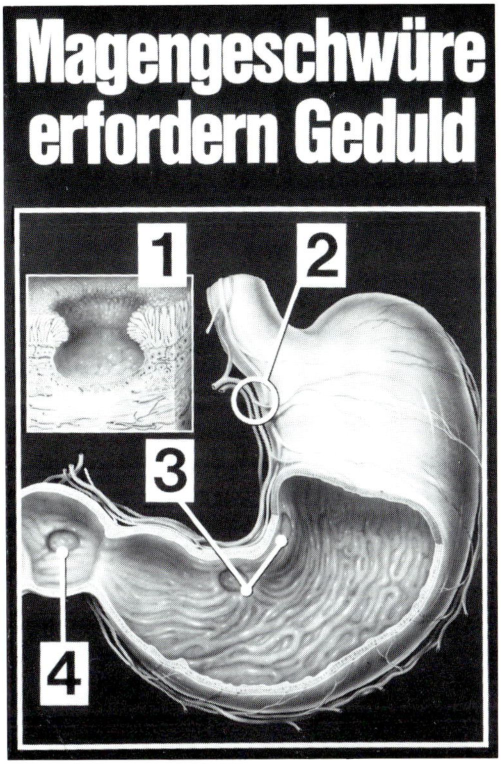

1 = Stark vergrößertes Schnittbild eines chronischen Magengeschwürs, das sich tief in die Magenwand eingefressen hat.

2 = Die Magenwand wird von zahlreichen Blutgefäßen und vegetativen Nervenfasern versorgt. Dieses Gefäß- und Nervensystem ist gegen Stress und Aufregungen besonders empfindlich.

3 = Magengeschwüre sitzen meist an der kleinen Kurve des Magens im Bereich der sogenannten Magenstraße.

4 = Auch im Bereich des Magenausgangs (Pförtner) findet man Magengeschwüre.

Psychotherapeutische Maßnahmen: Alle Maßnahmen, die eine körperliche und seelische Entspannung und Beruhigung herbeiführen, sind von großem Nutzen. Zunächst Bettruhe und Absage aller Verpflichtungen, Vermeiden oder möglichst Auflösen aller Konfliktsituationen, eventuell mit Hilfe des Seelsorgers oder des Psychotherapeuten. Nicht selten kommen bei psychotherapeutischen Gesprächen auch frühkindliche Entbehrungen und Triebwünsche zutage, die nie gestillt wurden.

Medikamente: Hauptsächlich kommen vier Arzneigruppen in Frage, nämlich *säuredämpfende Mittel, Kamillenpräparate* mit dem Hauptwirkstoff Azulen, der entzündungshemmend, krampflösend, beruhigend und gewebsheilend wirkt, *Süßholzpräparate,* die durch den Hauptwirkstoff Glyzyrrhizin cortisonähnlich und durchblutungsfördernd wirken, und schließlich *Belladonnapräparate,* die das vegetative Nervensystem beeinflussen und unnötige Reize vom Magen-Darm-Kanal fernhalten. Eine große Anzahl von Spezial- und Kombinationspräparaten sind im Einzelfall angebracht, müssen aber ärztlich verordnet sein, da sie meist nicht ohne Nebenwirkungen sind.

MAGERSUCHT

Sie ist zunächst nur ein Krankheitssymptom, dessen Ursache aufgeklärt werden muß. Magen- und Darmkrankheiten, chronische Infektionen, Schilddrüsen- oder andere Hormondrüsenerkrankungen, z. B. Zuckerkrankheit, verschiedene Formen der Blutarmut, Suchtkrankheiten (Alkohol-, Nikotin, Schlafmittel-, Halluzinogen- und Morphiumsucht) und Krebs können ihr zugrunde liegen.

Bei anhaltender Abmagerung muß auch an die *Whipplesche Erkrankung* gedacht werden, eine schwere Dünndarmerkrankung, bei der die Nahrungsstoffe nicht aufgesaugt werden können und es alsbald zu einer Entgleisung vor allem des Fettstoffwechsels kommt. Leibschmerzen, anhaltende, schwere Blähungen und Durchfälle führen den Patienten meist zum Arzt.

Außer der Abmagerung tritt auch bald Blutarmut, Gelenkentzündung und Steatorrhoe (vermehrter Fettgehalt des Stuhls) auf.

Diät: Häufige, kleine, konzentrierte Mahlzeiten, anfänglich als Haferbrei, angereichert mit Weizenkeimen, Schlagsahne, Sanddornextrakt, Mandelmus, Obstsalate mit angerührtem Quark (Quark-Obst-Speisen), Südfrüchte und Säfte, möglichst viel Würzkräuter.

Physikalische Maßnahmen: Trockenbürsten, täglich zweimal längere Spaziergänge, Gymnastik, Schwimmen, Turnen.

Psychotherapeutische Maßnahmen: Aussprachen in ruhiger Atmosphäre sind dann erforderlich, wenn psychische Ursachen bei der Krankheit mitsprechen, ferner Entspannungsübungen.

Medikamente: Appetitanregende Heilpflanzenzubereitungen (z. B. Gastricholan, Wacholderextrakt, Bockshornkleesamen).

MAGNESIUMMANGEL-ERKRANKUNG

Die heutige Durchschnittsernährung ist meist eine Fehlernährung, bei der auch der Magnesiummangel eine erhebliche Rolle spielt, zumal unsere Kulturböden meist schon ein Magnesiumdefizit aufweisen und im menschlichen Darm häufig Aufsaugungsstörungen vorhanden sind. Ein Eiweiß- und Kalzium-Überangebot vermehrt noch den Magnesiummangel, der eine Reihe von Stoffwechselfermenten beeinträchtigt, vor allem die Enzyme des Azethylcholinstoffwechsels, wodurch ein Überwiegen des Vagusnervensystems zustande kommt (Azethylcholinblock). Daraus ergeben sich leicht Krämpfe der glatten Muskulatur, was bei den Blutgefäßen zu Durchblutungsstörungen führt. Meist ist aber auch die Skelettmuskulatur betroffen, so daß Muskelkrämpfe entstehen.

Abhilfe kann nur durch magnesiumreiche Nahrungsmittel (alle Nüsse, Hagebutten, Kakaopulver, Rettich, Dill, Rosinen, getrocknete weiße Bohnen, Roggenvollkornbrot, Gerstengrütze, Haferflocken), Magnesium-Injektionen (Magnorbin) oder Magnesiumpräparate (z. B. Magnesium-Diasporal) erfolgen.

Eine Tabelle magnesiumreicher Nahrungsmittel befindet sich auf Seite 496.

MANDELENTZÜNDUNG

Gewöhnlich tritt eine Mandelentzündung (Angina tonsillaris) nach einer Unterkühlung oder Erkältung auf. Sie beginnt mit Kältegefühl, Frösteln, Appetitlosigkeit, Kopfschmerzen, zuweilen auch Schüttelfrost. Vorher kann Brechreiz oder Erbrechen auftreten. Es folgen dann Schluckschmerzen oder sogar stechende Schmerzen im Rachen. Dieser ist dann einschließlich der geschwollenen Mandeln gerötet. Bei eitrigem Verlauf zeigen sich auf den Mandeln weiße bis gelbliche, stippchenartige bis ausgedehnte Beläge, die auf die Mandeln beschränkt bleiben. Die Halslymphknoten sind stark geschwollen und druckschmerzhaft. Das Fieber kann bis 41 °C ansteigen und das Allgemeinbefinden erheblich gestört sein.

Die Behandlung besteht in Bettruhe, kalten Halswickeln, Trinken von Obstsäften mit hohem Vitamin-C-Gehalt, Mundspülungen mit Kamillen- und Salbeitee.

Der Arzt muß entscheiden, ob nicht Diphtherie oder Scharlach vorliegt. Er wird in schweren Fällen die Infektionserreger mit einem Sulfonamidstoß oder sogar mit Penicillin-Injektionen bekämpfen, damit der Körper schneller die Infektion überwindet. Bei mangelhafter Abwehr können auch Eigenblutinjektionen oder Echinacin-Injektionen von großem Nutzen sein.

Eine besondere Art der Mandelentzündung ist die sogenannte *Monozytenangina*

Mandelentzündung (Angina)

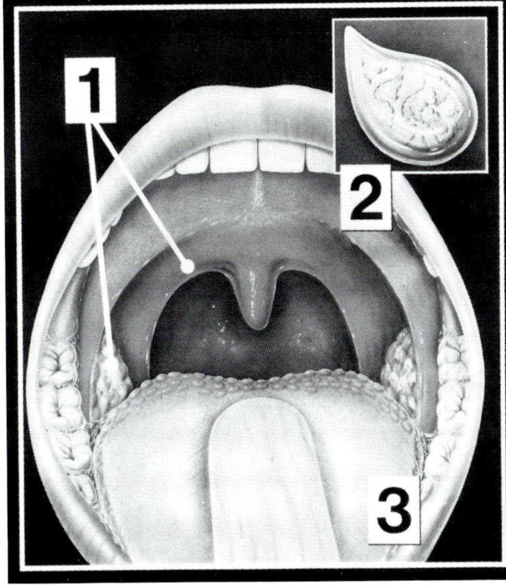

1 = Bei Angina ist der gesamte Rachenring entzündet. Die Hals- und Schluckschmerzen kommen auch von den geschwollenen Mandeln, die häufig sogar vereitert sind.

2 = Die Ansteckung erfolgt über feine Tröpfchen, in denen viele Bakterien enthalten sind. Sie fliegen in der Luft und werden dann wieder eingeatmet.

3 = Gelegentlich sieht man bei Angina auch eine belegte Zunge.

(Pfeiffersches Drüsenfieber). Es bilden sich dabei zusammenhängende, festsitzende, gelbgrünliche oder schwärzliche, übel- und süßlich riechende, auf die Mandeln beschränkte Beläge, die später zu schmutzig-eitrigen Geschwüren werden. Gleichzeitig schwellen die Hals-, Nacken- und Kieferwinkeldrüsen an, wozu sich dann allgemeine Drüsenschwellungen (Achselhöhle und Schenkelbeuge) sowie eine Milz- und Leberschwellung gesellen. Die ganzen Krankheitserscheinungen halten zwei bis drei Wochen an. Die Krankheit ist für den Arzt am charakteristischen Blutbild zu erkennen: Die weißen Blutzellen (Leukozyten) sind stark vermehrt, dabei vorwiegend die Lymphozyten, Plasmazellen und Monozyten.

Da nahezu regelmäßig die Leber in Form einer Leberentzündung (Hepatitis) mitbeteiligt ist, findet man auch erhöhte Transaminasenwerte im Blutserum.

Im allgemeinen wird eine klinische Behandlung mit stärkeren antibiotischen Mitteln erforderlich sein.

MASERN

Vom Tag der Ansteckung bis zum Ausbruch der Krankheit vergehen meist 14 Tage. Die ersten Anzeichen entsprechen den Erkältungssymptomen, nämlich Frösteln, Fieber, Schnupfen, Husten, Heiserkeit und Augenbindehautkatarrh. Dann erfolgt ein rascher Temperaturanstieg, der zwei bis drei Tage anhält. Am zweiten Fiebertag zeigen sich die ersten Masernmerkmale: fleckige Rötung am weichen Gaumen und Gruppen stecknadelkopfgroßer, weißer Spritzflecken mit rotem Hof auf der Wangenschleimhaut gegenüber den Backenzähnen (Koplikscher Flecken).

Am vierten Fiebertag tritt der typische Masernausschlag zuerst im Gesicht auf, dann breitet er sich über den ganzen Körper aus. Es sind einzeln stehende, bis linsengroße, unregelmäßig gezackte, leicht erhabene, dunkelbraunrote Flecken, die nur auf dem Rücken und am Gesäß zusammenfließen. Wenn die Krankheit ohne Komplikationen verläuft, verschwindet das Fieber in der Regel etwa am siebten Tag.

Um Komplikationen wie Mittelohrentzündung, Hirnhautentzündung und Lungenentzündung zu vermeiden, ist über die

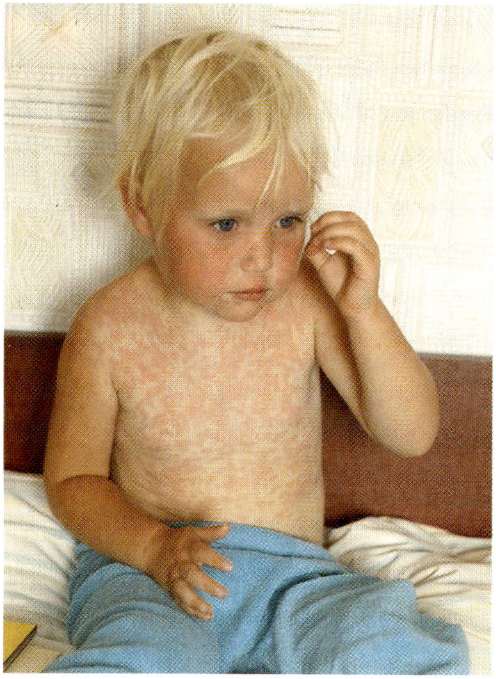

Die Masern sind eine weltweit verbreitete Infektionskrankheit, die vor allem bei Kindern auftritt. Sie hinterläßt lebenslange Immunität. Am vierten Fiebertag zeigt sich in der Regel der typische Masernausschlag zuerst im Gesicht und breitet sich dann über den ganzen Körper aus. Bettruhe ist angebracht. Keine Umschläge! Es sollten viel Fruchtsäfte getrunken werden.

Entfieberung hinaus noch einige Tage strenge Bettruhe erforderlich. Zimmertemperatur möglichst auf 18° C halten, Abkühlung vermeiden, Bett vom Fenster rücken, Zimmer etwas abdunkeln, für gute Lüftung und bei Heizung für die nötige Luftfeuchtigkeit sorgen.

Da bei Masern häufg Durchfall besteht, gibt man Schleimsuppen und Kakao und geht dann zu lacto-vegetabiler Vollkost über. Gegen die Bronchitis sind lauwarme Brustwickel angebracht.

Eine Isolierung ist meist zwecklos, da die Ansteckungsfähigkeit meist schon fünf Tage vor dem Ausschlag besteht und mit Ausbildung des vollständigen Ausschlages erloschen ist.

MASTDARMENTZÜNDUNG

Als Krankheitserscheinungen treten auf häufige breiige Durchfälle mit Schleim und Blut vermengt sowie Druckschmerz im linken Unterbauch im Verlauf des absteigenden Dickdarms. Voraus geht meist eine Verstopfung mit festen Stühlen, denen Blut aufgelagert ist. Hier sollte man nicht nur an eine Hämorrhoidalblutung, sondern auch an eine linksseitige Dickdarmentzündung denken. Werden fast stündlich wäßrige Stühle mit viel Blut, Schleim und Eiter entleert, so hat sich die Entzündung über den ganzen Dickdarm ausgedehnt.

Um zu einer gesicherten Diagnose zu kommen, muß der Arzt den Endteil des Dickdarms ableuchten (rektoskopieren). Nach Abklingen der akuten Erscheinungen wird man eine Röntgenuntersuchung des Dickdarms anschließen.

Die Behandlung der Dickdarmentzündung muß dem Arzt überlassen bleiben. Er wird anfänglich zu stärkeren Mitteln greifen müssen, danach die Darmbakterienflora kontrollieren und die Diät festsetzen.

MASTDARMKREBS

Der Mastdarmkrebs (Rektumkarzinom) entwickelt sich zu 75 % in den untersten elf Zentimetern des Enddarms (Rektum) und ist deshalb einer direkten Untersuchung ohne instrumentelle Hilfsmittel allein durch eine einfache Austastung zugänglich. Männer sind davon häufiger befallen als Frauen. Wenn auch das mittlere und höhere Alter besonders betroffen ist, muß doch daran erinnert werden, daß in wenigstens 8–10 % der Fälle Zwanzig- bis Vierzigjährige daran erkranken.

Plötzliche Verstopfung oder plötzlicher (nicht infektiöser) Durchfall oder der Wechsel von Verstopfung und Durchfall sollten ebenso aufmerksam beachtet werden wie die Beimischung von Blut und andere unnormale Absonderungen.

Jede Blutung aus dem Darm muß als Aufforderung gelten, eine Austastung und Darmspiegelung durchführen zu lassen.

Ein charakteristisches Zeichen ist auch akuter Stuhldrang mit nur unbedeutender Stuhlentleerung.

Weitere Informationen und Behandlungsvorschläge unter Dickdarmkrebs.

MASTDARMVORFALL

Dabei handelt es sich um ein Vorkommnis, das bei Kindern nicht so selten ist. Es sind drei Arten des Mastdarmvorfalls zu unterscheiden:

1. *Hämorrhoidenvorfall* bei Hämorrhoiden dritten Grades. Der Vorfall zeigt radspeichenartige Falten und ist meist kaum über drei Zentimeter lang. Die Spannung des Schließmuskels ist in der Regel normal.

2. *Schleimhautvorfall,* bei dem beim Pressen an der Afteröffnung zwei schlaffe, blaßrote, lippenförmige Schleimhautwülste von etwa zwei Zentimeter Länge erscheinen. Die Spannung des Schließmuskels ist meist herabgesetzt.

3. Der regelrechte *Mastdarmvorfall,* bei dem die Spannung des Schließmuskels stark herabgesetzt ist und deshalb der Stuhl nicht gehalten werden kann. Die Mastdarmampulle ist mit allen Wandschichten herausgedrückt. Die Schleimhautfalten sind hierbei zirkulär angeordnet. Der Vorfall kann bis über zehn Zentimeter lang sein. Eine Einklemmung ist selten, eine Rückverlagerung meist leicht durchführbar.

In allen drei Fällen ist eine dauerhafte Heilung nur durch operative Maßnahmen möglich.

MENSTRUATIONSSTÖRUNGEN

siehe Amenorrhoe und Dysmenorrhoe

MENSTRUATIONSZYKLUS, NORMALER

Im Ablauf des normalen Menstruationszyklus sind bei der gesunden Frau gesetzmäßige Temperaturschwankungen festzustellen, die an hormonelle Vorgänge gebunden sind. Durch tägliche Temperaturmessungen sofort nach dem Aufwachen lassen sich diese Schwankungen erkennen. Wenigstens ein Jahr lang sollte deshalb die Morgentemperatur gemessen werden.

Die Aufwachtemperatur (Basaltemperatur) muß täglich immer in der gleichen Weise entweder unter der Zunge oder im Darm mit einem besonderen Thermometer (z. B. Zyklotest-Thermometer) gemessen werden. Man mißt unmittelbar nach dem Aufwachen, noch im Bett liegend, fünf Minuten lang, möglichst immer zur selben Zeit.

Die Kurve eines normal ablaufenden Menstruationszyklus ist durch zwei große Abschnitte gekennzeichnet:

1. die Zeit, in der das Ei im Eibläschen (Follikel) heranreift bis zum Eibläschensprung (Follikelsprung) und die tiefe Temperaturen (36,4–36,9° C) aufweist.

2. die Zeit vom Eibläschensprung bis zum Beginn der Regelblutung, die höhere Temperaturen (37–37,5° C) aufweist.

Der Übergang von der tieferen zur höheren Temperatur tritt unmittelbar nach dem Eibläschensprung auf. Man erfährt aus der Temperaturmessung, ob und wann der Eisprung erfolgt ist.

Der Eisprung tritt ziemlich genau 14 Tage *vor* der nächsten Menstruation auf. Bei einem normal langen Monatszyklus ist also am vierzehnten oder fünfzehnten Tag, bei einem verkürzten Zyklus von zum Beispiel 24 Tagen ist am zehnten oder elften Zyklustag mit dem Eisprung zu rechnen.

Eine normal ablaufende Basaltemperaturkurve (bei einem 28tägigen Zyklus) ist aus Tabelle 1 zu ersehen.

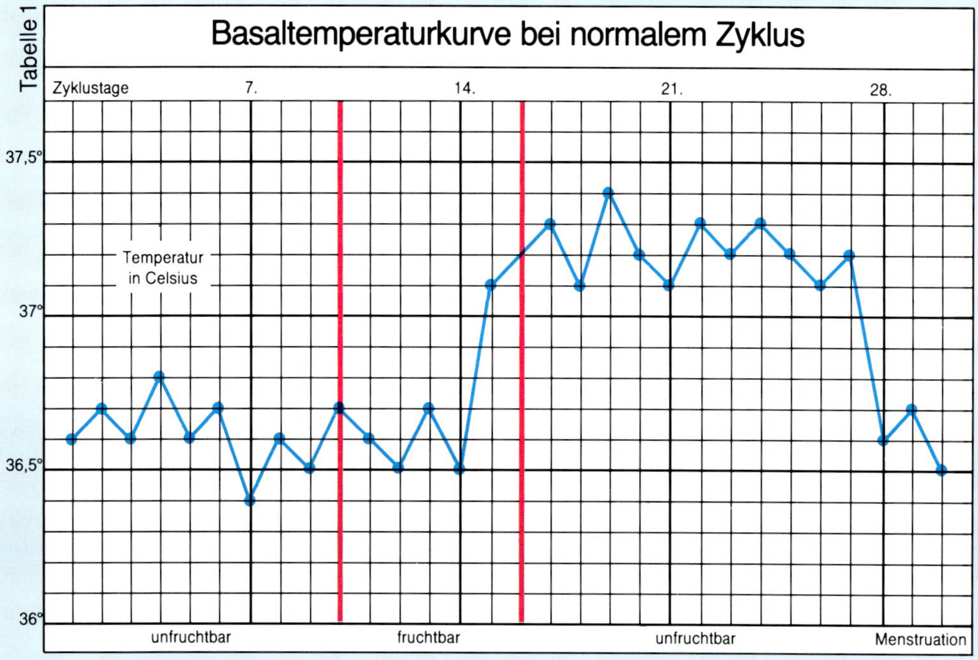

Empfängnisbereitschaft besteht nur vier Tage *vor* bis zwei Tage *nach* dem Eisprung, im Normalfall also vom zehnten bis sechzehnten Tag des Zyklus. Aus der Temperaturkurve ist aber nicht nur der Tag des Eisprungs zu erkennen, sondern auch die fruchtbaren und unfruchtbaren Tage. Eine Schwangerschaft ist zu vermuten, wenn die erhöhte Temperatur länger als sechzehn Tage bestehen bleibt. Der Temperaturverlauf ist hier aus Tabelle 2 zu ersehen.

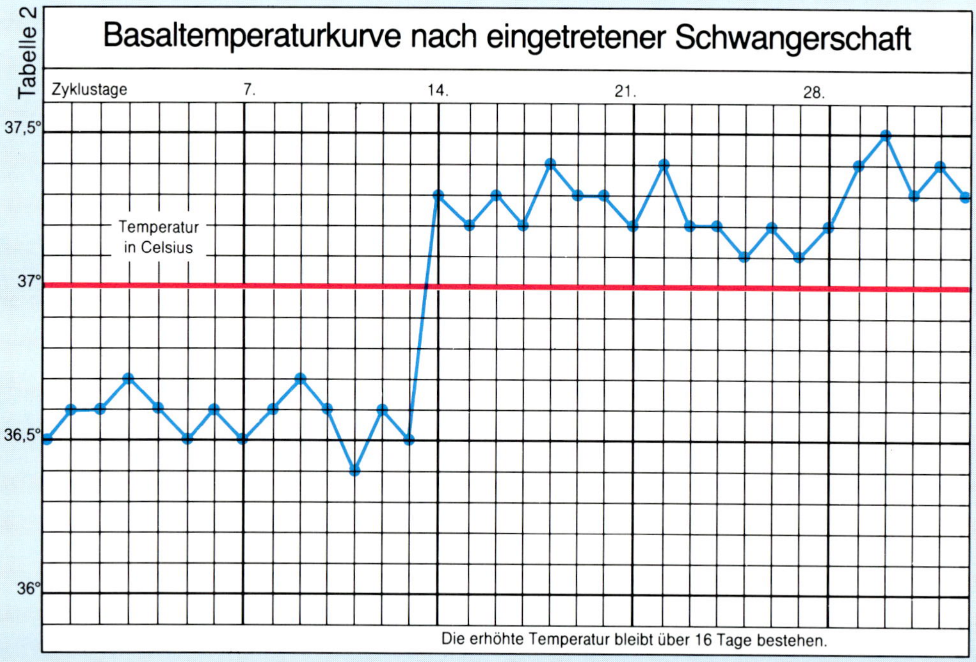

MITTELOHRENTZÜNDUNG

Die Mittelohrentzündung (Otitis media) ist eine häufig vorkommende Erkrankung. Sie kann akut oder auch chronisch verlaufen. Als Ursache kommt eine Reihe von Bakterien, meist Eiterbakterien, oder Viren in Frage. Die meisten Erreger dringen über die Tube, den Verbindungsgang von der Mundhöhle zum Mittelohr, ins Mittelohr vor. Die Mittelohrentzündung tritt auch als Komplikation bei Masern, Mumps, Grippe, Lungenentzündung und Scharlach auf.

Ein großer Teil der Erkrankung verläuft mit leichten Symptomen, nämlich mit Ohrenschmerzen und Druckgefühl, manchmal auch mit schlechterem Hören und Ohrensausen. Man spricht dann von einer einfachen Mittelohrentzündung (Otitis media simplex), die meist nach einigen Tagen folgenlos abheilt. Sie kann sich aber auch verschlimmern, akut eitrig oder auch chronisch werden. In diesen Fällen werden die Schmerzen sehr stark. Fieber tritt auf, und das Hörvermögen ist erheblich vermindert. Sobald es zur Eiterbildung kommt, wölbt sich das Trommelfell nach außen. Man kann dann die Vorwölbung des außerdem stark geröteten Trommelfells im Ohrenspiegel sehen. Ohne Behandlung verschlimmert sich dieser Zustand, und schließlich platzt das Trommelfell, wodurch sich der Eiter Abfluß nach außen verschafft. Der Eiter quillt dann aus dem Gehörgang. Danach klingt die Entzündung meistens ab. Das Loch im Trommelfell heilt auch narbig zu, doch bleibt in der Mehrzahl der Fälle eine Hörverschlechterung zurück.

Die Entzündung kann in manchen Fällen auch auf das hinter dem Ohr gelegene Felsenbein oder auf das Innenohr übergreifen und hier eine Labyrinthinfektion bewirken, die sowohl das Hörvermögen als auch den Gleichgewichtssinn schädigt. Schlimmstenfalls kann sich die Infektion auf die Hirnhäute, das Gehirn und den Gesichtsnerv ausdehnen.

Allein schon wegen der möglichen schweren Komplikationen gehört jede Mittelohrentzündung in fachärztliche Behandlung, zumal es heute mit Hilfe der Antibiotika möglich ist, in den allermeisten Fällen die Komplikationen und das früher sehr häufig geübte Durchstechen des Trommelfells zur Entleerung des Eiters zu verhüten.

Nicht selten wird eine akute Mittelohrentzündung chronisch. Mit dieser Verlaufsform ist besonders dann zu rechnen, wenn die Mittelohrentzündung als Begleiterscheinung anderer schwerer Allgemeininfektionen auftritt. Sie kann auch eine Folge allergischer Reaktionen oder Druckänderungen im Mittelohr nach Flügen in großer Höhe, schnellen Höhenwechsels im Gebirge (langen Skiabfahrten) oder des Tauchens in größere Tiefe sein. Das Mittelohr wird dann von der Tube (Eustachischen Röhre) her nicht genügend ventiliert.

Die *Behandlung* aller Formen der Mittelohrentzündung sollte nie ohne den Hals-Nasen-Ohren-Facharzt durchgeführt werden.

Diät: Sie ist nur erforderlich, wenn eine zugrunde liegende Krankheit diese notwendig macht (z. B. Fieber-Diät).

Physikalische Maßnahmen: Heiße Fußbäder und Wechselfußbäder können zur Ableitung dienen. Kurzwellenbestrahlungen, Ohrendampfbäder oder Kopfdampfbäder (bei chronischer Otitis) unterstützen die medikamentöse Behandlung. Wenn keine Gelegenheit zur Bestrahlung vorhanden ist, kann man beispielsweise einen Beutel mit heißen, gequetschten Kartoffeln oder warme Kamillenumschläge auflegen.

Medikamente: Bei allen Formen der Mittelohrentzündung ist zunächst das etwa zugrunde liegende Leiden entsprechend medikamentös zu behandeln. Wenn die Erkrankung das Stadium der einfachen Mittelohrentzündung, die nach Ruhe und Wärme und den oben erwähnten physikalischen Maßnahmen in wenigen Tagen abklingt, überschreitet, müssen schon wegen

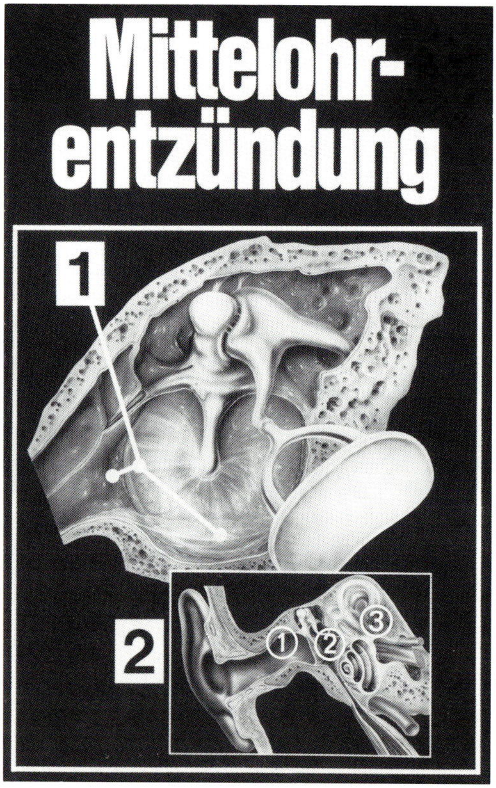

1 = Akute Mittelohrentzündung durch Bakterien.

2 = Die drei Abschnitte des Gehörorgans:

① Äußerer Gehörgang vom Trommelfell verschlossen.

② Mittelohr mit Paukenhöhle, Gehörknöchelchen und Ohrtrompete.

③ Innenohr mit Schnecke, Hörnerv und Bogengangsapparat. Er dient als Gleichgewichtsorgan.

der möglichen Komplikationen Sulfonamidpräparate oder Antibiotika verabreicht werden. Auch Antihistaminpräparate oder einfache Schmerzmittel können notwendig sein. Wohltätig empfunden wird es auch, wenn Ohrentropfen warm eingeträufelt werden und Nasenöl oder Nasentropfen die oberen Luftwege frei und die Tube durchgängig halten.

Chronische Mittelohrvereiterungen, die manchmal jeder medikamentösen und physikalischen Einflußnahme trotzen, müssen chirurgisch behandelt werden.

MÜCKENSTICHE

siehe Insektenstiche

MULTIPLE SKLEROSE

Eine ursächliche und erfolgversprechende vorbeugende Behandlung der multiplen Sklerose ist bisher nicht bekannt, da die Ursache der Erkrankung noch ungeklärt ist. Man schuldigt Viren, allergische Vorgänge und Störungen des Lipidstoffwechsels an. Die Behandlung versucht zunächst die Symptome zu beseitigen.

Diät: Erfolge mit diätetischen Behandlungsmaßnahmen wurden wiederholt beschrieben (Evers-Diät). Wahrscheinlich haben sie nur eine allgemein kräftigende und eine psychologische Wirkung.

Physikalische Maßnahmen: Bewegungsübungen im temperierten Bad, Massage der Rückenmuskulatur, Wärmeanwendungen, wenn nötig Anwendung orthopädischer Hilfsmittel, Krankengymnastik.

Psychotherapeutische Maßnahmen: In erster Linie Schwangerschaftsberatung.

Medikamente: Die Spannungserhöhung der Muskulatur kann medikamentös verbessert werden durch pflanzliche Beruhigungsmittel.

MUMPS *(Ziegenpeter)*

Im Alter zwischen fünf und fünfzehn Jahren ist die Empfänglichkeit für diese durch Tröpfchen von Mensch zu Mensch übertragbare Infektion am größten. Nach der Ansteckung dauert es 18 bis 22 Tage (Inkubationszeit), bis die ersten Krankheitserscheinungen, nämlich Kopfschmerzen und Schwäche, auftreten. Etwas später folgt leichtes bis hohes Fieber, und zugleich beginnt eine Ohrspeicheldrüse (vor dem Ohr) anzuschwellen und zu schmerzen, besonders beim Kauen und Mundöffnen. Die Haut über der Anschwellung ist gespannt und glänzend, aber nicht gerötet. Nach Rückgang der Erkrankung auf der einen Seite erkrankt meist auch noch die andere. Die Dauer der Erkrankung beträgt meist 8–14 Tage. Die überstandene Krankheit führt in der Regel zur Immunität.

Solange Fieber besteht, muß strenge Bettruhe eingehalten werden, da sonst die nicht so seltenen und gefürchteten Komplikationen – Hodenentzündung am sechsten bis neunten Krankheitstag mit der Gefahr lebenslänglicher Unfruchtbarkeit, Hirnhautentzündung oder Entzündung

Mumps, der altbekannte Ziegenpeter, befällt fast jedes Kind. Bettruhe ist erforderlich, um Komplikationen zu vermeiden.

des Hörorgans mit der Gefahr nachfolgender Taubheit – auftreten können.

Zur Behandlung macht man über den Drüsen einen Watteverband mit warmem Öl, Borsalbe, Jod-Vasogen oder Kalijodatsalbe.

Mundspülungen und Gurgeln mit verdünntem Wasserstoffsuperoxid sind zweckmäßig. Zunächst verabreicht man wegen der Kau- und Schluckbehinderung eine flüssige Kost (Säfte, Haferschleim). Bei der Ernährung stehen viel Obst, Haferkleie, Milch und Vitamin-Konzentrate im Vordergrund.

Isolierung des Patienten ist zwecklos, da sie meist zu spät kommt.

MUNDGERUCH

Er entsteht durch Zersetzungsherde in den Atmungsorganen (Nasennebenhöhlen, Zahnherde, Abszeßhöhlen, eitrige Bronchitis, Lungenemphysem, Bronchiektasen, Ausscheidung von Stoffwechselprodukten über die Lunge bei Leber- und Nierenerkrankungen) oder in den Verdauungsorganen (zerfallende Nahrungsbestandteile bei Krebs, Krampf des Magenöffners, Darmverschlingung). Auch Nahrungsmittel, Gewürze oder Medikamente können durch den chemischen Abbau und Umbau sowie die Ausscheidung über die Lungen üblen Mundgeruch erzeugen. Das bekannteste Beispiel ist der Knoblauchgenuß.

Eine Bekämpfung des Mundgeruchs ist nur möglich, indem die erkennbaren Krankheitsursachen ausgeschaltet werden.

MUNDSCHLEIMHAUT-ENTZÜNDUNG

Die Mundschleimhautentzündung (Stomatitis) kann als selbständige Krankheit oder auch als Anzeichen einer Allgemeinerkrankung auftreten. Zuweilen beschränkt sie sich lediglich auf die Zunge – dann spricht man von einer Glossitis – oder auf das Zahnfleisch, was dann als Gingivitis bezeichnet wird. Eine ganze Reihe von Erregern (Bakterien, Pilze, Viren) kann eine Mundschleimhautentzündung hervorrufen. Aber auch mechanische Verletzungen (scharfe Zahnkanten, schlechtsitzende Prothesen oder Wangenbeißen), übermäßiger Genuß von Reizmitteln (Gewürze, Alkohol, Tabak, zu heiße Speisen), Überempfindlichkeitsreaktionen (Mundspül- und Desinfektionsmittel, Zahnpasta, gefärbte Lebensmittel oder Getränke, Kunststoffprothesen) können eine Mundschleimhautentzündung auslösen.

Als Ursache kommen auch Vitaminmangelzustände in Frage. Die Stomatitis tritt schließlich auch als Begleiterscheinung auf bei Eisenmangelanämien. Selbst eine Reihe von Hautkrankheiten wird von einer Mundschleimhautentzündung begleitet. Außerdem kann eine Reihe von Medikamenten eine medikamentöse Stomatitis hervorbringen, z. B. Jodverbindungen, Barbitursäureverbindungen, Blei u. a.

Vorwiegend bei Kindern findet man die bekannteste Form der Mundschleimhautentzündung, *Aphthen* (Mundfäule) oder *Stomatitis aphthosa* genannt, wobei kleine graugelbe Flecken mit rotem Saum auf der Mundschleimhaut sichtbar sind. Tritt die Erkrankung bei jüngeren Frauen auf, so steht sie oft im Zusammenhang mit der Menstruation. Mundfäule kommt auch bei manchen anderen Krankheiten vor, z. B. bei Hauterkrankungen, bei Magen-Darm-Störungen, massiven Diätfehlern, Reizbarkeit und Gefäßlabilität.

Da man die Ursache nicht kennt, ist auch eine ursächliche Behandlung nicht möglich. Erfahrungsgemäß wirken die Vitamine der B-Gruppe günstig, auch die homöopathischen Mittel Pulsatilla D 2–D 4 und Mercurius solubilis beschleunigen die Heilung. Zu Mundspülungen benutzt man Kamillentee, Kaliumpermanganat oder Wasserstoffsuperoxid in entsprechender Verdünnung oder Hexoral unverdünnt. Man kann auch mit Myrrhen- und Rathaniatinktur zu gleichen Teilen pinseln.

Diät: Sie muß zunächst flüssig-breiig sein, bis die akuten Entzündungserscheinungen abgeklungen sind.

Physikalische Maßnahmen: Sie kommen hierbei kaum in Frage.

Medikamente: Einige Mundspülmittel wie Hexoral haben sich als sehr wirksam erwiesen, weil sie meist eine ganze Reihe von Erregern zu beseitigen vermögen. Bei den nicht allzu schlimmen Formen helfen aber oft auch schon reine *Kamillenspülungen* oder *Lehmaufschwemmungen* als Gurgelmittel und zum Einnehmen.

MUSKELKRÄMPFE

Muskelkrämpfe (Dyskinesien) können an den verschiedensten Muskelgruppen auftreten, z. B. als Zungenkrämpfe, Bronchialkrämpfe, Schiefhals, Skoliose, Lordose, Wadenkrämpfe.

Muskelkrämpfe können Ausdruck einer Gifteinwirkung aus chronischen Infektionsherden, eines Vitamin-B_2- oder eines Magnesiummangels sein oder auch – heute recht häufig – als Nebenwirkung bei Einnahme von psychisch wirkenden Arzneien (Psychopharmaka) auftreten. Die Dosierung war dann meist zu hoch.

Tritt das Symptom Muskelkrämpfe häufiger auf, so muß der Arzt auch danach fahnden, ob Epilepsie, Tetanus, Hirnhaut- oder Gehirnentzündung vorliegt.

Bei den vorwiegend nachts auftretenden Wadenkrämpfen helfen heiße, feuchte Kompressen oder Wickel und Gaben von Vitamin B_2 (Beflavin). Bei der heute häufigen Fehlernährung muß auch an Magnesiummangel gedacht und dieser Mangel durch Magnesiuminjektionen (Magnorbin) oder Magnesiumeinnahme (Magnesium-Diasporal) beseitigt werden.

Äußerlich reibt man die betroffenen Muskelpartien mehrmals täglich mit Massageöl ein aus je 10 ccm Arnika- und Aconittinktur sowie 80 ccm Kampferöl.

MUSKELVERLETZUNGEN

(Zerrungen, Risse)

Muskelverletzungen sind beim Sport, insbesondere beim Fußballspielen, nicht selten. Bei Muskelzerrungen und Muskelrissen wird häufig als erste Maßnahme ein Kältespray angewendet. Eine Kälteanwendung als erste Maßnahme ist aber nur dann sinnvoll, wenn sie mindestens 30–40 Minuten dauert und nach einer Pause von einer Stunde wiederholt wird.

Bei Eispackungen muß die Haut durch eine Stoffauflage vor Erfrierungen geschützt werden. Ein Eisbeutel ist, wenn er schnell genug beschafft werden kann, besser als eine Spraydose. Alsbaldige Weiterbehandlung durch einen Sportarzt ist erforderlich, da das Ausmaß der Verletzung erfaßt werden muß. Große Muskelrisse sind zu operieren.

Der Genuß karotinhaltiger Mohrrüben kann mithelfen, Nachtblindheit zu verhüten.

N

NACHTBLINDHEIT

Mangel an Vitamin A kann zur Nachtblindheit führen. Auf der Netzhaut des Auges wird beim Sehvorgang Vitamin A verbraucht. Je heller das Licht ist, um so größer ist der Verbrauch. Daher tritt die Nachtblindheit in sonnenreichen Gegenden häufiger auf. Das sollte vor einem Urlaub in sonnigen Ländern beachtet werden.

Nachtblindheit kann durch Vitamin-A-reiche Nahrung (Tomaten, Paprika, Möhren, Aprikosen, Eigelb, Lebertran) verhütet werden. Beim Autofahren Sonnenbrille tragen.

Häufiges verzerrtes Fernsehen ruft Vorstufen der Avitaminose, Augenschmerzen, Flimmern vor den Augen und eine Schwäche der Sehnerven hervor. Bei häufigem Fernsehen kann der Vitamin-A-Verbrauch bis auf mehr als das Fünfzigfache ansteigen.

Wenn die Augen ungenügende Mengen an Vitamin A erhalten, kann es nach anfänglichen Überlastungen der Sehnerven zu einer Erkrankung der Netzhaut oder zu anderen Augenkrankheiten kommen.

NAHRUNGSMITTELALLERGIEN

Sie treten am häufigsten nach dem Genuß von Milch und Milchprodukten (Käsearten), Eiern, Getreideprodukten, Schweinefleisch, Krebsen, aber auch vieler anderer Nahrungsmittel auf.

Ist das die Allergie auslösende Nahrungs- oder Genußmittel bekannt, so muß es möglichst für sechs bis zwölf Monate völlig aus der Ernährung ausgeschaltet werden. Dann kann man wieder mit ganz kleinen Mengen beginnen, die bei Verträglichkeit nach und nach gesteigert werden.

Ist der die Allergie auslösende Stoff unbekannt, so läßt er sich häufig mit Hilfe von Gruppentests ausfindig machen und damit ausschalten.

NASENBLUTEN

Es gibt verschiedene Formen und Ursachen des Nasenblutens. Zunächst das *harmlose, geringe bis mittelstarke Nasenbluten,* das auftreten kann, wenn man mit dem Finger in der Nase kratzt, wenn man zuviel Sonne bekommen oder sich zu sehr angestrengt hat, und das meist durch den Riß eines kleinen Gefäßes an einer besonders dünnen Stelle der Nasenscheidewand am vorderen unteren Naseneingang hervorgerufen wird. Hierbei genügt in der Regel ein kleines Beruhigungsmittel und das Einlegen eines kleinen, mit Wasserstoffsuperoxid getränkten Wattetampons auf die blutende Stelle. Schnelle Hilfe ist meist auch dadurch möglich, daß man den Nasenflügel der blutenden Seite gegen die Nasenscheidewand drückt. Oft hilft auch ein nasses kaltes Tuch oder ein Eisbeutel in den Nacken.

Das *schwere Nasenbluten* tritt vornehmlich bei zu hohem Blutdruck auf. Die Blutung ist dann so stark, daß das Blut meist verschluckt und wieder erbrochen wird. In solchen Fällen ist möglichst rasche Einlieferung in eine Hals-Nasen-Ohren-Klinik erforderlich. Zweckmäßigerweise wird der einweisende Hausarzt vorher ein Beruhigungs- und ein Blutstillungsmittel injizieren. In der Klinik müssen unter Umständen die Gefäße unterbunden werden.

NASENEITERUNG

Bei einseitiger Naseneiterung mit oder ohne Blutbeimengung und bei einseitiger Behinderung der Nasenatmung muß man bei längerem Anhalten daran denken, daß außer Entzündungen nicht selten Geschwüre die Ursache der Eiterung sein können. Da hierbei die Früherkennung besonders wichtig ist, sollte nichts unterlassen werden, um die Ursache einer Naseneiterung aufzuklären.

Krebse (Karzinome) gehen meist von der Kieferhöhle aus und führen bereits im Frühstadium zu einseitiger Naseneiterung.

In jedem Fall muß der Hals-Nasen-Ohren-Arzt um Rat gefragt werden! (Siehe unter Nasenschleimhautentzündung.)

NASENNEBENHÖHLEN-ENTZÜNDUNG

Es ist zwischen einer akuten und einer chronischen Nasennebenhöhlenentzündung (Sinusitis) zu unterscheiden. Die *akute* Erkrankung geht mit Kopfschmerzen, oft heftigen Schmerzen im Bereich der betroffenen Nasennebenhöhlen (Stirn- oder Kieferhöhlen) sowie Druck- und Klopfempfindlichkeit einher. Es machen sich aber auch allgemeine Symptome bemerkbar, nämlich Müdigkeit, Übelkeit, Appetitlosigkeit und Magendruck. Die am Ort der Erkrankung auftretenden Schmerzen zeigen tagsüber erhebliche Schwankungen, lassen aber gegen Abend meistens nach. Aus der Nase fließt meist reichlich schleimig-eitriges Sekret. An der hinteren Rachenwand findet sich fast immer eine Schleim- oder Eitermasse.

Die *chronische* Nasennebenhöhlenentzündung entwickelt sich vielfach aus einer nicht ausgeheilten akuten Sinusitis. Es gibt auch Mischformen zwischen einer allergischen und bakteriell-entzündlichen Erkrankung. Der Ausfluß aus der Nase kann ein- oder beidseitig erfolgen. Der Schmerz ist weniger stark und weniger anhaltend, wird aber meist von allgemeinen Kopfschmerzen, die bis zum Hinterkopf reichen, begleitet. Nicht selten dehnt sich die Schleimhautentzündung auch auf die Nasen-, Rachen-, Kehlkopf- und Bronchialschleimhaut aus.

Die Entzündung der Nebenhöhlen entsteht häufig nach Schnupfen, Mandelentzündung, Grippe, Scharlach, Diphtherie, seltener durch Zahnfäule, Lues (Syphilis) oder Tuberkulose. In den meisten Fällen erkranken nur einzelne Höhlen, am häufigsten die Kieferhöhlen. Tritt als *akute* Erkrankung einseitiger Schnupfen mit Eiterabsonderung (gelbes Sekret) aus der Nase, klopfender Schmerz im Oberkiefer (oder in den Zähnen) oder in der Stirn auf, stellen sich Fieber und allgemeine Abgeschlagenheit ein, so ist der Verdacht auf Nebenhöhleneiterung gegeben.

Bei der *chronischen* Nebenhöhleneiterung besteht nur eine reichliche Eiterabsonderung, daneben finden sich gelegentlich Schmerzen, übler Geruch, Schleimabfluß in den Rachen, Heiserkeit und schnelle Ermüdung der Stimme.

In allen diesen Fällen muß der Hals-Nasen-Ohren-Arzt eine systematische Untersuchung des ganzen Nasennebenhöhlensystems (Kieferhöhle, Stirnhöhle, Siebbein- und Keilbeinhöhle) vornehmen.

Diät: Wie bei allen akuten und chronischen Entzündungen ist eine salzarme vegetabile Vollkost am besten.

Physikalische Maßnahmen: Am günstigsten wirkt eine lokale Wärmeanwendung in Form von Kurz- und Ultrakurzwellen, Hochfrequenzbestrahlung und Kopflichtbädern. Um die Abwehrkraft der Schleimhaut zu steigern, ist eine Klima- und Meerwasserbadebehandlung nützlich.

Bei starken Absonderungen wirkt das Hochgebirge, bei trockenen Schleimhauterkrankungen das Seeklima günstiger. Eine Klimakur muß mindestens vier Wochen dauern.

Medikamente: Nasentropfen und Nasensprays, die geeignet sind, die Schleimhäute abzuschwellen und den Luftdurchgang zu erleichtern, sind kurzfristig angebracht.

Das gleiche gilt auch für die lokale Anwendung von cortisonhaltigen Nasensalben. Bei bakteriellen Infekten werden meist Spülungen mit antibiotischen Mitteln durchgeführt. Penicillin und Chloramphenicol sollten dabei vermieden werden, da sie die Schleimhaut schädigen können. Sulfonamide sind zur Lokalbehandlung ungeeignet.

Das „Höhlenreich" in unserem Kopf

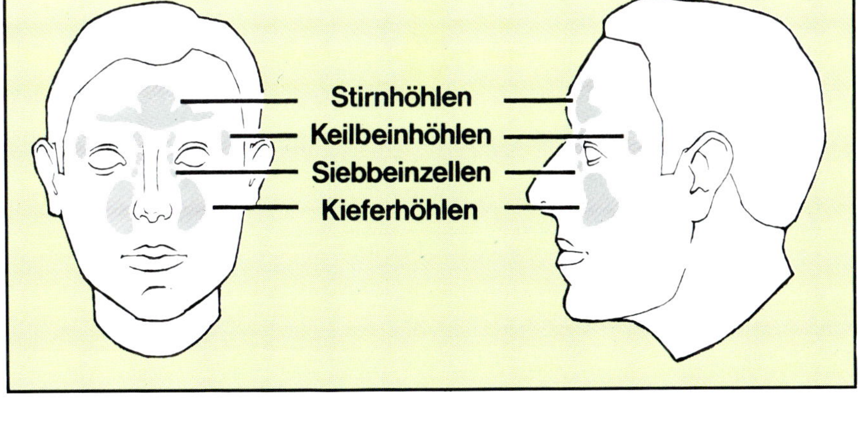

WUNDERWERK Nase

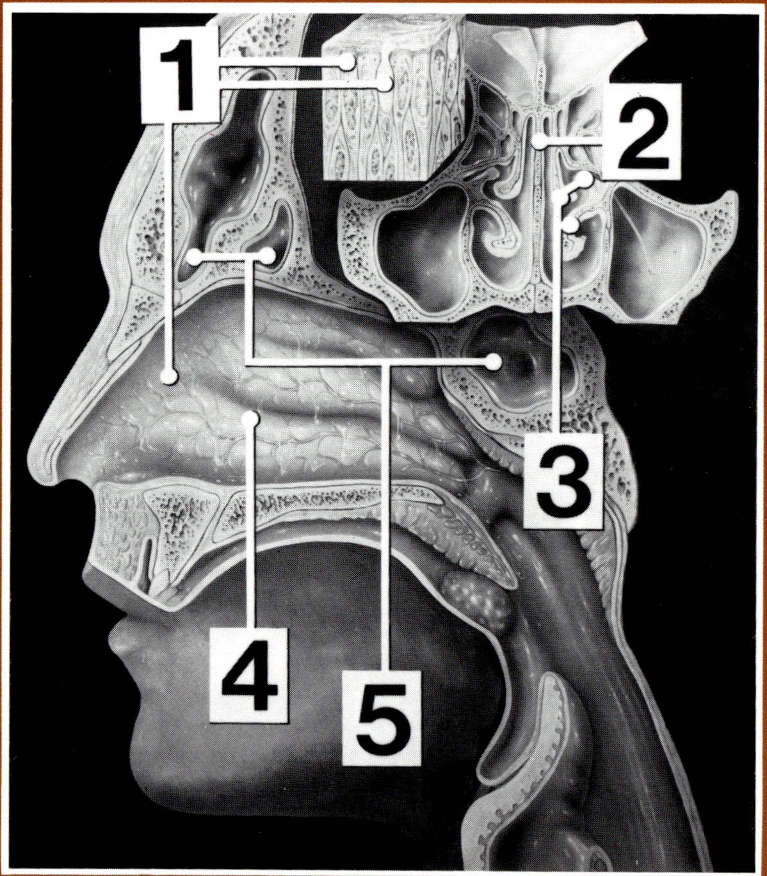

1 = Die Nasenhöhlen sind mit Schleimhaut ausgekleidet. Flimmerzellen reinigen die Luft, Becherzellen befeuchten sie.

2 = Querschnitt durch die Nase. Die Scheidewand trennt die beiden Nasenhöhlen.

3 = Beide Nasenhöhlen werden durch drei Nasenmuscheln weiter unterteilt. Hier liegen die Riechnerven.

4 = Ein dichtes Adernetz erwärmt den Luftstrom.

5 = Die Nasenhöhlen sind eng mit den Nebenhöhlen verbunden.

Bei unbeeinflußbaren chronisch-eitrigen Erkrankungen und bei Kieferhöhlenentzündungen mit wuchernder Schleimhaut (Polypen) ist eine Operation angezeigt.

NIERENBECKEN-BLASENENTZÜNDUNG

Wenn die Nierenbeckenentzündung (Pyelitis) von einer Harnblasenentzündung (Cystitis) ausgeht, wäre richtiger Blasen-Nierenbecken-Entzündung (Cystopyelitis) zu sagen. Schon die meist harmlose Form der Blasenentzündung birgt die Gefahr einer aufsteigenden Entzündung bis zum Nierenbecken oder sogar bis zur Nierensubstanz in sich. Man spricht dann von einer Nierenbecken-Nierenentzündung (Pyelonephritis).

Grundsätzlich kann die bakterielle Infektion des Nierenbeckens von der Harnblase aus aufsteigend (z. B. durch gestauten Urin) oder vom Blutweg aus (hämatogen) absteigend erfolgen. Ein weiterer Infektionsweg besteht vom Darm her durch Eindringen der Erreger auf dem Lymphweg, weil insbesondere das häufiger befallene rechte Nierenbecken mit dem aufsteigenden Dickdarm durch Lymphbahnen verbunden ist.

Die Infektion des Nierenbeckens beginnt meist mit einem schweren Krankheitsgefühl, Schüttelfrost und Erbrechen bei hohen Temperaturen, leichten bis schweren ziehenden oder klopfenden Schmerzen in der Gegend des befallenen Nierenbeckens, dem Verlauf des Harnleiters entsprechend bis in die Gegend der Harnblase. Gleichzeitig besteht Harnzwang mit häufigem Wasserlassen. Die Nierengegend wird auf leichten Druck hin schon als sehr schmerzhaft angegeben. Manchmal ist sogar das Wasserlassen wegen starker Verkrampfung unmöglich.

Eine vom Arzt sofort vorgenommene Urinuntersuchung ergibt etwas Eiweiß, Blasen- und Nierenbeckenzellen, weiße Blutkörperchen und Bakterien im Urin. Finden sich auch noch rote Blutkörperchen und sogenannte Harnzylinder in größerer Anzahl im Urin, so sind bereits die Nieren miterkrankt.

Diät: Fleischarm, salzarm, wenig Gewürze, am besten eine leichte vegetarische Kost.

Physikalische Maßnahmen: Wenn es der Allgemeinzustand erlaubt, beginnt die Behandlung mit einer *Schwitzprozedur:* einpacken, Wärmflasche, viel heißen Lindenblüten- und Bärentraubenblättertee trinken. Vom nächsten Tag an mehrmals täglich feuchtheiße Lendenwickel oder Leinsamenbreipackungen.

Medikamente: Da die Neigung zu Wiederholungen und die Gefahr einer Mitbeteiligung der Nieren und – als Folge davon – die Gefahr einer (pyelonephritischen) Schrumpfniere besteht, muß oft wochenlang eine konsequente Behandlung mit krampflösenden und antibiotischen Mitteln unter wiederholter Urinkontrolle durchgeführt werden.

Sind die Nieren mitbeteiligt (Pyelonephritis) – was bei Mädchen im Säuglingsalter, bei der Defloration oder während der Schwangerschaft und bei älteren Männern häufig durch Rückstauung des Harns bei Prostatavergrößerung, sonst aber auch bei beiden Geschlechtern durch Steinbildung, Wanderniere, doppelten Harnleiter oder schwere nervöse Störungen der Fall sein kann –, ist wegen der Gefahr der praktisch unheilbaren chronischen Pyelonephritis und der Schrumpfnierenbildung möglichst eine Krankenhausbehandlung durchzuführen. Eine dauernd kontrollierte, maximale antibiotische Therapie ist von wirklich entscheidender Bedeutung.

Die Chemotherapie steht bei der immer ernst zu nehmenden Pyelonephritis ganz im Vordergrund der Behandlung sowohl bei den akuten Erkrankungen als auch bei

den frischen Schüben der chronischen Erkrankungen, die immer einer Langzeitbehandlung bedürfen. Die Zahl der chemotherapeutischen Mittel ist zwar groß, sie wird aber dadurch eingeschränkt, daß viele Menschen heute schon gegen einige Mittel überempfindlich reagieren oder die Bakterien nicht mehr darauf ansprechen. Es ist eine schwierige ärztliche Aufgabe, bei den als wirksam festgestellten Mitteln die Vor- und Nachteile gegeneinander abzuwägen.

NIERENENTZÜNDUNG

Als Glomerulonephritis bezeichnet man entzündliche Erkrankungen der Gefäßknäuelchen (Glomeruli) in den Nieren, in denen Wasser und harnpflichtige Substanzen aus dem Blut filtriert und dann in den verschiedenen Abschnitten der abführenden Harnkanälchen weiter bearbeitet werden, bis es zur endgültigen Urinausscheidung kommt. Bei der entzündlichen Erkrankung der Nierengefäßknäuel unterscheidet man eine akute, eine weniger akute (subakute), eine nahezu chronische (subchronische) und eine chronische Nierenentzündung.

Die *akute* Nierenentzündung ist immer eine schwere Krankheit und trifft fast ausschließlich Kinder und jüngere Menschen bis zu 30 Jahren. Sie ist auch immer eine Zweiterkrankung nach einer Streptokokkeninfektion (Angina, Scharlach, Zahnabszeß, Nebenhöhlenentzündung u. a.). Die Infektion verursacht eine allergisch-entzündliche Reaktion an den Haargefäßen (Kapillaren) vorwiegend der Nierenknäuel. Man glaubt, daß Bestandteile der Bakterien in die Blutbahn eindringen, aber an der Basalschicht der Nierengefäßknäuel hängenbleiben und dort als Antigene wirken, d. h. eine Antigen-Antikörper-Reaktion hervorrufen.

Sehr bald treten dann die Hauptkrankheitszeichen auf, nämlich Blutdrucksteigerung, Blutkörperchen- und Eiweißausscheidung im Urin und wassersüchtige Anschwellungen (Ödeme). Die Ödeme entstehen als Folge der allgemeinen Entzündung der Kapillaren (Kapillaritis), wodurch diese zu durchlässig werden. Die schweren Krankheitssymptome bedingen ein entsprechend schlechtes Befinden mit Kopfschmerzen, Gliederschmerzen, Kreuzschmerzen, Blässe der Haut und bei schwerem Verlauf zusätzlich mit Sehstörungen, Übelkeit und Erbrechen, geringer Harnausscheidung und sogar Bewußtlosigkeit und Krämpfen.

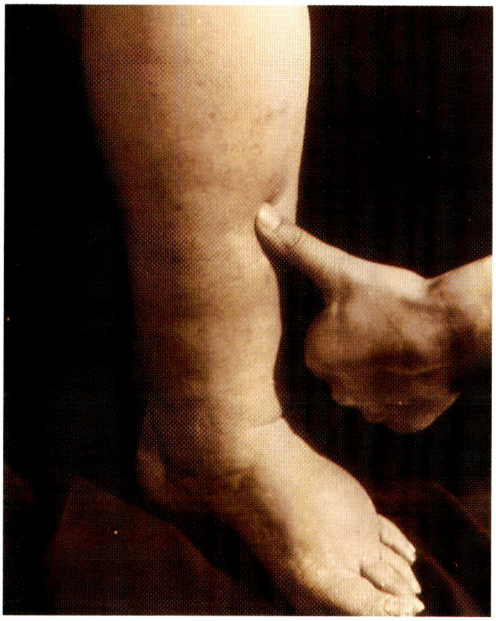

So prüft man, ob ein Ödem vorhanden ist. Bleibt die vom Finger eingedrückte Delle längere Zeit bestehen, ist das Gewebe durch Wassereinlagerung krank. Im gesunden Gewebe bleibt der Fingerdruck nur kürzere Zeit sichtbar.

Das Krankheitsbild ist immer schwer, die Gefährdung kommt nicht nur durch die schlechte Nierenfunktion, sondern auch durch die Blutdrucksteigerung und die schwere Herzbelastung zustande. In jedem Falle ist also Krankenhausaufnahme notwendig.

Diät: Eine streng kochsalzfreie Kost ist erforderlich, solange Blutdruckerhöhung und Ödeme bestehen. Anfangs muß sie zur Entlastung der Nieren auch eiweißarm sein. Man kann also mit einer Rohsäftekur beginnen und nach einigen Tagen auf Rohkost, später auf vegetarische Vollkost übergehen. Auch Reis-Obst-Tage oder Kartoffel-Ei-Tage kommen in Frage.

Physikalische Maßnahmen: Bettruhe, Wärme (Heizkissen, Lendenwickel, Heusäcke) und Diathermie bzw. Kurzwellendurchflutung, Hautbürsten, heiße Abwaschungen, Lichtbügel, ansteigende warme Fuß- oder Armbäder, hohe Einläufe.

Medikamente: Zur Beseitigung des auslösenden Streptokokkeninfektes müssen zunächst entsprechende Antibiotika (meist Penicillin) gegeben werden. Das Herz bedarf ebenfalls einer Stützung (Digitalispräparate).

Der Ausgang der Krankheit ist nie sicher vorherzusagen. In den meisten Fällen erreicht man nach vier bis sechs Monaten eine völlige Heilung. Gelingt die Ausheilung nicht im ersten akuten Stadium, in dem nur entzündliche Ausschwitzungen in den Nierengefäßknäueln vorliegen, die aufsaugbar sind, dann kann das zu drei verschiedenen Verlaufsformen führen, nämlich den anfangs bereits erwähnten subakuten, subchronischen oder chronischen Nierenentzündungen, die alle der weiteren klinischen Behandlung bedürfen.

NIEREN- und HARNLEITERSTEINE

Bei der Behandlung des Nieren- und Harnleitersteinleidens (Nephrolithiasis) wird man versuchen, nach Möglichkeit ohne instrumentelle oder operative Hilfe auszukommen. Weil man noch zuwenig über die eigentlichen Ursachen der Nieren- und Harnleitersteinbildung weiß, aber annimmt, daß die Körperverfassung (Konstitution), Änderungen der Reaktionsbereitschaft des vegetativen Nervensystems und Stoffwechselstörungen eine nicht unerhebliche Rolle spielen, versucht man diese Faktoren durch die folgenden Maßnahmen zu beeinflussen.

Diät: Diätetische Maßnahmen, wie sie früher in mehr oder weniger strenger Form für die einzelnen Steinarten vorgeschrieben wurden, haben sich wenig bewährt. Die Urologen messen der Diät weder zur Behandlung vorhandener, noch zur Vorbeugung neuer Steinbildungen eine wesentliche Bedeutung bei.

Bei *Oxalatsteinen* sind lediglich Rhabarber, Spinat und Schokolade verboten und – wegen des hohen Kalziumgehaltes – Milch und Milchprodukte nur in mäßigen Mengen zu genießen. Bei *Uratsteinen* ist es schon gelungen, mit einer Zitronenkur (Saft von drei Zitronen täglich) die Steine aufzulösen. Bei *Uratsteinen* wird der Genuß von Innereien für ungünstig gehalten; andere Harnsäurebildner sind in normalem Umfang erlaubt. (Oxalat- und Uratsteine machen insgesamt über 90 % aller vorkommenden Nierensteine aus.)

Fleischkost und stark gewürzte Kost ist aber bei Menschen, die zu Steinbildungen neigen, nicht angebracht. Eine vegetarische Kost sowie Rohkost belasten den Stoffwechsel wesentlich weniger, was sich besonders bei *Uratsteinen* günstig auswirkt, da hierbei häufig ein erhöhter Harnsäurespiegel im Blut besteht.

Ein wesentliches Mittel, neuen Steinbildungen vorzubeugen, ist nach Ansicht der Urologen eine gute Durchspülung der Harnwege durch Trinkkuren, wobei 2–2½ Liter Flüssigkeit pro Tag empfohlen werden, damit eine tägliche Ausscheidungsmenge von mindestens 2 Liter erreicht wird.

Eine steinauflösende Wirkung haben allerdings auch die Quellwässer nicht, sie wirken aber leicht alkalisierend und wassertreibend, so daß sie zur Vorbeugung brauchbar sind.

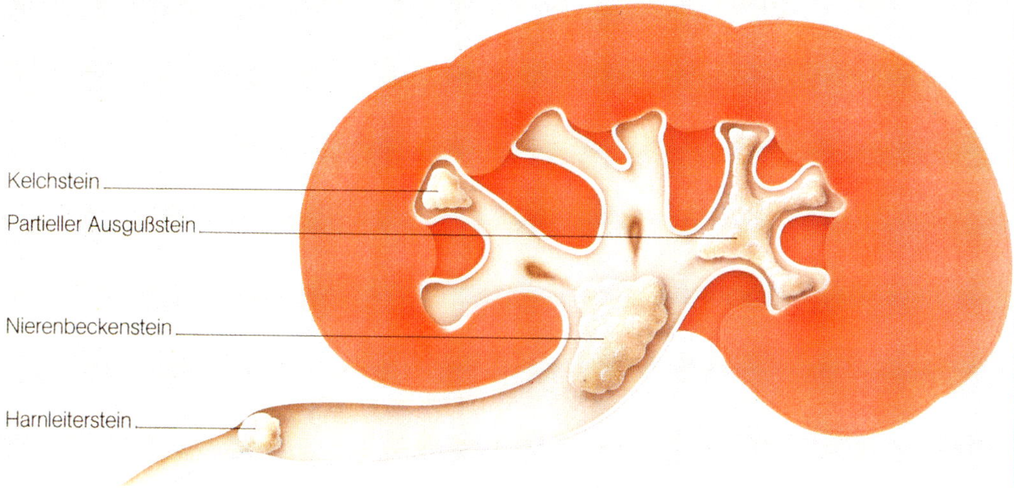

Stoßwellen-Lithotripsie

Nierensteinentfernung ohne chirurgischen Eingriff

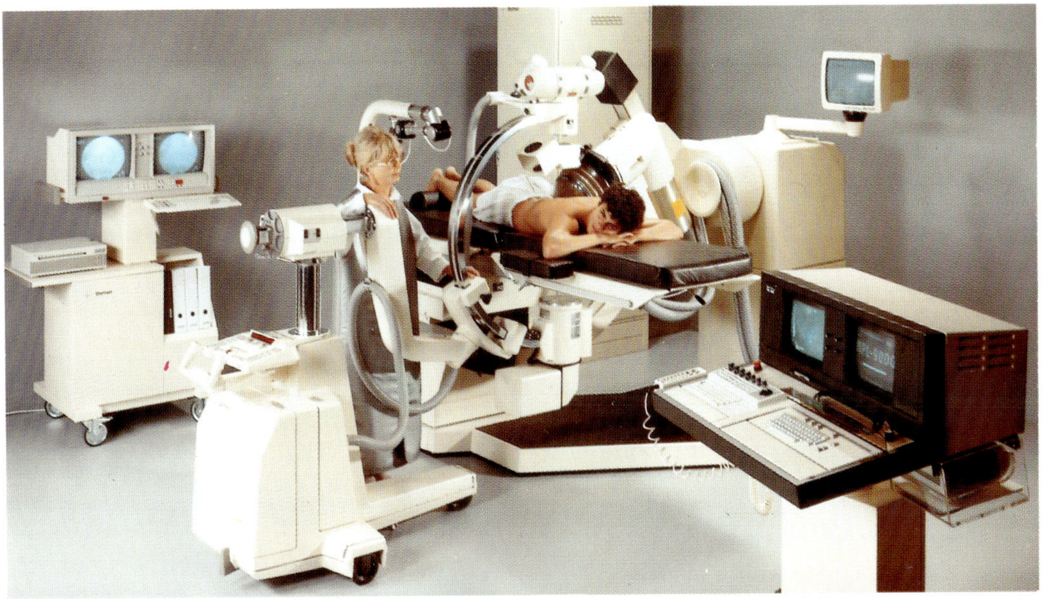

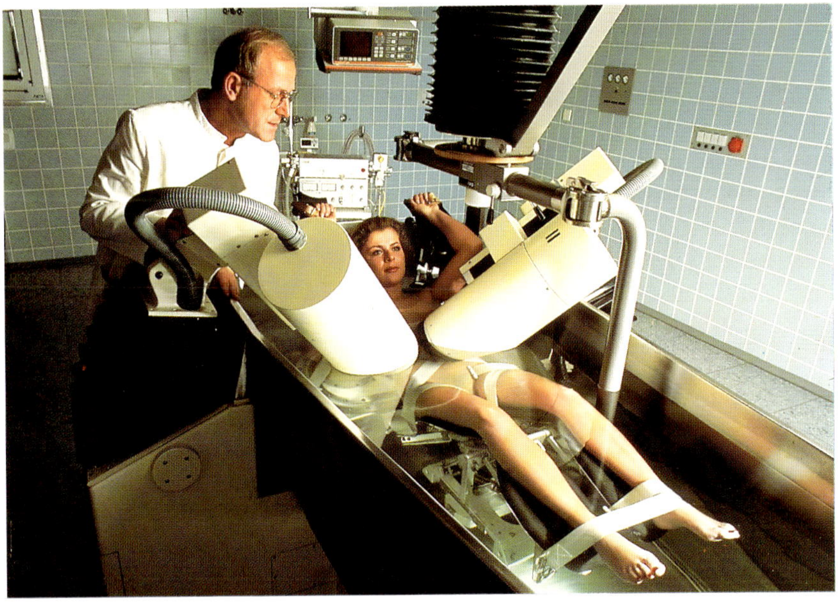

Der Lithotripter (Bild oben) ist zugeschnitten auf den Einsatz in der modernen Steintherapie. Er ist gewissermaßen die „Trokkenversion" des Lithotripters, die es seit einigen Jahren gestattet, Nierensteine auch außerhalb des Wassers zu zertrümmern. Das Bild links zeigt, wie die Stoßwellentherapie im Wasser erfolgt. Um einen Stein zu zertrümmern, sind mindestens 600–800 Stoßwellen notwendig.

So werden Nierensteine zertrümmert...

Mit Hilfe eines Lithotripters werden Nierensteine durch Stoßwellen in sandkorngroße Teile zerfällt. Eine Operation wird dadurch überflüssig. Die Zeichnung links unten veranschaulicht Ortung und Einjustierung des Nierensteins, wenn die Zertrümmerung im Wasser erfolgt. Eine Positionier-Einrichtung regelt die Bewegung des Patienten im Koordinatensystem, so daß der Nierenstein millimetergenau in die erforderliche Position gebracht werden kann. Dieser Vorgang wird über das Röntgensystem kontrolliert. Mediziner nennen dieses Verfahren „Extrakorporale Stoßwellen-Lithotripsie." Diese schonende Art der Nierensteinbehandlung bedeutet einen großen medizinischen Fortschritt.

Physikalische Maßnahmen: Sie zielen auf eine Verbesserung der vermutlich ursächlichen Momente, nämlich auf die Körperverfassung, die Reaktionsbereitschaft des vegetativen Nervensystems und des Stoffwechsels. In Frage kommen Luft- und Sonnenbäder, Gymnastik, Sport und wechselwarme bis heiße Wasseranwendungen, Sauna und römisch-irische Bäder.

Medikamente: Die medikamentöse Behandlung hat in den letzten Jahren an Bedeutung gewonnen, und zwar hinsichtlich der Auflösung sowie der Neubildung von Steinen. Eine medikamentöse Auflösung von Harnsäuresteinen ist mit Allopurinol (Zyloric) möglich, wenn der Harnsäurespiegel im Blut erhöht ist. Sie läßt sich mit einem Kalium-Natriumzitrat-Gemisch (Uralyt-U) erreichen, wobei allerdings immer wieder der Blutsäurewert (pH-Wert) kontrolliert werden muß. Nicht selten gelingt die Steinauflösung auch mit der unter den diätetischen Maßnahmen bereits erwähnten *Zitronenkur.*

Phosphatsteine lassen sich recht gut mit einem Aluminiumhydroxidpräparat (Aludrox, täglich 10–12 g) auflösen. Die selten vorkommenden Cystinsteine reagieren wie die Harnsäuresteine auf eine Alkalisierung mit Uralyt-U.

Bei den am häufigsten vorkommenden Oxalatsteinen ist es bis heute noch nicht möglich, sie ohne Risiko medikamentös aufzulösen. Um eine Neubildung von Kalziumoxalat- und Kalziumphosphatsteinen zu verhindern, gibt es vielversprechende Ansätze, wenngleich auch hier das Risiko noch zu groß erscheint.

Bei *akuten Nierensteinkoliken* kommt man mit heißen Kompressen und einigen vom Arzt verordneten krampflösenden Mitteln (Baralgin, Novalgin, Atropin) zur Schmerzhemmung oder gar Schmerzbeseitigung aus. Gelingt es aber auf medikamentös-physikalischem Wege in kurzer Zeit nicht, die Kolik zu beseitigen, ist Klinikeinweisung erforderlich.

Hier wird man dann notfalls instrumentell (Schlinge) oder operativ eingreifen, bevor eine anhaltende Abflußstauung des Urins die Nieren schädigt.

Die schmerzlose Zertrümmerung von Nierensteinen durch Stoßwellen mit Hilfe eines sogenannten Lithotripters ist in den letzten Jahren zur Routine geworden. In Universitätskliniken und Krankenhäusern der Bundesrepublik besteht flächendekkend die Chance, diese neue Technik anzuwenden. Schon nach fünf Tagen kann der Patient das Krankenhaus wieder verlassen. Die Erfolgsquote liegt bei etwa 80 Prozent. Leider lassen sich noch nicht alle Steinarten mit diesem Gerät behandeln.

NIERENTUBERKULOSE

In den letzten zehn Jahren hat die Zahl der Erkrankungsfälle an Nierentuberkulose stark abgenommen. Wichtig sind die frühzeitige Diagnose und eine rasche Behandlung, die 1. durch tuberkulosehemmende Mittel (Tuberkulostatika) und 2. durch Behandlung des Allgemeinzustandes, eventuell sogar durch eine mehrmonatige Sanatoriumskur, zu erfolgen hat.

Die chirurgische Behandlung der Nierentuberkulose ist seltener geworden, insbesondere die völlige Entfernung der Niere (Nephrektomie). Konservativ-chirurgische Maßnahmen sind zuweilen notwendig.

Im Rahmen der Allgemeinbehandlung spielen auch die naturgemäßen Heilverfahren mit Licht, Luft, Wasser und Bewegung eine große Rolle, müssen aber dem Zustand des einzelnen Kranken angepaßt und daher ärztlich verordnet werden.

NIKOTINVERGIFTUNG

Die Tabakblätter enthalten zwischen 0,5–8% Nikotin und stellen damit für den Menschen eine der stärksten Giftquellen dar. Die tödliche Dosis kann schon bei 40 mg liegen; es können aber auch einmal größere Mengen überlebt werden.

Akute Vergiftungen kommen gelegentlich vor, wenn Kinder Zigaretten zerkauen oder verschlucken. Es sind auch Selbstmordversuche mit nikotinhaltigen Pflanzenschutzmitteln beschrieben worden. Die akuten Vergiftungserscheinungen sind Übelkeit, Erbrechen, Durchfall, Schwindel und Krämpfe. Ohne Behandlung kann der Tod durch Lähmung der Atemmuskulatur eintreten.

Es ist schnelle Klinikeinweisung erforderlich, damit die heute üblichen Notfallmaßnahmen – Magensondierung, Magenausheberung und eventuell künstliche Beatmung – durchgeführt werden können.

Viel wichtiger ist die *chronische Vergiftung,* die bei Rauchern, die mehr als 20 Zigaretten pro Tag rauchen, langsam, aber sicher mit folgenden Anzeichen in Erscheinung tritt: Nervosität, erhöhte Reizbarkeit, vegetative Labilität, Appetitlosigkeit, Schlafstörungen und Zittern der Hände.

Bei starken Rauchern wird auch die Entstehung folgender Krankheiten begünstigt oder erst ermöglicht: Herz- und Gefäßerkrankungen (Koronarsklerose, Herzinfarkt, arterielle Durchblutungsstörungen oder Arterienverschlüsse), chronische Bronchitis und Bronchialkrebs.

Darüber hinaus kennt man heute eine ganze Reihe von Giftwirkungen auf zahlreiche andere Organe und Gewebe, besonders auf die weiblichen Geschlechtsorgane, auf die Schwangerschaft und die Gebärfähigkeit. Wir haben auch Grund anzunehmen, daß die biologischen Auswirkungen des Rauchens im Bereich der Körperzellen noch viel komplexer und wahrscheinlich schädlicher sind, als wir bisher zu erfassen vermögen.

Wer sich ernsthaft mit dem Raucherproblem befaßt, kann eigentlich nur zu dem Ergebnis kommen: Sofort Schluß, keine einzige Zigarette mehr!

Diät: Viel Obst und Obstsäfte, viel Gemüse und Salate, wenig Fleisch, wenig Eier, viel Milchprodukte, keine koffeinhaltigen Getränke.

Physikalische Maßnahmen: Viel Bewegung an frischer Luft, Spazierengehen, Wandern, Schwimmen, Gartenarbeit, römisch-irische oder Saunabäder, Kneippanwendungen, Atemübungen.

Psychotherapeutische Maßnahmen: Da der feste Wille, nicht mehr zu rauchen, die erste und wichtigste Voraussetzung zur Tabakabstinenz ist, muß alles zur Willensstärkung getan werden, was im Einzelfall möglich ist. Der starke Wille kann nicht durch Medikamente ersetzt werden. Am aussichtsreichsten ist die Gruppentherapie, wie sie in Form des Fünf-Tage-Planes (mit einer Erfolgsquote von mehr als 50 Prozent noch nach einem Jahr!) vom Deutschen Verein für Gesundheitspflege durchgeführt wird.

Den Teilnehmern am Fünf-Tage-Plan wird nicht nur breiteste Aufklärung (durch Referate, Ratschläge, Lichtbilder, Filme) vermittelt, sie werden praktisch mit der Diät (viel Obst, Obstsäfte, alkoholfreie Getränke) bekannt gemacht, die geeignet ist, die Tabakabbauprodukte schnell aus dem Körper zu entfernen. Sie lernen auch die einfachsten physikalischen Anwendungen kennen, wie Atemübungen (tiefe Atemzüge an der frischen Luft statt des tiefen Zuges an der Zigarette), kalte Abreibung am Morgen (statt der Morgenzigarette zur Aufmunterung). Auf die notwendige Nachtruhe wird ebenso hingewiesen wie auf den abendlichen Spaziergang zur Entspannung. Andere praktische Ratschläge zur Bekämpfung der Entziehungserscheinungen und zur Willensstärkung werden in der Gruppe diskutiert und durch ein langsam zunehmendes Gruppenbewußtsein (sie sitzen alle in einem Boot) gefestigt.

Medikamente: Abgesehen von – gelegentlich – leichten Beruhigungsmitteln, kann auf Medikamente verzichtet werden.

O

OFFENE BEINE

siehe Unterschenkelgeschwür

OHRENSCHMERZEN

Ohrenschmerzen (Otalgie) können sowohl vom Ohr selbst als auch von Organen in der Umgebung der Ohren herrühren. Man muß daher versuchen die Ursache zu finden. Zunächst können Ohrenschmerzen von der Ohrmuschel ausgehen, wenn sich dort entzündliche Vorgänge (Furunkel, Knorpelentzündung, Wundrose) abspielen. Auch Gichtknoten, Insektenstiche oder Erfrierungen können bei der Entstehung von Ohrenschmerzen eine Rolle spielen. Nicht selten befällt auch die Gürtelrose das Ohr (Herpes zoster oticus).

Der äußere Gehörgang wird zur Quelle der Ohrenschmerzen, wenn eine Gehörgangsentzündung besteht, wenn sich im äußeren Gehörgang ein Ohrenschmalzpfropf oder ein quellbarer Fremdkörper befindet. Natürlich können auch Verletzungen des Ohres und die Entwicklung eines Hautzellenpfropfs Schmerzen bereiten.

Vielfach ist eine Mittelohrentzündung (Otitis media) der Ursprung heftiger Ohrenschmerzen. Sie ist für den Ohrenarzt leicht zu erkennen. (Siehe auch unter Mittelohrentzündung!)

Auch die häufigsten Komplikationen der Mittelohrentzündung, nämlich die Warzenfortsatzentzündung (Mastoiditis), die Innenohrentzündung (Labyrinthitis) und der Tubenkatarrh, der bei Kindern sehr oft durch Wucherungen im Hals unterhalten wird, können Ohrenschmerzen zur Folge haben.

Wenn Ohrenschmerzen von einer fortschreitenden Erkrankung der knöchernen Labyrinthkapsel (Otosklerose) ausgehen, besteht gleichzeitig Schwerhörigkeit und Ohrensausen.

Alle Erkrankungen der den Ohren benachbarten Organe können auch Ohrenschmerzen bereiten, vor allem Zahnerkrankungen, Mandelentzündungen, Seitenstrangentzündungen, Lymphdrüsenentzündungen im Kieferwinkel sowie Erkrankungen des Rachens, der Zunge, der Mundhöhle und der Speicheldrüsen, ebenso auch Tumoren dieser Organe. Treten die Ohrenschmerzen nur beim Kauen auf, dann muß man auch noch an eine Erkrankung der Kiefergelenke denken, was meist durch eine Röntgenaufnahme zu klären ist.

Die Behandlung wird sich fast immer nach dem meist vorhandenen Grundleiden richten müssen. Solange es nicht erkannt ist, versucht man mit ableitenden heißen Fuß- oder Unterschenkelbädern, Ohrendampfbädern, Kurzwellenbestrahlungen und einfachen schmerzhemmenden Mitteln die Schmerzen zu lindern oder zu beseitigen.

Fußpilzerkrankungen drohen heute überall. Die Behandlung erfordert viel Geduld.

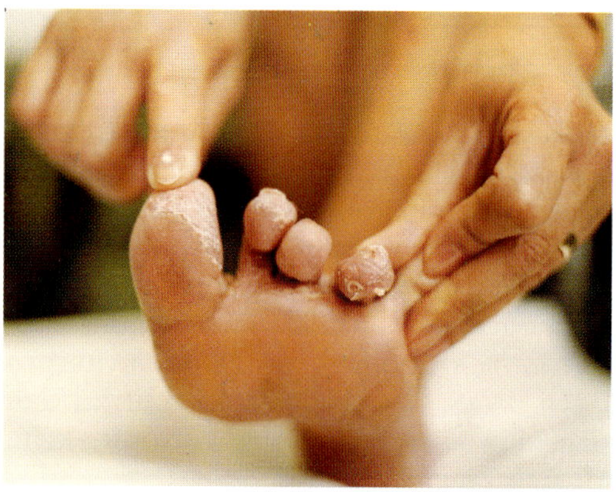

P

PILZINFEKTIONEN

Die Pilzinfektionen (Mykosen) haben in den letzten Jahren stark zugenommen. Während sie früher hauptsächlich in den Sommermonaten auftraten, findet man sie jetzt das ganze Jahr hindurch. Wahrscheinlich spielen dabei Änderungen der Lebensgewohnheiten eine erhebliche Rolle. Die möglichen Infektionsquellen sind Wasch- und Duschräume in den Betrieben, stark besuchte Hallenbäder, Holzroste in Baderäumen und Umkleidekabinen.

Auch von unseren Haustieren, besonders Hunden und Katzen, werden Pilzinfektionen übertragen.

Sowohl die diagnostische Klärung der Art der Pilzerkrankung als auch die konsequent und lange Zeit durchgeführte Behandlung muß über den Facharzt für Hautkrankheiten geschehen.

Da die Pilze sehr zuckerliebend sind, sollte man die Bekämpfung der Pilzinfektionen durch eine *zuckerfreie Kost* unterstützen.

PRELLUNGEN

siehe Quetschungen

PROSTATAKREBS

(Krebs der Vorsteherdrüse)

Gilt als typisches Leiden alter Männer. Es äußert sich anfänglich durch gehäuften Harndrang, kleinere Blutungen am Schluß der Harnentleerung, Rücken- und Ischiasschmerzen und Neuralgien in der Umgebung des Kreuzbeins. Am häufigsten tritt die Krankheit im sechsten und siebenten Lebensjahrzehnt auf. In jedem Fall sollte man die Behandlung durch den Facharzt für Urologie durchführen lassen.

Diät: Krebswidrige Kost.

Physikalische Maßnahmen: Überwärmungsbäder zur Unterstützung der speziellen Behandlung.

Medikamente: Falls eine operative Behandlung nicht mehr möglich ist, kommt eine Hormonbehandlung in Frage, die zumindest das bösartige Zellwachstum hemmt.

PROSTATAVERGRÖSSERUNG

(Vorsteherdrüsenvergrößerung)

Die Prostatavergrößerung (Prostatahypertrophie) ist eine recht häufige Erkrankung des alternden Menschen. Man muß damit rechnen, daß 50 % aller Männer über 50 Jahre eine Vergrößerung der Prostata aufweisen, wobei aber wiederum nur 50 % davon über Beschwerden klagen, die anderen bleiben zeitlebens beschwerdefrei. Die Vergrößerung der Prostata kommt nicht durch das eigentliche Prostatagewebe zustande, sondern durch Wucherungen der Drüsen, die die hintere Harnröhre umgeben und dicht unter der Harnröhrenschleimhaut liegen. Die Vergrößerung ist immer eine Wucherung, charakterisiert durch echte Zellvermehrung. Da es sich um eine Drüsenzellwucherung handelt, muß die sogenannte Vergrößerung als Adenom (Drüsengeschwulst) bezeichnet werden.

Um eine Grundlage für die Behandlung zu gewinnen, hat man je nach den Erscheinungen und damit auch der Schwere der Erkrankung drei Krankheitsstadien festgelegt: Im Stadium I treten Beschwerden beim Wasserlassen auf, die Zahl der Entleerungen ist vermehrt, es bleibt aber kein Urin in der Blase zurück. Der erhöhte Widerstand im Blasenausgang wird durch vermehrte Blasenmuskeltätigkeit überwunden. Im

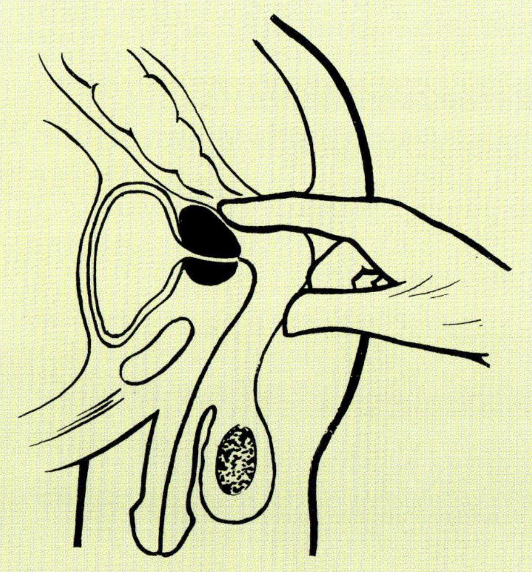

Rektale Untersuchung der Prostata

Stadium II schafft die Blasenmuskulatur die Entleerung nicht mehr ganz, es bleibt Restharn in der Blase. Im Stadium III tritt durch Blasenüberdehnung Harnverhaltung ein.

Nur das Stadium I ist für eine diätetisch-physikalisch-medikamentöse, also konservative Behandlung geeignet. Das mechanische Abflußhindernis im II. und III. Stadium kann nur operativ beseitigt werden. Die *konservative Behandlung* der vergrößerten Prostata im ersten Stadium muß sehr vielseitig sein.

Diät: In der Kost sind scharfe Gewürze, Alkohol, viel Fleisch und kalte Getränke zu vermeiden. Sie muß auch dazu beitragen, daß regelmäßige Stuhlentleerungen erzielt werden, was am besten durch eine lactovegetabile Kost möglich ist. Eine krebswidrige Kost ist am zweckmäßigsten. Genaue Anweisungen dazu in meinem Buch „Nutze die Heilkraft unserer Nahrung" (Bd. II), Seiten 366–376.

Physikalische Maßnahmen: Wenn keine akuten Harnverhaltungen bestehen, sind Anwendungen wie Bürstenbäder, Trockenbürsten und Wechselgüsse angebracht.

Psychotherapeutische Maßnahmen: Soweit vegetaive Spannungszustände eine Rolle spielen, können Entspannungsübungen zur Beruhigung und dadurch zu besserer Blasenentleerung beitragen.

Medikamente: Nach der heutigen Auffassung der Urologen gibt es keine vollständige Rückbildung der Prostatavergrößerung. Eine Besserung dieses Zustandes soll auf einer Entstauung und gleichzeitigen Tonisierung der Blasenmuskulatur beruhen, wodurch das Harnlassen erleichtert wird. Viele Patienten bleiben aber trotz der Drüsenvergrößerung zeitlebens beschwerdefrei. Schwerere Krankheitserscheinungen treten nur bei 50 % der Erkrankten auf. Rein medikamentös ist eine Behandlung mit pflanzlichen Präparaten möglich. Sie sind im Stadium I und im beginnenden Stadium II, bei schlechtem Allgemeinzustand und in höherem Alter angebracht und ausreichend wirksam. In Frage kommen Prostagutt, Prostamed, Prostatin N, Prosta Fink Kapseln, Granufink Kürbiskerne, Urgenin, Spasmo-Urgenin.

Die weiterhin mögliche Hormonbehandlung beeinflußt vielleicht etwas stärker die subjektiven Beschwerden, vermag aber auch nur entstauend auf die Drüse und tonisierend auf die Blasenmuskulatur zu wirken, wodurch jedoch schon eine Verminderung des Restharns erzielt wird. Die Hormonbehandlungen müssen über drei bis vier Monate fortgesetzt und nach einer Pause wiederholt werden. Die ganze medikamentöse Behandlung darf nicht darüber hinwegtäuschen, daß die Prostata in bestimmten Abständen immer wieder untersucht werden muß.

PROSTATITIS

(Vorsteherdrüsenentzündung)

Die Entzündung der Vorsteherdrüse (Prostatitis) kann sowohl Folge als auch Ursache einer Harnröhrenentzündung

(Urethritis) sein (siehe dort). Auch die Samenblasen können sich mitentzünden. Bei jungen Männern zwischen 20 und 35 Jahren kommt die Prostatitis häufig gemeinsam mit der Urethritis vor. Die häufigste Ursache dieser Erkrankungen ist die Gonorrhoe (Tripper). Der Facharzt wird diese Erkrankung mit allen Mitteln festzustellen oder auszuschließen suchen. Die Prostatitis kann auch auf dem Blutweg durch Streuung von anderen Infektionsherden verursacht werden. Selbst durch infizierten Harn ist eine Vergrößerung der Prostata (Prostatahypertrophie) möglich. Schließlich kann durch Geschlechtsverkehr eine Infektion mit Trichomonaden eintreten, wenn die Partnerin damit infiziert ist.

Die Prostatitis macht sich bemerkbar durch geringen Ausfluß aus der Harnröhre besonders beim morgendlichen Erwachen. Die Harnröhrenöffnung juckt, und das Wasserlassen ruft Brennen hervor. In der Kreuzbein- und Dammgegend können auch Schmerzen auftreten. Meist ist das geschlechtliche Verlangen (Libido) verringert. Treten mehrere dieser Anzeichen auf, ist der Facharzt für Urologie zu befragen.

Die Behandlung muß allgemein wirksame Maßnahmen berücksichtigen.

Diät: Die Kost sollte reizlos, salzarm, fleischlos, am besten lacto-vegetabil mit Rohkost sein. Alkohol ist völlig untersagt.

Physikalische Maßnahmen: Heiße Sitzbäder, 2–3mal täglich, bringen große Erleichterung, später Wechselsitzbäder, Heublumensäcke auf die Blasen- oder Kreuzbeingegend, T-Wickel und als Allgemeinanwendungen Trockenbürsten und Wechselgüsse. In sehr hartnäckigen Fällen sind wie bei der Harnröhrenentzündung Überwärmungsbäder erfolgreich.

Medikamente: Wegen der Gefahr einer weiteren Ausbreitung der Infektion ist oft eine massive Behandlung mit antibiotischen Mitteln erforderlich, deren Art, Dosierung und Dauer vom Facharzt festgelegt und überwacht werden müssen.

Q

QUECKSILBERVERGIFTUNG

Wir kennen die *akute* Quecksilbervergiftung, bei der vor allem Magen-Darm-Erscheinungen, wie Mundschleimhautentzündung, Erbrechen, Durchfall und ein metallischer Geschmack im Mund, aber auch Nierenfunktionsstörungen auftreten. Sie kann durch Einatmen von Quecksilberdämpfen, Einnehmen von Quecksilberpräparaten oder Aufnahme von Quecksilberverbindungen durch die Haut zustande kommen. Gelegenheit dazu besteht in Thermometerfabriken, Laboratorien, zahnärztlichen Instituten, Autofabriken und Industriezweigen (Kunststoffindustrie), die Quecksilber als Reaktionsbeschleuniger verwenden.

Die wichtigere *chronische* Quecksilbervergiftung kann schon durch kleine Mengen zustande kommen, wenn diese lange genug einwirken. Ihre Symptome sind Nervenstörungen, Reizbarkeit und Schlaflosigkeit, ferner Zahnfleischveränderungen, Darminfektionen, Muskelzittern und Schädigungen der Erbsubstanz.

Nicht nur die Verarbeitung des Quecksilbers in der Kunststoffindustrie, sondern vor allem auch die zahlreichen Schädlingsvernichtungsmittel (Fungizide) auf Quecksilberbasis haben eine neue Gefahr der Umweltverschmutzung mit sich gebracht, nämlich eine chronische Quecksilbervergiftung. Man hat feststellen müssen, daß in Schweden, Japan, den USA und Kanada die Flüsse schon heute einen hohen Quecksilbergehalt aufweisen, so daß die daraus geangelten Fische nicht mehr ohne Gefährdung der Gesundheit gegessen werden können. Besondere Gefahren gehen von den erbschädigenden Eigenschaften des Quecksilbers aus, da es die normale Zellteilung beeinträchtigt und durch anomale Mitosen (Zellkernteilungen) zu Veränderungen der Erbfaktoren (Chromosomenaberrationen) führt. Diese Wirkungen sind bereits im Tierexperiment nachgewiesen.

Eine *Behandlung* ist kaum möglich, es sei denn, man verstopft die Schädigungsquellen und versucht, die Entgiftungs- und Ausscheidungsorgane des Menschen in guter Funktion zu halten, was wiederum nur möglich ist, wenn Luft, Wasser und Boden und damit unsere Lebenselemente nicht weiteren Vergiftungen und Verschmutzungen ausgesetzt sind.

Unsere Kopfhaare können ein höchst empfindlicher Maßstab dafür sein, ob sich giftige Substanzen in unserem Körper infolge der Umweltverschmutzung anreichern. An der Universität Toronto gelang es, bereits geringste Konzentrationen von Quecksilber, Blei, Eisen, Selen und Wolfram im Haar nachzuweisen. Untersuchungen am Menschen zeigten ferner, daß gesunde Personen, die nur hin und wieder Fisch aßen, im Haar 3–5 ppm Quecksilber speicherten. Menschen, die sich hauptsächlich von Fisch ernährten, wiesen dagegen 10–15 ppm Quecksilber auf. In Japan und in New Mexico fand man bei schweren Quecksilbervergiftungen mehr als 100 ppm Quecksilber im Haar (ppm = parts per million).

QUETSCHUNGEN · PRELLUNGEN

Quetschungen entstehen meistens durch eine direkte stumpfe Gewalteinwirkung auf die Körperoberfläche ohne Verletzung der Haut, also ohne *offene* Wunde. Die meisten Sportverletzungen sind Quetschungen (Kontusionen). Während die Haut unverletzt bleibt, bilden sich unter der Haut, seltener in der Muskulatur, kleinere bis größere Blutergüsse (Hämatome). Wird eine Arterie mitverletzt, so entsteht ein pulsierender Bluterguß. In den meisten Fällen werden die Blutergüsse vom Körper aufgesaugt; es kann aber auch zu einer bindegewebigen oder knorpeligen Verhärtung (mit späterer Kalkeinlagerung) oder zur Abkapselung und Bildung einer Blutzyste kommen.

Trifft eine plötzliche stumpfe Gewalteinwirkung den Brustkorb (Boxschlag, Fußball), liegt auch eine Herzquetschung im Bereich des Möglichen, die wiederum eine Muskelschädigung, Reizleitungsstörung oder Koronarthrombose zur Folge hat. Unter ungünstigen Umständen muß dann sogar mit einem schnellen Herztod gerechnet werden. In den meisten Fällen jedoch bilden sich die Veränderungen glücklicherweise zurück.

Gefährlicher ist eine stumpfe Verletzung des Bauches, da die Folgen oft schwer festzustellen sind. Der Untersucher muß entscheiden, ob es nur eine Prellung war

Die Tinktur aus der Arnika ist ein bewährtes Heilmittel bei Prellungen und Quetschungen.

oder ob auch eine Organverletzung oder gar eine innere Blutung vorliegt. Wenn diese Entscheidung nicht zweifelsfrei zu treffen ist, muß die Einweisung in eine Klinik erfolgen. In der Hälfte der Fälle läßt sich der Zustand bei der ersten Untersuchung nicht sicher beurteilen, zumal eine Nierenverletzung oder ein Riß der Leber, der Bauchspeicheldrüse oder Milz erst nach Stunden oder gar Tagen festzustellen ist.

Als Grundsatz ist festzuhalten: Nur eine einfache Prellung kann zu Hause behandelt werden. Besteht auch nur der Verdacht auf eine über die Prellung hinausgehende Organverletzung, ist eine klinische Beobachtung (mit der Möglichkeit schnellen Einschreitens) erforderlich.

Die einfachen Prellungen werden mit Ruhe und mit kalten Kompressen oder Umschlägen oder sogar mit Eisbeuteln behandelt. Man kann dem Wasser auch Arnikatinktur zusetzen (1 Eßlöffel auf ½ l Wasser). Die Umschläge werden halbstündlich gewechselt. Über Nacht wird ein Prießnitzumschlag angelegt. Ist ein Gelenk oder sind Sehnen in Mitleidenschaft gezogen, muß der betroffene Körperteil für zwei bis drei Wochen ruhiggestellt werden. Sind Nerven daran beteiligt, beträgt die Dauer der Ruhigstellung vier bis sechs Wochen.

Blutergüsse werden durch Lasonil oder Thrombophob-Salbe zur schnelleren Aufsaugung gebracht. Der Salbenverband wird alle zwei Tage erneuert, insgesamt 14–18 Tage lang.

R

RACHITIS

Rachitis, auch englische Krankheit genannt, ist eine Vitamin-D-Mangelkrankeit, die zu Störungen des Phosphor-Kalk-Stoffwechsels führt und damit die Verknöcherung der Knorpelgrundsubstanz verzögert. Vor allem Säuglinge und Kleinkinder sind von dieser Krankheit betroffen. Normalerweise wird das Vitamin D unter Einwirkung der ultravioletten Strahlen des Sonnenlichtes in der Haut gebildet. Bei Rachitis besteht daher meist zugleich auch ein Mangel an Sonne und Bewegung. Das in einigen Nahrungsmitteln vorhandene Vitamin D reicht zur Versorgung nicht aus, die körpereigene Produktion ist nicht zu entbehren. Dazu wird Sonne oder zumindest künstliche Höhensonne benötigt.

Die Rachitis führt besonders an den schnellwachsenden Knochen zu zahlreichen Schäden, wie rachitischen Verkalkungsstörungen am Schädelknochen, rosenkranzähnlichen Aufreibungen an den Knochenknorpelgrenzen der Rippen (rachitischer Rosenkranz), Trichter- oder Hühnerbrust, O- oder X-Beinen, Beckenverengung (später Geburtshindernis), Wirbelsäulenverkrümmungen, Zwergwuchs und Störungen der Zahnentwicklung.

Das erste Symptom der Rachitis ist Schwitzen am Kopf. Das Kissen ist unter dem Kopf immer feucht.

Diät: Kalk-, Vitamin-A- und Vitamin-D-reiche Nahrungsmittel sind zu bevorzugen. Nach der Säuglingszeit sind Früchte, Gemüse, Salate, Vollkornbrot und Vollmehle, Vollreis und Milch bzw. Milchprodukte sehr wichtig. Säuglinge müssen so lange wie möglich gestillt werden, aber auch die Muttermilch enthält nicht die notwendige Menge Vitamin D, wenn sich die

Mütter nicht richtig und vollwertig ernähren, was häufig der Fall ist. Daher hat jedes Kind während der ganzen Säuglingsperiode die medikamentöse Rachitisvorbeugung nötig. Sie muß bereits am Ende der ersten Lebenswoche beginnen. So bald wie möglich erhalten die Säuglinge als Beikost geschabte rohe Möhren oder Äpfel mit Zusatz von etwas Olivenöl.

Physikalische Maßnahmen: Viel Aufenthalt der Säuglinge und Kinder in Luft, Licht und Sonne, wenn möglich außerhalb des Dunstkreises der Städte. Im Winter Höhensonne. Bei bereits eingetretenen Knochendeformierungen muß eine orthopädische Behandlung einsetzen, wodurch noch Korrekturen möglich sind.

Medikamente: Die nach der ersten Lebenswoche notwendigen Vitamin-D-Gaben zur Rachitisvorbeugung können als wasserlösliche Zubereitungen gegeben werden. Die Aufnahme des Vitamins durch den Organismus ist hierbei am besten; man kommt daher bei dieser Methode mit einer wesentlich geringeren Gesamtmenge aus als bei der sogenannten Stoßprophylaxe. Wählt man anstatt der wasserlöslichen Form die ölige, so sind höhere Dosen erforderlich.

Die untere Grenze der täglich zu verabreichenden Menge sind 1000 Einheiten, die obere 2000 Einheiten. Diese Dosis wird, ohne Schäden befürchten zu müssen, während des ganzen ersten Lebensjahres beibehalten.

Eine weitere Methode ist die *Verabreichung von täglich zweimal fünf Tropfen Vigantol.* Ist der Inhalt eines Fläschchens, das 5 mg (200 000 Einheiten) enthält, aufgebraucht, legt man eine Pause von vier Wochen ein. Dann beginnt man von neuem und setzt das Verfahren während des ganzen ersten Lebensjahres fort. Die dabei etwas zu hohe Tagesdosis von 6500 Einheiten bleibt wegen der Vier-Wochen-Pausen unschädlich.

Die bequemste Methode ist der *Vitaminstoß.* Dabei verabreicht man nach der ersten Lebenswoche 5 mg Vitamin D auf einmal (1 Tablette Vigantol forte = 200 000 Einheiten). Nach zwei, vier und sechs Monaten wird dann die gleiche Dosis von 5 mg nochmals verabreicht. Der frühe Vitamin-D-Stoß nach der ersten Lebenswoche hat sich vor allem bei Krampfanfällen (rachitische Tetanie) bewährt.

Wenn Milch mit Vitamin-D-Anreicherung zur Verfügung steht (bis 500 Einheiten/Liter), so kann sie mit Nutzen verwendet werden. Die medikamentöse Vorbeugungsdosis darf aber dann 1000 Einheiten Vitamin D pro Tag nicht überschreiten.

Im Schulalter oder in der Pubertät kann noch die sogenannte *Spätrachitis* auftreten. Die Krankheitszeichen sind Knochen- und Muskelschmerzen. Bei Röntgenaufnahmen zeigt sich eine Kalkarmut der Knochen. In diesem Fall sind Sonnenbäder, Ultraviolettbestrahlungen und eine Vitamin-D-reiche Kost oder sogar Vitamin-D-Gaben nach ärztlich festgesetzter Dosierung notwendig.

Wenn Erwachsene längere Zeit ohne Sonnenbestrahlung und Vitamin D bleiben, kann eine *Knochenerweichung* (Osteomalazie) die Folge sein. Auch hier hilft nur Sonne, Ultraviolettbestrahlung, viel Bewegung im Freien, möglichst häufiger Aufenthalt im Seeklima am Strand und vollwertige Kost.

REISEKRANKHEITEN

Was man bisher als Luft-, See-, Karussell-, Fahr- oder Fahrstuhlkrankheit bezeichnet hat, wird heute unter der Bezeichnung Bewegungskrankheiten (Kinetosen) zusammengefaßt, weil in allen Fällen die Krankheitsbilder gleichartig sind. Die krankhaften Erscheinungen kommen immer durch einen Beschleunigungs- und Richtungswechsel zustande. Es können dabei folgende Krankheitszeichen auftreten:

Müdigkeit, Schläfrigkeit, Gähnen, Leere im Magen, Hungergefühl. Bald kommen Blässe, Schwindel, Übelkeit, Erbrechen, Durchfall und Kreislaufstörungen, meist mit Blutdruckabfall, hinzu. Die Erscheinungen können bis zu unstillbarem Erbrechen, Vernichtungsgefühl und „nervösem Zusammenbruch" gehen.

Zur Vorbeugung wie zur Behandlung verfügen wir über einige recht wirksame Medikamente. Mit allen anderen Maßnahmen ist nicht viel zu erreichen. Die Medikamente sind Bonamine, Peremesin und Novomina B_6.

Flugreisen bergen für Schwangere besondere Gefahren. Da die Höhenfestigkeit während der Schwangerschaft vermindert ist – eine mangelhafte Sauerstoffversorgung für das Gewebe wie für das werdende Kind ist die Folge –, sollte eine Flugreise in den ersten drei Monaten unterbleiben. Insbesondere längere Flugreisen bedeuten für das vegetative Nervensystem und die Kreislauffunktionen erhebliche Anpassungsleistungen (Start, Landung, verminderter Sauerstoff-Partialdruck, Störung des Tag-Nacht-Rhythmus, abrupter Klimawechsel). Es ist inzwischen bekannt, daß sich daraus Fehlgeburten und Mißbildungen der Frucht ergeben können (z. B. Herz-Scheidewand-Defekte).

Nur der Verzicht auf die Flugreise kann unnötige Risiken ausschalten.

Die sogenannte *Reisediarrhoe* kann als leichte Durchfallserkrankung durch das Reisen selbst, aber auch durch Klima- und Kostumstellung und manchmal auch, bei mangelhafter Hygiene, durch Infektion zustande kommen. Mit leichten durchfallhemmenden Mitteln kann meist schnell geholfen werden.

RHEUMATISMUS

Man unterscheidet im Rahmen der rheumatischen Erkrankungen heute hauptsächlich 1. die akute rheumatische Gelenkentzündung oder das rheumatische Fieber; 2. den sekundär chronischen Gelenkrheumatismus (beides sind typische Zweiterkrankungen nach einer durch Eitererreger [Streptokokken der Gruppe A] bedingten Infektion [meist Mandelentzündung]), und 3. den primär chronischen Gelenkrheumatismus. (Bei dieser rheumatischen Erkrankung wird eine Bakterienbeteiligung abgelehnt. Ob Viren oder Mukoplasmen eine ursächliche Rolle spielen, ist noch nicht geklärt.)

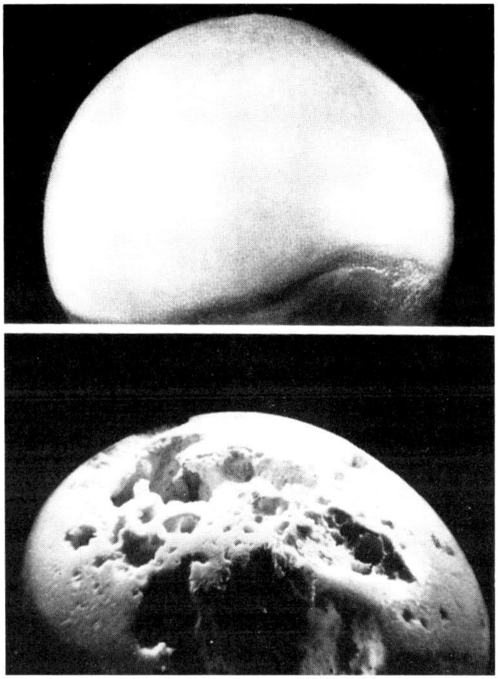

Rheumatische Zerstörung eines Hüftgelenks: Die gesunde Hüftgelenkskugel ist glatt und glänzend (oberes Bild). Schwerer Rheumatismus kann die Knorpelschicht über dem Knochen zerstören (unten). Dann schmerzt die kleinste Bewegung, das Hüftgelenk wird steif. Das untere Bild stammt von einem 56jährigen Patienten, der seit acht Jahren an Rheumatismus leidet.

Akute rheumatische Gelenkentzündung oder rheumatisches Fieber

(Polyarthritis rheumatica acuta)

Ein bis drei Wochen nach einer Streptokokken-Infektion (Angina) kann plötzlich, sozusagen über Nacht, hohes Fieber (bis 40° C) und eine schmerzhafte Schwellung und Rötung verschiedener Gelenke auftreten. Hauptsächlich werden davon Jugendliche betroffen. Das akute fieberhafte Stadium klingt nach einigen Tagen bei entsprechender Behandlung meist ab, aber es treten weitere Fieberschübe mit Befall anderer Gelenke auf. Oft folgen eine Herzinnenhaut-, Herzbeutel- und Herzmuskelentzündung, und unter der Haut treten Knötchen (Rheumaknötchen) auf. Nicht selten befällt die rheumatische Entzündung auch innere Organe oder das zentrale Nervensystem (Veitstanz).

Der auf jeden Fall zu holende Arzt stellt im Rachenabstrich die Erreger, die Streptokokken der Gruppe A, eine hohe Blutsenkung und einen hohen Anstieg des sogenannten „Antistreptolysintiters" fest und sichert dadurch die Diagnose.

Sich wiederholende Streptokokkeninfekte führen über allergisch-hyperergische Reaktionen zu einer Umstimmung der Reaktionslage des Bindegewebes (Mesenchyms), wobei aber der „rheumatische Gewebsschaden" zustande kommt.

Die Behandlung hat ganz energisch den Streptokokkeninfekt zu bekämpfen und so weit wie möglich die Bindegewebsschädigung zu verhüten oder wenigstens zu mildern.

Diät: Als *Heilkost* kommt nur Saftfasten, Rohkost und vegetarische Kost in Frage, zumal damit eine Stoffwechselentlastung und eine Normalisierung der Immunisierungsvorgänge möglich ist.

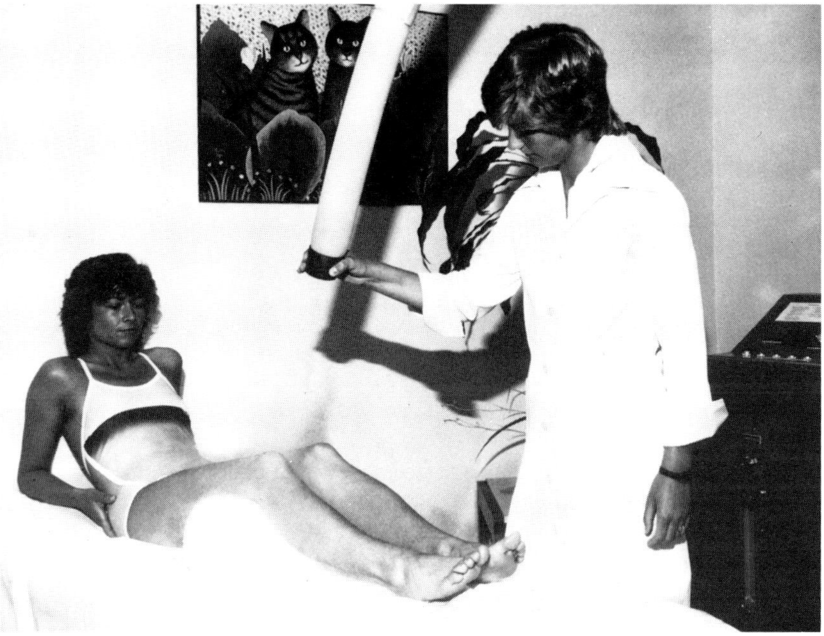

Eine in der Rheumabehandlung neue Methode ist die Verwendung von Kaltluft. Dieser $-180°$ C kalte Luftstrahl wird gezielt auf die erkrankten Körperpartien gebracht. Dabei empfindet der Patient die Kälte als angenehm kühl und vor allem schmerzlindernd.

Physikalische Maßnahmen: Im akuten Stadium sind nur milde Maßnahmen angebracht, vor allem Ganzwaschungen und feuchte Wickel oder Kompressen. Örtlich werden an den befallenen Gelenken meist kühle Umschläge, Lehm-, Pelose- (in Moorgebieten gewonnener Faulschlamm) oder Schlammpackungen als angenehm empfunden. Es bleibt der weiteren ärztlichen Entscheidung vorbehalten, ob Lichtbäder (Höhensonne), Schlamm- oder Paraffinpackungen oder auch Blutegel angewendet werden können.

Bei der akuten rheumatischen Gelenkentzündung mit Schwellung, Rötung und Schmerzen wird neuerdings wieder die *Eispackung* empfohlen. Sie wirkt schmerzhemmend (analgetisch) und nach Abnahme der Packung – nach 10 bis 12 Minuten Dauer – durchblutungssteigernd (hyperämisierend). Die als Reaktion eintretende Wärme wird als angenehm empfunden.

Bei der Eispackung wird zerstoßenes Eis auf einem Frotteehandtuch verteilt, das man um das betreffende Gelenk (Eis zur Haut) wickelt. Mit einem zweiten, etwas überstehenden Handtuch wird die Packung abgedeckt (umwickelt). Nach 10 bis 12 Minuten Dauer die Packung entfernen, das Gelenk abtrocknen und warmhalten. Eine mehrmalige Wiederholung dieser Eispackung am Tage ist möglich.

Bei Frieren oder allgemeinem Kältegefühl ist die Behandlung abzubrechen; ebenso bei Schmerzverstärkung oder anhaltend starken Schmerzen.

Nicht angezeigt ist die Behandlung mit Eispackungen bei Hauterkrankungen mit beschädigter Haut, Empfindungsstörungen (= Nervenstörungen), schweren arteriellen Durchblutungsstörungen und offenen Wunden.

Sehr selten können folgende Nebenwirkungen auftreten: lokale Unterkühlung,

◀

Eine über einen längeren Zeitraum strikt eingehaltene Rohkosternährung bringt erstaunliche Besserungen bis zur Beschwerdefreiheit bei rheumatischen Erkrankungen.

Erfrierungen, Kälteschäden. Die Packung darf nicht länger als beschrieben liegenbleiben! Man muß sich ganz allgemein warm fühlen.

Bei richtiger Anwendung der Packung ist eine schnelle Schmerzlinderung und Besserung der Entzündung zu erwarten.

Medikamente: Sie müssen auf jeden Fall der ärztlichen Entscheidung überlassen bleiben. Oft sind Enzympräparate wie Wobenzym oder Mulsal, jeweils dreimal täglich 5 Dragees, sehr hilfreich.

Beim **sekundär chronischen Rheumatismus,** der aus der nicht abheilenden akuten rheumatischen Gelenkentzündung hervorgehen kann, kommen dann die Maßnahmen wie beim primär chronischen Gelenkrheumatismus in Frage.

Primär chronischer Gelenkrheumatismus

(Polyarthritis rheumatica chronica = PcP)

Der primär chronische Gelenkrheumatismus, auch rheumatische Arthritis genannt, ist nach der akuten rheumatischen Gelenkentzündung (Polyarthritis rheumatica acuta) die wichtigste Erkrankungsform aus dem Formenkreis der rheumatischen Erkrankungen. Sie beginnt schon in ziemlich frühen Lebensjahren und neigt zu schubweisem Fortschreiten. Frühinvalidität und jahrelanges Siechtum sind meist die Folgen.

Im Gegensatz zum akuten rheumatischen Fieber ist der chronische Gelenkrheumatismus – soweit wir bis heute wissen – nicht durch Bakterien bedingt. Akuter und chronischer Gelenkrheumatismus sind daher als *zwei verschiedene* Leiden und nicht etwa als unterschiedliche Verlaufsformen eines Leidens anzusehen.

Der primär chronische Gelenkrheumatismus ist nach heutiger Auffassung Ausdruck einer entzündlichen Reaktion des Bindegewebssystems.

Die Folgen dieses Entzündungsvorganges sind Morgensteifigkeit, spindelförmige Auftreibung der Fingermittelgelenke und teigige Schwellung der Fingergrundgelenke. Nach Jahren erst folgt auch die Beteiligung der großen Gelenke, stellen sich Knotenbildungen unter der Haut der Knochenvorsprünge und schließlich langsame Zerstörungen der Knorpel und Knochen ein.

Meistens verläuft die Krankheit chronisch-fortschreitend, sie kann aber auch in jedem Stadium zum Stillstand kommen oder sich nur vorübergehend bessern. Die ersten Erscheinungen stellen sich meist zwischen dem 35. und 45. Lebensjahr ein und treten bei Frauen etwa dreimal häufiger auf als bei Männern. Meist erkranken zuerst die kleinen Gelenke der Hände und Füße. Das Allgemeinbefinden ist durch ein unbestimmtes Krankheitsgefühl, nervöse Übererregbarkeit, depressive Verstimmung, Empfindungsstörungen an Händen und Füßen, wechselnd auftretende Muskelschmerzen, vermehrte Schweißbildung und zuweilen geringe Temperatursteigerungen erheblich beeinträchtigt. Eine Herzmuskelentzündung kommt im Gegensatz zum rheumatischen Fieber beim chronischen Gelenkrheumatismus kaum vor.

Durch charakteristische Blut- und Röntgenbefunde kann der Arzt die Diagnose sichern.

Bei der Behandlung muß man davon ausgehen, daß die Gelenkerscheinungen nicht die ganze Krankheit, sondern nur ein hervorstechendes Symptom darstellen und daß allen Erscheinungen ein krankhafter *immunologischer Prozeß* zugrunde liegt. Wichtig scheint dabei eine *erbliche Disposition* (Gen-Defekt) mit einer abnormen Reaktionsbereitschaft des Antikörper produzierenden Gewebes zu sein. Warum und auf was das Antikörper produzierende Gewebe krankhaft reagiert, liegt noch völlig im dunkeln. Jede Behandlung muß darauf bedacht sein, den zugrunde liegenden immunologischen Prozeß zu unterbrechen.

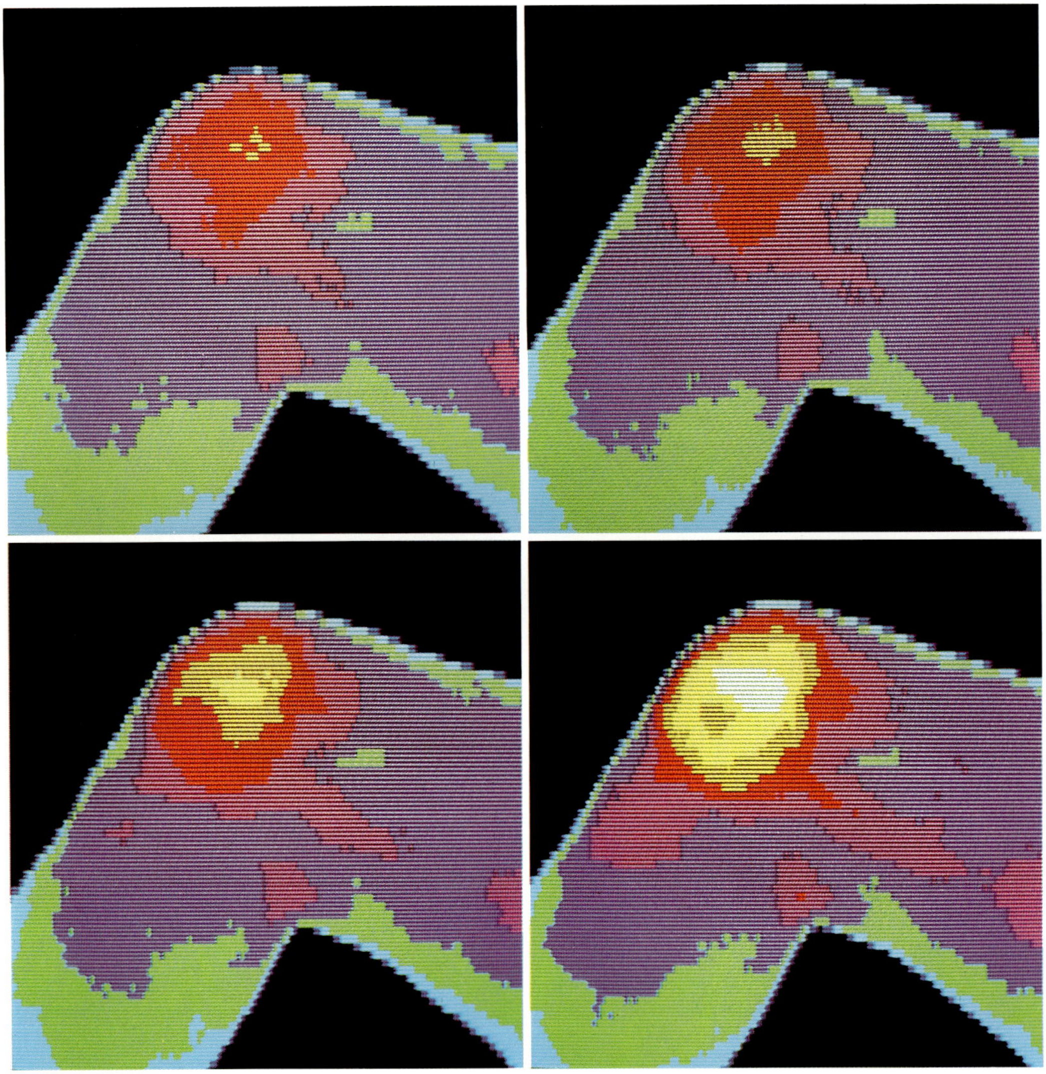

Die vier Thermogramme dokumentieren den Verlauf einer ABC-Salben-Behandlung an einem Knie (Rot-gelb-weiß-Töne – erhöhte Körpertemperatur). Gemessen wird die Temperaturveränderung an der Hautoberfläche. Diese ermöglicht Rückschlüsse auf die Resorption der Wirkstoffe und die dadurch bedingten Wirkungen in den tieferen Gewebeschichten.

Das ist mit den bisher üblichen physikalischen Mitteln und medikamentösen Maßnahmen nur sehr begrenzt möglich. Sie haben aber ihren besonderen Wert darin, daß sie den Entzündungsprozeß zu hemmen und zu unterdrücken, den krankhaften immunologischen Vorgang zu mildern, allerdings nicht zu beseitigen vermögen.

Wesentlich besser sind oft die Ergebnisse durch eine *Goldtherapie*, weil dadurch die Antikörperbildung gehemmt wird, und die Behandlung mit *Metalcaptase* (Penicillamin), einer Aminosäure, die in den immunpathologischen Prozeß eingreift.

Endlich kommt die operative, möglichst totale Ausräumung der Gelenkschleimhaut in Frage (Synovektomie), weil damit das Reaktionsfeld der Erkrankung beseitigt und so der Zerstörungsprozeß im Gelenk verhindert wird.

Die besten Ergebnisse werden erzielt,

wenn diese operative Behandlung möglichst frühzeitig vorgenommen wird. Am häufigsten führt man die Synovektomie (auch Synovialektomie genannt) heute am Kniegelenk aus, wobei oft große Mengen der gelblich-bräunlichen „Rheumamasse", der Wucherungen der Synovialmembran, ausgeräumt werden.

Da aber die konservativen Maßnahmen sowohl vor als auch nach einer operativen Behandlung ihre Bedeutung und Berechtigung behalten, sind sie nachfolgend aufgeführt.

Diät: Kochsalzarme vegetarische Kost, Rohkostperioden (2–3 Wochen).

Physikalische Maßnahmen: Sie müssen dem Einzelfall, vorsichtig vorgehend, angepaßt sein. Zu starke Reize verschlimmern! Meist besteht Wärmebedürftigkeit, Kälteprozeduren werden dann schlecht vertragen.

Es können Allgemeinbehandlungen und Lokalbehandlungen durchgeführt werden. Die Allgemeinbehandlungen wirken über die Haut auf das vegetative Nervensystem, den Stoffwechsel und die Immunitätszustände. Die Lokalbehandlung soll in erster Linie die in und um die Gelenke herum sich befindenden entzündlichen Schwellungen aufsaugen.

An allgemein wirksamen Maßnahmen kommen in Frage: Trockenbürstungen des ganzen Körpers mit anschließender wechselwarmer Waschung, warme Vollbäder oder Bürstenbäder mit Kräuterextrakten oder Staßfurter Salz, salicyl- oder huminsäurehaltigen Präparaten. Nach jedem Bad mindestens eine Stunde Bettruhe mit Nachschwitzen.

Als Lokalmaßnahmen sind nützlich: Heißluftkasten, Moor- und Schlammpakkungen, Kurzwellendurchflutungen, Jod-Iontophorese, Massage und Elektrogymnastik gegen Widerstand (Deuser-Band).

Psychotherapeutische Maßnahmen: Im ärztlichen Gespräch muß dem Patienten die Problematik der Erkrankung klargemacht werden. Es muß sich bewußt werden, daß er wahrscheinlich sein Leben lang behandlungsbedürftig bleibt und es viel auf seine aktive Mithilfe ankommt.

Medikamente: Sie müssen vom Arzt sorgfältig ausgewählt und dem Einzelfall angepaßt werden.

An *operativen Maßnahmen* werden durchgeführt: Entfernung der Gelenkschleimhäute, Gelenkplastiken und künstliche Versteifung der Gelenke.

RIPPENFELLENTZÜNDUNG

Die Rippenfellentzündung (Pleuritis) ist meist eine Miterkrankung bei Krankheiten der Nachbarorgane. Interessanterweise kann sich eine Rippenfellentzündung *vor* dem Grundleiden anzeigen.

Nach den verschiedenen zugrundeliegenden Krankheiten gibt es verschiedene Formen der Rippenfellentzündung, so eine *seröse* oder *allergische Rippenfellentzündung* beim rheumatischen Fieber oder der Serumkrankheit, die *fibrinöse Rippenfellentzündung,* bei der die Ausschwitzung des Rippenfells zu Fibrin gerinnt, das sich auf das Rippenfell auflagert, ein Vorgang, der bei der Lungenentzündung, dem Lungeninfarkt und der Lungentuberkulose auftritt, ferner die *blutige Rippenfellentzündung,* die auf eine Lungentuberkulose oder einen Lungentumor aufmerksam macht, und die *eitrige Rippenfellentzündung,* die bei Lungenentzündung und Lungenabszeß auftreten kann.

Bei der Untersuchung stellt der Arzt zunächst entweder eine *trockene* Rippenfellentzündung fest, die der fibrinösen Entzündung entspricht, oder eine *feuchte* Rippenfellentzündung, die auf alle anderen Formen hinweist.

Bevor nicht vom Arzt die fast immer vorhandene Grundkrankheit der Rippenfellentzündung festgestellt ist, hat eine Behandlung nicht viel Zweck.

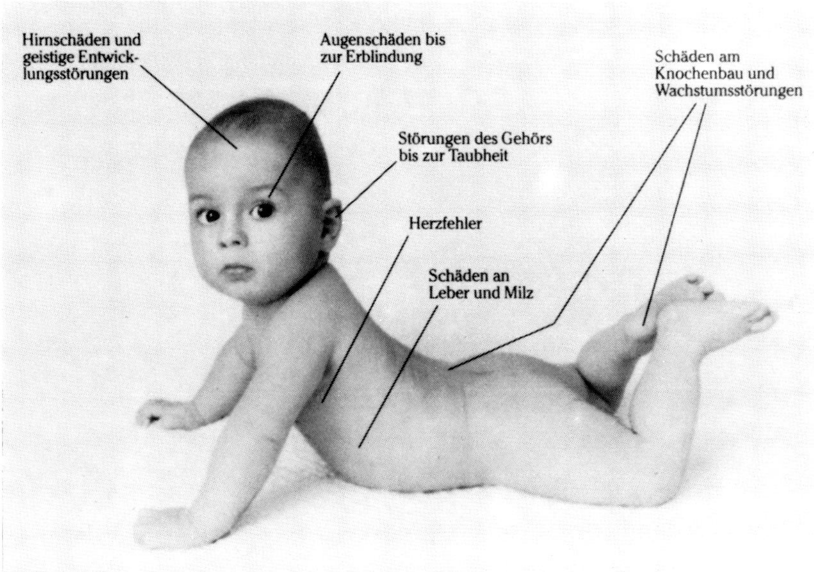

Die Röteln sind eine gefährliche Virusinfektion, die während der Schwangerschaft zu Mißbildungen des Kindes führen kann. Deshalb sollten sich alle Mädchen vor Erreichen der Geschlechtsreife einer Röteln-Schutzimpfung unterziehen. Unser Bild zeigt die Schäden, die bei fehlender Schutzimpfung auftreten können.

RÖTELN

Die Röteln (Rubeola) sind eine den Masern zum Verwechseln ähnliche Virusinfektion vor allem des Kindesalters. Zwischen Ansteckung und Ausbruch der Krankheit vergehen meist 14–21 Tage. Sie hat keine wesentlichen Vorboten, höchstens einen leichten Katarrh. Die Krankheit beginnt mit einem masern-, manchmal auch scharlachähnlichen Ausschlag, der kleinfleckig, hellrosa und flach aussieht und sich meist, hinter den Ohren beginnend, über den ganzen Körper einschließlich des behaarten Kopfes ausdehnt. Gleichzeitig besteht eine leichte Bindehautentzündung der Augen und eine typische *Schwellung* der Nackendrüsen. Der Ausschlag und die Nackendrüsen ermöglichen die Diagnose. Sie läßt sich sozusagen im Dunkeln stellen, wenn man die Drüsen fühlen kann.

In Einzelfällen kann allerdings auch der Arzt Schwierigkeiten haben, Röteln und Masern voneinander zu trennen. Kinder, die angeblich zweimal Masern hatten, haben meist einmal Masern und einmal Röteln gehabt. Die Diagnose läßt sich auch durch eine *Blutuntersuchung* sichern. Bei Röteln findet sich eine Verminderung der weißen Blutzellen (Leukopenie), und es treten vermehrt Lymphozyten (auch untypische Lymphozyten) und Plasmazellen auf. Die *Serodiagnostik* macht es möglich, die Röteln von anderen Virusinfektionen zu trennen, die einen rötelnähnlichen Hautausschlag hervorrufen.

Da nun die Röteln während einer Schwangerschaft nicht selten zu *Mißbildungen des Kindes führen,* sollte die Diagnose durch eine serologische Untersuchung bestätigt werden. Die gesicherte Diagnose ist im Hinblick auf die Verhütung kindlicher Mißbildungen äußerst wichtig, da jetzt die Möglichkeit besteht, alle Frauen, die bis zur ersten Schwangerschaft keine Röteln-Infektion durchgemacht haben, durch eine *Schutzimpfung* vor der Infektion und damit die Kinder vor der Mißbildung zu bewahren.

Für eine Schutzimpfung kommen in Frage 1. alle Mädchen vor Erreichen der

Regelmäßige Gymnastik kann Rückenschmerzen entgegenwirken. Auf jeden Fall sollte allerdings vorher eine diagnostische Klärung der Ursachen erfolgen. Erst dann können gymnastische Übungen sinnvoll eingesetzt werden.

Geschlechtsreife, 2. alle Frauen im gebärfähigen Alter unter Beobachtung einiger Vorsichtsmaßnahmen, 3. alle Kinder beiderlei Geschlechts, da bei ihnen keine Nebenwirkungen beobachtet worden sind.

RÜCKENSCHMERZEN

Rückenschmerzen können verschiedene Ursachen haben. In den meisten Fällen sind Verschleißerscheinungen der Wirbelsäule dafür verantwortlich zu machen (z. B. Spondylarthrose, Osteochondrose, Bandscheibenschäden oder Bandscheibenvorfälle). Weiterhin kommen statische Fehlhaltungen, Fehlstellungen (Wirbelsäulenverkrümmungen), Ausstrahlungen aus anderen Organen (z. B. Eierstöcke), Knochenentkalkung, Geschwülste, entzündliche Erkrankungen (z. B. auch Bechterewsche Erkrankung) und Unfallfolgen (nach Wirbelbrüchen) ursächlich in Frage.

Bei beiden Geschlechtern überwiegen die Verschleißerscheinungen der Wirbelsäule. Männer sind am häufigsten durch die Lendenwirbel betroffen, Frauen durch die Halswirbel. Entsprechend herrschen bei Männern Kreuzschmerzen, bei Frauen Halswirbelschmerzen vor, soweit degenerative Wirbelsäulenleiden ursächlich beteiligt sind.

Da den Rückenschmerzen so sehr verschiedene Ursachen zugrunde liegen können, sollte – wenn sie auch einen erheblichen Aufwand erfordert – mit Hilfe des Arztes zunächst eine diagnostische Klärung versucht werden. Erst dann kann man die verschiedenen Behandlungsmöglichkeiten erwägen. Einige können hier erwähnt werden.

Diät: Sofern Übergewicht besteht, ist auf jeden Fall eine Reduktionskost notwendig, um statische Beschwerden zu erleichtern.

Physikalische Maßnahmen: Sie können und müssen meist kombiniert angewendet werden. Wärme in Form von warmer Bekleidung, Bestrahlungen, Packungen, Sauna, römisch-irische Bäder, Blitzgußmassage, Unterwassermassage, Gymnastik, Massage, Dehnungen und Einrenkungen. Richtiges Schuhwerk ist sehr wichtig.

Medikamente: Nur sparsam und kurzfristig verwenden. Einreibungsmittel, entzündungswidrige Mittel (Antiphlogistika) werden ärztlich verordnet.

S

SCHARLACH

Der Scharlach (Scarlatina) ist eine über den Rachen als Eintrittspforte stattfindende Infektion mit Eitererregern (Streptokokken). Es gilt die Regel: Ohne Angina kein Scharlach! Hauptsächlich erkranken Kleinkinder und Schulkinder, seltener Säuglinge. Die Zeit der Ansteckung bis zum Ausbruch der Krankheit (Inkubationszeit) ist nicht genau bekannt, man nimmt zwei bis acht Tage an, also eine sehr kurze Zeitspanne.

Die Krankheit beginnt plötzlich (wie aus heiterem Himmel) mit Erbrechen und hohem Fieber (manchmal auch Schüttelfrost). Immer entwickelt sich eine Halsentzündung (Scharlach-Angina). Das hohe Fieber bleibt je nach Schwere der Erkrankung zwei bis fünf Tage bestehen und fällt dann langsam ab.

Zwei bis vier Tage nach dem Fieberanstieg tritt der nach Ausbreitung und Aussehen meist typische Scharlachhautausschlag auf, dessen charakteristische Kennzeichen aus der Übersicht unten zu ersehen sind.

Neben Fieber, Halsentzündung und Hautausschlag tritt auch oft eine eitrige Nasen- und Rachenschleimhautentzündung auf. Die Zunge ist anfangs weißlich belegt. Der Belag stößt sich vom Ende des zweiten Krankheitstages an von den Rändern her ab. Die Zunge sieht dann frischrot aus, und die Papillen treten deutlich hervor (Erdbeer- oder Himbeerzunge). Die Kieferwinkeldrüsen schwellen immer an. Gleichzeitig besteht eine flammende Rötung des weichen Gaumens.

Zuweilen verläuft der Scharlach untypisch. Bei ausgeprägter Giftwirkung der Scharlacherreger entwickelt sich der *toxische Scharlach*. Bei Verschleppung der Erreger durch die Blutbahn können an den verschiedensten Körperstellen entzündliche Reaktionen auftreten, was als *septischer Scharlach* bezeichnet wird, der schnell tödlich enden kann.

Kurz nach dem Abblassen des Ausschlages (meist am Ende der zweiten Woche) beginnt normalerweise eine Abschürfung der Haut zunächst um die Nägel herum und am Bauch, dann auch an Händen und Füßen in oft großen Fetzen. Bei Mädchen kann es in dieser Zeit zu geringerem weißlichen Scheidenausfluß kommen.

Da jede Scharlacherkrankung durch eine erhöhte Blutungsbereitschaft gekennzeichnet ist, findet man in der Mundhöhle und in den Hautfalten oft kleine punktförmige

Ausbreitung	Aussehen am Körper	Aussehen des Gesichtes
Beginn an der unteren und vorderen, seitlichen Halspartie, Ausbreitung über den ganzen Körper, meist besonders deutlich werdend auf den Streckseiten der Gliedmaßen und in den Leistenbeugen.	Die Einzelflecken sind etwa stecknadelkopfgroß, stehen dicht nebeneinander und sehen zuerst hell-, später dunkelrot aus. Manchmal kleinste Bläschen (Scharlachfriesel). Aus einiger Entfernung sieht der Ausschlag schon gleichmäßig rot aus.	Meist ohne Ausschlag, intensive fieberhafte Wangenröte, Mundumgebung bis Kinn (Munddreieck) bleibt blaß. Oft Faulecken an den Mundwinkeln.

Blutungen. Manchmal treten am Ende der ersten Krankheitswoche auch meist flüchtige Schmerzen in den Hand- und Fußgelenken auf.

Der Scharlach hat nicht selten Komplikationen im Gefolge. Sie können schon in der akuten Phase beginnen oder nach einer fieberfreien Periode einzeln oder kombiniert auftreten. Man spricht dann von einem „Zweiten Kranksein", das sich meist in der dritten oder vierten Woche einstellt. Die häufigsten Komplikationen sind: Wiederholung der Ersterkrankung, Neuinfektion durch Keimträger, Mittelohrentzündung, Lymphdrüsenentzündung, Blutleiterthrombose hinter dem Ohr, Herzmuskelentzündung, Nierenentzündung und (symptomatische) Gelenkentzündung.

Diät: Fieberkost und flüssig-breiige Kost, solange Temperatur und Halsschmerzen bestehen.

Physikalische Maßnahmen: Wadenwickel bei höherem Fieber. Am achten Tag baden und in ein völlig frisch bezogenes Bett legen.

Medikamente: Penicillin nach ärztlicher Verordnung.

In nicht komplizierten Fällen können die Kinder nach der dritten Woche wieder zur Schule gehen. Bei Behandlung in der Privatwohnung sollten alle Angehörigen ebenfalls Penicillin (zum Einnehmen) erhalten. Die Wohnung ist am Ende der Erkrankung zu desinfizieren.

Bei dem zur Zeit milden Scharlachverlauf ist eine ohnehin noch problematische Im-

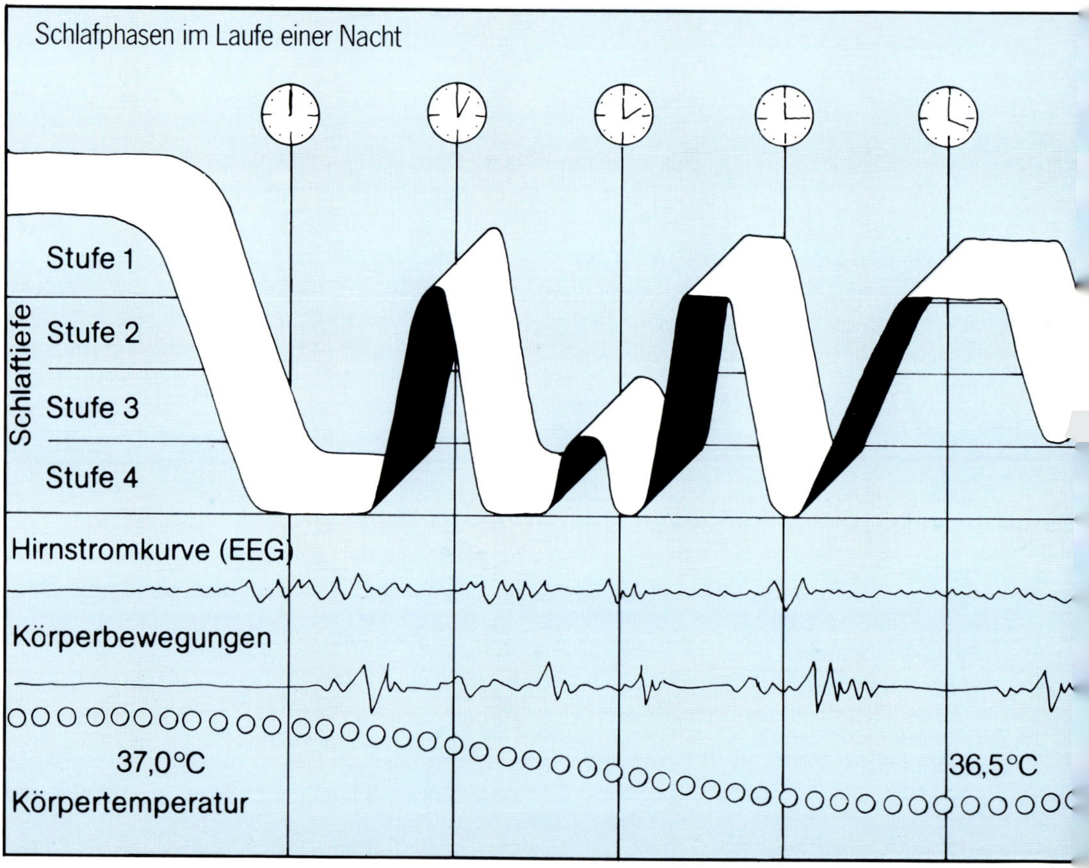

munisierung zur Vorbeugung nicht angebracht. Die beste Widerstandsfähigkeit erreicht man durch Aufenthalt und Bewegung in Luft und Sonne.

SCHLAFLOSIGKEIT *(Schlafstörungen)*

Wir wissen alle, daß ein erholsamer Schlaf für die körperliche und geistige Gesundheit und Leistungsfähigkeit entscheidend ist. Körperliche und geistige Aktivität bewirken keinerlei vorzeitige „Abnutzung des Gehirns", wenn man gut schläft. Aktivität in jeder Form verhütet vielmehr vorzeitiges Altern und Starrwerden. Der Schlafbedarf ist von Mensch zu Mensch verschieden und hängt vom Alter, der

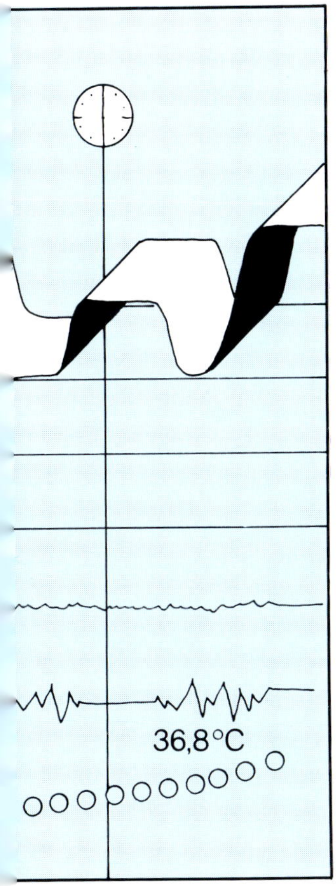

Im Laufe von 50 Jahren verbringen wir nahezu 100 000 Stunden im Bett. Schon deshalb ist es wichtig, auf die Qualität des Schlafes zu achten. Wir sind im Schlaf nicht einfach „weggetreten", sondern ein Blick auf die nebenstehende Tabelle über die verschiedenen Schlafphasen in einer Nacht zeigt, daß wir ein recht „bewegtes" Nachtleben führen.

nervlichen Empfindungsfähigkeit (Sensibilität) und von der körperlichen Verfassung (Konstitution) ab.

Schlafstörungen treten in verschiedener Form auf. Wir unterscheiden ganz grob: 1. *Einschlafstörungen,* die hauptsächlich durch seelische Spannungen, Ärger, Konfliktsituationen und andere seelische Ursachen bedingt sein können. 2. *Durchschlafstörungen,* wobei man zwar rasch einschläft, aber immer wieder wach wird. Auch diese Störungen sind hauptsächlich durch seelische Spannungen, Angstneurosen oder Depressionen bedingt. 3. *Frühes Erwachen* durch plötzliches Aufschrecken in den frühen Morgenstunden, ohne wieder einschlafen zu können. Diese Störung tritt häufig bei endogenen Depressionen und bei alten Menschen auf. 4. *Umkehr des Schlaf-Wach-Rhythmus,* die hauptsächlich bei Altersveränderungen und organischen Hirnschädigungen entsteht.

Es gibt auch andere Einteilungsmöglichkeiten der Schlafstörungen (z. B. nach der Ursache) in 1. organisch, 2. psychiatrisch und 3. funktionell bedingte Schlafstörungen.

Diät: Abends sollte man ziemlich früh nur eine leichte Mahlzeit einnehmen und jedes Genußmittel vermeiden.

Physikalische Maßnahmen: Spaziergang möglichst in frischer Luft vor dem Schlafengehen, Luftbad im Zimmer bei weit geöffnetem Fenster mit leichten gymnastischen Übungen, Hopfen- oder Melissenzusatz, kühle Ganzwaschung oder kurzes kühles Sitzbad. Bei kalten Händen und Füßen sind auch warme oder temperaturansteigende Fuß- oder Armbäder sehr nützlich. Oft ist ein kühler Lendenwickel oder eine feuchtwarme Oberbauchkompresse in der Lage, die Schlafbereitschaft herbeizuführen.

Psychotherapeutische Maßnahmen: Gespräche mit dem Arzt über die vorliegende Schlafstörung, Entspannungsübungen, Versuch, alle Versäumnis- oder Schuldge-

Schlaganfall

bedroht das Leben

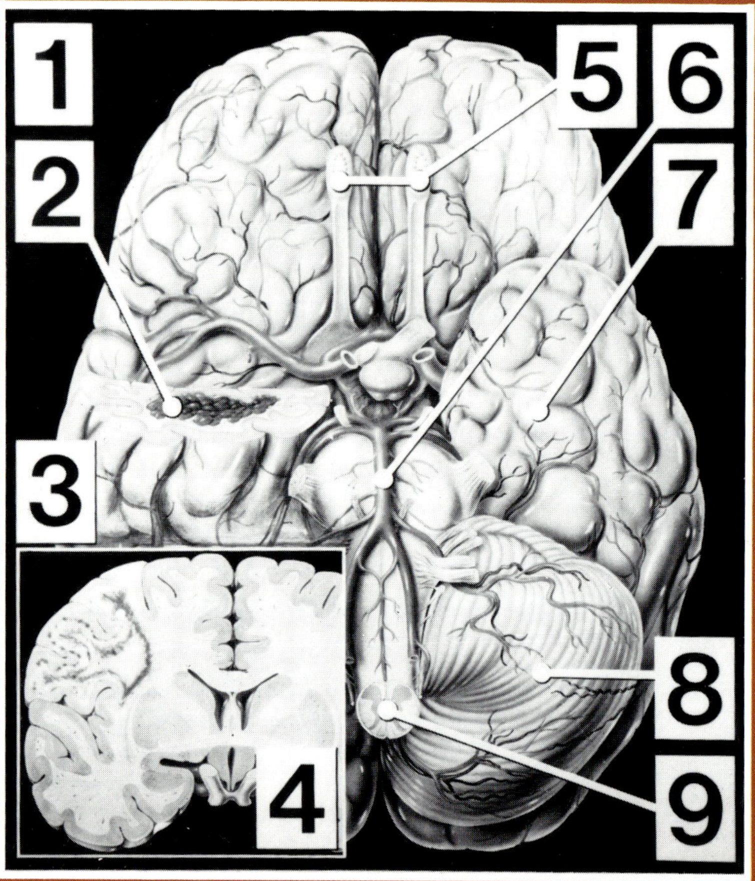

1 = Das Gehirn von unten gesehen

2 = Schlaganfall im Schläfenlappen; frische Hirnblutung durch Gefäßriß bei Bluthochdruck

3 = Schlaganfall; ganz frische Hirnerweichung nach Verlegung eines Schlagaderastes durch einen eingeschwemmten Blutpfropf

4 = Querschnitt des Gehirns

5 = Teile des Riechhirns

6 = Die Hirnbasisarterie

7 = Schläfenlappen

8 = Kleinhirn

9 = Rückenmark

fühle und Konfliktsituationen aufzulösen, auch um den Preis erheblicher Opfer. Jeder Mensch braucht wirklichen, d. h. inneren Frieden, um schlafen zu können.

Medikamente: Schlafmittel sind nicht immer zu umgehen. Art und Dosierung sollten aber mit dem Hausarzt besprochen werden.

SCHLAGANFALL

Jeder achte tote Bundesbürger starb am Schlaganfall (Apoplexie); das sind etwa 75 000 Menschen im Jahr. Mindestens doppelt so viele Bundesbürger erkranken jährlich am Schlaganfall. Die Hälfte davon bleibt völlig hilflos oder zumindest invalide. Obwohl eine exakte Diagnose und schnelle, wirkungsvolle Behandlung von entscheidender Bedeutung sind, lassen sie sich nicht immer erreichen. Die alte Auffassung, daß hoher Blutdruck immer die Voraussetzung und Ursache des Schlaganfalls sei, ist ebenso unrichtig wie die Meinung, daß der hohe Blutdruck eine Hirnblutung aus einem geplatzten Gefäß zur Folge habe. Neuere Untersuchungen von Prof. *Gottstein* (Kiel) ergaben nämlich, daß nur in 18 % eine Hirnembolie die Ursache eines Schlaganfalls ist. Von den verbleibenden 69 % waren nochmals 7 % schnell abklingende Hirndurchblutungsstörungen, und die restlichen 62 % entstanden durch einen *Hirninfarkt* auf dem Boden einer arteriosklerotischen Verengung oder des Verschlusses einer im Gehirn gelegenen oder zum Gehirn führenden Arterie. Das sind die überwiegenden Fälle. Um sie zu verringern, muß Vorbeugung betrieben werden, während die Behandlung des eingetretenen Schlaganfalls eine rein ärztliche Aufgabe im Krankenhaus ist. Die Vorbeugung sollte die nachstehend angegebenen Richtlinien befolgen.

Diät: Fettarme Ernährung mit mäßigem Kalorienwert und mäßigem Eiweißgehalt. Die heute so häufig geforderte eiweißreiche Ernährung hat eine Zunahme der Gefäßsklerose und Infarktgefährdung zur Folge. Magnesiumreiche Nahrungsmittel bevorzugen (Roggen, Weizen, Mais, Soja, weiße Bohnen, Nüsse) oder Magnesium als Medikament zuführen. Gefäßgifte (u. a. Nikotin) sind unbedingt zu meiden.

Physikalische Maßnahmen: Viel körperliche Bewegung, am besten körperliche Arbeit oder sportliche Betätigung, wenn möglich Wandern und Schwimmen.

Psychotherapeutische Maßnahmen: Entspannungsübungen, seelsorgerliche Gespräche über den Sinn des Lebens und menschliche Aufgaben.

Medikamente: Sie sind vom Arzt je nach Einzelfall und Zustand der Kreislauforgane gezielt einzusetzen. Meist kommen Herz- und Kreislaufmittel dafür in Frage.

SCHLUCKAUF

Beim Schluckauf (Singultus) handelt es sich um einen Nervenreflex, der an vielen Stellen ausgelöst werden kann. Am häufigsten geschieht das am Mageneingang, vom Magen selbst oder aus dem Darmbereich. Beim Schluckauf zieht sich das Zwerchfell plötzlich ruckartig zusammen, begleitet von einem krampfhaften Ausatmen, dem ein plötzliches Einatmen folgt. Der Schluckauf kann sich innerhalb einer Minute mehrmals, aber auch sehr viel häufiger (etwa 40–80mal) wiederholen und stunden- bis tagelang anhalten, wobei dann eine schwere Störung des Allgemeinbefindens eintritt.

Der Schluckauf kann nach Operationen im Brust- oder Bauchraum auftreten, bei Lungen- oder Rippenfellentzündung, bei Erkrankungen der Speiseröhre oder im Raum hinter dem Herzen, bei einer Reihe von Erkrankungen der Bauchorgane, des Herzens oder der großen Gefäße, bei zentralnervösen Erkrankungen (Gehirntumor,

Gehirnentzündung) und schließlich auch aus rein seelischer Ursache. Nicht selten tritt ein Schluckauf auch nach der Einnahme der verschiedensten Medikamente, nach Vergiftungen und nach intravenösen Injektionen ein.

Wenn die genannten schweren organischen Erkrankungen ausgeschlossen sind, also nur eine „nervöse" Ursache anzunehmen ist, kann durch eine einfache Maßnahme, nämlich den Atem so lange wie möglich anzuhalten, in vielen Fällen geholfen werden. Man kann auch in eine Plastiktüte, die dicht am Mund gehalten wird, tief aus- und einatmen, damit die eigene Kohlensäure immer wieder eingeatmet werden muß. Die Kohlensäureanreicherung wirkt dann auf die nervösen Zentren und läßt den Schluckauf verschwinden.

Durch Auslösen kräftigen Niesens, also eines anderen Reflexes, läßt sich ebenfalls oft der Schluckauf beseitigen.

Medikamentös wirken die beiden ärztlich zu verordnenden Präparate Paspertin und Ritalin.

SCHNUPFEN *(siehe auch Grippe und Erkältungskrankheiten)*

Als Ursache des beim Erwachsenen auftretenden Schnupfens (Nasenschleimhautentzündung = Rhinitis) können eine ganze Reihe von Viren (etwa 60 Typen sind bis heute bekannt) in Frage kommen, die nach einer Inkubationszeit von zwei bis fünf Tagen anfänglich Kratzen in den hinteren Partien der Nase und des Rachens, eine Beeinträchtigung des Allgemeinbefindens und schließlich den lästigen schleimig-eitrigen Schnupfen bewirken. Die Übertragung geschieht durch Tröpfcheninfektion. Man ist heute der Meinung, daß Abkühlung, Zugluft und Durchnässung keinen wesentlichen Einfluß auf die Schnupfenempfänglichkeit haben, obwohl die Schnupfenhäufigkeit in den kühlen und nassen Jahreszeiten am größten ist. Diese Frage ist jedoch nicht eindeutig geklärt, da es sehr wohl denkbar ist, daß unterkühlte Gewebe wegen ihrer dann schlechteren Durchblutung einem Angriff von Viren oder Bakterien wesentlich schlechter widerstehen können.

Diät: Wenig trinken, keinerlei Kochsalz verwenden, als Getränk lediglich noch Vitamin-C-haltige Getränke wählen, besser sind noch Früchte (Zitrusfrüchte, Hagebutten, schwarze Johannisbeeren, Sanddorn u. a.), viel Petersilie in der Kost verwenden, aber im ganzen nur sehr wenig essen.

Physikalische Maßnahmen: Schwitzprozeduren, vor allem römisch-irische Bäder, Sauna, Ganzwickel.

Psychotherapeutische Maßnahmen: Es gibt Ärzte, die auch von einem seelisch bedingten oder begünstigten Schnupfen sprechen. Das ist verständlich, wenn man weiß, welchen großen Einfluß seelische Zustände oder Reaktionen auf Gefäßkrämpfe und auf die verringerte oder auch verzögerte Gefäßfunktion ausüben. In allen diesen Fällen von Durchblutungsstörungen ist augenscheinlich den Viren und Bakterien eine bessere Angriffsmöglichkeit gegeben. So kann umgekehrt eine seelische Entspannung, Entkrampfung und Beruhigung zur schnelleren Heilung eines Schnupfens beitragen.

Medikamente: Schleimhautabschwellende Nasentropfen.

SCHUPPENFLECHTE

Eine ursächliche Behandlung der Schuppenflechte (Ptoriasis vulgaris) ist bis heute nicht bekannt. Cortisonverbindungen (Glucocorticoide) und einige zellwachstumshemmende Stoffe (Zytostatika) bilden die Schuppenflechte für die Dauer des Medikamentengebrauchs zurück. Da die Erkrankung meist das ganze Leben hindurch

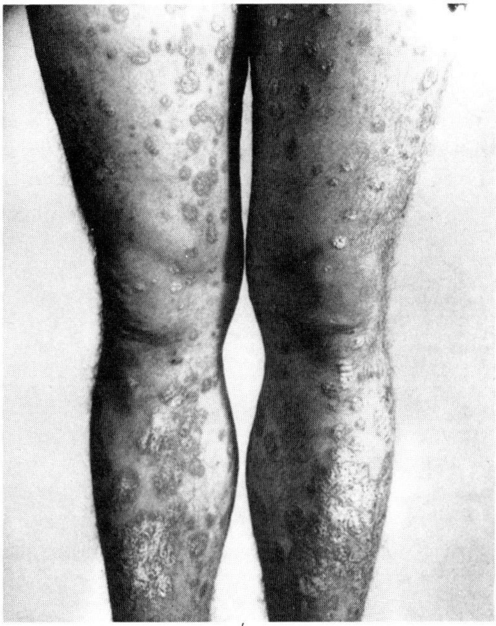

Die Schuppenflechte ist eine nur schwer zu beeinflussende Erkrankung.

bestehen bleibt, ist die Einnahme dieser mit erheblichen Nebenwirkungen belasteten Stoffe nicht möglich. Die praktischere und dabei ungefährliche äußere Anwendung in Form von Salben oder Gelees ist dagegen gut wirksam.

Natürliche physikalische Maßnahmen mit guten Erfolgsaussichten sind Meerwasserkompressen bis zur Ablösung der Schuppen und intensive Sonnen- und künstliche Höhensonnenbestrahlungen. Seit einigen Jahren werden Badekuren in dem mineralstoffreichen Wasser des Toten Meeres (Israel) als sehr erfolgversprechend gelobt.

SCHUTZIMPFUNGEN IM KLEINKINDALTER

Wer sich bedroht fühlt, versucht sich zu schützen. Auch der Organismus handelt so. Er bildet Abwehrstoffe, wenn er mit den Erregern einer ansteckenden Krankheit in Berührung kommt. Doch nicht immer behält der Organismus die Oberhand. Schwere körperliche Schäden können dann die Folge sein.

Der Gedanke, die Natur zu unterstützen, wurde 1901 mit dem ersten Nobelpreis für Medizin belohnt. *Emil von Behring* erhielt ihn für seine Arbeiten über die Serumtherapie, besonders für die Erforschung der aktiven Schutzimpfung gegen Diphtherie.

Mit den Schutzimpfungen wird ein natürlicher Vorgang nachgeahmt. Sie lösen dieselbe natürliche Immunisierung aus wie die entsprechende Krankheit. Nur wird der Zeitpunkt (im gesunden Zustand) selbst gewählt, und es fallen wegen der gesteuerten Dosierung die üblen Krankheitserscheinungen weg. Bei Hauterkrankungen und fieberhaften Krankheiten führt man keine Impfung durch, auch nicht, wenn Familienmitglieder daran erkrankt sind. Man wartet bis zur völligen Abheilung. Auskünfte erteilen die Impfanstalten und die Impfärzte.

Die folgende Tabelle zeigt die heute wichtigsten Impfungen in der zweckmäßigsten zeitlichen Reihenfolge:

zu S. 592:

Schutzimpfungen sind lebensnotwendig, da nur dadurch bestimmte schwere Erkrankungen verhütet werden können. Die meisten Schutzimpfungen werden heute von den Krankenkassen bezahlt. Deshalb sollten Eltern ihre Kinder entsprechend ihrem Alter nach dem allgemein gültigen Impfplan vor Krankheiten schützen lassen. Nur eine entsprechend hohe Durchimpfung der Bevölkerung gewährt ausreichenden Immunschutz.

Impfkalender für Kinder

	**1. Lebenswoche** Tuberkulose
	**ab 3. Lebensmonat** Diphtherie, Tetanus, Polio, Keuchhusten
	**2. Lebensjahr** Masern, Mumps, Röteln
	**3.-6. Lebensjahr** Nachhol-Impfungen
	**6/7. Lebensjahr** Auffrischimpfung: Diphtherie, Tuberkulose
	**10. Lebensjahr** Auffrischimpfung: Polio, Tetanus
	**11.-14. Lebensjahr** Röteln-Schutzimpfung für Mädchen

SCHWERHÖRIGKEIT *(siehe auch Hörschäden und Innenohrschwerhörigkeit)*

Entzündungen, Verwachsungen, Vernarbungen und Gewebswucherungen im Mittelohr können die Schalleitung erschweren und so eine *Schalleitungsschwerhörigkeit* zur Folge haben. Besonders im Kindesalter können jeder Schnupfen und jede Entzündung das Ohr in Mitleidenschaft ziehen.

Auch die Verstopfung des äußeren Gehörgangs durch verhärtetes Ohrenschmalz führt zur Schwerhörigkeit. Langandauernde Schalleinwirkungen über 90 Dezibel (dB), plötzlicher Knall von Schußwaffen oder Explosionen können einen bleibenden Hörverlust auslösen.

Berufsbedingte Lärmschäden sollten bei vernünftigem Lärmschutz nicht mehr vorkommen. Die Empfindlichkeit und Widerstandsfähigkeit gegen Lärmeinwirkungen ist bei den einzelnen Menschen recht unterschiedlich.

Ein hoher Prozentsatz aller Studienanfänger – so wurde von amerikanischen Wissenschaftlern festgestellt – leidet bereits an Schwerhörigkeit. Sie hören die hohen Frequenzen nur noch schlecht. Als Ursache wird die zu laute Rock- und Popmusik angesehen.

Verstärkt wird die Hörstörung durch Rauchen und den Gebrauch des Walkman. Eine Besserung ist nur durch eine stärkere Durchblutung der Gehörgänge zu erreichen. Sie ist, zusätzlich zu den im folgenden erwähnten Maßnahmen, möglich, indem man dreimal täglich fünf Minuten einen Kopfstand macht.

Man muß auch daran denken, daß es beim Kleinkind durch Schwerhörigkeit zu ernsten Sprachentwicklungsstörungen kommt. Durch Schwerhörigkeit behinderte Kinder müssen so früh wie möglich eine Sprachschule besuchen, damit die geistige Entwicklung nicht verzögert wird.

Eine Schwerhörigkeit, die nicht selten nach einer Typhusinfektion auftritt, bildet sich meistens wieder völlig zurück.

Krankhafte Veranlagung und zahlreiche von innen wie von außen einwirkende Schädigungen (Giftwirkung, Durchblutungsstörung bei Nieren- und Zuckerkrankheit) der Hörzellen des Innenohres oder der ins Gehirn ziehenden Nervenfasern und Nervenkerne stellen überwiegend die Ursachen einer Schallwahrnehmungsschwerhörigkeit dar. Hierzu gehört auch die Altersschwerhörigkeit, die sich kaum mit Erfolg behandeln läßt (außer durch ein Hörgerät).

Physikalische Maßnahmen: Kopfmassage, ansteigende Armbäder, Obergüsse, römisch-irische Bäder, Sauna. Es sind alle Maßnahmen geeignet, die eine bessere Kopfdurchblutung und eine allgemeine Stoffwechselbelebung bewirken.

Psychotherapeutische Maßnahmen: Es sind Aussprachen nötig, da sich der Schwerhörige meistens mit der Tatsache vertraut machen muß, daß er oft nur durch ein geeignetes Hörgerät eine wesentliche Verbesserung seines Gehörs erreicht.

Medikamente: Cosaldon retard, Stutgeron, Rovigon, Renascin.

SCHWITZEN, ÜBERMÄSSIGES

Normalerweise tritt vermehrtes Schwitzen (Hyperhidrose) auf bei körperlicher Anstrengung (besonders bei Untrainierten), bei hoher Außentemperatur und hoher Luftfeuchtigkeit, bei Fettleibigkeit, bei Hunger- und Erschöpfungszuständen, in der Rekonvaleszenz und bei seelischer Erregung.

Als Krankheitssymptom ist es zu werten bei Rheumatismus, Infektionskrankheiten, Blutkrankheiten, Rachitis (hauptsächlich Schwitzen am Hinterkopf) und bei einer Überfunktion der Schilddrüse (Hyperthyreose).

Im ganzen gesehen wird eine übermäßige Schweißabsonderung immer durch die Einwirkung von Giften, von Sauerstoffmangel oder stärkeren Erregungen auf das im Mittelhirn liegende Schweißzentrum hervorgerufen.

Da das übermäßige Schwitzen durch eine ganze Reihe verschiedenartigster normaler und auch krankhafter Körperzustände verursacht sein kann, ist es zweckmäßig, nach Möglichkeit die genaue Ursache aufzuklären und das zugrunde liegende Leiden zu behandeln. Mit der Besserung oder Heilung des Leidens hört auch das übermäßige Schwitzen auf.

SEHNENSCHEIDENENTZÜNDUNG

Der ältere Ausdruck Sehnenscheidenentzündung (Tendovaginitis) wird heute meist durch die Bezeichnung *Sehnenerkrankung* (Tendopathie) ersetzt, da es sich in den meisten Fällen nicht um eine echte Entzündung, sondern um eine mechanische Überlastung oder um eine Aufbrauchveränderung der Sehnen handelt. Die auftretenden Reaktionen bestehen nämlich nur in einer Ödembildung und einer Fibrinausschwitzung.

Eine Sehnenerkrankung kann überall an den Sehnenansätzen entstehen, wenn diese einer übermäßigen Bewegung ausgesetzt sind.

Die Sehnenerkrankung kann auch als bleibender Restzustand nach chronisch-entzündlichen Erkrankungen der Stütz- und Bindegewebe auftreten, besonders nach Entzündungen der Gelenke und der Wirbelsäule.

Da die Sehnenerkrankung nicht oder nicht mehr entzündlicher Natur ist, reagiert sie auf die übliche medikamentöse und physikalische Behandlung nicht oder nur sehr schwer.

Physikalische Maßnahmen: Ultraviolettbestrahlung mit der Höhensonne oder der Kaltquarzlampe bis zur Hautrötung (Erythembildung) direkt über der erkrankten Stelle. Dadurch wird die Abwehr der Haut und des Unterhautgewebes stark angeregt. Nach Abklingen der Hautrötung sind Ultrakurzwelle, Bäder und Massagen angebracht. Auch Ultraschall kann in manchen Fällen helfen.

Medikamente: Durch Kälteanästhesie mittels Chloräthylspray oder Impletol-Injektionen kann Besserung und auch Heilung erzielt werden.

SONNENBRAND

Die meisten Menschen kennen den Sonnenbrand aus eigenem Erleben, aber viele wissen nicht, wie sehr sie sich damit schaden können. Deshalb soll die Vorbeugung und Behandlung des Sonnenbrandes hier erwähnt werden.

Die langsame Gewöhnung an die Sonnenbestrahlung ist der sicherste, einfachste und natürlichste Schutz gegen den Sonnenbrand. Die langsame Gewöhnung führt zur vermehrten Bildung des braunen Hautfarbstoffs (Hautbräune), der dann einen Filter vor zu starker Ultraviolettbestrahlung bildet.

Wenn aus irgendeinem triftigen Grunde die langsame Sonnengewöhnung nicht möglich ist, müssen Lichtschutzmittel angewandt werden. Sie kürzen die Sonnengewöhnungszeit ab und erzeugen eine schnellere Bräunung. Meist enthalten sie Stoffe, die die ultravioletten Strahlen teilweise abfangen.

Es ist eine ganze Reihe ausgezeichneter Sonnenschutzmittel im Handel, bei denen die abschirmende Wirkung auf die ultravioletten Strahlen verschiedener Wellenlänge angegeben ist.

Ist bereits ein Sonnenbrand eingetreten, genügt in leichteren Fällen das Aufstreuen eines neutralen Puders, der einen Kühleffekt erzeugt. Bei stärkeren Hautentzün-

Einen Sonnenbrand hat man sich schnell geholt. Darum besser nicht in die pralle Sonne legen und vor allem den Kopf bedeckt halten. Außerdem wissen wir heute, daß eine zu starke Sonneneinstrahlung zu Hautschäden führen kann.

dungen sind häufig zu wechselnde *kalte Kompressen* erforderlich.

Es gibt auch Hauterkrankungen, die besonders empfindlich auf Licht reagieren (Lichtdermatosen, seborrhoisches Ekzem, Zehrrose). Sie dürfen nicht besonnt werden, sondern benötigen vielmehr vom Hausarzt zu verschreibende besondere Lichtschutzmittel.

Bei körperlicher Anstrengung und gleichzeitiger intensiver Sonnenbestrahlung kann auch ein *Sonnen-Herpes*, ein Bläschenausschlag der Lippen, entstehen. Es ist eine Virusinfektion, der eine Mundschleimhautentzündung vorausgegangen ist und die nun unter der Belastung wieder aufflackert.

Erwähnt sei schließlich noch, daß nach langdauernder Einnahme von psychisch wirksamen Mitteln (Psychopharmaka) eine *Lichtallergie* entstehen kann, wobei sich nach Sonnenbestrahlung ein (photoallergisches) Ekzem ausbildet. Hierbei ist selbstverständlich jede Sonnenbestrahlung zu vermeiden.

STAR, GRAUER

siehe Altersstar

STUHLTRÄGHEIT · STUHLVERSTOPFUNG

Eine zu langsame Darmpassage und damit eine verzögerte Darmentleerung hat viele Ursachen. Am häufigsten kommt die „chronische gewohnheitsmäßige Obstipation“ vor, die die meisten schon im frühkindlichen Alter erwarben, wenn durch falsche Erziehung, Milieu- und Ernährungsschäden die feine Rhythmik der vegetativen Funktionen des Magen-Darm-Kanals gestört wurde. Eine ererbte Anlage kann dabei allerdings auch eine Rolle spielen.

Durch eine Röntgenuntersuchung läßt sich die dickdarmbedingte Form mit langer Verweildauer des Kotes im Dickdarm von jener Form der Stuhlträgheit unterscheiden, die mit einer Störung des Entleerungs-

Viel Bewegung durch Spazierengehen, Gymnastik, Seilspringen oder Schwimmen regt die Darmtätigkeit an.

reflexes verbunden ist, bei welcher also der Kot zu lange im Enddarm verbleibt.

Bei der dickdarmbedingten Form findet man im Röntgenbild häufig zugleich einen anlagebedingten teils schlaffen, teils verkrampften herabhängenden Querdarm. Die früher oft übliche Unterscheidung zwischen krampfhafter (spastischer) und schlaffer (atonischer) Obstipation ist meist nicht möglich.

Bei der *enddarmbedingten Form* läßt sich nach eingehenderer Befragung oft eine Unterdrückung des Entleerungsdranges wegen „Zeitmangels" oder wegen eines falschen Schamgefühls feststellen. Häufig führt eine seelisch bedingte „Verkrampfung" durch beruflich oder familiär gespannte Verhältnisse, durch abnorme Erlebnisreaktionen oder eine depressive Verstimmung zu der enddarmbedingten Form der Obstipation.

Die schlechte Darmentleerung kann natürlich auch durch *krankhafte Prozesse am After oder in der Umgebung des Afters* bedingt sein, wie Hämorrhoiden, Schleimhauteinrisse (Analfissuren) oder Polypen, weil Angst vor dem damit verbundenen Entleerungsschmerz besteht.

Es gibt ferner ein krampfhaftes Stuhlverhalten als Begleiterscheinung anderer *Erkrankungen der Bauchorgane*, wie Magen- oder Zwölffingerdarmgeschwür, Gallenblasen- oder Bauchspeicheldrüsenentzündung, Nierensteinkolik, Nierenbeckenentzündung, Wirbelsäulen- oder Eierstockserkrankungen.

Vorübergehende Verstopfungen treten auch bei Reisen, plötzlichen Klimaänderungen, plötzlichen Ernährungsumstellungen, Bewegungsmangel, erzwungener Bettruhe und bei „schlackenfreier" Diät (sogenannter Schonkost) auf.

Schließlich gibt es auch noch eine *zentralnervöse Obstipation*, bei der die Darmfunktion durch Hirn- oder Rückenmarksleiden oder durch Vergiftungen gehemmt ist.

Die Behandlung muß dem jeweiligen Einzelfall angepaßt werden.

Diät: Schlackenreiche Kost, d. h. Vollkornbrot, Obst, viel Gemüse und Salate. Sie kann ergänzt werden durch aufgequollenen Leinsamenschrot, eventuell zusammen mit Weizenkleie (je 1 Eßlöffel oder mehr) über Nacht oder tagsüber aufquellen lassen und nüchtern oder vor dem Schlafengehen einnehmen.

Physikalische Maßnahmen: Viel Bewegung durch Spazierengehen, Gymnastik, Schwimmen, Reflexzonen- und Nervenpunktmassage, Wechselsitzbäder, kalte Ganzabreibungen. Bei krampfhaften Zuständen bevorzugt man Wärmeanwendungen, wie Dreiviertelbäder, Leib- oder Lendenwickel. An jede Anwendung sollte sich Bauchgymnastik anschließen.

Psychotherapeutische Maßnahmen: Entspannungsübungen, ärztliche Gespräche über eventuell verdrängte, daher ungelöste seelische Probleme.

Medikamente: Milde pflanzliche Abführmittel wie Agiolax, Linusit, Wörishofener Darmpflege, Hepaticum-Medice N, Liquidepur u.a.

Vollkornbrot und Rohkost fördern am besten regelmäßigen Stuhlgang.

T

TETANUS

siehe Wundstarrkrampf

THROMBOSE · THROMBOPHLEBITIS

Es sind zwei Formen der Venenerkrankungen der Beine zu unterscheiden, nämlich die oberflächliche Venenentzündung mit Thrombose (oberflächliche Thrombophlebitis) und die tiefe Venenentzündung mit oder ohne Thrombose (tiefe Phlebothrombose oder Thrombophlebitis).

Die *oberflächliche* Thrombophlebitis tritt meist als Folge eines durch Verletzung, Bakterien- oder Gifteinwirkung hervorgerufenen Gefäßschadens auf. Es können sich alle Zeichen der lokalen Entzündung entwickeln. Manchmal bestehen nur geringe Beschwerden, man fühlt aber unter der Haut gerade, derbe, runde Strangbildungen, die kaum druckschmerzhaft, kaum verschiebbar und ohne wesentliche entzündliche Begleiterscheinungen sind. Das Allgemeinbefinden braucht nicht gestört zu sein, wenn kein Fieber auftritt.

Entsteht die Venenentzündung im Bereich einer Krampfader, so spricht man von einer Variko-Thrombophlebitis. Sie ist die häufigste Form und findet sich fast immer an den unteren Extremitäten.

Der Verlauf der oberflächlichen Thrombophlebitis ist immer gutartig, manchmal langwierig und zieht sich über Monate hin. Es besteht auch ohne Behandlung eine Selbstheilungstendenz. Da die Blutgerinnsel in den entzündlichen Venenabschnitten meist festhaften, ist die Gefahr, daß die Gerinnsel durch die Blutbahn in die Lunge verschleppt werden, nur gering. Bei längerer Bettlägerigkeit kann die Erkrankung allerdings auf die tiefen Venen übergreifen. Daher sind vorbeugende und heilende Maßnahmen erforderlich.

Diät: Aus der Volksmedizin stammt die von neueren wissenschaftlichen Untersuchungen bestätigte Erfahrung, daß die reichliche Verwendung von Zwiebeln in der Nahrung geeignet ist, der Bildung von Thrombosen vorzubeugen. Sonst muß die Kost flüssigkeitsarm und kochsalzarm sein, am besten vegetarisch.

Physikalische Maßnahmen: Lokal feuchte Wärme, Diathermie, Infrarotstrahlen. Die oft nach einer Thrombose zurückbleibenden Veränderungen (genannt postthrombotisches Syndrom), nämlich wassersüchtige Anschwellungen (Ödeme), Krampfadern und offene Beine, bedürfen einer längeren und intensiven physikalischen Behandlung, die in folgenden Maßnahmen besteht:

1. Aktive Übungsbehandlung in Form von *Beingymnastik* in Rückenlage auf dem Fußboden, Spannübungen, Fußrollen, Radfahrübungen, Medizinball mit den Füßen, Tiefatemübungen, Schwimmen, Wattenlaufen.
2. Massage, wenn keine entzündlichen Veränderungen mehr bestehen. Es kann auch die gleitende Saugmassage und die Unterwasser-Druckstrahlmassage durchgeführt werden.
3. Schlamm- und Moorpackungen. Bei noch vorhandenen Entzündungsresten nur kalt, ohne Entzündung warm. Dauer 1–2 Stunden.
4. Kalte und wechselwarme Beingüsse.
5. Kohlensäurebäder, meist als Halbbäder, 34° C, 20 Minuten Dauer.
6. Zeitweilige Hochlagerung der Beine.
7. Kompressionsverbände, die oft an erster Stelle stehen müssen.
8. Nachtruhe auf einer am Fußende um 20 cm erhöhten Matratze.

Links: Fortgeschrittene Venenerweiterung im Wadenbereich. ● Rechts: Leichte Venenerweiterung im Wadenbereich.

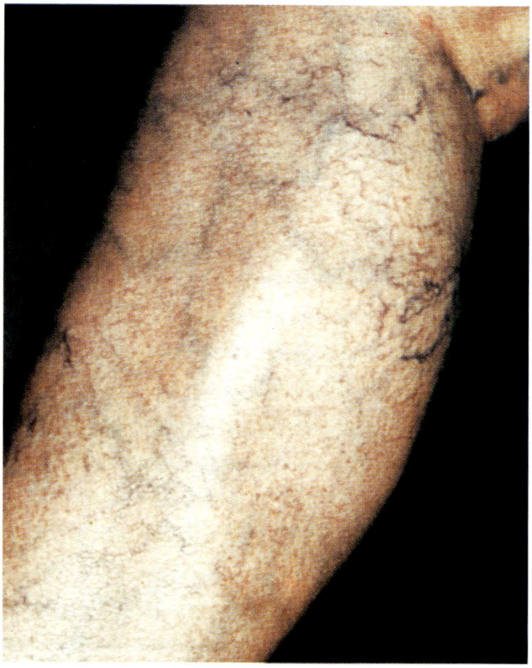

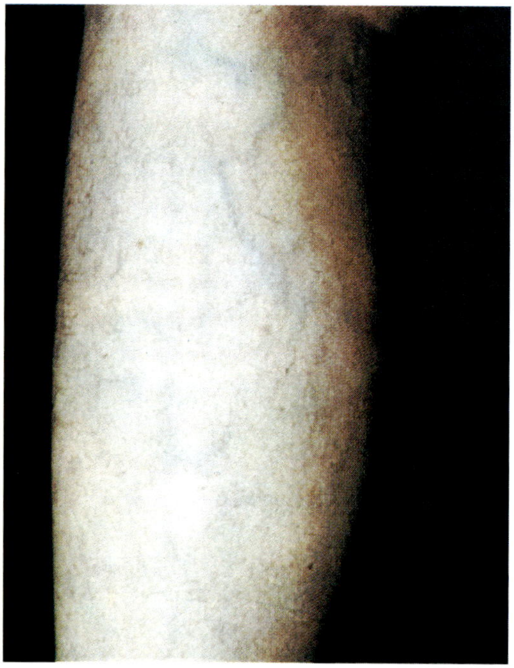

9. Ständige Gewichtskontrolle, bei Übergewicht Gewichtsverminderung.
10. Häufige Spaziergänge, aber nur mit gut sitzenden Schuhen. Langes Stehen und Sitzen ist zu vermeiden!

Psychotherapeutische Maßnahmen: Es muß dem Patienten im ärztlichen Gespräch klarwerden, daß jeder Thrombosekranke und jeder Kranke mit den erwähnten Veränderungen nach einer Thrombose jahrelang, manchmal sogar lebenslang die Beine durch geeignete physikalische Maßnahmen, insbesondere Beinwickel oder auch Stützstrümpfe, behandeln und stützen muß.

Medikamente: Soweit lokale Komplikationen auftreten, wie Ekzeme und Geschwüre, bewähren sich im nässenden Stadium kalte Umschläge und Verdünnungen von Corticoid-Emulsionen (z. B. Ultralan-Milch) und im trockenen Stadium weiche Zinkpaste.

Entzündungshemmende Mittel sollten nie ohne ausdrückliche ärztliche Verordnung eingesetzt werden. Antibiotika und gerinnungshemmende Mittel (Antikoagulantia) sind überflüssig. Heparinoid-Salben (wie Pergalen, Hirudoid, Exhirud und Lasonil) und Magnesiumpräparate (Magnesium-Diasporal, Magnorbin, Magnesium Verla) sind zweckmäßig.

Eine operative Behandlung ist zu erwägen, wenn die konservativen Maßnahmen nicht zum gewünschten Erfolg führen.

Die *tiefe Beinvenenthrombose* oder *Venenentzündung* (Phlebothrombose) zeigt sich durch wassersüchtige Anschwellungen (Ödeme), glänzende Haut und Druckschmerzen hinter dem Fußknöchel oder im Bereich der Fußsohle. Alles verläuft schwerer und schmerzhafter als bei der oberflächlichen Venenentzündung, und es besteht die Neigung zu ständiger Verschlimmerung.

Man sollte sich die alte Regel merken: Wenn eine einseitige Beinschwellung (Ödem) besteht, für die eine anderweitige Ursache nicht erkennbar ist, so muß an eine tiefe Beinvenenthrombose gedacht werden. Eine Beinschwellung ist kein Frühsymptom mehr. Verdächtig ist auch schon jede sonst nicht erklärbare Puls- und Temperatursteigerung, insbesondere bei Bettlägerigen, wenn sie auf eine antibiotische Behandlung nicht ansprechen.

Da die tiefe Beinvenenthrombose schwerwiegende Komplikationen haben kann (Lungenembolie, postthrombotisches Syndrom) ist schon bei dem geringsten Verdacht ein Arzt hinzuzuziehen, der zunächst einen sachgerechten Kompressionsverband anlegt (siehe die Abbildungen auf den Seiten 526 und 527) und gerinnungshemmende Mittel gibt.

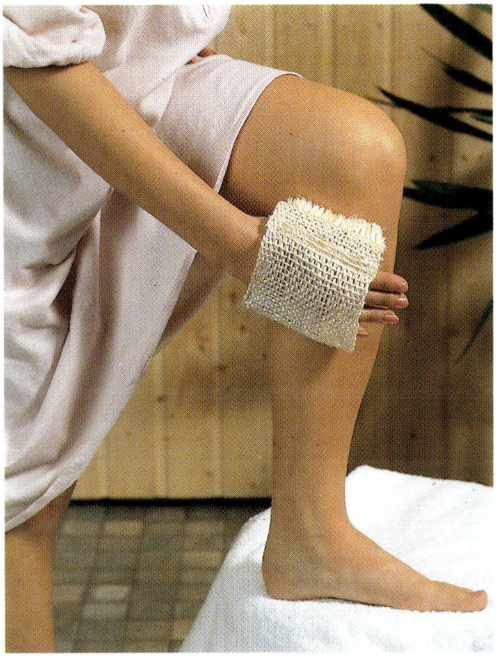

Gegen Venenleiden helfen Wechselbäder und zahlreiche weitere physikalische Anwendungen, wie sie auf der vorigen Seite angegeben sind. Aber auch Beinmassagen, die man gut an sich selbst ausführen kann, sind von ausgezeichneter Wirkung.

TOLLWUT

Die zeitweilig auftretenden Tollwutepidemien unter den Tieren, besonders den Hunden, sind für Kinder äußerst gefährlich. Kinder müssen wissen, daß sie in tollwutgefährdeten Gebieten keine fremden Tiere anfassen dürfen, da nicht nur der Biß des Tieres, sondern schon der Speichel die Krankheit übertragen kann.

Sollte ein tollwutverdächtiges Tier berührt worden sein, muß alsbald gegen Tollwut geimpft werden (spätestens innerhalb von 48–72 Stunden).

Erst 17–24 Tage nach der Infektion machen sich die ersten Krankheitserscheinungen bemerkbar. Eine Impfung kommt dann meist zu spät. Wenn sich eine Tollwuterkrankung entwickelt, verläuft sie fast immer tödlich. Die Krankheit beginnt mit Brennen und Jucken in der Bißgegend, Kopf- und Schluckschmerzen, leichtem Fieber, großer Erregbarkeit, Schlaflosigkeit und starkem Niesen. Nach zwei bis drei Tagen kommen Krämpfe der Kau- und Atemmuskulatur und schließlich Erstikkungsanfälle hinzu. Sofortige Krankenhausaufnahme und Isolierung des Kranken ist erforderlich, ferner eine Impfung aller Kontaktpersonen. Jedes Abwarten verringert die Überlebenschancen.

TOXOPLASMOSE

Der Erreger dieser Infektionskrankheit ist ein einzelliges bananenförmiges Lebewesen mit dem Namen Toxoplasma gondii, das bei Säugetieren und Vögeln weltweit verbreitet ist. Der Genuß von rohem Fleisch, Eiern oder Milch kann bei Menschen zur Infektion führen. Nach der Aufnahme der Erreger über Magen und Darm werden sie auf dem Blutwege über den ganzen Körper verschleppt, so daß sie sich in den verschiedensten Organen ansiedeln können.

Schwere Krankheitszeichen treten während des Krankheitsverlaufs nicht auf. In ein bis zwei Wochen nach der Infektion ist die Ausbreitung erfolgt. Der menschliche Organismus entwickelt dann langsam Antikörper, wodurch die Toxoplasmen im Blut verschwinden. Sie bilden nunmehr reaktionslos im Gewebe liegenbleibende Zysten, die noch jahrelang Infektionen hervorrufen können.

Da die Krankheit vielfach auch ohne Krankheitszeichen und deshalb unbemerkt verläuft, kann man sie nur durch den *Nachweis der Antikörper* erkennen. Es ist damit zu rechnen, daß etwa 60 % aller Menschen die Krankheit symptomlos überstehen.

Als Krankheitserscheinungen wurden beschrieben: Allgemeinschwäche, Muskel- und Gelenkschmerzen, hohes Fieber, Hautausschläge und Magen-Darm-Reizerscheinungen bis zu Erbrechen und Durchfall.

Je nach dem Sitz der Erreger können auch besondere Erkrankungsformen auftreten, z. B. die *Lymphdrüsen-Toxoplasmose* als häufigste Erkrankungsform der Erwachsenen, die mit unerträglichen Kopfschmerzen, Hirnhautentzündung, Krämpfen, Teilnahmslosigkeit und Verwirrtheitszuständen einhergehende *Erkrankungen der Hirnhäute und des Gehirns,* von der psychische Veränderungen zurückbleiben können, und die *Augen-Toxoplasmose,* die auch die Netz- und Aderhaut erfaßt. Schließlich gibt es noch die *angeborene Toxoplasmose,* wenn die Mutter in der Schwangerschaft eine Toxoplasmose-Infektion erleidet. Die Kinder können dann mit einem angeborenen Hirnschaden zur Welt kommen.

Die größte Infektionsgefährdung für den Menschen besteht durch den Genuß von rohem oder ungenügend erhitztem Fleisch vor allem von Schweinen und Rindern. Hoch durchseucht sind auch Schafe und Hühner, Kaninchen und Wildhasen. Tiefkühlung tötet die Erreger nicht ab! Selbst rohe und ungenügend erhitzte Eier können

Sich genügend und intensiv an der frischen Luft zu bewegen (Radfahren, Wandern, Laufen, Spielen) ist das beste Mittel, einer Tuberkulose vorzubeugen.

eine Infektionsquelle darstellen, da die Erreger bei einer Kochdauer von fünf Minuten nicht abgetötet werden. Die mit unseren Nahrungsmitteln durch den Mund aufgenommenen Erreger vermögen durch die intakte Schleimhaut des Nasen-Rachen-Raumes, der Augenbindehäute und der Rachenmandeln sowie durch kleine Verletzungen der äußeren Haut in den Körper einzudringen.

Zur *Behandlung* kommen bis heute nur Medikamente in Frage. Man gibt bei Erwachsenen für zehn bis zwölf Tage täglich 1 Tablette Daraprim (25 mg) zusammen mit einem Sulfonamid. Das Blutbild ist während dieser Zeit zu kontrollieren.

TUBERKULOSE

Die moderne Tuberkulosebehandlung besteht heute aus drei wichtigen Maßnahmen: 1. *Diät* (salzarme, lacto-vegetabile Vollkost), 2. *physikalische Maßnahmen* (Sonnen-, Klima- und Frischluftbehandlung), 3. *Medikamente* (eine weitgehend standardisierte Behandlung mit chemotherapeutischen Mitteln).

Die Tuberkulosemittel werden nicht einzeln, sondern anfangs in einer Dreierkombination (z. B. INH [Isonikotinsäurehydrazid] + Streptomycin + Ethambutol) gegeben, damit die Erreger nicht widerstandsfähig gegen die Mittel werden. Nach vier bis acht Monaten gibt man nach der anfänglich stationären Behandlung nun ambulant eine Zweierkombination (meist läßt man das mit erheblichen Nebenwirkungen belastete Streptomycin wegfallen) auch für etwa vier bis acht Monate und dann noch ein Jahr lang ein Einzelmittel (meist INH). Bei sorgfältiger Durchführung ist in 90 % der Fälle von frischer Tuberkulose mit Heilung zu rechnen, wenn die Klima- und Diätbehandlung nicht vernachlässigt wird.

U

UNTERSCHENKELGESCHWÜR

Meist versteht man darunter das auf einer Venenerkrankung beruhende Unterschenkelgeschwür (Ulcus cruris varicosum). Es gibt aber noch zahlreiche andere Ursachen und Formen, die oft schwer zu erkennen sind. So können Erfrierungen Geschwüre zur Folge haben; extrem hoher Blutdruck kann Unterschenkelgeschwüre auslösen, oder sie sind bedingt durch arterielle Durchblutungsstörungen (Arterienverschlüsse) besonders bei Diabetes. Es können aber auch bösartige, luetische oder tuberkulöse Prozesse zugrunde liegen.

Der überwiegende Teil der Unterschenkelgeschwüre beruht allerdings auf einer Venenerkrankung und tritt auf, wenn starke Krampfadern, tiefe Thrombosen oder Wasseransammlungen (Ödeme) vorhanden sind (siehe Seite 564). Die Ödeme sind meist die Voraussetzung zur Entstehung des Geschwürs. Die Behandlung muß also darauf gerichtet sein, die Ödeme zu beseitigen, was nicht ohne kräftigen Druckverband (Kompressionsverband) möglich ist. (Siehe die Abbildungen auf den Seiten 526 und 527).

Um die Ausgangssituation für die Behandlung richtig beurteilen zu können, ist große ärztliche Erfahrung nötig. Es sollte in jedem Fall allein dem Arzt überlassen bleiben, die für den Einzelfall am meisten erfolgversprechende Behandlung zu bestimmen.

Diät: Saftfastenperioden, Rohkost, vegetarische Vollkost mit herabgesetztem Kaloriengehalt, wenn Übergewicht besteht.

Physikalische Maßnahmen: Am wichtigsten und von entscheidender Wirkung ist der gut und fest anliegende Kompressionsverband. Mit diesem richtig angelegten Verband heilen die meisten Beingeschwüre. Der Kompressionsverband muß täglich erneuert werden. Wenn das Geschwür stark absondert, ist er zweimal täglich zu erneuern. Für die Nacht wird er abgenommen, das Geschwür wird mit einem lockeren Gazeverband versorgt.

Vor dem Anlegen des Verbandes am Morgen wird die Wundfläche jedesmal frisch verbunden. Eventuell streut man etwas Jodoform auf das Geschwür und um die Wunde herum. Insbesondere wenn sie ekzematös verändert ist, trägt man etwas Millicorten-Vioform auf. Die Wundfläche selbst soll nicht damit in Berührung kommen. Unzureichend angelegte Kompressionsverbände führen nicht zum Erfolg. Sie müssen so fest angelegt sein, daß die Zehen dabei in Ruhe ganz leicht blau gefärbt sind.

Man benötigt zum Verband eine 8 cm breite fest-elastische Binde, die vom vorderen Mittelfuß an unter Freilassung der Zehen bis zum Wadenansatz und eine zweite, 10–12 cm breite Binde, die von den Knöcheln bis unterhalb des Knies gewickelt wird. Wenn das Bein unter der Kompressionsbehandlung nicht ödemfrei wird, ist der Verband unzureichend angelegt. Der behandelnde Arzt muß mit dem Patienten den richtig sitzenden Verband einüben. Der Patient muß mit dem Verband möglichst viel laufen.

Medikamente: Venoruton retard, Venostasin N forte, eventuell Herz- und Kreislaufmittel nach Lage des Einzelfalles.

V

VERBRENNUNGEN (Verbrühungen)

Wenn bei einem Kind mehr als 10 %, bei einem Erwachsenen mehr als 20 % der Körperoberfläche verbrannt sind, muß für eine unverzügliche Überführung in die Klinik gesorgt werden. Als Erste-Hilfe-Maßnahmen kommen Schmerzmittel, Flüssigkeitszufuhr und Abdecken der Verbrennungsflächen mit (möglichst) sterilen Tüchern ohne Zusätze in Frage.

Kreislaufmittel sind zu vermeiden, da in den Verbrennungsflächen vermehrt kreislaufwirksame Stoffe (Nor-Adrenalin, Adrenalin, Serotonin) entstehen.

Kochsalz- und Glukoselösungen sind ebenfalls unzweckmäßig, da sie bereits nach einer halben Stunde wieder ausgeschieden werden und oft noch die wassersüchtige Aufquellung (Ödem) verstärken. Der Arzt wird statt dessen baldmöglichst Plasmaexpander (Plasmaersatzmittel zur Auffüllung des Blutkreislaufs nach starken Blutverlusten) anwenden. Brandbinden, Öle und Fettsalben sollten ebenfalls nicht verwendet werden.

Die schnellste und wirksamste Erste Hilfe ist das sofortige Eintauchen der verbrannten Teile in sauberes Leitungswasser (10–15° C) für 10–15 Minuten, gegebenenfalls sogar kürzere Zeit in Eiswasser (Eisstückchen aus dem Kühlschrank in Säckchen auflegen). Sonst hüllt man die Wunden lediglich in sterile Tücher ein (notfalls in frisch gebügelte Taschentücher).

Die Anwendung folgender Medikamente ist zweckmäßig: Schmerzmittel, Hautgelees, Cortison-Puder, Cortison-Lotio oder Cortison-Salbe, Vitamin C und Nebennierenrindenhormon.

Trockene Verbände verursachen wegen des Anklebens beim Verbandwechsel Schmerzen. Unter feuchten Verbänden entsteht leicht eine Infektion. Die lokale Behandlung mit Pudern und Salben, die Antibiotika enthalten, hat sich nicht bewährt, weil die Erreger schnell unempfindlich werden.

Die Abstoßung der verbrannten Haut geschieht in mehreren Wochen. Sie kann allerdings durch häufige Bäder beschleunigt werden.

VERDAUUNGSSTÖRUNGEN

Mangelhafte Verdauung (Dyspepsie) erzeugt Durchfall. Dabei braucht zunächst kein krankhafter Prozeß an der Schleimhaut des Dünn- oder Dickdarms zu bestehen.

Unvernünftige Eßweise, unverträgliche Speisen, eine krankhafte Bakterienflora oder eine im Verhältnis zur aufgenommenen Nahrung zu geringe Produktion von Verdauungssäften (fehlende Magensäure) genügen, um im Darminhalt vermehrte Gärungs- und Fäulnisprozesse hervorzurufen. Am entleerten Stuhl läßt sich schon die Art der Dyspepsie erkennen.

Wenn viel breiiger, sauer riechender, mit Gasblasen oder Schaum durchsetzter, hellgelber Stuhl entleert wird, in dem auch noch unverdaute Nahrungsreste (Gemüse, Obst) erkennbar sind, handelt es sich um eine Gärungsdyspepsie.

Wenn breiiger, faulig riechender, nie schäumender und dunkler Stuhl entleert wird, handelt es sich um eine Fäulnisdyspepsie.

Grauer, ranzig riechender Stuhl spricht für eine Fettdyspepsie. Da in diesen drei Fällen die Darmwand unbeteiligt ist, enthält der Stuhl nie Schleim, Eiter oder Blut (höchstens etwas glasigen weißen Schleim).

Diät: Einen Tag Tee- oder Saftfasten, vom zweiten Tag an Reis- oder Haferschleim. Bei Verträglichkeit von Schleim

VERGIFTUNGSFÄLLE
(Informations- und Behandlungszentren)

An folgenden Stellen sind Tag und Nacht Auskünfte über Gegenmaßnahmen bei Vergiftungsfällen aller Art zu erhalten:

Berlin	Reanimationszentrum im Universitätsklinikum Rudolf Virchow, Spandauer Damm 130, 1000 Berlin 19, Telefon (030) 3035-3466, 3035-2215, 3035-3436
Berlin	Universitäts-Kinderklinik, Beratungsstelle für Vergiftungserscheinungen und Embryonaltoxikologie, Pulsstraße 3–7, 1000 Berlin 19, Telefon (030) 3023022
Bonn	Zentrum für Kinderheilkunde der Rheinischen Friedrich-Wilhelms-Universität Bonn, Informationszentrale gegen Vergiftungen, Adenauerallee 119, 5300 Bonn, Telefon (0228) 2606-211; Telefax (0228) 2606314; Zentrale 2606-1
Braunschweig	Medizinische Klinik II des Städtischen Klinikums, Salzdahlumer Straße 90, 3300 Braunschweig, Telefon (0531) 62290; Zentrale 6880
Bremen	Zentralkrankenhaus, Klinikum für Innere Medizin, St.-Jürgen-Straße, 2800 Bremen 1, Telefon (0421) 4975268; 4973688
Freiburg	Universitäts-Kinderklinik Freiburg, Informationszentrale für Vergiftungen, Mathildenstraße 1, 7800 Freiburg, Telefon (0761) 2704361, 2704300
Göttingen	Universitäts-Kinderklinik und Poliklinik, Robert-Koch-Straße 40, 3400 Göttingen, Telefon (0551) 396239; Zentrale 396210
Hamburg	II. Medizinische Abteilung des Krankenhauses Barmbek, Giftinformationszentrale, Rübenkamp 148, 2000 Hamburg 60, Telefon (040) 6385-3345/46
Homburg/Saar	Universitäts-Kinderklinik, 6650 Homburg/Saar, Telefon (06841) 162257/162846
Kiel	Zentralstelle zur Beratung bei Vergiftungsfällen an der I. Medizinischen Universitätsklinik Kiel, Schittenhelmstraße 12, 2300 Kiel, Telefon (0431) 5974268; Zentrale 5970; Telefax (0431) 7597-1470
Koblenz	Städtisches Krankenhaus Kemperhof, I. Medizinische Klinik, Koblenzer Straße 115, 5400 Koblenz Vergiftungen bei Kindern (0261) 499676 Vergiftungen bei Erwachsenen (0261) 499648
Ludwigshafen	Klinikum der Stadt Ludwigshafen, Entgiftungszentrale, Medizinische Klinik C, Bremserstraße 79, 6700 Ludwigshafen, Telefon (0621) 503431; Telefax (0621) 503-2002

VERGIFTUNGSFÄLLE
(Informations- und Behandlungszentren)

Mainz II. Medizinische Universitätsklinik, Beratungsstelle für Vergiftungen, Langenbeckstraße 1, 6500 Mainz, Telefon (0 61 31) 23 24 66; Telefax (0 61 31) 23 24 69

München Giftnotruf München, Toxikologische Abteilung der II. Medizinischen Klinik rechts der Isar der Technischen Universität, Ismaninger Straße 22, 8000 München 80, Telefon (089) 41 40 22 11

Münster Medizinische Klinik und Poliklinik der Westfälischen Wilhelms-Universität, Albert-Schweitzer-Straße 33, 4400 Münster, Telefon (02 51) 83 62 45, 83 61 88

Nürnberg II. Medizinische Klinik des Städtischen Klinikums, Toxikologische Intensivstation, Flurstraße 17, 8500 Nürnberg 5, Telefon (09 11) 3 98 24 51; Telefax (09 11) 3 98-29 99

Papenburg* Marienhospital, Kinderabteilung, Hauptkanal rechts 75, 2990 Papenburg, Telefon (0 49 61) 8 30 (vermittelt an den diensthabenden Arzt)

Für Laien und Ärzte in den neuen Bundesländern steht nach wie vor rund um die Uhr bei Vergiftungen zur Verfügung:

Berlin Zentraler Toxikologischer Auskunftsdienst im Institut für Arzneimittelwesen, Große Seestraße 4, O-1120 Berlin-Weißensee, Telefon (003 72) 3 66 94 18, 3 65 33 53**

Wien Vergiftungsinformationszentrale für Österreich, 1. Medizinische Universitätsklinik, Spitalgasse 23, A-1090 Wien, Telefon (02 22) 43 43 43

Zürich Schweizerische Toxikologische Informationszentrale, Klosbachstrasse 107, CH-8032 Zürich, Telefon (01) 2 51 51 51. Weniger dringende Fälle: (01) 2 51 66 66

* Kein 24-Stunden-Dienst
** Hier kann sich in Kürze die Vorwahlnummer ändern.

und Brei folgt Kartoffelbrei mit etwas Fett, dann ist Milch in kleinen Mengen erlaubt mit Zwieback oder Toast und dünn gestrichener Pflanzenmargarine oder Butter, dann Übergang zu Magen-Darm-Schonkost bis zur Normalkost.

Physikalische Maßnahmen: Zweimal täglich heiße Leibwickel, ansteigende Fußbäder.

Medikamente: Bei fehlender Salzsäure im Magen sind salzsäure- und fermenthaltige Präparate erforderlich (Enzynorm, Pansan u. a.). Die eigene Saft- und Säureproduktion wird mit Bitterstoffpflanzen (Tausendgüldenkraut, Wermut, Kalmus, Schöllkraut) oder fertigen Kombinationen (z. B. Gastricholan) angeregt. Bei anhaltender Gärung gibt man das altbekannte Calcium carbonicum (dreimal täglich 1–2 gehäufte Teelöffel 1–2 Stunden vor dem Essen). Calcium carbonicum bindet im Darm die Gärungssäuren. Das gleiche kann auch mit Lehm (Luvos-Heilerde innerlich) erreicht werden (dreimal täglich 1 Eßlöffel 1 Stunde vor dem Essen).

VERSTAUCHUNGEN

Verstauchte Gelenke zuerst hochlagern und kühlen! Nach Abklingen der Schmerzen elastischen Verband anlegen. Nach 24 Stunden auch feuchtwarme Kompressen, um die Aufsaugung des meist vorhandenen Blutergusses zu beschleunigen. Anstelle dieser Kompressen kann man auch aufsaugend wirkende Salben und Gelees verwenden (Thrombophob, Hirudoid u. a.).

VITAMINMANGELKRANKHEITEN

Vitaminmangelzustände und Vitaminmangelkrankheiten sind meist erst zu erkennen, wenn der Mangel längere Zeit besteht. Manchmal werden sie erst erkannt, wenn schon Schäden entstanden sind, die nicht mehr behoben werden können.

Die Schwierigkeiten der rechtzeitigen Diagnose ergeben sich aus der Tatsache, daß die Symptome des Vitaminmangels sehr uncharakteristisch sind und deshalb nur selten richtig gedeutet werden können.

Die uncharakteristischen Symptome, wie Appetitlosigkeit, Müdigkeit, allgemeine Lustlosigkeit, Reizbarkeit und Gewichtsverlust, können oft lange Zeit das Bild beherrschen. Erst danach treten Krankheitszeichen auf, die einen entsprechenden Vitaminmangel anzeigen.

Der Bedarf an Vitaminen ist nicht nur bei den einzelnen Menschen, sondern auch in den verschiedenen Lebensabschnitten und bei verschiedenen Funktionszuständen (Ruhe, Belastung, Krankheit, Schwangerschaft) recht verschieden. Noch nicht lange weiß man zum Beispiel auch, daß Frauen bei der Einnahme von schwangerschaftsverhütenden Mitteln einen wesentlich höheren Bedarf an Vitamin B_6 haben.

Wichtig zu wissen ist, daß häufiges verzerrtes Fernsehen, falscher Abstand zum Gerät, falscher Sehwinkel (Betrachtungswinkel mindestens 45° zum Gerät) und falsche Zusatzbeleuchtung (Deckenleuchte) einen Vitamin-A-Mangel des Auges begünstigen.

Nach neueren Untersuchungen beträgt der Vitamin-A-Verbrauch des Auges bei häufigerem Fernsehen bis zum Fünfzigfachen des normalen Wertes. Die durch den Vitaminmangel auftretende Sehschwäche, erst bei Dämmerung und Dunkelheit, später auch am Tage, kann vom Augenarzt vorerst nicht als Sehfehler erkannt werden, weil es sich anfänglich um eine Vitaminernährungsstörung des Sehnervs handelt. Wenn aber die Augen längere Zeit nicht genügend Vitamin A bekommen, kann eine Erkrankung der Netzhaut oder auch eine andere Erkrankung des Auges auftreten. (Übersicht Seite 607)

ÜBERSICHT DER WICHTIGSTEN VITAMINMANGELZUSTÄNDE DES MENSCHEN

Vitamin	Täglicher Mindestbedarf	Mangelerscheinungen	Hauptquellen
Vitamin A Vorstufe: Karotin	Erwachsene: etwa 0,9 mg Schwangere: etwa 1,2 mg in der Stillzeit: etwa 1,8–2 mg Kinder: unter 1 Jahr etwa 0,6 mg 1–3 Jahre etwa 0,6 mg 4–9 Jahre etwa 0,8 mg 10–12 Jahre etwa 0,9 mg	Trockenheit, Verhornung, Abschuppung, Verfärbung der Haut; Brüchigkeit und Längsrillenbildung der Nägel; Trockenheit, Glanzverlust und Ausfall der Haare; Degenerationen und Infektionsanfälligkeit der Schleimhäute; Lichtscheu, Nachtblindheit, vermindertes Dämmerungssehen, verzögerte Dunkelanpassung der Augen.	Als *Vorstufe* (Karotin): Karotten (Möhren), Kresse, Lattich, Kohlrabi, Grünkohl, Spinat, Aprikosen, Hagebutten. Als *fertiges Vitamin:* Lebertran, Leber, Milch, Eigelb, Butter. Das Vitamin A entsteht im Dünndarm durch Aufspaltung der Karotine.
Vitamin B_1 Aneurin, Thiamin	Erwachsene: 1,2–1,4 mg Kinder unter 1 Jahr: 0,4 mg Kinder von 1–12 Jahren: 0,6–1,4 mg	Brennende Füße, Beriberi, Herzschädigung, Kreislaufschädigung, Nervenschädigungen, besonders auch des vegetativen Nervensystems, Störungen der Verdauungstätigkeit, Beeinträchtigung des gesamten Stoffwechsels, Muskelschwäche bis zum Muskelschwund, Nervenentzündungen.	Vollkornbrot, Weizenkeimbrot, Hefe, grüne und weiße Bohnen, frische und getrocknete Erbsen, Linsen, Sojabohnen, Gerste, Vollreis, Reiskleie, Weizenkeime.
Vitamin B_2 Riboflavin, Lactoflavin	Männer: 1,7 mg Frauen: 1,5 mg in der Schwangerschaft: 1,8 mg in der Stillzeit: 2,3 mg Kinder bis 12 Jahren: 0,7–1,6 mg	Es können, meist in Verbindung mit anderen Vitaminmängeln (besonders Vitamin B_1) Störungen und Erkrankungen der Haut, der Schleimhäute, der Augen und Wachstumsstörungen auftreten. Im einzelnen: Mundwinkeleinrisse, Zungenentzündungen, schuppende Hautrötungen, Schleimhautschäden des Muttermundes, Trockenheit im Rachen, Schluck- und Schlingbeschwerden, harte, spröde, brüchige und rissige Nägel, beim Säugling Schwäche und Gewichtsstillstand, Störungen der Augenbindehaut und Augenhornhaut, Sehstörungen.	Hefe, Getreidekeime, Bohnen, Erbsen, Kohlarten, Sojabohnen, Spinat, Aprikosen, Pflaumen, Fisch, Leber, Trockenei.
Vitamin B_6 Adermin, Pyridoxin-hydrochlorid	Männer: 1,8 mg Frauen: 1,6 mg in der Schwangerschaft: 2,6 mg Säuglinge: 0,3–0,5 mg Kinder: 0,7–1,6 mg Jugendliche: 2,1 mg	Hautbrennen und Hautjucken, Hautrötungen, Zungenschleimhautentzündung, epilepsieähnliche Krämpfe, besonders beim Säugling, Schwangerschaftserbrechen und Schwangerschaftstoxikosen, zentrale Nervenerkrankungen, eine besondere Anämieform (megaloblastäre, hyperchrome Anämie).	Hefe, Körnerfrüchte, Bohnen, Erbsen, Sojabohnen, grüne Gemüse, Bananen, Leber, Eigelb, Milch.

Vitamin	Täglicher Mindestbedarf	Mangelerscheinungen	Hauptquellen
Vitamin C Ascorbinsäure	Männer: 75 mg Frauen: 75 mg In der Schwangerschaft: 100 mg In der Stillzeit: 125 mg Kinder und Jugendliche: 75 mg	Die schwerste Mangelerscheinung ist der Skorbut, beim Säugling die Möller-Barlowsche Erkrankung. Die leichteren Formen sind sehr häufig, nämlich Abgeschlagenheit, rasche Ermüdbarkeit, Appetitlosigkeit, Kreislaufstörungen, Blutungsbereitschaft, Trägheit der Magen-Darm-Funktionen, Verstopfung, Blähsucht, Anämie, Wachstumsstörungen bei Kindern, schlechte Wundheilung, mangelhafte Zahn- und Knochenbildung, Durchlässigkeit der Haargefäße (Kapillaren), Störungen der Nebennierenfunktionen.	Frische Früchte, insbesondere Zitrusfrüchte, Kiwis, Hagebutten, Sanddorn, schwarze Johannisbeeren, Tomaten, Paprika, Grünkohl, Sellerie, Kresse und Leber.
Pantothensäure	Erwachsene: 8 mg Säuglinge: 4 mg Kinder bis 12 Jahren: 5–6 mg Jugendliche: 8 mg Schwangere und Stillende: 10 mg	Müdigkeit, Appetitlosigkeit, Verstopfung, Empfindungsstörungen in Händen und Füßen, Brennen der Füße, Muskelschwäche, Anfälligkeit gegenüber Infektionen.	Hefe, Körnerfrüchte, Früchte, Milch, Hühnerei, Leber.
Niacin Nikotinsäureamid, PP-Faktor	Männer: 18 mg Frauen: 15 mg Kinder unter 1 Jahr: 5–8 mg von 1–12 Jahren: 8–19 mg Mädchen im Reifealter: 14–17 mg Jungen im Reifealter: 15–20 mg	Mangelerscheinungen treten bevorzugt an belichteten Körperstellen auf: Pellagraerytheme (Schuppen, Blasen, Verfärbung, Verhornung), Ekzeme im Geschlechts- und Afterbereich, Veränderungen der Zunge und Mundschleimhaut, Magen-Darm-Störungen mit Erbrechen und Durchfall. Störungen des Nervensystems: Müdigkeit, Reizbarkeit, Vergeßlichkeit, Depressionen, Neigung zu Angst- und Erregungszuständen, Lähmungen, Zittern, Anämie.	Hefe, Körnerfrüchte, Früchte, Gemüse, Milch, Eier, Leber.
Vitamin D Antirachitisches Vitamin	Erwachsene und Kinder: 0,005 mg In der Schwangerschaft und Stillzeit: 0,01 mg	Beim Säugling und Kleinkind Wachstumsstörungen, Offenbleiben der Fontanellen, Schreckhaftigkeit, depressive Stimmung, Schreien, Schwitzen am Kopf, Rachitis, Störungen der Zahnbildung. Beim älteren Kind und Erwachsenen zeigt sich die Rachitis als rachitischer Rosenkranz, Trichter- oder Kielbrust, Deformationen des Beckens oder der Extremitätenknochen.	Lebertran, Leber, frische Milch, Eidotter, Hering, Forelle, Pilze.
Vitamin E Tokopherol	Säuglinge: 4 mg Erwachsene: 12 mg In der Schwangerschaft und Stillzeit: 30–50 mg	Mangelerscheinungen zeigen sich hauptsächlich an den Geschlechtsorganen, der Muskulatur, dem Bindegewebe und an der Leber. Beim Menschen sind die einzelnen Ausfallserscheinungen noch nicht sicher geklärt.	Getreidesamen, Ölsaaten, Blattgemüse und Salate, Milch und Butter.
Vitamin K	Neugeborene: 1 mcg Säuglinge, Kleinkinder: 10 mcg Erwachsene: 1,3–1,5 mg	Blutungsneigung, Hautblutungen, verlängerte Blutungszeit, Blutungen im Unterhautzellgewebe, in der Muskukatur, im Darm und anderen Organen	Grüne Gemüse, Kartoffeln, Pflanzenöle, Früchte (Erdbeeren), Hagebutten, Tomaten, Leber.

W

WACHSTUMSSTÖRUNGEN (-HEMMUNGEN)

Im Wachstum zurückbleibende Kinder müssen nicht unbedingt schlechte Esser sein. Häufig essen sie sogar überdurchschnittlich viel, dabei aber gierig, oft bis zum Erbrechen. Das Knochenwachstum kann trotz der großen Nahrungszufuhr stark zurückbleiben. Wenn keine organischen Ursachen für die Wachstumshemmung zu finden sind, sollten die häuslichen Verhältnisse dieser Kinder untersucht werden, weil man beobachtete, daß in solchen Fällen die Familienverhältnisse meist gestört und die elterlichen Ehen häufig zerrüttet sind. Vielfach fehlt den Kindern die notwendige Nestwärme. Bringt man die Kinder dagegen in eine gute, liebevolle Pflege oder auch ins Krankenhaus, so wachsen sie bald überdurchschnittlich schnell bei nur noch normalem Appetit. Man kann in solchen Fällen von einem seelisch bedingten Mangel-Zwergwuchs sprechen.

Sollte sich ein echter qualitativer Nahrungsmangel herausstellen, so können Heilbutt-Lebertran, Milch, Obst und Vollkornbroternährung sowie viel Bewegung im Freien eine schnelle Besserung erzielen.

WARZEN

siehe Fußleiden

WECHSELJAHRE DER FRAU

Früher galt die Zeit um das 45. Lebensjahr als Beginn der Wechseljahre. Viele Frauen sind in diesem Alter noch berufstätig und möchten daher auch noch voll leistungsfähig sein. Die Frauenärzte sind der Meinung, daß das frühe oder späte Auftreten der Pubertät keinen Einfluß auf den Beginn der Wechseljahre hat, die Umweltbedingungen jedoch eine wesentliche Rolle spielen. Krankheiten wie Eierstocksentzündungen, Tuberkulose und Geschwulsterkrankungen begünstigen den frühen Eintritt der Wechseljahre. Je früher der Eintritt, desto größer die Beschwerden, die verschiedener Art sein können, wie Hitzewallungen, Schweißausbrüche, Juckreiz. Daneben können zahlreiche Allgemeinbeschwerden auftreten, wie Angst, leichte Ermüdbarkeit, Schlafstörungen, Gelenkbeschwerden, allgemeine Nervosität, Benommenheit, Schwindel, Herzklopfen, Herzschmerzen (manchmal in den linken Arm ausstrahlend), Beklemmungsgefühl und Empfindungsstörungen. Es kann auch zu Gewichtszunahme, Anschwellen der Füße gegen Abend und Blutdruckschwankungen kommen.

Die Ursache der klimakterischen Beschwerden ist ein Versagen der Eierstöcke, die im allgemeinen zu einem vorzeitigen Alterungsprozeß tendieren. Das vorzeitige Nachlassen der Eierstocksfunktionen hat aber einen Schub von Alterungsprozessen zur Folge, die sich an den Blutgefäßen, Knochen, Sehnen, Gelenken und Bändern äußern und auch die übrigen Hormondrüsen in Mitleidenschaft ziehen. Die Auswirkungen erfassen also den ganzen Menschen, was bei der Behandlung zu berücksichtigen ist. Man glaubt feststellen zu können, daß sich die ganze Körperverfassung in dem Sinne verändert, daß dickliche Frauen noch dicker, magere Frauen noch magerer oder hager werden.

Folgende Krankheiten nehmen bei Frauen im oder nach dem Klimakterium zu: Knochenentkalkung, Arteriosklerose, Herzinfarkt, Blutdruckerhöhung und Zukkerkrankheit.

Die Frage, ob man diesen Krankheiten

vorbeugen kann, indem man Eierstockshormone (Östrogene) verabreicht, ist noch nicht sicher entschieden, zumal man auch die Gefahren einer umfassenden Vorbeugung mit Östrogenen heute noch nicht völlig übersehen kann. Es steht immer noch zur Diskussion, ob Östrogene möglicherweise bei einer erblich festgelegten Bereitschaft die Krebsentwicklung fördern oder nicht.

Diät: Sie muß anregend auf den Stuhlgang wirken, daher Vollkornbrot, Sauermilchprodukte, Gemüse, Obst, Salat, Leinsamen, Weizenkleie, Rohkost.

Physikalische Maßnahmen: Kräftige physikalische Reize regen über die Haut das Hormondrüsensystem und den gesamten Kreislauf an. Sie werden dadurch zu einer sehr wirksamen Ergänzung einer ärztlich für angebracht gehaltenen Hormonbehandlung. Kühle und kalte Wasseranwendungen stehen im Vordergrund, hinzu kommen Wechselgüsse, Wassertreten, ansteigende Armbäder, Schwimmen und Sauna.

Psychotherapeutische Maßnahmen: Die Tatsache, daß nunmehr endgültig Unfruchtbarkeit besteht, bedeutet für viele Frauen eine schwere seelische Belastung, die keiner Frau abgenommen werden kann. Durch – unter anderem – aufklärende Gespräche über das Geschehen der Wechseljahre kann man helfen, daß die Frauen mit dieser Tatsache fertig werden.

Medikamente: Grundsätzlich können Entspannungs- und Beruhigungsmittel sowie Ausgleich für die fehlende oder ungenügende Hormonbildung notwendig sein. Das kann z. B. mit folgenden Medikamenten geschehen: Hormonpräparate (Östrogene, Gestagene, Androgene), psychisch wirkende Medikamente (Psychopharmaka) und Beruhigungsmittel, wozu vor allem auch pflanzliche Präparate (Arnika, Baldrian, Johanniskraut, Raute, Rauwolfia, Rosmarin und Schafgarbe) gehören.

Die Verordnung von Hormonpräparaten bedarf immer einer gründlichen Erwägung, ob nicht der Schaden größer ist als der Nutzen. Von einer Mitentfernung gesunder Eierstöcke bei Gebärmutteroperationen im klimakterischen Alter sollte man absehen. Man möchte damit einer fraglichen Krebserkrankung der Eierstöcke vorbeugen, muß aber eine viel zu starke und zu plötzliche hormonelle Umstimmung in Kauf nehmen.

WECHSELJAHRE DES MANNES

Theoretisch gibt es beim Mann nicht im gleichen Sinne „Wechseljahre" wie bei der Frau, aber in der Praxis stellt man doch immer wieder etwas Ähnliches fest, das man als „Leistungsknick" bezeichnet. Dieser Leistungsknick macht sich aber nicht nur als Nachlassen der körperlichen und geistigen Leistungsfähigkeit bemerkbar, sondern ruft auch ganz ähnliche Erscheinungen hervor, wie wir sie vom weiblichen Klimakterium kennen, z. B. Schwindelgefühl, Durchblutungsstörungen, Hitzeandrang zum Kopf, Schweißausbrüche, Kopfschmerzen, Schlafstörungen, Störungen der Geschlechtsfunktionen. Auch die möglichen psychisch-geistigen Störungen ähneln denen der Frau, z. B. Nachlassen der Konzentration und Merkfähigkeit, depressive Verstimmungen, erhöhte Reizbarkeit und Nachlassen des Interesses an Familie und Beruf.

Auch im hormonellen Bereich zeigen sich Veränderungen. Während sie bei der Frau die vieldiskutierten *Östrogene* betreffen, handelt es sich beim Mann um die *Androgene,* die Hormone der männlichen Keimdrüsen. Die Veränderungen der Funktion der Keimdrüsen im fünften und sechsten Lebensjahrzehnt sind jedoch bei Mann und Frau verschieden. Bei der Frau ist die Hormonbildung weitgehend an das Wachstum der Follikel und der Eier gebunden. Mit dem Absinken der Follikelhor-

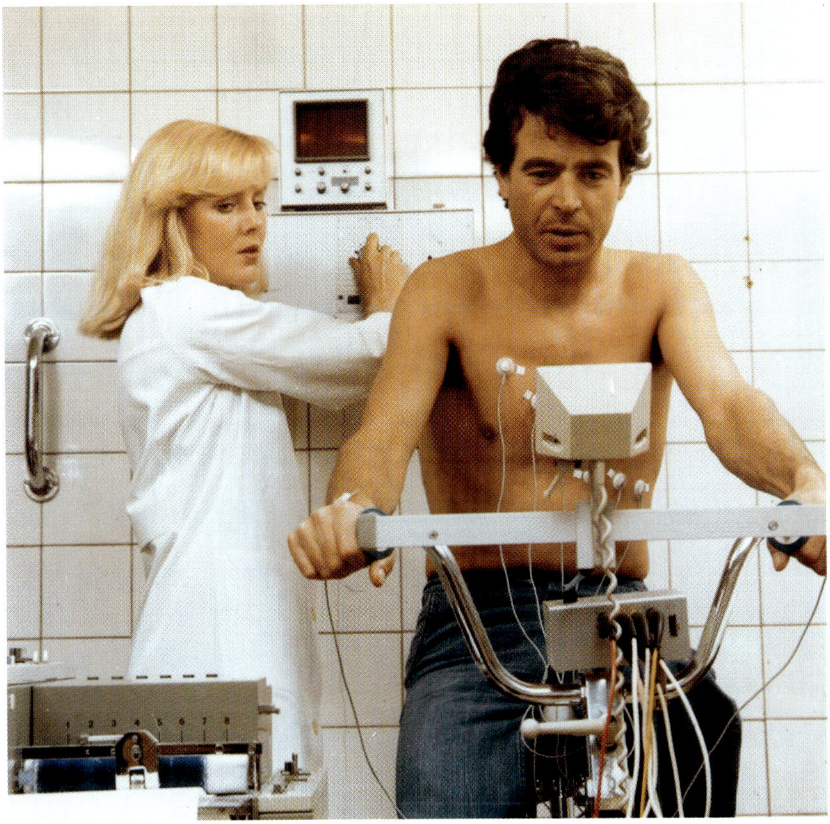

Prüfung der Belastbarkeit auf dem Ergometer bei ständiger ärztlicher Kontrolle. Die Fahrradergometrie ist ein wichtiges Hilfsmittel in der Diagnostik. Sie dient zur Beurteilung der allgemeinen körperlichen Leistungsfähigkeit sowie zur Aufdeckung latenter Symptome, die erst unter Belastung sichtbar werden.

monbildung erlischt gleichzeitig auch die Fruchtbarkeit.

Beim Mann nimmt die Hormonbildung (Testosteron) vom 40. Lebensjahr an langsam, aber stetig ab. Die Entwicklung von Samenfäden (Spermien) aber bleibt bis ins hohe Alter, wenn auch in verringertem Maße, erhalten. Die Symptome der männlichen Wechseljahre sind daher weit weniger durch hormonelle Umstellungen bedingt, sondern haben sicher vielfältige Ursachen. Wenn sich aber ein Mangel an männlichem Hormon nachweisen läßt, ist dieser in die Behandlung einzubeziehen.

Es gibt eine Anzahl von Untersuchungsmöglichkeiten, die von Urologen oder speziellen andrologischen Instituten, die meist einer Universitäts-Hautklinik angegliedert sind, durchgeführt werden. Erst danach ist zu entscheiden, ob die Verabreichung von Präparaten männlicher Keimdrüsenhormone sinnvoll ist.

Diät: Über- und Untergewicht sind diätetisch zu bekämpfen.

Physikalische Maßnahmen: Badekuren in radonhaltigen Thermalquellen (z. B. Badgastein) oder Moorbadekuren.

Psychotherapeutische Maßnahmen: Gespräche mit dem Arzt, die über die Alterungsprobleme aufklären und eine Hilfe bieten, seelisch mit den Schwierigkeiten und Belastungen dieses Lebensabschnittes fertig zu werden.

WINDPOCKEN

Die Windpocken sind eine meist leichtverlaufende, harmlose Viruserkrankung, die fast alle Kinder durchmachen. Die Übertragung erfolgt durch Tröpfcheninfektion. Ganz selten nur wird der Verlauf dieser Infektion etwas schwerer sein. Die Zeit zwischen Ansteckung und Ausbruch der Krankheit (Inkubationszeit) beträgt zwei bis drei Wochen, das akute Stadium dauert vier bis acht Tage. Meist vergehen nochmals zwei bis drei Wochen, bis der Ausschlag völlig abgeheilt ist.

Die Krankheit beginnt mit einem Ausschlag am Kopf und im Gesicht, zuerst in Gestalt vereinzelter Flecken und Bläschen, die sich dann schnell über den ganzen Körper und die Schleimhaut des Mundes ausbreiten und leicht jucken. Auf dem Höhepunkt der Krankheit findet man alle Stadien des Ausschlages gleichzeitig, also Flecken, Knötchen, Bläschen und Pusteln mit schmalem rotem Hof. Einige Bläschen können auch eine zentrale Delle haben. Die Temperatur kann einige Tage lang leicht erhöht sein.

Wenn die Krankheit im Gesicht und an der Haargrenze beginnt, die verschiedenen Stadien des Ausschlages zu sehen sind und sich Bläschen auf der Mundschleimhaut finden, ist die Diagnose gesichert.

Bis zum Eintrocknen der Bläschen ist Bettruhe einzuhalten. Der Ausschlag selbst wird nur leicht eingepudert, also trockengehalten. Bei höherem Fieber Saftfasten und Abführmittel. Sonst keine Heilmaßnahmen.

WUNDSEIN

Werden Körperstellen, an denen sich zwei Hautfalten berühren, wund, so spricht man von Wundsein (Wolf) oder Intertrigo. Hält das Wundsein längere Zeit an, so entwickelt sich daraus ein intertriginoses Ekzem. Am meisten betroffen sind die Hautfalten unter den weiblichen Brüsten, die Achselhöhlen, die Hautpartien unter einem Hängebauch, die After- und Geschlechtsgegend. Am häufigsten erkranken übergewichtige Menschen und solche, die zu vermehrtem Schwitzen neigen.

Diät: Kalorienarme, salzarme, lacto-vegetabile Kost (Kalorienzahl: 1800–2100), Obst-, Tee-, Saft-, Buttermilchtage.

Physikalische Maßnahmen: Am wichtigsten ist zunächst, die sich berührenden Hautstellen durch geeignete Büstenhalter oder Leibbinden voneinander zu trennen, damit sich keine Feuchtigkeit bilden kann und keine Schweißstellen auftreten. Eventuell durch Zwischenlegen von Mull- oder Gazestreifen.

Medikamente: Auftragen von Schüttelmixturen oder Trockensalben. Keine Pasten oder fetten Salben verwenden.

WUNDSTARRKRAMPF

Vom Wundstarrkrampf (Tetanus) ist jede auch kleinere Wunde bedroht, wenn sie mit dem Wundstarrkrampferreger, der sich überall, aber besonders in der Erde, im Dünger, in den tierischen und menschlichen Darmausscheidungen findet, in Berührung gekommen ist. Die Wunde kann längst verheilt sein, bis sich die ersten Krankheitserscheinungen nach bis zu 20 Tagen bemerkbar machen. Dann tritt zunächst Spannung im Rücken und im Nakken auf, bald folgen Krämpfe in den Gesichtsmuskeln und nach und nach in allen anderen Muskelgruppen. Schon im Verdachtsfall ist sofortige Krankenhauseinweisung erforderlich, da der Zustand schnell lebensbedrohlich wird.

Die Gefährdung des Lebens durch Wundstarrkrampf läßt sich durch rechtzeitige Tetanusschutzimpfung vermeiden, die einen Impfschutz für etwa vier Jahre verleiht.

DIE WICHTIGSTEN WURMERKRANKUNGEN

	Infektionsquelle	Im Stuhl vorkommende Form	Häufigste Symptome	Behandlung
Madenwurm *Oxyuris vermicularis*	Eier von infizierten Menschen	Eier und Würmer in der Aftergegend	Jucken an After und Darm	Möhrenrohkost, Unterwasserdarmbäder, Bärenlauch, Knoblauch, Kürbissamen, Piperazinpräparate
Spulwurm *Ascaris lumbricoides*	Bodenverunreinigung durch Kot (Eier)	Eier im Stuhl, Würmer mit Stuhl ausgeschieden, manchmal erbrochen	Darmkoliken, Durchfall	Möhrenrohkost, Unterwasserdarmbäder, Wurmfarn, Piperazinpräparate
Hakenwurm *Ancylostoma duodenale*	Bodenverunreinigung durch Kot (Larven)	Eier im Stuhl	Blutarmut, Herzschwäche, Wachstumshemmung, Bluterbrechen, Blut im Stuhl	Möhrenrohkost, Unterwasserdarmbäder, Wurmfarn, Hexylresorcinpräparate
Peitschenwurm *Trichuris trichiura*	Bodenverunreinigung durch Kot (Eier)	Eier im Stuhl	Durchfall, Übelkeit, Wachstumshemmung	Möhrenrohkost, Unterwasserdarmbäder, Thymian, Wermut, Hexylresorcinpräparate
Rinderbandwurm *Taenia saginata*	ungenügend gegartes oder rohes infiziertes Rindfleisch	Eier im Stuhl, Wurmglieder in der Ausscheidung	Bauchbeschwerden, Blinddarmentzündung, Blutvergiftung	Möhrenrohkost, Unterwasserdarmbäder, Alant, Kürbis, Rainfarn, Wurmfarn, Quinacinhydrochloridpräparate
Schweinebandwurm *Taenia solium*	ungenügend gegartes Schweinefleisch	Eier im Stuhl, Wurmglieder in der Ausscheidung	Wie bei Rinderbandwurm	Möhrenrohkost, Unterwasserdarmbäder, Yomesan, Alant, Kürbis, Rainfarn, Wurmfarn, Quinacinhydrochloridpräparate
Fischbandwurm *Dibothriocephalus latus*	infizierte Süßwasserfische	Eier im Stuhl	Anämie, Darmverschlingung, Blutvergiftung möglich	Möhrenrohkost, Unterwasserdarmbäder, Yomesan, Alant, Kürbis, Rainfarn, Wurmfarn, Quinacinhydrochloridpräparate

WURMERKRANKUNGEN

(Wurminfektionen)

Wurminfektionen sind wieder häufiger geworden. Bei Kindern treten meist Maden-, bei Erwachsenen vorwiegend Spul- und Bandwürmer auf. Seltener kommt bei uns die Haken- und Peitschenwurminfektion vor.

Die Madenwurminfektionen können bei Kindern sehr hartnäckig sein, weil diese sich immer wieder selbst infizieren. Die Madenwürmer werden durch ungewaschenes Obst oder Gemüse leicht übertragen und vermehren sich sehr schnell. Ein

Der Kürbis ist ein vielverwendetes Anti-Wurmmittel. Zahlreiche Fertigpräparate stehen in den Apotheken zur Verfügung.

Weibchen legt 10 000 – 12 000 Eier. Die Würmer leben dann bald zu Tausenden in den Därmen. Nach dem Einschlafen der Kinder kriechen die Weibchen in die Aftergegend und legen dort ihre Eier ab. Der dadurch verursachte Juckreiz veranlaßt die Kinder, sich an dieser Stelle zu kratzen, was zu neuen Infektionen führen kann. Wenn die Kinder blaß aussehen oder die bekannten dunklen Ringe unter den Augen aufweisen, muß nach Madenwürmern gefahndet werden. Am besten kontrolliert man kurze Zeit nach dem Einschlafen die Aftergegend des Kindes mit gutem Licht. Entdeckt man auch nur einen Madenwurm (kleine weiße, bis 10 mm lange Würmer), so muß eine Wurmkur durchgeführt werden, am besten mit der ganzen Familie.

Man kann auch am frühen Morgen die Aftergegend mit einem Tesa-Streifen betupfen. Die Eier bleiben daran hängen und können dann vom Arzt mikroskopisch nachgewiesen werden.

Um die Art der Würmer festzustellen, kann es auch notwendig werden, Stuhlproben zur Untersuchung auf Wurmeier einzusenden; die Probe muß aber aus verschiedenen Stellen des Stuhls entnommen werden.

Eine notwendige Behandlung (Wurmkur) ergibt sich aus der nachgewiesenen Art der Wurminfektion und ist aus der Tabelle auf Seite 613 zu entnehmen.

Vorbereitung der Wurmkuren: 1 – 2 Tage leichte Kost, am Vorabend dünndarmwirksames Abführmittel (z. B. Rizinusöl oder Karlsbader Salz). Nach Abschluß der Kur nochmals Rizinusöl oder Karlsbader Salz einnehmen. Am besten auch vor und nach der Kur zwei bis drei Einläufe.

Z

ZIEGENPETER

siehe Mumps

ZUCKERKRANKHEIT IM VORSTADIUM

Wir müssen heute bei 15–20 % der Bevölkerung mit einem Vorstadium der Zuckerkrankheit (latenter Diabetes mellitus) rechnen. Besonders hoch liegt der Prozentsatz jenseits des 40. bis 50. Lebensjahres und wenn zugleich eine Herz- oder Gefäßerkrankung oder auch eine Fettsucht besteht. Wegen der engen Wechselbeziehungen zwischen Kohlenhydrat- und Fettstoffwechsel sind Übergewicht und Fettsucht besonders mit der Zuckerkrankheit verknüpft. Bei diesen Erkrankungen ist daher ein Frühtest erforderlich, und zwar in Form einer Zuckerbelastungsprobe.

Wird ein latenter Diabetes festgestellt, so ist die Einhaltung der folgenden Maßnahmen unbedingt zu empfehlen.

Diät: Eine fett- und kalorienarme Diät ist notwendig.

Physikalische Maßnahmen: Leibwickel, Sonnenbestrahlungen, Meerwassertrinkkur, Lehmbäder.

Psychotherapeutische Maßnahmen: Entspannungsübungen.

Medikamente: Sie sind zunächst nicht erforderlich. Bei entprechender Lebensweise (Diät) kann auf sie meist ganz verzichtet werden.

ZUCKERKRANKHEIT

Wir unterscheiden heute die *latente* Zuckerkrankheit, bei der nur eine leichte Beeinträchtigung der Zuckerverwertung besteht, dann die *symptomlose oder vorklinische* Zuckerkrankheit, die nach Glukosebelastung überhöhte Zuckerwerte im Blutserum aufweist und die der *eigentlichen* Zuckerkrankheit (Diabetes mellitus) um zehn bis zwölf Jahre vorausgeht. Aber schon in diesem Stadium können die Nieren und die Netzhaut miterkranken, so daß schon eine Diät- und Tablettenbehandlung mit Sulfonylharnstoff-Präparaten notwendig ist. Die eigentliche (manifeste) Zuckerkrankheit ist leicht durch Urin- und Blutuntersuchungen festzustellen.

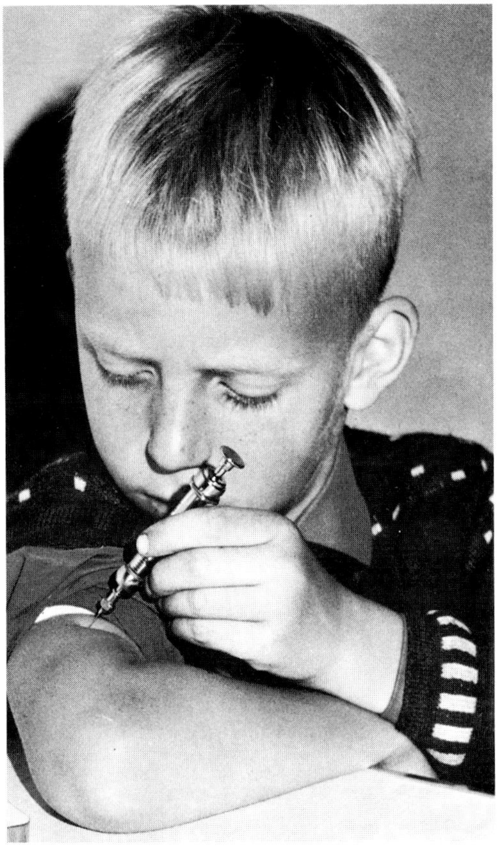

Schon Kinder lernen heute, sich selbst gegen Diabetes Insulin zu spritzen.

Durch eine Urinuntersuchung allein ist eine Zuckerkrankheit allerdings häufig nicht zu erkennen, weil Harne von zwei

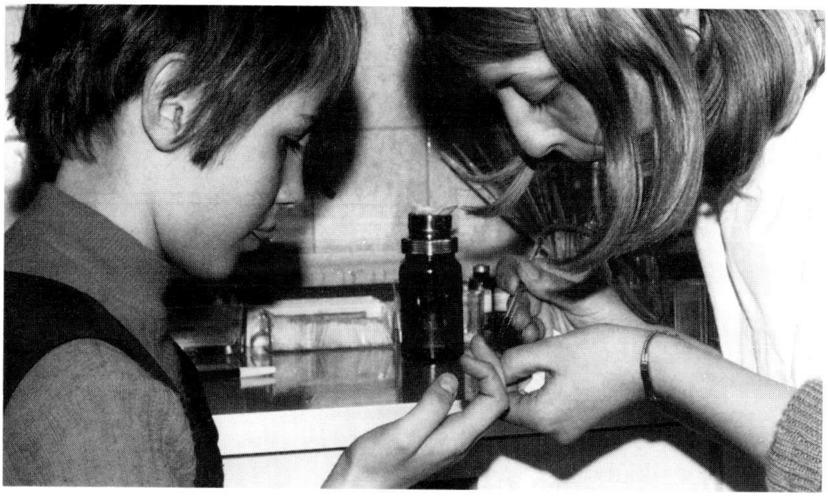

In den modern eingerichteten Labors eines Diabetiker-Kinderheims wird der Blutzucker der Kinder regelmäßig von ausgebildeten Fachkäften kontrolliert.

Drittel aller Zuckerkranken keinen nachweisbaren Zucker enthalten. Daher ist die Bestimmung des Blutzuckers notwendig. Da auch die Bestimmung des Nüchternblutzuckers häufig versagt, ist eine Zuckerbelastungsprobe (Glukosetoleranztest, Tolbutamidtest) erforderlich.

Als ersten einfachsten Test gibt man dem Patienten 50 g Glukose (Traubenzucker) zu trinken und bestimmt zwei Stunden später den Blutzucker. Liegt er über 150 mg %, so ist eine Zuckerkrankheit wahrscheinlich. Alle Werte zwischen 100–150 mg % müssen wiederholt kontrolliert werden. Am besten führt man dabei die reguläre Zuckerbelastungsprobe durch, wobei der Blutzucker nüchtern und eine sowie zwei Stunden nach einer Gabe von 50 g Glukose bestimmt wird.

Im Normalfall liegt der Zuckerwert vor der Glukosegabe nicht über 90 mg %, nach einer Stunde unter 160 mg % und nach zwei Stunden unter 120 mg %. Finden sich höhere Werte, dann muß eine ständige ärztliche Kontrolle und eine regelrechte Diabetesbehandlung durchgeführt werden.

Ein gut eingestellter Diabetiker kann auch Leistungssport betreiben, wenn er das möchte und dabei von seinem Arzt ständig beraten und unterstützt wird. Außerdem muß er seinen Zuckerstoffwechsel selbständig kontrollieren können.

Diät: Zucker-Diät.

Physikalische Maßnahmen: Leibwickel, Meerwasser-Trinkkur, Sonnenbestrahlungen, Sauna (unter ärztlicher Kontrolle), römisch-irische Bäder.

Psychotherapeutische Maßnahmen: Psychagogik, Entspannungsübungen.

Medikamente: Es unterliegt der ärztlichen Entscheidung, ob mit Diät allein, mit zuckersenkenden Tabletten und mit Insulininjektionen oder auch mit physikalischen und psychotherapeutischen Maßnahmen behandelt werden muß. Zusätzliche Einnahme von Glucotard, einem pflanzlichen Faserstoff, wirkt ebenfalls senkend auf den Blutzuckerspiegel. Gleichzeitig dient dieses Präparat zur Senkung erhöhter Blutfettwerte. (1 Beutel Glucotard enthält 5 g Guarmehl in Granulatform.)

Wasser – Lebenselixier und Hochgenuß. So ausgelassen und fröhlich badet man in Bad Dürrheim, wo eine der schönsten Badelandschaften entstanden ist.

Fremdwörter erklärt:

Adrenalin: Hormon des Nebennierenmarks.

Adsorbens: Stoff, der infolge seiner Oberflächenaktivität gelöste Substanzen und Gase an sich bindet.

Adsorption: Anreicherung eines Stoffes, eines Gases oder einer Flüssigkeit an der Oberfläche eines sehr fein verteilten oder sehr porösen anderen Stoffes.

Aerosol: in Luft oder Gasen schwebende, feinstverteilte Stoffe der Luft (feste = Staub, flüssige = Nebel).

Affinität: Verwandtschaft, Neigung zur chemischen Verbindung.

akut: plötzlich auftretend, von heftigem und kurzdauerndem Verlauf. Gegensatz: chronisch.

Alchimie: die Chemie des Mittelalters; die vermeintliche Kunst, unedle Metalle in edle (z. B. Gold) zu verwandeln.

Alkali: Bezeichnung für die Hydroxide der Alkalimetalle, das sind die Elemente der ersten Hauptreihe des chemischen Periodensystems: Lithium, Natrium, Kalium, Francium, Rubidium, Caesium.

Alkaliämie (Alkalose): Alkaliüberschuß im Blut.

Allergene: Stoffe, die eine Allergie hervorrufen.

allergisch: anders, meist überempfindlich regierend.

alternierend: wechselweise, abwechselnd.

Alveolen: Lungenbläschen; die Stätte des Gasaustausches in der Lunge.

amorph: formlos, ungestaltet, strukturlos; der physikalische Gegensatz ist kristallin.

Amplitude: Schwingungsweite, Ausschlaggröße.

Amyloidose: Gewebsentartung infolge Ablagerung von Amyloid, eines stärkeähnlichen Eiweißkörpers, wodurch das Gewebe sich verhärtet und ein speckartiges Aussehen bekommt.

anaerob: sich ohne (Luft-)Sauerstoff abspielend.

Angiologie: Lehre von den Blutgefäßen und ihren Krankheiten.

Anionen: Ionen, die negativ geladen sind und zur positiven Elektrode, der Anode, wandern. Ionen sind Atome oder Moleküle, die durch Anlagerung oder Abtrennung von Elektronen eine positive oder negative Ladung erhalten haben.

Antibiotika: Stoffe oder Stoffwechselprodukte von Mikroorganismen, die zur Abtötung oder Wachstumshemmung von Bakterien, Pilzen, Viren, einzelligen Lebewesen (Protozoen) oder Körperzellen führen.

antidiuretisch: die Wasserausscheidung hemmend.

Antigen: artfremder Eiweißstoff, der im Körper die Bildung von Antikörpern bewirkt, die den Eiweißstoff unschädlich machen.

Antigen-Antikörper-Reaktion: Abwehrreaktion des Körpers auf artfremde Eiweißstoffe.

Aristokratie: Staatsform, bei der ein bevorzugter Stand des Volkes die oberste Staatsgewalt ausübt.

arteriell: zu einer Arterie gehörend. Arterielles Blut ist helles, sauerstoffreiches Blut.

Atmospherics: Impulsstrahlung = elektromagnetische Längstwellenstrahlung, die durch lebhafte Luftbewegungen in der Atmosphäre erzeugt wird, bei Null-Wetterlage also fehlt.

atonisch: ohne Spannung, spannungslos.

Autointoxikation: Selbstvergiftung des Organismus.

Balneographie: Beschreibung der Badeorte.

Balneologie: Bäderlehre.

Balneotherapie: Bäderbehandlung. Anwendung von Bädern zu Heilzwecken.

Basen: Laugen. Chemische Verbindung, die mit Säuren unter Wasseraustritt Salze bildet.

basophil: zur basischen Reaktion neigend; können auch Stoffe sein, die mit basischen Farbstoffen leicht färbbar sind.

Benzpyren: stark krebserregender Stoff, Bestandteil des Steinkohlenteers; entsteht auch beim Verbrennen von Benzin, Tabak, Papier. Wird für die rapide Zunahme des Lungenkrebses verantwortlich gemacht.

Betarezeptorenblocker: Substanzen, die die normale und pathologische Reizbildung am Herzen hemmen.

Biosphäre: der belebte Bereich der Erde (Luftraum, Erdoberfläche, belebte Schichten der Erdkruste).

Bronchiolen: kleine Bronchien.

Chemotherapeutika: chemisch reine, synthetische Substanzen, die direkt oder indirekt vom Blut aus auf krankmachende Erreger wachstumshemmend oder abtötend wirken, z. B. Sulfonamide.

cholagog: galletreibend.

choleretisch: die Gallenabsonderung in den Leberzellen anregend.

Cholesterin: fettähnlicher Stoff im Blutserum. Wenn er vermehrt im Blut auftritt, bildet er einen Risikofaktor für Herz- und Gefäßerkrankungen.

chronisch: sich langsam, schleichend entwikkelnd; Gegensatz: akut.

Colibakterien: gehören zur normalen Darmbesiedelung.

Corticoidspiegel: die Menge der im Blut vorhandenen Corticoide, d. h. von Stoffen mit der Wirksamkeit von Nebennierenrindenhormonen, die den Mineral- und Kohlenhydratstoffwechsel beeinflussen.

dekompensiert: nachlassend, versagend.

Demenz: Verblödung; auf organischen Hirnschädigungen beruhende dauernde Geistesschwäche.

Depression: a) seelische Verstimmung, Niedergeschlagenheit; b) grubenförmige Einsenkung, Vertiefung (z. B. in Knochen). Eigenschaftswort: depressiv.

Dermatomyositis: Muskelentzündung in Verbindung mit einer Entzündung der Haut.

Dermatosen: Hautkrankheiten.

diastolisch: die Diastole betreffend. Diastole ist die mit der Systole rhythmisch wechselnde Erschlaffung der Herzmuskulatur.

Diathermie: intensive Erwärmung von Geweben im Körperinneren durch hochfrequente Wechselströme.

diffus: ausgebreitet, ausgedehnt, verschwommen, ohne feste Umgrenzung.

Dissertation: wissenschaftliche Abhandlung, die der Bewerber um die Doktorwürde verfassen muß.

Dystonie: Störungen des normalen Spannungszustandes der Muskeln und Gefäße.

Dystrophie: Ernährungsstörung; die mangelhafte Versorgung eines Organs mit Nährstoffen.

elektrokardiographisch: durch Aufnahme einer Herzstromkurve (Elektrokardiogramm = EKG).

Elektrolyse: bezeichnet die Trennung gelöster, teilweise in Ionen zerfallener Substanzen (z. B. Salze) bei Durchleitung eines Gleichstroms in positiv geladene Ionen (Kationen), die zum Minuspol (Kathode) wandern, und negativ geladene Ionen (Anionen), die zum Pluspol (Anode) wandern.

Elektron: negativ geladenes Elementarteilchen.

Emanation: beim radioaktiven Zerfall von Radium, Aktinium und Thorium entstehendes radioaktives Edelgas, das z. B. in Heilquellen vorkommt („Radon").

Embolie: Verstopfung von Blutgefäßen durch körpereigene oder körperfremde Substanzen, die sich mit dem Blutplasma nicht homogen mischen (meist Blutgerinnsel).

emotional: gefühlsmäßig, durch Gemütsbewegung bewirkt.

Endemie: örtlich begrenztes Auftreten einer Infektionskrankheit.

endemisch: in Form einer Endemie.

endokrin: mit innerer Sekretion; durch Hormone oder Hormondrüsen bedingt.

Enzyklopädie: großes Werk, das den Gesamtbestand des Wissens oder ein Teilgebiet der Wissenschaft und Kunst sammelt und darstellt.

Enzyme: in lebenden Zellen gebildete Stoffe, die den Ablauf von chemischen Reaktionen erleichtern.

Eosinophilenzellen: eine Art von weißen Blutzellen, die sich durch Annahme von rotem Farbstoff (Eosin) von anderen weißen Blutzellen (Leukozyten) unterscheiden lassen.

Epithel: die oberste Zellschicht der Haut, die Deckzellenschicht.

ERP-Mittel: Geldmittel aus dem „European Recovery Program", dem Europäischen Wiederaufbauprogramm, 1947 von US-Außenminister G. Marshall (Marshall-Plan) ins Leben gerufenes Hilfsprogramm für Westeuropa.

Erythem: entzündliche Rötung der Haut.

Erythrodermie: großflächige, entzündliche Rötung der Haut.

Erythrozyten: rote Blutkörperchen.

essentiell: wesentlich, lebensnotwendig, selbständig.

exkommunizieren: über eine Person den Kirchenbann verhängen; aus der Gemeinschaft ausschließen.

Extrasystolie: Extraschläge des Herzens innerhalb der normalen Herzschlagfolge.

Extremitäten: Bezeichnung für die Gliedmaßen Arme und Beine.

Faradayscher Käfig: eine aus Drahtgeflecht hergestellte Kabine zur Abschirmung von Wechselstromstörungen bei der Aufnahme von Herzstromkurven (EKG). Nach dem englischen Physiker M. Faraday benannt.

fermentativ: mit Hilfe von Fermenten (Reaktionsbeschleunigern), durch Fermente bedingt.

Fermente (Enzyme): organische Stoffe, die biologische Vorgänge in Gang setzen oder beschleunigen, ohne in den Endprodukten aufzutreten. Es sind hochspezialisierte Stoffe für den Abbau der Kohlenhydrate (Stärken), der Fette (Lipoide) und der Eiweißstoffe (Proteine). Die kohlenhydratspaltenden Fermente heißen Amylasen (Amylum = Stärke), die fettspaltenden Fermente Lipasen (Lipos = Fett), und die eiweißspaltenden Fermente heißen Proteasen (Proteine = Eiweißkörper). Nur der gesunde Organismus vermag genügend Eigenfermente zu bilden.

fibrinolytisch: Fibrin auflösend; Fibrin ist der Faserstoff des Blutes, der bei der Blutgerinnung entsteht.

Fluor: ein Spurenelement, das bakterienhemmend wirkt und zur Vorbeugung gegen Zahnfäule verwendet wird. Siehe Fluoridierung.

Fluoreszenzmikroskop: ein Mikroskop, bei dem die Präparate durch ultraviolettes Licht zum Eigenleuchten im sichtbaren Licht angeregt werden.

Fluoridierung: Mit Fluor versetzen, z. B. dem Trinkwasser Fluor zusetzen als Schutz gegen Zahnfäule (Karies).

Frequenz: Häufigkeit eines Vorganges in einer bestimmten Zeiteinheit, z. B. Herzschlagfolge in der Minute.

funktionell: durch Änderung der Funktion (= Verrichtung) bedingt, die Funktion betreffend.

gangränös: mit einem Gangrän (Brand) einhergehend.

generalisiert: allgemein; generell; über den ganzen Körper verbreitet (besonders bei Hautkrankheiten).

genuin: angeboren, erblich, ursprünglich; selbständig, nicht als Folge anderer Krankheiten auftretend.

Glykolyse: Zuckerspaltung, Abbau von Traubenzucker.

grampositiv: So nennt man die Bakterienfamilien, die sich nach einer Vorschrift von dem Bakteriologen Gram anfärben lassen, um sie im Mikroskop besser sichtbar zu machen.

Granula: krankhafte Gewebsveränderung mit Geschwulstbildung.

Graphit: ein Mineral, das für zahlreiche technische Zwecke verwendet wird (Elektroden, Reaktormaterial, Poliermittel, Bleistifte, Farben).

habituell: gewohnheitsmäßig, immer wiederkehrend.

hämatogen: aus dem Blut stammend; blutbildend.

Hämatom: Bluterguß.

Hämoglobin: Farbstoff der roten Blutkörperchen.

hämorrhagische Diathese: Krankheitszustand, der durch die Neigung zu spontan auftretenden, schwer stillbaren Blutungen gekennzeichnet ist.

hellenistisch: sich beziehend auf die Kulturepoche von Alexander dem Großen bis Augustus; während dieser Zeit breitete sich die griechische Kultur bis nach Rom und Innerasien aus.

hippokratisch: nach Art des griechischen Arztes Hippokrates (460–377 v. Chr.); auf ihn zurückgehend.

hormonal: durch Hormone bedingte Wirkung; aus Hormonen bestehend.

humoral: die Körperflüssigkeiten betreffend.

Humoralpathologie: Lehre von den krankhaften Veränderungen der Körperflüssigkeiten.

hydrotherapeutisch: durch Anwendung von Wasser zu Heilzwecken; Hydrotherapie = Wasserheilkunde.
hyperämisierend: durchblutungsfördernd. Hyperämie bedeutet vermehrte Durchblutung, Blutfülle.
Hyperthermie: Überwärmung.
Hypertrophie: Vergrößerung von Zellen oder Geweben ohne Zellvermehrung.
Hypertoniker: So nennt man einen Menschen mit dauernd zu hohem Blutdruck.
hypochrom: zu wenig Blutfarbstoff besitzend; zu schwach gefärbt.
hypoglykämisch: zu wenig Blutzucker. Hypoglykämie: Unterzuckerungszustand im Blut.
Hypophyse: Hirnanhangsdrüse, eine wichtige, zahlreiche Hormone produzierende Drüse an der Gehirnbasis.

idiopathisch: selbständig, primär, unabhängig von anderen Krankheiten entstanden.
Immission: Luftverschmutzung.
Immunität: Widerstandsfähigkeit, Unempfindlichkeit gegen Krankheitserreger oder bestimmte Gifte.
inadäquat: unangemessen, nicht entsprechend, nicht passend.
innervieren: die einzelnen Teile des Organismus mit Nerven versorgen; Reize an die einzelnen Organe weiterleiten.
Infantilität: kindliches Wesen; die geistigen und körperlichen Merkmale sind unentwickelt.
Influenz: Wirkung eines elektrischen Feldes auf einen Leiter; das Erzeugen von Elektrizität auf einem nichtgeladenen Leiter, der in ein elektrisches Feld gebracht wird.
Infusion: das Einführen größerer Flüssigkeitsmengen in den Organismus.
Inkubationszeit: Zeit von der Infektion bis zum Ausbruch der Erkrankung.
intestinal: die Eingeweide betreffend, zum Darmkanal gehörend.
Intuition: Glückliche Einfälle oder Eingebungen werden mit Intuition bezeichnet. Im strengeren Sinne meint es das Erfassen schwieriger Zusammenhänge in unmittelbarer Anschauung.
Inversionswetter: Wetterlage, bei der eine plötzliche Umkehr des Wärmezustandes der Atmosphäre eintritt.
Investition: Anlage von Geld oder Kapital in einem Unternehmen. In der normalen Wortbedeutung: Einkleidung, Einführung in ein Amt.
Ionen: elektrisch geladene Atome, Atomgruppen, Moleküle oder Molekülgruppen. Den Vorgang der Aufladung neutraler Atome oder Moleküle nennt man Ionisation oder Ionisierung.
Ionosphäre: Teilbereich der Atmosphäre.
irreversibel: nicht umkehrbar, nicht rückgäng zu machen.
Ischämie: örtliche Blutleere, mangelnde Versorgung einzelner Organe mit Blut infolge Verlegung der arteriellen Zufuhrwege.
Ischialgie: Schmerzen im Bereich des Ischiasnervs.
isotonisch: von gleichbleibendem Druck. Isotonie: Konstanz des osmotischen Drucks der Körperflüssigkeiten bei Gesunden.

Kaolin: Porzellanerde, ein Mineral in weißen, erdigen Massen, fast reine kieselsaure Tonerde (Verwitterung des Feldspats).
Kapillaren: Haargefäße; die feinsten Verzweigungen der Blut- und Lymphgefäße.
katalytisch: mit Hilfe eines Katalysators. Der Katalysator ist ein Stoff, der chemische Vorgänge beschleunigt oder hemmt, ohne selbst bei dem Vorgang eine Änderung zu erfahren. Der Vorgang heißt Katalyse. Fermente (Enzyme) katalysieren z. B. biochemische Vorgänge. Nickel ist Katalysator bei der Benzinherstellung und der Fetthärtung.
Kataplasmen: heiße Breiumschläge (z. B. von Kartoffeln, Leinsamen, Lehm).
Kationen: positiv geladene Ionen (siehe dort). Sie wandern bei der Elektrolyse (siehe dort) zur Kathode (negativer Pol), geben dort ihre positive Ladung ab und werden elektrisch neutrale Atome.
kausalanalytisch: den ursächlichen Zusammenhang zergliedernd.
Klimatologie: Lehre von den Klimaverhältnissen und deren Wirkungen auf den Menschen, Klimalehre.
Klistier: Einlauf, Darmeinlauf.
kollateral: seitlich; auf der gleichen Körperseite befindlich; benachbart.
Koma: Zustand tiefer, durch äußere Reize nicht zu unterbrechender Bewußtlosigkeit.
kondensieren: verdichten (z. B. bei der Gasverflüssigung durch Temperaturerniedrigung oder Druckerhöhung).

Konstitutionsschwäche: Schwäche der (ererbten) Körperverfassung.
kontemplativ: schauend, betrachtend, besinnend; Kontemplation: schauende Selbstversenkung in das Wort und Werk Gottes; zweck- und begierdefreies Anschauen des Schönen; Zusammenschau.
Kontraktur: Fehlstellung eines Gelenks mit eingeschränkter Bewegung; dauernde Verkürzung und Schrumpfung von Weichteilen.
Konverter: Umwandler, z. B. Gleichspannungswandler in der Elektrotechnik. Konverter heißt auch die Bessemer Birne, eine innen feuerfest verkleidete Apparatur, in der flüssiges Eisen in Stahl „umgewandelt" wird.
koronar: die Herzkranzgefäße betreffend.
Korpuskularstrahlen: die Strahlen schneller Teilchen, z. B. Alpha- und Betastrahlen.
Kreatin: ein in der Muskulatur vorkommendes Stoffwechselprodukt des Eiweißes.
Kreosot: aus Buchenholzteer gewonnenes Gemenge von gärungs- und fäulniswidrigen Stoffen (Phenolen).
kristallin: den Kristallen ähnlich in der Anordnung der kleinsten Teilchen.

labil: unbeständig, schwankend, wandelbar, anfällig.
Leukozyten: weiße Blutkörperchen.
Lipoide: fettähnliche Stoffe, die lebenswichtig sind, z. B. Phosphatide, Sterine (Cholesterin).
Liquor: die das Gehirn und das Rückenmark umgebende Flüssigkeit.
Lobby: Wandelhalle im englischen und amerikanischen Parlament, aber auch die Gesamtheit von Interessenvertretern, die Abgeordnete für bestimmte Interessen zu gewinnen suchen.
Lordose: physiologische Krümmung der Wirbelsäule nach vorn. Die seitliche Krümmung heißt Skoliose.
Lymphozyten: eine Art der weißen Blutkörperchen, die aus dem sogenannten lymphatischen System (Lymphknoten, Milz, Tonsillen) stammen.

maritim: Meer und Schiffahrt betreffend.
median: in der Mitte liegend.
Meeresflora: Meerespflanzen.
Metaphysik: heute die philosophische Lehre, die sich mit der übersinnlichen Welt befaßt, also jener Welt, die sich über oder hinter der sinnlich erfahrbaren, natürlichen Welt befindet.
Methan: Sumpf- oder Grubengas, farbloses, brennbares Gas, das in der Natur und in den Darmgasen vorkommt. Es ist die Mutter-Substanz zahlreicher Verbindungen.
Mikrosporie: durch Fadenpilze hervorgerufene Pilzerkrankung der Kopfbehaarung, bei der die Haare dicht über der Kopfhaut abbrechen; Kopfhautflechte.
molekular: die kleinsten Bestandteile eines Stoffes (Moleküle) betreffend.
Molekularbewegung: Kolloide zeigen in Lösungen bei ultramikroskopischer Betrachtung eine vibrierende Bewegung. Sie rührt von den in heftiger Bewegung befindlichen Flüssigkeitsmolekülen her, die allseitig auf die Kolloidteilchen stoßen und sie so in Bewegung versetzen.
Morbidität: Krankheitszustand (Verhältnis der Erkrankungszahl zur Zahl der Gesamtbevölkerung in einem bestimmten Zeitraum).
mortifizieren: das Absterben von Organen und Geweben, sonst alter Ausdruck für abtöten, tilgen, ungültig erklären.
Multiple Sklerose: ursächlich noch nicht geklärte Erkrankung des Gehirns und Rückenmarks mit Bildung zahlreicher (multipler) Entmarkungsherde.
Muskelkontraktion: Muskelzusammenziehung.
mystisch: geheimnisvoll, dunkel, zur Mystik zählend.

nephrogen: von den Nieren herrührend.
Nervenplasma: Substanz der Nervenzelle, die wie jede Körperzelle eine Zellhaut, eine Zellsubstanz und darin einen Zellkern besitzt.
Neuralgie: Nervenschmerz.
Neuralpathologie: Lehre der Pathologie, nach der die krankhaften Veränderungen im Organismus vom Nervensystem ausgehen.
Neuritis: Nervenentzündung.
Neurodermitis: Juckflechte; zu den Ekzemen zählende chronische, entzündliche Hauterkrankung.
neurohumoral: nervlich und hormonell bedingt.
Neurom: Geschwulst aus Nervenfasern und Nervenzellen.
neuroplasmatisch: aus dem Nervenplasma herrührend, im Nervenplasma bedingt.
Neurose: krankhafte, aber wieder rückgängig zu machende Verhaltensstörung mit seeli-

schen Ausnahmezuständen und körperlichen Funktionsstörungen ohne organische Ursache.
neurotisch: unter einer Neurose leidend.

Obstipation: Verstopfung, Stuhlträgheit.
ödematös: ödemartig verändert, ein Ödem (Gewebewassersucht) aufweisend.
Opsonin: im Blutserum vorhandene, hitzeempfindliche Stoffe, die eingedrungene Krankheitserreger so verändern, daß sie von Freßzellen (Phagozyten) aufgenommen werden können.
Organpathologie: Lehre von den krankhaften Organveränderungen.
Ovulation: Eisprung (Follikelsprung) in den Eierstöcken zwischen dem 14. und 16. Tag nach Beginn der Menstruation.
Oxydantien: Oxydationsmittel = sauerstoffabgebende Stoffe. Oxydation = Vereinigung eines Elementes oder einer Verbindung mit Sauerstoff.
Ozon: eine Verbindung von Sauerstoffatomen, die sich besonders unter Einwirkung ultravioletter Strahlen bildet. Es ist das stärkste Oxydationsmittel.

papillär: nach Art einer Papille, womit man eine warzenartige Erhebung, insbesondere auch die Brustwarze meint.
Parästhesie: anormale Körperempfindung, z. B. Kribbeln, Einschlafen der Glieder.
Paralyse: vollständige Lähmung der motorischen Nerven eines Körperteils; degenerative, entzündliche Erweichung vorwiegend der grauen Substanz des Gehirns als Spätfolge der Syphilis.
parasympathisch: auf den Vagusnerv bezüglich. Der Vagusnerv ist der Hauptvertreter des Nervensystems, das nicht dem Willen unterworfen ist (vegetatives, autonomes Nervensystem).
Pathosophie: Wissen (Weisheit) von der Krankheit (vom Leiden).
Pellagra: Vitaminmangelkrankheit (Vitamin B_2, Niacin) bei einseitiger Maisernährung.
Pelotte: ballenförmiges Druckpolster (z. B. am Bruchband zum Zurückdrängen des Bruches).
perinatal: um den Zeitpunkt der Geburt herum; kurz vor, während oder nach der Entbindung.
peripher: am Rande befindlich.
Pestizide: Sammelbezeichnung für alle Schädlingsbekämpfungsmittel.
Phytosterin: pflanzliches Cholesterin; hierzu gehören auch die Herzwirkstoffe des Fingerhuts.
Plankton: die in Gewässern schwebenden Kleintiere und Kleinpflanzen.
plantar: die Fußsohle betreffend.
Pleuritis: Rippenfellentzündung, Brustfellentzündung.
Podagra: Fußgicht; Gicht der großen Zehe.
Polyarthritis: an mehreren Gelenken gleichzeitig auftretende Entzündung.
Polyzythämie: Rotblütigkeit, krankhafte Vermehrung der roten Blutkörperchen.
Porphyrie: Vermehrte Bildung und Ausscheidung von Porphyrinen. Sie kann angeboren und erworben sein. Porphyrine sind rote Farbstoffe, die vom Blutfarbstoff (Hämoglobin) oder vom Pflanzenfarbstoff (Chlorophyll) abstammen.
Proton: positiv geladenes Atomteilchen; Kern des Wasserstoffatoms.
Psychagogik: Führung und Erziehung schwieriger Kinder und Erwachsener mit seelischen Fehlhaltungen.
psychisch: seelisch; die Seele betreffend.
Psychopharmaka: zusammenfassende Bezeichnung für Arzneimittel, die eine steuernde (dämpfende, beruhigende, stimulierende usw.) Wirkung auf die psychischen Abläufe im Menschen ausüben.
Purinstoffwechsel (Nukleinstoffwechsel): chemischer Vorgang im Verdauungskanal, bei dem die mit der Nahrung aufgenommenen zusammengesetzten Eiweißkörper aufgespalten werden. Das Endprodukt dieser komplizierten Vorgänge des Purinstoffwechsels ist die Harnsäure.
Pyodermie: eitrig-infektiöse Erkrankung der Haut und ihrer Anhangsgebilde (Drüsen, Haare, Nägel), verursacht durch Infektion mit Eitererregern (Furunkel, Akne, Impetigo).
Pyozyaneus: Bakterienart; Erreger des blaugrünen Eiters, verzögert die Wundheilung.

reaktiv: gegenwirkend, rückwirkend.
Redoxsystem: ein System im Stoffwechsel, das Wasserstoff aufnehmen oder abgeben kann, je nachdem ob es in der oxydierten oder reduzierten Form vorliegt.

Reduktionskost: Verminderung der Nahrungszufuhr; ein Kostschema zur Verminderung des Körpergewichts.
reflektorisch: durch einen Reflex bedingt, d. h. unwillkürlich ablaufend (z. B. Reaktion auf einen Reiz).
refraktär: reaktionslos, unempfindlich, nicht beeinflußbar.
regenerieren: wiederherstellen.
regularisieren: regeln, wieder in Ordnung bringen, glätten.
Regulation: Wiederherstellung der normalen Funktion.
Rektoskopie: Spiegelung und Besichtigung des unteren Dickdarmabschnitts mit Hilfe eines Darmspiegels (Rektoskop).
Relation: Beziehung, Verhältnis.
renal: die Nieren betreffend.
resistent: widerstandsfähig gegenüber schädlichen Krankheitserregern.
Resistenz: Widerstandsfähigkeit des Organismus gegenüber schädlichen Einflüssen.
Resorption: Aufnahme von Stoffen in die Blut- und Lymphbahnen.
Retrokollis: durch Verkrampfung der Nackenmuskulatur hervorgerufene Rückwärtsbewegung des Kopfes.
reversibel: rückgängig zu machen, umkehrbar (von krankhaften Vorgängen oder Veränderungen im Organismus).
Rezidiv: Wiederaufleben, Rückfall.
rezidivieren: in Abständen wiederkehren.
rituell: nach althergebrachtem Brauch, durch den Ritus geboten.

Saponin: im Pflanzenbereich vorkommende Stoffe, die in wäßriger Lösung stark schäumen. Sie werden als Wasch-, Auswurf- und Magenmittel gebraucht.
Scharlatanerie: Kurpfuscherei, Quacksalberei.
seborrhoisch: krankhafte Absonderung der Talgdrüsen betreffend.
sebostatisch: auf eine verminderte Talgproduktion bezüglich.
sedativ: beruhigend, schmerzstillend.
Segment: Abschnitt eines Organs oder von Teilen eines Organs.
Sekretion: Produktion und Absonderung von Sekreten durch Drüsen.
Sensibilisierung: Künstliche Anregung des Organismus zur Bildung von Antikörpern (auch die angeborene Fähigkeit dazu).
Sensibilität: Fähigkeit des Organismus, Gefühls- und Sinnesreize aufzunehmen.
septisch: mit Keimen behaftet, nicht keimfrei. Gegensatz: aseptisch.
serologisch: die Serologie betreffend. Serologie: Lehre vom Blutserum sowie von den chemischen, physikalischen und biologischen Untersuchungsmethoden zur Diagnostizierung von Krankheiten.
serös: aus Serum (Blutflüssigkeit) bestehend.
signifikant: statistisch gesichert; wesentlich, bezeichnend für eine Erkrankung.
Silikose: Kiesellunge, Steinstaublunge.
Skoliose: seitliche Verkrümmung der Wirbelsäule.
skrofulös: an Skrofulose (Haut- und Lymphdrüsenerkrankung) leidend.
Sofratüll: spezieller Verbandstoff, Markenartikel.
solar: von der Sonne stammend.
Spasmen: Krämpfe, Verkrampfungen.
spastisch: krampfartig.
Spondylarthrose: Auftreten von chronischen degenerativen Veränderungen an den Wirbelgelenken.
Stearrhoe: reichlich Fettstoffe enthaltender Stuhl; Fettstuhl.
stenokardisch: herzbeengend.
Stimulanz, Stimulantien: anregende, reizende Arzneimittel.
stoisch: gleichmütig, unerschütterlich (nach Art der Stoiker).
Stress: plötzliche Aufregung oder angespannte Reaktionslage des Körpers durch Einwirkung verschiedener äußerer Reize. Es gibt positiven und negativen Stress.
Strychnin: Gift der Brechnuß, in medizinischen Dosen als nervenanregendes Mittel gebraucht.
subakut: weniger heftig verlaufend.
subpapillär: papillenartig, warzenartig.
Suspensorium: Tragevorrichtung für erschlaffte, zu schwer herabhängende Glieder.
Sympathikotonie: erhöhte Erregbarkeit des sympathischen Nervensystem. Eigenschaftswort: sympathikoton.
Synapse: Umschaltstelle zur Erregungsübertragung im vegetativen (dem Willen entzogenen) Nervensystem
systolisch: die Systole betreffend. Systole: Zusammenziehung eines muskulösen Hohlorgans, des Herzmuskels zum Beispiel.

teleologisch: der Zweckvorstellung entsprechend, auf das Ziel gerichtet, zweckhaft.
thermisch: durch Wärme bedingt.
tonisieren: in einen (normalen) Spannungszustand versetzen.
toxisch: giftig, auf einer Vergiftung beruhend. Toxizität ist die Giftigkeit einer Substanz.
Transaminasen: Enzyme, die die Übertragung einer Aminogruppe von einer Substanz auf eine andere bewirken.
Tuben-Parametrien: Tuben = Eileiter, Parametrium ist der von den großen Mutterbändern umschlossene, außerhalb des Bauchfells gelegene Raum, der mit dem Beckenbindegewebe ausgefüllt ist (auch zahlreiche Blut- und Lymphgefäße enthält) und Haltefunktion für die Gebärmutter ausübt.

Ultraschall: Schall, der vom menschlichen Ohr nicht mehr wahrgenommen wird (Frequenzen von 20 kHz an aufwärts).

vagoton, Vagotonie: erhöhte Erregbarkeit des parasympathischen Nervensystems; Übergewicht des vagotonischen über das sympathikotonische Nervensystem (dem Willen entzogene Nervensystem).
vasomotorisch: von den Gefäßnerven gesteuert, ausgelöst.
vegetabil: pflanzlich.
vegetativ: dem Willen nicht unterliegend, das autonome Nervensystem und seine Funktion betreffend.
Veitstanz: Bezeichnung für eine Gruppe von Erkrankungen mit hyperkinetisch-hypotonen Bewegungsstörungen. Im Mittelalter Tanzepidemien, denen keinerlei organische Krankheiten zugrunde lagen.
venös: zu einer Vene gehörend, venenreich; sauerstoffarmes und kohlensäurehaltiges Blut, darum dunkelrot.

Zellularpathologie: Lehre, nach der alle Krankheiten auf Störungen der Körperzellen bzw. ihrer Funktionen zurückzuführen sind.
zirkulär: kreisförmig, periodisch wiederkehrend.
Zirrhose: eine Gewebsumwandlung, die zur Verhärtung und zum Kleinerwerden des Organs führt (Schrumpfung).

Literaturnachweis

Alexander, F., Psychosomatische Medizin, Verlag Walter de Gruyter & Co., Berlin, 1951

Alexander, M./Zoubek, E., Moderne Naturmedizin, Gesunde Lebensformen und alternative Heilmethoden, Econ-Verlag, Düsseldorf, 1986

Anderson, F. E., Die Sonne als kanzerogener Faktor, Image (Roche), Grenzach-Wylen, Nr. 3, S. 25–27, 1968

Ardenne, M. v., In-vitro-Messungen als Grundlage der Krebs-Mehrschritt-Chemotherapie, Naturwissenschaften, Nr. 14, S. 419, 1965

– Zur zweimaligen Ausnutzung der selektiven Wärmeempfindlichkeit von Krebszellen bei der Krebs-Mehrschritt-Therapie, Naturwissenschaften, Nr. 16, S. 480, 1965

– Mehrschritt-Chemotherapie für effektive Wirkdosis in Gewebsräumen großer Krebszelldichte, Das Deutsche Gesundheitswesen, Nr. 20, S. 661, 1965

Ardenne, M. v./Lippmann, H. G., Über Maßnahmen zur Verträglichkeitserhöhung der Doppelattacke des Krebs-Mehrschritt-Therapie-Konzeptes, Das Deutsche Gesundheitswesen, Nr. 36, S. 1685–1692, 1970

Ardenne, M. v./Reitnauer, P. G., Erythemvermeidung bei Krebs-Mehrschritt-Therapie durch Hyperthermie mit Zweikammerwanne, Zeitschrift für Naturforschung, Nr. 8, S. 872–884, 1970

Asdonk, J., Manuelle Lymphdrainage, Karl F. Haug Verlag, Heidelberg, 1970

Bannister, R., Psychologie und Physiologie der sportlichen Leistung, Abbottempo, Buch 4, S. 6

Beckmann, P., Funktionsgymnastik und Belastungstraining für den älteren Menschen, mda (Medizin des alternden Menschen), Nr. 8, S. 251. 252, 1. Jg., 1971

– Die Terrainkur im Rahmen der Übungsbehandlung. Wesen, Organisation und Indikation, Die Therapiewoche, S. 692–694, 15. Jg., 1965

Berkefeld, W., Abgase, Sonntagsblatt, Nr. 24, 1966

Berlescu, E./Georgescu, G./Pavel, J., Untersuchungen über die Änderungen der Hautzirkulation während des künstlichen Bestrahlungserythems, XIII. Internationaler Kongreß für Thalassotherapie, Westerland, 1966, Zusammenfassungen der wissenschaftlichen Beiträge

Block, S., Die große Chance, Naturheilverfahren – eine Waffe gegen den Krebs, Mosaik Verlag, München, 1982

Bottenberg, H., Über Krankenbehandlung mit Heilerde, Fortschritte der Medizin, Nr. 35, S. 593, 1935

Bousall, G./Ehlert, O., Das Wetter, Neuer Tessloff-Verlag, Hamburg, 1962

Branovic, C., Bewegungstherapie bei ischämischen Herzkrankheiten, Physikalische Medizin und Rehabilitation, Heft 5, S. 91–94, 1971

Brauchle, A., Das große Buch der Naturheilkunde, C. Bertelsmann Verlag, Gütersloh, 1957

– Die Geschichte der Naturheilkunde in Lebensbildern, 2. Aufl., Reclam-Verlag, Stuttgart, 1951

Brezowsky, H., Wetterphase und Mensch, Ärztliche Praxis im Bild, Nr. 1, 13. Februar 1960

– Wetter, Klima und menschliche Befindensstörungen, Der Landarzt, Nr. 8, S. 357–363, 1968

Bruns, H., Wie schütze ich mein Leben und meine Umwelt?, 2. Aufl., Biologie-Verlag, Wiesbaden, 1975

Buchinger, O. H. F., Die Heilfastenkur, Bruno-Wilkens-Verlag, Hannover, 1952

Burckhardt, W./Schmidt, P., Sonne als pathogener Faktor, Schweizerische Medizinische Wochenschrift, Nr. 99, S. 439, 1969; Praxis aurea, Nr. 16, 1971

Cooper, K. H., Bewegungstraining, Fischer Taschenbuch-Verlag, Frankfurt/Main

Diekmeier, L., Der Trainingseinfluß der Terrainkur, Münchener Medizinische Wochenschrift, S. 573–578, 109. Jg., 1967

Diepgen, P., Geschichte der Medizin. Die historische Entwicklung der Heilkunde und des ärztlichen Lebens, I. Band 1949; II. Band, 1. Hälfte 1959; 2. Hälfte 1965, Verlag Walter de Gruyter & Co., Berlin

Drews, H./ Fritze, E., Training und körperliche Leistungsfähigkeit älterer Menschen, Münchener Medizinische Wochenschrift, Nr. 3, S. 189, 1966

Egli, E., Natur in Not, Hallwag Verlag, Bern/Stuttgart, 1970

Emrich, H., Strahlende Gesundheit durch Bio-Elektrizität, Drei Eichen-Verlag AG, München und Engelberg (Schweiz), 1972

Endrös, R., Die Strahlung der Erde und ihre Wirkung auf das Leben, 1. Aufl., Paffrath-Verlag, 1978
Exner, G., Kleine Orthopädie, 6. Aufl., Georg Thieme Verlag, Stuttgart, 1968
Faust, H., Das große Buch der Wetterkunde, Econ-Verlag, Düsseldorf/Wien, 1968
Faust, V., Biometeorologie, Hippokrates-Verlag, Stuttgart, 1977
– Wetterfühligkeit, Hippokrates-Verlag, Stuttgart, 1985
Fiala, E., Das Abgasproblem im Stadtverkehr, Bild der Wissenschaft, Heft 1, S. 26, 1968
Furtmayr-Schuh, Das große Vergessen, Die Alzheimer Krankheit, Kreuz-Verlag, Stuttgart, 1990
Gillmann, H., Physikalische Therapie, 4. Aufl., Georg Thieme Verlag, Stuttgart, 1975
Glaesel, K. O., Heilung ohne Wunder und Nebenwirkungen, Gesundheit biologisch gesteuert, Labor Glaesel Verlag, Konstanz, 1986
Götz, H., Hautreaktionen durch Baden in Sonne und Wasser, Münchener Medizinische Wochenschrift, S. 553–559, 109. Jg., 1967
Götz, H./Klüken, N., Über den Einfluß von Luftverunreinigungen auf die Haut, Münchener Medizinische Wochenschrift, S. 1021–1027, 111. Jg., 1969
Golz, G., Bemerkungen zur Balneotherapie des rheumatischen und polyarthritischen Formenkreises, Die Therapiewoche, Nr. 12, S. 214, 1962
Grimmeisen, H., Klinik biologisch ungünstiger Wetterphasen, Der Landarzt, Nr. 8, S. 363, 1968
Grosse-Brockhoff, F., Pathologische Physiologie, Springer-Verlag, Berlin, 1969
Günther, R./Jantsch, H., Physikalische Medizin, Springer-Verlag, Berlin/Heidelberg/New York, 1982
Häfner, M., Umweltschutz, das Öko-Testbuch zur Eigeninitiative, Falken-Verlag, Niedernhausen, 1987
Harnack, G. A. v. (Hrsg.), Kinderheilkunde, Springer-Verlag, Berlin/Heidelberg/New York, 1968
Hastings, D., Praktisches Handbuch der Hauskrankenpflege, Verlag Herder, Freiburg, 1986
Heipertz, W., Sportmedizin, 2. Aufl., Georg Thieme Verlag, Stuttgart, 1967
Hellpach, W., Geopsyche, 7. Aufl., Ferdinand Enke Verlag, Stuttgart, 1965
Heun, E., Die Rohsäfte-Kur, Hippokrates-Verlag, Stuttgart, 1960
Heyden, S./Bickel, J./Blohmke, M., Beeinflussung des Cholesterinspiegels durch körperliches Training, Medizinische Klinik, S. 908–912, 61. Jg., 1. Halbjahr 1966
Hoins, O., Erfahrungen mit der externchirurgischen Meerwasserbehandlung, Vortrag beim 25. Ärztlichen Seminar für Meeresheilkunde, Westerland, 1966
Hollmann, W., Körperliches Training im Alter, Medizinische Klinik, Nr. 26, S. 1056, 1966 (Tagungsbericht)
– Körperliches Training als Prävention von Herz-Kreislauf-Krankheiten, Hippokrates-Verlag, Stuttgart, 1965
Ippen, H., Lichtkrankheiten der Haut, Fortschritte der Medizin, Nr. 18, S. 803, 1968
Jessel, U., Beiträge zur Spurenstoffchemie der Meeres- und Brandungsluft, Archiv für physikalische Therapie, Balneologie und Bioklimatologie, Nr. 3, S. 230, 1955
Jung, H./Meyer, E., Heilerde, Anwendung und Wirkung, Hippokrates-Verlag, Stuttgart, 1957
Just, A., Die Heilerde, das alte Natur- und Volksmittel, Verlag der Heilerde-Gesellschaft mbH, Blankenburg/Harz, 1919
Kaiser, J. H., Das große Kneipp-Hausbuch, Th. Knaur-Verlag, München, 1975
– Kneippsche Hydrotherapie, Allgemeine und spezielle Balneotherapie, 2. Aufl., Sanitas-Verlag, Bad Wörishofen, 1971
Kempf, G., Wirbelsäulenhygiene, Wege zur Selbsthilfe und Selbstbehandlung, Verlag für Medizin Dr. Ewald Fischer, Heidelberg, 1985
Kirchhoff, H.-W./Milz, H. P., Erfolgsobjektivierung von Terrainkuren und Bewegungstherapie, Ärztliche Praxis, Nr. 84, S. 3851–3856, 23. Jg., 1971
König, H., Ein Impulsempfänger für atmosphärische Langwellenstrahlung, Medizin-Meteorologische Hefte, Nr. 10, 1955
– Unsichtbare Umwelt, 4. Aufl., Eigenverlag Herbert L. König, München, 1983
Kohlrausch, W., Die Freudenstädter Kur als Beispiel einer Rehabilitationsbehandlung im Kurort, Archiv für physikalische Therapie, S. 138, 10. Jg., 1958
Kühnau, J., Meerwassertrinkkur und Mineralstoffwechsel, in „Die Meerwassertrinkkur" von H. Vogt, S. 41–48, Verlag Julius Springer, Berlin, 1938
Kunze/Vogel, Über Wesen und Wirkungen von Heilerden, Der Balneologe, Heft 2, 3. Jg., 1936
Lampert, H., Die physikalische Therapie, Dresden, 1938
– Krebs und Überwärmung, Medizinische Welt, Nr. 49, S. 2721, 1965
Lampert/Selawry, Körpereigene Abwehr und bösartige Geschwülste, Verhandlungsbericht der 1. Tagung: Tumorbeeinflussung durch Hyperthermie und Hyperämie, Karl-Haug-Verlag, Ulm, 1957
Lohnes, H., Das ABC des Rheumatismus, Alma Mater Verlag GmbH, Konstanz, 1967

Lüth, P., Das Ende der Medizin? Entdeckung der neuen Gesundheit, Deutsche Verlags-Anstalt, Stuttgart, 1986

MacAlpin, R. N./Kattus jun., A., Dramatische Besserung der Angina pectoris: Bewegung, Medical Tribune, Nr. 19, S. 3, 1966

Mayer, E./Bernau, L., Die heilende Kraft des Wassers, Schweizer Verlagshaus AG, Jona bei Rapperswil (Schweiz), 1979

Mellerowicz, H./Meller, W., Training, Springer-Verlag, Berlin/Heidelberg/New York, 1972

Mommsen, H., Heilkunde auf neuen Wegen, dargestellt am Beispiel der Kinderheilkunde, Haug Verlag, Heidelberg, 1981

Münzing-Rueff, I., So heilt die Natur, Heyne Verlag, München, 1983

Oertel, M. J., Therapie der Kreislaufstörungen, in „Handbuch der allgemeinen Therapie", herausgegeben von Ziemsen, Leipzig, 1844

Petersohn, L. u. H., Für eine andere Medizin, Bewährte Naturheilverfahren, Fischer Taschenbuch Verlag, Frankfurt/M., 1982

Pfleiderer, H., Referate auf dem 25. Ärztlichen Seminar für Meeresheilkunde, Westerland, 1966

Portheine, F., Gesundheitsgefährdung durch Großstadtverkehr, in „Der Mensch in der Großstadt", Kröner-Verlag, Stuttgart, 1960

Reichenbach, M./Leutschaft, R., Telemetrische EKG-Registrierung unter Reit- und Terrainbelastung, Münchener Medizinische Wochenschrift, S. 1594, 110. Jg., 1968

Reinhard, W., Massage und physikalische Behandlungsmethoden, Springer-Verlag, Berlin/Heidelberg/New York, 1967

Renemann, H./Diekmeier, L., Änderung der Herzvolumina bei vegetativ Gestörten unter Terrainkur und ihre Darstellung in einem Verlaufsdiagramm, Zeitschrift für Kreislaufforschung, Nr. 6, S. 623, 1967

Rollier, A., Die Heliotherapie, Urban & Schwarzenberg, München/Berlin, 1951

Roskamm, H./Beckhofe, Ph./Reindell, H., Die Herzfrequenz im Training und im Wettkampf der Hochleistungssportler, Sportarzt und Sportmedizin, Nr. 16, S. 439, 1965

Rudzinski, K., Bleihaltige Abgase, Der Landarzt, Heft 9, S. 446–449, 1968; Frankfurter Allgemeine Zeitung (Natur und Wissenschaft) vom 13. September 1967

Sachse, H./Friedrich, M./Brezowski, H., Harnsteinkoliken und Wettereinfluß, Münchener Medizinische Wochenschrift, S. 1968, 109. Jg., 1967

Schalle, A., Die Kneippkur, 18. Aufl., Ehrenwirth-Verlag, München, 1977

Scheele, K., Richtlinien für den Sport des Älteren, mda (Medizin des alternden Menschen), Nr. 9, S. 259–261, 1971

Scheid, W., Lehrbuch der Neurologie, 3. Aufl., Georg Thieme Verlag, Stuttgart, 1968

Schettler, G., Alterskrankheiten, Georg Thieme Verlag, Stuttgart, 1966

– Innere Medizin, Georg Thieme Verlag, Stuttgart, 1970

Schlegel, M., Meerwasser als Heilmittel, Hippokrates-Verlag, Stuttgart, 1953

Schlungbaum, W., Medizinische Strahlenkunde, S. 1–9, Walter de Gruyter & Co., Berlin, 1960

Schmidt, K./Bayer, W., Mineralstoffwechsel und Abwehrsystem, Verlag für Medizin Dr. Ewald Fischer, Heidelberg, 1982

Schoberth, H., Die Bedeutung der Leibeserziehung für die Prävention von Haltungsschäden, Medizinische Welt, Nr. 40, S. 132, 1968

Schröder, B., Wasser, Suhrkamp-Verlag, Frankfurt, 1970

Seidl, E., Stoffwechselwirksame Effekte des Sonnenlichtes, Medizinische Klinik, Nr. 28, S. 1132, 1966

Siebert, M., Das ungestörte Magnetfeld der Erde, Bild der Wissenschaft, Nr. 1, 5, 26, 1968

Somogyi, J. C./Hölzel, D., Nutrition and Neurobiology, Verlag Karger, Basel, 1986

Tirala, L. G., Heilatmung bei Blutdruck-, Herz- und Kreislaufkranken, Umschau-Verlag, Frankfurt/Main, 1971

Venzmer, G., Beziehungen zwischen Netzhaut und Hormonhaushalt, Naturheilpraxis, Heft 6, S. 231, 1965

Vogel, M., Über Heilerden, Hippokrates, Heft 39, S. 1045–1052, 1936

– Über die Bindung von Darmgiften und Alkaloiden durch Heilerde, Der Balneologe, Heft 3, 1938

Vollmar, Über den Einfluß der Temperatur auf normales Gewebe und auf Tumorgewebe, Zeitschrift für Krebsforschung, S. 51, 1940

Weiß, O. Th., Pharmakologie des Meerwassers, Medizinische Monatsschrift, Heft 5, S. 288 ff., 1953

Woeber, Kh./Lendle, K./Hein, W./Eifinger, F. F., Läßt sich die „spezifische" Tumortherapie durch Wärme verbessern?, Die Medizinische Welt, Nr. 10, S. 532, 1960

Wöllzenmüller, F., richtig jogging – dauerlaufen, BLV Verlagsgesellschaft, München, 1979

Zabel, W., Das Fasten, Ärzte-Verlag GmbH, Gießen/Lahn/Hippokrates-Verlag, Stuttgart, 1950

Zabel, W./Schlenz, M., Die Schlenzkur, Praxis und Theorie der Fiebererzeugung durch Überwärmungsbäder, Hippokrates-Verlag, Stuttgart, 1944

Zörkendörfer, W./Seifert, K., Pharmakologie des Meerwassers, in „Die Meerwassertrinkkur" von H. Vogt, Seite 23–30, Springer-Verlag, Berlin, 1938

Stichwortverzeichnis

Bildnachweis

Farbbilder

ABC, Eurocom Corporate & PR, Frankfurt: 21
Anthony Verlag, Starnberg: 43, 102, 109, 121, 176, 216, 245, 274, 311, 401, 427, 430, 453, 474, 487 (2), 501, 510, 552, 599
AOK Berlin: 486
Arbeitskreis Organspende, Neu-Isenburg: 489
H. Baensch, Hamburg: 25, 152, 157, 168, 180, 214 (2), 215, 321, 359, 433, 435, 438, 443, 447, 559
Fa. Basotherm, Biberach: 413, 463, 485 (2)
Bavaria Verlag, Gauting: 28, 231, 316, 333, 347, 523
Bayer AG, Leverkusen: 27 (3), 229 (2), 392/393, 413, 417, 536, 611
Beiersdorf AG, Hamburg: 581 (4)
Berufsgenossenschaftliche Unfallklinik, Murnau: 319
Bildagentur Schuster, Oberursel: 179
Bildagentur Stuttgart: 270
Bildarchiv Thomae, Schwer-Verlag, Stuttgart: 462 (3), 480, 527, 564
K. Bischoff, München: 235
Dr. B. Brill, Hofgeismar: 456/457 (3)
Bundesanstalt für gesundheitliche Aufklärung, Bonn: 505
Bundesbildstelle Bonn: 283
Deike, Frankfurt a. M.: 304
H. Dommermuth, Heusenstamm: 375
Dornier-Medizintechnik, Germering: 478, 566 (2), 567
Drugofa, Köln: 466
R. Flashaar, Hamburg: 380
Farbwerke Hoechst, Frankfurt: 236/237 (4)
Felke Kurhaus Menschel, Sobernheim: 351
E. Fischer, Bad Bramstedt: 366, 367 (2), 381 (2)
G. von Gfug, Bad Aibling: 178
H. Goersch, Stuttgart: 284
Gruner + Jahr, Hamburg (S. Blum): 425
Jahreszeiten-Verlag, Hamburg: 111, 113, 215, 358 (2)
E. Kempfe, Hamburg: 228, 278 (2), 279, 309 (5), 346 (3), 377, 381, 419
D. Klees-Jorde, Hainburg: 281
F. Köhnen, Sprockhövel: 578
Kurverwaltung Bad Dürrheim: 617
Kurverwaltung Baden-Baden: 149, 210/211, 436
Kurverwaltung Badenweiler: 77, 99
Kurverwaltung Bad Feilnbach: 205
Kurverwaltung Badgastein: 180, 181
Kurverwaltung Bad Iburg: 45, 177, 182, 197, 200, 201, 520
Kurverwaltung Bad Lauterberg: 50, 80, 208, 542
Kurverwaltung Bad Oeynhausen: 348
Kurverwaltung Bad Orb: 72, 82 (2), 84 (2), 91, 114, 513
Kurverwaltung Bad Salzuflen: 299, 469
Kurverwaltung Bad Wildbad: 82, 112
Kurverwaltung Bad Wörishofen: 451
Kurverwaltung Bad Zwischenahn: 519
Kurverwaltung Hindelang: 525
Kurverwaltung Oberstdorf: 172, 187, 201, 332, 421, 499, 584
Kurverwaltung Überlingen: 434
Kurverwaltung Westerland, Sylt: 173, 261
Margarine Union, Hamburg: 412 (2)
Mainbild, Frankfurt: 310, 324
Mauritius Bildagentur, Mittenwald: 39 (3), 257, 258, 279, 483, 515, 595
Mineralogisch-Petrographisches Institut der Universität Hamburg: 342 (2)
W. H. Müller, Stuttgart: 287
L. Nahler, Hillesheim: 250/251
NASA, Washington: 370
Pictor International, München: 292/293, 294
Plösser, Nürnberg: 329
O. Poss, Siegsdorf: 557
„Rauchsignale", Darmstadt: 440 (2), 497 (2), 529
C. Reiter, Kempfenhausen: 38 (2)
Riescher Visuall Werbung, Immenstadt: 100/101
A. Schneider, Düsseldorf: 262

H. Schrempp, Breisach: 477
Fa. W. Schwabe, Karlsruhe: 574
Siemens AG, Erlangen: 307, 528
Silvestris Fotoservice, Kastl: 49, 53, 65 (3), 67, 69, 79 (4), 85, 89, 95, 97, 98, 105, 107, 115, 116, 143, 153, 173, 193, 194, 196, 198, 215, 220/221, 240, 241, 242, 253, 289, 314, 323 (4), 353, 354, 359, 372, 399, 421, 442, 470, 481, 536, 596, 601, 614
B. Strobel, Hamburg: 337
G. Strobel, Marktredwitz: 138
Dr. K. Struve, Westerland/Sylt: 74, 158, 165, 167, 482
W. Stuhler, Hergensweiler: 226
U. A. Tarnanen, Tampere (Finnland): 34
Techniker Krankenkasse, Hamburg, Broschüre Hausmittel: 254
tete-pharma, Frankfurt a. M.: 449
C. Teubner, Füssen: 402
E. Vetter, Meerbusch: 477 (2)
C. F. Weidmüller, Hamburg: 297
K. H. Wirth, Bielefeld: 385
ZEFA, Düsseldorf: 247, 502/503
H. Zschunke, Hamburg: 81, 103
Zyma-Blaes AG, München: 598 (2)

Schwarzweißbilder

Anthony Verlag, Starnberg: 47, 93, 96
H. Baensch, Hamburg: 61, 277 (2), 308, 334, 572
E. Bauer, Karlsruhe: 92 r.
Bavaria Verlag, Gauting: 464
Beiersdorf AG, Hamburg: 526/527
Berufsgenossenschaft Druck- und Papierverarbeitung, Wiesbaden: 517
Center Press, Frankfurt: 577
Deutscher Sauna-Bund, Bielefeld: 144
dpa, Hamburg: 615
Forschungsinstitut M. von Ardenne: 190
W. Genzler, Freiburg: 57, 70 (3), 86
Globus-Kartendienst, Hamburg: 29, 219, 233, 260
K. Helbig, Frankfurt: 19, 20 l., 32
Jahreszeiten Verlag, Hamburg: 535 (3)
Dr. Keding, Hannover: 530 (3)
Klinik Silvaticum, Horn-Bad Meinberg: 579
Knoll AG, Ludwigshafen: 407
Kurverwaltung Bad Iburg: 51
Kurverwaltung Bad Wörishofen: 36
laenderpress, Düsseldorf: 141
A. Lammert-Andersch, Alfeld-Leine: 591
C. Petri, Regensburg: 400
R. Pierer, Hamburg: 494
O. Poss, Siegsdorf: 460
pressedienst strom, Hamburg: 373
roebild, Frankfurt: 86, 174, 543, 546
sl/Preußenelektra, Frankfurt: 26
Tschira-Interphot, Baden-Baden: 104
Verlagsarchiv: 33, 117, 189, 420, 441, 561, 583
E. Vetter: 48, 51, 54
Wedo-Press, Oberursel: 397
Wort und Bild: Baierbrunn: 408, 423, 429, 439, 448, 472, 476, 493, 506, 540, 549, 551, 556, 562, 588